W0247368

Alexander Mitscherlich

Das Ich und die Vielen

Alexander Mitscherlich

Das Ich und die Vielen

Parteinahmen eines Psychoanalytikers

Ein Lesebuch

R. Piper & Co. Verlag
München Zürich

Ausgewählt und eingeleitet von
Gert Kalow

ISBN 3-492-02388-6
© R. Piper & Co. Verlag, München 1978
Gesetzt aus der Aldus-Antiqua
Gesamtherstellung H. Mühlberger, Augsburg
Printed in Germany

Inhalt

Eine Laudatio als Vorwort

Alexander Mitscherlich kam am 20. September 1908 in München als einziges Kind großbürgerlicher Eltern zur Welt. Der Vater war promovierter Chemiker und Fabrikant; die Mutter, Cläre geb. Heigenmooser, stammte aus einer alteingesessenen Familie der bayerischen Hauptstadt. Einer ihrer direkten Vorfahren war der seinerzeit berühmte Schauspieler Conrad Dreher.

Mitscherlich erzählt gern, wie er zu seinem Vornamen gekommen ist: A. von Humboldt war Taufpate seines Großvaters, welcher, dem Paten zu Ehren, Alexander genannt wurde. Dieser Alexander Mitscherlich, Chemiker von Beruf, hat u. a. das Verfahren zur Herstellung von Sulfit-Cellulose erfunden, durch das die Produktion von Papier aus Holz und folglich die moderne Massenpresse möglich wurde. Ein Mann also, dieser Großvater, von dem nachhaltige Wirkungen auf seine Umwelt ausgegangen sind. Eine Identifikation des Enkels, diesen Punkt betreffend, ist unübersehbar.

Noch sinnfälliger scheint die partielle Identifikation, die geistige Verwandtschaft mit dem Großvater-Paten: Alexander von Humboldt stand der Universitäts-Scholastik seiner Zeit, dem etablierten System der Wissenschaften mit souveräner Distanz gegenüber. Er verband Geistes- und Naturwissenschaften in unterschiedlichsten Kombinationen, je nach den Erfordernissen eines Problems, das es zu lösen galt. Er fühlte sich niemals als Anwalt *einer* Wissenschaft, *einer* Fachdisziplin, sondern er suchte umgekehrt, von einem Problem aus, auf das er gestoßen war, nach wissenschaftlichen Instrumentarien, die helfen könnten, es aufzuschließen. Er ließ sich die Fragen, an deren Antwort er arbeitete, nicht von der Wissenschaft anliefern, sondern stellte selber Fragen. Er hatte eine andere, weniger orthodoxe, weniger sakrale Vorstellung von der Wissenschaft als die akademische Welt auch noch unserer Zeit.

Ähnliches läßt sich von Alexander Mitscherlich sagen, der als Historiker begann, sich mit beinahe 40 Jahren in der Medizin habilitierte und erst mit 59 Jahren ordentlicher Professor wurde. Mitscherlich hat den Zorn vieler Fachkollegen auf sich gezogen, weil er sich die Fragen, über die er nachdenkt, nicht vorschreiben läßt, weil er sich nicht innerhalb des nun einmal gegebenen Rahmens bewegt, weil er einen selbständigen Begriff von der Medizin hat.

Gewiß ist Mitscherlichs Universalität, seine Beheimatung in *beiden* Bereichen, der Wissenschaft von der Materie wie der vom »Geist«, nicht zuletzt lebensgeschichtlich bedingt. Aber darf da von einer Äußerlichkeit oder gar von Zufall gesprochen werden? Eine Lebensgeschichte solcher Art ist nicht »privat«. Nicht nur der handgreiflichen politisch-zeitgeschichtlichen Umstände wegen, sondern auch in weiteren Zusammenhängen betrachtet. Ist nicht das Auseinanderklaffen von Natur- und Geisteswissenschaften, gegen das Mitscherlich anficht, das isolierte Nebeneinander von einerseits rein materialistischen, andererseits historischen oder metaphysischen Optiken, grell sichtbar im kanonischen Leib-Seele-Dualismus, selber ein *Symptom* – nicht ohne tiefen Zusammenhang mit den Greueln der mittelalterlichen wie der neuesten Geschichte?

Nach dem Abitur, 1928 am Humanistischen Gymnasium seiner Heimatstadt, studierte Mitscherlich Geschichte, Philosophie und Literaturwissenschaft in München und (für ein Semester) in Prag. Bei dem Münchener Historiker Paul Joachimsen begann er eine Dissertation über die Luther-Darstellungen im 19. Jahrhundert zu schreiben. Als Prof. Joachimsen im Sommer 1932 starb, weigerte sich dessen Nachfolger, die Arbeit seines jüdischen Vorgängers anzunehmen. Das »tausendjährige Reich« begann. Mitscherlich brach sein Studium ab und ging als Buchhändler nach Berlin. Mit Hilfe der Eltern konnte er eine eigene Buchhandlung aufmachen und nebenher ein Medizin-Studium beginnen. Bereits im Februar 33 wurde er vorübergehend von der Gestapo verhaftet. Am 20. April 35 standen SA-Wachtposten vor seiner Buchhandlung. Mitscherlich emigrierte, um neuer Verhaftung zu entgehen, in die Schweiz. In Zürich setzte er sein Medizin-Studium, nunmehr hauptberuflich, fort. Während einer illegalen Fahrt nach Deutschland – einigen politischen und persönlichen Freunden, die verhaftet worden waren und unter Anklage standen, wollte er versuchen, Hilfe zu bringen – wurde er festgenommen und acht Monate in Nürnberg inhaftiert. Freigelassen mit der Auflage, sich täglich zweimal bei der Gestapo zu melden, ging er nach Heidelberg, wo Viktor von Weizsäcker lehrte. Den Entschluß, an die Universität Heidelberg zu gehen, hatte er im Nürnberger Gefängnis nach der Lektüre von Weizsäckers Studien zur Psychopathologie gefaßt.

Sigmund Freud und Viktor von Weizsäcker hat Mitscherlich als seine »geistigen Väter« bezeichnet. Bei Weizsäcker promovierte er 1941 mit einer Arbeit »Zur Wesensbestimmung der synästhetischen Wahrnehmung«. Es folgten Assistentenjahre an der Medizinischen Poliklinik, an der Inneren und an der Nervenabteilung Heidelberger Krankenhäuser, schließlich als Oberarzt bei Weizsäckers Nachfolger Prof.

P. Vogel. Die Habilitationsschrift in Neurologie, 1946, »Vom Ursprung der Sucht«, erschien 1947 als Buch. Bereits 1946, ein Jahr nach dem Ende des Hitler-Krieges, war seine erste Buch-Publikation vorausgegangen: »Freiheit und Unfreiheit in der Krankheit«.

Nach der Habilitation kehrte Mitscherlich für drei Jahre an die Medizinische Poliklinik in Zürich zurück, um dort den Facharzt für Innere Krankheiten zu erwerben; blieb aber gleichzeitig, ab 1946, als Privatdozent an der Universität Heidelberg. 1949 wurde mit finanzieller Hilfe der Rockefeller Foundation in Heidelberg die Abteilung für Psychosomatische Medizin gegründet, und Alexander Mitscherlich wurde ihr Leiter. Aber es vergingen dann drei Jahre bis zur Ernennung zum außerplanmäßigen, neun Jahre bis zur Berufung zum außerordentlichen (1958) und von da nochmal acht Jahre zum ordentlichen Professor.

Die Übersiedlung nach Frankfurt am Main, 1967, kam von daher nicht überraschend. Zumal Mitscherlich bereits 1960, zunächst nebenamtlich, zum Direktor des Instituts und Ausbildungszentrums für Psychoanalyse und Psychosomatische Medizin, ernannt worden war, das nun, 1967, zum »Sigmund-Freud-Institut« wurde, mit Mitscherlich als hauptamtlichem Leiter und Ordinarius für Psychologie an der Frankfurter Universität.

Der Aufbau, die feierliche Einweihung und die Leitung dieses Instituts dürfen als ein Höhepunkt, institutionell gesehen vermutlich als *der* Höhepunkt von Mitscherlichs Lebensarbeit gesehen werden. Ein Resultat von dauernder und, wie zuversichtlich zu hoffen ist, stetig noch wachsender Breitenwirkung, von der letztlich die gesamte Heilkunde und -praxis in unserem Lande (und darüber hinaus!) nicht unbeeinflußt bleiben sollte.

Das Glücksmoment einer solchen Erfüllung darf jedoch nicht die Erinnerung daran auslöschen, welche wichtigen Alternativen es in Mitscherlichs Vita gegeben hat und gibt. Mitscherlich war zu keinem Augenblick seines erwachsenen Lebens nur Wissenschaftler, ein unpolitischer Mensch, bloßer »Akademiker« oder intellektueller Schöngeist. So sehr er die schönen Künste liebt und mit Kennerschaft und Enthusiasmus Bilder sammelt: die aktive Teilnahme und Mitwirkung am öffentlichen Getriebe der Polis war und ist sein Lebenselement. Mehr noch als das (niemals ganz aufgegebene) Studium der Geschichte hat ihn der keineswegs nur passive innere Widerstand während des »3. Reiches« politisch aktiviert.

Er *war* Politiker, nicht in seiner Phantasie, sondern »hauptamtlich«: unmittelbar nach Kriegsende bekleidete Alexander Mitscherlich einige Monate lang in der Amerikanischen Zone ein Ministeramt. Vom Mai bis Juli 1945 gab es einen Staat »Mittelrhein/Saar« mit Neustadt (Pfalz) als Sitz der Regierung, die von Prof. Geiler geleitet wurde (später Ministerpräsident von Hessen) und der Alexander Mitscherlich als Minister für Ernährung und Gesundheit angehörte. Mit dem Ausbau der Französischen Zone wurde dieses südliche Nachbarland zum großen »Nordrhein/Westfalen« aufgelöst.

Für Mitscherlich, dessen erfolgreiche Aktivität in diesem Amt rasch Anerkennung und Beachtung fand, bestand nicht nur eine vage Möglichkeit, sondern die Entscheidung hätte nahe gelegen, ganz in die Politik überzuwechseln: Von Heidelberg (wo es nicht zuletzt über den Marianne-Weber-Kreis wichtige politische Kontakte gab) über Neustadt nach Bonn. Mit realen Chancen konstruktiver Mitwirkung am Ausbau unseres freiheitlicher Intentionen noch immer sehr bedürftigen demokratischen Staates.

Mitscherlich ist diesen Weg nicht gegangen, sondern hauptberuflich zur Medizin zurückgekehrt. Freilich als ein Therapeut im Sinne nicht nur persönlicher, sondern auch sozialer Verantwortung. Seine damalige Entscheidung darf keineswegs vergessen machen, in welchem Maße Mitscherlich, speziell als Autor, dennoch »Politiker«, ein homo politicus geblieben ist. Er ist es nach seiner Ministerzeit erst recht geworden. Noch *vor* seinem ersten wissenschaftlichen Buch (»Freiheit und Unfreiheit in der Krankheit«) erschien 1946 in Heidelberg, von ihm und Alfred Weber gemeinsam verfaßt, eine Broschüre, auf die deutsche Nachkriegssituation bezogen, aber noch heute erstaunlich »unverbraucht«, in der Argumentation weithin schlüssig geblieben, mit dem Titel (der heute aus Prag stammen könnte – wo übrigens Alfred Weber von großem Einfluß war und ist) »Freier Sozialismus«.

Wer sich wie der Herausgeber dieses Bandes eine Übersicht zu verschaffen sucht über das bisherige Gesamtwerk Mitscherlichs, gerät immer von neuem ins Staunen, in Verblüffung, bis zur schieren Bewunderung, allein schon über das Maß an Aktivität und geistiger Präsenz. Neben den Büchern, die ihn bekannt machten: welch eine Fülle publizistischer Arbeiten an Rundfunk- und Fernsehsendungen, Kritiken, Kommentaren, Stellungnahmen und kompletten Essays, in Fachzeitschriften und in Magazinen, in Tages- und Wochenzeitungen, von kleinen regionalen Organen wie dem HEIDELBERGER TAGEBLATT bis zum SPIEGEL und der ZEIT.

Gar nicht zu reden von der enormen Aktivität als Herausgeber. Beispielsweise der zehnbändigen Studienausgabe der Schriften Freuds oder dem Paperback-Band »Das Unbewußte. Schriften zur Psychoanalyse«, mit einem nicht nur höchst engagierten, sondern als Einführung genial zu nennenden Nachwort. Er gründete bereits 1947 die Zeitschrift PSYCHE, die sich zur führenden Fachzeitschrift der deutschsprachlichen Psychoanalyse und ihrer Anwendung entwickelt hat. Letztlich kam noch die Edition von Psychopathographien in der Reihe »Literatur der Psychoanalyse« hinzu.

Umfang und Ziele dieser Aktivität Mitscherlichs als Herausgeber können hier nur andeutungsweise Erwähnung finden. Das gilt besonders für sein medizinisches, speziell psychosomatisches Opus. Die Sammlung, die Ihnen hier aus Anlaß von Mitscherlichs 70. Geburtstag vorgelegt wird, kann diese Zusammenhänge wie auch die Lebensgeschichte nur kurz skizzieren, um vor allem die eigenen Gedanken, Ideen und Entdeckungen dieses großen Schriftstellers und Wissenschaftlers zu vermitteln: nicht nur im Versuch einer ebenso bündigen wie kompetenten Präsentation der Essenz seiner Hauptwerke, sondern auch und gerade in der Sammlung bislang weit verstreuter Publikationen Mitscherlichs, insbesondere auch seiner dem Umfange nach kleineren, aktuell oder grundsätzlich politischen Äußerungen. Eine nicht geringe Zahl der in diesem Band vorgelegten Texte waren bisher noch nicht in Buchform erschienen oder, da bisher nur über den Rundfunk publiziert, gar nicht gedruckt greifbar.

Möge dieser Band helfen, den Gedanken des Arztes wie des Politikers Mitscherlich die angemessene, höchst notwendige Verbreitung zu verschaffen.

Heidelberg, 4. Juni 1978   Gert Kalow

Über hergestellte Dummheit

Ansprache anläßlich der Verleihung des Friedenspreises des Deutschen Buchhandels 1969

Verehrter Herr Bundespräsident, Exzellenzen, meine Damen und Herren, meine sehr geehrten ehemaligen Kollegen vom Buchhandel,

den Friedenspreis, den Sie mir heute verleihen, habe ich mit Dankbarkeit angenommen.

In all seinen Teilstücken ist Frieden immer gefährdet; darauf muß man sich wohl einstellen. Nicht ohne Gefühl der Wehmut und eines für das ironische Moment, das hier enthalten ist, habe ich deshalb den Unfrieden beobachtet, der um Preis und Verleihungsmodus entstanden ist. Dieser Unfrieden hat mich bis in meinen persönlichen Lebensbereich hinein verfolgt.

Erwarten Sie bitte keine laute Schelte. Der Beruf, den ich ausübe, ist kein lauter. Als Psychoanalytiker höre ich zu, suche zu verstehen, bemühe mich, in der Erkenntnis der Konflikte meiner Patienten ihnen ein kleines Stück vorauszusein, um ihnen damit zu helfen. Bei dieser Vorsicht der Beobachtungen muß ich auch in diesem Augenblick bleiben. Ich bitte aber, daraus nicht zu folgern, daß ich nicht des ungeheuren Maßes von Unfrieden und Ungerechtigkeit in der Welt gewahr oder keiner starken Gefühle fähig wäre. Was ich von der Welt in Erfahrung bringen konnte, hat mir nur wenig Hochachtung vor der Weisheit der Herrschenden abgefordert. Ich habe Verständnis für den Haß der Unterdrückten. Wird er aber helfen, in der Zukunft die Humanität zu mehren? Darf ich zu dieser Problematik ein geographisch entlegenes Beispiel, das deshalb gewiß nicht außerhalb der Welt liegt, anführen. Hoffentlich gibt uns die räumliche Distanz zu einem skandalösen Sachverhalt die Möglichkeit, ihn von eigenen Interessen weniger berührt, aber dennoch leidenschaftlich genug zu untersuchen. Dieser Skandal ist die unmenschliche Sorglosigkeit, die sich in einem Bevölkerungszuwachs von jährlich dreieinhalb Prozent in Brasilien ausdrückt. Wir Europäer leiden bereits unter einem halben Prozent. In jenem Land ist nicht die geringste Vorbereitung für eine Geburtenregelung getroffen, weil die katholische Glaubenslehre das verbietet. Nach zwanzig Jahren wird sich die Bevölkerung verdoppelt haben. Aber keine freundliche Hand, kaum ein verstehendes Wort wird diese Menschenströme zu irgendeiner Form von Selbstbestimmung führen können. Wer soll diese entfesselte Vermehrung dann eindämmen, die Aggression dieser ungebeten erschienenen Massen in sozial erträgliche Bahnen leiten, ehe sich die schrecklichsten Katastrophen ereignen? Dies im Namen eines Religionsstifters, der eine bis dahin unbekannte Menschenliebe gefordert hat. Wenn ich an vermeidbaren – wenigstens verminderbaren – Unsinn oder den Starrsinn der Herrschenden denke wie in solch einem Fall, habe ich starke Gefühle; dann muß ich mich im Zaum halten, damit nicht auch mir Zorn und Verzweiflung in Haß umschlagen. Aber Haß, so habe ich einsehen müssen, wenn er undurchdacht bleibt, verdirbt die Humanität. Die Energie des Zorns muß umgesetzt werden, ehe sie in Haß erstarrt.

Ich kann mich bei Ihnen nicht als eine Art Vorbeter haßvoller Parolen beliebt machen. Genügend Menschen sind mit dem Aussprechen solcher Anklagen beschäftigt und erwarten gleiches bei jeder Gelegenheit, also auch jetzt von mir. Das mag oft aus Not und berechtigter Sorge geschehen. Es ist trotzdem nicht mein Beitrag.

Bevor ich von einigen andauernden Erschwernissen beim Herstellen von Frieden spreche, noch ein Wort zum Friedenspreis selbst. Er hat in der Welt Aufmerksamkeit erweckt. Das scheint mir nicht unverständlich, denn in der Geschichte der letzten zwei bis drei Generationen finden sich nicht viele Beispiele, in denen sich das Wort deutsch mit dem Wort Frieden auf glaubhafte Weise hätte verbinden lassen. So verstand man wohl unseren Friedenspreis im Zusammenhang mit dem Versuch, einen uns liebgewordenen Charakterzug: das Martialische, abzulegen. Ich frage mich aber, ob dieses Martialische nicht im Streit zwischen Bücherschreibern und Büchermachern und im Streit um die Verleihung des Friedenspreises aufgebrochen ist, gleichsam bei alt und jung wieder durchschlug. Natürlich weiß ich, daß verhärtete Institutionen sich nur rühren, wenn sie heftig und ausdauernd attackiert werden. Trotzdem muß ich fordern, daß gerade die progressiven ›Protestanten‹, wenn ich sie so nennen darf, die sich der Sache der Humanität in ihrem Bewußtsein verschrieben haben, sich um bessere Selbsterkenntnis bemühen als sonst wer. Das schließt aber ein, daß sie für das Martialische in sich selbst hellhöriger werden, als ihre Gegner es in der Vergangenheit gewesen sind. Das freizügig brutalisierte Vokabular und manchen Auftritt, der dem Fortschritt dienen sollte, konnte ich nur als Entsublimierung, als Rückfall in Imponiergehaben verstehen. Dabei bin ich mir dessen bewußt, daß ich hier einen Widerspruch formuliere: Das Martialische ist offensichtlich zuweilen unvermeidlich, aber es bringt zugleich ständig die Gefahr hervor, das Ziel selbst zu werden, statt ein mögliches Mittel zu bleiben.

Überblickt man den Erdball als Ganzes, dann kann freilich dieser unser Friedenspreis nur als Trostpreis für Erfolglosigkeit verstanden werden. Man könnte geradezu fragen: Werden hier Narren ausgezeichnet, die allem Augenschein zum Trotz an der Möglichkeit friedlicher Konfliktlösungen zwischen Menschen festhalten? Dieser Frage läßt sich aber mit der übergeordneten begegnen: Liegt diese Chance zur friedlichen Bearbeitung von Konflikten auf der Linie der Evolution, eines geschichtlichen Fortschritts, der hinführt zu einer gerechteren Verteilung der materiellen und geistigen Güter dieser Welt? Oder ist das eine unerfüllbare »Humanitätsduselei« – ein Wort, das schon wieder zu hören ist und das mir aus den dreißiger Jahren durchaus noch in Erinnerung steht?

Dies als Anmerkung zum Friedenspreis; solange er eine Funktion erfüllt, wird mit seinen Preisträgern etwas von der Anstrengung sichtbar werden, die es kostet, für den Frieden sich friedlich einzusetzen, wo viele längst glauben, Lösungen seien nur noch mit Brachialgewalt zu erreichen.

In dieser tiefreichenden Meinungsdifferenz – ob und wann man für den Frieden kriegerische Mittel einsetzen dürfe – ist Friedens*forschung* dringend angezeigt. Denn Frieden fällt uns nicht in den Schoß, Frieden zwischen Völkern, die einen weit voneinander entfernten Bewußtseinsstand repräsentieren, Frieden innerhalb sozialer Gruppen, die von oft versteinerten Einzelinteressen gelenkt werden. Da wir schönen Worten zum Trotz nur unter Pein bereitender Anstrengung über egoistische, oft unwahrscheinlich kurzsichtige Zielsetzungen hinauskommen, ereignen sich Kollisionen auf allen Ebenen, von den alltäglichsten Erwartungen bis zu bedeutungsschweren Widersprüchen. Dabei sind drei unheilgebärende psychische Prozesse im Spiel; alle drei bewußtseinsflüchtig und deshalb Schutzmächte der Selbsttäuschung: 1) der Prozeß der *Verschiebung* von Affekten auf einzelne oder Gruppen in der Außenwelt (nicht ich oder wir hassen, die anderen hassen); 2) der Prozeß der *Projektion* von inneren Konflikten (nicht ich oder wir, die anderen verstoßen gegen Gesetz, Gewissen, Menschlichkeit); 3) schließlich der Prozeß der *Verleugnung* (ich oder wir haben überhaupt jene schimpflichen Wünsche nicht, die mir oder uns höchst unbilligerweise zugeschrieben werden). Jeder dieser drei Prozesse stützt die anderen. Sie sind ebenso zwischen Individuen am Werk wie im Verkehr ganzer Nationen. In dieser Größenordnung drohen sie politische Gleichgewichtssysteme zu zerstören und haben es immer wieder vermocht. Daraus folgt ein neues Verständnis der Struktur des Friedens. Er muß (psychologisch) als Merkmal eines in ständiger Bewegung befindlichen und zwar befriedigenden Gleichgewichtssystems affektiver Beziehungen verstanden werden. Freundlicher Kontakt macht auch auf der Ebene harter Realitäten möglich, was bei gespannten oder feindlichen Verhältnissen zur Unmöglichkeit wird. Es ist ein der speziellen Friedensforschung würdiges Ziel zu analysieren, wieviel im Verkehr zwischen BRD und DDR von den Prozessen Verschiebung, Projektion, Verleugnung Gebrauch gemacht wurde, und zwar von beiden Seiten, und wieviel deshalb »unmöglich« wurde (in jedem Hintersinn des Wortes), was objektiv keine unlösbare Aufgabe darstellte.

Konzipiert man Frieden nicht derart dynamisch, sondern statisch, so bleibt man an der Oberfläche. Die Beschreibung wird nichtssagend: Es herrscht Waffenruhe, und dann brechen wieder – unvorhergesehen und unkontrollierbar – feindselige Zwiste in diese scheinbare, friedliche Statik ein.

Ebenso notwendig wie eine psychologische Analyse friedlicher Gleichgewichte ist aber auch die kriegerischer Unternehmungen. Das Kriegführen bringt hohe Risiken; um so erstaunlicher ist es, wie es einer Clique, einer Interessentengruppe immer wieder gelingt, ihre Mitmenschen dazu zu bringen, dieses Risiko des Verlustes von Leib und Leben, Hab und Gut auf sich zu nehmen. Bei aller physischen Macht, über die Staatsapparate verfügen, könnten sie das nicht ohne ein psychisches Entgegenkommen. Man muß annehmen, in vielen von uns bestünde unbewußt bleibend ein hohes Maß von Destruktionsbereitschaft und insbesondere von Neigung zur *Selbst*destruktion, die leicht erregbar sind. Sonst würde nicht erst das Ansinnen, am Kriegführen sich zu beteiligen, sondern schon die Verpflichtung, sich zum Kriegführen abrichten zu lassen, auf mehr Widerstand stoßen. Unsere Moral lehrt uns, nicht zu töten – auch nicht uns selbst –, offenbar gegen einen uneingestandenen Hang, gerade dies zu tun. Das ist der Ansatzpunkt der Verführbarkeit zum Krieg als Handwerk.

Neben den *spezifischen* Kriegsvoraussetzungen – der aktuellen Vorgeschichte eines Krieges, durch faktische Bedrohung, durch soziales Elend, unerträglich gewordene menschliche Not – gibt es *allgemeine* Voraussetzungen, die nur auf der seelischen Eigenart des Menschen als Gattungswesen beruhen können. Ohne eine Veränderung der *psychischen* Konstitution – eine quasi qualitativ neue Stufe der kulturellen Entwicklung, ein erweitertes und gestärktes Bewußtsein – kann kaum mit einer Minderung der Kriegschancen gerechnet werden. Wie aber diese bisher unbefriedbare Konstitution des Menschen in solcher Richtung ändern? Hier wird Friedensforschung unmittelbar zu anthropologischer Forschung: Erforschung menschlicher Motive.

Zwei Faktoren lassen sich benennen, die ernstlich im Laufe der Geschichte einer Entwicklung zu größerer Friedlichkeit im Weg standen. Sie tun es immer noch. Es sind dies die leicht weckbare Feindseligkeit des Menschen gegen seine Artgenossen und die, wie man zu sagen pflegt, unausrottbare Dummheit. Ich hebe diese beiden Faktoren aus vielen anderen heraus, die ich nicht leugne. Die kombinierten Funktionen von Feindseligkeit und hergestellter Dummheit scheinen mir besonders dringlich nach Untersuchung zu verlangen.

Die Fähigkeit, in Lebenslagen von sehr unterschiedlichem Gewicht sich aggressiv zu verhalten, geht auf eine aggressive Grundbegabung der Gattung Mensch zurück. Die Zielvorstellung aller Kultur, sobald das nackte physische Elend überwunden ist, besteht demnach in der Milderung der feindseligen und zerstörerischen Formen von Aggression durch die Förderung ausgleichender seelischer Kräfte, wie Mitgefühl, Verständnis für die Motive des anderen und ähnliches.

Dieser Förderung steht die Dummheit im Wege. Ich meine damit nicht die Begabungsdummheit, sondern die *anerzogene Dummheit*, die sorgfältig durch Erziehung zu Vorurteilen herbeigeführte Dummheit. Im Erfolgsfall solcher Erziehung – und er tritt leider massenhaft ein – ersetzt dann bei dem Versuch einer Konfliktlösung mit steigender Erregung das Vorurteil die Arbeit kritischer Reflexion. Vor allem zeigt sich eine verstärkte Unfähigkeit, eigene Probleme unbestechlich zu betrachten. Gerade darin weiß sich das Individuum von seiner Gesellschaft beschützt. Denn deren Auftrag lautet dann nicht: denke, beobachte, wäge ab, sondern: handle in Konformität, so, wie alle handeln! Das kann zu heroischen Leistungen beflügeln, aber auch zu ungeheuerlichen Selbsttäuschungen. Beides haben wir erlebt. Wegen dieser Blindheit spreche ich von hergestellter Dummheit.

Sie leistet der feindseligen Aggression kräftig Vorschub, weil sie die Neigung erweckt, einen Sündenbock zu finden, Aggression überhaupt nur außerhalb des eigenen Ich zu sehen. Damit steht dem Ausagieren der Feindseligkeit kaum noch etwas entgegen. Sie nimmt vielmehr ihren mehr oder weniger geplanten Lauf.

Was wir soeben beschrieben haben, ist eine Situation gesellschaftlich herbeigeführter Aggression: Die Gesellschaft ist nicht zuletzt deshalb Gesellschaft, weil sie von solchen gemeinsamen Vorurteilen viel weitgehender bestimmt wird, als wir uns dies gewöhnlich eingestehen.

Über den Ursprung der Aggression ist es bisher zu keiner übereinstimmenden Auffassung in der Forschung gekommen. Mit der Neigung, den Menschen weniger als Wesen auch mit einer Naturgeschichte, sondern ausschließlich mit sozialer Geschichte zu sehen, tritt in neuerer Zeit wieder die Auffassung in den Vordergrund: Feindselig reagiere der Mensch nur auf das, was die Gesellschaft ihm als Individuum an Enttäuschungen und Leid zufüge. Von Natur aus sei er friedfertig. Ich teile diese Auffassung nicht. Was ist das für eine ›Natur‹, die bis heute nie endgültig zum Zuge gekommen ist? Woher kommt es, daß *der* Mensch friedfertig sein soll, *die* Menschen aber von Generation zu Generation voller destruktiver Phantasien sind, die sie auch ausleben? Ist dieser Glaube an die gute Natur nicht eine Illusion, die das Erkennen der psychischen wie der sozialen Realität verstellt? Da scheint es mir besser, Feindseligkeit gegen seinesgleichen als ein leicht weckbares seelisches Bedürfnis des Menschen im Rahmen seiner Aggressivität, als Artmerkmal, anzuerkennen und der Gesellschaft die Aufgabe zuzusprechen, sie zu mildern.

Der Mensch ist ein Gemeinschaftswesen, und deshalb ist es müßig zu fragen, wie sich seine Aggression ohne Gesellschaft entwickeln würde. Andererseits wissen wir, daß Aggression ebenso wie die Liebesfähigkeit sehr wandelbar ist. Man darf die energetische Grundkraft, welche die Aggression speist, nicht nur in der destruktiven Richtung am Werke wähnen. Es ist fraglich, ob ohne diese Grundkraft Handeln überhaupt zustande käme. Dabei ist es unbestritten, daß sich das Ziel des Handelns unter dem Einfluß von Enttäuschungen leicht in der Richtung der Feindseligkeit, der Destruktion verschieben kann. Wir sind fähig, Verheißungen zu widerstehen, die eine unmittelbare Befriedigung ankünden, und dies zugunsten weitergesteckter Ziele. Wir lernen also, uns in einen differenzierten Handlungszusammenhang, wie ihn jede Kultur darstellt, einzufügen. Trotz dieser Formbarkeit sollten wir uns der Grenzen unserer Kulturfähigkeit bewußt bleiben. »Das gern verleugnete Stück Wirklichkeit hinter alledem«, schrieb Freud, »ist, daß der Mensch nicht ein sanftes, liebebedürftiges Wesen ist, das sich höchstens, wenn angegriffen, auch zu verteidigen vermag, sondern daß er zu seinen Triebbegabungen auch einen mächtigen Anteil von Aggressionsneigung rechnen darf.« »Infolge dieser primären Feindseligkeit der Menschen gegeneinander ist die Kulturgesellschaft ständig vom Zerfall bedroht.«[1] Etwas später spricht Freud davon, daß »das größte Hindernis der Kultur die konstitutionelle Neigung der Menschen zur Aggression gegeneinander« sei[2]. Für ihn blieb es eine ernste Frage, ob der Mensch die Beschränkungen, welche seine Kultur von ihm verlangt, verzeihen könne. Jedenfalls war keine der Kulturen bisher vor selbstzerstörerischen Kräften, vor in ihr entstehender Feindseligkeit gesichert, Feindseligkeit, die dann auf andere Gruppen, andere Völker verschoben und projiziert wurde und zu Kriegen und Bürgerkriegen führte.

Der Sachverhalt bleibt also bedenkenswert – wenn er auch ein noch ziemlich dunkles Feld unseres Wissens umschreibt –, ob in der menschlichen Aggression Triebkräfte enthalten sind, welche unmittelbar zur Zerstörung drängen, oder ob sich die Verwandlung von aggressivem Triebgeschehen in destruktives erst beim Umgang von Mensch zu Mensch vollzieht. Sicher ist nur so viel, daß wir alle Aggressionen haben und daß für unser und anderer Glück und Unglück außerordentlich viel von dem persönlichen und sozialen *Schicksal* dieses Triebes abhängt. Schicksal meint hier, wie wir angeleitet werden – oder eben nicht! –, mit unseren aggressiven Bedürfnissen umzugehen und mit den Anforderungen, welche andere, aus den gleichen Bedürfnissen, an uns stellen. Welchen Grad von starrer Unbelehrbarkeit oder Reflexions- und Lernfähigkeit wir dabei entfalten, bestimmt entscheidend unseren Lebenslauf.

Hier verschmelzen zwei große Felder der Erziehung: Erziehung im Umgang mit elementaren, natürlichen Lebensbedürfnissen (wie der aggressiven Triebkraft); und Erziehung im Umgang mit der äußeren Realität. In beiden Bereichen beginnt Erziehung als Dressaterziehung. Sie sollte zur Stärkung unserer Fähigkeit, selbständig zu entscheiden, über diesen Rahmen hinaus fortschreiten. Aber eben dieses Fortschreiten war historisch nicht die Regel. Vielmehr wurde im Rahmen der Herrschaftsverhältnisse, oft mit erstaunlicher strategischer Sicherheit, Dummheit in großem Stil hergestellt. Es ist die Aufgabe der gegenwärtigen und kommenden Gesellschaften, die Prozesse kritisch zu untersuchen, mit denen sie ihre Mitglieder zu Sozialwesen formen. Fast alle tieferreichenden Einsichten verdanken wir bisher der Analyse individueller Erziehungsschicksale. Erst wenn es uns gelingt, am Einzelfall beispielhaft die Entstehungsgeschichte sozial hergestellter Dummheit aufzuhellen, sind wir in der Lage, auf sie gezielt Einfluß zu nehmen. Damit öffnet sich mittelbar eine nicht zu verachtende Chance, die Tendenz der aggressiven Triebregungen dort zu verringern, wo sie die Richtung auf Destruktion oder Selbstdestruktion einschlagen. Statt dessen lassen sich Befriedigungen eröffnen, die den dumm gemachten, den eingeengten Menschen bis dahin verschlossen waren.

Aber war Dummheit nicht vielfach in der Geschichte ein erwünschtes Produkt der Erziehung – ein Produkt der Notwehr gegen den Kulturzerfall? War dieser Drill zu unkritischem Glauben, zu durch Vorurteile sicher lenkbarem Verhalten nicht nahezu das einzig verfügbare Mittel gegen das »Kulturhindernis der Aggression«[3]? Das wird man kaum verneinen können. Aber die Grenzen dieser Sozialisierungstechnik sind auch immer deutlicher zu erkennen. So wie primitive Formen unseres persönlichen Gewissens uns daran hindern, kritisch zu fragen, z. B. wo ein Glaubenstabu verhängt ist, so hat sich historisch auch in den menschlichen Gesellschaften immer wieder ein System von kollektiv anerkannten Gewissensgeboten, ein primitives »Kultur-Über-Ich«

herausgebildet, das nicht kritisch untersucht, und dieses System durfte nicht infrage gestellt werden und darf es an vielen Orten noch nicht. Diese archaische pädagogische Arbeit ist aber letztlich immer wieder gescheitert. Zu einer von Vernunft bestimmten Triebkontrolle hat sie nicht genug angeleitet, aber sie hat Unterdrückungs- und Verschiebungsmechanismen gefördert und damit auch ungewollt das Aufstauen eines aggressiven Triebüberschusses. Der einzelne blieb unter Tabuschutz, hatte Sicherheit, wurde aber dafür zeitlebens kindlich abhängig, ich-schwach gehalten. In diesem Zustand war er in vieler Hinsicht leicht auszubeuten.

Es scheint mir keine Selbstüberschätzung der Psychoanalyse, wenn sie die hartnäckige Wiederholung einer grundsätzlich untauglichen Sozialisationsmethode auf den Mangel an psychologischer Einsicht zurückgeführt hat. Das kann man am Gebot »Liebe deinen Nächsten wie dich selbst« beispielhaft erläutern. Freud erkannte, daß es »die stärkste Abwehr der menschlichen Aggression« darstellt, aber eben auch, daß es »ein ausgezeichnetes Beispiel für das unpsychologische Vorgehen des Kultur-Über-Ichs«[4] ist. Triebregulierung ist notwendig, aber wir gestehen uns nicht gerne ein, wie bedroht die triebeinschränkenden Mechanismen durch die Triebe selbst sind. Diese Notlage versuchen wir gleichsam in einer Flucht nach vorn, durch überhöhten Anspruch an die Freiheit des Entschlusses zu überspielen. Wir tun so, als seien wir absolute Herren im eigenen Haus. In Wahrheit ist aber die Forderung nach uneingeschränkter Nächstenliebe undurchführbar; »eine so großartige Inflation der Liebe kann nur deren Wert herabsetzen, nicht die Not beseitigen«[5].

Ein nicht unwesentlicher Aspekt der vielzitierten Bildungskatastrophe – das zeichnet sich recht deutlich ab – ist darin begründet, daß wir in einem Zeitabschnitt unabsehbaren technischen Fortschritts – wozu auch das Ausmaß an raffinierter psychischer Beeinflussung gehört – die Fundamente eines statischen Bildungstypus, des Drilltypus, beibehalten haben. Statisch heißt hier, daß in weiten Gebieten nach wie vor Glaubens- bzw. Vorurteilsantworten eingeübt werden; die gleichen Antworten Generation nach Generation, z. B. Status- oder Rassenvorurteile. Die Inhalte, welche diese Bildung vermittelt, bleiben der gesellschaftlichen Entwicklung nicht auf der Spur. Menschen, die diesen Bildungstyp durchlaufen haben, entwickeln sich in der Regel zu unpolitischen Bürgern. Ungeübt im kritischen Abwägen der vorgefundenen sozialen Formen, sind sie kaum zu alternativem Denken in der Lage; angesichts der Tatsache, daß wir aus denkbaren und möglichen Zukünften die herausfinden müssen, in der es sich lohnt zu leben – ist *das* ein prekäres Versagen.

So viel kann der Psychoanalytiker in dieser Notlage sagen: Ohne verstehendes Eindringen in psychische Prozesse, besonders in die unbewußten, ist keine einigermaßen verläßliche Basis für selbständiges Denken zu erwarten. Ohne solche psychologischen Grundkenntnisse ist aber auch keine effektive Friedensforschung zu betreiben; und schließlich, ohne lange geübte Introspektion, ohne Erkenntnisinteresse an den eigenen Affekten bleibt die Füllung des politischen Raumes Zufällen ausgeliefert. Von politischer Planung kann kaum die Rede sein. Ihr bedeutendster Mangel scheint mir im psychologischen Dilettantismus zu liegen (oder im taktischen Mißbrauch psychischer Anfälligkeit, was im Effekt dasselbe ist). Aber das muß auf einem anderen Blatt verzeichnet werden.

Der Versuch, den intensiven Wirkungszusammenhang zwischen Aggression und sozial erzeugter Dummheit sichtbar zu machen, kann sich auf das Wort berufen: ›Dummheit und Stolz wachsen aus einem Holz‹. Stolz, wie es hier das Sprichwort anklingen läßt, ist eine angriffsfreudige Leitlinie des Verhaltens, die Perversion des natürlichen Selbstgefühls in seine übermäßig selbstbezogene Kränkbarkeit oder in ein aggressives Verlangen nach Bewunderung, Unterwerfung. Die Gültigkeit des Sprichwortes läßt sich auch auf Gruppenverhalten erweitern; das hieße dann: Nationale Dummheit und nationaler Stolz wachsen aus einem Holz.

Insofern dieser nationale Stolz eine hohe kriegstreibende Kraft darstellt, muß man einen Satz in Frage stellen, der den *affektiven* Anteil am Zustandekommen kriegerischer Verwicklungen verharmlosen möchte. Nur ein psychologisch unaufgeklärter Kopf kann formulieren, der Krieg sei die Fortsetzung der Politik mit anderen Mitteln. Krieg ist ganz im Gegenteil mit einem partiellen Außerkraftsetzen des Gewissens verknüpft, insofern er die Tötung von Artgenossen erlaubt und herbeizuführen trachtet. Mit dem Eintritt in den Krieg vollzieht sich das Hereinbrechen von etwas gänzlich anderem. Krieg unterscheidet sich *grundsätzlich* von Politik. Kriege können geplant werden, und sie werden es. Sie werden durch Rüstungen vorbereitet, durch eskalierende Drohungen eingeleitet. Wenn dann aber einmal Krieg ausbricht, dann kann dies nicht ohne eine Revolution im psychischen Zustand derer geschehen, die an ihm beteiligt sind. Das Wegfallen der Tötungshemmung von Mitmenschen bedeutet eine tief eingreifende Energieverschiebung im seelischen Bereich. Das alte Gewissen wird seiner Einsprachekraft beraubt und durch neue Ideologien so verändert, daß es keinen Einwand mehr dagegen erhebt, wenn nun eine neue Ebene kollektiver Asozialität ungeniert zum Zuge kommt: Es wird geplündert, geschändet, gefoltert, exekutiert. Unbesorgt werden Dinge getan, die im heimischen Bereich zwar auch geschehen, aber dann nur unter dem Einspruch der normalerweise in uns wirkenden Gewissensmacht und nur unter der Drohung sozialer Sanktionen.

Erst wenn man sich die Verschiedenartigkeit der Situationen vergegenwärtigt, in denen es zu kriegerischen Verwicklungen in der Geschichte kam, erwirbt man langsam einen Blick dafür, daß in der jeweiligen Dynamik die offenbaren Kriegsgründe die tieferen und verborgeneren, in unserer Natur verankerten verdecken müssen. Dies gilt für jede kriegführende Partei.

Kriege waren in der Vergangenheit offenbar unvermeidlich. Solange wir nicht einen entscheidenden Schritt vorwärts bei der Gestaltung aggressiver Bedürfnisse gemacht, das heißt, unsere Erkenntnisse über ihre Entstehung und Formbarkeit vermehrt haben, ist jeder, der die menschliche Aggression zu verharmlosen geneigt ist, ein unverantwortlicher Wunschdenker. Noch gefährlicher sind freilich die anderen, die aus einer angeblichen Unbeeinflußbarkeit der Aggression ein sozialdarwinistisches Weltbild ableiten.

Ich resümiere: Die Feindseligkeit des Menschen kann mit Hilfe der Analyse ihrer Motive gedämpft werden. Wir bedürfen der konstruktiven Seiten, der sublimierten Formen der Aggression; keine Gesellschaft kann ohne Wettbewerb – worin er nun bestehe – und ohne die festlichen Höhepunkte, die er bringt, gedacht werden. Aggression ist eine Grundmacht des Lebens.

Auch Dummheit wird nicht gänzlich abzuschaffen sein, sie kann aber doch in ihren gefährlichen Formen in befreiender Weise aufgehellt werden. Die lange infantile Abhängigkeit des Menschen schafft die Voraussetzung für später oft unauflösliche entwicklungshemmende Identifikationen (wie natürlich auch umgekehrt für entwicklungsfördernde). Die Einengungen, die diese Identifikationen mit sich bringen, sind zunächst in unserem Leben unvermeidlich. Ohne Vorbilder könnten wir uns in der Welt nicht zurechtfinden. Diese kindliche Bedürftigkeit braucht aber nicht in lebenslange intellektuelle Hilflosigkeit, in politische Kindischkeit, überzugehen, so daß die Vorbilder keinem kritischen Blick unterworfen werden können. Das ist eine vermeidbare Folge der frühen Bindung an Vorbilder.

Es läßt sich im Gegenteil zur genaueren Diagnose die antimanipulative Formel bilden: Dummheit wird gewünscht, wo nachweislich Information unterschlagen und Selbstentfaltung durch einschüchternde Tabus verhindert wird. Unsere Schulen waren bisher vorwiegend Schulen sozialer Klassen und der Nation. Beide hatten ein Interesse, manche Information zu vermitteln und anderes zu verbergen. Daran nagt der Zahn der Zeit. Subkulturen, Schichten und Nationen finden sich allmählich in der unbequemen Lage, ihre Werte, ihre Gepflogenheiten, ihre Urteile, ihre Ziele dem kritischen Denken ausgesetzt zu sehen. Man muß demnach die Bekämpfung dieser erzieherisch oft unbemerkt und unbewußt erzeugten Dummheit zu den wesentlichsten Aufgaben der Friedenssicherung zählen.

Verhärtete Institutionen, ritualisierte Interessenkonflikte, scharf bewachte Tabus, all diese Versuche, den Zerfall sozialer Gebilde zu verhindern, die dann schließlich im historischen Prozeß beim Gegenteil ihrer Wirkung anlangen und diesen Zerfall nun ihrerseits unheilvoll verstärken – all diese paradoxen Wirkungsketten waren mir nur auf der Mikro-Ebene zugänglich: bei der Beobachtung meiner Patienten und des Verhältnisses, das sich zwischen ihnen und mir entwickelte und das wie in einem Brennspiegel die Prozesse der Erziehung verdichtet zeigte. Wo der Patient fähig war, die Grenzen seiner Selbstwahrnehmung zu erweitern, konnte er sich vom Zwang befreien, aggressiv sein zu *müssen*. Aber auch das Umgekehrte war möglich. Er konnte vielleicht aggressiv werden, wo er es bisher nicht zu sein vermochte; aber diese Aggression stand jetzt mehr im Zeichen einer notwendigen Selbstbehauptung oder in einer Vermengung mit libidinöser Zuwendung zu den Objekten der Welt als im zwanghaften Bedürfnis, sich oder andere zu destruieren.

So kann man eigentlich die psychoanalytische Therapie als die Entdeckung eines neuen Weges zur Entwicklung menschlicher Solidarität beschreiben (neben vielen anderen Möglichkeiten ihrer Definition). Psychoanalyse hat gewiß etwas zum Verständnis der Prozesse beizutragen, die Gruppen vereinen oder sprengen; ihr Heimatboden ist und bleibt aber der Versuch der Aufklärung der Konflikte, die das Individuum durchlebt.

Ich weiß, es ist unschicklich, in Stunden wie dieser vom Geld zu sprechen. Ich breche das Verbot. Aus dieser Erfahrung begrenzter, überschaubarer Verantwortung heraus möchte ich gerne die Geldmittel, die an den Friedenspreis geknüpft sind, an eine Organisation weiterreichen, deren praktizierte humane Solidarität und Liberalität mir Respekt einflößen. Es ist dies »Amnesty International«, eine internationale Hilfsorganisation für politische Häftlinge. In Deutschland betreuen, wie ich vernehme, über 140 Gruppen vor allem junger Menschen unter persönlichen Opfern je drei politische Gefangene und versuchen, deren Not zu lindern. Jeweils ein Gefangener ist in einem Land des Ostblocks, in einem westlichen oder in einem der Dritten Welt inhaftiert. Die Hilfsaktion hängt allein an der Qualität, daß der andere ein Mitmensch ist. Indem wir solche Hilfe anbieten, verwirklichen wir Solidarität. Tun wir das nur auf privater Ebene, wie man vielleicht einwenden wird, also ohne politischen Effekt? Ich glaube eher das Gegenteil. Natürlich verringern wir dabei das gewaltige »Kulturhindernis der Aggression« nur um winzige Mengen, vor allem nicht prophylaktisch, sondern indem wir bereits in den Brunnen gefallenen Kindern helfen. Es ist mir klar, daß das nicht etwa ein soziologischer Beitrag zum Frieden oder auch nur zur Friedensforschung ist. Aber mit diesen objektiv zunächst winzigen Beiträgen erleichtern wir doch faktisch für einen einzelnen, benennbaren Menschen das Leben und verringern dabei seine Verzweiflung und eine Verhärtung seiner Aggression. Man müßte blind für die Zeichen der Zeit sein, wenn man in ihnen nicht die Verzweiflung allenthalben entdeckte.

Wird es auf dem Weg in die Zukunft eine Erleichterung von der Bürde der Aggression geben? Dies hängt davon ab, ob uns eine Art der Selbstüberwindung gelingt, die auf dem Respekt vor dem Mitmenschen gründet. Selbstüberwindung also nicht in Opferhaltung, um unseres eigenen Seelenheiles, sondern um des Verständnisses der Pluralität menschlicher Daseinsformen willen. Skepsis, was unsere Güte betrifft, ist sicher angebracht. Wie die Welt auch aussehen mag, bewohnbar wird sie nur bleiben, solange wir Glück und Unglück des einzelnen nicht aus dem Auge verlieren.

Anmerkungen

1 Sigmund Freud: Das Unbehagen in der Kultur. Ges. Werke , Bd. XIV, S. 470 f.
2 Ebd., S. 503.
3 Ebd., S. 504.
4 Ebd., S. 503.
5 Ebd.

Zur Psychologie des Vorurteils[1]

Vorurteile wird man nicht bewundern, aber sie sind staunenswert. Plötzlich löst sich unser Urteil von den Gegebenheiten, wie sie uns in der Welt begegnen; durch einen seelischen Vorgang kommt eine aus Einbildung und Wahrnehmungsbruchstücken gemischte Erfahrung zustande. Sie schiebt sich vor die Wirklichkeit, wie sie uns zugänglich sein könnte, unterlägen wir nicht dem inneren Zwang, unsere Mischung aus Phantasie und Realität für *die* Realität zu halten; oktroyierte sich uns diese Mischung nicht als so einleuchtend, überzeugend, als so evident, daß wir in unserer kritischen Fähigkeit, diese trügerisch überzeugende Wahrheit kritisch zu befragen, wie eingeschläfert oder gelähmt erscheinen.

Um sich klarzumachen, welch sonderbares Gebilde seelischer Tätigkeit ein Vorurteil ist, muß man es vom vorläufigen Urteil, wie wir es unablässig vollziehen, unterscheiden. Gordon W. Allport definiert sehr genau: »Vorläufige Urteile werden nur dann zu Vorurteilen, wenn wir sie unter dem Eindruck neuen Wissens nicht zurücknehmen können.«[2] In einem Essay »Über das Vorurteil« zitiert Max Horkheimer[3] einen Brief von Theodor Mommsen, den auch ich hier anführen will, weil in ihm ein Vorurteil mit hohen Graden von Realitätsvortäuschung ausgezeichnet beschrieben und ein Vergleich gezogen wird, der ein vorläufiges Urteil enthält. In dem Brief heißt es:

Sie täuschen sich, wenn Sie annehmen, daß überhaupt etwas durch Vernunft erreicht werden könnte. In vergangenen Jahren habe ich das selbst geglaubt und fuhr fort, gegen die ungeheuerliche Niedertracht des Antisemitismus zu protestieren. Aber es ist nutzlos, völlig nutzlos. Was ich oder irgend jemand anders Ihnen sagen könnte, sind in letzter Linie Argumente, logische und ethische Argumente, auf die kein Antisemit hören wird. Sie hören nur ihren eigenen Haß und Neid, ihre eigenen niedrigsten Instinkte. Alles andere zählt für sie nicht. Sie sind taub für Vernunft, Recht und Moral. Man kann sie nicht beeinflussen. . . . Es ist eine fürchterliche Epidemie, wie die Cholera – man kann sie weder erklären noch heilen. Man muß geduldig warten, bis das Gift sich selbst aufzehrt und seine Virulenz verloren hat.

Den Erreger der Cholera haben wir inzwischen kennen und zu bekämpfen gelernt. Wir müßten, um den ansteckenden Charakter mancher Vorurteile in bestimmten soziologischen Gegebenheiten anzudeuten, einen anderen Vergleich wählen. Daß die Cholera unerklärlich sei, gilt nicht mehr, seit neues Wissen über sie zugänglich wurde. Es fällt uns nicht schwer, unser vorläufiges Urteil über sie in das besser fundierte einer von einem bestimmten Erreger ausgelösten Infektionskrankheit zu revidieren. Hinsichtlich der mit Meinung und Affekt vollgestopften echten Vorurteile – wie etwa des Antisemitismus – befinden wir uns in einer ganz anderen und immer noch recht hilflosen Situation.

Die Phänomenologie des Vorurteils im allgemeinen sagt uns, daß Vorurteile zum Haltbarsten in der menschlichen Geschichte gehören. Sie sind unter Umständen viel haltbarer als staatliche Gebilde. Denken Sie z. B. an das Vorurteil, es gebe angeborene soziale Privilegien, die als »Gottesgnadentum« Jahrhunderte hindurch eine unbefragbare Autorität ausstrahlten. Dazu gehört das Spiegelbild des Unterprivilegierten, des Leibeigenen etwa, der sich selber in seiner Stellung in der Gesellschaft gar nicht in Frage stellt, der so unter dem Diktat des Vorurteils steht, daß er gerade nicht ein Bewußtsein dafür zu entwickkeln vermag, daß es sich um Vorurteile handelt. Vielmehr gelten diese Weltauslegungen als vorgegeben. Ein bestimmtes Machtverhältnis in der Gesellschaft erscheint als eine Selbstverständlichkeit, als etwas, das mit den höchsten, weltschöpfenden Mächten in Übereinstimmung, in Harmonie steht. Es bedarf also erst einmal eines Schrittes der Erkenntnis, des Durchdenkens einer Lage, um zu erkennen, daß das, was eine Vorurteilshaltung stabilisiert, besondere seelische Vorbedingungen in einer definierbaren soziologischen Gesamtsituation sind; als seelische Reaktionsmöglichkeit ist sie absolut jedermann erreichbar, ihr Zustandekommen jedoch kann wie die Cholera auf die wirksamen Bedingungen hin untersucht werden.

Die Unzugänglichkeit, die oft eine absolute Schranke der Verständigung darstellt und auf die Mommsen anspielt, ist natürlich vielen Denkern in der neueren Zeit aufgefallen – ich erinnere an Le Bons »Psychologie der Politik«, ein fast vergessenes Buch. In ihm unterscheidet Le Bon zwischen Instinkt-Logik und Verstandes-Logik, und er sagt (in Übereinstimmung mit Mommsen): »Den Versuch zu unternehmen, aus Verstandes-Logik zu erklären, was aus Instinkt-Logik entstanden ist, heißt nichts aus der Geschichte lernen.« Und doch gibt natürlich Le Bon (wie alle anderen Autoren, die auf Vernunft setzen) es nicht auf, der Instinkt-Logik mit Hilfe der Verstandes-Logik auf die Spur zu kommen. Und das ist der Weg, auf dem wir überhaupt Vorurteile als solche entdecken. Der nächste Schritt wäre dann, zu verstehen, wieso sie sich bilden konnten. Hier muß ich mein Thema einschränken. Ich kann auf das Schwergewicht sozialer Fakten, die auf den Menschen einen Einfluß haben, nicht eingehen. Ich kann also die soziologische, die materielle Bedingtheit von Vorurteilen nicht untersuchen. Meine Aufgabe ist es, den *psychologischen,* den intrapersonellen Vorgang bei der Vorurteilsentstehung und Aufrechterhaltung von Vorurteilen zu untersuchen.

Aber ich möchte doch einen Punkt herausgreifen, nämlich den, daß die Ausbeutung von Menschen vornehmlich mit Hilfe von Vorurteilen bewerkstelligt wird. Vorurteile und ihre Oktroyierung, z. B. durch Erziehung mit Lohn und Strafe, sind also Vorgänge, die zur Stabilisierung bestimmter Herrschaftsverhältnisse Voraussetzung sind, und ich meine mit dem Wort »Ausbeutung« – es ist ganz genau gewählt – eine Machtherrschaft des Stärkeren über den Schwächeren, bei dem der Stärkere dem Schwächeren nicht erlaubt, den Herrschaftsanspruch in Frage zu stellen. Eine Vorstellung, wie die vom Gottesgnadentum, muß gleichsam durch sich selber wirken wie eine unserer Erkenntnis apriorisch gegebene Erfahrung und als solche akzeptiert werden. Damit haben wir schon einen Zugang zu dem, was ein Vorurteil zu einem solchen macht, nämlich, daß es sich uns mit autoritärer Selbstverständlichkeit aufdrängt und unser kritisches Ich, wie wir sagen, einschläfert oder einschüchtert. Wenn eine Diktatur ein Herrschaftssystem errichtet, indem sie ihre Macht mittels Terror gegen jeden Widerstand sichert, dann haben wir hier das soziale Korrelat zu dem, was sich intrapsychisch, innerhalb des Menschen zwischen seinen verschiedenen psychischen Instanzen zuträgt, wenn ein Vorurteil geboren und verankert wird. Wir errichten sozusagen mit der Annahme und Übernahme eines Vorurteils ein terroristisches System in uns selbst, meist ohne es zu wissen. Diesen aus Phantasien und Realitätswahrnehmung gemischten Gebilden, den Vorurteilen, erliegen wir hilflos. Dabei denke ich natürlich nicht an »Privatvorurteile«, die fließend in Wahninhalte übergehen können, sondern an gesellschafts- oder gruppentypische Vorurteile, die auf Strecken, manchmal auf große Strecken, geradezu unseren Charakter ausmachen. Wir erliegen hier einem »Reflexionsblock«, einer Reflexionslähmung, können vorurteilsbesetzten Stücken der Realität gegenüber plötzlich nicht mehr nachdenken, reflektieren, uns abwägend verhalten, sondern es erscheint uns ein Stück Welt mit Evidenzcharakter, als so und nicht anders, als so selbstverständlich, daß es sich gar nicht lohnt, eine Frage darauf zu verschwenden.

Wie in der äußeren Gesellschaft, so ist auch in dem System unserer Seele die Frage zu stellen: Handelt es sich um ein offenes Gesellschaftssystem oder um ein geschlossenes? Wie sind die Machtverhältnisse? Kann man nach eigenen Kräften innerhalb der Gesellschaft seinen Platz finden, oder wird die Regulierung des Ortes in der Gesellschaft von Kastengesetzen hergestellt, die ja in sich ein System von Vorurteilen darstellen? Kasten können sich gar nicht anders als mit der Gottwohlgefälligkeit ihrer Privilegien oder mit der Tatsache, daß alle »anständigen« Menschen so und nicht anders handeln, also irgendwie metaphysisch verteidigen. Und die metaphysische Verteidigung ist in diesem Fall die Zweckfunktion des Vorurteils. Genauso intrapsychisch: Handelt es sich um psychische Inhalte, die nach einem Kastensystem in uns selber organisiert sind, die also eine fest lokalisierte, eng umschriebene Funktion ausüben, ohne daß diese einer Kontrolle durch andere psychische Instanzen in uns, durch ein reflektierendes Ich, zugänglich wäre, dann sind wir, d. h. unser bewußtes, aufgeklärtes Ich, sozusagen Unterlegene. Unser Ich unterliegt einem intrapsychischen Terrorsystem, einer intrapsychischen Diktatur, aber es hat sich mit dem Angreifer identifiziert, es wähnt sich siegreich. Es war Anna Freud[4], die auf diesen inneren Entlastungsmechanismus zuerst aufmerksam gemacht hat.

In einem Aufsatz aus dem Ersten Weltkrieg »Zeitgemäßes über Krieg und Tod« schreibt Sigmund Freud (1915)[5]:

Menschenkenner und Philosophen haben uns längst belehrt, daß wir Unrecht daran tun, unsere Intelligenz als selbständige Macht zu schätzen und ihre Abhängigkeit vom Gefühlsleben zu übersehen. Unser Intellekt könne nur verläßlich arbeiten, wenn er den Einwirkungen starker Gefühlsregungen entrückt sei; im gegenteiligen Fall benehme er sich einfach wie ein Instrument zu Handen eines Willens und liefere das Resultat, das ihm von diesem aufgetragen sei. Logische Argumente seien also ohnmächtig gegen affektive Interessen, und darum sei das Streiten mit Gründen, die nach Falstaffs Wort so gemein sind wie die Brombeeren, in der Welt der Interessen so unfruchtbar.

Hier ist zusammengefaßt, was ich versucht habe zu explizieren, daß unser logisches Denken – deshalb reden wir ja von Urteil – keineswegs ein sicher und zuverlässig arbeitendes, leistungsfähiges Organ ist, sobald intellektuelles Urteilen mit Affekten in Konflikt gerät. Vergegenwärtigen wir uns einen Augenblick, daß Affekte Triebwünsche psychisch repräsentieren, daß also, wenn wir uns z. B. in einem aggressiven Affekt befinden, ein bestimmter Triebwunsch – nämlich auf Angriff und Vernichtung oder Selbsterhaltung oder was immer sonst – vorliegt, dann erkennen wir die hohe Gefahr, daß unser Triebbedürfnis dem Intellekt vorschreibt, welche Urteile er zu fällen hat. Man nennt diese Willigkeit des Intellektes vor dem (unbewußten) Triebwunsch in der Sprache der Psychoanalyse »Rationalisierung«. Der Intellekt wird, wie Freud sagt, Instrument »zu Handen eines Willens«, d. h. der Triebwünsche, und liefert das Resultat, das den Triebwünschen Befriedigung verspricht. Es werden also gleichsam bewußtseins-offizielle

Formulierungen gefunden, die eine Scheinbegründung schaffen. Und hinter der Scheinbegründung, die gar nicht das eigentliche Motiv trifft, sondern das eigentliche Motiv verbirgt, bewirkt dieses verborgene eigentliche Motiv unsere Handlungen. Eines der besten Hilfsmittel auf diesem Weg sind die Vorurteile.

Wir haben damit wieder einen Schritt getan: Wir gewinnen Einsicht, daß Vorurteile mit unbewußter seelischer Leistung einen sehr viel innigeren Zusammenhang haben als mit bewußter seelischer Leistung. Wenn ich einem Bekannten, der mir mitteilt, Herr X. sei ein abgefeimter Charakter, er tue einem schön; in Wirklichkeit habe er, mein Gegenüber, Nachricht darüber, daß X. ihm hinterrücks sehr unangenehme Dinge antue, schlecht über ihn rede, ihn benachteilige, wo er könne, dann kann es sich bei alledem um Tatsachen handeln – und es kann sich um einen Wahn handeln. Das kann man der Sache vorläufig noch nicht ansehen. Nehmen wir an, wir hätten die Möglichkeit, uns zu informieren, entdeckten, daß unser Bekannter Kleinigkeiten außerhalb jeder Proportion aufgebauscht auslege. Bei unserer nächsten Begegnung machen wir ihn sanft darauf aufmerksam, daß er wohl doch übertrieben habe. Vielleicht zähneknirschend, weil er unter innerem Druck steht und ein Opfer haben muß, wird er sich die Einsicht abringen lassen: es ist halb so schlimm, vielleicht nicht einmal das Anders, wenn unser Gesprächspartner zwar ein unauffälliger Mitbürger ist, aber doch einem Verfolgungswahn erlegen ist, der bei Gelegenheit unseres ersten Gespräches zutage kam. Ist das der Fall, dann werden wir bemerken, daß unser Gegenüber von einem bestimmten Augenblick an still wird, auf eine affektlose Weise uns mit einigen Worten recht zu geben scheint. Weggegangen, wird er das Gefühl haben, nicht nur Herr X., sondern wir selber verfolgten ihn. Er wird also automatisch, statt sein Urteil zu revidieren, uns in sein wahnhaft gesteigertes Vorurteil einbeziehen.

Der Transmissionsmodus der politischen Vorurteile besteht darin, daß *Kerne* wahnhafter Reaktionsmöglichkeit, die sich in uns allen bilden können und lange Zeit ein mehr oder weniger abgeschlossenes Dasein in unserer Seele zu führen vermögen, im Zuge bestimmter politischer Entwicklungen mächtig angefacht, genährt und kultiviert werden. Partielle Wahnvorgänge in der Gesellschaft erfahren gleichsam epidemische Ausbreitung, um dann wieder, nach einer bestimmten Phase der Geschichte – wenn nämlich viel Grausames, das den Wahn zu befriedigen hatte, geschehen ist –, in eine Art Schlafzustand zurückfallen. Wenn man das Bild einer Epidemie verwenden will: Sie erlischt und bildet sich bis auf einen endemischen Rest zurück, jene von Eifersucht und Beziehungswahn gequälten Menschen, die es zu allen Zeiten gibt. Wir alle hegen dann wieder die alltäglichen Vorurteile etwa gegen unsere Nachbarn, die wir wegen irgend etwas unbewußt beneiden. Es wimmelt von zahllosen kleinen, keineswegs ungiftigen Vorurteilen, die uns ein Stück weit paranoisches, wahnhaftes Projizieren erlauben und zum Seelenhaushalt des Menschen zu gehören scheinen – man denke nur an den Klatsch. Wo Menschen leben, wird geklatscht, das ist ein unumgängliches Bedürfnis. Mit diesen kleingemünzten Vorurteilen kann man zwar quälen, aber sie wirken nicht als Treibstoff einer gewaltigen, für eine Zeitspanne unhemmbaren politisch-destruktiven Macht, als Energiequelle historischer Ereignisse. Es wäre nicht der Mühe wert, auf die Vorurteilsbereitschaft, der keiner entgeht und die zu ertragen wir uns alle arrangiert haben, viel Gedanken zu verschwenden, wenn nicht eben noch relativ Harmloses plötzlich den Charakter von hochexplosiven, hochgefährlichen und unbezähmbar aggressiven Verhaltensweisen bekommen könnte.

Wie vollzieht sich das? Wie entstehen eigentlich solche wahnhaften Provinzen in uns allen? Es ist keine Redensart, wenn ich sage: in uns allen. Wer von uns nicht bereit ist, einzusehen, daß er dieses Stück Vorurteilsbereitschaft mit sich herumträgt, als eine lästige Fessel, der wird wenig Gewinn aus unseren Überlegungen ziehen können. Der Wiederholungszwang, in sich wiederholenden Situationen immer wieder dem aufzusitzen, daß Wirklichkeit sich hinter Projektion und Phantasie verbirgt und wir traumwandlerisch in die Irre gehen mit unserer Meinung über andere oder uns selbst – das sollte uns irritieren. Aber leider sind wir alle von der Art, daß wir Vorurteile eher an unserem Busen nähren, als daß wir sie als giftige Schlangen zu erkennen vermöchten. Wie aber entstehen sie? Wir haben nur den Raum zu ein paar skizzierenden Bemerkungen.

1. Es wird uns nichts nützen, wenn wir sagen, Vorurteile seien das Produkt einer konstitutionellen Eigenart der menschlichen Psyche. Das erklärt gar nichts. Diese psychische Reaktionsmöglichkeit oder -notwendigkeit (denn es muß ja auch eine innere Notwendigkeit vorliegen, sich eines Vorurteils zu bedienen) muß irgendwann entstanden sein in der Geschichte des Individuums. Jedes Individuum ist als Sozialwesen von konstitutionellen Faktoren einerseits und Milieufaktoren andererseits, von den engsten mitmenschlichen Beziehungen bis hin zur Gesamtgesellschaft geformt. In dieser Entwicklung des Individuums unter erzieherischen Einflüssen muß der Vorgang »Vorurteilsbildung«, der Mechanismus, der zu Vorurteilen führt und uns anweist, uns in bestimmten Lagen ihrer zu bedienen, angeregt beziehungsweise organisiert worden sein.

2. Es gibt nicht nur ein einziges, es gibt nicht *ein* bestes System

menschlicher Erziehung. Der Mensch ist – was wir uns viel zu wenig bewußt halten – nicht nur die Krone der Schöpfung, sondern ein in bezug auf seine soziale Lebensform ungeheuer anfälliges Wesen. Es ist keineswegs entschieden, ob er nicht eine der folgenschwersten Fehlwege der Evolution darstellt, durch den das Prinzip des Lebendigen sich selbst aufhebt. In der Lage dazu ist der Mensch jedenfalls. Er ist relativ frei von erbgenetisch festgelegten Verhaltensmustern, die sein soziales Leben organisieren. Tiere können jedoch nur in eng vorgezeichneten Grenzen für ihr soziales Verhalten lernen. Ihre sozialen Verhaltensweisen sind erbgenetisch festgelegt, und jedes Mitglied einer Spezies muß diesen Grenzen so folgen, wie sein Blutkreislauf bestimmten physikalischen und physiologischen Gesetzen folgen muß. Es gibt z. B. keine Möglichkeit zu einem neuen Werbungsverhalten bei der Paarung. Das Werbungsverhalten ist völlig ritualisiert; und das tierische Sozialleben ist in diesem Sinne ein durch und durch ritualisiertes, und damit sind die Konflikterfahrungen auch intraspezifisch, bei der einzelnen Spezies genau reguliert. Es gibt sehr wenige Tierarten, die etwa gegen Artgenossen hemmungslos aggressiv werden; es gibt vielmehr Demutsgebärden, Unterwürfigkeitshaltungen, Fluchtreaktionen, die es verhindern, daß eine Art sich gegenseitig ausrottet[6]. Das ist beim Menschen nicht der Fall. Er hat keine Tötungshemmung absolut sicherer Art, sondern es gibt, mehr oder weniger im Bewußtsein vorbereitet, Vorurteilskonstruktionen, Systeme von Vorurteilen, die dann plötzlich als die absolut selbstverständliche Wirklichkeit und Wahrheit erscheinen, nach denen diese Tötungshemmung außer Kraft gesetzt werden kann, z. B. im Kriege. Es ist ein Faktum, daß keine menschliche Gesellschaft ohne Unterdrückung bestimmter Triebregungen ihrer Einzelindividuen auskommen kann, daß sie versuchen muß, etwas Ähnliches zu schaffen wie das, was wir bei den Tieren als erbgenetisch gesicherte Verhaltensweisen vorfinden; auch sie wird versuchen, bestimmte Verhaltensformen zu »ritualisieren«. Die Erziehung besteht zu einem großen Teil darin, solche Rituale einzuprägen, nach denen sich das Individuum in der Gesellschaft unter seinesgleichen bewegt. Diese Ritualien sind also gruppenspezifisch, müssen gelernt, und zwar mit Schmerzen gelernt werden, da sie immer ein bestimmtes Maß an Triebunterdrückung verlangen. Daraus folgt: Es ist immer ein Teil nicht-sozialisierter, nicht im täglichen Verhalten bereits festgelegter, automatisierter Triebhaftigkeit des Menschen vorhanden, sie stellt einen Triebüberschuß dar, der nicht im System der Wertnormen einer Gesellschaft verbraucht wird. Dieser Triebüberschuß entsteht dadurch, daß wir sehr viele Antriebe, die wir in uns erleben – Triebbedürfnisse, die wir haben –, nicht im Rahmen unserer Gesellschaft befriedigen dürfen, z. B. weil wir auf andere Rücksicht nehmen müssen, aber auch, weil sich die skurrilsten und absurdesten Formen menschlichen Zusammenlebens herausgebildet haben, die uns die unmittelbare »natürliche« Befriedigung vorenthalten. Langsam wird die Welt eintöniger. Als es noch geschlossene Großgruppen und kleinere Gesellschaften gab, konnte man beobachten, daß vielleicht schon von Dorf zu Dorf, sicher aber jenseits der Provinz- oder Landesgrenze, von einer großen Weltgegend zu der anderen die Menschen tief unterschiedliche Verhaltensnormen als ihre »Natur« entwickelt hatten. Das Spezifische, das für die Gruppe Gültige, galt als das einzig Gültige. Zum Beispiel: Das Wort »Zulu« bedeutet Mensch – alle »Nicht-Zulus« sind keine Menschen[7]. Das Sich-Abheben der einzelnen Gruppen voneinander gehört offenbar zu den Ritualisierungen, die eine Gesellschaft zusammenhalten. Wie natürlich wird dann dem Nicht-Zulu gegenüber das Feindverhalten mobilisiert und nicht das Freundverhalten.

Das ist ein Teufelskreis, der sich durch die Jahrhunderte und durch die menschliche Geschichte hindurchzieht. Er hat überdies eine politisch-ökonomische Bedeutung. Je repressiver, je triebunterdrückender, je stärker ritualisierend eine Gesellschaft ist, je kastenhafter ihre Organisation, je mehr unbefragbare Autorität ihre Struktur ausmacht, einen desto größeren Triebüberschuß muß sie haben, desto mehr Triebenergie kann nicht mit lustvollen Erfahrungen verknüpft in sozialen Kommunikationen aufgehen, dort produktiv werden. Die Individuen müssen in sich selber Abwehrvorgänge gegen diese Triebhaftigkeit erfinden und Unterdrückungsmanöver durchführen. Sie leben also unter einem hohen Binnendruck. Dann ist es ein höchst effektiver Einfall, wenn eine Manipulation gelingt, durch die der hohe Binnendruck nach außen abgelenkt wird – das heißt, wenn die Gesellschaft sich Haßobjekte erfindet, denen gegenüber man asoziale – oder vielleicht genauer präsoziale – Triebverhaltensformen, also schieren Egoismus aggressiver, sexueller oder sonstiger Art, ausleben darf, ohne mit den Gewissensinstanzen in Konflikt zu kommen!

3. Das Entscheidende, sozusagen der politische Schlüssel dafür, wie man Vorurteile zu politischen Zwecken manipulierbar und ausnutzbar macht, liegt darin, daß man die präsozialen Triebverhaltensweisen, die im Binnenraum der eigenen Kultur nicht zum Zuge kommen, die unterdrückt werden müssen, auf ein Objekt lenkt, das man zugleich in seinem Wert erniedrigt, so tief, daß kein Gewissenskonflikt entsteht. Die Zulus haben ihrer eigenen Gruppe gegenüber natürlich einen relativ hohen Grad von Tötungshemmung. In der eigenen Gruppe ist es ein im höchsten Maße mit dem Gewissen in Konflikt bringender Vorgang, wenn ich einen meiner eigenen Mitbürger, einen Angehörigen

meiner eigenen Gesellschaft bestehle oder gar töte oder vergewaltige usw. Setze ich aber das Haßobjekt für eine Gesellschaft ethisch herunter, gebe ich ihm die Attribute des Niedrigen, des Gemeinen, Unmenschlichen, des Menschenunähnlichen, dann wird es leicht, im Rahmen dieses gesamtgesellschaftlichen Vorganges Menschen zu finden, die ihre mehr oder weniger unbewußten Triebwünsche einem relativ wertlosen Haßobjekt gegenüber ausleben wollen. Sie entrinnen damit dem Zwang, sie unterdrückt halten zu müssen – was viel psychische Kraft kostet. Die heroische Spielart dieser Ablenkung der aggressiven Triebbedürfnisse auf Angehörige von Fremdgruppen sieht keine Herabsetzung des Gegners vor; der Kampf wird dann zu einem Ritual, das einzuhalten Ehre für beide Partner bedeutet. Wir haben in der Geschichte der amerikanischen Indianer ein Beispiel, wie diese Ritualisierung eines Kampfes aller gegen alle kaum andere Formen kultureller Produktivität zur Entwicklung kommen ließ.

In der modernen Geschichte ist der Schritt vom privaten Vorurteil zur kollektiven Vorurteilskrankheit, wie immer zuvor, dadurch charakterisiert, daß der jeweilige Gegner »verfremdet« wird. Er wird fremd im abstoßenden Sinn gemacht. Er verkörpert kaum einen Wert und kann damit zu einem relativ konfliktfreien Ziel der Aggression werden – und auch der libidinösen Wünsche; ein Objekt, das mir Lust macht dadurch, daß ich es mir unterwerfe, daß ich es töte, oder was auch immer ich mit ihm anstelle, alles ohne daß ein Gewissenskonflikt fühlbar würde.

Diese Funktion des Vorurteils ist sehr wichtig, und wir können folgern: So wie es in der Tierwelt für bestimmte arteigentümliche, angeborene Verhaltensweisen neben der inneren Triebspannung eines »Auslösers« in der Außenwelt bedarf, damit dieses Verhalten angestoßen wird und abläuft, so wird etwa ein vom Vorurteil ergriffenes Objekt in der Außenwelt zum Auslöser dieser bestimmten, durch die Vorurteile vorpräparierten Verhaltensweisen. Bei kollektiven Vorurteilen wird oft ein hoher Grad von Konformität erreicht. Das zweite Politikum solcher Vorurteile besteht darin, daß mit den Wölfen zu heulen eine große Sicherheit in der eigenen Gesellschaft gewährt. Teile ich den Wahn der anderen nicht, dann werde ich selbst ein Fremder, und dann besteht für mich die Gefahr, selbst zu einem Haßobjekt, selbst auch von dem Vorgang ergriffen zu werden, der mich zu einem wertlosen Objekt stempelt. Die Witterung dieser Gefahr trägt dann wieder zur gruppeninternen Versteifung der Vorurteilshaltung bei.

Daß wir die in einigen Hauptelementen beschriebenen Vorbedingungen der *Vorurteilsanfälligkeit* und *Entstehung* von Vorurteilen jetzt kennen, verdanken wir der Psychoanalyse. Es hat eine Menge Ideen über Vorurteile gegeben, aber noch keine Theorie des Psychischen, die uns so tiefen Einblick in die Dynamik des Geschehens erlaubt hätte und die auch so offen für die Anerkennung der mitwirkenden soziologischen Bedingungen gewesen wäre. Vergegenwärtigen wir uns noch einmal diesen Anpassungsvorgang des Individuums an die Normen der Gesellschaft. Stets behält es einen mehr oder weniger großen präsozialen Triebüberschuß, der in den Kanälen der Gesellschaft, in der Person selber nicht zum Zuge kommen kann, der im Gegenteil mehr oder weniger unterdrückt wird und auf Nebenwegen in Erscheinung tritt, und zwar häufig durch unbewußte Verhaltensweisen, die vom Bewußtsein nachträglich »rationalisiert« werden. Ein Beispiel: Ein Mitarbeiter habe von seinem Chef einen erheblichen Tadel erhalten. Er kommt nach Hause und sieht, daß eine Kleinigkeit im Kinderzimmer nicht in Ordnung ist. Nun verprügelt er deswegen seine Kinder. Damit vollzieht er ein uraltes, ein in der menschlichen Psyche noch wenig abgeschwächtes Reflexgeschehen. Er gehorcht der Hackordnung, wie man diese Verhaltensfolge nach den Beobachtungen, die man an der Sozialordnung im Hühnerhof gemacht hat, nannte. Wenn ein Huhn von einem höherstehenden gehackt wird, rennt es ohne Aufschub zum nächst unterlegenen Huhn und hackt dieses – und so geht das weiter. Nur das arme Omega, das letzte Huhn, bekommt bloß noch Prügel und hat keine Möglichkeiten der Gratifikation mehr. (Das gleiche Verhalten ist mit dem Begriff der »Radfahrer-Reaktion« gemeint.)

Das Verprügeln der Kinder stellt also eine die emotionelle Spannung herabsetzende und damit lustvolle Handlung dar. Die dem Schwächeren erteilten Schläge gelten eigentlich dem Stärkeren, dem sie nicht gegeben werden dürfen. Das ist der faktische Motivzusammenhang. Die rationalisierte Kausalität lautet: Ordnung muß sein, die Kinder lernen nicht, Ordnung zu halten, wenn man es ihnen nicht manchmal nachdrücklich klarmacht. Die Radfahrer-Reaktion ist um so leichter auslösbar, je größer der *permanente* ungesättigte Triebüberschuß aus den repressiven Prozessen der Kultur ist. Wir wissen aus der Geschichte, daß ein Weg zur kollektiven Entlastung emotioneller Triebspannung in der Erfindung von Sündenböcken besteht. Es gilt, sie im Bewußtsein ihrer Verfolger möglichst menschenunähnlich zu machen, damit sie ohne große Gewissenskonflikte der Spielball der Triebenergien werden können, die im Kommunikationsfeld der Gruppe selbst nicht abgesättigt werden können. Es ist ein bedrückender Wiederholungszwang, mit dem diese Dehumanisierung sich immer und immer wieder – von der Diskriminierung in der Schulklasse bis zur Rassendiskriminierung – vollzieht.

Wir fragen uns: Warum erzielen wir hier keinen Fortschritt? Weil wir schwach, lange Zeit unendlich hilfsbedürftig und überhaupt eines der sozial abhängigsten Wesen sind, das oft genug in die Omegaposition gerät und auf Rache sinnt. Portmann hat den Menschen als »physiologische Frühgeburt« bezeichnet; er sollte eigentlich erst nach ungefähr zweijähriger Tragzeit geboren werden. Daß der zweite Teil unseres fötalen Wachstums extrauterin – im »sozialen Uterus« – erfolgt, macht das Ausmaß der sozialen Abhängigkeit klar. Hinzu kommt, daß es in der Eltern-Kind-Beziehung keine Ritualien festliegender Art gibt, die konfliktfreies Verhalten möglich machen. Das bedeutet, daß wir im Verlauf unserer Entwicklung entsetzliche Demütigungen erleiden. Die höchst lückenhafte Erinnerung unserer Kindheit ist ein Anzeichen für die Intensität der Abwehr, mit der wir uns eine Erinnerung dieser schmerzenden Erfahrungen ersparen müssen. Als Analytiker erwirbt man im Laufe der Zeit eine erhöhte Sensibilität für das Ausmaß der Schädigung durch Erziehung unter Einwirkung der Radfahrer-Reaktion. Der legendäre Kommißstiefel kann dann wie ein Tanzschuh sein, gemessen an dem, was Kindern von ihren Eltern ahnungslos – es ist keine Übertreibung –, völlig ahnungslos im Schutz kollektiver Erziehungsnormen angetan wird. Und eines Tages sind die solcherart Gedemütigten selbst Lehrer und Eltern. Dann spielt die Hackordnung weitgehend als unbewußter Motivzusammenhang ihre Rolle weiter. Wir sind nicht nur in Gefahr, jene Ritualien der Gesellschaft, jene Wertordnungen, die uns selber großes Ausmaß an Unlust bereitet haben, die uns viel Verzicht abgefordert haben, mit größter Wonne der nächsten Generation wieder aufzuerlegen, wir tun es und nehmen unbewußt Rache an unseren Eltern. Wir tun unseren Kindern an, was eigentlich unseren Eltern zugedacht war und was durch die Ritualien der Gesellschaft ihnen nicht zugedacht werden darf, denn »Du sollst Vater und Mutter ehren« und nicht hassen. Und im Bewußtsein haben wir die edle Absicht: meinen Kindern soll es einmal besser gehen als mir.

Wir können also sagen: Erst wenn es uns gelingt einzusehen, daß weiterwirkendes seelisches Leben des Menschen nicht nach der Pubertät, sondern mit der Geburt beginnt, und gemäß der Einsicht zu handeln, daß psychische Erfahrungen von der Geburt an prägende Bedeutung für das psychische Gesamtgeschehen bekommen, erst dann haben wir die Möglichkeit, an jenen Entwicklungsbedingungen etwas zu mildern, die bis jetzt immer wieder zur Herstellung der Vorurteilsbereitschaft, zur Willfährigkeit unseres Ich mächtigen Triebwünschen gegenüber geführt haben. Erst dann kann sich der Grad der Enttäuschungen, die wir in unserer eigenen Gruppe erleiden – nach Sinn und Inhalt oft überflüssiger-, vermeidbarerweise –, so weit verringern, daß unser Bedürfnis nach Sündenböcken nicht mehr imperativer Art ist. Damit wird nicht etwa eine Aussicht auf Utopia eröffnet. Es bleibt vielmehr dabei, daß keine Gesellschaft denkbar ist, die nicht mit Verzichten arbeiten muß. Verzichte sind die notwendigen Reizmittel, bestimmte psychische Leistungen zu entwickeln, zu denen sich nur der Mensch bisher als fähig erwiesen hat. Er kann also nicht in einer utopischen paradiesischen Kindheit leben, sondern die Kindheit enthält auch die Reize für die Entwicklung seiner spezifischen psychischen Leistungen. In der Kindheit muß also durch geeignete Behandlung des jungen Menschen der Anreiz gelegt werden, das infantile Neugierverhalten nicht erlöschen zu lassen, sondern es fortwährend anzuregen – weil es die Vorbedingung der Entfaltung der Lernfähigkeit ist. Wir dürfen nicht erwarten, daß wir dank besseren Verstehens unseren Kindern alle Schmerzen und schweren Augenblicke ersparen können. Aber wir können ihnen vielleicht unsinnige Schwierigkeiten ersparen, indem wir darauf verzichten, in der differenzierten menschlichen Gesellschaft sinnlos gewordene Verhaltensweisen an ihnen auszulassen.

Die menschliche Geschichte fängt also »ganz unten«, ganz früh an. Sie kann nicht in einen Paradieszustand verwandelt werden mit Hilfe psychologischer Erkenntnisse; sondern umgekehrt, psychologische Erkenntnisse führen uns zu der Frage: Welche Unterdrückungen, welche Demütigungen sind vermeidbar, welche Restriktionen muß ein Mensch, um sozial zu werden, zu ertragen lernen? Dies Lernen ist immer gleichbedeutend mit dem Verzicht auf unmittelbar winkende Wunscherfüllungen zugunsten eines sozialbedingten Aufschubes der Triebbefriedigung. Ein Mittel zur Vermeidung einer sozialen Konstellation, die zwangsläufig zur Förderung der Vorurteilsbereitschaft führen muß, liegt in der Schulung unserer Beobachtungsfähigkeit für eigenes Verhalten. Je besser es uns gelingt, uns selbst im Aufruhr unserer Gefühle nachdenkend zu beobachten, desto besser sind die Chancen, nicht unbemerkt unbewußten Steuerungen unterworfen zu sein. Dieser Vorgang bezeichnet die Gegenkraft gegen die Blindheit für unsere eigenen Motive. Es geht um das Training der Reflexionsfähigkeit, der Fähigkeit, zwischen affektivem Drang und Handlung eine Pause der Besinnung einschalten zu können. Das ist doch schließlich die Voraussetzung, die es uns erlaubt, ein vorläufiges Urteil zu korrigieren, so daß wir eine neue dynamische Definition gewinnen: Vorurteile werden dann eindämmbar, wenn es uns gelingt, Reflexion vor die Handlung einzulegen, zu der sie auffordern. Das Ausmaß, bis zu dem das mißlingt, zeigt die aktuelle Dynamik des Vorurteils an.

Die Aufgabe der Reflexionssteigerung ist die Aufgabe, die uns durch die Evolution zum Bewußtsein gestellt ist. Die Steigerung des sozialen Verantwortungsbewußtseins ist die Leistung, an der die Gesellschaften der Menschheit nicht vorbeikommen, je drangvoller die Enge unter den Menschen auf dieser Erde wird. Die Einübung in diese Fähigkeit, jederzeit zu spüren, was zwischen mir und dem anderen (vor allem, wenn er schwächer oder stärker ist als ich) vorgeht, ist noch unbequemer als die Erlernung von Techniken, die uns die vollkommenere Beherrschung von Sachobjekten erlauben. Dabei besteht noch zuzüglich die Gefahr, daß der Mensch zu solcher Objektform erniedrigt wird – unter welchen ideologischen Devisen auch immer, sie mögen sogar das Wort »Führer« im Banner führen.

Es sieht nicht so aus, als wäre das Problem der Vorurteilsbereitschaft so leicht aus der Welt zu schaffen. Wer hätte – um noch einmal an die Cholera zu erinnern – vor hundert Jahren zu denken gewagt, daß es uns gelingen wird, die Infektionskrankheiten zu besiegen? Wir konnten es, weil wir Erreger und Übertragungsweise studierten. Das Studium der Übertragung krankhafter, seelischer Bakterien – als solche lassen sich die flagranten Vorurteile klassifizieren – ist eine Aufgabe vielleicht noch größeren Ausmaßes. Daß wir sie in Angriff nehmen können, setzt allerdings die Einsicht voraus, daß wir imstande sein könnten, einem Wahn zu verfallen. Von der Bescheidenheit, dies hinnehmen zu können, hängt es ab, ob die Ausbreitung von Vorurteilen ein kurables Leiden der Menschheit wird oder weiterhin inkurabel bleibt.

Anmerkungen

1 Vortrag, gehalten anläßlich der Erzieherkonferenz der Gesellschaft für Christlich-jüdische Zusammenarbeit am 9. November 1963 in Wiesbaden.
2 G.W. Allport, The Nature of Prejudice. Cambridge, Mass., 1954, S. 9.
3 Frankfurter Allgemeine Zeitung, 20. Mai 1961.
4 Anna Freud, Das Ich und die Abwehrmechanismen. London 1946.
5 Sigmund Freud, Ges. Werke, Bd. X, S. 339.
6 Vgl. Konrad Lorenz, Das sogenannte Böse. Zur Naturgeschichte der Aggression. Wien 1963.
7 Vgl. A. Mitscherlich, Auf dem Weg zur vaterlosen Gesellschaft. München 1963.

Neuerliches Nachdenken über Aufklärung*

Aufklärung ist bei uns neben den in Deutschland heimischen philosophischen Systemen nie so recht anerkannt worden. In der historischen Totalbilanz der letzten 200 Jahre hat uns rationale Trockenheit dann bitter gefehlt. Hochmut des kaiserlichen Deutschland und Afterglauben des Nationalsozialismus wären uns sonst vielleicht erspart geblieben. Und auch gegenwärtig steht es um ein Interesse für Aufklärung immer noch nicht sehr gut. Als Teilstück bürgerlicher Moralität droht sie sogar, bei der herrschenden Abneigung gegen alles Bürgerliche, mit diesem unter die Räder zu geraten.

Immerhin hat sich – trotz restaurativer Phasen des Denkens – in den letzten 200 Jahren das Verlangen durchgesetzt, Welt ohne vorherige Auslegung zu erfahren. Man will informiert, nicht überzeugt werden. Durch ein Jahrtausend wirksame Tabus begannen zu verblassen. Dem naturforschenden Geist erwiesen sich ungezählte Vorstellungen als Horte des Unwissens. Schrittweise entsprach dem Aufklären der weißen Flecke auf der Landkarte das Verlangen nach einem vielschichtigeren Selbstverständnis, zu dem der einzelne in seiner Gesellschaft angehalten werden sollte, um sich »frei« fühlen zu können.

Freilich gehört es längst zu den anthropologischen Gemeinplätzen, daß dieser neugierige Mensch zu einer treffenden Selbsteinsicht nur recht unvollkommen in der Lage ist. Der Elan, den Menschen zum »Selbstgebrauch der Vernunft« anzuleiten, scheitert bis heute an dessen Widerstand, sich selbst in Frage zu stellen. Eher neigen wir alle dazu, denkend erweitertes Wissen über uns selbst, wenn es nicht schmeichelhaft ist, durch neue Vorurteile abzuwehren. Denn psychologischer Wahrheitssuche setzen wir uns dann ganz besonders ungern aus, wenn Diskrepanzen fühlbar werden zwischen dem neugezeigten, d. h. durch Reflexion mitgestalteten Rollenbild und dem herkömmlichen, das wir von uns selbst akzeptiert haben. Neuerliches Nachdenken über die spezifisch menschliche Fähigkeit zur Selbstreflexion läuft also darauf hinaus, daß wir – bildlich gesprochen – zwei deckungsungleiche Gesichter besitzen und daß ein großer Teil unseres Verhaltens durch die Anforderungen bestimmt wird, Erfahrungen, Erlebnisse und

---

*Der Text bringt eine teils gekürzte, teils ergänzte Fassung der Festrede zum 150jährigen Jubiläum des Bibliographischen Instituts im September 1976.

Selbsteinschätzungen wenn nicht miteinander zur Deckung zu bringen, so doch wenigstens einander anzunähern.

Die Zahl derer, die ein Bedürfnis nach Aufklärung empfinden, ist eine Minorität unklarer Stärke. Der Wunsch nach kritischer Aneignung von Wissen erstreckt sich in zwei Richtungen: einmal auf das ganze Gebiet unseres Nicht-Wissens von Natur, zum anderen auf uns selbst, als natürliches Sozialwesen, als Selbstdenker im Lessingschen Sinne. Nur von dieser *Aufklärung des Menschen über sich selbst* soll hier im wesentlichen die Rede sein.

Widersprüche und dialektische Spannungen in der menschlichen Existenz verlangen eine andere Flexibilität des Verstehens als es beim Umgang mit den objektiven wissenschaftlichen Daten der Fall ist. Weil der Unterschied zwischen den Erkenntnisebenen so groß ist, werden Forscher immer wieder veranlaßt, der einen Ebene Ausschließlichkeitscharakter zuzusprechen und die andere als unwissenschaftlich zu entwerten. Es ist dann von Objekten ohne Sinn und Subjekten ohne Halt die Rede. Wir alle leben inmitten mehr oder weniger fataler Selbstmißverständnisse, aber wir müssen durch sie hindurch, wir können sie nicht übersteigen.

Offenbar stehen wir der Aufklärung nach wie vor ambivalent gegenüber. Trotz aller Inflation des Wissensstoffes ist unser Elan, Unverstandenes verstehbar zu machen, ungebrochen. Jedenfalls soweit unser Bewußtsein reicht. Unbewußt aber suchen wir sie zu verhindern, mindestens nur in bestimmten Bereichen zuzulassen, z. B. neuerlich als Sexualaufklärung des Kindes. Aufklärung ohne Änderungswillen ist jedoch sinnlos, und Änderung ohne Zumutungen, die unser Selbstbewußtsein hinzunehmen lernen muß – insbesondere auch ohne Verzicht auf bisherige Privilegien, welche der Aufklärung im Wege stehen, z. B. das Privileg der Rechtgläubigkeit –, nicht zu verwirklichen. Fragen der Aufklärung sind in den letzten 200 Jahren schon wegen der Wachstumsdynamik unseres Wissens nicht zur Ruhe gekommen. Aber auch alle Zukunftsvorstellungen sind vom Fortschrittsglauben nicht nur beherrscht, sondern seit kurzem auch von ihm beunruhigt. Ist er vielleicht doch nicht ausschließlich erwünscht? Besitzen nicht auch Phantasien einer Gegenposition – z. B. gesättigter Ruhe – große, meist unbewußte Anziehungskraft für eine von Leistungsprogrammen gejagte Menschheit? Oder ist es unaufhaltsam, daß der Mensch alles machen wird, was er machen kann? Gibt es noch ein Maß für die Freiheit zu allem – wie zu nichts?

Es ist leider nicht fraglich, sondern im Gegenteil gewiß, daß wir keine Vernunftposition besitzen, von der aus Freiheit erschlossen und gleichzeitig gegen bestehende institutionelle Zwänge durchgesetzt werden könnte. Nur unser Ich – ein im Lebenslauf sehr verständnisvoll und schonend behandeltes Ich – müßte es sein, welches dieser Doppelaufgabe gewachsen wäre. Aber woher soll dieses hypothetische vernünftige Ich die Kraft nehmen, Reflexion so anziehend zu machen, daß es die Unlust der Selbstkritik zu überwinden vermag? Freilich können wir auch den Umschlag von Unlust zu Lust beim gelungenen Erwerb von Wissen beobachten. Diesen Umschlag zu erreichen sollte eine der zentralen Aufgaben der Pädagogik sein. Manche Frage dieser Art ist jedoch nicht befriedigend zu beantworten, weil uns die psychologischen Voraussetzungen dazu noch fehlen.

Natürlich hat es immer Säulen der Weisheit gegeben, an denen Zeitgenossen und Nachfahren sich orientieren konnten. Wissen als befreiende Einsicht erlangten jedoch nur wenige; denn die Umstände waren gegen sie. Wir befinden uns in der Kulturentwicklung aber an einem Ort, an dem klar wird, daß das Mittel der Reflexion nicht weiterhin eine zufällige Kulturleistung einzelner bleiben darf, sondern daß das Denken als »Probehandeln« (Freud) im Prinzip von jedermann verlangt wird. Freilich bahnt sich nur mit der durch Denken erworbenen Angstfreiheit ein weiterer Radius eigener Reflexionsfähigkeit an. Man denke an den Streit um die Gefährlichkeit der Atomkraftwerke. Beide Opponenten, die Befürworter wie die Gegner, haben jeder für sich respektable Gründe, keiner verfügt über ein definitives Argument. Entscheidend ist die Tatsache, auf welcher Seite das Denken als Wunschdenken stärker mit dem Mittel der Verleugnung und der (Selbst-)Beruhigung operiert. Obgleich von Hunger und Not in der Bundesrepublik nicht die Rede sein kann, also kein Grund für überstürzten Aufbau der Kernkraftwerke besteht, wird eine paniknahe Beeinflussung der Öffentlichkeit betrieben. Infolgedessen finden sich Arbeiter bereit, aus Angst um ihre Arbeitsplätze gegen die Bürgerinitiativen zu demonstrieren; möglicherweise demonstrieren sie ahnungslos – unaufgeklärt – für den Atomtod ihrer Kinder.

So kann man kaum einer düsteren Prognose ausweichen. Sie beruht auf sozialpsychologischen wie sozialpolitischen Informationen über kommende Entwicklungen, die jedermann zugänglich sind. So wie sich die Lage der Menschheit in diesem Jahrhundert entwickelt hat, muß man bei unbefangener Betrachtung – d. h. bei gezügeltem Wunschdenken - die Lebensdauer dieser Menschheit als limitiert ansehen. Eine so heftige Diskrepanz zwischen destruktiver Triebhaftigkeit und relativer konstitutioneller Schwäche eines kontrollierenden Ichs enthält für einen friedlichen Ausgang der Geschichte zu große Risiken. Denn es kann nicht übersehen werden, daß wir alle für den Fortschritt bisher mindestens zwei zunächst erfolgreich verniedlichte seelische

Dauerbelastungen eingehandelt haben. Erstens die Dauerbelastung, im Schatten wachsender Nutzung der Atomenergie zur Herstellung tödlicher Waffen leben zu müssen; zweitens die ebenfalls globale Dauerbelastung, in den nächsten 10 Jahren dem akuten Hungertod von 2,2 Milliarden Menschen entgegenzugehen. So jedenfalls die neuesten Schätzungen des *International Food Policy Research Institute* in Washington. In dieser Lage bieten sich Abwehrmechanismen wie Verdrängung und Verleugnung dieser Gefahren an. Sie führen jedoch nicht zur Vergrößerung, sondern umgekehrt zur Einschränkung seelischen Reaktionsvermögens.

Zwar gab es keine Atomschläge, statt dessen wurden seit dem Zweiten Weltkrieg fast pausenlos kriegsähnliche Zustände und Bürgerkriege der herkömmlichen Art ausgetragen. Es ist höchst zweifelhaft, ob Friedens- und Kriegsforschung schon irgendeinen Einfluß auf die aktiven Politiker bzw. deren Entscheidungen gewinnen konnte. Die Idealbildungen und Wertskalen der verschiedenen Kulturen und Sozialverfassungen sind zu unterschiedlich, um in Kriegsfällen eine rasche Verständigung und gemeinsames Handeln zu erlauben. Diesem Problem stehen auch die Vereinten Nationen, eine Gründung aus dem Glauben an die Vernunft im Sinne der Aufklärung, ziemlich hilflos gegenüber. Es dauerte fast zwei Jahre, bis die UN-Friedenstruppe aktiv wurde – lange genug, um ein Land wie den Libanon zu ruinieren. Die »Peace People« in Irland rechnen mit einer zunächst noch unabschätzbaren Dauer ihres Bürgerkrieges. Es ist nicht gelungen, auch nur ein Elementarmanagement bei drohender Gewaltanwendung zu entwickeln. Hierzulande drohen manche Politiker, im Parlament den Antrag auf Streichung der bescheidenen Mittel für analytische Friedensforschung zu stellen, weil der handvoll Forscher auf diesem Gebiet nicht rasch genug sichtbare Erfolge beschieden waren. Das wäre etwa ein Beispiel für einen Abwehrmechanismus, hier der im Bewußtsein erscheinenden rationalen Argumente, die im unbewußten Bereich zu einer Kette feindselig-aggressiver Phantasien gehören.

Wo Menschen genötigt sind, sich mit ihresgleichen »sachlich« zu verständigen, bedeutet dies gewiß nicht, man verlange von vornherein die Unterdrückung jeder emotionellen Regung. Es wäre ein wenn auch gängiger Irrtum zu glauben, durch eine solche Reduktion würde es uns gelingen, krisenfreier unser seelisches Leben zu bewältigen. In Tat und Wahrheit geht es aber nicht um eine Unterdrückung unserer Gefühle und Triebwünsche, sondern darum, mit unseren Gefühlen ihrem Wesen *entsprechend* umzugehen. Dabei können uns bedeutende Leitbilder zu Hilfe kommen. Zum Beispiel der große Immanuel Kant mit der Beantwortung der Frage: »Was ist Aufklärung?« »Unmündig«, sagt

Kant, sei der Mensch und »selbstverschuldet« sei diese Unmündigkeit. Das liest sich als harter Vorwurf. Die Soziologie und Sozialpsychologie hat uns mit großem Aufwand klargemacht, daß das Individuum ein Leben lang tief abhängig ist von seinen Mitmenschen und den sozialen Lebensformen – tiefer abhängig sind wir, als man dies vor Entdeckung einer Psychologie unbewußter seelischer Prozesse sehen und auch beeinflussen konnte.

Der Ausgang dieser Anstrengungen, sich der Mündigkeit zu nähern, ist sehr ungewiß. Wir sollten nicht vergessen – obgleich es uns vielfach nahegelegt wird, z. B. von ethologischer Seite –, daß der Mensch ein zwar triebhaft mitbestimmtes, aber kein instinktiv festgestelltes Wesen ist. In der Natur stellen wir ein Unikum an Selbstbestimmung wie an Sozialbestimmung dar, und es sieht manches wie Selbstverschuldung aus, was in Wirklichkeit die Neuauflage mächtiger Vorurteile ist. Bei genauerer Betrachtung zeigt sich übrigens, daß auch Kant Unterschiede sieht, wer quasi tiefer und stärker selbstverschuldet in der Unmündigkeit steckt und wer schließlich selbst ohne Skrupel ausbeutet, freilich sich selbst auch Ausbeutung gefallen lassen muß. Es offenbarte sich in dieser Praxis eine psychische Realität, die erstmals am Verständnis der Dialektik zwischen Patient und Therapeut faßbar geworden ist. In der psychoanalytischen Praxis wird z. B. erfahrbar, wie es ist, wenn psychisch Eigenes nur mehr oder weniger verstümmelt wahrgenommen werden kann. Ununterbrochen wird dann im analytischen Prozeß aus Verhaltensweisen, die dem Patienten fremd sind und die er keineswegs zu besitzen glaubt, der Nachweis geführt, daß dieses fremd Anmutende doch Eigenes darstellt.

Das Ideal aufgeklärter Freiheit ist für Kant die Möglichkeit, »von seiner Vernunft in allen Stücken öffentlich Gebrauch zu machen«. Dabei handelt es sich aber nicht nur um die Öffentlichkeit der äußeren Realität, sondern ebenso um das innere Forum unserer kritischen, besonders auch selbstkritischen Vernunft. Es lohnt sich deshalb, auf Kants Antwort auf die Frage, was Aufklärung sei, noch weiter einzugehen; denn sie verrät eine verblüffende Modernität. Es sollte nicht als Haschen nach Effekt ausgelegt werden, wenn wir Kant jetzt einmal als einen Anwalt der feministischen Bewegung erkennen. »Faulheit und Feigheit« sind nach Kant die Ursachen dafür, daß so viele Menschen, nachdem sie längst physisch erwachsen sind, dennoch gerne »zeitlebens unmündig bleiben«. Kant gibt darauf eine durchaus soziologische Antwort: Es ist eben bequem, »zeitlebens unmündig zu bleiben«, weil dann schon irgend jemand die notwendigen Entscheidungen für mich treffen wird. »Daß der bei weitem größte Teil der Menschen (darunter das ganze schöne Geschlecht) den Schritt zur Mündigkeit, außerdem, daß er beschwerlich ist, auch für sehr gefährlich halte: dafür sorgen schon jene Vormünder, die die Oberaufsicht über sie gütigst auf sich genommen haben.« (Leider vergißt Kant an dieser Stelle, deutlicher auszusprechen, daß es die Männer sind, die aufgrund physischer Überlegenheit die Frauen unter »das Joch der Unmündigkeit« zwingen.)

Die Aufklärung begann Früchte zu tragen, als mit der Industrialisierung und der Frauenarbeit ein anderes Selbstbewußtsein wuchs. Bisher waren es Männer, die den Nutzen aus ihrem Bildungsvorsprung und ähnlichen Vorteilen zogen; Frauen hatten ohne viel Einspracherecht die an ihnen vollzogene Ausbeutung zu erdulden. Und wenn gesellschaftlich in unzähligen Erziehungsprozessen die Identifikation der Frau mit dem Rollenmuster eines »konstitutionellen« Mangels an geistiger Befähigung einmal »eingebürgert« ist, hilft nur eine wirkliche Bewußtseinsveränderung. Unter solcher Bedingung kämpft man aber fast ohne Bundesgenossen; denn um ein solcher zu werden müßte man die bequeme Unselbständigkeit zuvor aufgegeben haben.

Gesellschaften, die ihren Mitgliedern eine solche verkrüppelnde Teilhaberschaft, wie es bei den Frauen geschieht, zumuten, befinden sich freilich in der großen Majorität. Westliche und östliche Menschheit stehen einander gegenüber. Jede hat ihren Glaubenskodex und hält ihn für den überlegenen. Bei der östlichen Gruppe erschöpft sich die Fürsorge in der Schaffung der Voraussetzung für materielle Wohlfahrt für alle. Die Leitidee der westlichen Seite ist es, trotz dauernder autoritärer Versuchungen individuelle Freiheit erlebbar zu erhalten, indem man von seiner Vernunft »öffentlichen Gebrauch« machen darf. Die Machthaber der östlichen Staaten sind an solcher extensiven Förderung der Freiheit nicht nur nicht interessiert, sondern sie versuchen diese mit allen Mitteln zu unterdrücken, was bei aller angestrebten ökonomischen Gerechtigkeit auf erneute Stabilisierung der Unmündigkeit hinausläuft. In beiden Gruppen, um das festzuhalten, mißlingt manches. Die einen werden das mehr oder weniger deutlich an ökonomischem Mangel beobachten, die anderen an Aufforderungen, sich gefälligst konform, also unmündig zu verhalten. Und wie häufig der ökonomische Mangel diese Unmündigkeit bedingt, ist uns aus den Jahrhunderten der Geschichte wohlbekannt.

Unsere eigene, die bundesrepublikanische Gesellschaft – man mag ihr welches Werturteil auch immer anhängen – hat sich nach langem Verweilen aus ihrer Geschichtstradition heraus aufraffen können, sich den historischen Revolutionsmächten England und Frankreich anzuschließen und den Menschen verbriefte Rechte zuzugestehen, welche die andere Seite bis heute entbehren muß. Nun ist aber für jedermann, der es wahrnehmen will, deutlich, daß es mit der aufgeklärten Freiheit, »von seiner Vernunft in allen Stücken öffentlich Gebrauch zu machen«, bei uns rapide abwärtsgeht. Der sogenannte Extremisten-Erlaß hat hier eine Bresche geschlagen, durch die jetzt alle möglichen Unfreiheiten und Ängste einströmen. Faustdicke Verlogenheit stützt das Argument, all das geschehe im Dienste der demokratischen Freiheit. In Wahrheit ist an nicht wenigen Stellen ein tiefer Haß gegen Freiheit fühlbar, der die für Deutschland großartigen politischen Errungenschaften nach 1945 stillschweigend liquidieren möchte. Gewalttätiger Anarchismus bahnt den Weg für gewalttätige Unterdrückung. Wie erschrocken in der Deutschen Demokratischen Republik immer noch jeder Funke an Denkfreiheit ausgetreten wird, hat eben erst der Fall des Bänkelsängers Wolf Biermann gezeigt. Haben die Deutschen ihren Hang zur Denunziation der Freiheit nun doch – man sollte es nicht glauben – über das Dritte Reich hinaus behalten?

Schon Kant hat gesehen, daß seine Erklärung, es herrsche dort Freiheit, wo alle von ihrer Vernunft in allen Stücken öffentlichen Gebrauch machen können, Widerspruch hervorrufen wird. Sarkastisch schrieb er: »Nun höre ich aber von allen Seiten rufen: räsoniert nicht! Der Offizier sagt: räsoniert nicht, sondern exerziert! Der Finanzrat: räsoniert nicht, sondern bezahlt! Der Geistliche: räsoniert nicht, sondern glaubt.« In Klammern fügt er hinzu: »Nur ein einziger Herr in der Welt sagt: räsoniert so viel ihr wollt und worüber ihr wollt; aber gehorcht!« Gemeint ist Friedrich II. von Preußen. Es ist also keine ungebrochene Freiheit, die sich da im Schatten eines Glücksfalls, nämlich eines aufgeklärten Herrschers – aufgeklärt wenigstens im Vergleich zu anderen Autokraten seiner Zeit – entwickeln darf. Immerhin ein Vorbild, das sich Bahn zu brechen beginnt: die freiwillige Machteinschränkung des Herrschers zugunsten der Eigenständigkeit Beherrschter. Diese Toleranz – freilich zunächst nur auf theologischem und philosophischem Felde, keineswegs auf politischem – ist immer noch ein schwaches Licht. In die trostlose Dunkelheit vieler ähnlicher Machtverhältnisse konnte es und kann es bis heute nicht eindringen.

Erstaunlich, wie sehr man Kant, nahezu 200 Jahre nach seinem Tod, bestätigen muß, seine Beobachtungen seien von der Zeit keineswegs entwertet und überholt. In diesem Zusammenhang läßt sich eine weitere Einsicht einordnen, die in unserem umsturzträchtigen Jahrhundert außerordentliche Wichtigkeit gewonnen hat: es ist Kants kritische Stellung zur Revolution. »Durch eine Revolution wird vielleicht wohl ein Abfall von persönlichem Despotism und gewinnsüchtiger und herrschsüchtiger Bedrückung, aber niemals wahre Reform der Denkungsart zustande kommen; sondern neue Vorurteile werden ebensowohl als die alten, zum Leitbande des gedankenlosen großen Haufens dienen.« Kant formuliert mit großem Rigorismus. Wir würden heute dem »gedankenlosen großen Haufen« mit mehr Einfühlung begegnen, weil wir begreifen, daß es nicht vererbte Dummheit ist, die ihn bestimmt, sondern eine Vielzahl von »Leitbanden«, die ihn beherrschen.

Kehren wir, weil es ein von der Aufklärung bestimmtes gutes Beispiel eines Kollektivschicksals ist, noch einmal zu der historischen Wendung zurück, die sich seit kurzem in der sozialen Rolle der Frau und ihrem Selbstverständnis vollzieht. Bis dahin schrieb die Gesellschaft in ihrer breiten Öffentlichkeit der Frau die Rolle einer unselbständigen Arbeiterin ohne wirksame Rechtsvertretung zu. Die Frauen selbst hatten kaum eine andere Vorstellung von sich. Bis zum Ende des 19. Jahrhunderts sind alle Versuche weiblicher Widersetzlichkeit gegen die männliche Vorherrschaft folgenlos gescheitert. Man konnte deshalb von einer geradezu natürlichen Unmündigkeit der Frau sprechen. Erst als Frauen sich den Zugang zu Berufen erkämpften, die in sich organisiert waren, dem Broterwerb dienten, eine Standesvertretung in der Gesellschaft auswiesen, begann sich das Bild in zähen Verhandlungen um die Gleichberechtigung zu ändern. Seither geht es im Feminismus nicht mehr allein um erfolgreichen »Widerstand gegen«, sondern um »Befreiung wozu« – also um schrittweise Neudefinierung weiblicher Lebensziele. Wie nicht anders zu erwarten, bieten sich mit einemmal auch für den Mann der neuen Lage angepaßte Aspekte männlicher Sozialrollen an. Der »Hausmann« als Pendant zur Hausfrau wird nicht lange mehr die Witzfigur eines Kastraten bleiben. Hier wird nicht mehr etwas spöttisch mit revolutionären Ideen gespielt, vielmehr ist eine jener »wahren Reformen der Denkungsart« im Gang, denen man zunächst nicht ansieht, wie tief sie unsere Lebensweisen beeinflussen werden.

In dieser Zeit des Ringens um neue Zielsetzungen für beide Geschlechter blickt man mit Erstaunen auf Kants wahrhaft »praktische Vernunft«, womit im Augenblick sein Verständnis für die seelischen Voraussetzungen einer »wahrhaften Reform der Denkungsart« gemeint sei. Von ihrer reformatorischen Kraft hängt die Entwicklung und der Verlauf einer Revolution allemal ab. Bloßes Agieren nach terroristischem Muster, das man so häufig zu sehen bekommt, kündigt noch lange keine Revolution an. Daß eine »wahre Änderung der Denkungsart« dazu notwendig ist, macht uns auch verständlich, warum Revolutionen, die in ihrem Selbstverständnis nicht ihre unbewußten Ziele ins Spiel zu bringen vermochten, nicht hielten, was sie anfänglich versprachen: neue Freiheit. Es erklärt nochmals, warum auch große historische Revolutionen wie die russische so oft in ihrem Ausgang enttäuschen. Um es schroff zu sagen: die russische Revolution hat am Verhältnis des Individuums zum Staat nicht viel geändert. Die Endlosigkeit zaristischer Mißhandlung setzte sich in neuer ideologischer Fassung fort. Das Zeitalter psychischer Verkindischung der Menschen hat die russische Revolution nicht beendigt.

Man entkommt also nicht leicht dem circulus vitiosus der Geschichte, der auf einen »Abfall von persönlichem Despotism und gewinnsüchtiger oder herrschsüchtiger Bedrückung« abzielen und im fatalen Wiederholungszwang desgleichen bei neuer Gewaltherrschaft enden mag. Im Falle eines revolutionären Scheiterns ersetzen neue Vorurteile die alten. In Übereinstimmung mit Kant macht uns die psychoanalytische Gedankenführung immer wieder mit der Tatsache vertraut, daß wir innerseelische Prozesse kaum durch »Gestikulieren«, d. h. durch ein agierendes Verhalten korrigieren können, sondern daß dies nur durch angemessene Einschätzung zugrundeliegender unbewußter Konflikte mit angemessenen Mitteln erreicht werden kann. Sigmund Freud hat in einer Studie eine Trias solcher schrittweisen Korrektur unter dem Titel »Erinnern, Wiederholen, Durcharbeiten« benannt. Es ist eine exquisit aufklärerische, bewußtseinserweiternde Leistung, die uns hier abgefordert wird.

Ist diese Forderung überhaupt eine Utopie? Nun: ein Gleichgewicht zwischen Trieb-Kräften und Ich-Kräften kann immer nur auf Zeit gültig bleiben; immer wieder können wir von einmal erreichten Positionen zurückfallen auf primitivere Ebenen, die wir in unserer Entwicklung durchlaufen haben. Man erinnere sich nur an die orgiastische Begeisterung bei Kriegsausbruch »August 1914«. Freud hat schon früh die Scheidelinie zwischen Utopie und Realität gesehen, denn: der Kulturmensch ist nicht beliebig belastbar: »Die Erfahrung lehrt, daß es für die meisten Menschen eine Grenze gibt, über die hinaus ihre Konstitution der Kulturanforderung nicht folgen kann.«

Aufklärung hat immer mit einer angestrebten Korrektur dieses inneren Gleichgewichtes zu tun. Dabei bleibt es im übrigen eine offene Frage, warum diese Wandlungsprozesse, die einigermaßen krisenbeständig sind, sich so zeitextensiv, so langsam vollziehen. Ein den Verhaltensstil nachdrücklich beeinflussendes, kollektives Vorurteil, z. B. über eine Nachbarnation, kann generationenlang Politik bestimmen. Auch ist nicht zu vergessen, daß Haltbarkeit der Identifikationen für die Bildung von Traditionen unerläßlich ist. Identifizieren heißt, sich selbst nach Vorbildern gestalten; die Ablösung von ihnen – die einstmals unter hohem emotionellen Angstdruck in der Kindheit oder kindheitsähnlicher Situation verinnerlicht wurden – gelingt später, wenn überhaupt, nur in kleinen Schritten.

Diese Prozesse der Verinnerlichung, der Wesensangleichung, schlagen sich auch in den Sozialrollen der Frau nieder. Was da auf dem Weg der Geschichte gewachsen ist, kann nicht schnell korrigiert werden. Traditionen, die auf diese Weise sich als stabil zeigen, entzünden in den Individuen, die ihnen unterworfen sind, leicht ein Gefühl von Unveränderbarkeit. Das gilt auch für die Irrationalität, die in vielen Traditionen eingekapselt ist; sie macht uns auf den besonders tragischen Umstand aufmerksam, daß Aufklärung und Fortschritt die Gewalttätigkeit möglicherweise dieses oder jenes Einzelmenschen, aber sicher nicht der Menschheit, abzuschwächen vermochten. Zudem tritt Grausamkeit, um unsere Ohnmacht ja recht deutlich zu machen, nicht im Mantel der Scham auf, sie geschieht unverhohlen und zugleich ausgetüftelt wie die Foltermaschinen des Mittelalters auf den Bildern von Hieronymus Bosch. Kein rationaler Zuspruch, keine Erwägung von Gnade oder Großmut kann jene kleine Verzögerung erwirken, die wir benötigen, damit reflektiertes Denken in uns zum Zuge kommen kann. Im Gegensatz zum »räsonierenden« Denken will sich Grausamkeit wie alles Triebgeschehen unverzüglich erfüllen können, sie hat imperativen Charakter und sagt keinen Aufschub zu.

Wo an ihre Stelle Selbstüberwindung tritt, sprechen wir von Toleranz. Jedoch auch Toleranz wird brutal in die Hilflosigkeit gedrängt, wenn der Gegner physisch überlegen und zur Tat entschlossen ist. Der einzige, zugegeben schwache Vorteil, über den der Tolerante verfügt, liegt darin, daß er über die verschiedenen Ebenen seiner Motive, bewußte und unbewußte, weniger behindert Bescheid weiß und dadurch reaktionsgewandter ist als sein triebgebundener Gegenspieler. Alle Zeiten haben dies seit David und Goliath gewußt.

In solcher Lage findet heute wie je, ja in der »Massengesellschaft« mehr als je, der psychologische Mechanismus der sogenannten Verkehrung ins Gegenteil statt. Toleranz kann zum Instrument der Unterdrückung gemacht werden, wenn von den Unterdrückten Toleranz für die Verhaltensmuster ihrer Unterdrücker verlangt wird. Die Grenze der Toleranz muß also dort liegen, wo unter Berufung auf die anderen statt Hilfe Schaden zugefügt wird. Die von Herbert Marcuse analysierte »repressive Toleranz« und der von Anna Freud in die Psychoanalyse eingeführte Begriff der »Identifikation mit dem Aggressor« erfassen hier benachbarte Sachverhalte. Bei der Identifikation mit dem Aggressor handelt es sich um ausgeprägte Auto-Intoleranz, die sich gegen das eigene Ich wendet. Besonders eindrucksvoll ist etwa der jüdische Antisemitismus – man erinnere sich an Weininger – oder der Selbsthaß mancher schwarzer Amerikaner, bevor »black beautiful« war. Im Antisemitismus der Juden werden die Argumente ihrer Feinde übernommen; ähnlich geht es den Frauen, wenn sie sich entwertende Urteile der Männer über sie selbst zu eigen machen.

Das vielleicht spektakulärste Beispiel von intolerantem Handeln gegen sich selbst ist die sogenannte »Gehirnwäsche«. Hier wird der Selbsthaß zum Kriegsmittel, der einzelne auch psychisch zum Beutegut des Siegers. Und wenn in unserer Zeit technisch möglich geworden ist, künstlich ein fremdes Ich derart zu manipulieren, daß ich mein eigenes Ich nicht mehr wiedererkenne, ist die höchste Wachsamkeit geboten.

Unbestritten ist Erziehung – also Sozialisation – ohne ein Geflecht von Identifikationen gar nicht möglich. Aber zu jeder aufgeklärten Sozialisation sollte unbedingt die Bereitschaft der Erzieher gehören, dem, der erzogen werden soll, auch *altersentsprechend* zu helfen, d. h. Distanz zu gewinnen zu eben diesen ihm vermittelten Wertnormen und Verhaltensmustern. Ansonsten besteht die Gefahr, er wiederhole freiwillig im Dienste eines Massenglaubens, was im brain-washing ungefragt geschieht: das Entstehen unlösbarer, d. h. nicht mehr befragbarer Identifikationen – »Überidentifikation« also, welche später Aufklärung im Sinne der Bewußtseinserweiterung fast unmöglich macht.

In reifen mitmenschlichen Beziehungen ist aufgeklärte und nicht bloß passiv-hinnehmende Toleranz die Fähigkeit, den anderen zu ertragen, um ihn besser zu verstehen. Erst aus diesem besseren Verständnis heraus können die verbindenden Elemente ebenso wie die Interessenkonflikte der Partner geordnet werden. Dabei kann eine tolerante Haltung auf einem biologisch vorbereiteten Verstehen aufruhen – wie in der Beziehung zwischen Mutter und Kleinkind –, oder sie kann im Laufe der von uns vollzogenen Identifikationen erworben worden sein. Dem unaufgeklärten Machtgebrauch gegenüber erweist sich freilich Toleranz nach wie vor als ziemlich hilflos. Wer einen zur Vernichtung bereiten Feind besitzt, braucht keinen langen Beweis anzutreten, daß die Tötungshemmung, die uns sonst beherrscht, durch den Tötungswillen außer Kraft gesetzt wird. Der Toleranzauftrag ist demnach ein vorbeugender. Wir müssen lernen, die Psychopathologie der Intoleranz frühzeitig zu erkennen; und das braucht vor allem Angstfreiheit den Tabus der eigenen Gesellschaft gegenüber.

Zum Abschluß dieser Überlegungen sei kurz eines der großen Widersprüche unseres Jahrhunderts gedacht. Er konstituiert sich aus der Tatsache, daß vielen Zeitgenossen Mündigkeit – insbesondere politische Mündigkeit – verweigert wird; andererseits sind aber große Schritte in der Richtung einer Erweiterung unseres Bewußtseins gelungen. Das gesamte Oeuvre Sigmund Freuds steht für diese Behauptung.

Man kann sich nicht eines Gefühls ratloser Zwiespältigkeit erwehren. Auf kollektiver Ebene gelang es vielen Völkern, ihre nationale Freiheit Schritt für Schritt zu erringen. Aber was meint man, wenn man von »nationaler Freiheit« spricht. Sicher nicht nur das Pathos des »Morgenrots«. Welches Opfer ist sie wert? Andererseits können wir nicht beanspruchen, in unserer Freiheit das Heil für alle historisch gewordenen Gesellschaften zu besitzen. In unserer eigenen Kultur schwebt uns eine individuelle Freiheit und Selbstverantwortung vor, aber in der Mehrzahl der Völker entspricht dies gar nicht ihrer historischen Erfahrung. Ihr Selbstgefühl orientiert sich vielmehr nach einem bindenden Erlebnis des kollektiven Stolzes, Hasses oder ähnlicher Gefühle.

Von Verweigerung der Mündigkeit kann in dieser Lage kaum die Rede sein. Sie trifft nur bei Gesellschaften zu, welche in ihrer Geschichte individuelle Freiheit kennengelernt, sie aber wieder verloren haben, wie im Fall der Deutschen Demokratischen Republik und der Tschechoslowakei. In dieser Zwangslage bildet sich ein neues, und zwar ein regressives Selbstgefühl heraus, das lange anhalten kann, angetanes Unrecht jedoch immer wieder schmerzlich wachruft, bis sein Ziel, neuerlich Freiheit gewonnen zu haben, erreicht ist. Auf unsere Situation übertragen formuliert die Verweigerung der Mündigkeit die grundsätzliche Anklage, die wir gegen alle Formen von Diktatur vorzubringen haben. Entsprechend fragt Kant: »Leben wir jetzt in einem aufgeklärten Zeitalter?« Seine Antwort: »Nein, aber wohl in einem Zeitalter der Aufklärung.« Man sieht es unschwer, dies Zeitalter wird noch Generationen beanspruchen.

Das entscheidend Neue, das vom Nachdenken über Aufklärung heute zutage gefördert wird, ist die Einsicht in die Bedeutung der Verweigerung von Mündigkeit, die an vielen Orten der Welt so nachdrücklich geschieht. Zwei typische Mündigkeitsverweigerungen kollektiver Art fallen zunächst ins Auge. Es sind die diktatorisch beherrschten Gruppenbildungen in allen sozialen Ebenen: von der patriarchalischen Familie bis zum autoritär-fordernden Staat. Durch vielerlei Eingriffe – vorneweg die Zensur – wird aus dem größten Teil der Welt ein »off-limits«, ein denkerisch verbotenes Gebiet. Die Informationen sind so beschnitten, daß man sich kein Bild von der Welt machen kann, jedenfalls nur ein entstelltes. Die eigene Meinung sei wertlos, heißt es dann, denn sie wisse nicht Bescheid. Die Lüge hat sich längst als Wahrheit etabliert.

Die andere Informationsentstellung geschieht durch stürmische Idealisierung eines Führers. Als nationaler Held wird er zum unvergleichlichen Menschen seiner Zeit und, wo immer er erscheint, als ein gnädiger Befreier begrüßt. Diese Art charismatischer Führung braucht zu ihrer Stützung keine offen auf Angst beruhende Gewaltherrschaft, vielmehr formt sich bei den Massen in immer neuen Wellen der Zustimmung ein Abklatsch des Weltbildes des Führers. Diese Kopie für den Gebrauch des kleinen Mannes überformt dessen »Weltanschauung« in vielen Stücken. Zuweilen sind es tatsächlich herausragende Persönlichkeiten – die das Selbstbewußtsein gedemütigter Völker wiederherstellen. Um solche Persönlichkeiten sammeln sich regelhaft die ersten Widerstandsgruppen; bei ihnen kann man von Entschlossenheit sprechen, nicht aber von Mündigkeit. Statt dessen bewähren sich Dogmatismen, die von den »Gläubigen« oft unter Einsatz des eigenen Lebens verbreitet werden.

Es sind gefährliche neue Gebote und Verbote, unter denen Politik jetzt geschieht. Für diesen Umstand noch eine Fußnote: Man meint immer wieder, mit einfachen Befehlsstrukturen könnte provisorisch die Lebensordnung mündiger Bürger ersetzt werden. Diese Hoffnung kann nicht in Erfüllung gehen. Zunächst müssen offenbar Entwicklungsphasen zur *inneren* Unabhängigkeit durchlaufen werden. Es sind aber auch markante Phasen; denn mit der drohenden Revolution am Horizont beginnen sich auch die antiaufklärerischen Kräfte aufs neue zu formieren. An vielen historischen Beispielen ließe sich zeigen, daß politische Stagnation, ein Widerwillen gegen Aufklärung, auf Anstrengungen folgt, in denen mit Elan größere Mündigkeit erkämpft werden sollte. Ordnungsänderungen, der Horror vor dem Rückfall in Anarchie, beunruhigen die Gemüter. Bei einer Kultur, die dazu immer dynamischer in ihren Vollzügen verläuft, verwandelt sich Modernes entsprechend unaufhaltsam in Überholtes. »Reichtum und Schnelligkeit ist es, was die Welt bewundert und wonach jeder strebt«, schrieb Goethe an Zelter am 7. Juni 1825. Ganz allgemein verstärkt sich unser Seufzen über solchen Fortschritt, der uns überrollt.

Das gilt auch von der Bewußtseinserweiterung, jedem Hauptziel von Aufklärung und Fortschritt. Trotz aller Abnützung verweist der Begriff auf einen wichtigen Tatbestand. Er vermittelt uns die Einsicht, daß wir denkend mehr Angst zu bewältigen lernen können und uns dadurch freier zu orientieren vermögen. Durch eine Reflexion, eine Rückwärtswendung, soll ein differenzierteres Verständnis uns verborgener Motive erreicht werden. Dabei erinnern wir uns, daß Bewußtseinserweiterung als Störung anfänglich unvermeidlich mit Unlust einhergeht. Das bestätigt sich nochmals, wenn wir uns vom sinnvollen Fortschritt dem sinnlosen zuwenden. Sinnloser Fortschritt ist es z. B., wenn wir auf der Konsumebene spiralig ansteigenden Anspruch anmelden.

Sehr schwer, auch diesem circulus vitiosus zu entrinnen. Bescheidenheit zu predigen, wird sich kaum ein Ethiker heutzutage erlauben, geschweige daß er geneigte Ohren findet. Sicher kann man es auch als eines der Rätsel menschlichen Verhaltens bezeichnen, daß bekömmliche Bescheidenheit, wo sie einmal abhanden kam, kaum noch wieder aufgefunden werden kann. Müssen sich wirklich auch in unserer Zeit erst die größten Katastrophen zutragen, ehe wir uns auf Hilfe für jene dem Hungertod überlassenen Opfer der technischen Eskalation einigen können? Müssen wir uns damit abfinden, daß die Freiheit immer wieder wie eines der Kinder des Gottes Kronos verschlungen wird? Aber Kronos ist eben, wie der aufgeklärte Zeitgenosse weiß, kein Gott irgendwo in der Überwelt, sondern Symbol unserer unerschöpflichen Bedürfnisse, zu zeugen *und* zu zerstören.

Steuern wir zum Schluß unserem Nachdenken über Aufklärung, das auf den Gebrauch des Begriffs Freiheit hinausläuft, einen Gedanken bei, der gerade heute nichts von seiner Orientierungskraft verloren hat – Merleau-Ponty schrieb ihn vor mehr als zehn Jahren auf: »Wir müssen daran erinnern, daß Freiheit ein lügnerisches Emblem wird – eine feierliche Ergänzung der Gewalt –, sobald sie zur Idee erstarrt und sobald man beginnt, die Freiheit statt den freien Menschen zu verteidigen« (Humanismus und Terror, es 147).

Massenpsychologie und Ich-Analyse –
Ein Lebensalter später

Übersicht: Statt von »Massen« wird gegenwärtig eher von (kleinen und großen) »Gruppen« gesprochen. Daß auch »Gruppen« häufig die Struktur der von Freud analysierten regressiven Massenbindung aufweisen, sich darum zu massenfeindlichen Zwecken einsetzen lassen, wird deshalb weniger deutlich gesehen. Die lebensgeschichtliche Arbeit am Aufbau einer Identität ist ein langwieriger und krisenhafter Prozeß. Die regressive Masseneinbindung von Individuen, ihre »Überfremdung durch Identitätswechsel« vollzieht sich hingegen oft in kürzester Frist, im rauschhaften Bekehrungserlebnis. Die Frage, ob es in »vaterlosen Gesellschaften« auch zu vaterlosen Massenbindungen neuen Typs kommt, ist noch ungeklärt.

Wer gegenwärtig in wissenschaftlichem Zusammenhang von »Masse« redet, verrät in den Augen vieler ein gewisses Zurückgebliebensein, wenn nicht reaktionäre Gesinnung. Masse, heißt es, ist kein Gegenstand der Wissenschaft. Wer den Anschluß nicht verpassen will, spricht deshalb statt von der Masse von großen oder kleinen Gruppen. Die große Gruppe wird als politisches Machtinstrument positiv oder negativ gewertet; die kleine Gruppe ist das therapeutische Sanktuarium. Sie ist der Ort der Heilung von familiären und gesellschaftlichen Zwängen, von Entfremdung, Vereinsamung und egoistisch-individualistischem Verhalten.

Massenpsychologie sei, schrieb Georg Lukács, »nichts anderes als der Wunschtraum der Bourgeoisie, daß sich der Zustand der von ihr täglich neu hervorgebrachten Desorganisation der arbeitenden Massen ewig erhalten lasse, zugleich der Versuch, die ›wissenschaftliche‹ Verewigung dieses Zustandes auch der unterdrückten Klasse zu suggerieren« (1928, S. 314). Dazu Freud:

»Diese Identifizierung der Unterdrückten mit der sie beherrschenden und ausbeutenden Klasse ist . . . nur ein Stück eines größeren Zusammenhanges. Anderseits können jene affektiv an sie gebunden sein, trotz der Feindseligkeit ihre Ideale in ihren Herren erblicken. Wenn nicht solche im Grunde befriedigende Beziehungen bestünden, bliebe es unverständlich, daß so manche Kulturen sich trotz berechtigter Feindseligkeiten großer Menschenmassen so lange Zeit erhalten haben« (1927, S. 335).

Der Vorwurf, daß für Freud sich Gesellschaft nur als die Summation von Individual-Psychischem repräsentiere und nicht als Gefüge ökonomischer Abhängigkeiten, ist alt, aber nur partiell richtig. Seine Untersuchungen galten zunächst der libidinösen Abhängigkeit der Individuen. Freud mißt die Kultur an den Leiden, die sie dem Individuum aufzwingt. Maßstäbe, die solches Leiden kenntlich machen, sind im Wertchaos einer extremen Leistungsgesellschaft zur Orientierung wichtiger denn je. Massenpsychologie, ob sie nun im Augenblick einen modischen Trend trifft oder nicht, bleibt ein in vieler Hinsicht unerschlossenes Forschungsgebiet. »Die Massenpsychologie, obwohl erst in ihren Anfängen befindlich, umfaßt eine noch unübersehbare Fülle von Einzelproblemen und stellt dem Untersucher ungezählte, derzeit noch nicht einmal gut gesonderte Aufgaben« (Freud, 1921, S. 75).

Daß seit Freuds Zeit die Schauplätze, an denen dem Individuum Leiden zugefügt wird, sich geändert und verschoben haben, ist jedem Analytiker bekannt. Herbert Marcuse spricht hinsichtlich der sozialen Rolle der Sexualität in unserer Gesellschaft von »repressiver Entsublimierung« (1963, S. 102). Nicht mehr das freie Individuum ist das Ideal der Gesellschaft, sondern das weitgehend unter Kontrolle stehende »soziale Atom« (Marcuse, a. a. O., S. 85). Die Familie wird nicht mehr beherrscht von einem autoritären Vater. Sie lebt mehr und mehr als ein autoritätsloses Gruppengebilde, als »vaterlose Gesellschaft« (Mitscherlich, 1963) Es sind tatsächlich ins Gewicht fallende Änderungen, die sich seit Freuds Überlegungen zum Thema Massenpsychologie zugetragen haben, und sie sind nicht zuletzt auch infolge psychoanalytischer Erkenntnisse zustande gekommen. Y. und H. Lowenfeld (1970) haben z. B. die Folgen permissiver Erziehung gezeigt, ihre Auswirkung auf die Über-Ich-Entwicklung.

Freud schrieb »Massenpsychologie und Ich-Analyse« unter dem Eindruck des Zusammenbruchs der Donaumonarchie und der Wirren der ersten Jahre nach dem Weltkrieg, die deutlich machten, daß Sozialformen, politische Gebilde, die für unerschütterbar galten, zerfallen waren. Wenn wir heute, über ein halbes Jahrhundert später, Freuds Text studieren, so finden wir, daß der Zerfall unablässig fortgeschritten ist. Es sind aber nicht nur gigantische neue Kulturleistungen entstanden, auch die Charaktere sind nicht mehr die gleichen. Wie tief affiziert die technisch so fundamental veränderte Umwelt das Selbstbewußtsein der heute Lebenden? Sind die Massen, die im Laufe des letzten halben Jahrhunderts politisch wirksam wurden, die gleichen wie zu Freuds Zeiten?

Die patriarchalisch geordnete Gesellschaft, die Freuds Umwelt war, hat sich gewandelt, und dieser Wandel ist auch an den metapsychologisch faßbaren Strukturen der Individuen nachweisbar. Die Abhängigkeit aller »Landeskinder« ist enorm gewachsen. Renten und Pensionen weisen auf eine kollektive Urmütterlichkeit und die damit verbundene kindliche Willfährigkeit hin (Mitscherlich, 1963). Konzentrieren sich die von Freud als »künstlich« bezeichneten Massen nach wie vor um einen Führer als einen auf narzißtischer Basis gewählten Vaterersatz? Oder wird nicht heute, viel stärker als früher zu erkennen war, die versorgende Mutter, die vielbrüstige Spenderin gesucht? Die »künstlichen Massen« – Kirche und Heer – haben als Herrschaftsform an Ausstrahlung viel verloren. Sie bringen kaum noch neue libidinöse Massenbindungen zustande – zumindest in der westlichen Welt.

Aber auch ein Seitenblick auf unsere eigene Internationale Psychoanalytische Vereinigung zeigt uns, daß der Zusammenhalt ihrer Mitglieder durch die wechselseitige Identifizierung in der Verehrung Freuds abzubröckeln beginnt. Dabei handelt es sich nicht mehr in erster Linie, wie zu Beginn der Psychoanalytischen Bewegung, um »Vatermord«, eher um ein destruktiv getöntes In-Frage-Stellen bisheriger Erkenntnisse. So wird z. B. die Bedeutung des Ödipuskomplexes zugunsten früher Mutter-Kind-Beziehungen oder der Wirkung des gesellschaftlich-historischen Wandels auf die psychische Verfassung derer, die diesem Wandel unterworfen sind, allzusehr relativiert.

Die nachfolgenden Überlegungen beanspruchen nicht, auf alle diese Fragen und Probleme eine Antwort zu geben. Sie bilden auch kein geschlossenes Ganzes; derlei ist noch nicht zu erreichen. Es ist aber immerhin bemerkenswert, daß wir über ein menschliches Verhalten so lückenhaft informiert sind, das uns täglich beschäftigt, ob wir wollen oder nicht.

Sprechen wir zunächst von Masse, wie die Umgangssprache das Wort benützt: als einer großen Zahl von Menschen, die manchmal zusammenkommt, manchmal als einförmiger Zusammenschluß vor unserem inneren Auge erscheint; z. B. die Masse der Werktätigen – im Gegensatz zur »breiten Öffentlichkeit«, der großen *Menge* ohne gemeinsame Zielrichtung.

Wenn also von echten Massen die Rede ist, dann viel häufiger mit geängstigt-verächtlichem als bewunderndem Unterton. Massen sind ein bedrohliches Phänomen – die sprunghafte Vermehrung der Menschheit, das Massenelend, der Massenhunger. Schon 1895, als Le Bons Buch »Psychologie der Massen« erschien, bewegten ihn pessimistische Phantasien. »Psychologie der Massen« ist das Buch eines europäischen Pessimisten, eines besorgten Individualisten. Bei genauerem Hinsehen zeigt sich, daß er die Massen für die negativen Züge, die der Kulturmensch in ihnen annimmt, verantwortlich macht. Mit der übrigen massenpsychologischen Literatur verhält es sich nicht viel anders.

Da das Wort Masse im allgemeinen Sprachgebrauch nicht sorgfältig vom Wort Gruppe unterschieden wird, ist es zweckmäßig, im Laufe unserer Untersuchung auf die Unterscheidung genauerer Wesensmerkmale am Phänomen Masse zu dringen. Knüpfen wir am regressiven Verhaltensstil der Masse, und zwar der gläubig, politisch geeinten, ideologisch zusammenhaltenden Masse an – von ihr soll im wesentlichen hier die Rede sein –, so müssen wir feststellen, daß die phänomenologische Beschreibung, die Le Bon gegeben hat, brauchbar geblieben ist. Ideologisierte, politisierte Massen verlieren den Überblick über die reale Situation, in der sie sich befinden; sie überschätzen ihre Kräfte, sind gierig, an der neu zur Verteilung kommenden Macht teilzuhaben. Sie sind vorurteilsbesessen, projizieren ihre eigenen, dissozialen Neigungen auf fiktive Gegner, können sich aber auch über die Potenz echter Gegner gründlich irren. Sie dünken sich allmächtig und erleben eine Inflation narzißtischer Gefühle[1].

Was aber niemand so genau angeben kann, ist das Entstehen der Motivationsketten aller dieser massentypischen Verhaltensweisen. Warum ein Massenrausch, ein Sturm auf die Bastille gerade in diesem historischen Augenblick und in keinem anderen aufgetreten ist, das läßt sich nur im nachhinein analysieren, kaum voraussagen. Sicher ist nur, daß nicht *eine* Motivationskette allein an dieser Entwicklung beteiligt ist, nicht die von außen wirkende ökonomische, noch die von innen wirkende psychosoziale, sondern daß beide und noch andere zusammenwirken. Dieses Zusammenwirken muß man sich als sehr komplex vorstellen.

Offenbar wirkt der Gruppentypus politisierter, ideologisch fixierter Massen mit seiner Bereitschaft zu übertriebenem Personenkult, mit seiner blinden Begeisterung, auf den Gebildeten eher abstoßend. Wir müssen freilich gleich hinzusetzen, daß es Massensituationen gibt, in denen unterschiedslos Gebildete und Nichtgebildete in die Abhängigkeit von einem Massenführer und seinen Ideen geraten und sich in ihrem Habitus, ihren Werteinstellungen entsprechend, anpassen und verändern.

Massenpsychologie kann nicht darin bestehen, auf ein als ethisch minderwertig erklärtes Verhalten aufmerksam zu machen. Brauchen wir alle nicht für Ziele, deren Realisierung Mut und Wachsamkeit fordert, oder wenn wir Grausamkeiten oder Ungerechtigkeiten bekämpfen wollen, die Rückendeckung durch Gruppen und Massen, sei es, daß wir eine Tyrannis bekämpfen oder die Lage vieler Menschen verbessern wollen? Muß es nicht soziale Situationen geben, in denen wir relativ sorglos im Schoß der Masse und im Dienste des Ichs regredieren dürfen? Der springende Punkt scheint zu sein, ob es gelingt, das Ausmaß der Regression unter Kontrolle zu behalten. Das heißt, ob diese Regression ein Mittel der Entspannung bleibt und nicht in der Richtung totaler Feindverfolgungen entartet. Das civil rights movement in den USA scheint, jedenfalls abschnittsweise, als Beispiel einer solchen gezügelten Massenbewegung dienen zu können, die nicht den rationalen Bezugsrahmen verliert und dennoch etwas vom Elan akuter Massenaktionen behält. Die Regression ist in diesen politisch alarmierten Massen nicht eine reflexionslose. Sie erschöpft sich auch nicht in der Anbetung eines Führers. Man gibt sich der Begeisterung zwar hin, bleibt aber fähig zur selbständigen Einschätzung der Lage und Ziele. Hinzu kommt, daß die Führer solcher Massenbewegungen – etwa Martin Luther King, Ghandi – keine Fanatiker der Destruktion sind, wie Ghandis Konzept »militanter Gewaltlosigkeit« zeigt.

Was die Unberechenbarkeit von Massen betrifft, so sei an den Briefwechsel zwischen Einstein und Freud erinnert. In ihm stellte Einstein die Frage: »Gibt es eine Möglichkeit, die psychische Entwicklung der Menschen so zu leiten, daß sie den Psychosen des Hasses und des Vernichtens gegenüber widerstandsfähiger werden?« Offenbar ist dies bisher nicht der Fall, denn gerade diese Widerstandsfähigkeit hat sich (wenn überhaupt) nur mit verzweifelt stimmender Langsamkeit verstärkt. Erschwerend fällt ins Gewicht, was Einstein wohl treffend beobachtet hat, daß »seiner Erfahrung nach die sogenannte ›Intelligenz‹ mehr noch als die ungebildete Mehrheit dazu neigt, diesen verderblichen kollektiven Suggestionen zu erliegen« (Brief an S. Freud vom 30. 7. 1932; vgl. die edit. Vorbemerkung, S. 274, zu Freud, S. [1933]: Warum Krieg? Stud. Ausg. IX, S. 271 bis 286)).

Es kommt also offenbar als Gegenmittel gegen die Massenbildung *nicht auf wertneutrale Intelligenzschulung an*, sondern auf eine *Ich-Stärkung*. Freilich können wir diese seelische Fähigkeit in ihrer Zusammensetzung nicht unmißverständlich beschreiben. Sie hängt mit Fähigkeiten zur Kritik, zum Widerstand gegen überwältigende Emotionen und zur klaren Unterscheidung zwischen meinem Selbst und dem Selbst der anderen zusammen.

Wie Le Bon schon gesehen und beschrieben hat, vollzieht sich der Persönlichkeitswandel eines Menschen, der in den Sog einer kritiklose Unterwerfung fordernden Massenbewegung geraten ist, unter Umständen blitzschnell. Solche Veränderungen des Verhaltens kommen demnach ungleich rascher zustande, als dies unter normalen Lebensbedingungen der Fall ist. Ein junger Mensch, der in seiner moralischen Orientierung vornehmlich vom Elternhaus geprägt wurde, dann altersgemäß in einer lebensgeschichtlichen Wachstumskrise mit anderen Gruppen in Kontakt kommt und lernt, sich in diesem neuen Milieu zu bewegen, kann dazu Jahre brauchen. Zu den Parolen einer politischen Massenbewegung, eines Massenglaubens kann man unter Umständen in einer einzigen Großveranstaltung und ohne elaboriertes brain-washing bekehrt werden. Ein heranwachsender Mensch ist dabei, eine neue, seine neue Ich-Identität zu suchen und zu finden. Von den Menschen, die zu einer Massenbewegung stoßen, kann man aber global nicht sagen, daß sie um eine neue Identität ringen, obwohl manche von ihnen ohne innere Orientierung auf der Suche nach neuen Wertvorstellungen sein können. Viele sind vielleicht nur momentan arbeitslos und deswegen entmutigt. Andere sind emotionell frustriert und geben ihrer Unzufriedenheit mit Hilfe eines libidinöse und aggressive Befriedigung versprechenden Führers Ausdruck. Um eine neue Identität ringen sie deshalb noch nicht, aber man kann beobachten, daß sie Dogmen gegenüber hilflos werden, obwohl diese im Widerspruch zu ihrem bisherigen Glauben stehen. Sie geben sich an neue Glaubensinhalte hin, um deren Geltung aber gerade nicht gerungen wird, die vielmehr als unbefragte neue Wahrheiten anzuerkennen sind. Man stülpt sich diese Gebote und Verbote gleichsam über.

Natürlich vollziehen sich simultan auch unbewußte Prozesse, z. B. der Schuldabwehr. In den meisten Fällen ist jedoch das Verhalten grob opportunistisch, man läuft im Konvoi mit, belügt sich selbst, gestützt durch die Überzeugung der Masse. Und dies kann um so leichter geschehen, je früher die Charakterentwicklung durch Einschränkung der kritischen Fähigkeit behindert, also kein fester Grund für die Identität des Einzelnen erworben wurde. Damit berühren wir das Problem einer unterdrückenden, unzureichend geförderten Sozialisation.

Wer die Entwicklung des Nationalsozialismus beobachtet hat, konnte ungezählte Male chamäleonartige Verwandlungen vom Prä-Nazi zum Nazi verfolgen. Von innerer Reifung war da keine Rede. Vielmehr ist die erwähnte schlagartige Abwendung von bisherigen Urteilen und Hinwendung zu neuer Unterwerfung und Abhängigkeit, zu neu propagierten Weltanschauungen staunenswert. Das Abwerfen alter Gewissensforderungen schwächt das Über-Ich, stimuliert aber das Selbstgefühl. Entsprechend wirken diese rasch anwachsenden Massen nicht nur größenwahnsinnig, sondern auch inspiriert und opferbereit. Eine idealisierende Gesinnung tritt an die Stelle des gewöhnlichen Egoismus. Freilich erweist sich dieses Hochgefühl, wie die Massenbewegungen immer wieder gezeigt haben, als kein fester Grund.

Diktaturen stellen sich selbst durch wuchtige Massenaufmärsche dar, in denen zur Perfektion trainierte Unterordnung des Individuums unter Regeln und Rituale zum Zweck der Selbstidealisierung und der Feindabschreckung gezeigt wird.

Ein zweites ängstigendes Massenbild hat primär nichts mit der Psychologie gemeinsamer Gemütserregungen, mit Gefühlsansteckung u. ä. zu tun. Es handelt sich um das Auftauchen von Bevölkerungslawinen in bisher nicht gekanntem Ausmaß. Die zu solcher rein quantitativen Massenbildung erforderlichen Organisationen stehen vor der schier unlösbaren Aufgabe, für Massen dieser Größenordnung angemessene Lebensbedingungen zu schaffen. Die Spuren des Versagens sind allenthalben zu sehen. Betrachtet man die politischen und sozialen Krisen, in deren Verlauf in den letzten Jahrzehnten immer häufiger und zuweilen höchst explosiv Massen in Erscheinung getreten sind, so läßt sich nicht daran zweifeln, daß diese Massen der gleichen Regelhaftigkeit unterliegen wie zu Freuds Tagen. Aber die Massen können verschiedenen Orts sehr unterschiedlich motiviert sein; und auch die Führer sind zwar nach wie vor Vaterimagines, folgen aber nur noch in zurückgebliebenen Ländern so unwidersprochen wie ehedem dem patriarchalisch-autoritären Rollenschema.

Die Massenpsychologie scheint demgegenüber zunächst kaum Fortschritte vermelden zu können. Einer der wesentlichen Gründe für diese Stagnation liegt in der Schwierigkeit der Beobachtung akut sich bildender und um die Verwirklichung ihrer Ansprüche kämpfender Massen.

Diese Stagnation verlangt nach weiterer Erklärung. Erinnern wir uns an Freuds Entdeckung des freien Einfalls zum Verständnis neurotischer Symptome. Der Leidensdruck, unter welchem der Patient steht, motiviert ihn zur Suche nach ärztlicher Hilfe. In aller Ambivalenz offenbart der neurotisch Erkrankte in der analytischen Situation, was ihn bewegt. Ein ähnlicher Zugang eröffnet sich uns für die Beobachtung gefühlsbewegter Massen leider nicht. Solange die Zugehörigkeit zur Masse ansonsten verschlossene Triebbefriedigungen zugänglich zu machen verspricht – aggressive wie libidinöse –, sind die Massenmitglieder für keinen rationalen Einwand zu gewinnen. Diese Abwehr jeder kritischen Reflexion macht sie auch so gefährlich, weil unzugänglich, geschweige denn, daß man sie »auf die Couch legen«, beobachten und analysieren könnte.

Durch ihren besinnungslosen Aktionismus gefährden sich die Massen jedoch auch selbst. Symbolisch wird das immer wieder mit der legendären Wanderung der Lemminge zu den Meeresklippen verglichen, von denen sie sich dann gegenseitig stoßen. Das Bild ist dramatisch, aber für unsere Bemühungen kaum weiterführend. Die Massen, die an Zahl alles in unserer europäischen Geschichte Vergleichbare weit hinter sich lassen, ängstigen uns – obwohl wir ein Teil von ihnen sind – durch ihr bloßes Dasein. Niemand kann bei der Ungleichförmigkeit des Bewußtseinszustandes der heute lebenden Menschheit absehen, wie diesem bedrängenden Wachstum Einhalt zu gebieten wäre.

Um unsere Einsicht in das Verhalten mehr oder minder beständiger, spontaner oder organisatorisch festgefügter Massen zu fördern, empfahl Freud (1921), diesem vielschichtigen Phänomen Masse dadurch Aufmerksamkeit zu schenken, daß man die Bedingungen ihrer Entstehung und ihres Zerfalls studierte. Aus den bereits angedeuteten Gründen war es technisch nicht möglich, dieser Empfehlung zu folgen.

Unter den unterschiedlichen Merkmalen, die Freud an Massen beobachtete und beschrieb, sticht die Qualität »künstlich« hervor. Die »künstlichen« Massen bedürfen eines gewissen äußeren Zwanges, um auf die Dauer zusammengehalten zu werden. Freud nennt als Beispiel künstlicher Massen Heer und Kirche.

Wir dürfen erwarten, von hochorganisierten und dadurch dauerhaften Massen noch am ehesten Aufschluß über die innerseelischen Verhaltensänderungen der Massenbildung zu erhalten. Zugleich muß uns die Frage beschäftigen: wie sind diese Abläufe mit der Rolle des Führers oder einer tragenden Idee verknüpft? Die Mitglieder solcher hochorganisierter Massen werden mit oft ausgefeilten Propagandatechniken in einer affektiven, ängstlichen Dauerspannung gehalten, z. B. während der militärischen Ausbildungszeit, dieser umfassenden Attacke gegen das Individuum und seinen »inneren Schweinehund«! Es wird damit verhindert, daß das psychische Bindemittel gemeinsamer Affekte erkaltet und an Kraft verliert. Freud sieht übrigens die Auswechselbarkeit der Mittel für den gleichen Zweck:

»Wenn eine andere Massenbindung an die Stelle der religiösen tritt, wie es jetzt der sozialistischen zu gelingen scheint, so wird sich dieselbe Intoleranz gegen die Außenstehenden ergeben wie im Zeitalter der Religionskämpfe, und wenn die Differenzen wissenschaftlicher Anschauungen je eine ähnliche Bedeutung für die Massen gewinnen könnten, würde sich dasselbe Resultat auch für diese Motivierung wiederholen« (1921, S. 108).

Die hochorganisierte künstliche Masse schart sich um einen Führer oder eine Idee. Die Mitglieder der Masse hängen der Phantasie an, daß ein Oberhaupt (Christus, ein charismatischer Führer) existiert, das alle Einzelnen der Masse mit der gleichen Liebe liebt. An dieser Illusion hängt alles; ließe man sie fallen, so zerfielen die künstlichen Massen sofort, soweit der äußere Zwang es gestattet. Bei den eher unorganisierten Massen, die aus akuten Anlässen spontan sich zusammenfinden, ist die Gefahr des Zerfalls in bloße Mengen am stärksten. Es bedarf, wie gesagt, eines erheblichen taktischen Geschicks, um die affektive Erschöpfung, die sich bei Massen nach einer gewissen Zeit herausbildet, mit immer neuen Stimulierungen abzuwenden.

Die mammuthaften Institutionen, welche die technischen Aufgaben des Zusammenlebens so vieler Menschen zu lösen haben – und dazu das Problem der Verteilung der Gewalt innerhalb einer Gesellschaft –, können dies nur unter drastischer Egalisierung der Individuen erreichen. Wo wir etwa zu einer Hochhausfassade hinaufblicken, die durch einen Raster von Hunderten gleichförmiger Fenster gebildet wird, hinter denen wir Menschen wissen, erschrecken wir über die Anonymität, über diese Uniformität, zu der sich Menschen bereitfinden müssen, um ihr tägliches Brot zu verdienen.

Depressive Entfremdung entwickelt sich als Affekt dieses Lebens- und Arbeits-Milieus. Seit Freuds Zeit ist es drastischen Änderungen unterworfen worden. Wir müssen zweifellos lernen, die psychische Dauerbelastung durch eine Gesellschaft angemessen einzuschätzen, die nicht mehr in der Lage ist, ihre Individuen menschlich zu behandeln und statt dessen mit ihnen wie mit Sachen umgeht. Wir werden dann erkennen müssen, daß sich Ausbrüche blinder Destruktivität nicht mehr vorgeschichtslos, wie aus heiterem Himmel zutragen. Sie mögen sich unbeachtet in der Monotonie von Lebensläufen vorbereiten, in denen kaum noch Ansätze für eine flexible Identitätsentwicklung sich vorfinden.

Das Erlebnis der Sinnlosigkeit der eigenen Existenz ergreift auch jene Massenmitglieder, die – jedenfalls vorerst – keine Gewalttaten begehen. Vielleicht werden sich (nicht erst in ferner Zukunft) aus gemeinsamen Vorerfahrungen heraus bisher in die Passivität gedrängte Individuen zu politisch-ideologisch von Führern gelenkten Massen zusammenschließen. Es ist nicht unwahrscheinlich, daß diese Führer zunächst Terroristen sein werden.

Der Kontrast zwischen faktischer Interesselosigkeit am Einzelnen und den Verheißungen eines massenhaften Fortschrittswahns wird immer unerträglicher und reizt, um mit Bakunin zu sprechen, die Lust der Zerstörung. Das Bild einer nicht zu bewältigenden Massenfürsorge – seelisch wie ökonomisch – steht mit großer Deutlichkeit vor unseren Augen. Die Fürsorgebedürfnisse, massenhaft erweckt, finden keinerlei einfühlende Befriedigung. Welche Reaktion wir darauf zu erwarten haben, ist eine Frage der Verarbeitung dauernder Enttäuschungen im Kontrast zu den Verheißungen des Fortschritts, an den zu glauben wir nicht aufgeben wollen. Wir umkreisen das Thema der Beziehung von Masse und Individuum weiter. Das Wort »Terror« ist gefallen. Bleiben wir bei ihm, gehen aber einmal nicht von der Betrachtung der Massen, sondern von deren Antipoden aus. Damit sind die (einsamen) Täter gemeint: die Terroristen, die zwar ihr Leben aufs Spiel setzen, aber trotzdem eine in den letzten Jahren zunehmend erfolgreiche Praxis als Bombenleger und Meuchelmörder ausüben. Der Zynismus dieser terroristischen Exponenten fanatischer Massen wird besonders dann erkennbar, wenn sie nach geglückten Morden, deren Opfer häufig zufälliger Natur sind, die Verantwortung für ihre Greueltaten großzügig übernehmen; als ob das so einfach einzulösen wäre. Auch hinter solcher Menschenverachtung stehen aber Ideale, die keine Kritik, keinen Zweifel zulassen. Entweder man akzeptiert sie bedingungslos, oder man wird zum Feind solcher Organisationen. In Wahrheit erteilen sie sich selbst für das Verbrechen die Absolution, da es ja dazu dienen soll, eine antiimperialistische, vollkommene Welt aufzubauen. Es zeigt sich, daß sanktionierte Brutalität, sanktioniertes Verbrechen infolge dieser Absolution straflos bleiben soll – und de facto, z. B. in Nordirland oder im Libanon, auch tatsächlich bleibt. Derart unter Massenzuspruch verübte Brutalität erweist sich als ein mächtiges Bindeglied der Massen: Die gemeinsame Teilnahme an einem Verbrechen (oder auch das Wissen um ein solches geplantes Verbrechen) kann ein mächtiges Element der Identifikation sein; Verbundenheit im Verbrechen schafft Einigkeit, indem sie entstandene Schuldgefühle schwächt. Was wir noch wenig verstehen, ist die wechselseitige Verstärkung der Motive zwischen den Massen und ihren Beauftragten, so daß am Schluß ein von keinem manifesten Schuldgefühl gebremster Konsens zu Einzel- und Massenverbrechen erreicht wird.

Die Anlässe zu diesen Gewalttaten liegen in den Entwicklungsländern zutage. Unsere Väter und Großväter haben im 19. Jahrhundert mit ungebrochenem Anspruch eine Wohlfahrt begründet, deren Quellen die von ihnen ausgeübte Fremdherrschaft und Ausbeutung waren. Das hat am Ende zu nationalen Machtkämpfen noch immer nicht absehbarer Art und Intensität geführt.

Die Unterdrückten haben nach ihrer Befreiung genau das wiederholt, was ihre Unterdrücker ihnen vorgemacht hatten. Hier handelt es sich nebenbei bemerkt um ein vorzügliches Beispiel der Identifikation mit einem negativen Vorbild, dem Aggressor. Die unbewußt bleibende Identifikation erlaubt keinen Lernfortschritt. Die Beleidigten und Erniedrigten halten für ihre Unterdrücker – aber auch für von ihnen sich abspaltende Gruppen – die gleichen Methoden der Erniedrigung bereit, unter denen sie selbst gelitten haben. In ihrer Umwelt findet sich kein Vorbild humanerer Konfliktlösung. Inzwischen sind wir in einen neuen imperialistischen Geschichtsabschnitt eingetreten: neue Großmächte beherrschen die Szene und lassen ihre Akteure für sich handeln. Das Verhältnis dieser nationalistischen Massen nicht nur zu ihren Führern, sondern auch zu den affektiv von ihnen beauftragten Tätern – den Attentätern –, verlangt dringlich nach Klärung.

In diesem Zusammenhang von Gewalttat und moralischer Verantwortung können wir dem Konzept eines Todestriebes nicht länger ausweichen. Freud hat es – wie wir wissen – nach langem inneren Schwanken für seine Metapsychologie der Aggressivität in Anspruch genommen. Es gibt aber auch viele Argumente, die Zweifel an diesem Konzept anmelden. Die verwerfenden Urteile bilden sogar die Majorität. Ich kann mich dieser Ablehnung trotzdem nicht anschließen. Wir müssen aber im Augenblick die Behandlung dieses Punktes noch zurückstellen. Zur Orientierung sei nur festgehalten, daß ich die Auffassung vertrete, die Konzeption eines Todestriebes werde hauptsächlich durch die zwanghafte Wiederholung des gleichen, durch eine unübersehbare Reihe massenhafter Akte der Zerstörung glaubhaft; und dies insbesondere, weil diese Zerstörung in den unterschiedlichsten Gesellschaftsordnungen ausgeübt wurde und wird. Es mag Perioden relativer Beruhigung der Aggression gegeben haben, Beständigkeit war ihnen nicht beschieden. Trotz pax romana, trotz »Liebe deinen Nächsten wie dich selbst«, konnte keine menschliche Kultur den Boden einer definitiv friedlichen Geselligkeit bieten. Wer diese periodische tiefe Unzufriedenheit und Unruhe der Menschen – auch jenseits ihrer ökonomischen Notlagen – leugnet, fällt einer Selbsttäuschung anheim. Demgegenüber vertrete ich die Auffassung, daß ein zerstörerischer Wiederholungszwang die unausweichliche, unbewußte Motivation periodisch wiederkehrender Destruktion abgibt. Bisher ist ihr noch jede der menschlichen Kulturen zum Opfer gefallen. Es besteht kein Grund für die unsere, auf eine Ausnahme zu hoffen.

Da Großkriege zur Absättigung ungebunden flottierender Aggression – jedenfalls in den Industriestaaten mit ihrem hohen Technisierungsgrad und den damit verknüpften astronomisch gesteigerten Kosten – gegenwärtig nicht als Angriffs- oder Verteidigungsmittel eingesetzt werden, schaffen die Großmächte fortwährend Probefelder aggressiv-destruktiver Triebentladung in Kleinkriegen von begrenztem Ausmaß. Subventionierte Kriege zwischen rivalisierenden Unabhängigkeitsbewegungen sind ein Typ solcher Lokalkriege. Hegemonialkämpfe um die politische Macht in Satellitenstaaten der einen oder anderen Observanz sind ein anderer Typus dieses sich erneuernden Kriegsgeschehens[2]. Alle diese Kriege und Aufstände werden oft von machtbewußten Organisationen begonnen und durchgeführt, denen es gelingt, Massen zu fanatisieren und diese selbst glauben zu machen, in ihrem Auftrag werde gekämpft.

Wenn Freud (1930, S. 479) von einer »angeborene(n) Neigung des Menschen zum ›Bösen‹, zur Aggression, Destruktion und damit auch zur Grausamkeit« spricht, so bedarf die These aufmerksamer Prüfung, um der Verwechslung mit anderen Konzepten, z. B. ethologischen (K. Lorenz), vorzubeugen.

Es ist, wie wir wissen, Freud außerordentlich schwer gefallen, die Aggressionsneigung des Menschen als eine ursprüngliche selbständige Triebanlage anzuerkennen. Die Kultur finde in dieser Triebanlage ihr stärkstes Hindernis. In dem Essay »Das Unbehagen in der Kultur« findet sich bekanntlich die eindrucksvolle Stelle,

»die Kultur sei ein besonderer Prozeß, der über die Menschheit abläuft, und wir stehen noch immer unter dem Banne dieser Idee. Wir fügen hinzu, sie sei ein Prozeß im Dienste des Eros, der vereinzelte menschliche Individuen, später Familien, Stämme, Völker, Nationen zu einer großen Einheit, der Menschheit, zusammenfassen wolle. Warum das geschehen müsse, wissen wir nicht; das sei eben das Werk des Eros.« »Diesem Programm der Kultur«, fährt Freud fort, »widersetzt sich aber der natürliche Aggressionstrieb der Menschen, die Feindseligkeit eines gegen alle und aller gegen einen« (1930, S. 481).

Das klingt wie ein ziemlich unerbittliches und einseitiges Urteil. Eine bessere Bewältigung unserer von Aggressionen überschatteten Kulturvoraussetzungen wird uns aber nicht gelingen, wenn wir uns dem Gedanken hingeben, ausschließlich Beeinflussungen von außen, aus der äußeren Realität, hätten dieses Verhalten von Menschen, diese aggressive Destruktion erzwungen, und eine entsprechende Veränderung von außen her genüge, um eine »ursprüngliche« menschliche Natur freizugeben, die von unablässiger Erneuerung aggressiver Energie frei sei.

Informationen darüber, mittels welcher Techniken aggressionsschwangere Massen ihre Affekte abführen, bieten sich uns täglich in den Nachrichten über Greuel- und Schreckenstaten. Im Destruktionstrieb, oder einfach: in der täglichen Zerstörungskraft, welche die Menschheit zu entfesseln vermag, zeigt sich uns kein leicht zur Harmlosigkeit domestizierbares Lebewesen.

»Ich erinnere mich meiner eigenen Abwehr«, schreibt Freud (in »Das Unbehagen in der Kultur«). »als die Idee des Destruktionstriebes zuerst in der psychoanalytischen Literatur auftauchte, und wie lange es dauerte, bis ich für sie empfänglich wurde. Daß andere dieselbe Ablehnung zeigten und noch zeigen. verwundert mich weniger« (1930, S. 479).

Sollte das destruktive Verhalten der Menschenart nicht auf einen Trieb zurückzuführen sein, dann offenbar auf sehr haltbare Identifikationen. Die Identifikation als älteste zwischenmenschliche Verständigungsform begleitet den Aufbau unseres Charakters in unseren Lebensphasen. Wir haben schon beschrieben, daß im Falle von Massenbildung diese eher kontinuierliche »Reifung« durch heftige Identifikationsangebote und Introjektionen neuer Objekte unterbrochen werden kann, wenn ein Individuum in das Kraftfeld einer wachsenden Massenbildung gerät. Konflikte zwischen alter Identifikation und neuen Anpassungen werden dadurch beigelegt, daß die alten identifikatorischen Verhaltenszwänge quasi vergessen werden; sie verlieren ihre Kraft angesichts der Parolen neuer Massenführer.

Es findet eine Überfremdung durch diesen Identitätswechsel statt. Die Massenidentifizierung vollbringt nicht allein den berüchtigten Schwund der Urteilsfähigkeit (das abaissement du niveau mental). Sie ignoriert die vom Einzelnen am Charakter im Guten wie im Schlechten bisher geleistete Arbeit zugunsten ihrer Ziele. Der Einzelne wird von seiner Wertorientierung, ein unabhängiges Ich zu werden, abgedrängt.

»Höchstes Glück der Erdenkinder ist doch die Persönlichkeit.« Damit wurde bis vor kurzem die höchste Stufe menschlicher Reife umschrieben. Dieses Ziel eines definitiv eigenen Persönlichkeitsanteils meint Freud, wenn er von dem »Stückchen Selbständigkeit und Originalität« (1921, S. 144) spricht, das es zu erringen gelte. Die Erfahrung der Kontinuität bildet die Grundlage für die kritische Treue in unseren mitmenschlichen Beziehungen wie für ein kontinuierliches Verhältnis zu uns selbst. Langsam gelingt dem Individuum – wenn es dazu angehalten wird – die Fähigkeit der Unterscheidung zwischen den Urteilen seines erworbenen Ichs und Über-Ichs und eines ihm übergestülpten kollektiven Ich-Ideals. Es ist unvermeidlich, daß hier viele Wahrnehmungstäuschungen, insbesondere Selbsttäuschungen in Kauf genommen werden müssen. Vielleicht ist Eriksons Begriff der Ich-Identität nicht so scharf abgegrenzt wie manche anderen klassischen psychoanalytischen Begriffe. Er bezeichnet aber in einer zunehmend vermassenden Gesellschaft mit wachsendem Traditionsverlust ein unersetzliches Moment der kontinuierlichen Selbstwahrnehmung und Selbstfindung.

Überblicken wir die massenpsychologische Szene, so stellt sich deutlich heraus, daß Massenbildung vor dem Hintergrund einer zahlenmäßig unerhört wachsenden Weltpopulation stattfindet. Sie ist korrelativ zu der Bevölkerungsexplosion. Schließlich können Massen geballte Kraft augenfällig machen. Nicht selten vermögen allein sie, verknöcherte, anachronistisch gewordene Sozialordnungen aufzubrechen und den Weg für die Entwicklung neuer Ideale und neuer Konzepte des Zusammenlebens zu eröffnen. Die Gefahrenzone eines Wiederholungszwanges, unter dem alles sich zwar bewegt, aber alles beim alten bleibt, ist für die gegenwärtigen Sozialordnungen eine weltweite Gefahr. Wird hier nicht von Gruppen verschiedenster Art die Fähigkeit zu kritischer Diskussion aktiviert, dann entwickelt sich wahrscheinlich kein Reifungsfortschritt zum selbständigen Ich des Individuums. Es bleibt im Gegenteil eine »Spur« aus den Massenerfahrungen. Das Individuum stagniert entweder im Vorstellungshorizont seiner Kindheit oder bleibt den emotionellen Jubeljahren, in denen es der Despotie gedient hat, verhaftet.

Wir haben es also mit mehreren Phasen der Ich-Reifung zu tun. Die lebensgeschichtlich früheste Orientierung geschieht durch die primäre Identifikation mit der versorgenden Mutter. In seiner Unvollkommenheit und Schwäche sehnt sich das Individuum nach der erlösenden Allmacht seiner früheren Kindheit, in der es geborgen sein konnte. Gerade dies kann aber der narzißtische Führer ebenso wie das Aufgehobensein in der Masse auf Dauer nur vortäuschen. Die allmächtige Güte wird zum bloßen Schein; statt dessen vermag der Führer häufig seine Macht nur in paranoidem Allmachtswahn zu bezeugen, aus dem heraus er morden läßt. Dem kleinen Mitläufer bleibt nur übrig, sich in masochistischer Unterwerfung einzuüben. Er glaubt weiter an das Versprechen rascher Befriedigung libidinöser wie aggressiver Bedürfnisse. Freilich wird gleichzeitig alles von der Angst vor drakonischer Strafe überschattet, vor dem Urvater, der einen hohen Gehalt an symbolischer Realität hat. Wenn der affektive Zusammenhalt zerbricht, läßt die Masse ihre Mitglieder so schnell fallen, wie sie sie vorher in sich aufgenommen hatte.

Nach dem Zusammenbruch des despotischen Wunschdenkens und des Massenwahns fällt dem Ich die neuerliche Realitätsprüfung, die neuerliche Suche nach integrierbaren Vorbildern und Werten zu.

Natürlich ist diese moralische Erneuerung ein ideales Prospekt; es gibt keine Beschreibung einer existierenden Sozietät, in der sich derartige Reifungsfortschritte unbehindert vollziehen können. Jedoch sind wir nicht mehr, wie vor den Beiträgen Freuds zur Massenpsychologie darauf angewiesen, dem Ausbruch gefährlicher kollektiver Regressionen, wie sie sich in akuten Massen vollziehen, ohne Verständnis zusehen zu müssen. Es ist das in der Evolution spät zur Entwicklung gelangte schwache Ich, dem wir beistehen müssen, wo immer wir seine Bedrängnis erkennen.

In diesem unserem 20. Jahrhundert hat sich – zwei Weltkriege und die Ausrottungsversuche an ganzen Völkern und Bevölkerungsgruppen einbegriffen – ein Unmaß an Gewalttätigkeit zugetragen. Das macht verständlich, weshalb unsere Überlegungen zur Massenpsychologie vorwiegend akuten, libidinös und/oder aggressiv gebundenen, von Affekten geladenen, von Führern beherrschten Massen gelten. In solchen Massen wird »der psychische Oberbau, der sich bei den Einzelnen so verschiedenartig entwickelt hat, . . . abgetragen, enkräftet und das bei allen gleichartige unbewußte Fundament wird bloßgelegt (wirksam gemacht)« (Freud, 1921, S. 78). Die Züge der individuellen Persönlichkeit werden also zurückgedrängt; statt dessen erfolgt eine »Ansteckung« mit Verhaltensweisen, wie sie massentypisch sind.

Das Modewort, das seinerzeit diesen Vorgang begleitete, war der französischen Schule der Psychiatrie entnommen und hieß »höhere Suggerierbarkeit«. Freud ersetzte das durch die dynamische Erklärung, daß die Massenbindung auf den Einfluß der Libido zurückzuführen ist. Zunächst betont die Analogie der »Ansteckung« ein gleichartiges Verhalten, wie wir es vom Verlauf der Infektionskrankheiten kennen. Das brüllende Unisono von Parolen, auf die sich eine vieltausendköpfige Menschenmenge einstimmt, etwa in Sportarenen, hat in der Tat etwas von den Schreien eines fabelhaften Riesenwesens an sich. Le Bon sprach deshalb den Menschen »durch den bloßen Umstand ihrer Umformbarkeit zur Masse . . . eine Kollektivseele« zu (zit. nach Freud, 1921, S. 77).

Was haben wir aber unter »Umformung zur Masse« zu verstehen? Um es zu wiederholen: Wie alle betont affektiven sozialen Zusammenschlüsse vollzieht sich auch die Massenbildung durch Identifikationen. Freud hat bei seinen Beobachtungen der dynamischen Entwicklung des Ödipuskomplexes entdeckt, daß die Identifizierung die »früheste Äußerung einer Gefühlsbindung an eine andere Person ist« (1921, S. 115). Die Identifizierungen, die Angleichung an Personen, mit denen man sich über lange Zeit in intensivem Kontakt befindet, entwickeln einen gleichförmigen Verhaltensstil, der aus der übereinstimmenden Wahl des gleichen Liebesobjekts, nämlich des Führers, herrührt. Freud meint, seiner Theorie vom Urvater und der Urhorde folgend: »Die Masse erscheint uns so als ein Wiederaufleben der Urhorde«, und er schließt daraus, »die Psychologie der Masse sei die älteste Menschenpsychologie« (1921, S. 137).

Die Identifikation, das So-Sein-Wollen wie dieses mächtige Vorbild, läßt zunächst einen relativ geringen Spielraum für die Entwicklung der *eigenen Persönlichkeit*, dessen also, was man als selbsterworben erleben könnte.

Je strenger die Tradition, desto bindender die vorgeschriebenen Identifikationen – und oft auch desto ambivalenter, widersprüchlicher. Durch die lange Abhängigkeit des menschlichen Kindes ist es zuerst auf die schicksalhaft vorgegebenen Vorbilder, auf Vater und Mutter angewiesen. In der späteren Objektwahl vollzieht sich dann mit der Zeit ein Suchen und Finden eigener Identität. Wenn man, sich identifizierend, wie das Vorbild sein will, so sucht man in der Objektwahl nach dem ergänzenden Anderen. Das sich identifizierende Individuum übernimmt die Eigentümlichkeiten der Vorbilder und macht sie zu einem Teil seiner selbst. Entsprechend entsteht das endgültige Charakterbild aus Anregungen aufeinanderfolgender Objekte, von denen wir uns eigentümliche Züge identifizierend zu eigen gemacht haben. Diese stetige »Umformung« kann in ihren Ausmaßen und in ihrer Bedeutung, besonders in der Jugend, kaum überschätzt werden.

Die Übernahme von Persönlichkeitsmerkmalen eines Mitmenschen in das Innere meiner Persönlichkeit vollzieht sich meist unbeachtet und nicht allzu schnell. Eines Tages sieht ein anderer diese Übereinstimmung und macht uns darauf aufmerksam; man selbst bemerkt sie nie als erster. Weil sich dieser Prozeß der Übernahme von Persönlichkeitszügen so unbemerkt, aber so konsequent vollzieht, bot sich zunächst als Erklärung die Annahme vererbter Eigenschaften an. Nach dieser Vererbungstheorie hat man dann nicht nur körperliche, sondern auch Wesenszüge von Familienmitgliedern »geerbt«. Diesen genetischen Vererbungsanteil kann man gewiß nicht ausschließen: der Weg der Erziehung, seine Sozialisation hinterläßt im Individuum aber ebenso deutlich erkennbare Spuren. Deshalb betonte Freud auch, daß die Individualpsychologie von Anfang an bereits Sozialpsychologie sei.

In der Dynamik der Bildung von Massen haben wir es mit einem Vorgang zu tun, der gegenläufig zur skizzierten Persönlichkeitsentwicklung, im Sinne der Individuierung, erfolgt: unterschiedliche Einzelne präsentieren sich als uniforme Wesen, als wären sie Geschwister, als hätten sie die gleiche Vorgeschichte, als strebten sie nach dem gleichen Ziel, nach der gleichen Befriedigung und wechselseitigen Verständigungsmöglichkeit. Wir wissen freilich, daß diese Art von Massenangleichung einer oberflächlichen Identifikation entspricht. Was sich uniformieren will, sind Triebbedürfnisse, die von der Befriedigung für lange Zeit oder prinzipiell ausgeschlossen waren. Es ist der Rückhalt in den vielen gleichgesinnten Menschen, der gesucht wird. Religiöse oder pseudoreligiöse Bekenntnisse sind dann der vorstrukturierende Boden für Massengefühle. Es können ökonomische Notstände nationaler Haß u. ä. sein, was Massenreaktionen auslöst; ohne psychologische Mitwirkung kommen aber die affektiv verbundenen Massen nicht zustande. Je heftiger die Erregung, desto geschwächter die Realitätskontrolle, desto leichter die antirationale Verführbarkeit. Dabei werden privater Haß, private Frustration in die kollektive Reizbarkeit eingebracht.

Freuds Auffassung war es, daß solche Massen durch die allen gemeinsame Objektwahl, das gemeinsame Liebesobjekt, den Führer, zusammengehalten würden – und außerdem durch die Bindung der Massenglieder untereinander in der gemeinsamen »Anbetung« des Führers. Bei der Untersuchung der einzelnen Massenglieder stoßen wir auf vielfältige Psychopathologien, die aber – solange die heftige Massenbindung das Lebensgefühl, die rationale Besinnung beherrscht und übernimmt – im Persönlichkeitsbild zurücktreten, so störend sie als private neurotische Leiden gewesen sein mögen. Wie die individuellen Psychopathologien den jeweiligen Gruppenstil (z. B. paranoider Art) beeinflussen und umgekehrt Gruppensymptome (z. B. durch projektionsbestimmtes Agieren) individuelle Verfassungen zu beherrschen beginnen, ist kaum je über aphoristische Andeutungen hinaus gründlich erforscht worden. Um psychische Vorgänge dieser Art schärfer unterscheiden zu können, ist es in der Tat zweckmäßig, zwischen Massenpsychologie, Individual- und Gruppenpsychologie zu trennen, was wir leider im Augenblick nicht zu leisten vermögen. Das Individuum, welches dem umformenden Griff, den akute Massen auszuüben vermögen, erliegt oder sich diesem geschickt zu entziehen vermag, gerät, wie wir schon angedeutet haben, niemals in solche Auseinandersetzungen, ohne durch seine bisherige Lebenszeit hindurch schon sozial geformt worden zu sein, sei es in Richtung auf die Resistenz gegen oder auf die Anfälligkeit für unerwünschte oder negativ eingestufte Verhaltensweisen (Mitscherlich, 1972).

Welche Veränderungen im psychischen Verhalten werden auch heute noch als charakteristisch für eine Massenbildung angesehen? Die Heftigkeit der Regressionsvorgänge, die sich abspielen, und die Intensität kollektiver Liebesbeziehungen zu einem Führer, dem unkritisch Allmacht zugesprochen wird. Ein weiteres Merkmal ist die wechselseitige Bindung der Massenglieder untereinander in ihrer gemeinsamen Vergottung des allmächtigen Führers. Schließlich bemerken wir ein affektiv bedingtes Absinken des intellektuellen Niveaus. Es stellt sich eine Unfähigkeit zu kritischer Selbstwahrnehmung ein oder wenigstens ihre weitgehende Einschränkung. Zum Vergleich bietet sich das Phänomen der Verliebtheit an. Auch in ihr erfahren wir eine überwältigende affektive Regung, die das Ich weder zu kontrollieren vermag, noch zu kontrollieren willens ist. Der Führer wird anstelle des eigenen Ich-Ideals in den psychischen Haushalt eingefügt: »Du bist nichts, Dein Volk (sprich: Dein Führer) ist alles.« Die totale Idealisierung des geliebten Idols führt gleichzeitig zu einer Aufblähung des Selbstgefühls und läßt die Massenanhänger des Führers – wie diesen selbst – für kritische Einwendungen immun werden. Durch das Angebot so vieler Ideal-Ich-Positionen ist der Führer narzißtisch überfüttert und damit für Kritik absolut unzugänglich und ihr gegenüber unduldsam; ihm bleibt nur noch die Identifikation mit Gott oder dem Schicksal. Offensichtlich wird das bewußte, eben das kritische Ich von den Idealisierungsbedürfnissen vor allem dort überwältigt, wo der Führer libidinösen oder aggressiv-destruktiven Bedürfnissen wenigstens schrittweise Befriedigung verschafft. Das war in Deutschland sehr deutlich zu beobachten, von der »Machtergreifung« an bis zum Beginn des Zweiten Weltkrieges. Es ist im übrigen noch die Frage zu bedenken, ob eine charismatische Führerfigur für die Bildung solch affektiv geeinter Massen wirklich unerläßlich ist. Sie ist es. Der charismatisch begabte Führer versteht es, die historisch günstige Situation zu nützen und die Massenkohäsion einzuleiten. Er spielt in der Tat bei der Massenbildung eine unerläßliche Rolle.

Im Zusammenhang unserer Überlegungen wird man festhalten müssen, daß der Beitritt zu akut erregten politischen Massen durchweg tiefere Eingriffe in das Leben der Einzelnen mit sich bringt. Unter »charismatisch« sei hier die Fähigkeit verstanden, starke Sympathiegefühle zu wecken, die »sprachlos« am stärksten sich auswirken. Auch die Masse selbst muß sich bei ihrer Entwicklung tiefere Eingriffe in ihre Lebensführung gefallen lassen, als sie unter anderen Bedingungen hinzunehmen bereit wäre. Vom Führer hingerissen unterwirft sie sich mit masochistischer Lust.

Zu den Merkmalen politischer Massen gehört ein rhythmisches Geschehen, auf das bisher noch nicht oft eingegangen worden ist. Diese Massen folgen wechselnden zentrifugalen und zentripetalen Bedürfnissen. Zentripetal strömen sie zum Kult des Führers, in dem sie unerfüllte Teile ihrer selbst narzißtisch lieben, zusammen. In Großveranstaltungen und Massenaufmärschen bestätigen sie sich gegenseitig in ihrem Kult. Sie erleben sich selbst mit dem ihnen neu eingepflanzten Ideal-Ich des Führers und identifizieren sich nach dessen Weisungen. Hat der Kult dann seinen Lauf genommen, so folgt die zentrifugale Phase. Die Führer-zentrierte Masse zerstreut sich, aber eben nicht in eine vollkommene Privatheit. Ihr neues Ich-Ideal stellt vielmehr Forderungen, z. B. die nach Mission, denen es zu gehorchen gilt. Dieser Diaspora folgt dann wieder eine zentripetale Phase. Jeweils rechtzeitig, ehe sich Zeichen der Ermüdung des Interesses beobachten lassen, ruft der Führer die Massen neuerlich zusammen – möglichst an einem kultisch geweihten Ort. Wieder geben sie sich dem Allmachtserlebnis hin, es folgt eine affektive Aufladung, und wieder verkehren sie das Erlebnis ihrer kritiklosen Abhängigkeit vom Führer in das Gegenteil, indem sie sich in ihren Phantasien unter seinen Fahnen von Sieg zu Sieg eilen sehen. Dann kommt wieder die Auflösung, die Zeit des heimischen Missionierens, vielleicht auch der gefährlichen Rückfälle in den alten Lebensstil, in die alte Weltanschauung. Es mögen sich innere

Anfechtungen melden, die aus sozialer Angst nie laut ausgesprochen werden dürfen, statt dessen durch Zeichen der Ergebenheit übertüncht werden.

Wir stellen also generell fest, daß die Anziehungskraft affektiver Massen durch die charismatische Kraft des Führers oder einer zündenden Idee und von dem Bewußtseinszustand der Massenglieder bestimmt wird. Man fragt sich aber doch oft, warum starke Entbehrungen, die einer großen Zahl von Mitgliedern einer Gesellschaft zugemutet werden, sie nicht in die Massenbindung oder überhaupt nicht in gemeinsame Aktion drängen. Auf diesen Tatbestand hat schon Wilhelm Reich (1933, S. 34) aufmerksam gemacht:

»Wenn Arbeiter, die infolge Lohndrucks hungern, streiken, so ergibt sich ihr Handeln direkt aus ihrer wirtschaftlichen Lage. Das gleiche gilt für den Hungernden, der stiehlt. Zur Erklärung des Diebstahls aus Hunger oder des Streiks aus der Ausbeutung bedarf es keiner weiteren psychologischen Erklärung.« Aber: » . . . nicht, daß der Hungernde stiehlt, oder der Ausgebeutete streikt, ist zu erklären, sondern warum die Mehrheit der Hungernden nicht stiehlt und die Mehrheit der Ausgebeuteten nicht streikt.«

Es kann sehr lange dauern, bis solche Reize Reaktionen zeitigen, die in einer fühlbaren Sequenz aufeinanderfolgen.

Im Zusammenhang mit der Bedeutung, daß es so schwer sei, in virulente Massen erkennend einzudringen, erinnert man sich vielleicht der Anklage, die in den letzten Jahren oft zu vernehmen war, daß der oder jener Analytiker in der oder jener Situation versagt habe, weil er keine aktionistischen Konsequenzen aus seinen Einsichten gezogen hätte.

Anklagen dieser Art sind so alt wie naiv. Sie glauben oder setzen voraus, daß die Einsicht in einen Sachverhalt, z. B. den der Ausbeutung, der ungerechten Entlohnung, quasi automatisch, schlagartig die Fähigkeit weckt, die sozio-ökonomische Realität zum besseren zu verändern.

Tatsächlich ist ein nicht massenartiger Prozeß der Verarbeitung, also ein schrittweises Sich-Aufschließen für soziale Zusammenhänge, ein überaus langsamer Vorgang. Das Gefühl der Hoffnungslosigkeit, vielleicht nur ein dumpfes Leidgefühl, das sich an alltägliche Erlebnisse knüpft, die unabänderlich zu sein scheinen, kann sich langsam ändern, wenn solche Veränderungsmöglichkeiten sprachlich formulierbar werden und dadurch überhaupt erst wahrgenommen und als Erkenntnis verbreitet werden können. Erst wenn ein Stück erfahrener Realität benennbar wird, kann es politisch wirksam werden, z. B. die Parole: Proletarier aller Länder, vereinigt Euch! Die Idee eines überlokalen Zusammenschlusses mit Gleichgesinnten und Gleichleidenden muß erst einmal denkbar geworden sein und geäußert werden, um Einfluß ausüben zu können, um Aufforderungscharakter zu gewinnen. Bisher tabuierte Gedanken und Gefühle müssen zur Befragung freigegeben werden.

Zum Thema der politisch und führergebundenen Massen sei noch eine Anmerkung angefügt. Wir sind verzweifelt über die Tatsache, daß uns täglich die abscheulichsten Gewalttaten und Grausamkeiten von Massen an Massen in den Medien übermittelt werden. Wir haben keine oder fast keine Möglichkeit, Menschen zu befreien, die in das Regime eines geistesgestörten Führers – etwa Idi Amins in Uganda – geraten sind. Wir können den politischen Gefangenen in Chile oder der Sowjetunion absolut nicht zu Hilfe kommen, weil die politischen Führer dieser Länder innerhalb nationaler Grenzen, hinter die sie sich immer zurückziehen können, fast unangreifbar sind. Massenverbrechen bleiben ungesühnt, weil ihre Verfolgung zur Einmischung in die Angelegenheiten eines souveränen Staates erklärt werden. Wir können den Schwachen unter Berufung auf die Menschenrechte nicht beistehen, weil wir selbst zu zerspalten und egoistisch sind, um uns in der Hilfe für Unterdrückte und Mißhandelte einig werden zu können. Wer die dornenreichen Bemühungen von *amnesty international* verfolgt hat, weiß von diesem unermeßlichen, kaum zu lindernden Leiden, das Menschen im Namen angeblicher politischer Notwendigkeiten einander antun. Geistesgestörtheit braucht kein Hindernis für die Anziehungskraft eines Führers und die Bereitschaft, sich von ihm verführen zu lassen, zu sein. Im Gegenteil, die wahnhafte Selbstgewißheit wirkt vermutlich besonders anziehend, souverän, und wird als Unfehlbarkeit mißdeutet.

Dabei unterschätzen wir keineswegs die tragische Situation des Revolutionärs für die gerechte Sache, der einzusehen gelernt hat, daß ohne Freiheitskampf, ohne Waffengebrauch, ohne Übertretung bestehender Gesetze keine Möglichkeit existiert, die gegebenen politischen und sozio-ökonomischen Verhältnisse zu verändern.

Es dürfte kaum gelingen, allezeit scharf voneinander zu trennen, welche Unrechtstat im Dienst der »Emanzipation«, um eines der Zauberworte der Epoche zu verwenden, geschieht, und wo der homo destruens seiner Leidenschaft, der Zerstörung, folgt. Mord ist unentschuldbar, auch wenn er im Dienste der gerechten Sache geschieht. Das Unentschuldbare kann freilich unausweichlich sein. Das Trauergefühl wegen der Ohnmacht der Vernunft verläßt uns angesichts dieser Notlage kaum noch.

Schließlich verdient noch ein Unterschied Erwähnung, um zu einem korrekten Sprachgebrauch zu kommen. Es ist der zwischen Masse und

Vermassung. Massen, soweit sie als handelnde Massen ins Gewicht fallen, brauchen zunächst keineswegs Produkte einer Vermassung zu sein. Letztere wird fast immer als Defizitzustand verstanden und im vorwurfsvollen Sinn gebraucht, als sei die Vermassung durch Verelendung Schuld der Massen selbst. Das ist der Calvinsche Gedanke, daß Gott bei den erfolgreichen Bataillonen steht. Verelendung freilich ist der Nährboden der Gewalt. Psychosoziale Verelendung plus demagogisches Talent kann eine gefährliche Situation herbeiführen! In der Hingabe an den Führer, in extremen Zuständen der Verliebtheit in den »massimo leader«, findet das Gewissen, wie Freud sagt, »keine Anwendung auf alles, was zugunsten des Objektes (eben des Führers, A. M.) geschieht; in der Liebesverblendung wird man reuelos zum Verbrecher« (1921, S. 125).

Die Betrachtung der Freudschen Gedanken zu »Massenpsychologie und Ich-Analyse« von der Gegenwart aus kann von zwei Positionen her erfolgen. Einmal kann man fragen, ob und wie sich Umwelt und Mitwelt in dieser Zeitspanne grundlegend geändert haben, zum anderen aber, wie sich unser Weltverständnis gewandelt hat.

Daß die Welt nicht stillgestanden hat in unserem 20. Jahrhundert, bedarf keiner Erläuterung. Wir haben es am Anfang darzustellen versucht. Kontroverse Antworten sind zu erwarten, wenn man sich die Frage vorlegt: Wie ist es um die Fähigkeit bestellt, seelische Konflikte, die in Massenverhalten sich fortsetzen, zu verstehen? Sind wir besser als unsere Väter und Großväter gerüstet, unseren eigenen, weithin unbewußten Konflikten zu begegnen, und ist es uns deshalb gelungen, die Motivationen so bedeutungsvoller Erscheinungen, wie es die affektiv erregten Massen sind, über die Position Freuds hinaus zu entschlüsseln?

Es entstammt nicht naiver Heldenverehrung, wenn wir Freuds Essay nach 55 Jahren aktuelle Bedeutung zugestehen. Vieles bedarf aber der Einordnung in die neu erwachsenen Gegebenheiten. Was die Weltläufe in diesen Jahrzehnten betrifft, so besteht die entscheidendste Veränderung in der Entstehung einer fast ungestörten Alleinherrschaft des Menschen über alles Naturgeschehen. Diese Okkupation wurde mit gänzlicher Skrupellosigkeit durchgeführt. Biotope als uralte und funktionierende Koexistenzformen für tierisches, pflanzliches und menschliches Leben wurden blindlings den Expansionswünschen der technischen Zivilisation, dem technischen Fortschritt zum Opfer gebracht. Inzwischen vollzieht sich das Leben von Milliarden Menschen weit entfernt von den Früchten zivilisatorischer Pionierleistungen, die das 19. Jahrhundert so rauschhaft begrüßte. Ihr Leben wird von Sachzwängen beherrscht. Man kann sich sehr wohl einen besorgten Zeitgenossen vorstellen, der sich und uns die Frage stellt, warum die Massenpsychologie trotz aller gleichzeitigen Einsichten und Fortschritte im Bereich der Ich-Psychologie nicht in der Lage gewesen zu sein scheint, auf freiheitsvernichtendes Verhalten von Massen Einfluß zu nehmen. Die Antwort darauf vermag ich nicht zu geben. Sicher ist nur, daß die *Reflexionsbereitschaft* gering, die *Reflexionsfähigkeit* in den größten Teilen der Welt aber noch gar nicht entwickelt wurde.

Als Freud 1920 »Massenpsychologie und Ich-Analyse« verfaßte, war das Wort »Gruppe« relativ selten in Gebrauch. Seither ist es zu einem gängigen Schlagwort unseres Alltags geworden. Der Gruppe wird zugeschrieben, daß sie Krisen und Probleme im menschlichen Zusammenleben besser lösen und bewältigen kann, als man es Einzelnen zutraut – oder aber auch als *er* sich zutraut. Es gibt nicht wenige Forscher, die den Begriff Masse möglichst vermeiden und statt von Massenpsychologie von Gruppenpsychologie sprechen. Die Gruppe soll die »Emanzipation«, was damit auch im Einzelfall gemeint sein mag, fördern. Große Gruppen, z. B. die Masse der Werktätigen, werden je nach politischer Auffassung als Machtinstrumente begrüßt oder gefürchtet. Kleinere Gruppen sollen helfen, Entfremdung und Vereinsamung zu überwinden, zwei der bedeutenden Leiden unserer Gesellschaft.

Viele Forscher würden wahrscheinlich dazu neigen, die politisierten und ideologisierten Massen als »Großgruppen« zu bezeichnen und ihnen keine Massenattribute zuzusprechen. Es wäre aber unseres Erachtens nicht zu empfehlen, den vieldeutigen Begriff Masse als solchen aufzugeben, so oberflächlich unsere Kenntnisse in mancher Hinsicht sind. Denn in keinem sozialen Zusammenschluß erfährt – worauf wir soeben schon hingewiesen haben – das Individuum so überrumpelnde und tiefreichende Eingriffe in sein seelisches Gleichgewicht wie als Mitglied einer politisch-ideologisch auf »Linientreue« fixierten Organisation. Denn um den Massenführer gebührlich zu verehren, seinen absurden Versprechungen widerspruchslos folgen zu können, bedarf es der erwähnten massiven Regression auf einen kindlichen Glauben an die Allmacht von Vater und Mutter. Die überstarke Identifikation der Massenglieder untereinander stellt, wie Freud einleuchtend beschrieb, nicht nur eine Abwehr der Geschwisterrivalität dar, die die Anhängerschaft des Massenführers beunruhigen muß, sondern diese heftige Regression und Identifikation blockiert auch die Entwicklung der Persönlichkeit.

Unsere Darstellung konnte bisher den Eindruck erwecken, als hätten sich grundsätzlich keine nennenswerten Veränderungen in den Prozessen der Massenbildung unter dem Einfluß der Ich-Entwicklung zugetragen[3]. Wir haben in unserem Modell der Massenbildung den Führer als die einende Vaterfigur porträtiert, so als sei seine Position unerschüttert. Kann man das noch aufrechterhalten? Oder ist es nicht so, daß wir uns auf dem Weg zur vaterlosen Gesellschaft befinden? Die Lebensverhältnisse in der technisierten Industriezivilisation haben sich deutlich in der Richtung einer Entwertung des Vaters als Vorbildfigur ausgewirkt; die Mutter folgt ihm auf dem Fuße. Als arbeitender Mensch ist der Vater tatsächlich mit der Trennung von Wohn- und Arbeitsstätte schon weitgehend unsichtbar geworden. Aber auch als emotioneller Partner in einer spannungsreichen Bindung an Gruppen, nicht zuletzt an die Familie, ist die Stellung des Vaters und der Vatersurrogate unterminiert. So etabliert sich, wie Herbert Marcuse (1963, S. 93) gesehen hat, eine weitgehend »autoritätslose Familie«. In den fortgeschrittensten Sektoren der modernen Gesellschaft »wird der Bürger nicht mehr ernstlich von Vaterimagines heimgesucht« (ebd., S. 95). Entzieht das nicht Freuds Hypothese der Massenentstehung den Boden? Statt Individuum – soziales Atom.

Mit Bedacht spricht Marcuse von verschiedenen Sektoren der Gesellschaft, für welche diese Entwicklung heute schon gilt. Das sind die technologisch führenden Staaten. Große Bereiche der Erdbevölkerung leben aber nach wie vor in agrarischen, paternalistischen, vorindustriellen Sozialordnungen. Man wird also annehmen können, daß entsprechend unterschiedliche Vaterimagines wirksam sind – vom Bild des Vaters, welches der Phantasie einer archaischen Urhorde nahesteht, bis zum wenig präsenten und wenig zugewandten Vater der Televisionskultur.

Wie sich diese »naturwüchsigen« Massenbildungen zukünftig in den verschiedenen Lebensbereichen wechselseitig bekämpfen oder vereinen werden, darüber wagt wohl niemand eine sichere Prognose. Entsprechend behauptet die Psychoanalyse nicht, eine einheitliche Auskunft geben zu können. Ihre Wahrheit »liegt darin, daß sie ihren herausforderndsten Hypothesen die Treue hält« (Marcuse, a. a. O., S. 106). Es zu vermuten, daß nach weiteren 25 Jahren oder einem weiteren Lebensalter ein erregendes Rencontre mit unserem Thema in Aussicht steht.

Anmerkungen

1. Das war bei den Kriegserklärungen Hitlers im Jahre 1939 sehr deutlich zu beobachten. Die Fehleinschätzungen, deren Opfer er wurde, gehen auf die maßlose Fütterung seines Ichs, das zum Ich-Ideal der Massen wurde, zurück.
2. Die Beurteilung dieser Vorgänge wird dadurch erschwert, daß Pseudofried-

74

lichkeit im Spiele ist. Viele friedlich erscheinende Zeitgenossen haben ihre eigene Aggression nicht etwa abgelegt, »überwunden«, sondern lediglich (etwa unter Über-Ich-Zwang) abgewehrt, z. B. verdrängt. Ihre scheinbare Freiheit von Aggression ist eigentlich ein depressiv-melancholischer Zustand.

3. Bei dieser Auffassung dürfen wir aber keinesfalls stehenbleiben; wir müssen vielmehr ein neues Verständnis unbewußter kollektiver Phänomene erlangen. Wir setzen damit Freuds Analyse der Massenbildung fort – hoffentlich mit einigem Erfolg.

Bibliographie

Freud, S. (1921), Massenpsychologie und Ich-Analyse. Ges. Werke, Bd. XIII, S. 71–161.
– (1927), Die Zukunft einer Illusion. Ges. Werke, Bd. XIV, S. 321–380.
– (1930), Das Unbehagen in der Kultur. Ges. Werke. Bd. XIV, S. 419–506.
– (1933), Warum Krieg? Stud. Ausg., Bd. IX, S. 271–286.
Jacoby, R. (1975), Negative Psychoanalyse und Marxismus. In: »Psyche«, 29 S. 961–990.
Le Bon, G. (1895), Psychologie der Massen. Stuttgart 1968.
Lowenfeld, H. und Y. (1970), Die permissive Gesellschaft und das Überich. In: »Psyche«, 24, S. 706–720.
Lukács, G. (1928), Rezension von Robert Michels: Soziologie des Parteiwesens in der modernen Demokratie. In: »Archiv der Gesch. d. Sozialismus u. d. Arbeiterbewegung«, 13, S. 309–315.
Marcuse, H. (1963), Das Veralten der Psychoanalyse. In: »Kultur und Gesellschaft«, Bd. 2. Frankfurt/M. 1965, S. 85–106.
Mitscherlich, A. (1963), Auf dem Weg zur vaterlosen Gesellschaft. München.
– (1972), Die Masse fängt in der Familie an. In: »Massenpsychologie ohne Ressentiment«. Frankfurt/M., S. 74–80.
Reich, W. (1933), Massenpsychologie des Faschismus. 2. Aufl. o. O.

Marihuana oder
Andere Zeiten – andere Sorgen

Ende der zwanziger Jahre pflegten wir uns in der großen Pause als Unter- und Oberprimaner vom Schulhof zu stehlen und um die Ecke im Hinterzimmer einer Gemischtwarenhandlung unsere Zigarette zu rauchen. Wären wir erwischt worden, wir wären – wie man bündig sagt – von der Schule geflogen. Aber gerade dieses Risiko war es, welches das Rauchen im Kreis der Auserwählten so spannend machte. Mancher ist Raucher geblieben, mancher hatte nur Spaß daran, solange es eine Provokation blieb. Erlaubt, verlor der Genuß seinen Reiz.

Bis heute blieb ununtersucht, welches die psychisch wirksamen Motive waren, die dem Tabak seit dem 16. Jahrhundert diese Verbreitung verschafft haben. Eines davon, vor allem am Anfang, muß gewesen sein, daß Tabakrauchen neue Gesellungen begünstigte, einen neuen sozialen Status quasi begründete. Schon im Tabakkollegium Friedrich Wilhelm I. war es klar: Tabak war eine Sache für Männer. Noch in meiner Gymnasialzeit war Rauchen ein Mannbarkeitsritus. Wir fühlten uns als Männer und rauchten deshalb, und die älteren Männer wollten uns dieses Signum unserer Männlichkeit nicht zugestehen, uns vor den Toren halten. Das autoritäre Verbot des Genusses war am Anfang der Tabakära im übrigen sehr deutlich. Cromwell untersagte den Anbau in England 1652; das Gesetz wurde erst 1910 außer Kraft gesetzt. Dreihundert Jahre vorher, 1610, durchstreifte der Sultan Amurat IV. nächtens Konstantinopel, wo allgemein geraucht wurde trotz drohender drakonischer Strafen. Wer von Amurat ertappt wurde, den ließ er köpfen. Andere Potentaten ließen die Nasen oder Lippen ihrer rauchend ausschweifenden Untertanen abschneiden.

Die Wohlstandswoge, die Tabak wie Schnaps, Kaffee, Tee zu einem Gewohnheits-Genußmittel werden ließ, verdeckt die anfängliche Motivation der Neigung. Jetzt erst rauchen auch die Frauen in tiefen Zügen. Das Großtun ist zu den Zwölfjährigen abgesunken, aber auch sie können das Herausforderungs-Rauchen fast ungeniert vollziehen. Nur noch dem Arzt, der um die möglichen tückischen Folgen des Nikotins und der im Zigarettenrauch enthaltenen Schwelprodukte weiß, ist es unheimlich zumute. Aber diese großen Genuß- oder Suchtwogen stehen immer auch zugleich im Dienst der Selbstdestruktion. Der vor Jahren in England erstellte Terry-Report, der eindeutig den Zusammenhang zwischen Rauchen und Lungenkrebs nachwies, hat in der

Öffentlichkeit nur ein paar Leute davon abgehalten, weiter zu rauchen. Seither ist der Konsum unaufhaltsam geklettert.

Nun haben aber Eltern und Lehrer neue Sorgen. In den letzten Jahren sind mit rapider Verbreitungsgeschwindigkeit bis dato hierzulande unbekannte Substanzen aufgetaucht. Um nichts vorweg zu entscheiden hinsichtlich ihrer Schädlichkeit oder suchterweckenden Eigenschaften, denn dafür ist es noch zu früh, benenne ich sie nach ihrer sozialen Funktion als Gesellungsmittel. Kultartige Bewegungen sind um halluzinogene Drogen entstanden. Der ehemalige Harvard-Psychologe Dr. Timothy Leary – für die Eingeweihten schlechthin »Tim« – hat dem LSD, ursprünglich einem Alkaloid aus der Peyote Kaktee jetzt in der Retorte leicht herstellbar, den Weg als Reisemittel in bessere, farbigere Welten so recht freigemacht, nachdem schon zuvor Aldous Huxley hymnisch die Droge angepriesen hatte. Neben dem LSD verbreitete sich der Haschisch- oder Marihuana-Genuß in den westlichen Ländern mit unglaublicher Schnelligkeit. Jetzt hat man Gelegenheit, das Phänomen zu beobachten, das ich mit unserem Rauchen in der Pause im Hinterzimmer andeutete – aber gleichsam auf den Kopf gestellt. Wer keinen LSD-Trip, keine Rauschreise unternommen hat, nie sich von sich selbst enthoben fühlte, nie drogenbeflügelt neue Wirklichkeiten erlebend durchstreifte, der ist ein Hinterwäldler und außerdem ein Feigling, der den »Rausch«, oder wie immer man den Ausnahmezustand nennen mag, nicht wagt. LSD- und Haschisch-Konsum verleihen unter den Gleichaltrigen Prestige. Die Konsumenten bilden eine neue Gesellschaftsgruppe, eine Subkultur. Aber all diese neugierig machenden, geheimnisvollen Erfahrungen werden nun nicht mehr von den Alten monopolisiert und den Jungen nach Kräften vorenthalten, sondern umgekehrt, die Jungen benutzen die Drogen, um sich als diese Jungen selbst zu bestätigen. Zwar sind Reste von Aufsichtsvorstellungen erhalten geblieben. Eltern haben Sorgen – eben neue Sorgen –, wenn in der Obertertia ein Hasch-Club gegründet wird. Diese Sorgen wird man, wie ehemals beim gewöhnlichen Tabakrauchen auch, verstehen. Aber man muß das Verständnis erweitern, darauf nämlich, daß mit Hilfe dieser leuchtenden Phantasiebilder, dieser Entrücktheitserlebnisse neue Bedürfnisse der Gesellung befriedigt werden. Und daß dies hauptsächlich in einer Lebensphase geschieht – im Übergang von Jugendalter zur Reifezeit –, einer Phase, in der das Gesellungsbedürfnis mit Gleichaltrigen stets besonders stark war.

Für diese Auslegung des Siegeszuges von Marihuana und LSD beginnen jetzt interessante Beweisstücke bekannt zu werden. Zur Information, ganz kurz: Dem Haschisch schreibt noch der Große Brockhaus von 1954 suchtmachende Gefahr zu mit, wie es dort heißt, »körperlichem und geistigem Verfall und sexueller Hemmungslosigkeit«. Das wird man nun alles bei der Neuauflage revidieren müssen, es stimmt nämlich nicht. Suchtgefahr wie überhaupt körperliche Schädigungen bleibender Art sind bei Marihuana nach der gegenwärtigen Auffassung der Experten zu verneinen. Die Langzeitwirkung der Droge kennen wir noch nicht genügend, wir können über sie also auch nichts Definitives sagen. Was Enthemmung und psychischen Verfall betrifft, so wissen wir, daß viele seelisch Labile oder neurotisch kranke Menschen nach Hilfsmitteln Ausschau halten, die ihnen einen Ausgleich für ihr Versagen, ihre Beschränkungen, ihre Leiden bringen sollen. Wenn sie nach Marihuana greifen und schließlich doch stranden, dann ist dies nicht einfach der Droge zuzuschreiben. Freilich, man benutzt sie gern als Sündenbock. Echte Suchtmittel wie Morphium, Kokain, Heroin – und nicht zuletzt Alkohol – zerstören freilich von der Körperseite her auch die seelische Struktur. Zu dieser Familie gehört Haschisch offenbar nicht.

Ein Team amerikanischer Forscher hat die klinischen und psychischen Effekte des Marihuana-Gebrauchs recht sorgfältig untersucht. Es fing gleich mit einer Überraschung an: für ihre Tests benötigten die Forscher jeweils Kontrollgruppen solcher Versuchspersonen, die noch nie mit Haschisch in Berührung gekommen waren. Solche haschischnaiven Personen waren unter den Studenten von Boston fast nicht zu finden. Die Forscher brauchten zwei Monate, um neun solcher Naiven ausfindig zu machen, und die entschuldigten sich betreten für ihr Versäumnis.

Bei der Untersuchung der Wirkung ging man mit der Methode des sogenannten doppelten Blindversuchs vor: Untersuchungsperson und Versuchsleiter wissen beide nicht, wann die Droge in der Zigarette enthalten ist und wann nicht. Überraschenderweise kam dabei heraus, daß die Naiven die Auswirkungen einer gewöhnlichen Zigarette von einer mit Marihuana versetzten nicht zu unterscheiden vermochten. Keine Befreiungserlebnisse traten auf, keine Euphorie und auch keine Verwirrtheit. Woraus folgt, daß die Gruppensituation, die vielfachen Erregungen, die das Klima der Subkultur ausmachen, einen enormen Einfluß darauf haben, ob die erwünschte Wirkung eintritt oder nicht. Die bringt nicht die Droge allein hervor; sie ist im Fall von Haschisch offensichtlich nur ein bescheidenes Vehikel zum Erfolg. Entsprechend erinnert der Kult, der mit Haschisch getrieben wird, an jene schwärmerischen Sekten, die auch ganz ohne Drogen, z. B. durch gemeinsames Singen, sich inspirieren und Erweckungserlebnisse haben. Deshalb ist es auch nicht erstaunlich, daß es in USA schon eine »Liga für spirituelle Entdeckungen« gibt, die ausgesprochene missionarische

Absichten hat und mit Hilfe von LSD und Hasch das Licht in uns allen erwecken will.

Soviel zeichnet sich ab: objektiv scheint Haschisch ziemlich harmlos zu sein. Bei LSD ist das keineswegs so sicher. Tiefgreifende Persönlichkeitsveränderungen könnten durch die Droge ausgelöst werden. Mindestens Haschischgenuß wird nicht mehr sehr lange zu verbieten sein. Das Verbot erreicht so wenig wie die Prohibition vergangener Zeiten bei Alkohol. Wie eingangs betont, hat es eher einen gegenteiligen Effekt. Es ernährt außerdem die geheimen Händler. Aber man sollte sich intensiv damit beschäftigen, was denn die Jugend motiviert, sich des Haschisch und des LSD zu bedienen, um sich dieser Welt, die sich gern doch selber so farbenprächtig plakatiert, zu entrücken. Man sucht, falls einen Marihuana gefährlich dünkt, am falschen Ort, wenn man bei der Droge allein sucht. Das Problem liegt bei der inneren Bereitschaft der jungen Leute begraben, in der Tat noch vergraben, noch keineswegs freigelegt.

Der unsichtbare Vater

Identifikationen schaffen das Verhaltensrepertoire

Auf dem Wege unserer Überlegungen sind wir immer wieder auf die überragende Bedeutung der primären Familiengruppe für die individuelle Sozialisierung und damit für die Verfassung der Gesamtgesellschaft gestoßen. Wenn wir zunehmend zu verstehen lernen, wie sich hier Menschen aufeinander einstellen und warum das so und nicht anders geschehen muß, nach der Art ihrer Beziehungen, so haben wir gleichsam im Grundmodell die Möglichkeiten erfaßt, die einer Kultur überhaupt in ihren affektiven Kontakten und bei der Bewältigung zwischenmenschlicher Konflikte offenstehen. Zu einem besonders wichtigen Merkmal wird dabei, welche Gefühlsregungen nur von oben nach unten (und umgekehrt) geäußert und welche wechselseitig gezeigt werden dürfen.

Unsere Methode, die den genetischen Zusammenhang einerseits der seelischen Entwicklung, andererseits der einander folgenden sozialen Rollen und deren Interdependenz erarbeiten will, erschließt uns einen Weg, den Pluralismus der Verhaltensgestalten, die wir im Leben antreffen, aus anfänglichen, einfacher überschaubaren Gefühlsbezeichnungen ableiten zu können. Die Verhaltensweisen, die ein Mensch in Lebenslagen zeigt, die für sein Empfinden einander ähneln, nennen wir typisch für seinen Charakter. Sie korrespondieren dem Schicksal, das seine Triebentwicklung in der Mitwelt erfahren hat, und der Ichreifung, die unter diesen Voraussetzungen eintreten konnte. Wieweit ist er fähig, die Außenwelt angemessen aufzunehmen, also die Motive seiner Mitmenschen richtig einzuschätzen, objektive Zusammenhänge zu begreifen? Wieweit kann er Konflikte seiner eigenen Triebregungen, also seine Ambivalenz ertragen? Wieweit kann er Konflikte mit der Mitwelt riskieren, und wieweit sind diese Konflikte sinnvoll? Wieweit kann das, was ihm selbst sinnvoll erscheinen will, unter dem Einfluß der Vorurteile seiner Gesellschaft, im Konflikt mit seinem Über-Ich festgehalten werden? Mit anderen Worten: Wieweit ist sein Protest von Realitätseinsicht und wieweit von Realitätsentstellung, von mangelnder Einsicht in die eigenen unbewußt bleibenden Motive geleitet? Diesen Fragestellungen begegnen wir, wenn wir wissen wollen, warum ein Mensch an seinem Arbeitsplatz kontaktlos bleibt, warum er diese Partei vor jener bevorzugt, warum er Freunde hat oder nicht, warum er ruhelos von einer Sexualbeziehung zur anderen irrt oder gar keinen Weg zum anderen Geschlecht findet, warum er sich schnell zum großen Haufen schlägt oder kühlen Abstand auch dort halten kann, wo die kollektiven Erregungen ihn aufsaugen wollen. Warum ist ein einzelner gierig, neidisch, oder warum kennt er seine Grenzen und kann es sich in ihnen einigermaßen friedlich einrichten? Alle diese Fragen, die auf das *Verhalten* des Individuums in der Gruppe, auf *Einstimmung* in Gruppentendenzen, auf die *Abgrenzung* der Eigenform des Lebens vom Stil, den die Gruppe im allgemeinen vorentworfen hat, hinzielen, sind echte Fragen der Sozialpsychologie.

Der Psychoanalytiker wird sich Bescheidung auferlegen müssen. So interessant es ist, eine Psychologie der »Parteibildung«, des »nationalen Bewußtseins« oder nur des einer abgegrenzten Klasse oder Berufsgruppe zu erarbeiten, zuerst muß der Modus der »Verhaltensprägung« erforscht werden, in dem Menschen aufgewachsen sind, bis sie sich befriedigt oder unbefriedigt an der Religion, der Arbeitsordnung, der Politik ihrer Regierung zeigen, bis sie zu geselligen oder eigenbrötlerischen Menschen werden.

Die »psychoanalytische Methode« ist eine *genetische*. Sie unterstellt nicht anders als jede Naturwissenschaft die Hypothese, daß späteres Geschehen von früherem bedingt wird; sie ist deterministisch. Aber im seelischen Geschehen sind die Bedingungszusammenhänge nicht leicht zu verfolgen, weil nur ein geringer Teil des psychischen Lebens die Schwelle des Bewußtseins überschreitet. Zum Teil bleibt es ihm für immer unzugänglich. Freud nannte diesen Teil des Seelischen das »System Ubw.«. Zum Teil ist es durch Anstrengung vom Bewußtsein ausgeschlossen, darf deshalb seine Schwelle nicht überschreiten.

Die haltbare kulturelle Eingewöhnung bleibt unabdingbar daran geknüpft, ob neben der Repression gleichzeitig einem Teil der Triebbedürfnisse direkte Befriedigungen gewährt werden. Natürlich wird es einen großen Unterschied ausmachen, ob die Triebgewährungen in einem fühlbaren Zusammenhang mit den Triebverzichten bleiben oder ob die *repressive* Seite die »offizielle« Moral verkörpert, die *gewährende* irgendwie als »inoffiziell«, als geringerwertig angesehen wird, kurz, welche Bereiche des Trieblebens überhaupt Wertschätzung, welche Verachtung trifft. Letztlich wird in aller kultureller Unruhe der Menschheit – und das ist in jedem einzelnen Menschen – darum gerungen, ob das, was uns die Gesellschaft an Unterdrückung und Verzichten auf Lust auferlegt, »gerecht«, notwendig oder willkürlich, durch Vorrechte Privilegierter bedingt sei.

Von der Natur der ersten und frühen gefühlshaften Zuwendungen hängt es ab, welches Verhaltensrepertoire sich ein Mensch später durch eine Folge von Identifikationen aneignen kann; zweitens, wieweit er seine aus dem eigenen Innern andrängende Impulswelt wahrnehmen darf, wie er mit ihr umzugehen lernt. »Identifikationsangebote« sind Schicksal, und zwar gesellschaftliches, veränderliches – und veränderbares; in »Triebstärke« und »Ich-Anlagen«, einschließlich vieler Begabungsvarianten, wiegt dagegen erbgenetisches Schicksal vor.

In der Vielfältigkeit menschlicher Lebensläufe verfolgt der Sozialpsychologe auch den Prozeß der »Erschließung« und »Hemmung« gegebener Erbanlagen in der jeweiligen Gesellschaft. Wir sollten nicht vergessen, daß diese Erkenntnisversuche in einer nachprüfbaren Form, das heißt als Wissenschaft, nicht weit zurückreichen. Und es ist interessant genug, daß die Erforschung der Vererbungsgesetze wie die der Regelhaftigkeit menschlicher Verhaltensformen späte Wissenschaften sind. So stark hat die Vorstellung einer Ausnahmeposition des Menschen, seiner Gottähnlichkeit, nachgewirkt, daß Darwin und Freud in die Galerie der antichristlichen Verführer eingereiht wurden. Dabei konnte Darwins Lehre der Evolution schließlich noch eher als die Lehre Freuds vom »psychischen Determinismus« den affektiven Widerstand gegen sie überwinden. Die Lehre der Vererbung von Eigenschaften – wie weitreichend sie auch immer gelten mag – war schließlich als Beruhigungsmittel des schwachen Ichs gegen die Macht des Es zu brauchen. »Vom Vater hab ich die Statur, des Lebens ernstes Führen, vom Mütterchen die Frohnatur und Lust zu fabulieren.« Weil die psychoanalytische Entwicklungslehre eben diesen Schicksalszwang relativiert auf eine »Traditionsform« des Verhaltens, an der wir handelnd, verantwortlich beteiligt sind, mußte sie und muß sie unbequem bleiben.

Was haben wir eigentlich vom Vater, außer – möglicherweise – der Statur, und was erwerben wir von ihm? Was geschieht in der emotionellen Kommunikation mit ihm, und welche soziale Aufgabe ist an diese Beziehung geknüpft? Den Vater kann man bewundern; man kann bei ihm geborgen sein oder ihn fürchten – schließlich ihn mißachten. Man kann in verschiedenen Augenblicken alles zusammen tun. Neben diesem so schwankenden Gefühlsbezug gibt es aber den zweiten: Vom Vater kann man *lernen*, man kann von ihm eingeführt werden in die Praxis des Umgangs mit den Dingen, oder man entbehrt ihn dabei.

Hier sei angefügt, daß wir in diesem Kapitel nur *eine* soziale Beziehung, die zwischen Vater und Sohn, behandeln. Sie steht beispielhaft für die anderen Verhältnisse in der Familiengruppe: zwischen Vater und Tochter, Sohn und Mutter, Tochter und Mutter, zwischen Bruder und Schwester, zwischen den Söhnen und nicht zuletzt auch zwischen Vater und Mutter selbst. Wenn wir gerade die Kommunikation von Vater und Sohn herausgegriffen haben, so hat dies seine Ursache in der gesellschaftlichen Sonderstellung dieser Beziehung in einer *paternistischen* Gesellschaft. An der Veränderung, welche die gesellschaftlichen Prozesse in diesem Verhältnis erzwungen haben, kann man mit besonderer Deutlichkeit ablesen, wie die *paternitäre* Gesellschaftsordnung sich selbst in eine kritische Lage manövriert hat. Aus ihr wird sie nicht mit dem gleichen festgegründeten Bewußtsein einer unumstößlichen Ordnungsform hervorgehen, das der hinter uns liegende Äon besaß.

Die affektive und die sachbezogene Entfremdung

Je vielfältiger sich eine Zivilisation entfaltet, in desto mehr Situationen übernehmen andere die Lehraufgabe des Vaters – bis es schließlich den Lehrer als selbständigen Beruf gibt. Lehrer verkörpern dabei genaugenommen Aspekte des *fehlenden Vaters*. Die Forschungen über das Lernversagen (in Schule, Lehre, wie überhaupt im Anpassungsprozeß an das Leben) haben gezeigt, daß der Lernprozeß mit der Tönung der emotionellen Beziehungen zwischen Kind und Welt der Erwachsenen eng verknüpft ist. Die »Vater-Kind-Beziehung« kann also von zwei Einbruchstellen her gelockert oder gänzlich aufgehoben werden: vom *affektiven* und vom *sachbezogenen* Kontakt her, wobei beide immer fördernd und hemmend ineinandergreifen. Am Anfang steht allerdings die Beziehung zur Mutter. In ihr gelingt oder mißlingt die Herstellung des »Urvertrauens« (E. H. Erikson[1]) – ganz von der Geborgenheit, von dem Einklang bewußter und unbewußter gemüthafter Zuwendung abhängig, die das Neugeborene empfängt. Sobald aber Autonomiestreben und Initiative (zwischen dem dritten und fünften Lebensjahr) erwachen, also ein Ich sich zu bilden beginnt, spielt die *Unterweisung* und wie affektiv sie geleitet wird für die Entwicklung des Charakterkernes, das heißt des Grundmusters von Verhaltensweisen, die bestimmende Rolle.

Die anfängliche Form der zwischenmenschlichen Beziehungen sind die unbewußten Introjektionsvorgänge. Handlungsmuster der Urfiguren Mutter und Vater werden übernommen und verinnerlicht. Mit der fortschreitenden Entfaltung und Integration des seelischen Geschehens schließen sich diese primitiven Introjekte zur identifizierenden Übereinstimmung mit der Verhaltensgestalt des Vorbilds zusammen –

oder bleiben, im ungünstigen Fall, als isolierte, zwanghaft wirkende Reaktionsform erhalten. Die Erfahrungen in den psychoanalytischen Behandlungen haben gezeigt, daß im menschlichen Verhalten diese aus der identifizierenden Nachahmung herrührenden Reaktionen durch einen starken Zwang zur Repetition ausgezeichnet sind. Er rührt daher, daß sie *bewußtseinsfern* und der Wahrnehmungskontrolle schwer zugänglich ablaufen. Wobei wir nochmals auf die erwähnte Tatsache hinweisen müssen, daß gerade auch im Bewußtsein besonders stark abgelehnte Züge an den Erziehungspersonen in den Aufbaukern der eigenen Persönlichkeit übernommen werden.

Bei der Formulierung »unsichtbarer Vater« läge es nahe, an Projektionen, etwa an einen imaginierten allmächtigen Gottvater, der unsichtbar überall zugegen ist, zu denken. Diese Assoziation sei im Augenblick ausgeklammert. Eine zweite Vorstellung wird an den verlorenen Vater, im Sinne des physischen Verlustes, denken. Aber auch diesen Vater, den der Krieg getötet hat, der in Scheidung oder Niezustandekommen der Ehe verlorengeht, meinen wir nicht, wenn wir von seiner Unsichtbarkeit sprechen. Es ist vielmehr an ein Erlöschen des *Vaterbildes* zu denken, das im Wesen unserer Zivilisation selbst begründet ist und das die unterweisende Funktion des Vaters betrifft: Das *Arbeitsbild* des Vaters verschwindet, wird unbekannt. Gleichzeitig mit diesem von geschichtlichen Prozessen erzwungenen Verlust der Anschauung schlägt die Wertung um. Der hymnischen Verherrlichung des Vaters – und des Vaterlandes! – folgt in der Breite ein »sozialisierter Vaterhaß«[2], die »Verwerfung des Vaters«[3], die Entfremdung und deren seelische Entsprechungen: »Angst« und »Aggressivität«[4].

Die vorgefaßte Meinung, die paternitäre Ordnungsform sei gleichsam das unumstößliche Strukturprinzip jeder Gesellschaft, wird leicht dazu führen, diesen Entfremdungsvorgang zwischen Vätern und Söhnen zu bagatellisieren. Die auffallende Unzugänglichkeit vieler Jugendlicher, ihre provokatorischen Allüren, ihre Indifferenz für alles, was den Älteren wertvoll war, ihr Leiden unter einer Einsamkeit, die sie in hektischem Erlebnishunger zu übertönen suchen – kurz, der schwere und lange Verlauf der Adoleszenzkrise geht dann als psychopathologisches Phänomen auf das Konto der Jugendlichen. Bei ihnen liegt das Übel, zu dessen Erklärung Vererbungsmythologien (der Tunichtgut im Stammbaum) und anonyme Umstände ins Feld geführt werden (etwa Reifungsdiskrepanzen mit Akzeleration des Wachstums bei Retardierung der seelischen Entwicklung). Die heiklere Frage, ob nicht etwa die Lebensgewohnheiten der Familie an diesem überraschenden Ergebnis, daß gute Vorbilder so bedauerliche Folgen zeitigen, schuld sind, bleibt ausgeklammert. Ausgeklammert bleibt auch die logischerweise daraus folgende Frage, inwieweit gesamtgesellschaftliche Prozesse an der Gestaltung der familiären Lebensgewohnheiten mitwirken. Die affektive Fixierung auf das tradierte Modell einer Gesellschaft, in der Väter vorherrschen, vorleben, erschwert es so, die Realität zu beobachten, in der von solcher Sinnfälligkeit wenig geblieben ist.

Die Auswirkungen eines unsichtbar gewordenen, erloschenen *Vaterbildes* sind in dem mexikanischen Film *Los Olvidados (Die Vergessenen)* sehr eindrucksvoll dargestellt. In der erschreckenden Fabel, die hier aus richterlichen Dokumenten rekonstruiert wird, stehen sich zwei verlassene Jugendliche gegenüber. Der eine ist der halbwüchsige Bandenführer, erbarmungslos asozial, ein Prototyp des gewissensunkundigen, von Anfang an nicht »angesprochenen« Menschen, des vital starken Täters, der am Ende wie ein reißendes Tier durch einen Schuß zur Strecke gebracht wird. Ihm wird ein acht- oder zehnjähriger Indianerjunge entgegengestellt, der von seinem Vater in die große Stadt mitgenommen wird. An einer Straßenecke heißt ihn der Vater auf seine Rückkehr warten – aber er kehrt nicht wieder. Man erlebt nun mit, wie dieser schon durch und durch kulturgeprägte Knabe sich in der großen Stadt behauptet, wie es ihm gelingt, freundliche Kontakte herzustellen, bis schließlich auch er in Gewalten, die ihm allzu fremd sind, ein erschütterndes Ende findet.

Der Bandit des Films steht unter dem Gesetz unaufschiebbarer Triebwünsche; er besitzt keinen außertriebhaften, verläßlichen Standort, von dem aus er sich zu erkennen oder gar zu lenken vermöchte. Seinen Vater hat er nie gekannt, seine Mutter hat ihn ausgesetzt. Er lebt durch ein gewalttätiges Schmarotzertum. Man könnte genauer sagen, er besitzt kein der Kultur dienstbares Ich, sondern nur eines, das den Trieben gehorcht. *Sozialbildung* wurde ihm nie zuteil. Insofern er Umwelt wahrnimmt, sich selbst behauptet, steht dies alles im Dienst des eigenen Triebgeschehens, vollkommen rücksichtslos. Das »Kultur-Ich« haben wir als die seelische Entwicklung beschrieben, die von ersten primitiven »Introjekten« (anfänglichen Erfahrungsprägungen) zur bewußten Vergegenwärtigung von Mitmenschen fortschreitet. Erst ein Erlebnis, unmittelbar verstanden worden zu sein, Liebe erfahren zu haben, macht Rücksicht möglich. Frühe Introjekte sind Urbilder der Triebefahrung, bevor sie die Ichentwicklung integrierend beeinflussen kann. Ich und Umwelt sind hier noch nicht gestalthaft voneinander abgegrenzt; je nach den somatischen Reizerlebnissen herrschen Gestimmtheiten vor, die nach vegetativem Rhythmus einander ablösen. Diese vorgestalthafte, präsoziale Getriebenheit von vegetativem Drängen und das Aufgehen in »Entweder-Oder-Reaktionen« wie »Angriff–Flucht« kennzeichnen den Banditen. Zweifellos vereinfacht diese Darstellung, selbst bei einem so extremen Typus, ungebührlich. Immerhin haben sich in ihm auch höhere Leistungen der Realitätsbewältigung vollzogen – etwa die sprachliche Kommunikation. Die archaischen Introjekte reißen aber immer wieder die Vorherrschaft an sich. Die Entwicklung schritt nicht zu sozialisierenden Identifikationen fort, die als Grundlage die Zuwendung von verständnisvollen, zuverlässigen Gestalten der Umwelt haben. Solche Mitmenschlichkeit war in seiner Umwelt nicht verfügbar. Das Vorbild, ohne welches menschliche Entwicklung nicht denkbar ist, wurde dann bei legendären »Helden« gefunden, die stark und furchtlos sind. Dieses heldische Vorbild, als Gebilde der Phantasie, unterscheidet sich in einem wesentlichen Zug von einem tatsächlich erlebten: Es verbietet nicht, verlangt nicht hier und jetzt eine Selbstbescheidung, Selbstkontrolle. Statt dessen verbindet es sich, ohne daß ein Einspruch – von außen oder von innen – erfolgte, mit den Halluzinationstendenzen der primären Triebwünsche, mit seelischen Primärvorgängen. Alle Begabungen, die an diesem jungen Menschen unter günstigeren Bedingungen zur Entwicklung hätten kommen können, gerieten dabei in den Dienst dieser Phantasiebildungen. Sie spiegeln sich in einem Selbstbewußtsein, das sich omnipotent, unzerstörbar wähnt. Auch an Hitler ist diese gescheiterte Sozialentwicklung bis in die Einzelheiten verfolgbar. Der Kern seiner Gefolgschaft waren Gleichgestimmte, das Faszinosum der Wirkung brachte der regressive Anschluß an diese Phantasien der Unzerstörbarkeit zuwege, das Verständigungsmittel war der präverbale Erregungsschrei.

Den anderen Knaben des Films hat das erste Jahrzehnt seines Lebens in bäuerlich traditionsgefestigter Familie schon ganz in eine Form geprägt. Er ist gewissenskundig, aber noch mehr – und darauf kommt es hier an –, er ist in der Lage, *an die Hand zu gehen*. Er hat eine Menge Fertigkeiten, die zum Vater oder zur väterlichen Welt gehören, abgeschaut und erlernt, und mit ihnen schlägt er sich nun, nach einer kurzen Phase schmerzüberwältigter Verlorenheit, tapfer durch den dichtesten menschlichen Dschungel.

An diesem Modell exemplifiziert, hätte also das reale Erlebnis des Vaters im Kinde zwei Spuren hinterlassen. Ein Entfaltungsschema geordneten Verhaltens, das wir *Gewissen* (»Über-Ich«) nennen, wäre angelegt, und zweitens: Ein Stück *Bewältigungspraxis* des Lebens wäre vom Vater auf den Sohn übermittelt worden. In sozialen Verhältnissen, in denen der Bestand an jahreszeitlich gebundenen Aufgaben gleichförmig durch die Generationen hindurch weitergegeben wird, scheint diese bildende Seite der Erziehung kaum der Beachtung wert. Sie ist dann eine Art sozialer Selbstverständlichkeit. Erst wenn diese Bewältigungspraxis dauernden Revolutionen unterliegt, wird sie zum Problem. Besteht dann noch die Revolutionierung der Praktiken des tätigen Lebens in einer *Fragmentierung* der Arbeitsleistung und in einem Anwachsen »nicht-anschaulicher« Sozialleistungen – wie sie zum Beispiel die ganze Verwaltungsarbeit darstellt –, so ist die Folge davon ein Defizit an Anschaulichkeit. Für den heranwachsenden Menschen bedeutet das ein Defizit an *Sozialbildung.* Dieser Mangel – und dies wäre die These unserer Überlegungen – bleibt nicht ohne Rückwirkungen auf die gesamte Formung und Prägung der jeweiligen Generation der Söhne durch ihre Väter.

Hier sei an die Entwicklung der anthropologischen Theorie innerhalb der Psychoanalyse erinnert. Freud stieß bei der Analyse seelischer Inhalte auf die Spuren einer kulturellen Entmachtung oder Deformierung urtümlicher, triebhafter Anlagen des Menschen. Er verstand die Charakterentwicklung, die gemeinhin als ein fatalistisch hinzunehmendes Geschehen erschienen war, gerade als den Ausdruck der Bewältigung oder Überwältigung des vitalen Triebgrundes durch die Kultur. Die Triebnatur schien Freud dabei die stärkere, weil konservativere. Auf Umwegen und aus Hintergründen spielt sie trotz der kulturellen Ordnungsversuche auf die entscheidendste Weise am Lebensvollzug des Menschen mit. Vieles, was rational einleuchtet, ist bei genauerer Betrachtung nur »Rationalisierung« zur Befriedigung *präsozialer,* egoistischer Triebwünsche. Dem Ich fällt die Aufgabe eines Advokaten zu, der ein Alibi zu konstruieren hat, das zwar viel erklärt, aber das eigentliche Motiv kaschiert.

Magisches Denken und Konservativismus

Freuds Kulturanalyse begann mit der Berücksichtigung des Triebmomentes in systematischer Beobachtung, wie sie vor ihm nicht erreicht war. Ludwig Binswanger sagt, »daß Freud die Erfahrungsgrundlagen des Verstehens statt durch sporadische durch systematische Beobachtung in ungeahnter Weise erweitert und geordnet« habe[5]. Die Ergänzung, die dieser Ansatz erfahren mußte, brachte die spätere *Ich-Psychologie.* Durch das Werk Freuds wird deutlich, wie die Freiheit, sich im Gegebenen neu zu entscheiden, ein Zeichen komplexer seelischer Leistung ist. In ihr verbinden sich unbewußt wirkende Triebansprüche und Befriedigungsphantasien mit Realitätseinsicht, mit Lenkung der verfügbaren Objektlibido zu zweckentsprechendem Handeln. Das Ich sorgt für die Verwirklichung, Übung, Ausübung und schließlich Institutionalisierung seiner Leistungen. In der Neuzeit überwiegen diese

Erfindungs- und Institutionalisierungsprozesse immer mehr die älteren des ritualisierten Verhaltens, die sich von höherer Eingebung abstammend wissen und einer magischen Denkordnung entspringen. Ihr gegenüber hat das Ich nur die soziale Aufgabe der ehrenden Konservierung.

Der *Konservativismus*, den die Gesellschaften auch unter dem Druck von Revolutionen nicht verlieren, wurzelt in der Haftfähigkeit der ersten Identifikationen, das heißt im Fortleben dieser zu frühen Lebensabschnitten gehörenden *magischen* Erfahrungsweise neben der später sich entwickelnden, die mehr von der Kritikfähigkeit des Bewußtseins geleitet wird. Gesellschaften bestehen aus Individuen, die alle diese Erlebnisentwicklung durchlaufen haben. Ein gut Teil *magischen Denkens* bleibt – im Über-Ich verankert – als Regulativ des Welt- und des Selbstverständnisses erhalten. Gerade die *patriarchalen* Strukturanteile unserer Gesellschaft sind eng mit dem *magischen* Denken verbunden. In seiner Weltauslegung ist das Macht-Ohnmacht-Verhältnis zwischen Vater und Sohn, Gott und Mensch, Herrscher und Beherrschten das »natürliche« Ordnungsprinzip. Die historische Entwicklung ist jedoch durch ein Erstarken der Bewußtseinsleistungen gekennzeichnet, die das Macht-Ohnmacht-Verhältnis relativieren, etwa in kritischer Einsicht. Die Abhängigkeit des Sohnes erscheint dann wie der Herrschaftsanspruch des Vaters als eine Zuständlichkeit auf Widerruf. Sie kann überholt werden und braucht sich nicht durch alle Altersabschnitte nach dem ersten Muster der Kindheit zu wiederholen. Einem Lebensabschnitt, in dem man sich an größeren, dann immer auch physisch mächtigen Autoritäten ausrichten muß, kann eine Gesellung der Gleichberechtigten folgen, die sich auf gleicher Ebene achten. Das ist der immanente Gehalt der Aufklärung. Von ihr inspirierte Vorgänge wie die Nachforschung und die auf Naturforschung beruhende Technokratie oder die Anerkennung der Gleichberechtigung der Geschlechter vor dem Gesetz lösen aber nicht einfach ältere Verhaltensformen der Gesellschaft ab, sondern legieren sich mit ihnen, wie im einzelnen das *vernünftige* Denken das *magische* nicht ganz und gar auslöscht, sondern bestenfalls überwiegt. Es wäre eine ideologische Vereinfachung, dieses langsame Vordringen der bewußten Kritik an den *magischen* Denkgewohnheiten des »paternistischen Äons« schlechthin für eine Garantie einer »besseren« Form des Zusammenlebens zu halten. Wir können nicht mehr sagen als dies, daß die gesellschaftlichen Prozesse die *Väterkultur* mehr und mehr funktionslos gemacht haben und daß viele Anforderungen, die an den einzelnen gestellt sind, nicht nach dem Muster der Vorbildverinnerlichung und unveränderten Vorbildwiederholung bewältigt werden können. Er befindet sich in einer Werksgemeinschaft höchster Komplexität; daß sie mit so großem innerem Verlust arbeitet, hängt damit zusammen, daß die institutionalisierten Mächte unserer Gesellschaft immer noch durch ihre Prägungen die Permanenz des infantil natürlichen Gehorsams auf Lebenszeit erweitern wollen, statt auf seine Überwindung zur Selbstverantwortung unter »Brüdern«, Gleichverantwortlichen hinzuarbeiten.

Vereinfachend wären wenigstens drei Einflüsse zu nennen, aus denen die Kulturentwicklung gespeist wird (die Faktoren der natürlichen Umwelt und die der technischen Einrichtungen im weitesten Sinn lassen wir im Augenblick beiseite, ohne ihre Rückwirkung auf menschliches Verhalten zu vergessen): Im Prozeß, den wir »Kultur« nennen, wirken die biologische Anlage und ihre individuellen Variationen, ferner die affektiven zwischenmenschlichen Beziehungen, in denen der Triebanlage ein Schicksal, nämlich das ihrer Formung im Charakter zuteil wird; schließlich wird dieser Prozeß vom gruppenspezifischen Umgang mit dem Bestand der kulturellen Leistungen bestimmt. »Umgang« heißt nicht nur Praxis (und Konsum), sondern er setzt die Fähigkeit des Handhabens voraus, und diese verlangt *Lernen*. Daß Lernfähigkeit und Lernrichtung von der Anlage und vom Milieu abhängen, ist ebenfalls klar. Was der methodischen Untersuchung bedarf, ist ein anderes Problem: Was kommt beim Lernen heraus? Ein Dressurakt durch Setzung bedingter Reflexe? Eine Wissensmehrung unter Abspaltung der libidinösen Befriedigung, so daß Wissen nur als Zweck- und Schutzleistung fungiert? Auf diese Weise vermittelt es über Umwege aggressive Befriedigung im Kampf um Prestige – der verbreitetste Typus. Oder *Lernen* und *Wissen* als Ichbereicherung, als Kultivierung der Spielbreite im affektiven Kontakt? Sicher mischen sich diese Ebenen des Lernens und die Anwendung des Wissens. Es handelt sich jedoch um eine aufsteigende Linie der Kultiviertheit, und man möchte bei der Betrachtung eines Menschen der Geschichte oder eines Menschen, mit dem man umgeht, wissen, wo sie abbricht.

Kulturgeschichtlich ist nun zu bedenken, daß der größte Teil des *kultischen* und *praktischen* Wissens an die Überlieferung durch die Väter und Vaterfiguren geknüpft war. An der Erfüllung dieser Aufgabe bewährte sich das Ansehen des Vaters. Es war *augenscheinlich* kontrollierbar. Im Beieinandersein, Miteinanderarbeiten vermittelte sich das Wesen, die Art, wie er mit Stoff und Regel umging, das erreichte Maß seiner Übersicht und wo die Grenzen seiner Fähigkeiten liegen mochten – kurz, wohin er in der aufsteigenden Linie der Kultiviertheit gelangt war.

Die fortschreitende Arbeitsfragmentierung im Zusammenhang mit maschineller Massenproduktion und einer komplizierten Massenverwaltung, die Zerreißung von Wohn- und Arbeitsplatz, der Übergang vom selbständigen Produzenten in den Stand des Arbeiters und Angestellten, der Lohn empfängt und Konsumgüter verbraucht, hat unaufhörlich zur Entleerung der *auctoritas* und zur Verringerung der innerfamiliären wie überfamiliären *potestas* des Vaters beigetragen. Es ist interessant genug, daß eine so kluge Analyse der amerikanischen Kultur, wie sie uns der Engländer Geoffrey Gorer gegeben hat[6], mit einer Analyse der »Verwerfung des Vaters« beginnt. Das sieht so aus, als ob in Amerika als einem Land, in dem sich die Söhne an die Stelle des Vaters gesetzt haben, die Freudsche These von den Anfängen der Kulturentwicklung, wie er sie in »Totem und Tabu« gegeben hat, eine exemplarische Bestätigung erfahren hätte. Doch müssen wir hier der historischen Wahrheit zuliebe einen nicht unwichtigen Zusatz machen. Es ist nicht so, als ob heute die amerikanischen Söhne noch eines symbolischen Vatermordes und seiner rituellen Beschwörung in der Totemmahlzeit bedürfen, die sie immer wieder an ihre Untat erinnert und jeden von ihnen abschreckt, in die Rolle des getöteten Vaters einzutreten. Vielleicht herrschte jener Geist, solange es noch eine *western frontier* gab. Im System der kulturellen Verhaltensmuster Nordamerikas ist es inzwischen zu einer schlichten *Verachtung des Vaters* gekommen. Die heutige amerikanische Kultur wird nicht mehr durch eine Rivalität mit dem Vater bewegt, die aus Ambivalenz zwischen »Vaterverehrung« und »Vaterhaß« ihr Gefälle bezöge; es geschieht vielmehr etwas, was ganz anderswo zentriert ist und nebenbei auch eine recht wenig affektbetonte Nichtbeachtung des Vaters in sich einschließt. Zweifellos lag der Anlaß der amerikanischen Kulturentwicklung in der Auflehnung gegen das despotische England. Was sich dann aber nach der Trennung in Amerika vollzogen hat, war der Vorgang des *Sichüberantwortens an neue Praktiken der Lebensbewältigung,* die schließlich die Wirksamkeit eines Inbegriffs der kulturellen Traditionsmacht, die *potestas* des Vaters selbst, ungestraft paralysieren konnten – ungestraft jedenfalls durch die Väter selbst.

»Die Schaffung eines Amerikaners«, sagt Gorer, »verlangte, daß Vater sowohl als Vorbild wie als Quelle der Autorität verworfen wurde.«[7] »Vater wußte es nie am besten.« »Und als sich die Mutation einmal herausgebildet hatte, wurde sie beibehalten: Wie viele Generationen immer einen Amerikaner von seinen eingewanderten Vorfahren trennen mögen, er verwirft seinen Vater als Autorität und Vorbild und erwartet, daß seine Söhne ihn verwerfen.« Die subtile Analyse Gorers ist trotz allem zu Generalisierungen gezwungen. In altbesiedelten bäuerlichen Gegenden Amerikas nämlich, wie zum Beispiel in Pennsylvanien, finden sich durchaus Gruppen, in denen sich religiös verankerte *Sozialnormen* weitgehend erhalten haben. Die Schilderungen John Gunters[8] machen deutlich, daß hier ein Europa der vorrevolutionären Epoche überdauert hat, das an seinem Ursprungsort längst von späteren sozialen Wirklichkeiten überdeckt wurde. Manche der *Pennsylvania Dutch* stehen noch unter dem Diktat der väterlichen Autorität wie die Bauernsöhne in dem Jahrhundert vor dem Eindringen der maschinentechnischen Revolution. Es ist also nicht das Abschütteln der Bevormundung durch die *auctoritas* des alten Europas, die in Amerika diesen schockierenden Zerfall der Vaterautorität mit sich gebracht hat, sondern es ist nach interessanten Ansätzen einer eigenen Stilentwicklung der Prozeß der ungehemmten Ausbreitung der maschinentechnischen Organisation mit ihrem Diktat der ununterbrochenen Umstellung der Lebensbewältigungspraktiken, der solches hervorrief. Die technische Entwicklung vollzog und vollzieht weiter die Auflösung jahrhundertelang tradierter Handwerksformen und »Lebensstile«. Der an sie geknüpfte *Konservativismus* der Lebensformen kann nicht aufrechterhalten werden. Wo man sich dem erfindungsbeschleunigter Fortschritt der technischen Zivilisation anvertraut, dort zerfällt die Hierarchie der alten Sozialordnungen bis in die Aufbauelemente der Familie hinein. Eigentlich ist es eine Selbstverständlichkeit, daß sich nicht der Vergesellschaftungsmodus des arbeitenden Menschen allein verändern kann, sondern daß alle anderen Vergesellschaftungsmodi mitergriffen werden.

Der klassenlose Massenmensch

Von den am geschichtlichen Horizont versinkenden alten Sozialordnungen und vom gewohnten Menschenbild her betrachtet zeigt sich eine Entwicklung, bei der man sicher mit Ernst Michel »Züge der sozialen Defektstruktur der industriellen Gesellschaft«[9] vorfinden wird. »Defekt« ist aber historisch immer nur etwas Relatives. Man muß das Abhandengekommene zusammensehen mit spezifisch differenzierten, gepflegten und sozial hochgeschätzten neuen Eigenschaften, die sich anstelle von älteren entwickelt haben. Dafür müssen wir den Blick schulen, statt das Richtmaß aus dem Museum unserer Geschichte zu entnehmen. Wobei noch besonders zu beachten ist, daß das Museum das »Schöne«, das »Gelungene« aufbewahrt, aber nicht ohne weiteres verrät, welche Rolle es im Ganzen der sozialen Wirklichkeit seiner Zeit spielte. Allzu unbeschwerte Rückbesinnungen können da in die Legende führen.

Da die verbindliche, anschauliche väterliche Unterweisung im tätigen Leben fehlt, hier also keine verläßliche Tradition mehr besteht, orientieren sich die Altersgenossen aneinander. Die *peer group*, das heißt die Gruppe der Altersgenossen in Schule und Nachbarschaft und im Beruf, wird zur Richtschnur des Verhaltens. Das gilt für Erwachsene wie Kinder; und ganz konsequent machen die Eltern den Kindern Vorwürfe nicht sosehr wegen Verletzung von Geboten *(inner standards)* als dann, wenn es ihnen nicht ausreichend gelingt, ihre Beziehungen zu den anderen Kindern gut zu gestalten und »populär« unter ihnen zu sein[10].

Von diesen Beobachtungen her hat sich David Riesman zu einer neuen »Kulturtypologie« vorgetastet. Neben dem Typus des *traditionsgelenkten* Menschen (»tradition-directed«) unterscheidet er die Typen des »inner-directed«, das heißt des vorwiegend *gebotsgebundenen* Menschen, und des »other-directed«, das heißt des durch die *Konformität* mit seinen Gruppengenossen gelenkten Menschen, der zugleich der Durchschnittsbürger der neuen Mittelklasse ist, wie sie die technische Massenzivilisation heraufgebracht hat.

Natürlich handelt es sich in dieser neuen Zivilisationsumgebung wie zu allen Zeiten um den Vorgang der Schaffung von *Konformität*. Gegenüber dem *traditionsabhängigen* Gruppenmenschen und Gruppenstil besteht die »Konformität« des *gebotsgelenkten* Individuums – etwa der europäisch-bürgerlichen Geschichtsepoche – »weniger in der ununterbrochenen Ermahnung zum Gehorsam der Sitte gegenüber als vielmehr im Gehorsam gegenüber einem ins Innere aufgenommenen Kontrollsystem, das dem Individuum von seinen Eltern und anderen erwachsenen Autoritätspersonen in der Kindheit eingepflanzt wurde«[11]. Der Typus des gruppenabhängigen »other-directed« Menschen wiederum ist »darauf vorbereitet, mit einem ziemlich raschen sozialen Wandel fertig zu werden und ihn in der Verfolgung seiner individualistischen Wünsche auszubeuten«. In einem sehr anschaulichen Vergleich spricht Riesman davon, daß bei diesem neuen Menschentyp, der bei seiner massenhaften Verbreitung der Typus des modernen, man möchte sagen *klassenlosen Massenmenschen* ist, die Lenkung »anstelle durch lebenslang gültige Ziele, auf die man sich hinbewegt, durch *Radar* erfolgt«. Dabei kann ein dauernder Richtungswechsel erfolgen: Denn zum Lebensraum des »other-directed« gehört der überraschende Zuruf neuer kurzfristiger Ziele, die er schnell ergreift und aufgibt. Auch diese Art der Beeinflussung wird natürlich von Kindheit an gelernt. Durch sie entsteht dann neben anderem jenes

Bild eines *vaterverachtenden*, technischen Progressisten, der in sich keinen Anspruch auf »Entwicklung« vorfindet, sondern für den es gewissermaßen nur noch zwei Kategorien der Beurteilung gibt: ein soziales »In-Form-Sein«, Populärsein, und ein Vergessen-, Übergangen-, Wertlossein. Der Begriff des Reifens als kollektiv anerkannte Ausformung beginnt zu verschwimmen.

Sehr deutlich sieht Riesman die außerordentlichen Gefahren dieses Lebensstils. »Die Charakterstruktur vieler Menschen der Gegenwart macht sie gespannt, verkrampft und ängstlich, wenn sie nicht durch ihren Radar die letzten Nachrichten vernehmen. Entsprechend breiten sich seelische Zwänge, die man als neurotisch ansehen würde, wenn sie nur bei einem einzelnen Menschen zu beobachten wären, auf ganze Gruppen aus, deren Anpassung an sozialen und beruflichen Erfolg im übrigen ganz in Ordnung erscheint.«[12] Es deutet sich hier ein tiefer Wandel im Strukturaufbau der Gesellschaft an, also in dem, was funktionell die Menschen aneinander bindet.

Kehren wir aber noch einmal zu dem Ausgangspunkt unserer Überlegungen zurück, nämlich zu der Frage, was überhaupt menschliches Verhalten unter seinesgleichen bestimmt. Auf der einen Seite, sahen wir, sind es elementare, anlagemäßig verankerte *Triebgeschehnisse*, die innere Spannungen erzeugen, teilweise zum Bewußtsein gelangen und über Handlungen einer Entspannung zustreben. Auf der anderen Seite sind es zwischenmenschliche Erfahrungen. Aus ihnen stammt das Erlernen von Verhaltensmustern und Fertigkeiten, in denen die vitalen Antriebsmächte gebunden, zur gruppenspezifischen Ausdrucksweise stilisiert, miteinander kombiniert oder unterdrückt werden. Folgt man der psychologischen Literatur, so werden im wesentlichen immer wieder die *emotionell* prägenden Faktoren, das Stimmungsklima, analysiert und für die Erklärung der jeweiligen Charakterentwicklung – als den spezifischen Ausdrucksformen eines Individuums – herangezogen. Hier sei aber nochmals an den kleinen Peón des Films erinnert. Er war Mitglied der traditionsgelenkten Gesellschaft, für welche die bäuerlichen Gruppen immer die markantesten Vertreter waren. Aber ist es hier nur eine Frage des »affektiven Kontaktes«, daß ein Kind so sicher, so unbeirrbar, trotz seiner Ängste auch in der fremdesten Umwelt und in allem kindlichen Schmerz sich zurechtfindet?

Das Schreckgespenst »Vater«

»Durch Anschauung werden wir gebildet, durch Worte erzogen«, sagt Carl J. Burckhardt[13]. Verfolgen wir das Leben eines Kindes aus dieser bäuerlichen Traditionswelt, so finden wir, daß es ganz unabhängig von dem jeweiligen Standort und affektiven Klima, in dem sich das Geschehen zuträgt, in der Lage ist, das Leben von Vater und Mutter in Gänze anschaulich vor sich zu haben. Keine der wichtigen Lebenspraktiken der Großen seiner Welt vollzieht sich unanschaulich, für das Kind nicht erfahrbar. Es wächst deshalb ganz natürlich in ein den Jahreslauf und den Lebenslauf gliederndes, traditionsgesichertes Wissen hinein, dessen einzelne Stücke unmittelbar vorgelebt, vorgemacht und nachvollziebar sind. Vergleicht man diese Welt mit der unseren, so sind in der Geschichte zwei Stufen der Entfremdung beobachtbar. Zuerst wird die Arbeitswelt von der Welt des familiären Lebens weggerissen. Das wird als Ereignis schon in der Romanliteratur der ersten Hälfte des 19. Jahrhunderts erlebt. Für das Kind ist die für die Lebensfristung wichtigste Lebenspraktik, die Berufsausübung des Vaters, nicht mehr unmittelbar anschaulich. Aber vielleicht kann der Vater noch davon berichten und Teile seiner erlernten Handfertigkeiten im Milieu der Familie zur Anschauung bringen. Für die Väter, denen der nächste Schritt der Technisierung den Beruf bestimmt, die in Verwaltungen tätig sind, ist nicht einmal dies mehr möglich, da ihr Beruf keinerlei Anschaulichkeit mehr in sich birgt und also auch von ihm, außer Ärger und Büroklatsch, nichts mehr in die familiäre Welt mit nach Hause gebracht werden kann.

Dann aber taucht der Vater häufig nur noch als ein Schreckgespenst in der Welt des Kindes auf. Jedenfalls ist dies so in unserem vom *väterlichen* Autoritätsgehaben durchsäuerten Kulturmilieu, während in dem in der Vaterverachtung fortgeschritteneren Amerika der Vater eher parodistisch gesehen wird.

Ein für zahlreiche vergleichbare Fälle stehendes Beispiel: Ein 35jähriger Student ist schon zweimal bei seinen Studienversuchen gescheitert. Er ist auf schwerste gehemmt und hat vollkommen die Möglichkeit verloren, sich auf seine Arbeit oder auf irgendein sonstiges Ziel in der Welt zu konzentrieren. Sein Vater war ein Beamter, der lebenslang darunter litt, daß er kein Abitur gemacht hatte, aber täglich mit Kollegen und Vorgesetzten zusammenarbeiten mußte, die diese Auszeichnung genossen hatten. Der Patient hatte noch einen Bruder. Beide Söhne wurden vom Vater trotz ihrer sehr schlechten Schulleistungen mit unnachgiebiger Strenge zum Abitur gepeitscht. Die vital blasse, zwangsneurotisch eingeengte und unter dem von Ressentiments geladenen Regime des Vaters depressiv gewordene Mutter klagte am Abend dem Vater alle Sünden der Söhne, worauf dann die väterliche Strafexpedition ins Kinderland erfolgte. So folgte ein Tag dem anderen, sie lebten in ständiger Angst vor den Denunziationen der Mutter und der immer strafbereiten Strenge des Vaters. Charakteristisch genug sind die wenigen glücklichen Erinnerungen des Patienten an seinen Vater mit den kurzen Stunden gemeinsamer Bastelarbeit verbunden. Aber in dieser Hinsicht gab es eben keine zusammenhängende, verbindende Tätigkeit, vielmehr stand ganz die *Leistungsdressur* als Leitmotiv über der Jugend dieser Kinder. So war die Schulzeit eine Qual, eine Folge von Autoritätskonflikten mit den Lehrern (die, wie so häufig, die niedergeprügelte Ambivalenzhaltung dem Vater gegenüber auszukosten hatten). Je schärfer die väterliche Forderung, desto unüberwindlicher die Lernhemmung. Der einzige positive Beziehungspunkt zwischen Vater und Sohn war das Interesse für Technik. Das bestimmte schließlich die Berufswahl. Im Praktischen recht geschickt, scheiterte trotzdem das Studium des jungen Mannes an seiner völligen Arbeitsunfähigkeit. Entgegen seinen Begabungsmöglichkeiten erfährt er einen aus seinen unbewußten Introjekten und ihrer Abwehr gemischten elementaren Widerstand gegen alles Geordnete und sich aus innerer Konsequenz selbst ordnende Wissen. Seine Arbeitsunfähigkeit war der ihm verbliebene Weg der Rache am Vater und zugleich die Selbstbestrafung für diese von seinem dressatgehorsamen Gewissen als unerhört erachtete Rache. Der Vater seinerseits war ganz und gar narzißtisch mit seinen Söhnen identifiziert; sie waren nicht mehr als Werkzeuge, mit denen er sein Ideal erreichen wollte. Ihr Versagen bedeutete eine unmittelbar ihn selbst treffende narzißtische Kränkung.

Die chaotische innere Verfassung des jungen Mannes, der noch einmal ein Beispiel für die »guten« Absichten des Vorbildes und seine »schlechten Folgen« ist, kann man in Kürze schwer darstellen. Ein primitiv-sadistisches Über-Ich entwertet die Leistungen, zu denen das Ich fähig wäre. In diesem Über-Ich ist die unbewußte Projektion des Vaters auf den Sohn festgehalten. Sein fanatischer Wunsch, die Söhne möchten es weiter bringen als er, ist auch Abwehr gegenteiliger zerstörerischer Wünsche: Niemand darf so vollkommen, so mächtig werden wie er sich in seinen Allmachtsphantasien sieht. Das in der magischen Frühzeit angelegte Über-Ich exekutiert diesen unbewußten Wunsch gegen den Sohn, und es erweist sich, daß er der stärkere Wunsch ist als der bewußte. So kann eine von primitiven aggressiven Impulsen unbelästigte libidinöse Zuwendung kaum aufkommen. Für den Sohn bedeutet dieser Mangel an liebevollem väterlichem und mütterlichem Halt, bei gleichzeitigen intensiven Ansprüchen, ein unerträgliches Anwachsen des Gefühls, nicht zu genügen, also eine tief in die unbewußten Prozesse reichende Verstärkung von Schuldgefühlen. Im Erleben des Kindes heißt es dann, daß die harte Strenge des Vaters die Vergeltung für aggressive Wünsche gegen ihn ist. Diese lassen sich aber gar nicht vermeiden, nicht in der liebevollsten Erziehung. Sie werden aber unbeherrschbar, wo die Verbotsstärke die Einfühlung weit überwiegt. Ein solches Kind erfährt kein »Urvertrauen«, und es hat dann später keinen sicheren Standort, von dem aus es seine Autonomie entwickeln könnte. Ein solcher Mensch kommt vom Szenarium seiner schreckenserfüllten Kindheit nicht los; die Rivalitäts- und Schuldgefühle bleiben sein einziger affektiver Inhalt. Treffend sagt der Patient zum Beispiel über seine Störung, die ihn daran hindert, sich mathematisches Wissen aneignen zu können: »Mathematik ist der geistige Ausfluß männlicher Autorität.« Er hat männliche Kraft nur auf eine perverse, masochistische Weise fürchtend lieben gelernt; das bringt ihn in keine Position, in der er aus Identifikationen heraus liebend lernen und lernend lieben könnte. (Entsprechend der Arbeitshemmung sind natürlich auch die sexuellen Triebregungen des Kranken verwirrt und schuldbelastet.)

Der zitierte Fall ist in seiner Art gewiß kein seltenes Beispiel des traurigen Ausgangs von Erziehungsbemühungen, die nie von dem Gedanken einer Selbsterziehung des Erziehers durchkreuzt wurden. Er steht aber auch für einen typischen Generationskonflikt der *verwalteten* Großgesellschaft. Solange in der Kindheit und Jugend ein gemeinsames Arbeitsfeld für Vater und Sohn gegeben ist, besteht die Chance eines Ausgleiches selbst ungezügelter väterlicher Aggression. Denn es teilt sich in der »Vorarbeit«, die er leistet, noch etwas von der beglückteren Seite des Vorbildes mit, nämlich jener Bereich der Person, in der ihr eine Verschmelzung von Lust, Freude an der Sache und am Können mit den aggressiven Strebungen gelungen ist. Ist der väterliche Zugriff nicht gekonnt, so ist das eine Erfahrung, die relativ schuldfrei erlebt und als Ansporn verarbeitet werden kann. Solche Erfahrung hatte der Kranke nicht, er hatte nur ein *emotionelles Vaterbild.* Sein Kontakt erstreckte sich auf jenen Aspekt des Vaters, in dem die ungesättigte Destruktionsneigung vorherrschte. Aus diesem Bild hatte er das eigene innere Leitbild aufzubauen, und das war so irritierend, daß eine beruhigte Sachorientierung nicht gelang.

Ambivalenzkonflikte

In mehr oder weniger deutliche Ausprägung finden sich vergleichbare Störungen bei so vielen Jugendlichen, daß man sie als zeittypische Erscheinungsbilder (der relativen Wohlstandgesellschaft) bezeichnen kann; bald mögen »Wurstigkeit«, Interesselosigkeit, bald Verantwortungsscheu oder Verantwortungslosigkeit im Vordergrund stehen. Diese Haltungen lassen sich nur unzureichend mit der Formel »Pubertätskonflikt« zur Deckung bringen und als solche verständnisvoll ansehen. Mindestens muß man sich dann klar darüber werden, daß die

Pubertät dieser Jugendlichen sehr gedehnt verläuft und oft bis weit in die zwanziger Jahre sich erstreckt und daß sie von besonderer chaotischer Verwirrtheit zeugt. Die natürliche »Identitätskrise« im Übergang von Kindheit zur Erwachsenheit scheint eine bei weitem stärkere Erschütterung der Persönlichkeit mit sich zu bringen, als dies in traditions- oder innengelenkten (das heißt Über-Ich-bestimmten) Gesellschaftsordnungen der Fall ist. Wenn wir darin einen zeittypischen Ablauf einer Wachstumskrise erblicken, müssen wir die speziellen Bedingungselemente dieser gehäuft auftretenden Störungen aufzeigen. Gerade das ist aber schwer, weil man sich nicht mit Urteilsstereotypen, wie sie die vulgäre Kulturkritik – und nicht nur sie – verwendet, zufriedengeben kann. Sicher ist es wieder ein Determinationsbündel, das bestimmte typische oder mindestens gehäuft auftretende psychische Verfassungen bedingt. Aber sie entziehen sich vielfach einer exakten Nachweis. Es sei versucht, einige der psychodynamischen Bedingungselemente anzudeuten.

Die Schwierigkeiten der *Pubertätskrise* liegen in dem neuen Aufflammen der Ambivalenz der Gefühlseinstellungen. Der Jugendliche ist zwischen der konträren Gefühlen zu ein und derselben Person hin- und hergerissen. Man hört von ihm die schroffsten und schwankendsten Urteile über andere, aber ebenso kann man beobachten, wie seine Selbsteinschätzung oft rasch von Überheblichkeit in ängstliches Verzagen umschlägt, bis er langsam mit dem Wachsen seiner *Ich-Kräfte* wieder zu einem ausgeglicheneren Verhältnis zu sich selbst und den ihm wichtigen Mitmenschen kommt. Der Ausweg, den er vorher aus dieser Qual suchte, ist der, daß er die eine, die negative Seite in der Beziehung zu den alten Beziehungspersonen – den Eltern – beläßt, die positive Seite auf neue idealisierte Vorbildfiguren überträgt.

Diese ambivalente Zerrissenheit der Pubertät besitzt eine Vorstufe in der Gefühlskrise des *ödipalen Konfliktes* um das fünfte Lebensjahr, wenn das Kind in peinvollem Zwiespalt Zärtlichkeit und Eifersucht, Bewunderung und neidvollen Haß den beiden Eltern gegenüber in äußerster Heftigkeit erlebt. Verschiedene Kulturen werden mit dieser ersten und zweiten der großen *Identifikationskrisen* des heranwachsenden Menschen auf verschieden geschickte und tolerante Weise fertig. Es ist kaum noch zweifelhaft, daß die Reaktionsmuster, die sie jeweils anwenden, über den affektiven Tenor entscheiden, der hier und dort vorherrscht.

Aber Menschen leben nicht allein in den direkten *affektiven* Bezügen untereinander. Sie leben in einer *Umwelt*, und zwar in einer affektiv sehr bestimmt gefärbten und begrenzten Umwelt. Das heißt, sie übertragen, je mehr ihre körperlichen Fähigkeiten reifen, einen Teil ihrer Gestimmtheit auf die Dinge, mit denen sie umgehen, und auf ihre Gestaltung. In einer relativ wenig arbeitsteiligen Welt liegen die Dingbezüge und die Bezüge zu Mitmenschen in ein und demselben Handlungsraum. Der Umgang mit Menschen und Werkzeugen ist sinnfällig miteinander verbunden; das Kind geht an der Hand zum Platz der Tätigkeit und lernt dort an die Hand gehen. Der *Wechselbezug* des Interesses von Mensch zu Mensch zu einem von Mensch zu Mitding ist eine unmittelbare Erfahrung. Es ist wahrscheinlich keine Sentimentalität, in diesen Erfahrungsgrundlagen – bei denen ja zugleich die Gestaltung der Landschaft selbst durch Arbeit mitvollzogen wird – den Ursprung jenes Zugehörigkeitsgefühls zu suchen, den das Wort »Heimat« symbolisiert. Daß dieses Wort in der Tat die sentimentalste Ausbeutung erfahren hat, politisch wie industriell, kann nur die Anhänglichkeit an eine Vergangenheit anzeigen, die sich als geglückt widerspiegelt und doch verlorengegeben werden muß. Das Heimatgefühl des Städters beruht natürlich auf den gleichen Erfahrungen des langsamen Bekanntwerdens des unheimlichen und fremden Raumes; aber es ist doch (prinzipiell) sehr viel mehr Unbekanntes, nie Vertrautes in den Häusern, Straßen, Vierteln einer Stadt verborgen als in dem Dorf, dessen Leben sich in der angrenzenden Landschaft ausbreitet.

Nun wäre es bestimmt ein verträumter Irrtum, die bäuerliche Welt zu verklären – ihre dörfliche Enge und Inzucht, ihre rigideste Konformität und Besitz- beziehungsweise Selbstbewußtseinsstaffelung, die lastende Körperarbeit, die Gefühlsstumpfheit und den Aberglauben. Und doch hatte sie – je ferner sie uns rückt, je mehr die Technisierung die Bauernwirtschaft zu einem sich spezialisierenden Wirtschaftszweig neben anderen umformt – in allem permanenten Elend eine Chance, den Ambivalenzkonflikt produktiv zu schlichten. Eben durch diesen einheitlichen Handlungsraum. Die Rivalität mit dem Vater konnte in einer außerverbalen, aber direkt anschaulichen Konkurrenz mit ihm, im Umgang mit Werkzeugen, ausgetragen werden. Der Sohn konnte dem Vater auf dessen eigenem Feld vorpflügen und beweisen, was er konnte. Diese direkte Konkurrenz, die zur Bewältigung der affektiven Gespanntheit beitrug, brauchte nicht den direkten Ausdruck, den Streit; sie konnte auf dem Umweg über eine beiden Partnern gleichvertraute Tätigkeit geschehen.

Die Trennung der väterlichen von der kindlichen Welt in unserer Zivilisation läßt eine derartig anschauliche Erfahrung auf beiden Seiten nicht zu; das Kind weiß nicht, was der Vater tut; der Vater nicht, wie das Kind in seinen Fertigkeiten heranwächst. Eine selbstgebaute Scheune ist auf eine andere Weise zum Besitz geworden als ein Eisschrank oder ein Automobil.

Die Identifikationswege verlaufen in der hochspezialisierten Arbeitswelt sicher sehr verschieden von denen in der bäuerlichen und handwerklichen. Die Identität ist für das Kind schwierig zu finden, weil es zuviel seinen Phantasien über den Vater überlassen bleibt, statt ihn in einer Welt erfahren zu können, in der es ihn durch Mittätigkeit kennenlernt. Für den Jugendlichen in der Identitätskrise der Pubertät wiederholt sich diese Verlassenheit. Er kann seine *Identität* nicht leicht in *Rollen* finden, die schon der Vater oder die Vorväter innehatten, sondern muß sich in einer Berufsvielfalt, die er kaum überschaut und keinesfalls aus eigener Kindheitserfahrung kennt, orientieren und entscheiden. Alles das muß ihm das Gefühl der Vereinsamung geben und legt ihm den Schluß nahe, daß der Vater schwach, unfähig ist, daß man mit ihm nicht rechnen kann. Umgekehrt fühlen die Väter eine verständnislose Verschlossenheit an den Söhnen, die es schwer oder unmöglich macht, das rechte Wort im rechten Augenblick zu finden.

Wir haben damit zu einem Teil die spezifischen Verständigungsschwierigkeiten zwischen den Generationen in unserem Kulturaugenblick verstehen gelernt. Wir wissen deshalb noch nicht, wie wir sie bessern könnten. Aber mehr noch, unsere Kritiker könnten uns an das Elend der »Vater-Sohn-Feindschaften« gerade in der bäuerlichen Welt, an die gefühlsrohe Ausbeutung der Kinder durch die Eltern, an die Lieblosigkeit der Jungen gegen die Alten erinnern, wenn diese erst einmal aufs Altenteil gekommen waren, an lebenslanges Mißtrauen, an pedantischen Neid, um uns zu helfen, unsere eigenen Hilflosigkeiten im rechten Licht der menschlichen Unvollkommenheit zu sehen. Aber leider ist uns ein solcher Hinweis auf die Sackgassen der humanen Entwicklung, die sich, wo immer wir die Geschichte betrachten, auftun, auch zu nichts anderem nutz, als daß wir mit unseren Hoffnungen bescheiden bleiben. Die Frage nach der *Rolle* des Vaters und den spezifischen Entbehrungen des Kindes im gegenwärtigen gesellschaftlichen Prozeß ist damit nur durch Kontraste deutlich geworden.

Wurzeln der Aufstiegsmanie

Wir sehen aber, daß es nicht genügt, hier nur von einem Leiden des Kindes an der Unsichtbarkeit des Vaters zu sprechen – und viele Tendenzen zeigen an, daß die Mutter ihm bald in sein Reich der Schattenhaftigkeit nachgefolgt sein wird –, sondern wir müssen ins Auge fassen, daß zugleich der Vater selbst unter einer Arbeit leidet, die es ihm nicht gestattet, seine eigene persönliche Fertigkeit, sein individuelles Talent, Geschick und Ausdrucksbedürfnis in ihr unterzubringen. Er arbeitet für Lohn, nach Zeit oder Stückzahl, aber er arbeitet »spurlos«, das heißt, nichts am gefertigten Stück, nichts am Bedienungsgriff oder

Aktenfaszikel verrät das Individuum, das mit ihm umgegangen ist. Im Ablauf eingewöhnter Tätigkeiten hält das für den Arbeitenden ein dauerndes Gefühl des Enttäuschtseins wach. Er ist leidend in ein Tun – wie bewußt oder unbewußt auch immer – verstrickt, das sich als unzugänglich für seine Gestaltungs- und Ausdrucksbedürfnisse erweist. Die Folge muß eine Verstärkung aggressiver Gespanntheit sein. Das hier wachsende Ressentiment kann, so wie die arbeitsteilige Welt nun einmal beschaffen ist, nicht in ihr selbst aufgefangen werden. Sie ist frustrierend an sich. Spurhafte Arbeitsmöglichkeiten sind in ihr nur für eine Minderheit gegeben. Deshalb vermag auch die höchste Lohnskala die Unzufriedenheit des Gemüts mit den Arbeitsbedingungen der voll mechanisierten technischen Arbeitswelt nicht auszugleichen. Die Spannungen übertragen sich vielmehr zu einem erheblichen Teil auf die affektiven Beziehungen zu den Partnern am Arbeitsplatz. Deshalb die große Sorge um das »Arbeitsklima«. Oder sie werden in den affektentlastenden Amüsements, Sportveranstaltungen und so weiter, aufgefangen. Beides, die *Sympathie-* und *Antipathiegruppen,* die sich in Werkhallen und Büros bilden, gegeneinander intrigieren und klatschen, wie auch der Zwang, unterhalten zu werden auf irgendeine (möglichst prestigegewährende) Weise, sind als *Ersatzfunktionen* für die Frustrierungen in der Arbeit zu werten.

Wir möchten noch einmal betonen, daß dies die spezifische *Notsituation* unserer Zivilisationsbedingungen ist, frühere Lebensformen hatten andere Enttäuschungen, andere Beschränktheiten zu bestehen. Im Rückblick erscheinen wie selbstverständlich die unzugänglich gewordenen Befriedigungen. Die Nöte werden ausgeblendet, weil sie das Gefühl der Unzulänglichkeit, der Unfähigkeit, eine beständige Ordnung zu finden, als bedrückende Erkenntnis verstärken würden.

Beispielhaft zeigte sich der Geltungsverlust der spurhaften Handarbeit in der Lebensgeschichte eines jugendlichen Quartalssäufers und Wegläufers (»Poriomanen«). Er war der Sohn eines Schlossers und einer aufstiegsbesessenen Mutter. Sie hatte keine Ruhe, bis der Vater kleiner Beamter geworden war. Seine Werkzeuge wurden auf dem Speicher verstaut. Als der Sohn so weit herangewachsen war, daß er Freude am Basteln hätte finden können, verschenkte, ungeachtet seines Schmerzes darüber, die Mutter das Werkzeug aus dem Hause. Zum Sohn bemerkte sie, sie habe sich lange genug »mit einem Kerl mit ungewaschenen Händen« ärgern müssen, *er* solle einmal einen besseren Beruf ergreifen. Es ist wieder so, wie vorher schon angedeutet: Die persönliche Neurose fügt sich kollektiv verbindlich werdenden Anschauungen ein, der *white collar,* der Aktenmensch, gilt mehr als der »primitive« handwerkende Mensch.

Man kann solche Geltungen gewiß nur richtig in den Zusammenhängen ihrer Entstehung würdigen. Das Weltalter der Bedrücktheit, der Fesselung des Menschen an die Arbeit aus Leibeskräften ist die Vorgeschichte der verheißungsvollen Befreiung durch die Maschinenkräfte. Der Optimismus, mit dem die Menschheit den Prozeß des Maschinenbauens fördert, läßt ermessen, wie sehr sie unter dem Joch der alten Arbeit ächzte. Die oben umrissene Lebensentwicklung, die zum Scheitern zwingt, zeigt die neugewachsene Problematik, die Metamorphose des Elends, das wiederum nicht als nur privates spürbar wurde.

Den Soziologen interessiert mehr die Durchschnittsreaktion, das Allgemeine an solchen Fällen, und inwiefern sich das Sozialklima unter solchem Wandel der Verzahnung von *Hoffnung* und *Realität* verändert. Den »Feld-Anthropologen« – und als solcher fühlt sich der psychoanalytisch tätige Arzt – bewegen die in der Einkleidung der individuellen Situation sich in zahlloser Variation wiederholenden gleichen *Entfremdungsvorgänge*. Eine 21jährige, unehelich geborene Angestellte, die ein Leben ziemlich nahe der Prostitution führt, wird von nächtlichen Angstanfällen geplagt, bei denen sie das Gefühl hat, als wäre jemand da, der sie umbringen könnte. Sie sagte von sich selbst: »Es ist mir, als ob irgend etwas von mir, was ich nicht kenne, was aber zu mir gehört, irgendwo in der Welt sich herumtreibt.« Und es zeigte sich, daß dies Phantasien über den unbekannt gebliebenen Vater waren. Die Entbehrung nährt das affektive Weitersuchen nach der zu gleicher Zeit auch als sehr bedrohlich (weil eben unbekannt) empfundenen Vaterfigur. Zugleich wird eine eigentliche Partnerwahl nicht geleistet, was wiederum auch damit zusammenzuhängen scheint, daß insgesamt die *Objektlibido* keinen festen Halt, nicht in Mitmenschen, nicht in Dingen, die durch ihre Liebe wertvoll geworden wären, gefunden hat. Das Leben wird als »sinnlos« empfunden.

Der Verlust dieser Sachbezogenheit fördert jedenfalls in hohem Maß jene höchst paradoxe Reaktion, die an der den Handwerker verachtenden Mutter soeben schon zu beobachten war; nämlich, daß immer mehr Menschen in die Berufe der *abstrakten* Arbeitsleistung – »abstrakt« im Sinne von »nicht-anschaulich« – drängen und diese in der höchsten Arbeitsteiligkeit des Wirtschaftens und Verwaltens auch bereitgehalten werden. Die »Kopfarbeiter« sind aber längst keine geistige Landschaften überblickenden Enzyklopädisten mehr, sondern *white collars*, Fachleute, die ein höchst partikuläres Wissen in ebenso arbeitsteiliger Weise wie bei der Fließbandarbeit in Funktion setzen. In einer Studie über »Leitbilder des gegenwärtigen deutschen Familienlebens« berichtet Gerhard Wurzbacher deshalb auch von einer »stark ausgeübten elterlichen Verfügungsgewalt«, um durch das Kind »all die nicht erfüllten elterlichen Bildungswünsche, Aufstiegshoffnungen und Prestigeansprüche zu verwirklichen«[14]. In seiner kulturspezifischen Ausformung ist dieses Verhalten deutscher Eltern natürlich dem der Eltern des »other-directed« amerikanischen Kindes gleichzusetzen. In beiden Fällen haben die Eltern den Wunsch, daß die Kinder nicht ihr eigenes Leben nachvollziehen möchten: Sie forcieren sie deshalb zu Leistungen, die ihnen Aufstieg, Fortschritt, erhöhten Lebensstandard, erweiterte Bedürfnisbefriedigung versprechen. Diese Überforderung des Kindes entspringt der eigenen Beziehungslosigkeit zum Beruf, der sich in den »Job« verwandelt hat. Die Mobilität des radargesteuerten Konformisten (eine Phantasie, die auch in Orwells »1984« vorkommt) läßt ihn angepaßt erscheinen an die Erfordernisse einer in neuen Schwerpunkten sich organisierenden technischen Massenzivilisation. Sie zeigt aber zugleich auch seine Heimatlosigkeit, seine mangelnde libidinöse Objektverankerung im sozialen Ort an.

Verlängerte Wachstumskrisen – ungestillter Identifikationshunger

In der psychoanalytischen Anthropologie wird der *kulturschaffende* Konflikt der Geschlechterfolge mit dem Wort »Ödipuskomplex« umschrieben. Damit gelangt, wie wir zeigten, ein Kernkonflikt in den affektiven Beziehungen zwischen Kind und Erwachsenem zur Anschauung, ein Konflikt, dessen Bewältigung die Grundlagen der Kultureignung des Kindes schafft und – vom Ende der Entwicklung her gesehen – beurteilen läßt, ob und wie der Erwachsene diesen Weg weiterbeschritten hat oder wie weit er zurückgeblieben ist.

Viele Anzeichen sprechen dafür, daß zu diesem im »Ödipuskomplex« beschriebenen *Generationskonflikt* in unserer Sozialordnung eine neue Notlage für das Kind hinzugekommen ist. Die Arbeitswelt der Großen ist unzugänglich geworden, in Fabrikbetrieben und Büros ist kein Platz für Kinder. Sie sind vom identifizierenden Beobachten und Lernen ausgeschlossen. Nun besteht aber, wie wir sahen, eine enge Verschränkung von affektiver *Gestimmtheit* und *Lernfähigkeit*. Diese Funktionseinheit ist in der bisherigen Menschheitsgeschichte eigentlich nie ernstlich gefährdet worden. Erst in unserer gesellschaftlichen Wirklichkeit geschieht die weitgehende Trennung; symbolisch ausgedrückt, die Einheit von Vater als Temperament und Vater als Meister wird zerteilt. Es bleibt der Vater als Temperament, dessen Gestimmtwerden und Gestimmtsein nicht kontinuierlich erfahren wird, sondern das aus der alltäglichen Abwesenheit überraschend auftaucht, und es geht verloren die affektiv getragene Unterweisung (mit allen Vergewaltigungsgefahren), die den Dingen einen heimatlichen

Charakter gibt. Den Zusammenhang von Sacherfahrung und affektivem Kontakt in seiner negativen Spiegelung zeigt der Traum eines achtzehnjährigen scheiternden Schülers. Er ist unehelicher Sohn eines Künstlers und einer Fabrikarbeiterin. Seine Mutter hat ihm die Wahrheit seiner Herkunft vorenthalten. Seinen Vater kannte er nur als einen gelegentlich auftauchenden »Onkel«, bei dem er froh ist, wenn er wieder weggeht. Strafe und Verwöhnung haben das Kind ganz an die Mutter gebunden und es von der Realität abgehalten, wo immer sich diese fordernd oder verlockend präsentiert. So wächst der Knabe, unbeliebt bei den Kameraden, als »Tagträumer« heran, neidisch Kindern gegenüber, die einen Vater haben. Wie weit die Not dieses jungen Menschen aber über die *ödipalen* Ängste hinausreicht, eine von keinem guten Vaterbild gemilderte Schutzlosigkeit, ein Ausgesetztsein in der Fremdwelt ist, zeigt die Selbstdarstellung im Traum:

»Ich war an einem Kreuzweg; starker Verkehr. Ich sah in einem schwarzen Auto einen schwarzgekleideten alten Mann mit einem Totenschädel als Kopf. Er raste auf mich zu, ich wich aus, da fuhr er auf ein anderes Auto auf. Als ich das Unglück sehen wollte, war nur ein Sandhaufen auf der Straße. Ich ging dann einen langen Weg, kam in einen Park und sah Goldfische in einem Brunnen. Dann sah ich auf dem Grund des Brunnens eine Stadt liegen und hörte Glocken läuten. Ich steckte die Hand ins Wasser, erschrak furchtbar, denn als ich den Arm herauszog, war die Hand ab. Ich floh und sah, der Alte verfolgte mich, richtete eine Pistole auf mich, ich sah noch einen Feuerstrahl aufblitzen und verlor dann die Besinnung.«

Was der Traum darstellt, ist die in großer Heftigkeit fortdauernde *Ödipusproblematik*. Und es könnte sein, daß dies ein generell zu erwartender Ausgang wäre, wo der »Temperament-Vater« nicht auch der »Meister-Vater« ist, an dem man sich messen lernt und der damit die dämonisch übermächtigen verstümmelnden Züge verliert, mit denen ihn die Kindheit ausgestattet hatte.

Auch der »tote« Vater bleibt im unbewußten Erlebnis eine bedrohliche Macht. Die Welt selbst aber wird ohne seine Anleitung völlig unzugänglich und unberechenbar. Auf tückische Weise ändert sie fortwährend die Gestalt und produziert unheimliche Überraschungen. Wie immer die persönliche Gleichung dieses Traumes in verschiedenen Ebenen der Bedeutung (etwa der Verstümmelungsgewalt des Vaters) lauten mag, es geht hier nur um die *wahnähnliche* Weltverarbeitung, um die *absolut* gewordene Unverläßlichkeit, Fremdheit und Bedrohlichkeit von Mensch und Ding. Das Leiden, in solcher Grundstimmung der Welt ausgeliefert, ihren Mächten preisgegeben zu sein, keine beschwichtigende begütigende Erfahrung zu besitzen – das Leiden in dieser Grundstimmung kann man mit dem Wort »Kaspar-Hauser-Komplex«[15] anzudeuten versuchen.

Kaspar Hauser bietet sich, wie seine Vorgeschichte auch gewesen sein mag, als Prototyp eines Menschen mit von Geburt an verarmten Beziehungen zu einer kulturellen Menschenwelt an. Eine seiner Ratlosigkeit und Stumpfheit entgegengesetzte Figur – aber ebenso verlassen wie er, nur erregt – war der Bandit in *Los Olvidados*. Kaspar Hauser steht dann für ein *passives* Verharren in sprachloser, unartikulierter Phantasiewelt, also in den seelischen Primärprozessen. In ihnen hat die Außenwelt nichts als unmittelbaren Reizcharakter für die auf der Suche nach Sättigung befindlichen Triebwünsche, noch nicht aber den komplizierten *Signalwert* der kulturellen Symbole. Zugespitzt formuliert: Welt ist im Primärprozeß genießbar, oder sie *ist* nicht. Es gibt hier kaum Angst, sondern nur Unlust. Auf dieses *primärprozeßhafte* Welterleben stellen sich viele der »künstlichen Paradiese« unserer Zeit mit technischer Perfektion ein. Nach diesen Paradiesen sucht der Gegentypus des rücksichtslosen Aggressiven, dem die Außenwelt ebenso dschungelhaft fremd bleibt. Das Parasitäre, Unproduktive ist beiden Verlassenen gemein. Sie haben die Entwicklung zum ödipalen Konflikt, der eine Konstanz der Beziehungen in der präödipalen Kindheitsperiode voraussetzt, nie erreicht. Aber erst das Durchleiden der ödipalen Erlebnisse mit ihrer voll entwickelten Ambivalenz der Gefühlsbeziehungen ein und derselben Person gegenüber schafft die Voraussetzung für die Entfaltung der Sekundärprozesse, durch die wir Kulturmenschen werden. Das stürmische, ungezügelte Lieben und Hassen des Lebensbeginns muß sich in menschlichen Beziehungen festigen und formen, um als *Aktivität* und *Interesse* auf die Dinge in der Welt übergehen zu können. »Triebhypertrophie«, wie sie der Bandit beispielhaft darbot, ist, wie Konrad Lorenz sagt, eine »domestikationsbedingte Veränderung des Verhaltens«. Mit dem Blick auf den apathischen Kaspar Hauser können wir im gleichen Sinn von »Phantasiehypertrophie« sprechen. Beide Entartungen sind realitätsunkundig. Aber es ist nicht zweifelhaft, daß sie »domestikationsbedingt« sind. Sie entstehen am Auflösungspunkt der kulturellen Bindungen und entlassen das Individuum nicht in einen rousseauschen Naturzustand, sondern in ein Triebchaos.

Es kann weiterhin nicht zweifelhaft sein, daß diese gegenwärtigen »Defekte« zwar ein spezifisches Gesicht haben, umschriebenen Erlebnisverlusten entsprechen (wie dem Verlust eines Zusammenarbeitens in einer spurhaften Tätigkeit), aber sie sind gewiß nichts gänzlich Neues in der Geschichte. Die Patienten, von denen die Rede war, scheiterten an der Welt, die sie antrafen; aber vor ihnen sind andere

Menschen an anderen Verlassenheiten, Roheiten, Unverstand auch in großer Zahl gescheitert. Um das einer banalen Kulturkritik entgegenzuhalten: Die Kultur des Menschen war immer in Gefahr, zuweilen gerade dann, wenn die Menschen meinten, alles sei in Ordnung. Leiden haben immer auch die Wirkung, zur Beendigung des Leidens herauszufordern. Sie erwecken in den Mitleidenden, die dieses Mitleides fähig geblieben sind, Initiative. Es wäre eine einseitige Darstellung, wenn nicht auch die Spuren aufgesucht würden, in denen die *vaterlos* werdende Menschheit die Welt, die sie sich geschaffen hat und die nicht mit einem Hinweis auf die Lebensformen der Vergangenheit »bekannt« gemacht werden kann – in der vielmehr Altbekanntes fortwährend aufgelöst wird –, neu zu ordnen, in neuen Objektbeziehungen sich vertraut zu machen sucht. Manche Eigentümlichkeiten der zeitgenössischen Kunst sind in dieser Hinsicht aufschlußreich. Kunst ist immer Deutung; Deuten entwirft Ordnung. Zudem verschränken sich in der künstlerischen Hervorbringung innig *Phantasie* und *Technik*, also genau das, was so vielen Menschen in ihrer Tätigkeit verwehrt bleibt.

Entväterlichung in der überorganisierten Gesellschaft

Die Fertigstellung der Produkte in der langen, unpersönlichen Kette der technischen Fertigungsvorgänge schließt den Menschen aus dem Erlebnis des Produzierens zunehmend aus. Es ist also der Konsument ganz anders an das Produkt gebunden oder von ihm entbunden als früher, wo es ein Stück Selbstdarstellung mittrug. Die »Gegenstände« der Kunst unserer Tage machen genau diese Lage anschaulich: Die fertigen Objekte an sich sind uninteressant geworden, das Aussageanliegen geht hinter sie zurück. Sie bedeuten nur insoweit etwas, als sie ein Neugierverhalten im Künstler anstoßen. Eine große Hingabe an handwerkliches Experimentieren mit Möglichkeiten, dem Stoff neue Effekte abzugewinnen, läßt unmittelbar erkennen, daß man dem Gemachten nicht zuversichtlich vertraut, aber selber einen Weg finden möchte, der *Phantasie* und *Können* verbindet. Diese Befreiung von traditionellen Aussageformen ist also eine *Entväterlichung*. Was hier in einer Mischung von Unartikuliertheit und ästhetischem Raffinement geschaffen wird und fasziniert, ist herausfordernd neu, ebenso neu wie die Abdrängung aus den leidenschaftsgetragenen Bezugsformen zu Mitmensch und Mitding der Vergangenheit. Das Selbstgefühl, das es erlaubt, die subjektiv eroberte Anschauungswelt in der künstlerischen Form zu objektivieren, läßt die neue Not des Menschen in der ihm angemessenen Weise anschaulich, mittelbar werden – und nimmt damit etwas von der Angst. Die *vorgenitale*, fast *präverbale* Angst des

Kaspar Hauser ist eine andere als die des Robinson, des Columbus und der Männer der imperialen Welterschließung, die ihren Katechismus des Glaubens und Wirtschaftens im Gepäck hatten. Kaspar Hauser hat in anderer Weise von vorne angefangen. Er ist nicht ausgezogen, sondern ausgesetzt.

Die Überlegungen laufen darauf hinaus, daß dieser Vorgang der Entfremdung, der Auflassung objektlibidinöser Bindungen an die Umwelt, der zuweilen wie ein schizophrener Weltverlust aussieht, langsam als *Entfremdung von alten Vaterländern* in jedem Sinne erkennbar wird. Offenbar entstehen dadurch neue Spannungsverhältnisse des Individuums zur Gesellschaft. Wir wissen aus der Studie von Karl Bednarik[16] um das »kühle Verhältnis des jungen Arbeiters zum Staat«. Er ist zu einem »ewig nur fordernden und nehmenden Sohn geworden, dem sein sehr auf Distanz gerückter Vater nur deshalb nicht völlig gleichgültig ist, weil er dessen Ermahnungen und Verfügungen doch zumindest anhören muß, um sie besser umgehen zu können«. Damit erreichen wir nun auch den Zugang zum Verständnis eines anderen Zerrbildes des modernen Maschinenuntertanen, nämlich das des perfekten Asozialen, des »Vergessenen«, von dem zu Anfang die Rede war. Hemmung, Konzentrationsverlust, Kontaktverlust mit der Materie, die angeeignet werden soll, ist offenbar nur die eine Seite der Reaktion; die andere bestünde in einer ungezügelten Aggressivität, Destruktivität, Ansprüchlichkeit, mitmenschlichen Indifferenz. Alles dies sind nicht Züge eines angeborenen schlechten Charakters, sondern Folgen des Milieus, die nunmehr zahlenmäßig sehr breite Bevölkerungsgruppen erreichen und von denen man, sobald man dem einzelnen begegnet, ganz und gar, wie Riesman dies andeutete, wird sagen müssen, es handle sich um eine *neurotische Verhaltensweise*. Denn wenn wir auch zu Anfang von der historischen Relativität jedes sozialen Verhaltens gesprochen haben, so bezog sich dies auf die inhaltliche Gestaltung, auf den Ausdrucksstil, auf die Interessenrichtung, nicht aber auf Vorgänge puren Bezugsverlustes. Vor allem nicht auf den Vorgang der Rückverwandlung von Aktivität in Aggressivität. Aggressivität ist dann neurotisch denaturierte Leistungsfähigkeit des Menschen. Neurotische Väter sind die beste Voraussetzung für die Erzeugung neurotischer Söhne. In ihrem Gestaltungsvermögen entmachtete, den Großteil ihres Lebens in den Schattenbereich der einseitigen Berufsausübung verbannte Väter erfüllen neben der »humanen«, gemüthaft ausgleichenden auch noch die zweite Aufgabe nicht, nämlich den kulturellen Umgang mit den Dingen vorzumachen, eine anschauliche Lebenspraxis zu vermitteln. Der Erfolg hiervon sind das Heer der Aufstiegsneurotiker und die Riesenkollektive »Vergessener«, die hordenweise auf der Suche nach Ersatzbefriedigungen sind. Die Beispiele Kaspar Hauser und der Bandit sollten nicht darüber hinwegtäuschen, daß das Aufwachsen in Vergessenheit nicht klassengebunden ist, in allen Schichten häufiger und häufiger vorkommt, also ein »trend« der gesellschaftlichen Verhältnisse ist. Der »indirekte Protest gegen die überorganisierte Vater-Welt« (Bednarik) kann »Angst« heißen, kann »Sucht« heißen und wird in vielen Fällen einfach »Stumpfheit« sein; diese Entwicklung aufzufangen ist eine spezifische Aufgabe des Kultivierens, die jetzt gestellt ist.

In einer Szene tief traumhaften Absteigens in die Erinnerung begegnet in Eugène Ionescos »Opfer der Pflicht«[17] der Sohn dem Vater. Die Mutter, vom Vater verlassen, hatte dem Sohn gesagt: »Du wirst verzeihen müssen, mein Kind, das ist das Schwerste . . . Du wirst leiden, wenn du nicht gut bist, wenn du nicht verzeihst.« Und dann der Sohn zum Vater: »Vater, wir haben uns nie verstanden . . . Du warst hart, du warst vielleicht nicht allzu bösartig. Es ist vielleicht nicht dein Fehler. Nicht dich, deine Gewaltsamkeit, deinen Egoismus haßte ich. Ich hatte kein Mitleid mit deinen Schwächen. Du schlugst mich. Aber ich war härter als du. Meine Verachtung hat dich viel stärker geschlagen. Meine Verachtung hat dich getötet . . . Immer leidet der Rächer . . . Wir hätten gute Kameraden sein können . . . Ich hatte unrecht, dich zu verachten. Ich bin nicht mehr wert als du . . . Schau mich an. Ich sehe dir ähnlich . . . Wenn du mich anschauen wolltest, würdest du sehen, wie ähnlich ich dir bin. Ich habe alle deine Fehler . . .« Die Klage des Vaters beginnt mit den Sätzen: »Mein Kind, ich vertrat Geschäftshäuser. Mein Beruf zwang mich, auf der ganzen Erde umherzuirren, vom Oktober bis März war ich in der nördlichen Hemisphäre und vom April bis September in der südlichen Hemisphäre. So gab es in meinem Leben nur Winter . . .« Die Monologe von Vater und Sohn, die sich nicht zu sehen, nie zu verstehen vermögen, zwischen denen es nur ein Ermatten des Hasses und daraus ein »Verzeihen wider Willen« gibt, wiederholen in verdichteter Schärfe die Situation, die wir in diesem Kapitel in einigen ihrer Bedingungen zu analysieren versuchten.

Anmerkungen

1 Erik H. Erikson, Wachstum und Krisen der gesunden Persönlichkeit. Stuttgart 1952, S. 13.
2 Karl Bednarik, Der junge Arbeiter von heute. Stuttgart 1952, S. 50.
3 Geoffrey Gorer, Die Amerikaner. Zürich 1949.
4 Vgl. auch Franz L. Neumann, Angst und Politik. Tübingen 1954.

5 Ludwig Binswanger, Erfahren, Verstehen, Deuten in der Psychoanalyse. In: »Almanach der Psychoanalyse«, 1927, S. 127.

6 Gorer, a. a. O.

7 Gorer, a. a. O., S. 30

8 John Gunter, Inside America. New York 1946.

9 Ernst Michel, Das Vaterproblem heute in soziologischer Sicht. In: »Psyche« VIII (1954).

10 David Riesman, The Lonely Crowd. New Haven 1950, S. 22; deutsch: Die einsame Masse. Hamburg (rde) 1958.

11 David Riesman, Faces in the Crowd. New Haven 1952, S. 5.

12 Ebd., S. 485.

13 Carl J. Burckhardt, Über den Begriff der Heimat. Rede in der Paulskirche in Frankfurt am 26. 9. 1954.

14 Gerhard Wurzbacher, Leitbilder gegenwärtigen deutschen Familienlebens. 2. Aufl. Stuttgart 1954, S. 215.

15 Alexander Mitscherlich, Ödipus und Kaspar Hauser. In: »Der Monat«, Jg. 3 (1950).

16 Karl Bednarik, a. a. O., S. 50.

17 Fischer-Bücherei, Nr. 413, S. 32 f.

Kurze Apologie des Klatsches

Dem bleiernen Gewicht der Vorurteile entrinnen wir offenbar nur in entschlossener Raffung unserer Gegenkräfte. Aber kein Thema kann so »tierisch« ernst sein, daß nicht auch die Satire sich an ihm versuchen könnte. Der Klatsch gibt dieser Erwartung recht. Er ist gleichsam der Clown, der groteske Imitator der höheren Kunst, mit Vorurteilen umzugehen.

Je weniger Macht wir in uns verspüren, uns von Konventionen befreit verhalten zu dürfen, desto versteckter der Ausweg, auf dem wir uns rächen. Im unauffälligen Alltag wird mit kleiner Münze bezahlt. Eine solche ist der Klatsch und das, was in ihm dem anderen angehängt wird. Im Klatsch spricht man nicht von Tatsachen schlechtweg, sondern zugleich immer von den Affekten, die sie in uns erwecken. Die Bemühung richtet sich nicht auf Verständnis, sondern auf den Erwerb von Genuß. Nicht, wer der Beklatschte ist, soll erforscht werden, sondern es wird ausgekostet, was man ihm zutraut. Dazu verhilft das Vorurteil über ihn.

Klatschfreudigkeit ist die Kehrseite der unverwundenen Enttäuschung über all die »Angstlust«, die *thrills*, die uns entgangen sind. Sobald ich einen »Haken an der Sache« gefunden habe, kann ich meine Unlust an ihr aufhängen; und das gibt mir obendrein noch das Prestige, »besser« zu sein, weil ich nicht wage, was der andere tat oder getan haben soll. Das Bedürfnis, solchermaßen Prestigeskalen zu erfinden, um an ihnen Enttäuschungen in Macht zu verwandeln, ist sicher unersättlich. Wie ein Beamter hinter seinen Schreibtisch einen Besucher, der eine Dienstleistung von ihm wünscht, ohne aufzuschauen eine Weile warten läßt, als sei jener ein »Schnorrer«, das will erfunden und das will ausgekostet sein. Der Genuß steigert sich, je schneller der andere »einschnappt« und wütend wird. Der Klatsch gehört zu diesen Genußformen eines Hochmuts, für den in Tat und Wahrheit so gar kein realer Anlaß gegeben ist.

Die »Fundamentaldemokratisierung« in den Massenverbänden verwirklicht sich unter anderem auch in schrankenloser Zudringlichkeit. Der Klatsch ist längst kommerzialisiert und wird als technisch wohlaufbereiteter »Dienst« verkauft. Die »Klatschtante« gehört zu den Funktionären der Kommunikationsindustrie. Das spiegelt die Konstanz eines zeitlosen Bedürfnisses in der Anpassung an den Prozeß der

Urbanisierung wider. Da Nachbarn und Passanten mehr und mehr anonym werden, kann man über sie nicht klatschen. Das Dorf, die Kleinstadt haben ihre eigenen Klatschanlässe. In den Büros und in Zirkeln aller Art blüht aber trotz Presseklatsch der selbsterfundene unvermindert fort. In ihm geschieht die Entfremdung, die dem großen Sündenbock widerfährt, in feinerer Nuancierung. In großer Wahrnehmungsschärfe werden alle Regelverstöße – oder was so ausgelegt werden kann – registriert und mit den bereitliegenden aggressiven Bedürfnissen zu »Nadelstichen« verarbeitet. Das Vokabular der Vulgärcharakterologie wird zu handlichen Vorurteilen aufbereitet: Ehrgeiz, Hinterlist, Feigheit und so weiter werden zu Ganzurteilen über einen Menschen, der so zur Zielscheibe wird.

Wir sprechen zwar von Klatschbasen und tun so, als sei das Klatschen eine besondere Leidenschaft der Frauen. Wer Ohren hat zu hören, wird das als männliche Projektion erkennen; vor einem gerechten Urteil erweisen sich Mann und Frau als gleichermaßen hinfällig vor den Verlockungen des Klatsches. Beide Geschlechter wollen, in der Phantasie wenigstens, sowohl das Unbotmäßige, das Lasterhafte, Verbotene miterleben wie die Strafe dafür auskosten. Mag der Klatsch lästig sein, zuweilen gefährlich giftig, wo er sich bis zum »Rufmord« steigert: Er ist ein Ventil, das die Menschen in den Fesseln ihrer Gesellschaft nicht entbehren können und das noch Schlimmeres, das große Vorurteilsunisono, verhütet. Zudem ist daran zu erinnern, daß es auch den idealisierenden Klatsch gibt, den, der aus einer kollektiven Verliebtheit entspringt und sie fördert. Auch er ist nicht nur auf Mädchenpensionate beschränkt; weltweit stehen auch ihm beflissene Multiplikatoren zu Verfügung.

Am üppigsten gedeiht das aggressive Klatschbedürfnis in »engen« Gruppen mit hoher wechselseitiger Kontrollmöglichkeit für das Einhalten der Regeln, also in Dorfgemeinschaften, in Wohnbezirken des eingesessenen Bürgertums der Städte, in Sekten, Orden, in den Büros der Verwaltungen. Im Grunde ist es gleichgültig, worüber geklatscht wird; Hauptsache, es läßt sich ein gemeinsames Opfer ausfindig machen. Die Intensität der Beteiligung geht parallel der eigenen affektiven Frustrierung, der die Gruppe als ganze nicht zu entgehen vermag und die sie sich nicht eingesteht. Vielmehr ist emsiges Klatschen das Mittel, ein wenig das Elend der Welt, in der man lebt, zu vergessen. Die Macht des Ohnmächtigen ist die üble Nachrede. Wo libidinöse Erfüllungen das Ich stärken und die primären Triebwünsche tolerabel gesättigt werden, verringert sich das Verlangen nach aggressiver Verschwörung im Klatsch. Darum ist es immer wieder so, daß der Freiere gerade deshalb zum Klatschopfer werden muß.

Die relative Harmlosigkeit des banalen Klatsches liegt darin, daß die Opfer nicht feststehen, keine Permanenz haben wie die großen Sündenböcke. Jeder hat das Vergnügen, in der Nachrede eine flüchtige Verstärkung seiner *in-group*-Beziehung (wir sind die Besseren) und eine Möglichkeit zur dosierten Triebentlastung zu erfahren; er kann aber ebenso für eine Weile das Opfer werden. Diese leicht weckbare Vorurteilsbereitschaft ist allerorts anzutreffen, nackt und unverhüllt treibt sie auch in den erlauchtesten Gremien ihr Spiel. Im Snobismus, im sarkastischen Bonmot bringt sie dazu noch eine beachtliche Steigerung des narzißtischen Genusses und – wenn man die Kunst beherrscht, die Lacher auf seiner Seite zu haben – Prestigegewinn. Auch hier dient das Ich willfährig dem Luststreben.

Die erfolgreiche Anpassung im Bereich der Allgemeinbildung an ein intellektuell anspruchsvolles Milieu zieht, wie wir schon früher sahen, keineswegs die affektive Reifung, die Schärfung der Selbstwahrnehmung zwangsläufig nach sich. So gewinnt man, wenn man die Unausrottbarkeit des Klatsches bedenkt, erneut einen Einblick in den Charakter als eine ziemlich lockere Verbindung von Vektoren der Reaktionsbereitschaft. Dem Betrachter (und der geschärften Selbstwahrnehmung erst recht) scheinen sie oft gar nicht zusammenzupassen. Sie markieren Plateaus der Entwicklung, die in sehr weit auseinanderliegenden Zeitabschnitten eines Lebens erreicht wurden. Da wir alle gern klatschen, offenbart sich darin unsere Neigung, die vernünftigeren Formen unseres Zusammenlebens regressiv zugunsten primitiver Genüsse aufzugeben. Und da wir am Klatsch so viel Freude haben, ist es fraglich, ob wir überhaupt so erwachsen sein wollen, daß wir auf ihn ganz verzichten möchten; zuviel Vergnügen ginge dabei verloren.

Exkurs über die Triebdynamik

Triebverlangen und Schuldangst

Das Wort »Trieb« ist ein *modus operandi,* der für die Erkenntnis vieler Lebensäußerungen kaum entbehrlich, jedenfalls bisher nicht durch einen besseren ersetzt ist. Für uns ist er wie die Einführung der Null oder anderer mathematischer Symbole ein Hilfsmittel der Arbeit, die man ohne solche Chiffren nicht oder nur auf umständlichen Umwegen zu leisten vermag. Das gleiche gilt für einige andere im folgenden verwendeten Begriffe wie »Reiz«, »innerer Reiz«, »Reizquelle«.

An uns selbst und an anderen können wir *Gestimmtheit* und *gestimmtes Handeln* beobachten. Von dieser Beobachtung schließen wir auf eine Reizquelle, die wir »Trieb« nennen. *Triebbestimmtes* Verlangen und Realität – gewährend oder versagend – erzeugen die »Gestimmtheit«.

Die Triebe selbst sind, wie die meisten unserer organischen Prozesse, für unsere Selbstwahrnehmung unerkennbar. Freud hat eine Reihe von Merkmalen am Triebgeschehen beschrieben, die für das Verständnis menschlichen Verhaltens von so grundsätzlicher Bedeutung sind, daß wir das für unsere Überlegungen Wichtigste wenigstens gerafft darstellen wollen.

Wir unterscheiden *Triebquelle, Triebobjekt* und *Triebziel.* Als Triebquelle sind biologische Vorgänge im Organismus anzusehen. Eine Reihe von somatischen Prozessen wird seelisch als Reiz erlebt. Diese Repräsentation eines biologischen Geschehens im Psychischen ist das, was in der psychoanalytischen Theorie als »Trieb« bezeichnet wird. Er ist charakterisiert durch seine »Herkunft von Reizquellen im Inneren des Organismus«, durch sein »Auftreten als konstante Kraft«; damit erlangt er für das Individuum eine »Unbezwingbarkeit durch Fluchtreaktionen«[1]. Das Dranghafte der Triebäußerung, die Unmöglichkeit, diesem Erlebnis auszuweichen, vielmehr die Notwendigkeit, im Drang Leben vollziehen zu müssen, ist damit als das entscheidende Merkmal an der Dynamik des Triebgeschehens gekennzeichnet.

Nur gibt es keinen »blinden« Instinkt, wie er im Sprachgebrauch lebt. Das Adjektiv »blind« bezeichnet nur die verzweifelte, dranghafte Suche nach dem geeigneten Objekt in der Welt, das dem Drang erlauben würde, ein befriedigendes Ziel zu erreichen, nämlich »Aufhebung des Reizzustandes an der Triebquelle«. Somit ist ein Trieb, der sich psychisch als Erlebnis des Mangels, als Unlust bemerkbar macht, nicht ohne ein Objekt denkbar, das den Mangel befriedigend beheben kann, ebensowenig wie wir etwa einen Wunsch ohne Suche nach Inhalten verspüren können. Natürlich kann das angemessene Objekt eines Triebes im Lauf der psychischen Entwicklung für das Bewußtsein verlorengehen, zum Beispiel verdrängt, verleugnet werden. »Es gibt Triebe, die subjektiv ein Bedürfnis ausdrücken, aber nicht das Bewußtwerden der Gegenstände einschließen, die geeignet sind, sie zu befriedigen.«[2]

Das tierische Verhalten ist mehr oder weniger *objektfixiert* und *verhaltensritualisiert*. Der Zwang organischer Bedürfnisse, die zum Beispiel als Hunger erlebt werden, setzt die Suche nach dem Objekt in Gang, und zwar verhält sich das Tier dabei artspezifisch; es sucht nach den Objekten, von denen es nach eingeborener Kenntnis weiß, daß sie seinen Hunger zu befriedigen vermögen. Es herrscht also strengste Objektbindung und ein festgelegtes Verhalten bei der Objektsuche. Die angeborene *Merkmalkenntnis* für die Außenwelt bestimmt überhaupt das Bild der relevanten Welt, die damit Umwelt wird. Bestimmte Farben (etwa des Sperrachens) oder akustische Signale, bestimmte gestalthafte Konfigurationen (etwa die Federstellung am Kopf des Elterntieres) oder Bewegungsgestalten (etwa Balzverhalten) wirken als »Auslöser«; das heißt, diese Merkmale setzen ein für eine Art charakteristisches Verhalten in Gang, mit dem das Tier im Umgang mit dem Objekt seine Triebspannung befriedigt. Im sozialen Kontakt ist es diese Gegenseitigkeit, in der Merkmale des einen für den anderen das befriedigende Objekt signalisieren.

So komplex in vielen Fällen beim Menschen dieser Vorgang verlaufen mag, in wie sublimen Formen sich »Triebspannung« oder »-befriedigung«, »Enttäuschung« bekunden mögen, die primitiven Äußerungen des Sozialkontaktes, etwa die Nutzung des Sexualpartners ohne »Ansehen der Person«, zeigen, daß der Struktur nach für den Menschen die gleiche Lebensgesetzlichkeit gilt, wie sie anderen Organismen innewohnt. Das Besondere der menschlichen Konstitution ist einmal die Auflockerung der Beziehung zu Triebobjekten – es können zum Beispiel Ersatzobjekte an die Stelle der ursprünglichen treten; zum anderen die weitgehende Rückdrängung arteigentümlicher sozialer Verhaltensweisen und ihre Ersetzung durch wandelbare *kulturspezifische* Verhaltensmuster; schließlich die außerordentliche Erweiterung der Lernfähigkeit. Bei alledem handelt es sich um einen Bedingungszirkel; es ist uns unmöglich zu sagen, welche Entwicklungsschritte das Geschehen eingeleitet haben. Die Progression durch Lernen schreitet weiter; die menschlichen Kulturen in ihrem gegenwärtigen Zustand verlangen eine Unter- und Einordnung des biologisch anonymen Triebgeschehens in eine Umwelt, die den anfänglichen Lebensformen der Menscheit sehr unähnlich geworden ist.

Das Triebziel ist entspannende Befriedigung. Die biologische Triebstruktur, die auf zeitlich rasche Verminderung der Spannung drängt, trifft jedoch auf die Konkurrenz anderer seelischer Leistungsweisen, und zwar der *Ichleistungen* und *Über-Ich-Forderungen*, die wiederum untereinander konkurrieren. Sie unterliegen einem anderen Entspannungsrhythmus und sind der Gegenspieler bei der Regulierung des Triebgeschehens; ohne die kritische Kraft des Ichs ist Anpassung an unsere vielschichtige Sozialwelt nur sehr beschränkt möglich und für das Schicksal des einzelnen wie seiner Gruppe mehr und mehr gefährlich. Das lange Gedächtnis, das die Kulturen für ihre großen Liebenden, Helden, Weisen bewahren, die Hochschätzung ihres Wesens und Schicksals in den Dichtungen der Völker ist ein sinnfälliger Beleg dafür, daß die Vereinigung von triebgelenktem Verhalten – egoistischer Art – mit einem Verhalten, das dem anderen und den Idealen der jeweiligen Kultur genügt, nicht leicht gelingt.

Der *Moderator* des Triebverlangens ist, je weiter sich ein Kulturterritorium gegen die natürlichen Gefahren zu sichern versteht, nicht mehr »Realangst«, sondern überwiegend »Schuldangst«, das heißt die Angst vor Verletzung der gesetzten Wertnormen dieser Kultur. Im Lauf der Geschichte waren es sehr verschiedene Inhalte, die Schuldangst erweckten. In den Frühkulturen – mit Spuren bis in die eigene gegenwärtige Kultur hinein – ist sie als Angst vor Göttern und Dämonen naturnahe; Rituale und Tabus sind Sühne für Verstöße gegen das Territorium von Naturgöttern, die mit Naturereignissen strafen. »Schuldangst« und »magisches Denken« gehören insgesamt der magischen Kosmologie an. Die Schuldangst des modernen Menschen enthält ein viel breiteres Spektrum der Mißbilligung durch Mitmenschen und ihres Liebes- und Achtungsentzuges; es wird nur noch in der Ferne mit der Götterstrafe gerechnet. »Wenn das Ich seine Schwächen einbekennen muß, bricht es in Angst aus, Realangst vor der Außenwelt, Gewissensangst vor dem Über-Ich, neurotische Angst vor der Stärke der Leidenschaften im Es.«[3] Die Nachbarschaft der »Gewissensangst« mit der neurotischen ist dadurch bedingt, daß beide dem Durchbruch von Triebkräften wehren wollen, die im Rahmen der Gesellschaft scheinbar zerstörend wirken müßten; denn die »neurotische Angst« hält an den Kontrasten der infantilen Erlebnisse fest. Die Größenrelation vom Kind zum Erwachsenen und zur Fremdwelt ist einerseits erdrückend, andererseits spiegeln sich die Allmachtsphantasien in der gewaltigen Überschätzung der eigenen Triebmächte, denen im Schulderleben geradezu weltvernichtende Kraft zugetraut wird.

In der Schuldangst ist ein Sozialproblem ersten Ranges enthalten. Die Frage lautet, ob Erweckung von Schuldangst in einer gegebenen Gesellschaft als ein intermediäres oder ein definitives Sozialisierungsprinzip behandelt wird. Einsicht in die wahren Notwendigkeiten mindert Angst in jedem Fall. Das Verhältnis von »Angst« und »angstfreier Einsicht« zeigt den Entwicklungszustand der Mitglieder einer Gesellschaft an, den jeweiligen Fortschritt von der Unterwerfung unter *ichfremde* »Über-Ich-Gebote« (und passiver Hinnahme faktischer Herrschaftsverhältnisse) zu einsichtigem Verhalten gegen die eigenen Triebansprüche wie gegen die sozialen Beschränkungen, die nun freilich ihrerseits einer ungehemmten Befragung unterworfen werden.

Erstarrungsformen

Die biologischen Prozesse wirken als dauernde Reizquelle. Sie durchlaufen die Phase der Befriedigung, auf die ein neues Gestimmtwerden durch Bedürfnis folgt. Erst wenn diese organischen Prozesse erlöschen, zum Beispiel im Zyklus der Hormonausschüttungen, verschwindet die innere Reizquelle und die ihr zugehörige Objektsuche.

Die Intensität des Dranges zeigt sich in der Unruhe, in welche er das Individuum zu versetzen vermag. Das »Maß der Arbeitsanforderung«, das er stellt, ist auf das Ziel gerichtet, »den Reizzustand an der Triebquelle« aufzuheben[4]. Im Verhalten des Menschen ist deutlich zu erkennen, daß die Fixierung des Triebes, diese »besonders innige Bindung an das Objekt«, lockerer geworden ist. Das setzt ihn instand, Objekte zu finden, die einer ursprünglichen Triebbefriedigung sehr fremd sind. Er findet sie mit Hilfe der Ichfunktionen (dem im Lernen sich organisierenden Neugierverhalten). Sie ermöglichen ihm die Orientierung in der kulturellen Symbolwelt. Die »Beweglichkeit«, die das *triebhaft* bestimmte Verhalten damit erlangen konnte, ist die funktionelle Voraussetzung jeder höheren geistigen Entwicklung.

Tritt aus individuell erlebten traumatischen Erfahrungen eine frühe und allzu strenge Fixierung eines Triebverhaltens an ein gefundenes Objekt ein, dann ist damit der weitere Lernvorgang für diesen Bereich der Erfahrung abgeschnitten. Der Fetischist, der Hörige im Bereich sexueller Triebhaftigkeit, der Monomane in der Ausrichtung seiner aggressiven Impulse – »Die Juden sind an allem schuld« – sind leicht erkennbare Beispiele. Die Wiederholung des gleichen tritt an die Stelle des kulturell für die Reifungsperiode gewünschten Aufgebens alter und des Neusuchens befriedigender Objekte. Bleibt diese Suchbewegung aus, so ist damit die neurotische Fehlentwicklung, das Abirren in eine Sackgasse der Genügsamkeit, bezeichnet.

Es fällt nicht schwer, die Züge dieser zu früh die Entwicklung blokkierenden Fixierung auf befriedigende Objekte auch im Stil der jeweiligen Kulturen wiederzufinden. In solcher Fixierung wird der einzelne in seinem Gruppenstil zum Beispiel auf ein Autoritätsbild geprägt, dem lebenslang die Züge einer kindlichen Sicht auf den leiblich und geistig überlegenen Vater anhaften werden. Diese Einstellung kann nur gegen die Konformität des Verhaltens der Mehrheit korrigiert werden. Derartige Fixierungen gehören zur Mannigfaltigkeit kollektiver Lebensformen; vom Innern einer Gruppe her betrachtet, empfinden wir sie als »normal«, als selbstverständlich. Erst dort, wo Überlegenheit – worin immer sie bestehen mag – auch dann Anerkennung findet, wenn sie *inter pares* erlebt wird, wenn sie nicht infantil gebliebene Verhaltensschemata wie *Unterwerfung* oder *Rebellion* auslöst, haben wir Grund, anzunehmen, daß im Gruppenstil diese Fixierung auf ein infantiles Autoritätsschema vermieden werden konnte.

Die infantile Festigung von sozialen Verhaltensweisen, so daß sie ein für allemal »sitzen«, ist ein weitverbreitetes Erziehungsideal. Die Erzieher, die sich dieser Methode bedienen, berufen sich dabei auf das Argument, daß Klugheit im Sinne von selbständiger Orientierungsfähigkeit den meisten Menschen mangele. Dieser Schluß ist nicht stichhaltig, denn er geht vom Zustand aus, wie er gegenwärtig ist. Man muß jedoch zuerst die Entstehung der Verhaltensmuster untersuchen und fragen, ob bei ihrer Einübung – ohne heroische Anstrengung vom einzelnen zu verlangen – der Weg zur Reflexion, zur wägenden Überlegung offengelassen wird. Oder baut die Erziehung auf der Maxime auf, daß Autorität eine Einrichtung der Welt ist, an die das Ich Fragen zu stellen nicht befugt sei? Trifft das letztere als immanentes Prinzip der Sozialordnung zu – wie es auch ideologisch rationalisierend zu rechtfertigen versucht wird –, dann darf man sich nicht wundern, wenn aus natürlicherweise neugierigen Kindern keine klugen Erwachsenen werden.

Die Möglichkeit, überlegenes Wissen, hervorragende Leistung nicht in untergründiger Verbindung mit alten Phantasiegehalten verknüpfen zu müssen, sondern aus der aktuellen Situation begreifen und daneben einkalkulieren zu können, daß der in einer bestimmten Aufgabe Überlegene nicht überall überlegen sein kann, nicht blinde Anerkennung fordern darf, nicht zuletzt, daß der Nichtüberlegene in der sozial übergeordneten Rolle eine des Fragens würdige Erscheinung bleibt – diese relative Erniedrigung der Autorität ist alles andere als respektlose Nivellierung. Zwei Entwicklungen haben zusammengewirkt: der Evolutionsschritt einer Lockerung der triebhaften Bindungen an die Objekte und der weitere Schritt der Reifung, in dem die kindlichen Vorbildfiguren nicht unzulänglich im Über-Ich weiter wirkend belassen, sondern vom kritischen, einsichtigen Ich der Prüfung unterworfen werden. Das hat nicht nur Freiheit von diesen alten Fesseln, sondern ebenso die Notwendigkeit gebracht, angemessene neue soziale Formen und Verpflichtungen zu finden. In psychologischer Einschätzung erscheinen bisher die Intelligenzleistungen, denen wir das kulturelle Inventar verdanken, ungleich besser entwickelt als die Intelligenzleistungen, die sich auf die Sozialisierung des affektiven Menschen, auf die soziale Erzeugung einer Affekt- oder Gemütsverfassung richten. Die erschreckende Begegnung mit seiner Triebnatur hat nachhaltiger als alle Schrecken der Welt sonst seine Ich-Fähigkeiten gelähmt.

Die Abwehrleistung gegen diesen Schrecken ist die Einübung in Gewohnheiten, welche die Erziehung besorgt. Im Gewohnten erlischt meist die Frage. Insbesondere auch die Frage nach der Herkunft der Gewohnheit selbst. Aber Selbstverständnis aus der Gewohnheit ist trügerisch, denn Gewohnheit verdeckt die Unlust ihres Zustandekommens. Das ist ihre ökonomische Ersparnis, unter Umständen aber auch ihre fatale Intelligenzlosigkeit. Die Analyse der Rituale bis hin zum neurotischen Zwang kann uns zeigen, welches Gleichgewichtssystem zwischen den *aggressiven* und *libidinösen* Triebansprüchen und den integrativen Kräften des Psychischen (Über-Ich und Ich) erreicht wurde; brutaler formuliert: auf wessen Kosten die Gewohnheit geht und wie hoch diese Kosten sind.

Kollektiv geübte Gewohnheiten der sozialen Regulation sind das Gegenbild zur angeborenen instinktiven Handlungsanweisung. Für die wissenschaftliche *Sozialpsychologie* ist es wichtig zu erkennen, welche Praktiken, welche Begleitumstände diese erlernten Objektbeziehungen in unkorrigierbaren Gewohnheiten erstarren lassen. Am Ziel seiner Reifung beruhigt sich das Individuum ohnehin, nachdem es vorübergehend in der Entwicklung Objektbindungen aufgegeben hat, bei endgültigen Objektbeziehungen und bei einer Wiederholung des gleichen in vielen Verhaltensbereichen. Es kann also nur darum gehen, den Grad der Beweglichkeit elastischer und die Gleichgewichtslage zwischen Triebobjekt und Realitätsprüfung für neue Erfahrungen offenzuhalten. Damit tritt der Anspruch auf wissenschaftliche Prüfung der praktischen, »erprobten« Methoden der Erziehung und erzieherischen Frühindoktrinierung in die Machtsphäre der ältesten sozialen Institutionen ein, der Kirchen, soweit sie Erziehungsanstalten sind, und der Schule, soweit sie noch die Tendenzen zur Heranbildung von Untertanen nicht überwunden hat. Denn diese Einrichtungen vermitteln Tradition nicht vorwiegend als Wissensgrundlage, sondern vollziehen unausgesprochen die affektive Formung des Menschen auf den Gebrauch dieses Wissens hin. Institutionen – wie etwa die Katholische Kirche und die ihr in der Erziehungspraxis so verwandte russische Pädagogik – wissen, daß man sich so früh wie möglich, also in der günstigsten Prägungszeit, des Menschen annehmen muß, um diese absolute Bindung eines »Gefühls-Gehorsams« an das vermittelte Wissen zu erlangen. Die Tendenzen einer Erziehung zur Einsicht sind insofern dieser Erziehungspraxis konträr, als sie die Erweckung von Schuldangst, soweit es uns möglich ist, in der Führung des Kindes zu meiden suchen. Die affektive Zuwendung läuft nicht auf eine Besitznahme des Kindes hinaus, sondern auf die Freilassung zu eigener Initiative. Die Aufklärung – das heißt solche Anwendung der kritischen Intelligenz auf den Menschen selbst – kann freilich für sich beanspruchen, daß ihre Arbeit an den Quellen der Angst nicht ohne Einfluß auf diese Institutionen geblieben ist. Aber die Kulturarbeit, welche unsere Epoche zu leisten hat, wird noch lange von dieser Auseinandersetzung bestimmt bleiben.

Triebverschränkung

In dieser Skizzierung einiger Fundamente einer allgemeinen *Triebtheorie* ist als nächstes ein Vorgang zu erwähnen, den wir nach Alfred Adler *Triebverschränkung* nennen. Das nämliche Objekt dient gleichzeitig mehreren Triebwünschen als Ziel. Auch in der Tierwelt sind solche Vorgänge zu sehen. Etwa in der Futtersuche des Altvogels für seine Nestlinge. Hier ist das dranghafte Verhalten der Selbsterhaltung, das sich in der Futtersuche kundgibt, mit Pflegeinstinkten verknüpft und in deren Dienst gestellt. Instinkthandlungen, die der Arterhaltung dienen (das Füttern des Jungvogels), verschränken sich über ein Stück Weges hin mit Regungen der Selbsterhaltung des Individuums. Das auf Futtersuche befindliche Elterntier folgt seinem Hungerbedürfnis, aber die Triebbefriedigung wird dann von einem anderen Drang teilweise gehemmt, das Tier frißt das gefundene Futter nicht, sondern bringt einen großen Teil davon den Jungen. Diese Triebhandlung ist aktuell die übergeordnete.

Beim Menschen bewirkt eine Vielzahl erlernter kultureller Verhaltensmuster solche Hemmungen der unmittelbaren Triebbefriedigung. Entsprechend sind es nicht mehr einfache Richtungskonflikte der Triebhaftigkeit, die wir beobachten, sondern Konflikte zwischen mehr oder weniger differenzierten seelischen Organisationsbereichen, in denen sich Triebenergien strukturieren. Die Mutter, die ihrem Kind Nahrung gibt, obgleich sie selbst Hunger verspürt, tut dies nicht aus einem Verhaltenszwang heraus, der die Bewußtseinsebene nicht erreicht und deshalb keine Alternative kennt, sondern in Überwindung der Konflikte zwischen eigenem Bedürfnis und Gewissenspflicht. Letztere knüpft sicher an Residuen angeborener Verhaltensschemata an, hat sich aber erst lernend gefestigt. Da aber die menschliche Kindheit lange währt und voll von Situationen ist, in deren Bewältigung das Gewissen keineswegs automatisch funktioniert, sondern in Unentschiedenheit ein Entschluß zu fassen ist, gibt es eine Fülle von Entscheidungen in subjektiver Freiheit. Es mag im einen Fall eine für das Kind erträgliche Zumutung sein, wenn die Eltern ein paar Stunden weggehen (wenn »Urvertrauen« das »Urmißtrauen« überwiegt); im gegenteiligen Fall wird »Verlassenheitsangst« heraufbeschworen, die traumatische Spuren hinterläßt. Der zugrundeliegende Konflikt zwischen Triebbedürfnissen, die der eigenen Person gelten, und solchen, die das Kind berücksichtigen, und ihre mangelhafte Verschränkung ist dann leicht aufzufinden. Überängstlichkeit und Unempfindlichkeit für das kindliche Erleben sind die zwei Extreme, die uns zeigen, wie schwer Triebverschränkung zu erreichen ist.

Triebfeindlichkeit

Einer der entscheidend wichtigen Beiträge der Psychoanalyse zur *Triebtheorie* war die Entdeckung der die biologische Reifung begleitenden *Triebentwicklung*. Wenn wir also von »Triebbefriedigung« sprechen, müssen wir das auf den jeweiligen Reifungsgrad bezogen denken. Dabei fällt besonders ins Auge, wie unterschiedlich es uns bisher gelungen ist, über die *libidinöse* und die *aggressive* Triebreifung Klarheit zu gewinnen. Die gegenwärtige Theorie bietet jedenfalls vorerst nur ein differenziertes Entwicklungsschema für die Reifungsstadien der Sexualität mit ihren *prägenitalen* Phasen – der *oralen, analen* und *phallischen* Dominanz – und dem schließlichen Einmünden in die *genitale* Sexualität. Es sei dabei erinnert, daß Begriffe wie »Oralität« in hohem Grade *termini technici* sind, die es hier nicht zu erläutern gilt. Sie benennen eine für ein bestimmtes Alter charakteristische Form der *libidinösen* Triebbefriedigung, indem sie das jeweilige Organ, das diese Befriedigung vornehmlich vermittelt, als *pars pro toto* hervorheben. »Orale Phase« heißt also nicht, daß Befriedigung lustvoller Art nur durch den Mund, sondern daß sie dominant durch den Mund erfahren wird. Zur »oralen Phase« gehört die Gesamtphysiologie des knappen ersten Lebensjahres, die hohe Empfindlichkeit der Hautwahrnehmung als eines Kontaktorganes, Geruchssignale, Gehörseindrücke, das verfließende, jedenfalls noch nicht scharf begrenzte

Körperschema, globale, undifferenzierte motorische Mitbeteiligung im Affektausdruck und vieles mehr.

Eine ähnlich differenzierte Entwicklungsschematik für den aggressiven Triebanteil besteht nicht. Er erscheint nach der Definition an den Bereich der Willkürmuskulatur geknüpft; seine Reifung schreitet gleichmäßig ohne den *erogenen Zonen* vergleichbare Vorzugsbereiche fort. Die noch treffendste Unterscheidung ist die zwischen archaischem, das heißt ungekonntem, dem Gegenstand unangemessenem Zugriff und der gesteuerten, gekonnten Aktivität.

Dabei bleibt grundsätzlich zu bedenken, daß diese Schematik eine Orientierungshilfe bieten soll und keine Realitätsbeschreibung darstellt. In der Wirklichkeit treten beide Triebanteile gemeinsam in Erscheinung und fließen im Verhalten zusammen. Dabei kann (und muß) ein *libidinöser* Triebimpuls sich der aggressiven Fähigkeiten bedienen, wie auch andrerseits aggressive Impulse »Libido« an sich zu reißen vermögen.

Wichtig wird die theoretische Unterscheidung vor allem im Hinblick auf die Empfindungen. An ihnen können wir sehr wohl entdekken, welche Impulsquelle die führende ist – sowohl in der Empfindung, die man (in einer mitmenschlichen Situation) von sich selbst hat, wie in den Empfindungen, die das Verhalten anderer in uns hervorruft.

Von diesen Wahrnehmungen und Empfindungen haben wir auch für unsere Überlegungen auszugehen. Auf sie und nicht auf den abstrakten Begriff »Trieb« richten sich die erzieherischen Praktiken; an den »erogenen Zonen«, an den motorischen Äußerungen spielen sich die Realerfahrungen im Kontakt mit der Mitwelt ab. Diese starken Gefühlseindrücke schaffen das eigene Körperbild wie das soziale Weltbild eines Menschen; sie legen – wie weit seine Entwicklung, sein Können ihn von den Schauplätzen des Lebensbeginns wegführen mögen – die Erwartungshaltung in neuen Begegnungen, die Grundstimmung, das körpernahe Selbstwert- oder Selbstunwertgefühl für immer fest. Von den Geschehnissen während der Triebreifung wird der Aufbau des Ichs, in jedem Augenblick mit beeinflußt.

Um das zärtliche Verhalten als Beispiel zu nehmen – wir werden darauf später noch zurückkommen –: Wo es kulturell minder geachtet wird, unterbleibt eine Form der Triebbefriedigung, in der *aggressive* Triebwünsche von *libidinösen* gemildert werden und eine ganz bestimmte, eben die zärtliche Äußerungsform annehmen[5]. Es entfällt damit aber ebenso die Ich-Erfahrung, die aggressive und sexuelle Regungen bremsen und in einer neuen Verhaltensgestalt – der Zärtlichkeit – vereinen kann. Weil die Erinnerungsspuren dieser Leistung fehlen, kann später in Situationen, die ein solches Verhalten nahelegen würden, auf sie nicht zurückgegriffen werden. Je intensiver diese Neigungen in der Kindheit verdrängt werden mußten, je stärker die Reaktionsbildung dagegen ist – zum Beispiel Abscheu vor Weichlichkeit –, desto weniger können zärtliche Gefühle später erlernt, überhaupt erlebt, geschweige denn kundgegeben werden. Es ist ein häufiges Mißverständnis, zu glauben, »Gefühle« und »Gefühlsausdruck« stünden in einem Bedingungszusammenhang, erst entstehe ein Gefühl und dann werde es geäußert. Die Einheit ist eine viel engere. Ohne einen vorgeprägten Handlungsentwurf, ein inneres Handlungsschema können viele unserer differenzierten Gefühle gar nicht in dieser feineren Unterschiedlichkeit empfunden werden. Gefühl ist immer zugleich auch Gehaben oder wenigstens ein innerer phantasierter Vollzug des Gefühls.

Die Formung der zu den Triebimpulsen gehörender Gefühle in sozialem Gehaben will früh erfahren sein, um später gekonnt zu werden. Auf der Basis solcher primären Identifizierungen werden die Triebforderungen dann mehr und mehr auch in der Einflußsphäre bewußtseinsnaher seelischer Kräfte gestaltet. Es werden neue Äußerungsformen geschaffen, die neben der unmittelbaren *Triebbefriedigung* auch eine *Ichbefriedigung* gestatten. Das gilt natürlich nicht nur von den Lust vermittelnden Erfahrungen, sondern ebenso von den »spartanischen Tugenden« der Schmerz- und Angstbewältigung, wobei das Ich die natürlichen Fluchtreaktionen aus der Unlust verursachenden Situation verhindert. Es wäre aber eine Überschätzung dieser Ichleistungen, sie dem Triebgeschehen einfach überzuordnen und dem Glauben anzuhängen, das Ich könne sehr frei über der Triebwelt schalten und walten. Das ist *in nuce* der Irrtum jeder idealisierenden Verklärung des Menschen (die in Tat und Wahrheit mit dem Abwehrmechanismus der Verleugnung arbeitet). In Abwandlung des Kantischen Satzes »Begriffe ohne Anschauung sind leer« kann man sagen: Ein Ich ohne die Erfahrung der im Selbst wirkenden *libidinösen* und *aggressiven* Triebregungen (und ihres speziellen Gehabens) wäre leer; Triebimpulse schaffen erst die Verbindung zur Welt und lassen zugleich das Ich sich selbst erfahrbar werden. Die Bändigung des Triebanspruchs durch das Ich ist ein Vorgang, in dem kontinuierlich darum gerungen wird, welche der seelischen »Instanzen« aktuell die Führung übernimmt. Nur in seltenen Augenblicken wird man finden, »daß der Triebgang in die Harmonie des Ichs aufgenommen, allen Beeinflussungen durch andere Strebungen im Ich zugänglich, nicht mehr seine eigenen Wege zur Befriedigung geht«[6]. Viel häufiger muß sich das Ich, wie wir an unseren Beispielen erkennen können, der Triebwünsche durch Ausschließung erwehren. Um einen sozialpolitischen Vergleich zu wählen:

Es unterdrückt Minderheitswünsche, oder es überspielt sogar mit taktischem Geschick sehr machtvolle Strömungen – wie es umgekehrt diesen primär egoistischen Strebungen den Mantel idealer Absichten umhängen kann.

In unserer Kultur wird die Abwehrtaktik des Ichs stark gefördert. Das mag mit einer langen Kulturgeschichte der Triebfeindlichkeit gegen libidinöse, speziell gegen genital sexuelle Regungen zusammenhängen. Ihr letzter Gipfel war die viktorianisch-bürgerliche Sexualmoral bis zum Ersten Weltkrieg. Mit dem Zusammenbruch der bürgerlichen Vormachtstellung in der Gesellschaft ist diese zwischen Verleugnung der Sexualität und Roheit ihrer Befriedigung schwankende Moral zusammengebrochen. Das hat zu einer Befreiung von Tabus geführt, die viel Muffigkeit gelüftet hat. Was folgte, war aber keineswegs gekonnte Beherrschung eines Triebanteils, sondern vorerst tiefe Ratlosigkeit und ein Rückzug von den Objektbesetzungen, der sich in der Flüchtigkeit und Wahllosigkeit der erotischen Kontakte bekundet. Tieferliegend wirken aber »Über-Ich-Fragmente« aus der langen Tradition weiter, von denen der sexuellen Freude, als humaner Möglichkeit, das schlechte Gewissen, ein totales Sündenbewußtsein entgegengehalten wird. Totales Sündenbewußtsein soll heißen, daß die Sexualität als die Wurzel des Bösen, Dämonischen im Menschen gilt und deshalb zu meiden ist. Tabus mit solchem Anspruch verhindern, daß ein ganzer Bereich der Person *ichnahe* erlebt werden darf. Alle Merkmale sexueller Notlage und Verirrung werden dann mit Schrecken und Abscheu beantwortet. Es ist von hohem Interesse, zu sehen, daß unsere Kultur eine vergleichbar heftige Ekelschranke gegen die abartigsten Äußerungen des Aggressionstriebes nicht besitzt. Man bedenke, zu welcher rücksichtslosen Strenge im Urteil unsere Gesellschaft sexuellen Perversionen gegenüber bereit ist und wieviel Entschuldigungen bei politisch-ideologisch begründeten Untaten größten Ausmaßes geltend gemacht und akzeptiert werden.

Das Wort »Triebfeindlichkeit« sollte allerdings nicht überall dort schlagwortartig verwendet werden, wo die Kultur Triebeinschränkungen fordert, denn sie kann immerhin den humanen Ausweg der *Sublimierung* anbieten. »Verdrängungsneigung« einerseits und »Sublimierungsfähigkeit« andererseits nennt Freud einmal – in seiner Studie über Leonardo – »die organische Grundlage des Charakters, über welche erst sich das seelische Gebäude erhebt«[7]. »Sublimierungsfähigkeit« meint, daß wir unter dem Einfluß der *Ich-Funktionen* das Triebverlangen auf Objekte ablenken können, die dem Triebwunsch ursprünglich fremd waren, denen aber nun durch die Vermittlung des Ichs Lust abgewonnen werden kann. Für dieses Stück der Harmonisie-

rung des Es und des Ichs können wir von »Ich-Befriedigung« sprechen.
Aus den Vorgängen der *Verdrängung* und *Sublimierung* hat sich die
Kultur der Menschen so unterschiedlich von allen Staatenbildungen
des Tierreiches entwickelt. »Die Beobachtung des täglichen Lebens der
Menschen zeigt uns, daß es den meisten gelingt, ganz ansehnliche
Anteile ihrer sexuellen Triebkräfte auf ihre Berufstätigkeit zu leiten.
Der Sexualtrieb eignet sich ganz besonders dazu, solche Beiträge ab-
zugeben, da er mit der Fähigkeit der Sublimierung begabt, das heißt
imstande ist, sein nächstes Ziel gegen andere, eventuell höher gewer-
tete und nichtsexuelle Ziele zu vertauschen.«[8] Diese Anforderung, ursprüngliche gegen kulturspezifische Befriedigungen auszutauschen,
wird also jede Kultur, insbesondere eine Kultur hoher Spezialisierung,
an ihre Mitglieder stellen müssen. Wegen dieses Anspruches kann sie
aber nicht schon als triebfeindlich bezeichnet werden. Die Verzichte in
der Triebgestaltung sind graduell verschieden von denen, die eine
triebfeindliche Gesellschaftsordnung abfordert. Triebfeindlichkeit
kann man dort beobachten, wo der gesamte Bereich einer Triebäußerung negativ bewertet und auch der Kern primärer Befriedigungswün-
sche – etwa die sexuelle Lust – von dieser Einschätzung betroffen ist,
so daß auch die Zuneigung nur schlechten Gewissens vollzogen werden kann.

Konservativismen

»Sublimierung« ist ihrem Wesen nach eine Leistung der *Ich-Organisation*. Sie ist eine Abwehr gegen den Anspruch des Es, daß allein ihm
die Lenkung des Verhaltens zustehe; aber sie ist keine bloß unterdrük-
kende Maßnahme wie etwa »Verdrängung« und »Verleugnung«. Von
einer *kollektiven* Triebfeindlichkeit wird man erst dort sprechen können, wo eine »fast völlige Unterdrückung des realen Sexuallebens« –
oder der Aggressivität – gefordert und damit das Individuum zu Abwehrformen gezwungen wird, die – im Gegensatz zur Sublimierungs-
leistung – dem Triebgeschehen keinen Anteil am Verhalten gewähren
und es von seinen primären Objekten und Zielen abtrennen wollen.
Diese überspannten Ideale und Entwürfe eines Menschenbildes der
Enthobenheit vom Triebgrund sind dann gerade nicht »die günstigsten
Bedingungen für die Betätigung der sublimierten sexuellen Strebungen«[9]. Denn die *Ich-Organisation* muß nun viel Kraft für Unterdrük-
kung, Abspaltung und so weiter aufwenden, anstatt sich der Kräfte
des Triebgrundes integrierend bedienen zu können. Es muß aber auf-
fallen, wie bereit die Menschen sind, sich den größten Selbstmarterun-
gen im Dienst solcher triebverneinender Lehren zu unterwerfen. Man

wird nur folgern können, daß diese Entsagungen ihnen ein besonderes Ansehen in ihrer Gruppe verleihen. Der Verlust des Selbstwertes infolge Mißbilligung durch die Gruppe oder durch das Gewissen stellt das noch größere Übel dar im Vergleich zu den Verzichten auf Lust, die sie deshalb zu ertragen bereit sind.

Wie alle übrigen Begabungen schwankt auch diese »organische Grundlage des Charakters«, die Fähigkeit zu sublimieren. Der *Gruppenstil*, die *Gruppenmoral*, die sich einmal herausgebildet haben, wecken aber offenbar im Individuum Fähigkeiten, die es nur auf diesem besonderen Hintergrund seiner Kultur entfalten kann. Was wir von den *Mundugumor* erwähnten, denen die Umwicklung durch die Nabelschnur bei der Geburt als ein Zeichen für die malerische Begabtheit des Kindes gilt und die eine solche vorausgesetzte Begabung dann planvoll fördern, trifft für alle anderen kulturellen Gefüge ebenso zu; sie befähigen den einzelnen zu Leistungen, die ihm in anderer Umgebung fremd und nicht einmal erstrebenswert erscheinen würden.

Der Heilige, der ein hohes Maß von Umwandlung seiner sexuellen und aggressiven Bedürfnisse vollbringt, ist – wenn er wirklich Anspruch auf Weisheit erheben kann – freier von den Werturteilen seiner Gruppe. Das zeigt sich etwa beim Leben eines Eremiten – vorausgesetzt, daß die Gesellschaft seine Klause noch als zu ihrem Territorium gehörig anerkennt. Was ihm als Gefahr droht, ist eine Verstärkung seines »sekundären Narzißmus«. Mit diesem Begriff ist gemeint, daß die Libido, die von den Objekten draußen in der Welt (hier unter asketischer Idealbildung) abgezogen wird, auf das Ich selbst zurückgenommen wird. Das Ich wird zum Objekt der libidinösen Besetzung; »Objektlibido« setzt sich in »Ichlibido«[10] um. In pathologisch-extremer Weise vollzieht sich das als Weltverlust in der Schizophrenie; aber zum Beispiel auch, neurotisch milder, in den vielen Individuen unserer Gegenwart, die alle Möglichkeiten der sexuellen Befriedigung haben, aber doch nicht »lieben« können, aus Gründen, die wir gerade andeuteten. Der Triebverzicht, den der Heilige leistet – in höchster Form im Leben Buddhas verwirklicht –, ist eine Entsagung von der Welt, die doch immer das eigene Heil im Auge behält. Geht man solchen Triebschicksalen nach, so offenbaren sie wieder das »Offensein« der menschlichen Natur zur Anpassung an denkbar heterogene Umwelten, aber eben auch, wie unmöglich es ist, die Triebnatur abzuschütteln, und welch langer, von der Gesellschaftsordnung begünstigter Übung es bedarf, um gelingende Formen der Annäherung des Triebgeschehens an das Ich zuwege zu bringen. Oberflächlich sieht es immer so aus, als bezahle der Triebbereich die Zeche der Kultivierung; man muß sich aber nur des Spektrums individual- und gruppenpathologischer Phänomene erinnern, um zu sehen, daß in ihnen der ungebändigte Triebanspruch das Ich zur Selbstentfremdung zwingt. Auch das Ich muß also unter Umständen die Zeche der Kultivierung zahlen.

Den Triebäußerungen haftet ein hohes Maß von Konservativismus an, den Charaktergewohnheiten ebenso. Der Konservativismus der Triebäußerungen ist aus der langen Evolution des Lebendigen zu verstehen, in der »Triebbedürfnis« und »Triebobjekt« in Instinkten so fest miteinander verknüpft waren. Auch im menschlichen Triebverhalten finden wir diese Beharrlichkeit wieder. Hat ein Triebbedürfnis einmal ein befriedigendes Objekt gefunden, so sucht es sich dieses zu erhalten. Man denke an die Vorliebe der Kinder für bestimmte Speisen, Spiele oder ein Spielzeug oder etwa an das Rauchen. Das Kind versucht in der Wiederholung und Beibehaltung des gleichen Vorganges die gleichen lustbringenden Empfindungen zu erlangen, die es schon einmal erfahren hatte; es scheut die Unlust neuer Erfahrungen, die nicht so sicher wie die erprobten Befriedigung versprechen. Gerade diese Tendenz zur Beibehaltung eines konstanten Objektes und seiner Besetzung mit Interesse sucht die Erziehung zu nützen. Es wird dabei unter Umständen eine »Fixierung« gesetzt, »eine besonders innige Bindung des Triebes an das Objekt«, die nicht mehr einfach im Zuge der Entwicklung auflösbar ist, sondern eine sekundäre reflexhafte Autonomie gewinnt. Heftige Reaktionen, die das Kind von der erstrebten Triebbefriedigung abschrecken sollen, tun das unter Umständen so nachhaltig, daß das ursprüngliche Triebobjekt nicht nur aufgegeben und ein Ersatzobjekt gesucht wird, sondern überhaupt die Erfahrungen mit einem Triebbereich gemieden werden. Es bildet sich dann eine im wahrsten Sinne unfreiwillige Interdependenz von »Ich« und »Triebverlangen«. Das Ich muß mit Unnachgiebigkeit abwehren, das Verlangen bleibt unbeirrt bestehen. Die Abwehr wird habituell und verrät sich in Zukunft durch starre Züge des Charakters, in denen sowohl die Angst aus dem Abgewehrten gemieden wie das Ersatzobjekt festgehalten wird.

Terminologisches

Wenn wir hier im Sinne der von Freud geschaffenen Terminologie von »Objektbesetzung« und von einer für diesen Vorgang benötigten Energie, der »Objektlibido«, sprechen, so ist das eine der in wissenschaftlicher Begriffssprache häufig anzutreffenden Verkürzungen des Ausdrucks. Genaugenommen kann man, wie Calvin S. Hull[11] sehr treffend bemerkt, nur »eine Wahrnehmung, Erinnerung, den Eindruck eines Objektes, nicht das Objekt selbst« besetzt halten. »Ähnlich kann man auch nur Wahrnehmung, Erinnerung, die Vorstellung, die man von sich selbst hat, und nicht dieses Ich selbst besetzen. Wenn deshalb Freud von Objektbesetzung und Ichbesetzung oder von Objektwahl und Narzißmus spricht, so meint er die Aktivierung einer Wahrnehmung, einer Erinnerung oder eines Gedankens, die sich auf ein äußeres Objekt beziehen oder auf das Selbst.« So ist zum Beispiel *Identifikation* »die Verwandlung einer Besetzung, die der Wahrnehmung eines Objektes gilt, in eine solche des Selbst«. Begriffe werden immer erst aus dem Gedankenzusammenhang, aus dem sie erwachsen, zugänglich. Das Gebiet der wissenschaftlichen Psychologie verlangt nach einer Begriffssprache, die sowohl dem immateriellen Charakter unseres *Erlebens* wie der Tatsache gerecht wird, daß das »Erleben« auf der Leistung materieller organischer Prozesse beruht und in den Triebforderungen von ihnen, aber auch von der Faktizität der Welt, speziell der sozialen Welt, berichtet. Beide sehen wir »mit unseren Augen« an, das heißt mit all den Voreingenommenheiten, die uns kulturell und aus den Verarbeitungen unserer eigenen Lebenslage entstanden sind.

Das organische Geschehen bringt die Triebbedürfnisse mit sich, sie repräsentieren sich auf mannigfache Weise in unserem Erleben, als »Phantasien«, »Gestimmtheiten«, »dranghafte Erfahrungen« und so weiter. Nur wenn man diese für unsere *Reflexion* unüberbrückbare Kluft zwischen seelischem Erleben und somatischen Prozessen bedenkt und die andere Tatsache, daß sie gemeinsam Geschehnisse des Lebens des Organismus sind, kann mit psychologischen Begriffen sinnvoll umgegangen werden. Sie sind Versuche, aus einem in seiner Gesamtheit unendlich aspektreichen Geschehen *Wirkungszusammenhänge* herauszuheben. Häufig erliegen wir der Gefahr, einander gar nicht zugeordnete oder einander nicht ausschließende Aspekte aneinander zu messen und zu bewerten. Die Ursache dafür ist meist, daß die Diskussion nicht um der Erkenntnis willen geschieht als vielmehr zur Verteidigung von »Objekten«, die der jeweilige Forscher besetzt hält und die er hochschätzt. Daher bemühen sich manche, die einmal zu einer fixierten Auffassung eines angebotenen Begriffes gekommen sind – die ihn zwar verfremdet, aber gut für ihre libidinösen oder aggressiven Bedürfnisse handhabbar macht –, gar nicht mehr um sein Verständnis im Zusammenhang einer Theoriebildung. Gerade auch für Meinungskundgaben im wissenschaftlichen Bereich gilt der allgemeiner formulierte Satz Freuds: »Ich weiß aber auch, daß Einschränkungen und nähere Bestimmungen beim großen Publikum wenig nützen: die Menge hat dafür wenig Raum in ihrem Gedächtnis und behält von einer Behauptung doch nur den rohen Kern, schafft sich ein leicht zu merkendes Extrem.«[12]

Innige Bindungen an früheste Objekte, welche Befriedigung, Schutz, Geborgenheit spenden, also an Mutter, Vater und andere relevante Personen der Umwelt, entstehen ganz natürlich aus der Intensität der Kontakte. Der Vorgang der Identifizierung und die langsame Entstehung eines Über-Ichs, eines Gewissens, aus diesen Identifikationen sind ihre Folge. Mit wechselnd heftiger Hingabe folgen Bindungen an weitere Vorbildfiguren; jede trägt dazu bei, daß durch die Identifizierung mit ihr im heranwachsenden Menschen Fixierungen der Objektbesetzung eintreten. Dadurch stabilisiert sich die Art und Weise, mit der ein Triebbedürfnis sein unmittelbares oder ein vorläufiges Ziel erreicht.

Triebobjekte und der Modus der Triebbefriedigung werden also variierend im jeweiligen Stil einer Kulturgruppe dargeboten oder tabuiert. Selbst für die natürlichsten und nächsten Beziehungen der Menschen untereinander, die zwischen Eltern und Kind, herrscht nicht eine durchgängige, erblich festgelegte Verhaltensweise. Zu einer harmonischen Atmosphäre zwischen Eltern und Kind tragen beide Teile bei Um das zu erreichen, muß es auch den Eltern gegeben sein, sich mit den Kindern identifizieren zu können, statt ihre narzißtischen Bedürfnisse auf sie zu projizieren; nur so haben die Kinder, durch alle stürmischen Phasen der Zu- und Abneigung hindurch, in den Eltern Vorbilder, an die sie sich halten können. Die Selbstgerechtigkeit der Erwachsenen – mißlungener Ausgang ihrer eigenen Kindheitsnöte – verdeckt sich oft die Bedeutung dieser wechselseitigen Beeinflussung. Wir werden später im Kapitel über den Gehorsam die *einseitige Kommunikation* vom befehlenden Starken zum Schwachen, dem der Gehorsam abgezwungen wird, behandeln. Herrscht diese Form des sozialen Kontaktes vor, so gelingt Erziehung nur als Dressur durch Strafe und Belohnung. Sicher spielen dabei auch Identifizierungsvorgänge ihre Rolle. Die Eltern sehen im Kind das Objekt, das ihren enttäuschten Wünschen, ihren Idealvorstellungen von sich selbst nachkommen soll, ein Teil ihres moralischen Über-Ichs verwirklicht sich am gehorchenden Kind. Erst dann und nur darum vermögen sie es zu lieben[13]. Umgekehrt unterwirft sich das Kind, um der Liebe der Eltern nicht verlustig zu gehen, deren Übermacht und baut sein Ideal seiner selbst identifizierend nach dem Prinzip *Übermacht-Ohnmacht* sadistisch-masochistisch auf. Aktivität und Passivität der Anpassung nach außen und innen geraten dadurch in extreme Formen. Die schroffe Ambivalenz der Gefühlsäußerungen, die natürlicherweise zum kindlichen Erleben gehört, verschwindet scheinbar; denn da sie nicht geduldet wird, muß das Kind sie mit einem hohen Verbrauch an psychischer Kraft verdrängen und verdrängt halten. Das fällt ihm besonders schwer, denn: »Im Stande der Unreife und ungeklärten Identität haben die Affekte einen gewaltsamen sadistischen oder masochistischen Zug.«[14] Unter dem Druck der Verbots- oder Verwöhnungslast gerät das Kind zu »Stille«, »Artigkeit« oder zu aufsässigem »Trotz« und »Zerstörungslust«. Überwiegt die eine oder die andere Seite, so daß sie zu einem dominierenden starren Verhaltenshabitus wird, so ist die Sozialisierung des Kindes offensichtlich nicht geglückt. Das aufsässige Kind ist das störendere, aber deshalb nicht unbedingt das gestörtere. Der primäre aggressive Impuls gegen die verbietenden oder schwach wirkenden Eltern zerstreut sich, kaum oder nur mühsam vom eigentlichen Objekt abgewendet, in dessen Umgebung. Beide Richtungen der Entwicklung sind Reaktionsbildungen auf Identifikationskonflikte, deren das Kind sich nicht zu erwehren vermag. Es weicht in die Überanpassung oder in reaktiv geschürte Destruktivität aus. Beides wirkt zwanghaft und schränkt den Entscheidungsspielraum des Ichs ein, noch ehe diese Fähigkeit recht zum Zuge gekommen ist.

Wir sprachen von der fast unbegrenzten Möglichkeit des Menschen, sich Objekte zur Triebbefriedigung zu wählen und sie mit Libido zu besetzen oder sie auch von Objekten abzuziehen, denen natürlicherweise unsere Liebe gilt. Diese Freiheit macht es möglich, daß selbst in der zur Arterhaltung unmittelbar erforderlichen Beziehung zwischen Eltern und Kind die *libidinöse* Zuwendung fehlen kann. Dem tragen die sozialen Gebote erstaunlich genau Rechnung. Es heißt nicht »Du sollst Vater und Mutter lieben«, sondern »ehren«; Elternliebe kann sich entfalten oder nicht, je nach der Liebesfähigkeit der Eltern; gefordert wird deshalb als Pflicht die Anerkennung ihrer *Herrschaftsrolle*. Die Gebote appelieren also ausdrücklich an ein zu *erlernendes* und nicht an Reaktionen aus einem spontan sich entwickelnden Verhalten. Das *ehrende* Verhalten soll liebesanalog verlaufen. Diese Gebotsforderung zeigt wieder die prekäre Grundlage der gesellschaftlichen Normen. Einerseits ist ohne sie mitmenschliches Leben unmöglich, andererseits kann das Realverhalten (zum Beispiel der Eltern) so sein, daß ihm die Ehre nur um den Preis der Unaufrichtigkeit gezollt werden kann. Aus der zitierten Feststellung Freuds, daß das Triebobjekt »das variabelste am Trieb, nicht ursprünglich mit ihm verknüpft« ist, könnte man aber immerhin nicht nur Kindespflichten, sondern auch Elternpflichten ableiten und ebenso apodiktisch als Gebot einsetzen. Die Formulierung »Du sollst deine Kinder ehren« wäre immerhin ein beherzigenswerter Satz. Aber er läuft den Urvorstellungen einer paternisierten Gesellschaftsordnung zuwider. So entwickelt sie sich eher zu einer *vaterlosen* Defektform als zu einer Differenzierung des Rollenstereotyps der Mächtigen. In einem solchen der Einsicht näheren Rollenverhalten würde dann die Anerkennung der Freiheit, je nach der Entwicklungsstufe des Menschen, eine substantielle Anforderung an die väterliche (und mütterliche) Macht darstellen.

Über die Umstände, die eine Liebeszuwendung auslösen oder verhindern, warum untaugliche, enttäuschende Liebesobjekte oft so zäh festgehalten, naheliegende Objekte in ihrer Bereitschaft zur Erwiderung der Gefühlszuwendung nicht erkannt werden, darüber ist uns bei weitem nicht genug bekannt. Da der Ausdruck der *Sympathie* und *Antipathie* so eindrucksvoll mit Sinneswahrnehmungen belegt wird (man kann jemanden nicht riechen, sehen, seine Stimme nicht hören, man schreckt vor einer Berührung mit ihm zurück, weil sie widerlich ist), ist anzunehmen, daß das *affektive Gestaltsschema*, das später die Gefühlsregungen der *Sympathie* und *Antipathie* erweckt, sehr früh in den ersten zwischenmenschlichen Erfahrungen gebildet wird, in einer Lebenszeit intensivster Sinneseindrücke bei noch mangelhaften Ichleistungen und dem Vorherrschen magischer Konstruktionen zwischen den einzelnen Erfahrungen.

Der Eintritt in »schicksalhaft« empfundene Begegnungen – und die Begegnung mit dem eigenen Kind ist der schicksalhaften eine – ruft also Vorerfahrungen wach, die aus dem Bereich unbewußter Erinnerungen stammen. Zwar löst der Anblick des kleinen Kindes (das »Kindchen-Schema« von K. Lorenz) eine Reihe von offensichtlich angeborenen Verhaltensantworten aus: Behutsamkeit, Zärtlichkeit, die Neigung zu füttern und so weiter. Jedermann sind diese spontanen Reaktionen und Empfindungen bekannt. Aber sie beherrschen, wie wir am Beispiel fehlender Zärtlichkeit zeigten, nicht kontinuierlich das Verhalten, vielmehr wissen wir auch ohne spektakuläre Konflikte zwischen Eltern und Kindern, daß Kinder vom Augenblick der Konzeption an gehaßt werden können. Es wird dann auf sie meist die »Imago« des ungeliebten Geschlechtspartners übertragen. Der oft gehörte Trost einer unglücklichen Schwangeren gegenüber, sie möge abwarten, bis das Kind geboren sei, dann würde alles anders, dieser Trost trifft zwar manchmal zu – das »Kindchen-Schema« entfaltet seine Wirksamkeit –, öfter aber auch nicht. Das Kind wird von der Mutter oder vom Vater oder auch von beiden weiter abgelehnt. Der Konflikt zwischen der fehlenden libidinösen Besetzung und der sozialen Forderung ist deutlich. Die Liebe zum Kind wird zwar von der Gesellschaft gefordert und erwartet. Das liebesanaloge Verhalten, das unter solchem Gebot dann zustande kommt, wird aber vom Kind »verstanden«. Der Sympathiekontakt kann nicht geheuchelt werden. Zudem kann sehr viel von aggressivem Triebüberschuß – also von Triebbedürfnissen, die noch frei von Objektbindungen sind, ein Objekt suchen – unter Berufung auf soziale Werte als Härte, Strenge, Sauberkeits-, Ordnungsanspruch in der Erziehung des Kindes abgesättigt werden. Oder es findet in den Eltern eine Reaktionsbildung statt gegen ihre eigenen aggressiven, den sozialen Forderungen widersprechenden Grundgefühle, die ihnen Schuld erwecken. Sie verwöhnen das Kind aus unbewußter Schuldangst.

Ambivalenz und Entzweiung

Allein in der Eltern-Kind-Beziehung kann aber, wie E. H. Erikson gezeigt hat, das Gefühl des »Urvertrauens« im Kind erweckt werden; im unglücklichen Fall kann sie ebenso »Urmißtrauen« stiften. Weil wir immer wieder einer idealisierenden und sentimentalisierenden Auffassung begegnen, so als sei es »unnatürlich«, wenn zwischen Eltern und Kindern Unfriede ausbricht, sei eine Andeutung der Richtungen versucht, aus denen Konfliktstoff kommen kann.

Als natürlich ist anzusehen, daß jede affektive zwischenmenschliche Beziehung aus den beiden Triebanteilen gespeist wird, also in sich ambivalent ist. Dabei kann die Gefühlseinstellung, die jeweils vorherrscht – besonders beim Kind –, in rascher Folge umschlagen. Kulturbedingt ist das Ausmaß, in welchem Hilfe beim Schlichten zwischen den widerstreitenden Triebkräften *libidinöser* und *aggressiver* Art gewährt wird. Die Dialektik des »Sowohl-Als-auch« der Gefühle ist ein konstitutionelles Merkmal unseres seelischen Lebens. Die Erlebnisakzentuierung im Umgang mit den Objekten ist gruppen- und zeitgebunden, vor allem, wie weit ein »Entweder-Oder« der Gefühlseinstellung erzwungen wird. Den Widerstreit zwischen angeborenen Tendenzen zu einem Pflegeverhalten und egoistischen Strebungen wird man demnach überall antreffen. Was den Eltern an Befriedigung eigener Wünsche durch deren Unterordnung unter die Sorge für das Kind entgeht, vermag starke Feindseligkeit und aggressive Gereiztheit zu erwecken. Es handelt sich also um einen Kampf zwischen narzißtischer libidinöser Besetzung der eigenen Person und dem im Pflegeverhalten geforderten teilweisen Aufgeben dieser libidinösen Besetzung. Das jeweilige soziale Verhaltensmuster sucht diesen Konflikt zu dämpfen und eine Triebverschränkung zu bewirken. Die vielfältigen aus der Ethnologie bekannten Erziehungspraktiken – und, besser bekannt, die unserer eigenen Kultur – sind oft von großer Roheit und demonstrieren *ad oculos,* daß der »Ambivalenzkonflikt« unvermeidbar ist und seine Milderung gerade auch in den kollektiven Verhaltensmustern nicht gelingt. Man scheut sich eher, das auszusprechen, weil den

Gewohnheiten, wie Pascal sah, solche Autorität anhaftet. Man muß es aber aussprechen, um der Verklärung des Menschengeschlechtes auszuweichen: Viel kollektives Ritual, viele von der Gesellschaft gestützte Meinungs- und Lebensformen sind ebenso krankhaft, wie Einzelpersonen krankhaft sein können. Der Vorzug eines Verstehens der Triebdynamik ist es, daß wir diese lähmenden, verkrüppelnden, quälerischer aber doch sanktionierten Gebräuche als Inhalte eines historischen Panoptikums, als Abstrusitäten (vornehmlich natürlich der fremden, nicht der eigenen Brauchtümer) nicht mehr einfach hinnehmen müssen, sondern daß wir uns langsam die Erkenntnismittel erarbeiten, um zu verstehen, was in ihnen geschieht.

Weiterer Konfliktstoff zwischen Eltern und ihren Kindern entsteht, wenn diese mehr oder weniger eingestanden oder unbewußt gehaßt werden, weil sie einen abgelehnten Teil der eigenen Person verkörpern und in ihrem Verhalten szenisch darstellen. Also in ihrer Haltung, ihrem Aussehen Schwächen und Mängel anschaulich machen, an denen Mutter oder Vater selbst gelitten und für die sie sich später blind gemacht haben. Auf die unvorhergesehene Wiederbegegnung in den eigenen Kindern reagieren sie haßvoll. Dies ist wahrscheinlich der häufigste Störfaktor. Durch ihn wird die Möglichkeit einer *positiven* Identifizierung mit dem eigenen Kinde eingeschränkt; das Kind widerspricht dem Ichideal, das man in sich selbst als Reaktionsbildung gegen die eigene Schwäche errichtet hatte.

Zu dieser Störung der Beziehung durch Haß gibt es das Gegenbild der Scheinliebe, die man nicht zu Unrecht – im Sinne des Nachäffens – Affenliebe nennt. Wir haben oben schon angedeutet, daß die Liebe zum eigenen Kind in hohem Maße die Züge narzißtischer Selbstliebe tragen kann. Es ist das jene »überwältigende« Liebe eines oder beider Eltern, die das Kind in die Verwirklichung ihres Ichideals hineinzwingen und damit die symbiotische Einheit, die organisch begonnen hat, übermäßig verlängern, in Lebensabschnitte hinein, in denen sie durch das Autonomiestreben des Kindes überwunden sein sollte.

Schließlich wäre es verfehlt, neben den psychologisch faßbaren Vorgängen auch die Einflüsse zu vergessen, die aus der Veränderung der ökonomischen und der Produktionsverhältnisse stammen und sich auf die affektive Stimmung zwischen den Generationen auswirken. In vorwiegend bäuerlichen Kulturen sind Kinder Kapital, natürliche, billige Hilfskräfte, eine Sicherung für das Alter; in der modernen Industriegesellschaft verzehrt ihre immer länger dauernde Ausbildung Kapital, die Alterssicherung ist weitgehend auf Institutionen übergegangen; jede Generation muß die Sicherung für sich selbst schaffen[15]. Wenn dies einerseits Freiheiten für das Individuum gebracht hat (etwa eine größere Freiheit der Berufswahl), so wird doch andererseits mehr Aufopferung, mehr Altruismus verlangt, die dem Menschen nicht widerspruchslos abzuverlangen sind. Die Entfremdung zwischen den Generationen als eine Tatsache hat gewiß viele Quellen, sicher aber auch die primitive, daß man weniger materiellen Nutzen von seinen Kindern hat, daß die Eltern und Kinder je eigene Wege gehen.

Über die Frage, ob »Aggression« als ein primäres, *zyklisches* oder ein reaktives, *regulatives* Geschehen aufzufassen sei, ist viel diskutiert worden[16]. Die Entscheidung ist so schwierig, weil wir menschliche Äußerungen der Aggression erst in einem Stadium bemessen können, in dem sie sich koordiniert zu äußern vermögen, das Kind also über die Willkürmotorik einigermaßen verfügen kann. In diesem Zustand zeigt es aber längst nicht mehr »reine« Triebäußerungen, sondern es reagiert immer auch auf die Umwelt. Freuds Beobachtungen zwangen ihn zu dem Schluß, daß eine primäre Aggressivität anzunehmen sei. Er hat mit seiner Postulierung des Todestriebes viel Widerstand erweckt. Wir schließen uns Freuds Auffassung an. Als theoretische Grundsatzfrage braucht uns diese Problematik hier aber nicht zu beunruhigen[17]. Entscheidend ist, daß wir »Aggression« in allen Kulturformen der Menschheit begegnen und daß es ihnen sehr verschieden gelingt, sie zu besänftigen.

Für die jeweilige aktuelle Situation gibt den Ausschlag, wieviel »Aggression« (Destruktionsneigung) mit »Libido« legiert ist – so daß sie zu produktiver Aktivität sich wandeln kann – und wieviel, ob primärer oder vor allem sekundär geweckter, *Aggressions-, Destruktionsüberschuß* in die Handlungen einfließt. Im Modelldenken bleibend, kann man folgern, daß starke sexuelle Frustrierungen zu einem Anwachsen der »Destruktionsneigung« führen müssen, und zwar weil die unterbleibende libidinöse Entspannung den in ihr immer enthaltenen aggressiven Triebanteil nicht mitaufzehren kann. Schließlich stellt sich der Zustand her, daß die im sozialen Raum noch eher möglichen aggressiven Handlungen die libidinöse Entbehrung ersetzen müssen, sekundär selbst libidinisiert werden und damit an aggressiv-bösartiger Stärke gewinnen. Zum theoretischen Ansatz, den wir im Moment benützen, also nur soviel, daß in allen triebgespeisten Lebensäußerungen sich *Mischungsformen* beider Triebrichtungen finden. Greifen wir das früher benützte Beispiel der Reaktion auf das Weinen des Kindes wieder auf. Verschiedene Mütter, sagten wir, antworten verschieden auf das Weinen ihrer Kinder. Wir können dies jetzt genauer formulieren: Die verschiedenen Mütter handeln aus verschiedenen Ausgangslagen. Diese werden unter anderem durch folgende Faktoren bestimmt: durch Intensität oder Schwäche der angeborenen Triebstärke und durch die *sozial* geförderte oder geschwächte Bereitschaft zu *libidinö-sen* Objektbesetzungen im allgemeinen und zu einer im Pflegeverhal-ten im besonderen; durch das Verhältnis, in dem Libido (primär und sekundär) *narzißtisch* fixiert oder zur Besetzung von Objekten verfüg-bar ist; durch die Sicherheit, in der sich *libidinöse* und *destruktive* Triebtendenzen legiert haben, so daß kein unverhältnismäßiger Über-schuß ungesättigter *destruktiver* Triebspannungen die libidinöse Ob-jektbindung gefährdet. Diese Legierung entscheidet darüber, wie sich aus neuen Triebquellen (den Organprozessen der Schwangerschaft und Stillzeit) entstandene Pflegebedürfnisse im Verhältnis und in Kon-kurrenz zu anderen Triebbedürfnissen durchzusetzen vermögen. Aber auch die der Schwangerschaft und Geburt vorangegangene Art der Charakterentwicklung, das Vorwiegen einer sich assimilierenden oder aktiv integrierenden Anpassung wird die Mutter darin leiten, wie *ste-reotypbestimmt* oder wie *spontan* sie auf das Signal »Weinen« zu reagieren vermag. Angeborene Anlagequalitäten der Ich-Entwicklung entscheiden neben den Umwelteinflüssen mit, ob die Züge einer *akti-ven integrativen* oder *passiven* Anpassung überwiegen. Das steht wie-derum in Zusammenhang mit den Abwehrmechanismen, deren sich das Ich bedient, und welchen Aufwand von »Gegenbesetzungen« es zu leisten hat. »Gegenbesetzung« heißt die Besetzung jener Reaktionswei-sen, die das Verdrängte von seiner Wiederkehr abhalten sollen. Wenn eine Mutter z. B. in ihrer Kindheit »Anlehnungsbedürfnisse« (Wünsche nach Hautnähe, sanfter Zuwendung, sorglicher Verwöhnung usw.) nicht zeigen durfte, weil der Gruppenstil das als »weibisch«, schwächlich abwertete, kann sie nur durch Forschheit und Leistung die gesuchte Anerkennung erreichen. Sie wird dann diese Reaktionsbildung oft mit ihrem ganzen Verhalten, als eigensten Charakterzug geradezu, ver-schmelzen. Die undiskutierbare Ablehnung eines gegenteiligen Verhal-tens verweist uns dann auf die Heftigkeit der Gegenbesetzung.

Diese Einengung mütterlicher Entscheidungsfreiheit führt uns auf das Verhältnis zurück, in dem verfügbare Objektlibido und narzißti-sche, zur Aufrechterhaltung des eigenen Charaktergleichgewichts be-nötigte Libido zueinander stehen. Dieses Mischungsverhältnis ent-scheidet darüber, ob das Ich auf Grund des Umgangs mit der Welt in leidlich unbefangener Realitätseinsicht entscheiden kann oder ob ihm Realität überhaupt erst durch die Brille der Ideologie erscheint. Diese stellt aber vielfältig selbst eine *kollektive* »Reaktionsbildung« dar. We-gen des Schutzes in der Konformität mit den Voreingenommenheiten der vielen braucht eine solche Entstellung der Wirklichkeit nie zu einer Frage an die Kritikfähigkeit zu werden. Die entstellte Wirklichkeit erscheint unreflektiert als *die* Wirklichkeit schlechthin.

Selbst eine derart modellhafte Vereinfachung läßt aber noch erkennen, wie komplex die Bedingungen sind, die in der Mutter-Kind-Beziehung zusammenwirken, einer Beziehung, die ungleich stärker als andere durch ein natürliches Triebobjekt und durch Reste angeborenen Instinktverhaltens bestimmt wird. Ein solcher Versuch der Analyse erhellt, an wieviel Stellen und durch welche Triebkonflikte selbst diese innig mit der Arterhaltung verknüpfte soziale Beziehung störbar ist, wie leicht der Sinn der sozialen Gebote aus unbewußten Triebforderungen entstellt und in sein Gegenteil verkehrt werden kann. Nichts anderes als das sollte diese Skizze zum Ausdruck bringen, nämlich die Leichtigkeit, mit der aus der Ambivalenz der Gefühle eine Entzweiung der Menschen folgen kann.

Die inneren Objekte

Kehren wir jetzt zu dem mit dem Begriff »Fixierung« bezeichneten Vorgang der »besonders innigen Bindung des Triebes an das Objekt« zurück. Hier ist nachzutragen, daß es für das Erleben nicht nur *äußere,* sondern auch *innere Objekte* gibt, die womöglich mit noch größerer Konstanz besetzt gehalten werden als die Objekte der Außenwelt. Nicht unbegründet könnten wir schließen, daß den spezifischen Merkmalen am äußeren Objekt, die das tierische Verhalten »auslösen«, ein Gehalt eingeborener, *innerer,* in der Phantasie sich repräsentierender Objekte entspricht und diesen wiederum das unter Triebspannung gesuchte *äußere* Objekt. Auch für den Menschen ist die Existenz solcher *Imagines,* Archetypen, angenommen worden. Wir müssen uns klar darüber sein, daß wir hier spekulativ interpolieren, eine solche Annahme ist möglich, aber nicht nötig. Was wir direkt beobachten können, ist nur der Erwerb innerer Objekte in den Vorgängen der Identifizierung oder Introjektion. Wiederum einem Modell folgend, können wir solche Introjekte als die *Gestaltungsanreger* für den affektiven Umgang mit den Objekten ansprechen. Auf die Situation des Kindes angewandt, vollzieht sich der Prozeß folgendermaßen: Es sieht sich in ein soziales Feld einbezogen, in dem ihm Gefühle entgegengebracht und mehr oder weniger befriedigende Gewährungen für seine Wünsche zuteil werden. Unausweichlich wird es aber auch Verwehrungen, Versagungen hinnehmen müssen. Kulturspezifisch kommt das in einer mehr oder weniger großen Bereitschaft zum Ausdruck, die Folgsamkeit durch physische Strafen oder durch Entzug der bestätigenden Gefühlszuwendung zu erzwingen. Das Kind erlebt demnach den gleichen Menschen in sehr verschiedenen affektiven Situationen. Diese komplexe Erfahrungsgestalt wird es allmählich »introjizieren«, was als die noch frühere und primitivere Vorstufe der Identifikation anzusehen ist. Das Kind formt sein Verhalten unbewußt kongruent mit diesen ersten Objekten in all ihrer Widersprüchlichkeit.

Im späteren Identifikationsvorgang ist viel mehr von beabsichtigter Imitation enthalten. Aber auch die Identifikation geschieht weit über die Reichweite bewußter Absicht und nicht etwa als reiner Willensakt. Deshalb ist die Verwendung der Worte »Imitation« oder »Nachahmung« nur dann gerechtfertigt, wenn man sich klar darüber ist, daß ihre Wurzeln in unbewußten Vorgängen liegen und von den anfänglichen »Introjektionsvorgängen« und ihrem Ergebnis, den »Introjekten«, beeinflußt werden. Das »Introjekt« war zuerst von draußen erlebte Handlungsgestalt; schließlich erzwingt es von innen eine Einstimmigkeit des Handelns und Wertens mit dem Vorbild. Je früher das Introjekt gebildet ist, desto hartnäckiger erhält sich sein Einfluß. Die Distanz zu dem so übernommenen eigenen Handeln bleibt meist minimal. Da es in den frühen Zeiten der Kindheit keine entfalteten Ichleistungen gibt, wirken die Introjekte als die Organisatoren des Triebverhaltens. Sie wirken zwingend – im Guten wie im Schlechten. Es spiegelt sich im Verhältnis des Introjektes zum Ich das tatsächliche Machtverhältnis der Erwachsenen zum Kind. Schließlich bilden alle diese oft so heterogenen *introjizierten* Objekte die innere Befehlsquelle des Über-Ichs. Entsprechend den früheren Wurzeln dieser Gestaltungsvorgänge überwiegen bei weitem die unbewußt bleibenden Erfahrungen und Prägungen. Zur Klärung der archaischen Struktur dieser Anfänge des Über-Ichs muß bedacht werden, daß die *introjizierten* Objekte natürlich nicht ganze Personen sind, wie wir sie später erleben, sondern »Partialobjekte«, das heißt Reaktionen oder Befehlssignale, die noch in ganz unklarer Weise zu ganzen Objekten geordnet werden.

Der normale Entwicklungsfortgang führt dann von den Teilobjekten zur Wahrnehmung ganzheitlicher Objekte und zur Identifikation mit ihnen. Wenn wir aber zwischenmenschliche Beziehungen genauer beobachten, dann finden wir, daß in ihnen die Partner zwar intellektuell fähig sind, den anderen als Person, als ganze Erscheinung zu registrieren, daß aber viele ihrer Reaktionen erkennen lassen, wie stark sie emotionell in der Entwicklungsstufe der »Partialobjektbeziehungen« stehengeblieben sind. Sie können dann in der Tat jemanden nicht »riechen«, oder sie sehen in ihm nur einen Partner, der oral verwöhnen oder sexuell befriedigen soll; über diese Aspekte hinaus sind sie kaum fähig, sich von ihm ein breiteres Gesamtkonzept zu bilden.

Das zeigt uns, daß es den später einsetzenden Ich-Tätigkeiten zwar gelungen ist, soziale Funktionstüchtigkeit herzustellen; in einem oberflächlicheren pragmatischen Sinne werden Techniken der Daseinsfristung beherrscht, die emotionellen Erfahrungen aber nicht von der Vorherrschaft der primitiven Organisationsstufe befreit. Über diesen Ausgang entscheidet überwiegend – von extremen Begabungsvarianten abgesehen – die Intensität, mit der von außen der Introjektionsvorgang erzwungen und mit Angst verknüpft wurde. Je größer die Angst, desto weniger Möglichkeit, sich später diesen Charakterzügen, Reaktionsautomatismen kritisch und erkennend zu nähern oder sie zu ändern.

Introjektion und *Identifikation* sind die frühesten Formen, in denen soziale Bindungen hergestellt werden. Identifikationsvorgänge begleiten die Jugend und reichen bis weit in die Reifezeit hinein. Ihre Wichtigkeit für den Zusammenhalt einer Gesellschaft geht aus dem Schicksal jener Individuen hervor, die ohne ausreichenden emotionellen Kontakt in ihrer frühen Kindheit geblieben sind und denen zu schwache Angebote zur Bildung von Introjekten gemacht wurden, so daß sie später starke Schwierigkeiten zeigen, nachhaltige Identifikationen vorzunehmen. Sie werden zu Einzelgängern oder Feinden der Gesellschaft. Wobei die genauere Untersuchung dann jeweils doch zeigt – abgesehen von »Imbezillen« und manchen sehr abartigen Naturen, in denen eine Legierung der Triebtendenzen aus vielleicht angeborenen Konstitutionseigentümlichkeiten nicht zustande kommt –, daß auch bei Antisozialen, im weitesten Sinne, eine »Über-Ich-Bindung« stattgefunden hat, daß sie nur besonders archaische Formen behalten hat, die für die Meisterung der Triebbedürfnisse in einer differenzierten Sozialwelt nicht genügen.

Nach diesen Überlegungen muß unsere Frage dahin gehen, wie *ökonomisch* eine Gesellschaft sich dieser Aufgaben der primären Sozialisierung ihrer Glieder entledigt, wie groß bei diesem Einpassungsvorgang die »Fehlquote« schlecht angepaßter Individuen oder, von den Interessen der Gesamtgesellschaft her gesehen, die Quote störender Gruppen ist. Dabei bedarf es zum Verständnis dieses Prozesses der sozialen Angleichung eines genaueren Bildes von der sozialen Wirklichkeit. In einer ziemlich abgeschlossen lebenden Gruppe, deren *ökonomische* Bedingungen und Techniken der Lebensfristung relativ konstant sind, wird auch der Sozialstil »traditionsgeleitet« (D. Riesman) sein. Dort ist es sehr eindrucksvoll, wieviel rituelle Gestaltung den Weg des Menschen zur Reifung hin begleitet. Unsere Kultur ist in dieser Hinsicht von einer kaum zu überbietenden Dürftigkeit. Das Individuum einer solchen traditionsgeleiteten Gesellschaft wird wenige Anlässe haben, in denen es nicht mit den durch Generationen erprobten Handlungs- und Wertungsnormen sich zurechtfinden kann. Natürlich wird die Ich-Entwicklung von starken kollektiv kontrollierten Bräuchen und der sie widerspiegelnden inneren Instanz des kollektiv gestalteten Über-Ichs überschattet sein; aber das muß nicht bedeuten, daß sich beide, Ich und Über-Ich, nicht in einer syntonen Charakterstruktur finden können. Das Individuum ist fest in den Banden seiner Kultur gehalten, es teilt die typischen Freuden und Leiden mit allen anderen im Bewußtsein, daß die Ahnen ebenso gelebt haben. In solchen Kulturen ist die Formung des eigenen Verhaltens durch innere Objekte kollektiver Gültigkeit besonders eindeutig. Das gezeigte Sozialverhalten wird nicht durch einen mehr oder weniger ausgedehnten Bereich eines *Privat*lebens und in ihm geltender Wertorientierung kontrastiert. Die Stagnation von Entwicklungsprozessen im *sozio-ökonomischen* Bereich scheint es mit sich zu bringen, daß auch im *soziokulturellen* des Gruppenlebens eine Beruhigung und Stabilisierung eintritt. Alle Individuen der Gruppe teilen für die meisten in ihrem Leben vorkommenden Situationen die gleichen Meinungen und handeln aus ihnen. Der individuelle Charakter in den feineren affektiven Tönungen wird deshalb nicht vermißt werden; aber das Typische ist doch das Vorherrschende.

Je größer der Umfang staatlich geeinter Gruppen ist, desto größer kann die Distanz von »Subkulturen« in ihm sein, die in einem Herrschaftssystem zusammengefaßt sind. Staatliche Organisationen brauchen aber diese Subkulturen in ihrem Lebensstil nicht tiefer zu berühren. Es liegt darin die Weisheit oder Kurzsichtigkeit solcher staatlich übergreifender Konstruktionen begründet, bis zu welchem Grad sie die tradierten Stile der Subkulturen unberührt zu lassen vermögen. Wenn sich aber in einer Gesellschaft in der Zone der am stärksten tabuierten Werte, den religiösen Glaubensinhalten, Spaltungen vollziehen (wie etwa in der Reformation), dann treten angsterregende Entfremdungen von der tradierten Lebensform ein. Der traditionsgefestigte Verschmelzungsvorgang der Triebtendenzen in den allen gemeinsamen und bekannten Verhaltensmustern bricht auseinander und macht neuen dynamischen Prozessen Platz. Bisher Vertrautes wird plötzlich fremd und feindselig.

Ungewöhnliche und starke Erregungen wirken störend auf die gewohnte Lenkung durch die inneren Objekte, die sich im Über-Ich vereinen. Normalerweise läßt die Kultur den ungesättigten Triebbedürfnissen *Intermediärziele*, vor allem den aggressiven. Sie bietet etwa – wie Malinowski[18] beschrieben hat – eine Phase der *Promiskuität* vor der endgültigen Bindung an oder *ritualisierte Kampfspiele*. Soweit es nicht gelingt, die überschießenden Triebäußerungen im Lebensbereich der Gruppe unterzubringen, sucht die Gruppe sie nach außen, von den affektiven Beziehungen innerhalb der Gruppe wegzulenken. Jaëd,

Fehde sind die üblichsten Formen der Befriedigung aggressiver Tendenzen jenseits der Gruppenbildung, und insofern sie kollektiv ausgeübt werden, verstärken sie zugleich die Identifikationen und libidinösen Bande in der Gruppe. Verwandelt sich aber plötzlich ein Teil der Gruppenmitglieder in »Andersgläubige«, dann entlädt sich mit ungewöhnlicher Heftigkeit, weil durch sehr nahegerückte Fremdheitsangst verstärkt, das bisher abgelenkte »Aggressionspotential« innerhalb der Gesellschaft, zwischen ihren streitenden Teilen. Religionskriege, Ketzerverfolgungen, Bürgerkriege sind die Konsequenz.

Die Aggressionen, die so ungehemmt einem Fremden, einem anderen Wertsystem gegenüber sichtbar werden, sind nicht selbstverständlich. Man könnte sich dieser Fremdheit gegenüber auch interessiert, wohlwollend oder gleichgültig verhalten. Wenn dies nicht geschieht, so deshalb, weil das Bild des Fremden jetzt, binnengesellschaftlichen Spannungen folgend, *projektiv* besetzt wird. Die »Projektion« verhindert eine unvoreingenommene Wahrnehmung. Die unbewußt verlaufenden seelischen Vorgänge in solcherart vorbereiteten Begegnungen sind rascher als die kritische Leistung des Ichs. Da Projektion immer Abwehr eigener verdrängter, verleugneter Regungen ist, handelt es sich nicht einfach um Realangst, wenn einem ein Fremder oder eine fremde Wertordnung sogleich als feindlich begegnet, sondern um die Abwehr gegen eigene unerträgliche Gefühle von Wertlosigkeit, die im Binnenraum unserer uns angestammten Erfahrungswelt, im Umgang mit den uns bekannten Personen und im Messen an unserer eigenen Wertordnung entstanden sind. Ketzerverfolgung beispielsweise ist dann immer auch Verfolgung der eigenen Ketzerei, der eigenen Verstöße, Flucht vor eigenen Schuldgefühlen – wie das Nichtlieben des eigenen Kindes der Ablehnung entspricht, die unser Über-Ich unser Ich fühlen läßt.

Die Geschichte der Ketzerverfolgungen bietet alle Schattierungen dieser von Konventionen entbundenen Roheit und zeugt im Erfindungsreichtum der Peinigungen und Folterungen für die Eigenart der Phantasien, welche die Lenkung übernehmen, wenn die Zügelung durch Über-Ich und Ich erlahmt. In der Folterung des Feindes – sei es Fremder oder Entfremdeter – wird ein Stück der Natur der »Primärprozesse« sichtbar. Unter ihnen versteht Freud jene Abfolge seelischer Leistungen die sich unter der »Herrschaft der unbewußten Denkgesetze«[19] vollziehen. Im beschriebenen Reifungsfortschritt zu realitätsvertrauten Über-Ich- und später zu Ich-Leistungen werden diese primären durch Sekundärvorgänge gehemmt, die ihnen den Zugang zur Motorik, zur Handlung verlegen. In der erschreckendsten Weise treten sie wieder hervor, wo die Gesellschaft in der Bezeichnung eines Sün-

denbocks übereinstimmt, dem gegenüber alle Milderungen der Affekt-
entäußerung durch Sekundärleistung der Gesittung außer Kurs gesetzt werden.

Aber dies sind wiederum, wenn auch nicht gerade seltene, Extreme
der Kulturentfremdung. Der normale Alltag, in dem wir leben, führt
uns feinere, verborgenere, in ihrer Absicht und Wirkung nicht weniger
grausame Beispiele dieses Schwankens zwischen *sekundärprozeßge-
lenktem* Verhalten und *primärprozeßhaftem* Geschehen vor Augen.
Dabei kann der Psychoanalytiker immer wieder beobachten, wie inge-
niös lange Ketten von Sekundärvorgängen schließlich auf die Befried-
gung einer Triebspannung auf der Ebene der Primärvorgänge hinge-
lenkt werden. Und da sowohl *libidinöse* wie *destruktive* Elemente die
Oberhand gewinnen können, mag darin einer der Anlässe gesucht
werden, die Freud zur Postulierung auch eines »Todestriebes« genötigt
haben.

Anmerkungen

1 Sigmund Freud, Ges. Werke, Bd. X, S. 212.
2 S. L. Rubinstein, Grundlagen der allgemeinen Psychologie. Berlin (Ost)
  1959, S. 626.
3 Sigmund Freud, Ges. Werke, Bd. XV, S. 84.
4 Sigmund Freud, Ges. Werke, Bd. X, S. 212.
5 Das »zentrale, entscheidende Wesensmoment« der Zärtlichkeit scheint in
  der »sorgenden, das Dasein des Kindes bestätigenden und behütenden An-
  wesenheit zu liegen; und weil sie sich am ursprünglichsten und unmittelbar-
  sten in der leiblichen Berührung, sodann in der sprachlichen Äußerung
  manifestiert, deshalb nimmt jene den ersten Platz innerhalb der Weisen der
  das Zärtlichkeitsbedürfnis stillenden Bekundungen ein. Dieser primäre Sinn
  bestimmt auch die Wahl der berührenden Organe: des Mundes und der
  Hände ... wobei in der oralen Funktion, bzw. in der ihr entsprechenden
  Empfänglichkeitsbereitschaft die Ernährung als fundamentalste vitale Form
  der Lebenserhaltung unverkennbar mitwirkt.« (Hans Kunz, Die Aggressiv-
  tät und die Zärtlichkeit. Bern 1946, S. 77 f.)
6 Sigmund Freud, Ges. Werke, Bd. XII, S. 67.
7 Sigmund Freud, Ges. Werke, Bd. VIII, S. 209.
8 Ebd., S. 144.
9 Ebd., S. 206.
10 Sigmund Freud, Ges. Werke, Bd. XI, S. 465.
11 In: Handbook of Social Psychology, Bd. II, S. 147.
12 Sigmund Freud, Ges. Werke, Bd. V, S. 25.
13 Siehe auch Horst-Eberhard Richter, Eltern, Kind und Neurose. Zur Psychoanalyse kindlicher Rollen. Stuttgart 1963. Richter ist den Vorgängen der
  Projektionen der Eltern auf das Kind in seiner Untersuchung nachgegangen
  und belegt sie mit eindrucksvollen Beispielen.

14 Edith Weigert, Die Rolle der Sympathie in der Kunst der Psychotherapie. In: »Psyche«, 16 (1962).

15 Vgl. René König, Soziologie der Familie. In: Gehlen/Schelsky, Soziologie. Düsseldorf 1955, S. 149 ff.

16 Vgl. Hans Kunz, a. a. O., oder Peter Brückner, Inhaltsdeutung und Verlaufsanalyse im Rorschachversuch. Köln 1958, S. 49 ff.

17 Vgl. Alexander Mitscherlich, Aggression und Anpassung I. In: »Psyche« X (1956); Aggression und Anpassung II. In: »Psyche«, 12 (1958). Dort ist das Problem ausführlicher dargestellt.

18 Bronislaw Malinowski, Mutterrechtliche Familie und Ödipuskomplex. In: Eine wissenschaftliche Theorie der Kultur. Zürich 1949, S. 209 ff.

19 Sigmund Freud, Ges. Werke, Bd. XIV, S. 313.

Das soziale und das persönliche Ich

Anstatt das Verhältnis von sozialem und persönlichem Ich zu untersuchen, könnte man auch die Frage aufwerfen: Wie sieht eigentlich eine Gesellschaft aus, die ein Bedürfnis hat, derartige Unterscheidungen zu klären? Die Vermutung ist naheliegend, daß Wißbegier sich mit dem Wunsch verbindet, die Technologie, das heißt die Machbarkeit eines konformen Systems von Verhaltensstereotypen, zu erweitern und Menschen in ihrem Habitus so zu bestimmen, daß man ihr Verhalten mit einiger Wahrscheinlichkeit voraussagen kann. Diesen Prozeß wird man zunächst Erziehung nennen; daß er überhaupt zum Problem und nicht in vollkommener Unreflektiertheit, naiv, ausgeübt wird, kann nur auf eine Koexistenz mehrerer konkurrierender Erziehungs- und Wertmuster zurückzuführen sein.

Die Konkurrenz der Missionswerbung ist das Neue. Denn ein solches Nebeneinander verschiedener, zum Beispiel ständischer oder landschaftlich begrenzter »Sitten« hat seit langem existiert. Von Eroberungswellen abgesehen, lebten die Bräuche relativ unvermischt nebeneinanderher. Erst der von Napoleon zitierte Marschallstab im Tornister von jedermann bringt auch innerhalb einzelner Gesellschaften die Permeabilität der Gruppengrenzen. Man kann als Bauernsohn geboren werden und als Eisenbahn- oder Zeitungskönig sterben. Erst der erleichterte Übertritt von einem Stratum der Gesellschaft zu einem anderen läßt Unterschiede zwischen kollektivem und individuellem Ich in einem neuen Licht aufleuchten. Bis dahin konnte man gewiß persönliche Vorlieben entwickeln, persönliche Begabungen entfalten, aber das Kerngebiet der Wertorientierungen eines Standes etwa, die gleichförmige Entscheidung an Kreuzwegen, war selbstverständlich. So schnell ist keiner aufgestanden und hat zum Beispiel die Abschaffung der Sklaverei gefordert. Mit anderen Worten: Nur in Sonderfällen stellte die »Unabhängigkeit«, die von der Norm abweichende Persönlichkeit, eine radikale Herausforderung für die Gruppe dar, zu der dieses Individuum gehörte.

Wenn wir heute von einem solchen nach Unabhängigkeit strebenden persönlichen Ich sprechen, und zwar mit dem Unterton, daß eine solche Persönlichkeit etwas Erwünschtes sei, dann ist dies Ausdruck unserer Ideologie, unserer vielleicht sehr gut reflektierten Auffassung von der Wünschbarkeit menschlicher Entwicklung, aber es ist eine relativ neue Forderung, die wir hier stellen. Wir sind in der westlichen Welt umgeben von Zivilisationsbereichen, welche für diese Forderung nicht das geringste Verständnis haben; wir sollten zudem über all den Erbauern von Kathedralen, über all den Malern, Musikern, Erfindern und Entdeckern nicht vergessen, daß man auch in unserem Zivilisationsbereich die längste Zeit ebensowenig Verständnis für die Forderung aufgebracht hätte, wenn sie überhaupt erhoben worden wäre: daß unauffällige, in gar nichts hervorragende Individuen ein persönliches Ich entwickeln sollen, das womöglich an irgendeinem Kreuzweg, vor irgendeinem gewichtigen Konflikt in der Lage ist, sich den Handlungsanweisungen seiner Kultur zu widersetzen, »nein« zu sagen und diese Entscheidung vernünftig zu begründen (zum Beispiel den Satz zu widerlegen: *Cuius regio, eius religio*).

Merkmale eines persönlichen Ichs zu entwickeln war bis an die Schwelle unserer Zeit Privileg einer sehr dünnen aristokratischen Schicht, später auch der obersten Bürgerschaft, kam aber den dienenden Ständen nicht zu. Auch im zeitgenössischen Bewußtsein löst es noch recht zwiespältige Gefühle aus, wie es überhaupt dahin kommen konnte, daß ein Autor wie Erik H. Erikson schreiben darf (und zwar im Zusammenhang einer Reflexion über Camus' »L'Etranger«): »To live as a philosophical ›stranger‹ is one of the choices of mature man ... «[1] Einem Bewußtsein zuzustreben, das sich im philosophischen, im reflektierten Sinn seinen Gesetzen, Sitten, Vorlieben gegenüber als »Fremder« fühlt, ist eine Fähigkeit, die der »reife Mensch« erwerben kann. Wer hat soviel Mut, soviel Kraft zur Entscheidung aus einem persönlichen Ich? Unser Persönlichkeitskult (besonders an unseren Universitäten) hat da nicht selten fahrlässig Kredit gegeben, wo nur Selbsttäuschung, falsches Bewußtsein im Spiele waren. Wir erinnern uns an den Satz von Karl Marx (im Vorwort zur »Kritik der politischen Ökonomie«): »Es ist nicht das Bewußtsein der Menschen, das ihr Sein, sondern umgekehrt ihr gesellschaftliches Sein, das ihr Bewußtsein bestimmt.« Diese These trifft die gegenwärtige Verfassung der Menschen und ihrer Gesellschaften; sie ist jedoch nicht als eine naturwissenschaftliche Definition des Menschen als eines in seinem Sozialhabitus endgültig festgelegten Wesens zu verstehen. Auch Marx weiß natürlich von den Bedingungen, unter denen das Bewußtsein der Menschen anfängt, ihr gesellschaftliches Sein zu bestimmen. Das Unterfangen ist schwierig; hatte Marx die Überwältigungen durch die gesellschaftlichen Kräfte im Auge, so Freud die Übermacht der Triebkräfte, die den menschlichen Intellekt einschüchtert. »Aber es ist doch etwas Besonderes um diese Schwäche«, heißt es in »Die Zukunft einer Illusion«, »die Stimme des Intellekts ist leise, aber sie ruht nicht, ehe sie sich Gehör geschaffen hat. Am Ende, nach unzählig oft wiederholten Abweisungen, findet sie es doch.«[2] Heute, drei Generationen nach Marx und ein Vierteljahrhundert nach Freuds Tod, soll sich das Bewußtsein aus seiner Umklammerung durch gesellschaftlich vermittelte Zwänge ein Stück weiter befreien dürfen; darin läge eine lautlose Revolution. Das Merkmal einer um Toleranz sich mühenden Gesellschaft ist darin zu suchen, daß Autonomie des Denkens eine fruchtbare Alternative zu den kollektiven Denkmodellen darstellt. Wer nicht so weit kommt, den hätte man im 18. und zu Beginn des 19. Jahrhunderts »ungebildet« genannt, einen Bauern, einen Tölpel. Es läßt sich aber doch nicht übersehen, daß die Zwänge der verwalteten Welt mehr Menschen verkrüppeln als je zuvor – weil es mehr Menschen gibt. So betrachtet scheint sich an den kollektiven Zwängen, die auf das denkende Ich ausgeübt werden, nicht viel gemildert zu haben.

Zunächst wird man sich fragen, warum es eigentlich anders sein soll, als es Marx beschrieben hat: Der Standort in der Gesellschaft bestimmt das Selbstbewußtsein und das Selbstverständnis. Man darf nach genauer Aufklärung verlangen, wenn Zusätze zu diesem Grundgesetz der Entwicklung des sozialen Ichs gemacht werden. Die Psychoanalyse hat einiges Licht in das Zusammenwirken biologischer und sozialer Vorgänge gebracht. Biologisch ist daran die menschliche Lernfähigkeit (die an die Stelle eines erbgenetisch festgelegten Verhaltensrepertoires getreten ist), sozial ist die Übermittlung von Informationen über wünschbares und zu vermeidendes Verhalten.

Freud, den Ernest Jones zu Recht den »Darwin der Psychologie« genannt hat, verdanken wir eine seelische Strukturtheorie und eine genetische Theorie; letztere enthält Aussagen darüber, wie sich die psychischen Organe aus ihren Anlagemöglichkeiten entfalten. Von Freuds Auffassung sei nur soviel kurz referiert: Die Triebanlage, das energetische Reservoir für die psychischen Prozesse, ist psychosomatisch zu begreifen; sie (die Triebanlage) ist erbgenetisch variabel. Erst spät sind in die Theoriebildung Ich-Anlagen, Ich-Kerne als die regulatorischen Gegenspieler des »Es«, der Triebbedürfnisse nämlich und ihrer Erlebnisrepräsentanzen, aufgenommen worden. Diesem Ich wird außerdem die Fähigkeit zugesprochen, Triebenergie ihrem ursprünglichen Bereich entfremden, das heißt, sie für die Ziele des Ichs »neutralisieren« zu können.

Das kritische Bewußtsein ist eine zentrale, freilich spät zum Zuge kommende Funktion des Ichs. Unsere Beobachtungen zwingen uns zu der Annahme, Reflexionsfähigkeit für eigenes und fremdes Verhalten sei eine Anlage wie Musikalität oder eine Begabung für mathematische Kombinatorik. Sie kann erstickt oder gefördert werden, je nach der sozialen Umwelt. Gesellschaftliche und biologische Objektivitäten greifen also bei der Entwicklung des Individuums ineinander. Gesellschaftliche Voraussetzungen, die wenig mit Angsterweckung operieren, lassen sonst verödende Ich-Anlagen zum Zuge kommen; diese Stärkung des kritischen Ichs verändert ihrerseits die Verfassung, in der sich eine Gesellschaft befindet. Ist es einmal entwickelt dann versteht dieses kritische Bewußtsein erst in voller Deutlichkeit, wie fest geknüpft die Dressathandlungen sind, in denen soziale Normen sich verwirklichen. Der Widerstand gegen diese bewußtseinsfernen oder von falschem Bewußtsein ausgehenden Handlungen verlangt vom kritisch nachspürenden Ich nicht geringen Energieaufwand. Nach der psychoanalytischen Theorie stellt dieser Vorgang der Aneignung von Energie durch das kritische, Entscheidungen fällende Ich einen sowohl phylo- wie ontogenetisch späten Erwerb dar; einen Vorgang, der noch nicht abgeschlossen ist. Hier stehen uns noch evolutionäre Möglichkeiten offen (J. Huxley[3]). Psychosoziale (soziogenetische) Mechanismen überlagern und ersetzen die von den Genen übermittelten Verhaltensmerkmale; vom individuellen Ich ausgehende Impulse modifizieren die dem sozialen Lernen entstammenden Verlaufsgestalten des Verhaltens, indem sie an seiner Stelle ein Handeln auf Grund individuell getroffener Entscheidung ins Spiel bringen.

Nachdem die Genetik für nationalsozialistische Rassenzuchtideen reklamiert wurde, ist es zu einer Tabuierung der Erbtheorien gekommen. Die Genetik hat jedoch, unabhängig von ihrem Mißbrauch durch Scharlatane, eine rasche Entwicklung durchlaufen. Ein Konzept, das die erbgenetische Variabilität der Ich-Anlagen nicht in Rechnung setzte, könnte kaum ernst genommen werden. Es kombinieren sich also zwei Einflüsse: der erbgenetische und der, welcher von der sozialen Umwelt herrührt. Ihr Ineinandergreifen kann bei der Variabilität beider Faktoren zu den verschiedenartigsten Ergebnissen führen.

Die Hervorhebung des Tatbestandes, daß einige Ich-Funktionen in einigen Individuen einiger Zivilisationsbereiche sich verstärken konnten, zwingt dazu, nochmals die Heftigkeit zu betonen, mit welcher in anderen Gegenden jede Entwicklung in Richtung eines kritisch-autonomeren Ichs bekämpft wird. Der idiologische Totalitarismus feierte in unserer Zeit Triumphe. Die heute lebende Menschheit steht zum größten Teil unter seinem Einfluß; nur weil er eine so alte Tradition fortsetzt, fällt es uns nicht ein, an unserer Zeit die gigantische Leistung zu bewundern, daß sie die größten ideologisch geeinten Massen der Geschichte hervorgebracht hat. Von zwei Zentren, Rußland und China, sind neue Ansätze ausgegangen, welche das persönliche Ich gelähmt haben, und zwar hinsichtlich seiner Kritikfähigkeit an den ideologischen Grundannahmen seiner Gesellschaft[4]. Die chinesische Methode der Auslöschung des Individuums im politischen Raum ist ungleich interessanter als die russische, weil die Chinesen unter dem Banner des Marxismus-Leninismus nicht feindliche Gesellschaftsschichten ausgemordet, sondern die Reformierung des sozialen »bourgeoisen« und wichtiger Teile des persönlichen Ichs zur politischen Methode erhoben haben.

Diese »thought reform«[5] genannte Prozedur führt uns unmittelbar zur Problematik der Beziehung zwischen persönlichem und sozialem Ich. Mit Beziehung ist sowohl Interaktion gemeint als auch der genetische Prozeß, in welchem sich persönliches und soziales Ich miteinander und auseinander entwickeln. Die »Gehirnwäsche« hat großes Aufsehen erregt. Sie hat uns mit Angst erfüllt. Unter welchen Bedingungen würden wir unser Selbst verlieren? Würde sich das moralische Gesetz in uns so ändern, daß wir die Welt und unser bisheriges Leben völlig anders als gewohnt beurteilen, daß wir als »Reformierte«, »Rehabilitierte« plötzlich so etwas wie Neugeborene sind und ein zweites Leben führen?

Jedenfalls hat die »thought reform« eine Annahme der psychoanalytischen Theorie im Großexperiment bestätigt (falls wir in Deutschland nach den Erfahrungen der jüngsten Geschichte einer solchen Belehrung aus dem Fernen Osten überhaupt noch bedürfen): Die soziale Persönlichkeit eines Menschen läßt sich ändern. Und das geht selbstverständlich nicht ohne Rückwirkungen auf sein persönliches Ich ab. Der Mensch, um mit einer aus dem Orient stammenden Metapher zu sprechen, kann sein Gesicht verlieren – und ein neues annehmen. Durch eine solche Metamorphose wird ausgeschlossen, daß das Integrationszentrum für die *sozialen* Forderungen, das Über-Ich der Freudschen Instanzenlehre, eng mit den Erbanlagen verknüpft sein kann. Vielmehr hatte Freud gesehen, daß das »Gewissen«, das Über-Ich eine »Stufe im Ich« darstellt, eine Organisationsinstanz zur Bewältigung der sozialen Realität, sozialer Konflikte, die mit der klassischen ödipalen Drei-Personen-Beziehung beginnen. Die Triebe haben ihre relativ festen Objekte, denen sie zustreben; das Ich hat seine Rolle als vermittelnde Instanz zwischen vitalen Triebbedürfnissen und Außenwelt. Allein das Über-Ich als verinnerlichte Repräsentanz der Sozialgebote ist ein Agent, dessen Aufträge wechseln können, und selbst zur Bildung dieser »Stufe im Ich«, zur Formierung eines Über-Ichs, muß es nicht zwangsläufig kommen.

Bevor ich weiter verfolge, was die Psychoanalyse zum Verständnis der verschiedenen Ich-Funktionen beitrug, sei noch mit einigen Anmerkungen zur »Gehirnwäsche« unser Thema illustriert.

Die Praxis der Persönlichkeitsveränderung, wie sie die Chinesen betrieben haben, läuft auf eine *erzwungene Regression* hinaus. Der Gefangene (oder der zu Erziehende überhaupt) sieht sich einer ihm physisch unendlich überlegenen, an kein Recht, keine gewohnte Sitte gebundenen Macht gegenüber; er befindet sich vollkommen in ihrer Hand. Das ist eine Lage, die der des Kleinkindes durchaus entspricht und Erlebnisspuren aus jener Entwicklungsphase wiedererweckt. Die Situation wird aber verschärft; den Gefangenen werden – sollten sie sich zurückhaltend zeigen, während man sie mit den Gedankengängen der neuen Lehre vertraut macht – Fesseln angelegt, die es ihnen nicht erlauben, die primitivsten physischen Bedürfnisse zu erledigen. Der Gefangene kann nicht selbst essen und trinken und ist zum Beispiel bei der Reinigung nach der Defäkation auf die Hilfe von Mitgefangenen angewiesen. Außerdem werden ihm andere Gefangene beigegeben, die bereits in der Auswechslung ihrer psychosozialen Dressate weiter fortgeschritten sind. Sie drängen ihn unablässig, die »bourgeoisen« Meinungen aufzugeben. Der Gefangene wird also ziemlich genau in eine Familiensituation mit Eltern und älteren Geschwistern zurückversetzt. Der Reformvorgang soll sein altes soziales Ich mit seinen introjizierten gesellschaftlichen Geboten »auftauen«; der »Zögling« soll sich neu orientieren und alsbald wieder diese übernommenen Über-Ich-Forderungen »einfrieren«[6].

Robert Waelder[7] hat darauf verwiesen, daß das »Über-Ich«, das in der Kindheit eingepflanzt wird, im späteren Leben Revisionen unterworfen ist, korrespondierend zu einer wachsenden Kritikfähigkeit; bis auf außergewöhnliche Umstände, etwa Massenreaktionen, berühren aber diese Änderungen selten die Grundprinzipien dieses »Über-Ichs«. Und er folgert aus dem Procedere der »thought reform«, die man wohl am treffendsten mit »Moralreform« übersetzt, daß mit diesem Umerziehen nicht die Erziehungsmethoden als solche völlig in Frage gestellt sind (denn keine Erziehung kann auf »einen nicht auflösbaren Kern von einzupflanzender Indoktrinierung« verzichten). »Die Frage geht nicht dahin, daß in unserer Zivilisation wie in jeder anderen Kinder wie Kinder, sondern daß *im Totalitarismus Erwachsene wie Kinder behandelt werden*.«[8]

Es ist wenig sinnvoll, von sozialem und persönlichem Ich zu sprechen, als handle es sich um Substanzen. Vielmehr können die beiden Begriffe nur auf *Integrationsvorgänge* in der psychischen Organisation Anwendung finden. Durch diese Integration seelischer Prozesse wird Einfluß auf das Verhalten des Individuums ausgeübt.

Wir haben die *erbgenetischen* Voraussetzungen der Triebdynamik und der Fähigkeiten des Ichs – Realitätskontrolle nach außen und innen, Erinnerung, denkende Kombinatorik etc. – hervorgehoben. Die Sozialordnungen beruhen demgegenüber auf gesetzten Normen. Sie zwingen das Individuum, seine Bedürfnisse nach diesen Vorgegebenheiten einzurichten. Anpassung ist seine große Fähigkeit. Soziale Institutionen sind die Agenturen dieses Zwanges, der die Vorgegebenheiten einer Instinktordnung ersetzt hat. Sowenig das einzelne Individuum am vorgefundenen Strafrecht etwas ändern kann, es kann immerhin über dieses Strafrecht kritisch denken, und wir haben das historisch gesicherte Wissen, daß wie alle Einrichtungen der Gesellschaft auch das Recht durch eine Einstellungsänderung der Mitglieder einer Gesellschaft schließlich zu beeinflussen ist. Der Fortschritt der Geschichte, der dies vollbringt, ist langsam; das wurde zum Beispiel in der Abschaffung der Folter sichtbar. Aber selbst das einmal Erreichte kann wieder verlorengehen, wie uns die grausamsten Verfahren gegen Kriegs- und politische Gefangene an vielen und keineswegs nur entlegenen Orten der Welt beweisen. Die Ordnung des kritisch denkenden Ichs, ob sie nun durch das Individuum oder durch die Gesellschaft vertreten wird, ist unstabil; sie wird durch Lernprozesse gegen emotionale Orientierungen (Triebhunger, Angst etwa) erworben und kann leicht wieder von diesen außer Kurs gesetzt werden; das zeigte sich in der Faszination, welche die mythisierend wirren Lehren des Nationalsozialismus auf Millionen ausübten. Die spezifisch *sachbezogenen*, *berufsbezogenen* Intelligenzleistungen bieten keine Sicherung gegen den Abbau der kritischen Realitätskontrolle, soweit sie sich auf emotionell gefärbte zwischenmenschliche Beziehungen richtet. Ressentiment ist als kollektive Reaktion relativ leicht zu wecken und auch zu konservieren und im Charakter des einzelnen zu verankern. Subjektiv empfindet das Individuum höchstens auf dumpfe Weise, daß sein Haß nicht sein »Eigentum«, sondern der Vollzug sozialer Gebote ist.

Wir erwähnen das nur, um die biologische Situation des Menschen zu verdeutlichen. Dann liegt die Frage nahe: Welches psychische Bedürfnis drängt nach Normierung, nach Wiederholung des Gleichen? Es ist das Streben nach Lust. Wie alles triebgespeiste Tun drängt Lusterfahrung auf Wiederholung. Das Ritualisierungsbedürfnis ist von der psychologischen Seite her der Ansporn, soziale Bräuche, Privilegien und schließlich die Bedienung der hochkomplexen Produktions- und Verwaltungsapparate immer automatisierter, rigider werden zu lassen. Mit Ritualisierungsbedürfnis und Wiederholungszwang versuchen wir zäh (wie die Beobachtung von Kindern immer wieder zeigt), Lustquellen zu erhalten und Unlust aktiv zu vermeiden. Etwas, was wir gelernt haben, schafft uns Zuwachs an Lust, Vergnügen, Einfluß. Und wir können uns diese Lusterfahrung aktiv durch Handlung verschaffen, sind also nicht passiv darauf angewiesen, daß uns die Lustquelle die Befriedigung spendet.

In der Ritualisierung wird nicht nur Lust wiederholt oder Unlust vermieden; das Ritual selbst wird libidinisiert. Damit ist nun ein zwar fragiler, aber praktizierbarer Gleichgewichtszustand zwischen unabweisbarem Triebverlangen und Bedürfnisbefriedigung, eine Homoiostase, hergestellt. Jede neue Probierhandlung (aus innerem Antrieb) und jede von außen (von Fremden) stammende Veränderung an den im Ritual versprochenen Triebbefriedigungen und Angstvermeidungen schafft Unlust und Angst und wird abzuwehren versucht. Das Ich tritt dann zur Angstvermeidung sehr leicht in den Dienst bestehender Normen, auch wenn dies für das Individuum unökonomisch (im Sinne von unvernünftig) sein mag.

Ritualisierungen treten funktionell an die Stelle von artspezifisch angeborenem reguliertem Triebverhalten. Sie schaffen das konservative Element, das Gleichgewicht, ohne das keine Gesellschaft funktionieren kann – so absurd Inhalt und Methode dieses Rituals sein mögen. Wo Ritualisierung mit einer noch unentwickelten Realitätseinsicht einhergeht (sei es phylo- oder ontogenetisch), vollzieht sich eine archaische Verknüpfung von Person und Gesellschaft. Sosehr sie von späteren Entwicklungsschritten »überholt« worden ist, ihre Macht als Stabilisator ist ungebrochen.

Freilich nagt die Zwangsläufigkeit der Erfindungszivilisation, in der wir leben und die soviel Umdenken fordert, an diesen Sicherheiten, welche das Ritual verspricht. Gerade heute kommt auch seine zweite Funktion – als angstbeschwichtigende Handlung – sehr an die Oberfläche. Wir sollten uns nicht obenhin über den psychischen Immobilismus der Massen, ihre stumpfe politische Unbeweglichkeit beschweren, statt nach den Motiven dafür zu suchen. Betrachtet man etwa die Neigung, von allem, was mit dem Wort »christlich« verbunden wird, Sicherheit zu erwarten, so entdeckt man magische Protektionshoffnungen, zu denen eine Regression erfolgt ist. Die Welt, in der wir mit der Bombe und der Pandemie der Weltseuche des Nationalismus leben, ist so gefährlich, verheißt so wenig Sicherheit, stürzt das Ich in so viel Angst, daß es die angsterweckenden Einsichten in die soziale Realität aufgibt und auf Infantilformen des Umganges mit der Welt zurückgreift: Es verleugnet Gefahr, es verkehrt ins Gegenteil – zum Beispiel schreit es nach atomarer Mitbeteiligung, als ob das Sicherheit gewährte und nicht die Gefahr vergrößerte. In diesem Zustand, in dem Angst die reiferen Ich-Leistungen in der Masse der manipulierten Menschen zu ersticken und nicht zu fördern scheint, ist der Rückzug auf magische Ritualisierung ein weiteres Hilfsmittel, um das Gleichgewicht zu erhalten – und zwar sowohl auf der Ebene des kollektiven wie des persönlicher Ichs.

Ritualisierung ist Aufhebung der Zeit als verändernde, entwikkelnde Macht. Von der Aufhebung des Wiederholungszwanges hängt aber ab, wie groß die Leistungsfähigkeit des Ichs werden, wie weit es sich aus der Befangenheit in der Symbiose mit dem Kollektiv befreien kann. Und dieses Kollektiv wirkt nicht nur von draußen, sondern auch im Ich als ein Botmäßigkeit verlangendes Über-Ich.

Wo wir zwanghaft verstärkte Ritualisierung, Regression zu den infantilen Kontrollversuchen der Realität antreffen, begegnen wir der anti-individualistischen Wirkung vieler Abwehrmechanismen. Das Individuum bewegt sich auf infantilen Stufen der Interaktion zwischen persönlichem und sozialem Ich. Das scheinen jedenfalls die strengen Bindungen zu sein, mit denen im Individuum kollektiv sich organisierendes Leben – mit anderen Worten: die im Ich der Person verinnerlichte Gesellschaft – die Entwicklung des Ichs immer wieder zur Rückläufigkeit zwingen kann, was auf die habituelle Ich-Schwäche des Menschen gegenüber den Triebforderungen wie den gesellschaftlichen Zwängen verweist.

Um zu wiederholen: Die Ich-Reifung in ihren Schritten bis hin zum kritischen Bewußtsein mit hoher Angsttoleranz folgt einer erbgenetischen Matrix. Die *Möglichkeit* zur Entwicklung dieser Fähigkeiten ist angelegt, aber sie ist durch ältere biologische Sicherungen – etwa das Erlernen des gruppenkonformen Verhaltens – leicht zu stören und zu hemmen.

In Fortsetzung dieser Gedanken seien kurz noch zwei Begriffe untersucht, deren Analyse unsere Vorstellung über die Interaktion des sozial geprägten mit dem zur individuellen Entscheidung hindrängenden Ich bereichern kann. Es handelt sich um Anmerkungen zu den Begriffen Normalität und Identifikation.

Was kann man als »normal« bezeichnen in der Beziehung zwischen sozialem und persönlichem Ich? In der sozialen Realität bedeutet Normalität gelungene Anpassung; der Grad der Konformität, der erwünscht ist, wechselt von Gruppe zu Gruppe. Das Ziel der Erziehungs- oder, wie man unverdächtiger sagt, der Sozialisierungsprozeduren bleibt die Herstellung einer vorwiegend positiven Identifikation mit den Verhaltens- und Urteilsnormen der Gesellschaft. Die Prozeduren und Sanktionen, mit denen eine Gesellschaft auf die Einhaltung ihrer Normen drängt, sind ein Teil der Technik, mit der diese pragmatische »Normalität« hergestellt wird.

Für den Psychoanalytiker bemißt sie sich zunächst an dem erwartungsgemäßen Durchlaufen einer psychosomatischen Entwicklung, charakterisierbar durch a) zunehmende Fähigkeit der Triebbeherrschung, b) wachsende Realitätskontrolle, c) steigende Integration der Selbsterhaltungstendenzen, der sexuellen und aggressiven Triebbedürfnisse mit den Anforderungen der sozialen Umwelt und ihrer Institutionen; schließlich d) durch zunehmende kritische Selbstdistanzierung mit Erweiterung der Fähigkeit zur Einfühlung.

Wir haben betont, daß in der normalen Entwicklung das Individuum dahin gelangt, Konflikte, in die es gerät, durch ein problemlösendes Verhalten anzugehen, statt sie durch Zuhilfenahme infantiler Abwehrmechanismen aus dem Bewußtsein zu schaffen. Es gibt aber nicht selten Situationen, in denen die »Objektivität« der sozialen Normen und Institutionen den Veränderungswünschen des Individuums mit Erfolg widersteht. Darauf sind zwei Reaktionen möglich: Das Individuum, im Laufe der Zeit vielleicht auch die betroffene Agentur der Gesellschaft entwickeln ein Problembewußtsein. Hier bleiben vital wichtige Bedürfnisse unbefriedigt. Vom Individuum, das durch seinen Nonkonformismus zunächst immer in die Rolle des Omegatieres, des einflußlos Aufsässigen gerät, wird also beträchtliche Toleranz für Unlust erwartet, bis es ihm vielleicht doch gelingt, die Gesellschaft in seinem Sinn zu beeinflussen. In der zweiten Reaktion zeigt sich, daß es dem Individuum nicht möglich ist, diese belastende Spannung zu seiner Gesellschaft zu ertragen – vor allem die materiellen Sanktionen in Kauf zu nehmen; mit Abwehrmechanismen infantiler Art geht es diesen Unlustquoten aus dem Wege. Es paßt sich der »Objektivität« seiner Gesellschaft an.

Es ist einzuräumen, daß unser Leben in der Gesellschaft dauernd ambivalente Gefühle erweckt. Diese Ambivalenz erhält sich während der Phasen der nicht umsonst so verharmlosten, weil ohnmächtigen Kindheit und in der Pubertät. Unsere Früherfahrungen in der Gesellschaft sind in vieler Hinsicht so unlustvoll, daß auch später niemand ganz auf infantile Unlustabwehr durch Verdrängen, Projizieren etc. zu verzichten vermag. Individuum wie Gesellschaft können sich von der Anwendung bestimmter Abwehrmechanismen nicht befreien. Überall, wo beispielsweise der Mechanismus der Projektion zur Anwendung kommt, haben wir es mit einem dreifachen Versagen zu tun: a) mit unzureichender Realitätskontrolle (man kann sie harmlos Leichtgläubigkeit oder, zutreffender, unkorrigierbare Vorurteilsbefangenheit nennen); b) mit unzureichender Triebkontrolle (sie zeigt sich an aggressiver Entäußerung in dissozialem Sinn – man läßt seine aggressive und libidinöse Spannung an Opfern aus, die in diese Rolle durch ihre Schwäche geraten, etwa dadurch, daß sie eine Minorität repräsentieren); c) mit unzureichender Ich-Integration (die deutlich wird an der

Übernahme eines urteilenden Fremd-Ichs, dem wir die Zugänge zur Lenkung unseres Verhaltens offenhalten).

An der Skala einer normalen psychophysischen Entwicklung kann man sehr gut die am Ursprung untrennbare Verflochtenheit von persönlichem und sozialem Ich und deren zunehmendes Auseinandertreten beobachten. Die primitiven Formen der Triebbeherrschung werden vom Ich ganz konventionell erworben, etwa die Beherrschung der Schließmuskeln von Blase und After. Hier verlangen die verschiedenen Gesellschaften sehr unterschiedlich, wieviel Unlust und wie früh Unlust dadurch ertragen werden muß, daß ein Bedürfnis in seiner Befriedigung abhängig gemacht wird von der sozial vorgeschriebenen Situation, in der dies zulässig bzw. unzulässig ist. Eine ähnliche Unlusttoleranz wird gegenüber aktuellen Mißempfindungen (Hunger, Schmerz) und später sexuellen Drangzuständen gefordert. Ein Versagen in diesem Bereich der Kontrolle biologischer Funktionen wird rasch als krankhaft anerkannt; obgleich es kaum zu bestreiten ist, daß die Beurteilung der Reaktion auf sexuellen Drang sehr weit streuen kann. Man denke an die Masturbation. Sind übertriebene Schuldgefühle ihrem Tatbestand gegenüber »normal«, ist sie eine völlige Ungehemmtheit? Es ist das Erlebnis mehr als die Sache selbst, die als krankhaft oder sozial integrativ zu beurteilen ist, falls man Masturbation so isoliert betrachten will und nicht im Rahmen der Gesamtstrategie der Regressionen, die eine Gesellschaft den Triebbedürfnissen gegenüber entwickelt.

Ebenfalls noch vorwiegend an Kollektiv-Idealen orientiert sind jene Selbstwertvorstellungen, die sich aus der Aneignung des allgemeinen Lernstoffes ableiten lassen, sei es, daß man körperliche Beherrschung oder intellektuelle Fertigkeiten erlernt. In den Auseinandersetzungen mit den intrapsychischen Erfahrungen der physischen Sexual- und Körperreifung in der Pubertät erscheint in unserem Kulturbereich zum ersten Mal das Individuum als *einsam* und an seiner Einsamkeit leidend. Denn alte Idealvorstellungen werden durch neue Leitbilder verwirrt. An diesen Kreuzwegen wächst ein neues Selbstbewußtsein heran, das sich nunmehr aus der Entscheidungsfähigkeit herleitet. Ohne Zweifel ist diese Phase in einfach strukturierten statischen Kulturen, in denen Geschlechtsreifung mit der Übernahme eines endgültigen Rollenhabitus zusammenfällt, leichter zu durchlaufen als in unserer Gesellschaft, in welcher die lernende Anpassung die physischen Reifungsvorgänge so lange überdauert.

Diese unsere Gesellschaft wird zumindest von *einer* Schicht – der, welche ihre komplizierte Organisation steuert und in Gang hält – ungewöhnliche Sublimierungsleistungen fordern müssen. Der Stil unserer Einführung des kindlichen Menschen in die Sozialwelt war vielfach durch eine religiös-ideologische Unterdrückungstaktik seiner sexuellen Triebwünsche ausgezeichnet. Der strafende Gott wurde gegen die Trieblust mobilisiert. Diese christlich-theologische Sexualmoral hat es dem Individuum unendlich erschwert, im unmittelbar sexuellen Verhalten ein persönliches Ich zu behalten oder zu entwickeln. Schuldangst hat es durch Jahrhunderte bedrängt. Die christliche Sexualmoral bricht zusammen, und zwar ist der Nonkonformismus zum ersten Mal über alle Schichten der Gesellschaft verbreitet (und nicht mehr ein Privileg der Feudalaristokratie oder des Bürgertums); jedermann nimmt sich heraus, in sexuellen Dingen »individuell« zu entscheiden. Damit ist überwiegend sexuelle Freiheit gemeint. Trotzdem wird Triebaufschub – immer abhängig von unserer Belastbarkeit mit Unlust aus dieser Verzögerung der Befriedigung – geübt werden müssen. Denn die frühzeitigen und rasch zu erzwingenden Gratifikationen an Körperlust durch unmittelbare Befriedigung am Organ schädigen zwar den Menschen keineswegs physisch oder intellektuell. Aber sie fördern nicht die Fähigkeit, den in jeder menschlichen Gemeinschaft unerläßlichen Aufschub der Triebbefriedigung oder Triebverzichte zu ertragen.

Schrankenlose Befriedigung bringt mit sich, daß der junge Mensch frühzeitig durch Lusterfahrungen, die er nicht zu beherrschen lernt, domestizierbar und manipulierbar gemacht wird. Was ihm als Freiheit angeboten wird, ist die Förderung eines früh entstandenen und fixierten süchtigen Verhaltens. Sexualität wird als Suchtmittel erlebt, dient also genaugenommen nur der Selbstbefriedigung und ist an keinen Austausch der Gefühle, keine Einfühlung geknüpft.

Diese sexuelle »Befreiung« fällt verräterischerweise mit Prozessen der totalen Einebnung der Individuen zusammen. Infolgedessen wird die permanente sexuelle Stimulierung zur Ersatzlust für die immer steigende Unlust aus der Erledigung »sinnloser« Arbeit. Auch die Frühehe, die man fördert (ohne zu wissen, daß es sich gar nicht um Bindungen aus vornehmlich genitaler, sondern viel stärker prägenitaler Bedürftigkeit handelt), ist vielfach Ausdruck der Schwäche, allein nicht bestehen zu können. Da es im Bereich geschlechtlicher Aktivität kaum etwas gibt, was nicht allen zugestanden wird, kommt es gar nicht zur Entspannung nach dem langsamen Aufbau einer »spannenden« Beziehung. Der Stil der Beziehungen wird vielmehr durch die nicht so leicht zu tilgende Unlust über die Zumutungen der Arbeitswelt bestimmt. Die Entlastung der frustrierten Aggression einer Menschheit, deren Arbeitskraft mehr und mehr von Großbetrieben organisiert wird, wird zu einem immer schwerwiegenderen Problem.

Auch in der Adoleszenz spiegelt sich das schon. Was ihren Groß- und Urgroßvätern der Bordellbesuch war, ist den heutigen jungen Menschen der Aggressionssturm, den Beatbands auslösen oder rivalisierende Gangs.

Aber das führt nirgends anders hin als zur passiven Anpassung an den rational vorfabrizierten Arbeitsplatz. Auf diese Weise unterstützt die bestehende »Objektivität« der Gesellschaft den frühzeitigen Abbruch der Ich-Entwicklung.

Noch fehlen jene Vorbilder, die in der sich entwickelnden Kastengesellschaft der Arbeitnehmer die kritische Distanz zu dieser Gesellschaft vorleben. Wieweit kann das Ich seine soziale Prägung bejahen, wieweit bleibt es Entwicklungsaufgabe, sie abzuschütteln? Es leuchtet ein, daß das nicht mit der üblichen Kulturkritik zu leisten ist. Sie pflegt zu narzißtisch zu sein. Dieser sekundäre Narzißmus als Folge des enttäuschten Rückzugs aus der von gelenkten Massen bevölkerten Welt ist eine Ersatzquelle der Lust, aber diese löst keine Probleme.

Das Ich ist, wie schon Freud wiederholt betonte, die fragilste Instanz der menschlichen Psyche; nicht nur können erworbene Ich-Funktionen wieder verlorengehen, kann Erlerntes vergessen werden, es kann auch in die Objektivität sozialer Prozeduren bereits eingegangenes Ich-Bewußtsein wieder schwinden. Die jähe und reißende Regression, die von 1933 an das Sozialverhalten in unserem Lande dominant bestimmt hat, ist ein noch vielen in guter Erinnerung befindliches Beispiel. Am Identifikationsvorgang läßt sich erneut Verschränkung und Auseinandertreten des persönlichen und sozialen Ichs sichtbar machen. Lernen durch Identifizieren ist der grundlegendste soziale Austausch. Er ist, um es zu wiederholen, nur noch in einem sehr engen Bereich von starren artspezifischen Verhaltensmechanismen bestimmt. Diese Fähigkeit, durch Lernen aufzunehmen, ist die spezifische biologische Grundlage des humanen Sozialverhaltens. Identifikation ist, wie Anna Freud [9] kürzlich wieder beschrieben hat, ein psychischer Vorgang unter ähnlichen. Der älteste dieser Vorgänge ist wahrscheinlich die Imitation, die Nachahmung, aus der sich die Identifikation entwickeln kann. In der letzteren vollzieht sich schon eine Ich-Veränderung. Zu dieser Verinnerlichung ehemals äußerlicher Vorbilder kommt noch der Introjektionsvorgang. In ihm werden hauptsächlich Autoritäten verinnerlicht; das führt zur Über-Ich-Bildung. Identifikationen und Introjektionen formen eine innerseelische Agentur, so daß die Vorbilder nicht mehr bloße Ideale sind, sondern zu *inneren* Forderungen werden, die an das eigene Ich gestellt sind. Damit ist die »Stufe im Ich« das Über-Ich, beschrieben, das neben der möglichen Hemmung durch terroristische Forderungen die *Selbständigkeit des Me-*

schen erst ermöglicht. Denn das Individuum ist, wenn es ein Über-Ich gebildet hat, nicht mehr von äußeren Forderungen abhängig; es trägt seine Orientierung mit sich und kann diese in der inneren Dialektik zwischen Ich und Über-Ich modifizieren.

Verschiedentlich ist der Psychoanalyse zum Vorwurf gemacht worden, sie stütze unbesehen die Position des Über-Ichs. Durch die Verinnerlichung von repressiv lenkenden gesellschaftlichen Autoritäten werde diese Form der Gesellschaft konserviert. Das ist zweifelsohne richtig; jedoch wurde fast immer eine unersetzliche Funktion des Über-Ichs übersehen, die darin besteht, daß es die Voraussetzung für jede verantwortliche Änderung der Ordnung schafft. Denn es verlagert, unter Ausnutzung der Identifikationen, die Autorität nach innen. Das gibt prinzipiell die Möglichkeit, sich mit der Autorität auseinanderzusetzen, sie dialektisch zu prüfen, lange ehe Änderungen an ihrem Profil in Aussicht stehen. Die Rigidität des Über-Ichs hat viel Intoleranz verschuldet; es ist die Hauptinstanz, die zum Konformismus treibt. Aber widersprüchlich, wie die Wirkung seelischer Vorgänge sein kann, bewirkt es auch eine Sensibilisierung des Ichs: zunächst für schuldhaftes Verhalten, schließlich aber für die Selbstwahrnehmung im sozialen Kontakt überhaupt. Ein Rückfall hinter die Über-Ich-Entwicklung würde völlige Abhängigkeit von sozialer »Außenlenkung« bedeuten; den widersprüchlichsten Manipulationen ohne Möglichkeit der Kritik ausgesetzt, würden wir die Fortentwicklung des Ichs aufs schwerste beeinträchtigen. Auch hier gilt, daß der Frustrationsreiz, vom Über-Ich ausgeübt, erst die kritische Denkfähigkeit hervorlockt. Unter Diktatoren, die ein terroristisches System äußerer und innerer Kontrollen – von Polizei und Gewissen – zu errichten verstehen, *darf* nicht, im Paradies eines immerwährenden stillen Befriedigtseins *kann* nicht antithetisch, alternativ, provozierend kritisch gedacht werden.

Introjektionen werden oft ohne sprachliche Verständigung aus Haltungen übernommen und können zu einem großen Teil ein Leben lang bei jedem von uns unbewußt bleiben. Das ist die gefährliche Seite der Übermittlung von Traditionen. Die Introjekte – das, was in die seelische Struktur von außen aufgenommen wird – stellen, solange sie unreflektierbar bleiben, einen unzugänglichen, dem kritischen Denken entzogenen Teil der Persönlichkeit dar. Sie sind der Dorn im Auge jeder idealisierenden Anthropologie und utopistisch getönten Philosophie, aber sie sind Realität – absolut jedem Willensappell spottend. Die mühevolle Arbeit, derartige Introjekte der Selbstwahrnehmung zugänglich zu machen, ist ein wesentlicher Bestandteil der psychoanalytischen Arbeit. Der Widerstand, den diese Arbeit von seiten des Patienten erfährt, geht wesentlich von Introjektionen und Ritualbildungen aus. Der Widerstand signalisiert nicht konkret faßbare Grenzen die einem Änderungswunsch gezogen sein mögen, sondern er deckt im Gegenteil ein Anklammern an Bestehendes, das an sich veränderbar und dessen Veränderung auch sinnvoll wäre. Hier haben wir es, in der Sprache der Psychoanalyse formuliert, mit der Paradoxie des »Krankheitsgewinnes« zu tun. Seine Wurzel ist die Unlust, das Risiko der Veränderung zu tragen, einer Störung der Homoiostase, selbst wenn sich ihre Aufrechterhaltung als überaus kostspielig erwiesen haben sollte. In dieser Auswirkung des Wiederholungszwanges und der Beharrungstendenz verschränken sich Über-Ich und Es-Forderungen; von ihnen wird das persönliche und das soziale Ich affiziert. In Introjektionen vollzieht sich ein sozialer Austausch keineswegs nur in einer Richtung. Denn die Introjekte sind nicht nur aus Fremdverhalten aufgebaut. Der Vorgang ist komplizierter. Die entscheidenden Über-Ich-Komponenten stammen, wie erwähnt, aus der kindlichen Entwicklungsphase. Zu dieser Zeit ist das Kind, je früher, desto stärker, physisch und psychisch abhängig. Aus dieser Abhängigkeit entstehen intensive, mit dem bewußten Erlebnis inkompatible Affekte – insbesondere aggressiver Art. Je stärker solche Aggressionen Angst erwecken, desto intensiver mobilisieren sie in den unbewußten Ich-Bereichen Abwehrvorgänge. Ein derartiger Abwehrmodus ist die erwähnte Projektion. Mit Hilfe dieses Abwehrmechanismus wird die eigene Aggression am Partner erlebt; dieser erscheint dann als gefährlich, aggressiv, gewalttätig und böse. In dieser affektgeprägten Gestalt wird er als Vorbild introjiziert. Der ökonomische Gewinn dieses psychodynamischen Prozesses ist deutlich. Verwehrten kindlichen Aggressionen, die sich gegen die Eltern richten, wird nun doch noch eine Befriedigung eröffnet: Indem das Kind sich so benimmt, wie es die Eltern erlebt, kann es selbst gewalttätig, böse sein. Es vollzieht sich also ein Re-Introjektionsvorgang eines zuvor projizierten, vom eigenen Ich abgewehrten Impulses. Zwar verstärken demnach Trieberfahrungen die affektive Qualität eines sich anbietenden Vorbildes, zwar handelt es sich hier um individuelle Vorgänge – spezifisch für die Milieu-Nische, in der das Individuum lebt –, aber es sind gerade nicht Vorgänge eines persönlichen Ichs, die sich hier vollziehen. Vielmehr geht es um ein Zusammenspiel von Objektbeziehung und bereitliegenden Abwehrmechanismen der psychischen Homoiostase. Je stärker eine psychische Struktur davon geprägt wird, desto deutlicher wird man dieses Muster am Charakter eines Menschen wahrnehmen und sie seiner Persönlichkeit zurechnen. Und der Betroffene selbst mag mit seinem reflektierenden Ich dieser seiner Wesenszüge mit Erstaunen, oft mit Trauer innewerden, ohne daß es ihm gelänge, sie abzuwerfen.

Hinsichtlich der Aggression ist noch zu bedenken, daß ihre Intensität durch Verhaltensweisen der Eltern heraufbeschworen wird, die das Kind ablehnt. Mit seiner Ablehnung und seiner Aggression muß es aber fürchten, daß seine Ideale, also besonders die Eltern, Schaden nehmen. Und das beschwört einen großen Konflikt herauf. Eltern als Ideale, ideale Eltern zu haben ist für das Kind, bis in die Latenzperiode hinein, für den Aufbau des eigenen Selbstwertgefühls notwendig. Wachsen die aggressiven Spannungen zu den Eltern und damit die Unlust, dann geht mit der Entwertung der Eltern eine Einbuße des kindlichen Selbstgefühles einher, was meist zu einer neuen Verstärkung destruktiv wütender Aggression führt oder zu depressiver Resignation, Überangepaßtheit (wenn schon eine vorzeitige und starre Über-Ich-Bildung vorangegangen war); in diesem Fall wenden die Schuldgefühle die Aggression gegen die eigene Person; das ist der dynamische Vorgang in der Depression.

Umgekehrt können unter Umständen Eltern aus ihren eigenen unbewußt wirkenden Introjektionen heraus – also auch aus den tradierten Verhaltensanweisungen heraus – die aggressiven, an ihrer elterlichen Autorität zweifelnden Äußerungen der Kinder nicht tolerieren oder nur zu geschmeichelt sein, wenn sie in grobem Widerspruch zur Wahrheit idealisiert werden. Beantworten sie ersteres mit Strafe im Sinne einer groben Einschüchterung oder durch Erweckung von zuviel Schuldangst, dann wird die physiologische Ich-Entwicklung vorzeitig abgebrochen. Auch ein idealisierter Übermensch hemmt jede natürlich ambivalente Gefühlsäußerung. Der in seiner Ambivalenz noch gar nicht sichere junge Mensch dringt nicht mehr zur libidinösen Erfahrung des Mutes zum Zweifel vor, des Mutes zur abweichenden Meinung, zu einer Selbständigkeit, die sich schließlich nicht nur negativ, sondern in neuen, selbstgewählten Idealsetzungen ausdrückt. Alles Nicht-Konforme bleibt vielmehr überschattet von Schuld- oder realer Vergeltungsangst. Auf diese Einhaltung der Konformität im Meinen und Tun, im kollektiven Selbstgefühl, in der Erwartung der gesellschaftsspezifischen Privilegien kann der Mensch offenbar relativ leicht konditioniert werden.

Das Ende so vieler ehrenwerter Formierungen des Protestes, vom Wandervogel bis zu den Beatniks, hat eindrucksvoll gezeigt, daß eine dem momentanen Protestbedürfnis entspringende, aus unbewußten und unklar bleibenden Quellen stammende Negation der bestehenden Verhältnisse nicht weit trägt und die Fundamente auch sehr unheiler Gesellschaften nicht zu erschüttern vermag, selbst wenn der Protest noch so trefflich auf einen Mißstand zielt. Erst das Eindringen in die Motive, die diesen Mißstand bewirkt haben und ihn aufrechterhalten, läßt es hoffnungsvoller werden, daß Kritik eine tiefere Veränderung des Bewußtseins erwirkt. Vom individuellen Ich wird kollektiv gesichertes Verhalten (welches den Mißstand ausmacht) in kritischer Weise analysiert. Das kann Verstärkung des Widerstandes zur Folge haben, oder aber die neue Einsicht breitet sich aus und verändert die »Stimmung«. Man kann beide Entwicklungen sehr deutlich an den Rassenkämpfen in verschiedenen Weltgegenden beobachten.

Für gewöhnlich erfordert es große individuelle Ausdauer (also große Toleranz für Frustrationen), um Individuen zur Mitarbeit an der Auflösung kollektiv geäußerten Widerstands zu gewinnen. Wo das Ich wegen der Verwöhnung, die es erfahren hat, leicht zu entmutigen ist, da haben Empörung und die sympathischsten Absichten wenig Erfolgsaussicht. Da ist tradierte und ritualisierte Ausbeutung (sei sie unmittelbar physisch, sei sie Glaubensüberwältigung) nicht zu erschüttern. Erst in der Dialektik zwischen erstarkendem Ich und Über-Ich kann die Lage kritisch bearbeitet werden; und zwar bis zu dem Punkt, an dem sich unvermeidliche (geradezu physiologische) und ungerechtfertigte (rücksichtsloser Machtausübung entstammende) Frustrationen voneinander trennen lassen. Das alte Wort, es sei einfach, mit zwanzig, aber schwierig, mit fünfzig ein Revolutionär zu sein, bleibt gültig: Das Ich, das sich auf die erkannte Wahrheit hin trotz Unlust und Angst zu sammeln versteht, bleibt unter den heute geübten Erziehungsprozeduren eine Ausnahme, vor allem, wenn man die neurotischen Wahrheitsfanatiker aussondert.

Im Gegensatz zur irrationalen Negation der bestehenden Verhältnisse wird ein an seiner Selbstkorrektur interessiertes Ich lernen, über die Umstände, unter denen es sich entwickelt hat, schrittweise nachzudenken. Das Über-Ich verliert dadurch seinen Ich-feindlichen, eher terroristischen Charakter. Der Erfolg dieses Umganges mit der Kindheit ist daran abzulesen, ob die Elternbilder (deren Dimension in der Phantasie so überwältigend groß geblieben ist wie in Kindertagen) sich zu vermenschlichen beginnen. Mit weiterwachsender Sicherheit wagt das kritische Ich sich dann an die Ideologie seiner Gesellschaft. Es untersucht den Freiheitsspielraum, den die Gesellschaft dem Individuum überläßt; aber seine kritische Fähigkeit ist schon ein weiterer Schritt, das Individuum in seinen Rechten den Institutionen, der Gesellschaft gegenüber zur Geltung zu bringen. Jedoch wären übertriebene Hoffnungen verfehlt, weil, wie schon erwähnt, einmal errungene Einsichten wieder verlorengehen können; sie sind nicht phylogenetisch gesichert. Anthropologische und psychoanalytische Forschung hat uns die Einsicht vermittelt, daß es keine positive Anthropologie gibt; der Mensch ist qua Spezies »homo sapiens« historisch unterwegs.

Dementsprechend kann es auch keine besten, sondern immer nur veränderte, möglicherweise zum Besseren hin veränderte, mehr aus den kritischen Ich-Leistungen lebende Gesellschaften geben.

Unsere Darstellung folgte – auf seelische Instanzen konzentriert – sehr einseitig einem denkbaren psychischen Entwicklungsweg. Die technisch-ökonomischen Veränderungen schaffen neue, bisher weitgehend unbekannte Umweltfaktoren. Die Anpassung, die dieser Entwicklung folgen muß, könnte die Evolution zu einem umfassenderen Bewußtsein, zu einem höher strukturierten persönlichen Ich wieder auslöschen. Der voll angepaßte Spezialist wird von den Gesellschaftsprozessen getragen, er hat (im Augenblick jedenfalls) kaum Mittel, diesen Prozeß kritisch zu reflektieren und ihm eine Wendung in Richtung einer Humanisierung zu geben. Humanisierung kann in dieser Zeit nur ein vermehrtes Denken über die Welt – unter Einschluß des Denkens über das eigene Selbst – bewirken. In dieser Hinsicht liegen sicher zwei Prinzipien, welche an der Gestaltung der Welt teilhaben, im Kampf; das Prinzip der technischen Vervollkommnung, die sich im Individuum durch fortschreitende Spezialisierung und hochgradige Abhängigkeit und damit Empfindlichkeit gegen vielleicht drohende Sanktionen bemerkbar macht; demgegenüber ist das Prinzip der Vervollkommnung der Einsicht in die Voraussetzungen unseres Erlebens schwach. Es ist nicht von mächtigen Interessen getragen, es sei denn dort, wo die Einsicht in Motivationen oder Konditionierungen menschlichen Verhaltens dem, der dies auszubeuten versteht, mehr Macht bringt.

Es ist sicher keine Überschätzung, von der Gefahr zu sprechen, daß wir auf Verhältnisse zusteuern, in denen wir an unserer erbgenetischen Ausstattung gezielte Veränderungen vornehmen können, Affekte zu dirigieren verstehen, dies alles, um den Menschen in seiner Überzahl gefügig zu machen für reibungslosen Gehorsam. Es könnten sich Verhältnisse entwickeln, in denen ein kritisches individuelles Ich nur störend wirken könnte. Dann hätte das Übergewicht der Naturtechnik die Technik menschlicher Selbstvervollkommnung außer Kurs gesetzt – und zwar als biologisch begründete Potentialität.

Anmerkungen

1 E. H. Erikson, Insight and Responsibility. New York 1964, S. 99.
2 Sigmund Freud, Ges. Werke, Bd. XIV, S. 377.
3 Julian Huxley, Entfaltung des Leben. Frankfurt 1954.
4 Diese Hemmung der basalen Selbstkritik, die zu einer Unerschütterlichkeit der Überzeugungen führt, ist in der Individualpsychologie das Anzeichen

einer schwer gestörten Persönlichkeit. Nur durch besonders intensive Besetzung von Abwehrvorgängen und der damit einhergehenden Verzerrung der Realitätswahrnehmung gelingt es, die Homoiostase aufrechtzuerhalten. Die Rolle der Dogmatisierung für Kollektive ist noch nie systematisch unter psychodynamischen Erfordernissen untersucht worden.

5 Vgl. Robert Jay Lifton, Thought reform and the Psychology of Totalism. – A Study of »Brainwashing« in China. New York 1961.
6 Ich zitiere diese Maßnahmen an den Gefangenen nicht, um ihre Brauchbarkeit für die Umkonditionierung einer Millionenbevölkerung, sondern um die Wandelbarkeit der durch die frühere Erziehung eingeübten Einstellungen am Beispiel zu belegen. Politisch gilt selbstverständlich, was Peter von Oertzen in einer Diskussionsbemerkung formulierte:
»Auch die totalitärste Staatspartei ist nicht ein archimedischer fester Punkt außerhalb der Gesellschaft und der Geschichte, von dem aus man ein Volk ›radikal reformieren‹ könnte. Sie verkörpert selbst Ideen und Verhaltensweisen, die der Tradition entsprungen sind, und unterliegt einem Prozeß des Wandels. Wer garantiert die Erziehung der kommunistischen Erzieher? Mao persönlich? Und wer erzieht Mao?«
7 R. Waelder, Demoralization and Reeducation. In: World Politics, XIV, 1962, S. 381.
8 Ebd., S. 382.
9 Anna Freud, Normality and Pathology in Childhood. New York 1965.

Erfolgreiche Abwehr einer Melancholie der Massen

Wo Schuld entstanden ist, erwarten wir Reue und das Bedürfnis der Wiedergutmachung. Wo Verlust erlitten wurde, ist Trauer, wo das Ideal verletzt, das Gesicht verloren wurde, ist Scham die natürliche Konsequenz. Die Verleugnungsarbeit erstreckte sich gleichermaßen auf die Anlässe für Schuld, Trauer und Scham. Einer der ökonomischen Vorteile dieses globalen Rückzuges aus der eigenen Vergangenheit war, daß man sich entsprechend in mehreren Richtungen ungebrochen der Gegenwart und ihren Aufgaben hinzugeben vermochte. Man hielt das für besser als »fruchtloses Wühlen in der Vergangenheit«. Wenn überhaupt Erinnerung, dann als Aufrechnung der eigenen gegen die Schuld der anderen. Manche Greuel seien unvermeidbar gewesen, weil die Greuel der Gegner das Gesetz des Handelns vorgeschrieben haben. Schließlich löst sich eine besondere Schuld auf dem eigenen Konto vollends auf.

In der Pyramide der Verantwortung stellt sich das dann so dar, daß der »Führer« durch den politischen Druck von außen zu seinen Entscheidungen gezwungen war. Das löste eine Befehlskette aus, der sich niemand zu entziehen vermochte; allenthalben herrschte – so vernimmt man es in retrospektiver Selbstrechtfertigung – ein alles entschuldender Befehlsnotstand. Bei diesen Versuchen, Schuld abzuschütteln, wird bemerkenswert wenig der Opfer gedacht – gleichgültig, ob es sich um die eigenen oder um die der Gegenseite handelt. Das läßt das Ausmaß des Energieeinsatzes erkennbar werden, der zur Verleugnung der in Wahrheit keineswegs so eindeutigen Zwangslage der Vergangenheit notwendig ist. Die Gefühle reichen nur noch zur Besetzung der eigenen Person, kaum zu Mitgefühlen irgendwelcher Art aus. Wenn irgendwo überhaupt ein bedauernswertes Objekt auftaucht, dann ist es meist niemand anderer als man selbst.

Bei der Analyse des seelischen Geschehens, das die Trauer ausmacht, finden wir den Schmerz um den Verlust eines Wesens, mit dem der Trauernde in einer tiefer gehenden mitmenschlichen Gefühlsbeziehung verbunden war. Mit dem betrauerten Objekt ging etwas verloren, was ein wertvoller Inhalt unserer erlebten Umwelt war. Es gibt jedoch eine krankhafte Steigerung der Trauer, die Melancholie. Freud war es, der den Unterschied zwischen Trauer und Melancholie sehr klar gemacht hat. In der Trauer fühle ich mich verarmt, aber nicht in meinem Selbstwert erniedrigt. Diese letztere Erfahrung macht jedoch der Melancholiker. Ihm widerfährt »eine außerordentliche Herabsetzung seines Ich-Gefühls, eine großartige Ich-Verarmung«[1].

Der Verlust des »Führers« war für Millionen Deutsche nicht der Verlust irgendeiner Person (so spurlos der Untergang und so rapide die Abkehr von ihm erfolgte), sondern mit seiner Person verbanden sich Identifikationen, die im Leben der Anhänger zentrale Funktionen erfüllt hatten. Denn er war, wie wir ausführten, zur Verkörperung des eigenen Ich-Ideals geworden. Der Verlust eines derart hoch mit libidinöser Energie besetzten Objektes, an dem man noch nicht zweifelte, nicht zu zweifeln wagte, als die Heimat in Trümmer fiel, wäre in der Tat ein Anlaß zur Melancholie. Nicht nur verlor unser Ich-Ideal in der Katastrophe seinen realen Rückhalt, der »Führer« wird auch noch von den Siegern als herostratischer Verbrecher entlarvt. Mit diesem plötzlichen Umschlag seiner Qualitäten erfährt das Ich jedes einzelnen eine zentrale Entwertung und Verarmung. Zumindest die Voraussetzung zur melancholischen Reaktion ist geschaffen.

An dieser Stelle bietet sich die Gelegenheit zur Einführung unserer Arbeitshypothese. Die Bundesrepublik ist nicht in Melancholie verfallen, das Kollektiv all derer, die einen »idealen Führer« verloren hatten, den Repräsentanten eines gemeinsam geteilten Ich-Ideals, konnte der eigenen Entwertung dadurch entgehen, daß es alle affektiven Brücken zur unmittelbar hinter ihnen liegenden Vergangenheit abbrach. Dieser Rückzug der affektiven Besetzungsenergie, des Interesses, soll nicht als ein Entschluß, ein beabsichtigter Akt verstanden werden, sondern als ein unbewußt verlaufendes Geschehen, das nur wenig vom bewußten Ich mitgesteuert wird. Wir haben uns das Verschwinden ehemals höchst erregender Vorgänge aus der Erinnerung als das Ergebnis eines gleichsam reflektorisch ausgelösten Selbstschutzmechanismus vorzustellen[2]. Mit dieser Abwendung der inneren Anteilnahme für das eigene Verhalten im Dritten Reich wurde ein in ungezählten Fällen kaum zu bewältigender Verlust des Selbstvertrauens und damit der Ausbruch einer Melancholie vermieden. Die Auswirkung dieser außergewöhnlichen psychischen Anstrengung des Selbstschutzes, die keineswegs aufgehört hat, ist der heute herrschende psychische Immobilismus angesichts brennender Probleme unserer Gesellschaft. Wegen der Fortdauer dieser autistischen Haltung ist es einer großen Zahl, wenn nicht der Mehrheit der Bewohner unseres Staates nicht gelungen, sich in unserer demokratischen Gesellschaft mit mehr als ihrem Wirtschaftssystem zu identifizieren.

Um noch einmal den Unterschied zwischen Trauerreaktion und Melancholie anschaulich zu machen: Wenn heute kein lebendiges, spannungsreiches Leben unter unserer demokratischen Verfassung in der Bundesrepublik aufkommen will, weil uns immer wieder autoritäre Verwaltungsroutine und sterile Reaktionsweisen dazwischentreten und das höchstens mit passiven Ressentiments beantwortet wird, so ist Trauer die angemessene Reaktion; Trauer, weil eine erhoffte Entwicklung nicht eingetreten ist, obgleich viele Versuche gemacht wurden. Der Untergang des Dritten Reiches war demgegenüber ein katastrophales Ereignis, auf das selbst bei zunehmend empfundener Ambivalenz die große Mehrheit innerlich nicht vorbereitet war. Sie war auf Grund ihrer Allmachtsphantasien und Projektionen keiner realitätsgerechten Vorschau in die Zukunft fähig. Die Konfrontation mit der Einsicht, daß die gewaltigen Kriegsanstrengungen wie die ungeheuerlichen Verbrechen einer wahrhaften Inflation des Selbstgefühls, einem ins Groteske gesteigerten Narzißmus gedient hatten, hätte zur völligen Deflation des Selbstwertes führen, Melancholie auslösen müssen, wenn diese Gefahr nicht durch Verleugnungsarbeit schon in *statu nascendi* abgefangen worden wäre[3].

Es kommt jedoch noch ein weiteres Unterscheidungsmerkmal zwischen Trauer und Melancholie hinzu[4].

Trauer entsteht, wo das verlorene Objekt um seiner selbst willen geliebt wurde, oder anders ausgedrückt: Trauer kann nur dort entstehen, wo ein Individuum der Einfühlung in ein anderes Individuum fähig gewesen ist. Dieses andere Wesen bereicherte mich durch sein Anderssein, wie etwa Mann und Frau sich durch ihre Verschiedenheit erlebend bereichern können. Der Verlust, welcher Melancholie auslöst, verrät, wie Otto Rank gesehen hat, eine narzißtische Objektwahl. Das entschwundene Objekt hatte ich dann nach meinem Ebenbild und nach seiner Bereitschaft, sich in meine Phantasie einzufügen, gewählt. Das traf auch auf den »Führer« durchaus zu; er erfüllte das Größenideal des lange absolutistisch verkrüppelten Untertanen und projizierte umgekehrt *seine* Größenideen auf die »Rasse«, welche das deutsche Volk auszeichnen sollte. Deshalb konnte Adolf Hitler auch den Gedanken denken, nicht er selbst sei für seine Katastrophe verantwortlich, sondern dieses deutsche Volk habe sich seiner nicht würdig erwiesen; es hatte seine narzißtischen Hoffnungen nicht erfüllt – sowenig es ihm gelungen war, die Sterne der Allmachtsphantasien des in passiver Erwartung an ihm hängenden Durchschnittsbürgers vom Himmel zu holen. Der kollektiven Verleugnung der Vergangenheit[5] ist es zuzuschreiben, daß wenig Anzeichen von Melancholie oder auch von Trauer in der großen Masse der Bevölkerung zu bemerken waren. Einzig die Verbissenheit, mit der sofort mit der Beseitigung der Ruinen begonnen wurde und die zu einfach als Zeichen deutscher Tüchtigkeit ausgelegt wird, zeigt einen manischen Einschlag. Vielleicht ist es auch von dieser manischen Abwehr her zu verstehen, mit wie wenig Anzeichen äußerer Gemütsbewegung die Nachrichten von den größten Verbrechen in unserer Geschichte hingenommen wurden.

Genau betrachtet sind es also drei Reaktionsformen, mit denen die Einsicht in die überwältigende Schuldlast ferngehalten wird. Zunächst ist es eine auffallende Gefühlsstarre, mit der auf die Leichenberge in den Konzentrationslagern, das Verschwinden der deutschen Heere in Gefangenschaft, die Nachrichten über den millionenfachen Mord an Juden, Russen, über den Mord an den politischen Gegnern aus den eigenen Reihen geantwortet wurde. Die Starre zeigt die emotionelle Abwendung an; die Vergangenheit wird im Sinne eines Rückzugs alles lust- oder unlustvollen Beteiligtseins an ihr entwickelt, sie versinkt traumartig. Diese quasi-stoische Haltung, dieser schlagartig einsetzende Mechanismus der Derealisierung des soeben noch wirklich gewesenen Dritten Reiches, ermöglicht es dann auch im zweiten Schritt, sich ohne Anzeichen gekränkten Stolzes leicht mit den Siegern zu identifizieren. Solcher Identitätswechsel hilft mit, die Gefühle des Betroffenseins abzuwenden, und bereitet auch die dritte Phase, das manische Ungeschehenmachen, die gewaltigen kollektiven Anstrengungen des Wiederaufbaus, vor.

Der Rückzug alles libidinösen Interesses, der vielfältigen Identifikationen von dem, was die Wirklichkeit des Dritten Reiches ausgemacht hat, sei es in Taten, sei es in Worten und Phantasien, gelingt scheinbar mühelos. Die Schnelligkeit des Vorgangs verdeckt leicht, daß es sich trotzdem um ein gewaltsames Losreißen von der eigenen Identität, von den gepflegten und gehegten Größenideen handelt, das hier stattfindet. Zwar ist der ökonomische Gewinn für den seelischen Haushalt durch dieses Aufgeben libidinöser Besetzungen groß, aber auch der ökonomische Aufwand, der in diesem Rückzug von den narzißtisch gepflegten Wertvorstellungen steckt, ist nicht unbedeutend. Man sieht sich nachdrücklich gezwungen, sich in Meinungen, Einstellungen, Idealbildung, Geschmacksurteilen zurückzuhalten, in denen man bisher »völkisch«-kollektiv gesichert war. Wer nicht in der Beobachtung weiter wirkender seelischer Motivationsketten geübt ist, könnte der Meinung sein, die damals so erfolgreich abgewehrte Trauerreaktion (oder Melancholie), die sich auch auf den ganzen Umkreis der »völkischen« Ideale erstrecke, habe keine Spuren hinterlassen, sondern sie habe das Geschehen beendet. Die Opfer seien nun gebracht und vergessen, und neue Aufgaben würden jetzt die Menschen beanspruchen. Wäre dem so, dann hätte man es mit einem »abgeschlossenen Kapitel« der Geschichte zu tun.

Dieser Schein trügt, sonst hätte inzwischen nicht der Begriff der »Sühnedeutschen« erfunden werden können für jene nicht große Gruppe, die sich nicht der Illusion überläßt, Schuld sei historisch durch Verleugnung zu beseitigen. Die Hoffnung, die Nachkriegszeit sei abgeschlossen, was wiederholt von führenden deutschen Politikern geäußert wurde, muß sich deshalb als Irrtum erweisen, weil nicht wir allein bestimmen, wann es genug ist, Folgerungen aus einer Vergangenheit zu ziehen, die Leben und Glück einer so großen Zahl von Menschen vernichtet hat. Die Anhänger der Krankheitstheorie der Diktatur sind da rasch mit einem Abschied von dem, was hinter uns liegt, bei der Hand. Es besteht jedoch eine Weltöffentlichkeit, die keineswegs das, was im Dritten Reich sich zugetragen hat, vergessen hat noch zu vergessen bereit ist. Wir hatten Gelegenheit, zu beobachten, wie es nur der Druck der Meinung außerhalb Deutschlands war, der uns zwang, Rechtsverfahren gegen Nazitäter durchzuführen, die Verjährungsfrist zu verlängern oder den Hergang von Massenverbrechen zu rekonstruieren. Wegen dieser Differenz zwischen unserer eigenen eingeschränkten Erinnerungsfähigkeit und der keineswegs behinderten unserer ehemaligen Kriegsgegner und Opfer sind wir gezwungen, unsere psychischen Abwehrpositionen unter fortwährendem Energieaufwand aufrechtzuerhalten.

In diesen Zusammenhang gehören auch Akzentverschiebungen in der Aufmerksamkeit. So wird etwa am Jahrestag schwerer Bombardements auf deutsche Städte »zur Erinnerung an die Toten« unsere Flagge auf öffentlichen Gebäuden halbmast gehißt. Dieses Gedenken kann dazu beitragen, ein neues Geschichtsbewußtsein zu festigen, und damit könnte sich jährlich die Frage wiederholen, unter welcher Devise diese Opfer gebracht werden mußten. Aber es bleibt doch eine sehr einseitige Erinnerung, denn bisher ist es nicht dazu gekommen, einen dem Bombardement auf Dresden oder Frankfurt vergleichbaren Gedenktag für die Opfer der Konzentrationslager, für die holländischen, polnischen oder russischen Opfer der Gestapo und Sonderkommandos festzulegen und zu begehen.

Dieser Ausfall an Mitgefühl ist psychologisch doppelt begründet: Die Ideologie der Nazis ist zwar nach 1945 pauschal außer Kurs geraten, was aber nicht bedeutet, daß man eine sichere innere Distanz zu ihr gefunden hätte. Dazu wäre eine kritische Auseinandersetzung, zum Beispiel eine Untersuchung auf die Wahnhaftigkeit mancher Teile dieser »Weltanschauung«, notwendig gewesen; aber sie kam nicht zustande. So haben sich, sozusagen naiv, weil unreflektiert, Teilstücke dieses Weltbildes völlig unbehelligt erhalten. Das folgenreichste dürfte der emotionelle Antikommunismus sein. Er ist die offizielle staatsbürgerliche Haltung, und in ihm haben sich ideologische Elemente des Nazismus mit denen des kapitalistischen Westens amalgamiert. So ist eine differenzierte Realitätsprüfung für alles, was mit dem Begriff »kommunistisch« bezeichnet werden kann, ausgeblieben. Das unter Adolf Hitler eingeübte Dressat, den eigenen aggressiven Triebüberschuß auf das propagandistisch ausgenutzte Stereotyp »Kommunismus« zu projizieren, bleibt weiter gültig; es stellt eine Konditionierung dar, die bis heute nicht ausgelöscht wurde, da sie in der weltpolitischen Entwicklung eine Unterstützung fand. Für unsere psychische Ökonomie waren der jüdische und der bolschewistische Untermensch nahe Verwandte. Mindestens, was den Bolschewisten betrifft, ist das Bild das von ihm im Dritten Reich entworfen wurde, in den folgenden beiden Jahrzehnten kaum korrigiert worden. Die Einstellung zu den Juden hat eine gewisse Veränderung erfahren. Zunächst hat man ihnen gegenüber den Krieg nicht verloren, sondern in der »Endlösung« nahezu das Ziel der Auslöschung einer Minorität erreicht. Die Gewissensseite wurde später immerhin so weit mobilisiert, daß eine Distanzierung von diesem Orgiasmus der Destruktion erfolgte. Korrigierend wirkte ferner die Tatsache, daß es im Nachkriegsdeutschland kaum noch jüdische Mitbürger gab. Das erschwerte den Fortbestand der Wahnprojektion auf sie (zum Beispiel ihre verschwörerischen Absichten); und schließlich hat die Gründung Israels eine neue Anschauungsform jüdischen Daseins geschaffen, das sich weitgehend von der jüdischen Assimilation in den Industrie- und Nationalstaaten des Westens unterscheidet.

Ein weiterer Grund für die mangelnde Einfühlung in das Schicksal der Opfer der Naziverbrechen ist die erwähnte Derealisierung dieses ganzen Zeitabschnitts. Das geht so weit, daß nicht einmal ernstliche Anstrengungen unternommen wurden, die Motive deutscher Emigranten zu verstehen. Und obgleich sie ein ehrendes Gedenken finden, bleiben auch die Toten der Schlachtfelder und unserer gegen Ende des Krieges in Schutt und Asche versinkenden Städte hinter diesem Schleier des Unwirklichen. Es gehört zur Natur der Trauer, daß sie im Laufe der Zeit erlischt und daß wir in ihr lernen, den erlittenen Verlust zu ertragen, ohne ihn zu vergessen. Für Kriegstote, so hat man den Eindruck, wird die Erinnerung bei uns oft weit weniger aus Pietät denn aus der Absicht, Schuld aufzurechnen, wachgehalten. So beobachten wir auch lebhaftere Gefühle für die vermeidbare Zerstörung deutscher Städte durch Achtlosigkeit und Destruktionslust der Alliierten als für die gleichen Taten unserer Seite, etwa für die zügellose Drohung, die Städte unserer Feinde »auszuradieren«. Ungleiches Maß in der Beurteilung von Schuld anzulegen ist gewiß kein spezifisch deutsches Vergehen; es ist vielmehr eine der konstanten menschlichen Verhaltensweisen, die wir hier im Zusammenhang der Analyse von Spätfolgen kollektiver Verleugnung erwähnen.

Anmerkungen

1 Sigmund Freud, Trauer und Melancholie. Ges. Werke, Bd. X, S. 431.

2 Schuldgefühle und Realangst waren 1945 zu groß, um diesen realitätsverleugnenden Abwehrvorgang zu kontrollieren 'und durch schließliche Einsicht und Einfühlung zu korrigieren; aber die psychische Belastung dauerte an, weil diese Einsicht auch später nicht erstrebt wurde.

3 Wir sprechen korrekterweise von Verleugnung und nicht Verdrängung. Verleugnung ist ein Abwehrmechanismus, der sich auf störende Wahrnehmung der äußeren Realität bezieht. Störend heißt, daß die Wahrnehmung Unlust erweckt. Verdrängung gilt der Unlust bereitenden Wahrnehmung eigener Triebregungen. Im allgemeinen Sprachgebrauch wird ungenau Verdrängung für alle Entlastungsversuche von störenden Erfahrungen benutzt.

4 Zur Beschreibung dessen schien es uns unumgänglich, auch individuelles Verhalten als Anschauungsmittel zu benutzen, obgleich wir uns darüber im klaren sind, daß kollektive Reaktionsweisen sich nur mittelbar mit individuellen vergleichen lassen.

5 Die Realitätsverleugnung setzte schon im Dritten Reich ein, etwa angesichts des Abtransportes der Juden, der Arbeit der Sonderkommandos, der Motive der Partisanentätigkeit. Trotz aller ideologischer Beeinflussung hat eine Wahrnehmung der Schuld stattgefunden. Die Abwehr hatte hier sowohl der Strafangst des Gewissens wie auch der Angst vor der Strafgewalt des Führers Herr zu werden.

Die Relativierung der Moral

Seit langem vollzieht sich Relativierung der Moral. Zwei historische Entwicklungen erzwingen dies. Einmal hat die Technisierung Menschen bisher einander unbekannter Kulturen zusammengeführt. Sie begegnen sich mit ihrem jeweiligen System von Werten und Erwartungen. Das verlangt nach Duldung. Die Prozesse der fortschreitenden Industrialisierung, Verwissenschaftlichung, Bürokratisierung zwingen aber – und dies ist die zweite Entwicklung –, viele der moralischen Maximen unserer eigenen, an uns überlieferten Kultur relativ zu sehen, sogar uns von ihnen zu distanzieren. Wir halten nach neuen Ordnungsformen Ausschau.

Die erwünschte Antwort auf die zu einem einheitlichen Kontaktsystem verschmolzene Zivilisationswelt ist Toleranz, Anerkennung der fremden Sittlichkeit als etwas Lebenswürdigem. Die Relativierung der eigenen Moraltradition stellt eine Herausforderung an unseren Scharfsinn, an das treffende Einschätzen der Bedrängnisse dar, in denen wir selbst stecken und die wir bei anderen beobachten. Wie kommen wir aus dem Netz von institutionellen Vorsorgen, Reglements, in das wir uns verstrickt sehen, wieder heraus? Wie bleiben wir empfindungsfähige Wesen, die unter Umständen sehr verschiedener Meinung sind, und lassen uns nicht zum Verwaltungsobjekt herabwürdigen? – ein Attentat, das ununterbrochen geschieht, weil dem Streben nach technischer Vereinheitlichung der Weltgeschäfte vorerst keine Grenzen gesetzt werden. Die Organisationsformen für die großen Mengen verlangen zwar Gehorsam – statt moralischer Entscheidungen in der eigenen Brust; aber sie bieten auch etwas: höheren Lebensstandard, weniger und weniger anstrengende Arbeit, minimale Verantwortung. Das macht sie attraktiv und enttäuschend in einem.

Es geht demnach nicht nur um eine Reduzierung alter Morallasten. Der Anlaß, etwas der europäisch-christlichen Moraltradition Ähnliches zu entwickeln bzw. sie auf die sehr unterschiedlichen Lebensbedingungen industriegesellschaftlicher Großformen neu einzustellen, ist dem Prinzip nach als Notwendigkeit einzusehen. In der Lebenspraxis lassen sich aber sinnvoll empfundene neue Anweisungen nur bei sehr hartnäckiger Überlegung herausfinden. Moral versteht sich *nicht* mehr von selber – aber es richten sich ununterbrochen Verhaltenskonventionen ein, die den Zustand, wenn nicht erträglich werden lassen, so doch die volle Desintegration der gesellschaftlichen Prozesse verhindern. Es wäre freilich die Frage, ob diese Desintegration gefährlicher als zu anderen Zeiten im Hinterhalt lauert, oder ob sich das menschliche Zusammenleben immer nur unter Verleugnung des höchst ungenügenden Charakters seiner Einrichtungen abgespielt hat.

Wenn man an Moral denkt, kann man auch an etwas anderes als an Verbot denken: nämlich an die Aufforderung, wechselseitig zur Befriedigung des Daseins beizutragen. Das wird sich nur zutragen, wenn die gesellschaftlichen Verhältnisse es erlauben, daß die Individuen sich füreinander interessieren, mit ihren Gefühlen aneinandergeraten. Dazu braucht es aber vorgefundene Wege des Kontaktes, soll man nicht in Gefühlseinsamkeit verkommen. Diese Wegleitungen sind Moral. Es gibt heute mehr Wege als zuvor, und es gibt mehr Irrwege – einfach, weil die Gesellschaft arbeitsteiliger, spezialisierter, sich selbst unbekannter geworden ist.

Trotzdem kann man die Vermutung haben, daß die moralische Grundorientierung angesichts der neuen Machtmittel, über die wir verfügen, noch nicht festgestellt ist. Die Entstehung einer Moral, die dann auch befolgt wird, ist (in der Praxis) Einübung in neue Rituale, die als intuitive Erfindungen von Verhaltenszwängen spontan auftreten. Ebenso unberechenbar ist ihre Zerstörung. Die Techniker der ersten Dampfmaschinen wußten nicht, daß sie die bestehenden Lebensgleichgewichte unter Menschen einzureißen begannen.

Wir haben also davon auszugehen, daß auch die Moral ein Teil der geschichtlichen Wirklichkeit ist – und der Umbau am Komplex der Sittengesetze nicht zuletzt einer der dynamischen Faktoren dieser Wirklichkeit. Im Streit der Meinungen und Gefühle, der diesen Bereich konstituiert und die Komponenten miteinander zu versöhnen versucht, sieht man sich nach einer einfachen Definition um. Nicht, daß sie alle Probleme lösen könnte; aber sie sollte doch zum Auffinden der notwendigen Grundorientierung beitragen.

Für den Psychologen, d. h. den Forscher, der menschliches Verhalten analysiert, bietet sich als moralisch eine Maxime an, die mich auffordert, so zu handeln, daß ich dem anderen nicht schade; und die mich darin bestärkt, bei dieser Einstellung zu bleiben, auch wenn ich mit eigenen Wünschen dadurch in Konflikt gerate, wenn ich Verzicht leisten muß. Da die Motive unseres Handelns sich stets vielschichtig verflechten, ist die Moral nie vor Fälschung und Mißbrauch sicher. Oft nehmen diese so überhand, daß man der Moral abschwören möchte; sie ist aber durch nichts zu ersetzen, da unsere humane Existenz keine eingeborene Instinkt- bzw. Verhaltensregulation besitzt, die den Artgenossen schützen würde.

Von den Geschichtsschreibern wissen wir, daß Moralisten seit je die Abschwächung ehrwürdiger Sittengebote beklagen. Dabei ist ihnen immer die Lockerung sexueller Verbote ein besonderer Dorn im Auge. Viele dieser Moralisten waren recht militant; auf das Foltern, Sieden und Verbrennen kam es ihnen nicht an, wo einer der Sittenlosigkeit, des Umgangs mit dem Teufel – oder was immer die Unzucht signalisiert haben mag – verdächtig war. Es konnte also auf der Welt unter den Augen der Sittenhüter seit je ungleich brutaler als unverhohlen erotisch zugehen. In die Sprache der Psychologie übersetzt: Aggressive Triebbefriedigung ist moralisch bis heute zulässiger geblieben als die zärtlich-sexuelle. Wobei es – da Triebäußerungen untereinander Legierungen eingehen können –, nichts Unerwartetes sein mag, wenn wir im brutalen Exzeß, etwa in der im Dienst der Moral verwendeten Folter, auch eine pervertierte Befriedigung vorfinden.

Da der Mißbrauch der Moral so weit verbreitet ist, wollen wir von Anfang an die Wirklichkeit nicht aus den Augen verlieren. Wir müssen uns Rechenschaft darüber geben, daß wir alle nur in Grenzen von den Normen moralischer Gebote regierbar sind. Die Skala der Übertretungen ist überaus breit. Der Verwahrlosung, einer Verhärtung gegen Gebote, korrespondiert auf der Gegenseite die moralische Überangepaßtheit, die bigotte Gefügigkeit, die übergroße Gewissenhaftigkeit im Befolgen der Moral, die Skrupulosität – allesamt Anzeichen einer krankhaften Charakterentwicklung unter dem Druck moralischer Forderungen, genauer: unter dem Gruppendruck, mit dem der Kodex des moralischen Verhaltens dem einzelnen aufgepreßt wird. Entweder verliert in diesen mißbilligenden Anpassungen an die Moral das Individuum die Orientierung seines persönlichen Gewissens an kollektive Weisungen, oder die gefühlsfreundliche Bindung an die Gruppe bleibt so schwach, daß die primären Triebansprüche nicht zu beherrschen gelernt werden; es entsteht dann der Typus des die Realität moralischer Ansprüche verleugnenden Asozialen.

In einer nicht verzerrenden Vereinfachung läßt sich demnach sagen: an beidem nehmen wir Schaden, an zu wenig und an zu viel Moral. Daraus wird recht deutlich, wie sehr die innere Spannung, die sie erzeugt, bald heilsam, bald Heil und glücklichen Genuß zerstörend sein kann. Moral ebenso wie unsere Triebnatur als die großen Antagonisten drängen nach Maßlosigkeit. Moral stemmt sich zwar den Triebwünschen, die sich ohne soziale Rücksicht äußern wollen, entgegen, aber auch im Verbieten wird insgeheim Triebsättigung mitbetrieben. Hierher gehört die nicht so einfach namhaft zu machende Gruppe der moralistischen Asozialen, jener schon erwähnten militanten Moralisten, Zensoren, Inquisitoren, Schnüffler, die ihre zum Teil sexuellperversen, zum Teil aggressiven Triebbedürfnisse mit dem Moral-kodex operationell zu verschmelzen verstehen; dabei aber die Grund-absicht jeder Moral, dem anderen nicht zu schaden, gröblich verletzen. Nur, weil sie in dieser Hinsicht aus der Rolle fallen, kann man die moralische Scheinanpassung entdecken.

Von der gesellschaftlichen Funktion her betrachtet ist Moral ein Ordnungsschema. Meist bringt es harte Einschränkungen gegen die Vitalkräfte des Menschen mit sich. Besonders in den Spielarten christ-licher Religion erfahren unsere sexuellen Triebe eine geringe Achtung. Dabei steht es, von der Biologie her gesehen, mit der Stützung morali-scher Ansprüche gar nicht gut. Sie beruhen nicht, wie die menschliche Verhaltenslehre immer deutlicher sieht, als »Instinkte« auf Erbeigen-tümlichkeiten; vielmehr werden sie gerade deshalb nötig, weil der Mensch kaum über derartige angeborene Aktionsmuster seines So-zialverhaltens verfügt. Unsere Sitten sind künstliche, erlernte und übertretbare Ritualisierungen des Umgangs mit unseren Artgenossen. Um das Ausmaß sinnvoller Triebbeschränkungen wird seit je ge-kämpft. Hier einen quasi objektiven Standard zu errichten, ist unmög-lich, weil es außer der Gewöhnung keine Kriterien gibt, keine objekti-veren Kriterien. Denn man muß sich vor Augen halten, daß die Anpas-sungsfähigkeit an denkbar unterschiedliche soziale Normen und Ziel-setzungen eines der bemerkenswertesten Selektionsergebnisse der menschheitlichen Entwicklung ist. Zum Beispiel kann eine extrem trieb-verneinende pietistische wie eine hedonistische, weniger von Triebangst bestimmte Gruppenordnung jeweils von den Mitgliedern als *die* menschliche Lebensform angesehen und verteidigt werden.

Größere Veränderungen im Lebensbereich einer Gruppe, etwa neue Produktionstechniken, das Aufkommen neuer Herrschaftsschichten, aber auch das Ermatten des moralischen Pathos – von dem keines der bisherigen Moralsysteme verschont geblieben ist – schaffen immer wieder Verwirrung, Unruhe im Bereich der gültigen Sittenordnung. Häufig sind die Jugendlichen, deren Aneignungsprozeß der Gruppen-werte und -normen noch nicht abgeschlossen ist, die Protagonisten des Umbaus, oft Umsturzes. Die wechselseitigen Verflechtungen von ero-tisch-sexuellen und aggressiv-aktiven Triebbedürfnissen speziell in der Nachpubertät (die in unserer Zivilisation allmählich immer tiefer in die zwanziger Jahre des Lebens reicht) fordern die moralischen Ta-bus immer wieder heraus; aber es ist nicht zu vergessen, daß gerade in diesem Lebensabschnitt auch begeisterte und entschlossene Anstren-gung zur Überwindung der eigenen (Trieb-)Schwäche unternommen, asketische Ideale aufgerichtet werden. In den vielen Klagegesängen über die »Halbstarken« fehlt das Wissen um diese Dialektik, die hinter sehr zynischem Verhalten verborgen werden kann. Die Anklagen gegen die Jugend spiegeln das Malaise der Moralisten. Da sie projizieren, kommen sie dem Problem, mit dem sie umgehen, nicht auf den Grund. Ihre Urteile orientieren sich an einer rückwirkenden Vereinfachung ihrer eigenen Lebenserfahrungen, nicht an den sehr widersprüchlichen und zum Widerspruch herausfordernden sozialen Erfahrungen der heute jungen Generation, und zudem meist noch an einer wissenschaftlich nicht haltbaren Anthropologie. Seit alters muß sie dazu dienen, Herrschaftsvorteile mit zurechtgebogenen Beweisführungen zu decken. Der Vorteil, ein eventuell positionsstarker Erwachsener zu sein, muß für alle Demütigungen entschädigen, die man in Kindheit und Jugend erfuhr. Die Bestechung, die damit ausgeübt wird, daß man nach langem »Dienst« in gruppenakzeptierte Positionen einrückt, daß nichts von dem geschieht, was man sich zuvor geschworen hatte – diese Bestechung hinterläßt ein zeitlebens sensibilisiertes schlechtes Gewissen. Jede Ungezogenheit jugendlicher Menschen auf dem Wege der Sozialisierung erweckt überschießende Ablehnung auf seiten der Moralisten. Das Überschießen verrät die irrationale Quelle der Erregung.

Zudem ist es schwierig hinzunehmen, daß in unserer von der Dynamik technisch-industrieller Entwicklung bestimmten Zeit jede Generation nicht nur von neuem den Sittenkodex einpauken muß, sondern daß diese Codices von Generation zu Generation sehr starken Wandlungen unterworfen sind. Jedenfalls sehr viel heftigeren, als wir es aus den meisten Geschichtsabschnitten wissen. Dabei muß man bedenken, daß »Generation« hier nicht im biologischen Sinn zu verstehen ist, sondern als ein *erlebtes Gefühl der Gruppengemeinsamkeit*. Diese Generationen werden im Gegensatz zu der Verlängerung der Lebensdauer zu immer schmäleren Altersgruppen. Fünf bis zehn Jahre können schon erstaunlich verschiedene Subkulturen mit sich bringen. Eben deshalb ist Verständnis für die Motivierung eines mir fremden Verhaltens über die Grenzen meiner eigenen Moralität hinaus das, was uns nötiger ist als vielen Epochen vor uns; denn der Fluß der Geschichte war nicht alle Zeit so reißend wie in unseren Tagen. Daß ich dabei meine Moral nicht verlassen muß, auch wenn ich über ihren Ordnungsentwurf hinausblicke, ist zwar einsehbar, scheint aber immer eine unbehagliche Unternehmung zu bleiben.

Die ritualisierte Biertrunkenheit bürgerlicher Studenten war für den an diese bürgerlichen Lebensprivilegien Gewöhnten nicht besonders beunruhigend, so abstoßend sie einem »Fremden«, einem, der diese Privilegien und ihre moralische Billigung nicht von Jugend auf kannte, vorgekommen sein mag. Mit der zunehmenden Fundamentaldemokratisierung nimmt sich die Jugend als ganze die Freiheit heraus, mit der Verachtung des zivilisierten Anstandes zu prahlen. Wieder sind die Ergebnisse zuweilen abstoßend, aber die Provokation zwischen den Generationen bleibt ein wichtiges Element unseres geschichtlichen Wandels. Besonders, wo sich Gruppen bilden, deren Gruppenmoral die Mitglieder auf sinnlose Zerstörung verpflichtet, wird man sich mit diesen Äußerungen nicht anfreunden können. Es ist äußerst unzweckmäßig, den Fokus der Aufmerksamkeit hier auf das moralische Problem einzustellen. Vorrang hat die Frage, welche Sozialerfahrungen diese antimoralischen Triebausbrüche provozieren, mindestens die bessere Integration abschwächen. Woher diese herausfordernde Indifferenz anderen Sozialwerten gegenüber als denen der Gruppe, an der man im Augenblick teilhat, der man mit Haut und Haaren verfallen ist, an der man mit dem Herzen hängt?

Wir haben eben von der Bestechlichkeit des Menschen gesprochen, der stets der Spannung zwischen Suche nach den großen Triebbefriedigungen und Hinnahme sozialer Unvollkommenheiten ausgesetzt ist. Die Adoleszenz stellt einen inneren Zustand vor diesem Sündenfall dar. Emphatisch vielleicht, Utopien hingegeben, sinnt der junge Mensch auf eine Zukunft, die weniger von Kompromissen belastet ist, um wenigstens unbehelligt einige Gratifikationen genießen zu dürfen. In der bürgerlichen Epoche Europas nahm sich für viele Jugendliche, gemessen an der je verkündeten kommenden »besseren Zukunft« – wenn man selbst erst an die Macht gelangt sein wird – die bestehende Gesellschaft aus wie Niederungen, bevölkert von banalen Gestalten, wie man sie zu Hause, in der Schule und auf der Straße als Erwachsene antraf. An dieser intensiven Hoffnung, die auch die nicht-bürgerliche Jugend teilte, hat sich viel geändert. Darin unterscheidet sich die Gegenwart von der jüngeren Vergangenheit: die unablässig steigende Zahl der Menschen, die Undurchschaubarkeit der Machtverhältnisse, das Schwinden der Chancen, durch Initiative zu Posten mit Selbständigkeit aufzusteigen – schon weil jede individuelle Leistung bei der erreichten Arbeitsteilung von der Mitleistung sehr zahlreicher anderer abhängt – alles dies hat ein auf die Zukunft bezogenes Engagement unter den Jugendlichen der Gegenwart nicht mehr so recht aufkommen lassen. Die Kritik ist geblieben, aber die Verknüpfung mit der Hoffnung ist aufgelöst. Das hat gewiß zur Verschärfung des Generationskonfliktes beigetragen und ist ein bedeutsames Signal für die zunehmende Unfähigkeit unserer Zivilisation, die adoleszente Unruhe aufzufangen und die Jugendlichen an konstruktiven gesellschaftsverändernden Anstrengungen zu interessieren. Insgesamt ist das ein Komplex von Fragen, der unsere Anteilnahme an den wild und ziellos Protestierenden herausfordert und unsere Gemeingefühle für den Zustand unserer Gesellschaft mobilisieren sollte, ehe wir das Verhalten der Jugendlichen moralisch aburteilen.

Schaut man sich aber eine Vielzahl öffentlicher Äußerungen zu den gewiß oft bestürzenden Lebensäußerungen der Jugend an, dann spiegelt sich in ihnen ein schlechtes und schlichtes Denkmodell, das man billigerweise ein restauratives nennen darf. Wobei noch anzumerken ist, daß zu den bestürzenden Lebensäußerungen der Jugend auch ihr Mangel an Risikobereitschaft gehört, ihre Sekuritätssucht bei den Lebensplanungen und eine biedermeierliche Enge in den Konsumausschweifungen. Die Emanzipation von den früher gültigen Sexualtabus, so wird argumentiert, habe eine weitverbreitete Verrohung der Sitten mit sich gebracht. Die zutreffendere Gedankenführung, nämlich daß beide Verhaltensformen die gleiche Wurzel haben, kann nur nebenbei erwähnt werden. Unverkennbar steht man vor neuen Problemen, zum Beispiel dem Austausch von autoerotischer Sexualbetätigung, zu der die bürgerlichen Tabus den Jugendlichen zwangen, gegen früh beginnenden Geschlechtsverkehr heutigen Tags. Diese Entwicklung findet sich jenem ziellosen Tätigkeits- und Zerstörungsdrang benachbart und ist ein Beleg für eine andere Not, in die unsere Jugendlichen geraten sind. Nicht mehr Über-Tabuisierung hält gefangen und verhindert auch im sexuell-erotischen Bereich ein tieferes Verständnis der Partner, sondern eine Abwendung vom Objekt, eine *Rückwendung der Liebesfähigkeit auf die eigene Person* hat stattgefunden. Narzißmus und die korrespondierende Blässe und Armut der Gefühle in den Liebesbindungen wie in den pfleglichen Beziehungen zur Welt überhaupt haben sich als Leiden, nicht als Freiheiten verbreitet. Zu dieser Selbstverliebtheit gehört, daß viele Jugendliche keinerlei Befriedigungsaufschub ihrer Triebbedürfnisse ertragen können. Sie stammen von Eltern, deren Realverhalten übrigens genau so bestimmt ist; die Jugendlichen haben es nie anders erlebt. Die moralischen Forderungen der Eltern, die von den Kindern ignoriert werden, sind offenbar durch das tatsächliche Verhalten dieser Vorbilder entwertet. Die moralische Position, in der sich viele Vertreter unseres öffentlichen Lebens verschanzt haben, ist dadurch ausgezeichnet, daß man durch säuerlich idealisierende, pseudo-autoritäre und gleichermaßen ängstliche Gesten unfreiwillig davon Kunde gibt, wie sehr man den »zügellosen« Jugendlichen ihre Freiheiten, insbesondere die angebliche »sexuelle Freiheit« neidet.

Von »angeblicher« Freiheit zu sprechen, ist durchaus berechtigt, denn – wie angedeutet – handelt es sich nur sehr bedingt um einen größeren Spielraum, den man gewonnen hat. Vielmehr wird in frühen

Sexualbeziehungen zwanghaft ein prägenitales Bedürfnis befriedigt: Im Gewand sexueller Äußerungen findet ein kindlicher Befriedigungsversuch statt, der eigentlich Sicherheit – im Sinne körpernaher Geborgenheit – und Sattheit meint. Ganz offenbar werden heute Erfahrungen der Kindheit nicht mehr bis zu jener Absättigung erlebt, die der Reifungschritt zum Erlebnis der Geschlechtlichkeit voraussetzt. Diese Fixierung an Positionen der Kindheit wird natürlich im Bewußtsein heftig abgewehrt und durch besonders rüdes Verhalten verleugnet.

Die oft beschriebene Reifungsverzögerung mag hier eine ihrer Wurzeln haben, während das Körperwachstum unter besten hygienischen und Ernährungs-Bedingungen rascher verläuft. Solche Widersprüchlichkeit läßt sich nicht mehr mit den Sollensnormen bürgerlicher Idealität überwinden, wie sie etwa Eduard Spranger den deutschen Pädagogen vermittelt hat. Liest man heute seine »Psychologie des Jugendalters«, so wird einem der rasche Generationswechsel und der ebenso rasche Verfall ihrer jeweiligen Moralität, ihrer Selbstidealisierungen, klar. Man sieht, wie sich die neue Kastenmoral einer einheitlichen Angestelltenkultur allenthalben zu etablieren beginnt – mit ziemlich veränderten Wertorientierungen und einer zu diesen Werten spezifisch passenden, schlecht kaschierten doppelten Moral.

Viele Entwicklungslinien unserer Gesellschaft deuten auf den Rückzug in Selbstverliebtheit. Da es zum Narzißmus gehört, daß wir die Fähigkeit zu einem tieferen Engagement jenseits der eigenen Person nicht entwickeln oder verlieren, werden der Genuß *und* die Moral, die diesen Genuß zügeln will, gleichermaßen flache Erfahrungen. (Bekanntlich weisen alle autistischen Befriedigungsformen kurz anschwellende und rasch abklingende Erregungskurven auf.) Eine lebende Moral hingegen, die nicht zur wechselseitigen Peinigung degeneriert, befähigt zur Leistung von Verzichten, weil ein *Ziel* angegeben ist, das ohne Verzicht nicht zu erreichen wäre, und weil damit Befriedigung versprochen ist. Es ließe sich auch sagen, das Ziel werde geliebt, und von dieser Liebe lebe die moralische Verzichtleistung. Insofern die menschliche Anlage die Fähigkeit zur Sublimierung, zum Triebaufschub mitbringt, kann eine Vertauschung der Liebesobjekte stattfinden. Wir können leidenschaftliche Bindungen an Objekte herstellen, welche die ursprünglichen, archaischen ersetzen, an die wir in der Ohnmacht unserer frühen Kindheit gebunden waren. Wir können aber auch eine Ritualisierung auf dem Weg der Triebbefriedigung übernehmen; man denke etwa an die in manchen Gruppen üblich gewesene lange »Verlobungszeit« mit ihrer Sittenregelung. Diese Ritualisierung kann ihrerseits libidinisiert werden, so daß das Werbungsverhalten trotzdem Freude bereitet. Karenz muß nicht nur von der Endbefriedigung noch abgehaltene Lust, das ist Unlust, mit sich bringen, wenn das Einhalten der Sittengesetze die Ich-Identität stärkt durch den Einklang mit der sozialen Mitwelt.

Das alles *kann* der Mensch; ob er es ohne moralische Zwänge täte, ist kaum eine Frage: Er täte es nicht.

Hier muß man auf eine immer wieder vorgebrachte Meinung eingehen: psychologisches Verständnis löse die Unbedingtheit der moralischen Ansprüche auf, sie schwäche also die Kultur. So simplifiziert ist die Aussage gewiß irrig. Ihr liegt die Auffassung zugrunde, daß kritische Urteile nie so sicher seien wie die in Fleisch und Blut übergegangenen Sittengebote. Und das trifft sogar zu. Trotzdem schützt uns das nicht vor einer Perversion der Moral – man denke an die viktorianische Ära oder an den immer wieder während des Mittelalters auftauchenden Exzeß, extreme Sexualtabus zu verhängen; man denke an die Euthanasie-Morde, an die Freigabe des Mordes an Millionen »Rassenfremder« oder »Ideologiefremder« durch die Moral der Naziegesellschaft oder der Bolschewisten bis zum Ende der Stalinära. Daß Moral falsche, unter Umständen mörderisch falsche Sicherheit zu verleihen vermag, muß der besonders im Bewußtsein festhalten, der sich um ihre Erweichung durch psychologische Analyse Sorgen macht. Alles verstehen heißt ganz gewiß nicht, alles verzeihen. Einiges besser verstehen zu können schafft aber Voraussetzungen für die Verinnerlichung einer Moral, die nicht so leicht und möglicherweise ungewollt und unbewußt der Zerstörung menschlichen Glückes Vorschub leistet. Bei alledem ist es eine entscheidende Crux, daß die verbotssüchtigen Moralisten wie auch die moralfeindlichen Sozialutopisten – etwa vom Stile Henry Millers – sich nicht um eine prägnante Kenntnis biologischer und psychologischer Gesetzlichkeiten bemühen, die unser Leben bestimmen, und die man zwar im Wunschdenken ausschalten kann, nicht aber in Wirklichkeit.

Überlegungen zum Thema »Relativierung der Moral« sind also von Anbeginn durch allerlei Schiefdenken bedroht. Das Beispiel von der Schwierigkeit einer Verständigung zwischen den Generationen einer in raschem Wechsel ihrer Orientierungsschemata befindlichen Gesellschaft kann das illustrieren. Wo diese innergesellschaftliche Kommunikationsstörung auf ein »Halbstarkenproblem« reduziert wird, werden unaufrichtige oder falsch gewordene Moraleinstellungen leitend.

Ist Relativierung der Moral der Weg zur Hölle, ist sie ein Segen? Beides scheinen uns unsinnige Alternativen. Eine unsinnige Alternative wird dadurch aufgerichtet, daß man ein Problem exzentrisch belastet. Eine besser gezielte Frage würde etwa lauten: Welche Anstrengungen müssen wir vollbringen, um die Determinanten für die tatsächlich erfolgte Relativierung der Moral zu analysieren; um zu *verstehen*, wie das alles sich zugetragen hat und aus welchen Quellen die Unruhe unserer Zeit stammt, in der keines der alten Moralsysteme mehr seine alte Gültigkeit behalten kann? Wie muß in einer auf Verantwortung und gegenseitiges Vertrauen bauenden Gesellschaft erzogen werden, damit diese sozialen Verhaltensweisen gedeihen können? Und nicht das Gegenteil. Die Hoffnung, es möge gelingen, Aufzuchtpraktiken zu finden und in der Gesellschaft durchzusetzen, die dies leisten, mag utopisch klingen. Es ist aber noch keine bessere Gegenkraft entdeckt, um die Entwicklungstendenzen zur Anonymität der sozialen Leistungen aufzufangen. Anonymität ist dann hergestellt, wenn Individuen ohne Störung des Leistungszusammenhanges tauschbar werden. Dies galt zum Beispiel in hohem Maß für die Degradierung des Menschen in der Fabrikarbeit der ersten Industrialisierungswelle; und ist heute mit gemilderter ökonomischer Härte weiter verbreitet als je zuvor. Anonymität ist aber auch damit etabliert, daß der Austausch von Werteinstellungen des Individuums manipuliert und kurzfristig geändert werden kann, ohne daß dies einen sichtbaren Einfluß auf die Persönlichkeitsverfassung zu haben scheint. Es ist die Vermutung naheliegend, daß der vorhin beschriebene narzißtische Rückzug und die Manipulierbarkeit der Sozialeinstellung untereinander korrespondieren und in einer Art *feed back* einander verstärken. Hier handelt es sich dann um ziemlich moralindifferente Steuerungen. Moralindifferent soll besagen, daß dem Individuum nicht die klassische Freiheit bleibt, sich in der Alternative moralisch entscheiden zu können. Die im Ethos der Demokratie als pluralistische Gesellschaft immerhin erreichte Dialektik von *entscheidungsbefugten* Individuen und moralischer, gemeingültiger Handlungsanweisung ist wieder aufgehoben. Wer Dressatzustände als Moral bezeichnen will, kann bestenfalls von Dressatmoral in diesen gesellschaftlichen Zuständen sprechen, in denen anonym befohlen oder verführt und ohne kritische Ichbeteiligung gehorcht wird. Hierbei kann dann, wie wir das erlebt haben, das Individuum zu allem imstande sein und sich dabei noch auf höchste Autoritäten der Gesellschaft berufen.

Der große Schritt, der uns abverlangt wird, heißt also, so zu erziehen, daß es der einzelne von Kindesbeinen lernt, nicht nur herrschende Moral in seinem Verhalten zu befolgen, sondern durch sein Verhalten – wo es dringlich und human gefordert wird – eine Anti-Moral zu wecken und ihr anzuhängen – bei wacher, kritischer Vernunft. Anti-Moral soll ein begründetes Gegenverhalten zu den Handlungsanweisungen bezeichnen, die unter bestimmten Umständen erteilt werden. Eine Maxime der Erziehung muß es sein, zu lernen, solche Anti-Moral vor dem moralischen Aburteilen sorgfältig zu prüfen. Denn: Wer aus Wahrheitsliebe gegen die herrschende Moral handelt, wird unter Umständen nicht besser als ein Krimineller fahren, solange mit herrschender Moral (und Amoral) die Macht verknüpft ist. Man kann es sich also wohl ausdenken, aber kaum Forderungen daraus ableiten, daß das Individuum gezwungen werden könnte, sich für die herrschende Moral – oder auch für die Anti-Moral aufzuopfern. Hier fängt der Bereich der menschlichen Entscheidungsfreiheit an, in dem das Individuum sich unterwirft oder die großartigste Widerstandskraft entfaltet, leidenschaftlich an seiner Wahrheit hängend, wie jene lebenslang im Turm zu Aigues Mortes eingekerkerten Protestanten, die mit Fingernägeln das Wort RESISTERE in den Sandsteinquader schrieben.

Die psychoanalytische Forschung hat wesentliche Einblicke in die Gesetze der Entstehung menschlichen Verhaltens gebracht. Wir erkennen deutlich, wie Aufzuchtprozeduren die Einstellung der jeweiligen Gesellschaft herausfordern. Denn das Erlernen des menschlichen Verhaltens schließt immer beides ein: das Erlernen der Moralität wie der Techniken, sich ihr zu entziehen. Zur Moral, die da beansprucht, in allen großen Entscheidungs- und Konfliktsituationen des einzelnen beachtet zu werden, gesellt sich stillschweigend die Zahl jener Techniken, die es einem erst ermöglichen, tatsächlich im sozialen Dschungel zu überleben. Es wird nicht nur gelernt, wie man nicht lügt, sondern wie man mit Erfolg lügt; wie man ehrenwert handelt und wie man durch Gewissenlosigkeit stark wird. Das ist auch gemeint, wenn wir hier pragmatisch von Moral reden, statt so kühn zu sein, uns in das nicht endende Gespräch der Moralphilosophen und Theologen zu mischen.

In drei Ansätzen sei versucht, Aspekte des Themas zu ordnen. Zuerst geht es um die Auswirkung der Tatsache, daß in der technischen Zivilisation Moralordnungen sehr verschiedener Entwicklungshöhe einander nähergerückt, zuweilen heftig zusammengestoßen sind, und daß alle es sich gefallen lassen müssen, als relativ betrachtet zu werden. Sodann sind einige neuere Erkenntnisse anzufügen über die Entstehung moralischen Verhaltens. Zum Schluß ist die Konsequenz zu skizzieren, die daraus entsteht, daß unserer seelischen Organisation neue Leistungen abgefordert werden, mit denen sie die Relativierung der überlieferten Moral beantwortet.

Zur gewaltigen politischen Unruhe in unserer Zeit tragen die Zersetzungsprozesse lokaler, vorindustrieller Moralordnungen nicht wenig bei. Manchen Untergang wird man betrauern, manchem keine Träne nachweinen. Weiter wird Verwirrung dadurch gestiftet, daß Menschengruppen miteinander in Beziehung geraten, deren Niveau des Weltverständnisses so weit voneinander geschieden sein kann wie steinzeitlicher Faustkeil und Überschallflug. Die Missionskraft der technischen Zivilisation erwies sich aber als unwiderstehlich. Es konnte nicht ausbleiben, daß sich gleichzeitig mit diesem überregionalen Vorgang der Industrialisierung nationalistische und supra-nationale Ideologien entwickelten. Als Ausfluß des jeweiligen Weltverständnisses sind sie kaum weniger magischen Anbetungsbedürfnissen entsprungen als die Kulte in der Frühzeit. Man denke nur an die Vergöttlichung nationaler Führer oder »der« Partei in autoritär regierten Ländern und an die Fetischrolle des Privatbesitzes in der Ideologie des Westens und ähnliches. Wo, um zu überleben, die Einzelnen auf eine solche Ideologie sich ausrichten müssen wie die Eisenspäne auf den Magneten, da versinkt auch manches vom Strahl der Aufklärung berührte Individuum im dumpfen Gefühlsüberschwang von Massenerregungen; oder es wird in der permanenten Denkstarre, die die moderne Ideologie auszeichnet, zermürbt.

Die gleiche rationale, aus den Naturwissenschaften abgeleitete Technik dient also den feindlichen Gegenspielern. Je weiter das Jahrhundert seinem Ende sich zuneigt, desto deutlicher wird, daß die ideologischen Urfeindschaften sich abschwächen, zweitrangig werden, gemessen an der Sprengkraft der neuen Nationalismen und am *politischen* Großmachtstreben der stärksten Gegenspieler, die aus zwei Weltkriegen sich herausentwickelt haben. Das bedeutet, daß im russischen und chinesischen Herrschaftsbereich z. B. extrem individualitätsfeindliche Moralsysteme das Vorbild bestimmen. Hier beobachten wir jedenfalls im Gegensatz zur Relativierung verschärfte Uniformierungsvorgänge; und doch zeigt die Spaltung zwischen den Großreichen, daß auch hier die monolithische Herrschaft *einer* Moral, *einer* Ideologie nicht aufrechterhalten werden kann. Im Gegenteil, sobald sich die Machtchance eröffnet, setzt eine höchst aggressiv vorgetragene Relativierung der Lehre und der von ihr bestimmten Moralordnung ein. So wird die relative Friedlichkeit, zu der sich der russische Kommunismus im Laufe seiner Herrschaft hingefunden hat, von den chinesischen Kommunisten als moralische Herausforderung empfunden, als ein Zeichen des Verrats, als ein gänzlich unmoralisches Benehmen.

Demgegenüber repräsentiert Amerika eine Massen-Konsumkultur, die dem Osten vielleicht ein halbes Jahrhundert in der Breitenentwicklung vorausläuft. Der ideologische Hintergrund, das Bekenntnis zur freien Konkurrenz, ist wesentlich toleranter und durch die Gewaltenteilung gemildert, wenn man sich auch über den Konformitäts*zwang* des Alltags in den Vereinigten Staaten keine milden Vorstellungen machen darf. Die gleichförmigen Fakten der Populationsvermehrung und des technischen Wettlaufs machen es in hohem Maße wahrscheinlich, daß die feindlichen Großreiche Rußland und China vor ähnlichen Ergebnissen der Entwicklung stehen werden, wenn ihre Produktionspotenz die gegenwärtige der Vereinigten Staaten erreicht haben wird Das heißt, sie werden eine relative Gedankenfreiheit nicht vermeiden können, sobald die große Zahl der Bevölkerung der gröbsten Not enthoben ist (eine Entwicklung, die sie gegenwärtig nicht wenig fürchten). Daraus ist jedoch vorerst nicht zu folgern, daß die technische Kultur für die großen Mengen (um das ominöse Wort »Masse« zu vermeiden) Bewußtseinsentwicklungen vorschreibt, die progressiv im Sinne einer Verstärkung der kritischen Fähigkeiten verlaufen. Vielmehr ist die Chance sehr groß, daß narzißtischer Rückzug und Persönlichkeitsspaltung unter den anonymisierenden Lebensbedingungen vertieft werden. Intellektuelle Fähigkeiten werden sich an Sachobjekten, an der Perfektion rationaler Methoden der Forschung und Produktion bewähren, die Frage nach dem Sinn dieser Produktion könnte aber aus dem Interessenkreis der intelligenten Fragestellungen ausgeklammert bleiben. Auch die überkommenen Religionsinstitutionen versuchen heute, wie manche anderen Interessengruppen, Zugang zu den neuen Methoden der Erziehung und Massenlenkung zu finden, mit deren Hilfe ein wertneutrales System der Nachrichtenvermittlung entwickelt wird. Mechanisierte Lehrmittel befördern die möglichst perfekte Anpassung einer möglichst großen Zahl von Individuen an die Erfordernisse des technischen Großapparates. Und soweit menschliche Kommunikation zu versachlichen ist, z. B. in gezielter *Verhaltensplanung* durch Werbung, wird sie weiter rationalisiert werden.

Man muß sich darüber klar sein, daß es sich hier um Vorgänge des Einschleifens von Verhaltensstereotypien handelt (Vertrauen erweckende, Sozialprestige gewährende Konsumgewohnheiten etwa), die man mit Konrad Lorenz als »moralanaloges Verhalten« bezeichnen kann. Rein an ihrer Funktion orientiert, bedeutet Moral *Entscheidung* zwischen einem für die Gruppe höherwertigen und einem geringerwertigen Tun, und zwar zugunsten des ersteren. Überall dort, wo Gewohnheiten eingeübt werden, denen kein »innerer Kampf«, keine Entsagung vorangegangen ist, läßt sich kaum behaupten, hier sei im Spiele, was man herkömmlicherweise moralische Bedenken nennt. Ganz zu schweigen von jenen schwersten Entscheidungen, in denen das Individuum sich an *erkannter* Wahrheit orientiert und diese gegen Einsprüche der geltenden Moral festzuhalten sucht. Hier ist Galileis Niederlage immer noch ein ergreifender Augenblick.

Der zweite Erziehungsweg, den das Individuum unserer Zeit durchläuft, ist – wie von jeher in der moralischen Erziehung – auf die *Bahnung affektiver Bindungen* an Menschen und affektiver Einstellungen zu Menschengruppen gerichtet. Hier unterscheidet sich die Einübungstechnik keineswegs von der vorindustrieller Gesellschaften. Es geht vielmehr nach wie vor um Kommunikation auf der Ebene der *Rollen.* Die Manipulation der Gefühle läßt sich heute zwar mit allem Raffinement der Werbepsychologie und -technik durchführen, aber der Anspruch, der gestellt wird – die eigenen Vorbilder für ideal, die Feinde für Unmenschen zu halten –, verrät ein Weltverständnis, das gewiß seit den Kreuzzügen stillsteht. Und doch haben die Nazis einen neuen Typus des moralischen Bewußtseins präsentiert. In ihm verbanden sich primitive Einstellungsschablonen und organisatorische Perfektion. Wie verhaßte Minoritäten oder Kriegsgegner sich mit kursbuchhafter Präzision einkesseln und in Massen vernichten ließen, das zeigte die administrativ geordnete Hierarchie von Mördern der entsetzten Welt zum ersten Mal. Das ist nicht mehr die doppelte Moral des Bürgers, hinter der doch das *eine* Gewissen stand, sondern eine Verdoppelung der Existenz und des Reagierens. Offenbar fehlen uns in unserer Sprache noch die Begriffe und die Geläufigkeit, um diese neue Verfassung angemessen zu benennen.

Wir haben jetzt eine Reihe von Ereignissen aufgeführt, durch deren Einfluß Relativierungen der hergebrachten, aber auch der neuentstandenen Moral unvermeidlich geworden sind. Besonders wichtig scheint es, auf folgenden Doppelvorgang noch einmal aufmerksam zu machen: Einerseits erlaubt es der Überblick über die zeitgenössische Menschheitsgeschichte, der sich uns eröffnet hat, keiner Gruppe mehr, ihr lokal entstandenes Wertgefüge absolut zu setzen. (Das soll nicht heißen, daß der Angehörige einer Kulturgruppe nicht für sich selbst die Gültigkeit der ihm übermittelten Moralvorschriften anzuerkennen und zu befolgen berechtigt wäre; es soll wohl heißen, daß er sie nicht als die einzig gültigen für alle Menschen ansehen darf.) Andererseits sehen wir, wie sich Riesenreiche ideologisch nach innen orientieren und gegen Nachrichten, die eine Relativierung ihrer Lehren mit sich bringen könnten, abschirmen wollen. Es ist äußerst interessant zu sehen, daß die Abschirmung nicht ganz und gar gelingen kann. Technische Entwicklung, Sportrivalitäten, Kleidungsgewohnheiten, Tanzstile überwinden alle Hindernisse, die ihnen entgegengestellt werden, und wirken wie Fragmente einer Lebensform, die sich ausbreiten will. Hier besteht ein deutlich west-östliches osmotisches Gefälle. Außerdem ist anzunehmen, daß mit dem weiteren Ausbau der industriellen Produktion sich die auf schablonierte Gegner gerichteten Gefühle, die der Not und vor allem dem Inferioritätsgefühl rückständig gewordener

Länder entspringen, beruhigen werden. Der Vorgang des sozialen und moralischen Umbaus verschont niemanden. Alle Teile der Menschheit müssen in diesem Geschichtsprozeß, der erstmals von einem universalen Bewußtsein getragen wird, ihre Rolle neu zu definieren lernen.

Daneben spielen sich aber fortwährend provozierende Veränderungen in unser aller Umwelt ab, die unsere moralischen Entscheidungen nicht weniger beeinflussen. Noch vor 30 Jahren trug man einen Anzug zum Schneider, um ihn, wenn er abgenutzt war, wenden zu lassen. Strümpfe und Wäsche wurden geflickt und gestopft. Das Bewahren und Schonen und Achten waren nicht nur von der relativen Armut vorgeschrieben; auch der Vermögende verhielt sich so. Sparen war ein ethischer Akt. Und dann kam die Entwertung des Ersparten in Inflationen und Kriegen, der Umschlag der Kultur des Sparens in die des raschen Verbrauchs. Die Überflußgesellschaft, wie steht sie zum Sparen? Wo liegt die moralische Grenze zwischen gewünschtem und verderblichem Aufwand? Die Kongestionserscheinungen in der Zeitplanung, die oft zum vorzeitigen Tod des »aufwendigen Verbrauchers« führt, zeigt, daß die Verbrauchskultur über keinen zauberischen Reichtum verfügt, sondern erhöhte Arbeitsleistung verlangt. Was wird nun wem geopfert: die Zeit, die man zum Erwerb dieser Güter braucht, der Zeit, die man für mehr introspektive Aufgaben oder gemeinsame zwischenmenschliche Unternehmungen benötigt? Wer bestimmt, was hier moralisch ist, und wer installiert ein Gewissen, das die Moral in Aktion überträgt?

Ein anderes Beispiel. Seit je war für alle Kulturen – je restriktiver, desto stärker – die Sexualität eine permanente Konfliktquelle. Eine der stärksten Hilfen zur Einhaltung der Sexualmoral bot die Angst vor den unverleugbaren Folgen verbotener Intimität. Hieraus zog sie ihre eindrücklichsten Argumente und Verbotsimpulse. Die Entwicklung der Endokrinologie und der Biochemie haben uns nun mit Ovalutionshemmern bekannt gemacht, die eine unerwünschte Schwangerschaft mit Sicherheit und ohne biologischen Schaden verhindern. Diese Möglichkeit wird unzählige Frauen vor Leid, moralischer Ächtung, Not, unzählige Kinder vor dem Schicksal, ungewünscht geboren zu sein, bewahren. Im Großen haben wir mit diesem Fortschritt der Konzeptionsverhütung ein starkes Mittel gewonnen, um die schrankenlose Vermehrung der Menschheit einzudämmen. Wie aber wird unser moralisches Bewußtsein mit dieser Chance gefahrloser sexueller Beziehungen fertig werden? Es scheint angesichts der angedeuteten technischen Entwicklung aussichtslos, z. B. alte asketische Ideale unberührt weiterzupflegen. Unzweifelhaft müssen sich hier erst noch Ordnungsformen entwickeln, mit denen sich die Gesellschaft, die so mächtige technische Prothesen erfunden hat, zu identifizieren vermag. Wobei zu bedenken ist, daß dieser Vergewisserungsprozeß unter bisher unbekannten Umweltbedingungen sich vollziehen muß.

Damit berühren wir einen weiteren Aspekt unseres Themas: wie eigentlich die *Entstehung moralischen Verhaltens* zu denken sei. Der Grundvorgang ist die Identifizierung. Wir können unsere eigene Welt nur dann aufbauen und »verstehen«, Welt kann nur dadurch zur je eigenen Umwelt werden, wenn wir uns zu identifizieren vermögen. Identifikation vermittelt uns aber den ganzen Umfang der Lebenstechniken, keineswegs nur die moralische Orientierung. Wir schauen unseren Vorbildern alles ab, auch das, was sie lieber vor uns verbergen möchten. Das macht wohl besser verständlich, warum der Sieg moralischen Verhaltens, trotz aller Energie, die darauf in der Erziehung verwandt wird, in weiter Ferne liegt. Jeder neue Erdenbürger erlernt nämlich in zahllosen unbewußten Identifizierungsvorgängen nicht nur, was bewußt von ihm als Leistung verlangt wird, sondern ebenso, wie die Erwachsenen in Situationen sich verhalten, die ihnen Versuchungen bedeuten. So erfährt der Neuling stillschweigend, wortlos Eigentümlichkeiten, die gar nicht ins offizielle Rollenbild von Vater und Mutter passen. Sie werden in deren Bewußtsein verleugnet und infolgedessen auch im Bewußtsein des Kindes. Trotzdem werden sie von nun an in Lebenslagen, in denen das Kind zu Entscheidungen herausgefordert ist, unvermeidbar als Handlungsanweisungen wirksam werden.

Durch die Jahrhunderte beobachten wir Schübe stärkster Restriktion der sexuellen Triebäußerungen; unsere erotische Kultur ist ärmlich. Das beginnt nun ins Gewicht zu fallen in einem Augenblick, in dem wesentliche äußere Angstmotive für eine Unterdrückung der erotischen Befriedigung weggefallen sind. Es war im Durchschnitt unserer Gesellschaft relativ wenig an Zärtlichkeit, an erotischer Einfühlung auf dem Identifikationsweg zu lernen. Dieser Mangel an Achtung des Partners bewirkte wohl, daß Lüge und Betrug gerade in den Beziehungen zwischen den Geschlechtern weit verbreitet sind. Es wäre durchaus denkbar, daß weniger Angst vor unerwünschten Folgen die Moral verfeinern, die Kultur differenzieren könnte. Denn Angst, die immer ein verschärft egoistisches Verhalten provoziert, ist die schlechteste Voraussetzung einer Kultur der Liebesbeziehungen.

Andererseits mußten wir feststellen, daß die gesamtgesellschaftlichen Bedingungen in einer höchst komplexen Motivation zur Entfremdung des Menschen von seiner Umwelt geführt und einen narzißtischen Rückzug bewirkt haben. Könnte diese Tendenz durch eine angstfreiere Möglichkeit zur körperlichen Liebe aufgefangen und das isolierte, auf Eigenliebe zurückgeworfene Individuum wieder in eine mitmenschlichere Beziehung gelockt werden? Das ist sehr wohl denkmöglich (und wir helfen der Verwirklichung, wenn wir zu denken wagen, wie es uns unsere Urteilsschablonen nicht vordenken); aber ebenso auch das Gegenteil. Der narzißtische Rückzug und die von Drogen gesteuerte Gefahrlosigkeit der Sexualbetätigung könnten sich wechselseitig verstärken und die letzten Reste verantwortlicher zwischenmenschlicher Spannung auflösen. Eros, reduziert auf die Ebene der Sexualhygiene und ihrer Befriedigung – und die große Brücke zu zwischenmenschlicher Begegnung würde unbenützt verwittern.

Wahrscheinlich wird nicht die eine oder die andere Entwicklung eintreten, sondern von beiden etwas realisiert werden. Uns stellt sich die Frage, ob wir Mittel haben, die Tendenz der Einfühlung vor der Entwicklung spannungsloser Achtlosigkeit zu fördern.

Unsere Beispiele waren vereinfacht. Trotzdem konnten sie zeigen, daß eine passive Anpassung an gesellschaftliche Prozesse – wie Bevölkerungszunahme und technische Entwicklungen, die zu völliger Umgestaltung im Raum der Produktion führen (etwa die Automatisierung) – nicht mehr von vorgegebenem kollektivem Wissen geleitet vollzogen werden kann. Ein herkömmliches Moralgebot stellt eine Handlungsanweisung dar, die sich an Präzedenzfällen ausrichtet. Für die Automation, für die »Antibabypille« und tausend und ein anderes Ding gibt es keinen Präzedenzfall. Die einzige Chance, sich auch in solchen Überraschungssituationen einigermaßen erfolgreich zu orientieren, kann nur in der Schärfung der kritischen Vernunft liegen. Bei jener Fähigkeit also, die durch moralische Selbstverständlichkeiten bei der Entscheidung ausgeschaltet werden soll. Wir können zwischen automatischen Fertigungsstraßen, in Großsiedlungen, von standardisierter Tiefkühlkost lebend, auch kulturell ferngespeist, keine Agrarmoral, keine Aristokratenmoral und auch nicht die des Bürgertums leben, ohne in ein wahnhaftes Mißverständnis unserer Umwelt zu geraten, in dessen Verlauf diese Umwelt dann mehr und mehr die vertrauten Züge verlieren und sich in eine Wildnis der Zufälligkeiten verwandeln würde. Suchen wir in unserer Lage nach Maximen, die unser Handeln moralisch, d. h. mitmenschenfreundlich lenken, dann können wir sie bloß dem *einfühlenden Denken* entnehmen; weder dem bloßen Mitleid, noch dem gefühlsentrückten Spekulieren, sondern eben dem einfühlenden Denken.

Mag sein, daß dies eine bescheidene Empfehlung ist, der man nicht ohne weiteres zutraut, sie könnte die Moral retten. Zu retten ist vom Alten ohnehin, wenn man sich nichts vormacht, nicht allzuviel Gebrauchsfertiges. Was die Einfühlung im Bunde mit dem kritischen Verstand zu leisten vermag, ist das Bewußtsein, sich *vor* Entscheidungen dauernd relativieren zu müssen. Erst wenn ich die Welt auch vom anderen her sehen *kann*, entscheide ich gerecht und nicht willkürlich. Was für die alte Moral wie eine Gefahr sich ausnehmen mußte, ihr Vergleich mit anderen Moralordnungen, wird jetzt die Voraussetzung einer gerechten Entscheidung. In diesem Sinn wird Relativierung zum integralen Bestandteil der Moral – einer Moral, die mündigere Menschen verlangt, als sie unter den bisherigen »Moralen« im allgemeinen gedeihen konnten.

Wer wagt zu entscheiden, ob die Gesellschaft im Überfluß sich das Ziel setzen wird, ihre Identität im kritischen Urteil ihrer Mitglieder zu suchen?

Konsequenzen – bei offenem Ausgang
der Konflikte

So verschieden, wie es auf den ersten Blick erscheint, sind Politologie und Psychoanalyse vielleicht doch nicht. Die Frage, ob ein soziales Phänomen, ein Rollenstereotyp, eine soziale Kommunikation »gesund« oder »krank«, normal oder pathologisch ist, geht nicht nur den Arzt an, auch der Diagnostiker politischer Systeme – vielleicht ließe sich Politologie als solche Diagnostik definieren – ist mit ihr beschäftigt. Für den Analytiker muß die Ausgangsbasis die am Individuum beobachtete Pathologie bleiben, auch wenn er den Versuch macht, über die Gesellschaft, in der er lebt, etwas auszusagen. Er bildet sein Urteil vornehmlich an einzelnen Kranken. Begegnet er bestimmten Charakterstrukturen und Verhaltensweisen gehäuft – gleichgültig, ob sie nun Entdifferenzierungen darstellen oder Ausdruck einer guten Widerstandsfähigkeit sind gegen Einflüsse, welche das Individuum von sich selbst entfremden –, so hat er darin eine Brücke zur Gesellschaftslehre. Er kann auf diese Weise die Entwicklungstendenzen einer Gesellschaft beobachten; soweit er seine Äußerungen an seiner Forschungsmethode orientiert, kann er also nicht die Gesellschaft als den »Körper« und die diese Gesellschaft leitende Elite als das »Hirn« betrachten. Vielmehr muß er sich die Frage vorlegen, warum eine einzelne Person einer möglichst genau erfaßten Charakterstruktur in einem gegebenen Augenblick, in einer gegebenen Gesellschaft zu führender Position aufsteigt oder sie verliert. Oder: Warum findet sich in einer großen Gruppe von Mitgliedern eine nicht zu durchbrechende Apathie gegenüber allen Fragen der Politik? – und ähnliche Fragen mehr.

So muß auch die Autorität, welche die Formen des Zusammenlebens in den verschiedenen Strukturbereichen einer Gesellschaft mitformt, zunächst von ihrem Grundmuster her betrachtet werden. Als wichtigste haben die ersten Erfahrungen zu gelten, die der schwache, hilfsbedürftige Mensch in seiner Kindheit mit jenen Autoritäten macht, die ihn beschützen müssen und dabei Macht über ihn ausüben[1]. Im Verhältnis zwischen Autorität und Beherrschten begegnen sich jedoch nicht nur Machtverhältnisse, sondern auch Stadien der Bewußtseinsentwicklung. Um beim Beispiel der Kindheit zu bleiben: Hier sollte die größere Einsicht das Verhalten dem Kind gegenüber bestimmen. In zahlreichen Situationen muß das Kind lernen, sein Verhalten den Forderungen der Erwachsenen anzupassen. Sie helfen ihm, seine Schwäche auszugleichen. Zunächst ist das Erlebnis des Kindes den Eltern gegenüber das einer unbedingten, unbefragbaren Autorität. Was die Lebenspraktiken betrifft, spielen die Erwachsenen die Rolle eines (eben der Realität besser gewachsenen) Hilfs-Ich.

Für den Sozialpsychologen besteht nun Anlaß zu untersuchen, ob und wieweit eine Gesellschaft wünscht, in bestimmter Hinsicht solche Autoritätsformen auch für andere soziale Bezüge lebenslang beizubehalten. Das kann sie nur, wenn sie die Bewußtseinsentwicklung durch ihre Machtmittel unterdrückt, so daß die Infantilform der Abhängigkeit erhalten bleibt.

Die Bewußtseinsentwicklung in Richtung der Ich-Autonomie[2], von der wir annehmen, daß sie von der Art eines biologischen Evolutionsschrittes ist, läßt sich unter anderem auch als Anzeichen der Ich-Stärke definieren. Der »Ich-Apparat« (Hartmann) ist so widerstandsfähig, daß dem Bewußtsein vermittelte Nachrichten von wahrnehmbaren Widersprüchen an Autoritätspersonen nicht zensiert, sondern in ihrer vollen Bedeutung ertragen werden können. Politischen Autoritäten gegenüber ist die unmündige Reaktion die Regel: Anhänger trachten Fehler, Schwächen, Irrtümer nicht wahrzuhaben; sie machen vom Abwehrmechanismus der Verleugnung Gebrauch. Gegner nehmen just diese Seiten wahr und schließen daraus, daß es nichts Besseres an diesen Personen zu entdecken gäbe. Sie zensieren die guten Seiten. Ein Großteil der alltäglichen Reflexionen über »die da oben« geschieht aus dieser Unfähigkeit des Bewußtseins, Widersprüche bei Vorbildern zu ertragen. Dem ist nur durch die Ermunterung in der Erziehung beizukommen, an sich selbst Widersprüche zu sehen. Erst durch den Umgang mit den eigenen Widersprüchlichkeiten entwickelt sich die Einsicht, daß Ich-Spaltungen mit der Folge der Vielgesichtigkeit einer Person keine Schicksalsauflage definitiver Art, sondern eine Herausforderung zur Integration des Ichs auf einer umfassenderen Ebene des Bewußtseins sind.

Unausweichlich finden wir in der ersten Phase der Kindheit also eine totale Identifikation mit den Eltern-Autoritäten, die dazu dient, die eigene Ohnmächtigkeit zu überbrücken. Durch Identifikation fühlt sich das Kind in den sein Selbstgefühl berührenden Lebenslagen so mächtig wie die Eltern, ein Zustand, der bis weit in die Latenzperiode, also über das erste Lebensjahrzehnt hinaus, aufrechterhalten wird. Erst mit zunehmender Reifung – eben seiner kritischen Urteilsentwicklung – kann es die Eltern als Menschen ihrer eigenen Bestimmung (als »Objekte«) erleben; also ihre Schwächen und Stärken sehen, ohne von der Furcht überwältigt zu werden, mit solcher Kritik die Eltern vollkommen zu entwerten.

In dieser Hinsicht korrespondiert, wie wir deutlich beobachten können, die Bewußtseinsentwicklung des Kindes mit dem Selbstbewußtsein der Autoritäten. Nur dort, wo Eltern in der Lage sind, ihre eigenen Schwächen sich einzugestehen, werden sie es ertragen können, daß ihre Kinder ihnen offen zeigen, daß auch sie nicht blind sind. Genau dies war aber das klassische Merkmal institutionalisierter absoluter Autorität und insbesondere absoluter politischer Autorität: Man hatte blind zu sein für die Schwäche seines Herrn, auch wenn sie in die Augen stach; denn Autorität vergewisserte sich ihrer selbst durch Unbefragbarkeit. Sie konnte sich, soweit sie Autorität war, nur als unfehlbar, als vollkommen empfinden. Die Rollenhörigkeit auf beiden Seiten, auf der des Gläubigen, des Untertanen und der des kirchlichen oder irdischen Fürsten, war kaum von einem einzelnen kritisch reflektierenden Ich zu durchbrechen.

»Reife« im Feld der Politik heißt also, daß ambivalente Gefühle gegenüber der Autorität als etwas Normales verstanden werden und daß Autorität es ertragen lernt, sich von einer mehr oder minder großen Zahl der Mitglieder der Gesellschaft mehr oder minder vollkommen abgelehnt zu wissen. Darin drückt sich die Überwindung der infantilen Einstellung zu den Vorbildern aus. Und natürlich auch die Überwindung der zum Scheitern verurteilten Identifikation mit einem unfehlbaren Ideal.

Auf die lange Frist menschlicher Geschichte hin gesehen vollzieht sich eine Einstellungsänderung. Zwar entstehen immer noch Diktaturen in nicht geringer Zahl, aber verglichen mit der Herrschaftsdauer autokratischer Herrschaftsordnung in der Vergangenheit sind sie ungleich kurzlebiger geworden. Es gibt immer weniger Bereiche, in denen Autorität sich über eine Phase emphatischer Erregung oder nackten Terrors hinaus der kritischen Befragung entziehen kann. Wir nehmen am Wandel von der absoluten zur befragten Autorität teil.

Die Entwicklung des kritischen Bewußtseins hat natürlich viel breitere Auswirkungen als nur dieses Messen individueller Kritik mit den Glaubens- und Gebotsnormen seiner Gesellschaft. Da es aber immer noch weite Bereiche der Erde gibt, in denen Aufklärung noch am Anfang steht oder die wieder zu infantiler Unterordnung unter überhöhte Führerfiguren gezwungen werden, läßt sich das Ausmaß, in dem *Kritik als Denkvorgang* (statt als Ausrottungsvorgang der Gegner) möglich ist, als Index des gewachsenen kritischen Bewußtseins verwenden. Aus ihm ist ein neues Ideal hervorgegangen: das Wissensideal, dem wir die sprunghafte Vermehrung unseres Wissens über die Natur und die progrediente praktische Auswertung dieses Wissens verdanken. Unter der Herrschaft des Wissensideals hat sich die menschliche Welt, das heißt also die Einstellung des Menschen zur Natur und dadurch mittelbar auch die Struktur der Gesellschaft, rapide geändert.

An zwei Folgen der sprunghaften Wissensvermehrung und an der industrialisierten Anwendung dieses Naturwissens lassen sich Veränderungen, die sonst in ihrer Auswirkung auf menschliches Verhalten so schwer zu beurteilen sind, relativ gut beobachten:

1. Die Technisierung der Produktion (im weitesten Sinne des Wortes) hat immer mehr zu »spurloser Arbeit« geführt; das heißt einer Arbeit, die im Bedienen von Apparaturen oder Organisationsinstrumenten besteht und jedenfalls dem Individuum nicht die Möglichkeit gibt, sich sichtbar mit Hilfe des von ihm hervorgebrachten Produktes auszudrücken und in diesem Produkt wiederzuerkennen.

2. Der andere, fast jedermann erreichende Effekt der Technisierung besteht darin, daß es ihr gelungen ist, dort, wo sie sich ausbreiten konnte, einen relativen Überfluß und einen hohen Grad der Sicherung gegen Not herzustellen – jedenfalls gemessen an den Mangelwirtschaften der Vergangenheit. So ist es in unseren westlichen Gesellschaften gelungen, Hunger in der großen Breite der Bevölkerung zu beseitigen und darüber hinaus eine Reihe von oralen Befriedigungen Selbstverständlichkeit werden zu lassen, die bis dahin Luxus waren. Während noch vor zwei Generationen nur an Festtagen Fleisch auf den Tisch kam oder Süßigkeiten verteilt wurden, sind dies Alltäglichkeiten geworden. Gleiches gilt vom Schutz des Arbeitsplatzes, der Altersversorgung, des Gesundheitsdienstes und ähnlichen Diensten der Allgemeinheit für ihre Individuen.

Hinsichtlich des Triebpaares Aggression und Libido ergeben sich daraus grundsätzliche Änderungen, denen sich politische Autorität anpassen und die sie mitgestalten muß. Wir nennen beispielhaft vier Konsequenzen:

Konsequenz 1: Bezeichnen wir die relative Überernährtheit und orale Verwöhntheit des Bürgers der Industriegesellschaft als die normale Ausgangslage, so imponiert das zunächst als großer Fortschritt. Die rasche Befriedigung von Triebbedürfnissen hat aber einen unerwarteten Nebeneffekt. Wir entdecken, daß Verzichtleistungen eine entscheidende, vielleicht unersetzliche Rolle beim Aufbau unserer Persönlichkeit spielen. Der Lernvorgang als solcher ist an Frustrationen als motivierende Erfahrungen geknüpft. Zu diesem Lernprozeß gehört auch, daß wir in der Kindheit lernen, Verzichte zu akzeptieren. Das bedeutet, daß wir den Widerwillen gegen die verbietenden Erwachsenen ihnen *zuliebe* überwinden. Das hilft uns, die Ambivalenz der Gefühle von früh an zu überbrücken, wie dies für die Entwicklung eines Charakters mit der Fähigkeit zur Integration so notwendig ist.

Von der Seite der Erwachsenen her ist die Lage ebenso schwierig, denn sie müssen in der Lage sein, zu entscheiden, welche Verbote »notwendig«, das heißt für eine entwicklungsfähige Sozialanpassung unerläßlich sind. Die uns gegebene soziale Realität verlangt von uns eine zunehmende Kontrolle primärer Triebwünsche. Es bleibt eine offene Frage, ob dies durch eine »ständige Zunahme der Verdrängung« allein oder durch frühe Stützung des Ichs erreichbar ist. Die Libido-Entwicklung kann sicher nur durch Gewährung von »Liebesbeweisen«, also durch Gratifikationen, in gute Bahnen gebracht werden. Aber Gewährung allein ist offenbar noch kein Liebesbeweis, wie das Scheitern der »permissive education« gezeigt hat. Der Erwachsene ist objektiv in schwieriger Lage. Wie die notwendigen Frustrationen mit den notwendigen Gewährungen ins Gleichgewicht bringen? Das Beispiel der oralen »Verwöhnung« als sozialer Selbstverständlichkeit macht das klar. Um die Problematik allegorisch einzukleiden: Der Eisschrank ist stets voll. Welches ist die auch unbewußt wirksame Regel, hier Verzichte zu fordern? Dafür fehlt zunächst die glaubhafte Begründung, eine Begründung, die ihre Autorität trotz allem liebenswert bleiben läßt. Wo »Butterberge« nicht abgetragen, Gemüse und Zuckerernten vernichtet werden, hält es schwer, Zurückhaltung als Erziehungsmaxime zu vertreten. Das gleiche gilt für Vermittlung sexueller Verhaltensnormen in einer diesbezüglichen Überflußgesellschaft.

Die Überflußgesellschaft hat demnach tief in die Objektbeziehungen der Menschen untereinander eingewirkt, und zwar im Sinne der »Entfremdung«. Triebbefriedigung wird nicht mehr ausdrücklich an Personen, die etwas bedeuten, geknüpft empfunden, sondern – jedenfalls auf der oralen Ebene und in vielen Fällen auch auf der genitalsexuellen – als »Selbstverständlichkeit«, als eine Art Inventar der Welt, die einem auf paradiesische Weise entgegenkommt.

Konsequenz 2: Wenn ein Verzicht also nicht mehr fraglos gefordert werden kann, weil er durch die Natur der Sache (nämlich durch Umsicht in Dingen der gefährdeten Ernährung oder zur Erhaltung einer in der Gesellschaft unbezweifelten Sittlichkeit) gerechtfertigt ist, wenn also kein zwingendes äußeres Motiv vorhanden ist, muß er neu begründet werden. Autorität war aber bisher immer an Vorausschau geknüpft, die es erlauben sollte, im Grundzustand des Mangels einen Spielraum der Erleichterung zu bekommen. In dieser Hinsicht ist die Aufgabe der Autorität auf den Kopf gestellt. Sie müßte sich anheischig machen können, durch ihr Gewicht den Überfluß durch frei gewählte Entsagungen zu meistern; sie müßte Anweisungen zur Unterscheidung sinnvoller Befriedigungen von unsinnigen geben können – eine Lösung, die, wie jedermann weiß, noch nicht gefunden ist.

Konsequenz 3: Entsprechendes gilt für den Effekt der spurlosen Arbeit. Die Massen können ihr nicht entfliehen. Sie hat dem Selbstwertgefühl des Individuums entscheidend zugesetzt. Es begegnet sich selbst nicht mehr in den Produkten seiner Arbeit, was ein erhebliches Ausmaß an Frustration mit sich bringt. Die Gemütslage der spurlos Arbeitenden wird aggressiv-depressiv gespannt. Die Neigung zu blinden Ausbrüchen destruktiver Aggression wächst. Das verweist darauf, daß die Integration triebhafter Aktivität in sozial akzeptierte Leistungen infolge der Lebensbedingungen der betroffenen Gesellschaften nicht gelungen ist. Steigendes Einkommen entschädigt nicht für den Zwang zu spurloser Arbeit. Die allenthalben aufspringende Destruktivität muß mit der Ausbreitung der Technisierung zu tun haben, mit der Veränderung menschlicher Leistung im Produktionsprozeß und dem Verfall des Prestiges, den langsam erlernte Fertigkeiten verliehen. Hinzu kommt die Verzweiflung über die Unverbesserlichkeit dieses zerstörischen Zuges in der menschlichen Natur. Wir alle stehen doch unter dem Einfluß der tiefen Enttäuschung, daß die unermeßlichen Leiden des Zweiten Weltkrieges, die unbeschreibliche Mordwut, die ihn begleitete, nicht nur keinen kathartischen Effekt hatten, sondern daß es eher zu einer vielfachen Metastasierung des Kriegsübels gekommen ist.

Trotz solchen Übermaßes an Indizien für die Unfähigkeit, die in Gang gesetzten Eingriffe in den Naturhaushalt und in die überkommenen Sozialordnungen kritisch denkend im voraus zu übersehen, muß die Frage offenbleiben, ob die menschliche Natur tatsächlich unverbesserlich ist; was hier heißt, ob es auch unseren Nachfahren nicht gelingen wird, aggressive Triebwünsche erfolgreicher ihrem kritischen Ich zu unterstellen. Dies wäre aber die innerseelische Voraussetzung politischer Konfliktlösungen unter Verzicht auf Gewalt. Soviel scheint freilich festzustehen, daß man auf solche Wandlung nicht wie auf ein »Wunder« warten kann. Wir müssen die Motive hinter den aggressiven Ausbrüchen besser kennenlernen und nicht das Wunschbild nähren, sie würden plötzlich durch eine spontan entstehende Moralisierung von Großgruppen verschwinden. Vor allem die Analyse der menschlichen Kindheit hat gezeigt, daß wir für den entmutigenden Wiederholungszwang, mit dem sich tötungsbesessene Aggression immer wieder in Populationen ausbreitet, weniger Anlagefaktoren anschuldigen dürfen als unsere Erziehungspraktiken, die viele potentielle Fähigkeiten zur Kompensation von tödlicher Aggression verkümmern lassen – wie zum Beispiel die Fähigkeit zur Einfühlung bei gleichzeitig wachem kritischem Bewußtsein; ohne ihre Mitwirkung muß sich zutragen, was uns die täglichen Nachrichten über Brutalität des Menschen gegen seinesgleichen berichten. Es könnte sein, daß eine Erweiterung unseres Wissens um die Grundbedürfnisse des Menschen die einzig erreichbare Garantie gegen das Entstehen unkontrollierbarer Triebspannungen, besonders solcher aggressiver Art, bieten kann. Kein Zweifel, daß wir von diesem Wissen sehr weit entfernt sind.

Offenbar muß eine neue Form des Besitzes erfunden werden, die nicht – wegen des artspezifischen Instinktwertes der Verteidigung des Eigenterritoriums – jederzeit zur Anfachung aggressiver Triebregungen mißbraucht werden kann. Besitz und Aggression im herkömmlichen Stil bedingen einander. Die neue Besitzform muß die Befriedigung der Selbstdarstellung enthalten. Da die Epoche handwerklicher Differenzierung unwiederbringlich vergangen ist, können es nur neue, neu zu erfindende, Ebenen der Selbstdarstellung sein, durch welche die Umwandlung von primär objektblinder Aggressivität gelingt: Die Umwandlung des »Todestriebes« in bewußt kontrollierte und humanisierte Aktivität. Die Entfaltung kreativer Möglichkeiten verleitet nicht wie der verdinglichte Besitz zur Wegnahme und dem daraus resultierenden aggressiven Konflikt.

Die dritte Konsequenz besteht also darin, daß das weitgehend unbewußt verlaufende Erlebnis der Selbstentwertung mit der Zunahme der Aggressionsausbrüche nach Zahl, Umfang und Intensität korreliert – aber auch mit dem Trend der ansteigenden Süchtigkeit nach Ersatzbefriedigungen. Die Unlust fortgesetzter Entfremdung führt zu einer Fixierung an rasch erreichbare, zum Beispiel orale Befriedigungsmöglichkeiten oder auch zur Rückkehr zu ihnen und zu deren süchtiger Entartung (zu steigendem Alkoholismus, zu Rauschgiftsucht etc.). Das sind Schwächen in der Persönlichkeitsstruktur, die zu kommerzieller wie zu politischer Ausbeutung einladen.

Die kulturverhängten Frustrationen aktiver Selbstdarstellung erzeugen so viel Unlust, daß pathologische Abwehrmechanismen in Gang kommen. Die seelische Entwicklung wird dadurch gehemmt. Entweder bleibt man, wie soeben angedeutet, an infantile Arten rascher Triebbefriedigung fixiert, oder es werden Regressionen ausgelöst: Man kehrt zur primitiveren Form der Triebbefriedigung (wie in den Süchten) zurück. Wenn letzteres der Fall ist, sind Schuldgefühle unvermeidlich, und es bilden sich zirkuläre Prozesse, in denen Regressionen Schuldgefühle auslösen, wie umgekehrt die Unlust eines auch nur vage artikulierten Schuldgefühls Regression zu Ersatzbefriedigungen befördert. Wenn Fixierung an infantile Triebbefriedigungen geschieht – also an Saturierungswünsche solcher Bedürfnisse vor der Entwicklung verläßlich arbeitender Ich-Apparate –, ist die Lage noch prekärer, da die betreffenden Menschen eine *vorsoziale Charakter-*

struktur aufweisen oder wenigstens deutliche Merkmale der Fortdauer infantiler Wunsch- und Phantasieorientierung.

Konsequenz 4: Entsprechend dem Wissensideal entwickelte sich ein Spezialistentum, das die ungeheure Menge des Wissens zu verwalten hat. Wir haben versucht, im vorhergehenden Kapitel auszuführen, daß auch die politische Autorität – auf dem Weg zur kritisch befragten Autorität – in die Hände von Spezialisten übergeht. Es läßt sich dies als ein Übergang vom Typus der Vaterautorität zur Brüdergesellschaft deuten, in der sich die Spezialisten wechselseitig in ihren Autoritätsbefugnissen kontrollieren. Infolgedessen entwickeln sich auch neue Abhängigkeitsverhältnisse. Im Vordergrund steht nicht mehr die Rivalität mit dem idealisierten und zugleich von heftigster Aggression bedrohten Vater, sondern die *Neidproblematik*.

Im öffentlichen Bewußtsein gibt es noch keine akzeptierten Muster für die Autorität des politischen Spezialisten, der effektvoll nur im Team zu arbeiten versteht. Auf welche Weise im politischen Feld spezialistisches Einzelwissen und Machtstreben nicht nur nach primitiven egoistischen Gesichtspunkten zur Wirkung gebracht werden kann, wie vielmehr Einzelwissen nicht nur addiert, sondern tatsächlich in einem Prozeß der Integration zu einer »Gestalt« und im Zusammenspiel mit der verwalteten Macht zu einem Herrschafts- oder Aktionskonzept gebracht wird, darüber können wir noch wenig sagen, weil wir noch wenig Gelegenheit hatten, derartiges zu beobachten. Wir stellten statt dessen fest, wie alte Autoritätsformen sich mit dem Eindringen der Technifizierung auflösen, wenn Wissen mit rationalen Methoden produziert wird und wie andere Produkte der Zivilisation ungeheuer anwächst, ohne daß schon – jedenfalls auf dem gesellschaftlichen Sektor – stabile Ordnungsformen neuer Art gefunden sind. Man denke etwa an die Schwäche der europäischen Einigungsbewegung und an die Schwäche der Vereinten Nationen. Regressionen zu anachronistischen Autoritätsformen oder aber zu brutalem Faustrecht sind häufig.

Die größte Schwierigkeit für das Entstehen einer heute akzeptablen politischen Autoritätsform, der sich auf die Macht spezialistischen Wissens stützen kann, ist der Neid. Die Emotionen der Menschen haben sich nicht geändert, so sehr sich das technische Inventar geändert haben mag.

Infolgedessen berufen sich Spezialisten im Kampf um Herrschaftspositionen auf ihr Wissen wie einst die autokratischen Herrscher auf das Gottesgnadentum ihrer Privilegien. Die Vermengung von sachlichen Erwägungen mit emotionell geladenen Argumenten, welche z. B. dem Prestigebedürfnis eines Politspezialisten dienen, macht es für den

Außenstehenden, den Bürger in der verwalteten Welt, immer schwieriger, zu unterscheiden, was objektive Information ist und was im psychologischen Sinn eine »Rationalisierung« darstellt (ein auf Selbsttäuschung beruhender Versuch der Fremdtäuschung). Dieses Ausgeliefertsein an manipulierte Informationen dürfte ein wichtiger Faktor für die politische Apathie großer Teile der Bevölkerung sein. Man zieht seine Libido aus Bereichen ab, in denen man sich nicht mehr zurechtzufinden vermag.

Die heutigen Parteiapparate arbeiten noch ganz auf der Ebene herkömmlicher Autoritätshierarchien. Sie versuchen, das Image von Politikern aufzubauen, wobei gerade nicht die Bewußtseinsentwicklung berücksichtigt oder gar gefördert wird. Politische Führer werden stets als Ausbund von Tugenden angepriesen. Die Ambivalenz der Gefühle wird – wie oben beschrieben – aufgespalten: die negativen Seiten, Verachtung, Haß, gelten den politischen Führern der Gegenseite. Die Gegensätze haben aber immer weniger etwas mit Wettstreit zu tun. Sie nehmen eine definitiv feindselige Haltung, die Haltung von Todfeindschaften an, die dort entstehen, wo sich, entsprechend unbefragter Autorität, unbefragbare Vorurteile eingebürgert haben. Sie müssen dazu dienen, den Affekthaushalt der Mitglieder der Gesellschaft aufrechtzuerhalten. Das geschieht einerseits durch die Identifikation mit idealisierten Führern, andererseits durch reuelose Verfolgung der Feinde, also jener Gruppen, die von den Führern »zum Abschuß freigegeben« werden. Der Wahnanteil an diesem Geschehen ist erschreckend hoch.

Die permanente Wandlung der Umwelt, wie sie die technische Zivilisation hervorbringt, ist extrem anti-biologisch. In der außermenschlichen Natur drängen ökologische Lebensgemeinschaften immer nach einem gewissen Gleichgewicht der Ansprüche. Die Erfindungszivilisation unserer Zeit stört nicht nur die Homoiostasen solchen ökologischen Zusammenspiels in der Natur, sie löst auch die bisher traditionsgelenkten Gesellschaftsformen der Menschen auf. Dies allein erweckt schon seit Generationen vielfach Angst und beschwört damit Regressionsgefahr herauf. Die Entwicklungsprogression der vom Wissensideal geleiteten Kultur unserer Tage hat alle Züge einer Explosion. Das Wissen vermehrt sich allseitig, aber die Kräfte, die es zu bändigen, in irgendeine Ordnung zu bringen vermöchten, sind noch nicht gefunden. Wir behelfen uns vorläufig mit Autoritätsformen, die aus der vorindustriellen Welt stammen und für die in unserem inneren psychologischen Haushalt gar keine echten Motivationen mehr bestehen.

Die Zeiten sind vorbei, in denen man mit alten Techniken, etwa der Segelschiffahrt, überraschende Entdeckungen machen konnte. Statt dessen werden mit neuen Techniken bisher unerreichbare Ziele angestrebt. Dazu gehört unter anderem auch das Ziel, die Menschheit vom Hunger zu befreien, ein Ziel, das vielleicht erreichbar wird, wenn sich diese Menschheit zu gleicher Zeit eine Ordnung gibt, in der sie selbst nicht mehr planlos weiterwächst. Aber – und das ist der Hintergedanke dieser Überlegungen – wir können uns auch nicht mehr mit dem alten Ideal, den Hunger zu besiegen, zufriedengeben. Es stammt aus einer Zeit, in der die Beherrschung der Welt noch so unvollkommen war, daß es wirklich eine Utopie schien, mit diesem Widerstand gegen die Ausbreitung des Menschengeschlechts einmal fertig werden zu können. Heute sind unsere Kenntnisse auf einem Niveau angelangt, wo das Ziel realisierbar erscheint. Aber der Ausgleich der Affekte, die durch diese gesellschaftlichen Prozesse, denen wir unterworfen sind, ausgelöst wurden, steht dahin. Es ist uns nicht gelungen, vergleichbar zu unserem Wissen über die Natur in die Hintergründe unserer Motivationen einzudringen und das dabei erworbene Wissen zu einer Stärkung unseres kritischen Bewußtseins zu benützen. Speziell die heute noch die Macht verwaltenden politischen Gremien verraten kaum je ein Problembewußtsein auf dieser Ebene. Statt dessen besteht die Gefahr einer doppelten Korruption psychologischen Wissens. In der Konsumgesellschaft wird es zur Steigerung der Abhängigkeit von den Konsumgütern verwendet, in der Politik zum Konsum politischer Ideologien, die über präparierte Imagines das Publikum erreichen.

Sicher pointiert diese Darstellung Fehlentwicklungen oder die Möglichkeit zu ihnen, und es mag eine Reihe von positiven Errungenschaften geben, die nicht erwähnt wurden. Dies kann wiederum eine Konsequenz der Ausgangsposition unserer Beobachtungen sein, der des Arztes, der von Berufs wegen mit pathologischen Entwicklungen konfrontiert wird. Er lernt die Krankheit als etwas verstehen, was die Menschheit bisher nicht abschütteln konnte, und er wird darin geschult, den Grad der Gefährlichkeit einzelner Krankheitssymptome abzuschätzen. Trotzdem bleibt es gewagt, von der individuellen direkt auf die Sozialpathologie zu schließen. Es ist jedoch nicht mehr zu umgehen, pathologische Entwicklungen im Verhaltensbereich (das heißt im emotionellen Bereich, der das Verhalten motiviert) als solche erkennen zu lernen, um mit ihnen umgehen zu können – individuell wie im Kollektiv. Die Erscheinungsformen politischer Autorität stehen in diesem Spannungsfeld zwischen normalen, das heißt ertragbaren, und pathologischen Äußerungsformen unseres gesellschaftlichen Lebens. Ihre Erträglichkeit wird zunehmend an der Bewußtseinsentwicklung, die sie erkennen lassen, und weniger an der Fähigkeit gemessen werden, den Primärprozessen nahe Triebäußerungen zu manipulieren. In dieser

Form wäre die Aussage ein aufklärerisches Credo. Also sei hinzuge-
fügt: Die Schärfung des Bewußtseins für innere und äußere Realität
verläuft in einem dialektischen Prozeß zur Selbstentfremdung, verhängt von den Auswirkungen bestehender Produktions- und Lebensformen. Diese Verhältnisse wirken anti-aufklärerisch. Der Ausgang
ist offen, sicher ist nur, daß sich die Geschichte in dieser Dialektik
fortsetzen wird.

Anmerkungen

1 Die souveränste Darstellung gibt René Spitz, Vom Säugling zum Kleinkind.
  Naturgeschichte der Mutter-Kind-Beziehung im ersten Lebensjahr. Stuttgart
  1967.
2 Vgl. über die Entwicklung des Ichs aus der »undifferenzierten Phase« zur
  Autonomie der Ich-Funktionen: Heinz Hartmann, Zur Psychoanalytischen
  Theorie des Ich. In: »Psyche«, 18, Stuttgart 1964, 321 ff., Sonderheft.

Könige sind archetypische Groß-Väter

Zur Psychologie des Preußen Friedrich II.

Ist Zukunft machbar, solange die Vergangenheit nicht denkbar wird?
Rudolf Augstein

Im öffentlichen Bewußtsein ist der Hohenzoller Friedrich der Zweite auf eine Denkmalsfigur reduziert. Hohenfriedberg, Leuthen, die Schlesischen Kriege gegen Maria Theresia, aufgeklärte Gespräche in Französisch mit Voltaire in Berlin, Sanssouci – es ist kaum mehr von diesem Erzhelden Preußens geblieben, wenn man junge Leute befragt. Friedrichs Werk, Großpreußen, ist vergangen wie Maria Theresias Monarchie auch. Sind wirklich alle Beziehungen zu jener Epoche unserer Geschichte verödet? Muß man in der Tat nichts von Friedrich wissen, um die politische Lage zu begreifen, in der wir uns befinden? Ich bin eher dafür, den Mut aufzubringen, dies zu bejahen. Die Probleme der ersten, zweiten und dritten Welt entstammen kaum noch politischen Konstruktionen des 18. Jahrhunderts. Die Einschnitte, die inzwischen erfolgten, haben die Fundamente der damaligen staatlichen Ordnung zerstört und die Bewußtseinslage der Europäer tief verändert. Wir können es uns bei der Meisterung unserer täglichen Sorgen leisten, die vornaturwissenschaftlichen und die vorindustrietechnischen Geschichtsabschnitte als prähistorisch hinter uns zu lassen. Nichts erinnert uns in den Arbeitszwängen, in der Konsumdrift, in den Ferienlagern an Friedrichs Preußen. Das alles lebt nur noch in der historischen Trockenkost der Schulbücher.

Um die Neugier, die so suggestiv auf das Jahr zweitausend gerichtet wird, nach rückwärts zu wenden, muß man eine Unterform der Neugier, die psychologische, wecken. Sie hat die metaphysische Neugier abgelöst und läßt sich für manches gebrauchen, für dreiste Zudringlichkeit wie für unerschrockenes Verständnis seiner selbst und der Menschen, die einen etwas angehen.

Geschichte als selbsttätiges System im Hegel-Marxschen Sinn ist jedenfalls unglaubhaft geworden. Interessenten über den Kreis der Fachleute hinaus lassen sich nur dort finden, wo der Denkmalsschutz aufgehoben wird, wo menschliche Entscheidungen als menschliche und nicht als übermenschliche, geniale (mit einer vagen Auskunft, was darunter zu verstehen sei) vermittelt werden. Die nachbürgerlichen Zeitgenossen sind dabei, in den Fußstapfen Freuds, sich selbst als unbekannte Wesen zu entdecken.

Unter diesem Aspekt ist Rudolf Augsteins »Preußens Friedrich und die Deutschen« ein eminent modernes Buch (das darf man getrost auch in dieser Zeitschrift feststellen). Den Autor »interessiert die außerordentliche Figur. Um den Mantel der Legende, die den Blick auf den einzig wichtigen und interessanten Hohenzollern verstellt, zu beseitigen, hat er sich freilich den Wahlspruch der Hamburger Schneider zu eigen gemacht: ›Sniet af, sniet af, anstücken kannst immer noch‹.« Es ist erstaunlich, wieviel abgeschnitten werden kann ohne Substanzverlust. Viel mehr ist Legende, als den Biographen beifällt, sich deutlich zu machen.

Mit den sogenannten »objektiven« Daten der Geschichtswissenschaft ist es so eine Sache. Solange es um Geburts- oder Schlacht-Tage geht, um das Münzwesen, um Kanzleistile von Päpsten, also kurz um Archivarleistungen, gibt es wenig Kontroversen. Sobald Geschichte als Ergebnis handelnder (oder zur Handlung gezwungener – innerlich und/oder äußerlich gezwungener) Menschen gesehen wird, ändert sich alles. Mehr oder weniger der Reflexion entzogen, spielen sich intime *Phantasiebeziehungen* zwischen den Historikern und ihren Objekten ab, den »Helden«.

Bisher hat man das zu einfach als ein Problem der Quelleninterpretation begriffen. In Wahrheit geht es aber um einen psychisch höchst virulenten, wenn auch dem Geschichtsschreiber häufig gänzlich verborgen bleibenden Beziehungsvorgang von der Art eines Liebes-, oder Haßliebes-, oder eines Haß-Verhältnisses. Wer würde sich sonst schon die gewiß nicht geringe Mühe machen und einen Friedrich den Zweiten als *seinen* Friedrich vor die Mitwelt hinstellen! In Friedrich, dem Augstein fünf verschiedene Augenfarben in den Biographien nachweist, war, nach Auffassung des verstorbenen Freiburger Historikers Gerhard Ritter, »die nationale Eigenart der Deutschen trotz aller französischer Bildung unzerstörbar lebendig«. Man muß wissen, daß das in Deutschlands »großer Zeit«, 1936, veröffentlicht wurde. In jedem Fall sagt es nur etwas über den Historiker Ritter, kaum etwas über Friedrich aus. Dieser hatte in der Tat komplizierte Identifikationsprobleme. Sie bezogen sich aber vornehmlich auf die affektiv aufs höchste gespannte Auseinandersetzung mit seinem (der französischen Bildung abholden) Vater: mit »nationalen Eigenarten« an sich hatten sie wohl nur wenig zu tun. Was soll dieser Hinweis überhaupt bei einem absoluten Fürsten, der sich anmaßt, seine Eigenart jedermann als Maßstab richtigen Verhaltens aufzuzwingen. Solchen Leerformeln verfällt Augstein nicht. Das ausgebreitete Material ist in seiner Subtilität und im Hinweis auf die quälenden Widersprüche des Charakters so faszinierend, daß diese Ebene der Vergegenwärtigung einer Person der Geschichte nicht unterschritten werden sollte.

Denn des Autors Ausgangspunkt liegt nicht mehr am Kreuzweg: nationaler Held oder nationales Unglück (für welch letzteres vor Jahrzehnten Werner Hegemann die Beweisstücke beibrachte), vielmehr bei dieser Widersprüchlichkeit, dieser Rissigkeit selbst. Wir nehmen Friedrich im Feld außen- und innenpolitischer Aktionen wahr. Diese erklären sich aber nicht nur aus einer Physik der Macht, sondern spiegeln ein getriebenes Individuum wider, das beileibe nicht nach einem eindeutigen Gesetz zu »kerndeutschen«Taten angetreten ist.

Dieser Dialektik folgend, will ich keine Rezension des Werkes versuchen, sondern psychologische Fragen stellen, was, wie bekannt, in der seriösen Geschichtsschreibung eine Sünde wider deren Heiligen Geist darstellt. Diese Fragen zielen auf die Art und Weise, wie sich Friedrich selbst verstand, auf die Befangenheit eines Mannes, der unter den europäischen Fürsten seiner Zeit ungewöhnliche geistige Neigungen hegte, eine ungewöhnliche Ausdauer und Verschlagenheit bei der Verfolgung seiner politischen Ziele besaß und zugleich als Individuum, rasch alternd, einen quälenden Starrsinn entwickelte.

Ich weiß, daß die Fragen nach dem Zentrum des Charakters, in dem diese Eigenheiten verankert sind, zunächst nur wie beiläufig wirken werden. Psychologisch fragend kann man es nicht vermeiden, aus einem Geschehen Motivketten zu isolieren – aus einem Geschehen, das viel komplizierter ist, als die Fragestellung erraten läßt. Wer nicht psychologisch mitzudenken bereit ist, also die Mehrheit der Menschen, wird deshalb immer wieder vergessen, daß man auf lange Zeit sich mit Teilaussagen begnügen muß, die ausdrücklich keine Verallgemeinerung zulassen. Dieser Anspruch auf einen hohen Grad von Aufmerksamkeit wie von Geduld hat die Psychologie nicht beliebt gemacht. Jedoch wird man sich daran zu gewöhnen haben, daß psychologische Tatbestände zwar höchst verwirrend, vielfädig gebildet sind, aber, wie andere Naturgegebenheiten auch, strenger Gesetzmäßigkeit folgen. Durch Verleugnung dieser Komplexität und den Rückgriff auf einen Menschenverstand, den Historiker bei sich als besonders gesund einzuschätzen pflegen, werden wir nicht die im Motto gesuchte Unabhängigkeit erreichen. Zunächst ist ein, wenn vielfach auch noch ungefähres, Wissen, das sich dieser Vorläufigkeit bewußt ist, besser als ahnungslose Naivität. Naivität heißt Unfähigkeit, über die Basis seines Urteilens zu reflektieren. Augstein gibt hier erschütternde Beispiele aus unserer Geschichtsschreibung.

Die einzige Methode, konträre Wesenszüge und Entscheidungen, konträre Aspirationen in einem Menschen verstehbar – oder wenigstens zugänglicher – zu machen, ist die Analyse der psychischen Prozesse, in denen sie entstanden sind. Augstein bekennt, hier Laie zu sein; er ist vorsichtig, dilettiert nicht, wartet ab. »Für eine psychologisierende Ausdeutung«, schreibt er, »bietet Friedrich eine riesige Zielscheibe, kein Schuß geht daneben. Aber ins Schwarze treffen kann man auch nicht, die Scheibe ist nicht rund und hat kein Zentrum.« Warum man nicht mit einer Aussage ins Schwarze treffen sollte, die für einen Charakterzug die entscheidenden Motivationen benennt, vermag ich nicht ganz einzusehen. Zugegeben, dieses »Schwarze«, das heißt die Gesamtheit seelischer Vorgänge, ist zu groß, um durch einige geglückte Schüsse schlagartig erhellt zu werden. Die intellektuelle Qualität von Augsteins Darstellung verhindert den monomanen Anspruch, alles aus einer Wurzel zu erklären. Friedrich muß es sich freilich gefallen lassen, daß sein Umriß schärfer gesehen wird. Er wäre dem wahrscheinlich abgeneigter gewesen als zustimmend. Introspektive Geistesblitze blieben, was seine Charakterstruktur betrifft, wie Augstein richtig sieht, folgenlos. Von der Aufklärung seiner Untertanen hielt dieser Aufklärer vor allem dann nichts, wenn sie die Beurteilung seiner selbst betraf.

Augsteins wesentlichen Vorbehalt sehe ich im Gebrauch des Wortes »psychologisierend«. Es sollte aber nicht von »psychologisierender Ausdeutung« die Rede sein, sondern von *psychologischer*.

»Psychologisierend« ist in jedem Falle abwertend. Man macht da Anstrengungen, etwas aus seelischen Ursachen zu erklären, was in Wahrheit ganz anderen Zwängen folgt. Unser Verhältnis zu seelischen Gesetzlichkeiten ist freilich ein besonderes. Das Motiv unseres Handelns kann uns in der Selbsterfahrung zunächst durchaus verborgen bleiben, und wir gehen dann nicht selten »psychologisierend« mit uns selber um, das heißt, wir stücken uns etwas zusammen, was unser Erklärungsbedürfnis befriedigt, aber keineswegs der Wahrheit zu entsprechen braucht.

Die Schwierigkeiten rühren daher, daß wir mit unserer seelischer Aktivität zwei Aufgaben erfüllen müssen: uns an die Forderungen der Umwelt anzupassen (höchst veränderliche Forderungen), wie unseren (höchst konstanten) Triebbedürfnissen Rechnung zu tragen. Beide Aufgabenbereiche schaffen unausgesetzte Konflikte, in Bürger- wie in Königshäusern. Oft begleiten unzureichende Lösungsversuche ein langes Leben. Sie können auch das Dasein ganzer Völker vergällen, wenn der Konflikt von der Führungsspitze ausgeht.

Die Unübersichtlichkeit dieses Geschehens ist irritierend. Nervöse

Ungeduld verlangt eindeutige Auskünfte. Gäbe es sie, dann wäre es mehr als überflüssig, psychologische Grundwahrheiten zu wiederholen. Aber selbst einem so aufgeklärten Autor wie Augstein entschlüpft das Wort »psychologisierend«, wo er durchaus bereit sein dürfte, psychologisch einzusetzen. Das ist doch wohl ein feiner Hinweis auf das Gefühl des Unbefriedigtseins mit der Psychologie – worin er sich übrigens mit etlichen Psychologen einig fühlen darf; was uns aber nicht der Aufgabe enthebt, bessere Psychologie zu entwickeln, statt mit dem Hammer zu psychologisieren.

Gute Psychologie ist auf möglichst wenig entstellte Fakten angewiesen. Die bisherige Geschichtsschreibung, mindestens die des 19. Jahrhunderts, übernimmt ohne Diskussion die Theorie angeborener Charaktereigentümlichkeiten. Hier orientiert sich Augstein an moderneren Konzepten. Für viele Verhaltensweisen, vor allem konstante, wie den Eigensinn Friedrichs oder seine Unfähigkeit, auf andere einzugehen, vieles im Detail besser zu wissen als der jeweilige Fachmann, ohne aber etwas von den übergeordneten Zusammenhängen zu verstehen, etc., etc., gibt es keine treffendere Erklärung als zu verfolgen, wie sie im Lebenslauf des Individuums entstanden sind. Rechthaberei, Selbstbezogenheit so extremer Art, wie sie Friedrich darbot, sind keine Naturtalente. Die Möglichkeit, sich so und nicht anders zu verhalten, ist Ausdruck einer unzureichenden und festgefahrenen Konfliktlösung, auch wenn die Barden darin den knorrigen »Charakter« entdecken.

Wer so stark eigensinnig leben muß, bezahlt einen hohen Preis; es geht ihm die Fähigkeit ab, andere Menschen zu verstehen; und er ist unfähig, tiefer reichende seelische Kontakte herzustellen. Friedrichs Altersvereinsamung ist solcherart motiviert und rührt aus seinen Kindheits- und Jugendschicksalen her. Darin sind sich der meinungsbesessene, schikanierende kleine Vorgesetzte wie der die Soldaten dressierende und auf die Domestiken mit dem Stock einschlagende König gleich.

Die psychologische Formel würde lauten, daß beide in ihrer Kindheit bei noch schwachen Fähigkeiten, Affekte zu steuern und die äußere Realität einzuschätzen, überstark erregt wurden. Die Angst der Ohnmacht und die dauernde Wut, wenn diese Ohnmacht blindlings ins Bewußtsein des Kindes gebracht wird, ergeben jene panikartigen Zustände, die wir aus der Kinderstube kennen, wenn Groß sich gegen Klein um jeden Preis durchsetzen muß, statt daß Groß Klein versteht. Das löst seelische Abwehrvorgänge aus.

In diesen Erfahrungen entwickelt sich jenes grundsätzliche Mißtrauen, das Friedrichs Verhältnis zu den Menschen charakterisiert. Dann entsteht aber auch die realitätsfremde Selbstüberhöhung: Das

Kind zieht sich in den Traum seiner Allmacht zurück, wo es daran gehindert wird, Selbstvertrauen unter verständnisvoller Führung zu entwickeln.

Welches Zusammentreffen von Allmachtsträumen der Kindheit mit dem späteren Statut absoluter Herrschergewalt! Wer Kinder kennt, weiß auch, daß aus diesen frühen Enttäuschungen die lauernde Bereitschaft entsteht, sich durch Aggression und Destruktion lustvoll und hämisch schadlos zu halten. Man lese die Randbemerkungen Friedrichs auf seinen Akten. Selbst dort, wo er es gut meint, zum Beispiel bei dem sodomitischen Soldaten, den die Richter um Kopf und Kragen bringen wollen und den er mit dem Satz begnadigt: »Er ist ein Schwein, er soll zur Infanterie.« Solche Abkömmlinge der kindlichen Charakterbildung bietet Friedrich in einem Ausmaß, das nur dadurch verständlich wird, daß er das zweifelhafte Privileg genießt, an seinen Mitmenschen ungestraft auszulassen, was ihm einst selbst widerfahren ist. Nichts spricht dafür, daß die innere Entwicklung Friedrichs, sein Affekthaushalt, anderen Gesetzlichkeiten gehorcht, als sie in irgendeinem ähnlich unglücklich aufwachsenden Untertan am Werke sind.

Es ist sehr eindrucksvoll, wie sich Friedrichs Selbstgefühl gegen die Erniedrigungen der Kindheit und Jugend wehrt. Man stelle sich ihn nach dem mißglückten pubertären Fluchtversuch vor, wie er sich auf den Boden werfen muß, um seines Vaters Füße zu küssen. Wie jeder, der früh seelisch in die Defensive gedrängt wurde, sucht er nach einem Ausgleich: »Wo die Rechte der Geburt nicht anerkannt werden«, schreibt er, »lebt nicht philosophische Freiheit, sondern bourgeoise und lächerliche Eitelkeit.« Er ist nicht zu erniedrigen, und er kann sich zur Rechtfertigung dieses Anspruchs auf das ihm zugestandene Gottesgnadentum berufen. Das für uns späte Betrachter erregende Schauspiel besteht also darin, daß ein Mann mit keineswegs ungewöhnlicher neurotischer Charakterentwicklung die tatsächlich ungewöhnliche Möglichkeit sich auszuleben erfährt: Er kommt in den Genuß der Privilegien der absoluten Monarchie. Friedrich darf, offensichtlich unter sehr viel geringerer Strafangst und weniger Schulddruck auf infantile Weise Rache nehmen, als dies dem gewöhnlichen Sterblichen erreichbar ist.

Aber diese Freiheit des Ausagierens macht ihn keineswegs »gesünder«, reifer, mitmenschlicher. Im Gegenteil, er verrät wie der klassische Neurotiker die Unfähigkeit, sich fortzuentwickeln, in den späteren Lebensabschnitten infantile Lustformen – wie das hemmungslose Beschimpfen und Prügeln, wo immer ihm etwas in die Quere kommt – aufzugeben. Das wäre nur möglich, wo er wirklich in der Lage wäre, aus mitmenschlichen Kontakten neue Erfahrungen sich anzueignen. Doch gerade dieser Weg erweist sich als nicht gangbar. Ich denke, es ist klar, daß wir hier über das traurige Schicksal eines begabten Menschen – welch rarer Zufall in der monarchischen Ordnung – nicht psychologisieren, sondern daß das Drama, das sich da vollzogen hat, der Substanz nach ein psychisches ist.

Augstein ist dafür zu danken, daß er durch die trockene und ungerührte Art, mit der er sein Material gesammelt hat, eine bedeutende Vorleistung zu einer noch nicht bestehenden psychologisch-historischen Forschung beitrug. »Eine systematische Durchleuchtung aller traumatischen Beeinflussungen, die dieser beeindruckbare Sohn« – und welcher Sohn wäre nicht beeindruckbar? – »erfuhr und die seinen Charakter definitiv ge- und verbildet haben könnten, hat sich leider noch kein einschlägig gebildeter Historiker beikommen lassen.« Verblüffend, aber so ist es. Wegen dieses Fehlens einer systematischen psychologischen Untersuchung »kann ernsthaft eine Diagnose – etwa schwere Charakterneurose vom Typus des analen Narzißmus – nicht erörtert werden«. Doch, sie kann! So eklatant sind die seelischen Traumen, so schwerwiegend die erkennbaren Charakterdeformationen. Unsere Einsicht in seelische Fehlentwicklungen ist mittlerweile differenziert genug, um uns ohne fahrlässiges Risiko einer Fehldiagnose zu erlauben, Friedrichs Charakterstruktur als die eines zwanghaft-aggressiven, also eines sehr früh gestörten Individuums einzuordnen. Gerade angesichts der fehlenden »einschlägig gebildeten Historiker« muß ich wiederholen: Die Psychologie hat nicht nur Wissen über die außerordentliche Komplexität seelischer Entwicklungen erworben, sie hat auch viele Ordnungsprinzipien entdeckt, denen diese Entwicklung folgt. Das erklärt den Schwierigkeitsgrad ihrer Aussagen, die etwa dem der Mikrobiologie entsprechen. Wen wundert es?

An dieser Stelle möchte ich eine im Leser unserer Tage immer noch schlummernde Sorge kräftig wecken: Das Arbeiten mit psychologischen Mitteln sei eine Methode der Herabwürdigung. Das Genie komme dabei auf ein »nichts als . . .« herunter. Nichts als ein psychopathologischer Fall und doch sicher eine Sexualneurose. Da dieser Unsinn bis heute zahllose Male behauptet werden konnte, scheint es angebracht, ihm immer wieder entgegenzutreten. Augsteins Dokumentation erweist sich dabei als ein vorzügliches Hilfsmittel. Das Stichwort Genie sticht bei ihm nicht. Er zitiert Gert Kalow, der diesen Mißbrauch des Geniebegriffs »einen Kassiber« genannt hat, »mit dessen Hilfe das alte Herr-Knecht-Verhältnis aus dem feudalen ins bürgerliche Zeitalter hinübergeschmuggelt werden konnte«.

Jede außerordentliche Begabung beruht auf außerordentlichen

Grundfähigkeiten. Friedrichs ungewöhnliche Zähigkeit im Festhalten einmal gefaßter Ziele, die er selbst mit seiner Ruhmsucht verknüpfte, ist eine solche Grundleistung – verstärkt durch die zwanghaften Züge seiner Neurose. Seine »fortune« – mehr als einmal hat er das große Los des Schlachtenglücks gezogen – ist sicher nicht für sein Genie zu reklamieren; was nicht verleugnet, daß er ein fähiger Feldherr war, wie ihm auch Napoleon zugestanden hat. Daneben stehen viele Eigenschaften, welche weniger außergewöhnlich als überaus lästig sind, weil auch ihnen die Hartnäckigkeit des Charakters zugute kommt. Ist das Genie, daß einem einzelnen die Chance zufällt, Hartnäckigkeit auf einer Ebene auszuagieren, die einen ganzen Kontinent in Mitleidenschaft zieht? Für die Stellung in der Erbfolge konnte er nichts; auch hier hat er ein Los gezogen, es freilich nicht ohne Zögern angenommen.

Was nun die Sexualpathologie betrifft, ohne die die Psychologen angeblich nicht auskommen können, so ist dazu zweierlei anzumerken: etwas zur Sexualentwicklung als solcher, dann zum Verhältnis von Neurose und Öffentlichkeit.

Die Neigung zum Anhäufen von Kostbarkeiten (Ringen, 300 Tabaksdosen), das prahlerische Auftrumpfen (der zwecklose Bau des Neuen Palais in Potsdam, für dessen Kosten für zehn Jahre 5000 Lehrer hätten bezahlt werden können), die unduldsame Alleswisserei, auch auf Gebieten, von denen er nichts verstand, die uhrhafte Pünktlichkeit – man könnte noch viele Züge des Verhaltens anführen –, sie alle sind Anzeichen einer ins dritte und vierte Lebensjahr zurückreichenden traumatischen Störung der Triebentwicklung; und zwar einer sogenannt prägenitalen, genauer, einer Fixierung an die anale Entwicklungsstufe der Sexualität. Wobei, wie man sieht, das Wort Sexualität hier als Fachbegriff verwendet wird, als Hinweis auf ein Triebgeschehen, das Entwicklungsphasen durchläuft.

Da die empirische Erfahrung über die Spätfolgen frühkindlicher Traumen sehr groß ist, steckt wenig Spekulatives in der Feststellung, daß es sich bei Friedrich um einen zwanghaft »analen Charakter« handelt. Diese Diagnose darf man getrost dem Fachmann überlassen. Auch die Neigung zu quälerischer Grausamkeit, zu bösartigem Sarkasmus gehört in dieses Charakterbild. »Das Bedürfnis, andere zu demütigen, könnte – muß nicht! – in den Demütigungen begründet sein, denen er als Kind und als junger Mann ausgesetzt war. Die Mitmenschen, mit denen zu fühlen ihm versagt blieb, wären dann überwiegend Mittel zum Zweck einer quälerischen Lustbefriedigung gewesen, die eine starke Ersatzfunktion hätte: alles möglich, nichts, bislang, hinlänglich belegt.« Der Fachmann wird kaum zögern können, diese Teildiagnose Augsteins zu bekräftigen. Dann fragt er sich allerdings verzweifelt, woher er noch neue Evidenzen nehmen soll, wenn die vorgezeigten Merkmale, die ihm genug sind, dem Historiker nicht genügen. Er sieht sich in der Lage eines Anatomen, der an einem vorgefundenen Skelett die Zeichen von Rachitis findet, und dem die Mitwelt diese Diagnose nicht zugute halten will, ehe er nicht belegt, daß hier mit Sicherheit ein Ernährungsschaden bestand. Natürlich kann man die Knochenveränderungen (wie die definitiven Charakter-merkmale) nur zutreffend deuten, wenn man den Zusammenhang zwischen früher Ernährungsstörung (früher traumatischer Schädigung der libidinösen und aggressiven Triebentwicklung) und den definitiven krankhaften Veränderungen (dem neurotischen Charakter) erkannt hat.

Es ist unzutreffend, von einer Psychoanalyse historischer Figuren zu sprechen. Von Psychoanalyse kann nur dann die Rede sein, wenn tatsächlich psychoanalytisch gearbeitet wird, das heißt wenn ein Individuum mit Hilfe des Analytikers einen bestimmten korrigierenden Weg der Selbsterfahrung durchmißt. Aus der Vielzahl solcher klinischen Beobachtungen hat sich die Einsicht in gesetzliche Zusammenhänge ergeben; so daß, wenn man heute bei einem Menschen Merkmale unbeherrschbarer und permanenter Quälsucht, einen Perfektionismus der kleinen Dinge, Pedanterie genannt, vorfindet, man sich mit der Sicherheit, mit der man rachitische Knochenveränderungen einordnet, von einer Störung der prägenitalen Libidoentwicklung, von einem narzißtisch oder analsadistisch überformten Charakter sprechen darf.

Eine andere Sache ist es, worauf Augstein hingewiesen hat, ob die mit der Entschlüsselung von Persönlichkeitszügen befaßten Fachleute, also auch Historiker, dieses in der psychoanalytischen Praxis erworbene Wissen zur Kenntnis nehmen. Ein ernsthafter Einwand dagegen, daß die »quälerische Lustbefriedigung« bei Friedrich keine »starke Ersatzfunktion« besaß, wäre der Nachweis, daß bei Königen die Libidoentwicklung anders als bei normalen Menschen verläuft. Der Nachweis wäre wohl in der Tat von den Verharmlosern und Verherrlichern des Herr-Knecht-Verhältnisses gerne geführt worden; das mußte und muß beim Wunschdenken bleiben.

Ein weiteres Unbehagen klingt in Augsteins: »nichts, bislang, hinlänglich belegt« an. Könige sind archetypische Väter, Groß-Väter. Und wenn sie aberhundertmal banal denken, banal entscheiden und leben, sie bleiben für die Phantasie Ansatzpunkte der Hoffnung, bleiben ferne Ideale während der in keinem Fall einfachen, in zahllosen Fällen unwissend und unsinnig erschwerten Auseinandersetzung zwischen Kind und Vater. Daß wir nun hinnehmen müssen, auch diese Idealväter seien irdische Menschen – freilich von besonderer Machtvollkommenheit –, setzt einen hohen Grad von innerer Standfestigkeit voraus. Denn es bedeutet, wir können schlecht beschützt, mit mangelhafter Weisheit regiert werden. Grund genug, um die Angst der Kindheit wieder zu beschwören, und Grund genug, um gegen solche Enttäuschung Abwehrformationen zu mobilisieren.

Dies zur Frage, ob Züge einer sexualpathologischen Entwicklung mit hohen intellektuellen Fähigkeiten, mit musischen Talenten vereint auftreten können. Sie können es. Bei ziemlich außergewöhnlichen und bei ziemlich gewöhnlichen Personen.

Die zweite Anmerkung zur Rolle der Sexualität – wenn man sich psychologisch mit der Geschichte beschäftigt – betrifft eine nicht weniger bedeutungsvolle Frage. Und zwar die, wann es erlaubt ist, sich mit klinisch-diagnostischem Blick Personen der Öffentlichkeit zu nähern, sei es lebenden, sei es geschichtlichen. Das läßt sich relativ einfach beantworten: immer dann, wenn die neurotischen Züge der Persönlichkeit, unmittelbar oder mittelbar, die politischen Entscheidungen beeinflussen. Sobald die Öffentlichkeit von der Neurose ihrer Herrscher oder Politiker betroffen wird, ist es Zeit, sich mit ihr öffentlich zu beschäftigen. Dabei sollten wir uns jederzeit vor Augen halten, daß es psychisch »normale« Individuen in dem Sinn nicht gibt, daß sie keine störbare psychosexuelle und aggressive Entwicklung durchlaufen hätten und dabei ohne Narben davongekommen wären. Leute, die die Vorstellung hegen, bei ihnen sei »alles in Ordnung«, sind regelhaft nicht unerheblich gestört – es mag nur für ihren Lebenskreis nicht grob auffällig sein.

Je differenzierter die Begabung – als Grundanlage zu bestimmten Leistungen –, desto empfindlicher die Reaktionen. Frühe seelische Traumen verstärken diese Empfindlichkeit und die Methoden der Reizabwehr; zum Beispiel durch Zynismus, durch Aggressivität oder Verleugnung der Realität – etwa in Wahrnehmungsstörungen in bezug auf die Gefühle von Mitmenschen. Wenn wir alle unausweichlich einen psychischen Leidensweg durchlaufen, dann ist es keine Schande, sich selbst nicht perfekt vorzufinden. Auch dem Nächsten gegenüber wird man toleranter, an dem man ähnliche Eigenheiten, Schwächen, Ängste entdeckt.

Auf Friedrich bezogen kommt man zu folgendem Schluß: Seine Mitwelt kannte seine Undankbarkeit, Rücksichtslosigkeit, seine durchaus ungütige Natur. Das Wissen darum wurde erst von den idealisierungsbedürftigen späteren Generationen vertuscht. Lessing sprach von Preußen als von dem »sklavischsten Land von Europa«. Ernst Moritz Arndt, selbst kaum anders denn als nationaler Donnerer unter Oberschülern bekannt geblieben, bescheinigt Friedrich »wildesten Despotismus«, »erbarmungslosestes Zertreten der zarten Keime der menschlichsten Gefühle«. Und von Winckelmann, von dem die gebildeten Deutschen sich so gerne in das Griechenland »stiller Einfalt, edler Größe« entführen ließen, zitiert Augstein: »Besser ist es, ein beschnittener Türke zu werden als ein Preuße.« »Es schaudert mich die Haut vom Haupte bis zu den Zehen, wenn ich an den preußischen Despotismus und an den Schinder der Völker gedenke.«

Es ist eindrucksvoll genug, daß dieses Wissen verlorengegangen ist und dem Bedürfnis nach einem idealen Über-Vater geopfert wurde. Auch daß man den Neurotiker bei uns zum verächtlichen Nachbarn stempelt und von der eigenen Neurose zumeist keine Ahnung hat, ist ein Zeichen der Unaufgeklärtheit in psychologischen Fragen; wie es auch die Auswirkung eines Männlichkeitsideals vom Typus des Ritters ohne Furcht und Tadel ist. An dieser Selbstidealisierung kann man übrigens noch einmal studieren, was eine Reaktionsbildung ist. Die tief institutionell verankerte Unmündigkeit des deutschen Untertanen, die Zerstörung seines Selbstgefühls in despotischen Herrschaftsformen, wird zur Mannestreue, der Unterdrücker zum leuchtenden Vorbild verklärt. Die Würde, die dabei wiedergewonnen wird, erinnert freilich an des Kaisers neue Kleider.

Friedrichs vom Vater so tief verstörtes und zerstörtes Selbstwertgefühl brachte noch anderes zustande. Augstein berichtet: »Aber während noch der Kronprinz in seinem ›Antimachiavell‹ zu wissen glaubte, daß neue Eroberungen eines Herrschers die von ihm beherrschten Staaten und deren Völker nicht reicher, nicht gesegneter, nicht glücklicher machen, handelt der Fürst vom ersten Tag seiner Regierung an nach der entgegengesetzten Maxime: Vergrößerung à tout prix, Vergrößerung bis an die äußerste Grenze des Zuträglichen und Möglichen; Vergrößerung ohne Rücksicht auf das Wohl der Untertanen und der umliegenden Staaten, ohne Rücksicht, selbstverständlich, auf die ›teutsche Nation‹.«

Friedrichs seltsamer Sinneswandel ist für die Historiker immer ein Spekulationsobjekt gewesen. Es lohnt sich, denke ich, hier einen psychologischen Mechanismus, den wir mit Freud »verspäteten Gehorsam« nennen, am Werk zu vermuten. Solch verspäteter Gehorsam ist jedermann bekannt. Man beobachtet eine junge Generation, die sich in einer Machthierarchie heraufzuarbeiten beginnt. Zunächst gelobt man sich untereinander, sobald man das Ziel erreicht hat, es ganz anders zu machen als die Alten, unter deren Despotismus man so gelitten hat. Oben angekommen, schwenkt man dann, verblüffenderweise, eben auf solchen Despotismus ein, schlüpft in jene Herrschaftsallüren, die man bisher so heftig ablehnte. Friedrichs Sinnen und Trachten, das ihn den ersten Schlesischen Krieg vom Zaune brechen ließ, kann unter dem unbewußten Leitmotiv verstanden werden, dem Vater zu beweisen, daß er dessen Ansprüchen gerecht werden konnte und kein Versager war.

Kein objektiver Sachverhalt – keine politische Zwangslage – hat also den jungen König dazu veranlaßt, in Schlesien einzufallen. Sogar der Vater selbst hatte ihn gewarnt. Seine Ruhmsucht erwies sich stärker und machte den »Antimachiavell« zu einer gefälligen, aufgeklärthumanen Redensart. Die Triebfeder der Ruhmsucht war aber die Wiederherstellung der in tiefsten Demütigungen verlorenen Würde. Daneben jedoch blieb die Identifikation mit diesem despotischen Vater, der so viel Macht besessen hatte, ihn in den Staub zu zwingen, der ihn ums Haar – wie nahe dem Ödipusdrama! – hätte töten lassen.

Es sind gewiß noch weitere Motivationen bei jener Persönlichkeitsveränderung Friedrichs nach der Übernahme der Herrschaft mit am Werk gewesen. Ich würde jedoch die These verteidigen wollen, daß keine die Wirkungskraft jenes aufs äußerste zugespitzten ödipalen Konflikts zwischen Friedrich und seinem Vater übertraf. Dem Leser wird die Bestimmtheit solcher Aussage vielleicht als jene unzulässige Übervereinfachung vorkommen, vor der ich eingangs gewarnt habe.

Vereinfachungen müssen nicht notwendigerweise den Charakter der »schrecklichen Vereinfachung« haben. Die von mir hier vorgetragene soll uns gleichsam an ein neues Medium gewöhnen. Die Liebhaber Wagnerscher Opern und von Strawinskis »Feuervogel« erinnern sich kaum noch daran, daß beides einmal als skandalös empfunden wurde. Neue Tonarten und Kompositionstechniken sind in der Tat vergleichbar dem neuerworbenen Medium unbewußter Zusammenhänge, die eben gerade dann nicht unbewußt genannt zu werden brauchten, wenn sie dem Bewußtsein sogleich verständlich und eingängig wären.

Um es zusammenzufassen: Ob Friedrich eine homosexuelle Perversion hatte oder nicht, ob sein Flötenspiel auch den Charakter einer sexuellen Ersatzfunktion hatte oder nicht, das geht die Öffentlichkeit durchaus nichts an und gehört in die Privatsphäre, die selbstverständlich bei einer Person des öffentlichen Lebens ebenso zu respektieren ist wie bei jedermann sonst. Niemand, der hier nicht mitspielen will, ist von solchen Eigenarten betroffen.

Anders verhält es sich zum Beispiel mit dem Spießrutenlaufen, zu dem regelmäßig desertierte Soldaten, wiedereingefangen, verurteilt wurden. Friedrich sah solcher Exekution häufig zu. »Daß er selbst als Kronprinz mit 18 Jahren wegen geringerer Mißhelligkeiten desertiert war, sänftigte den König nicht.« Der von den preußischen Werbern verschleppte Schweizer Ulrich Braeker, der Autor der Lebensgeschichte des armen Mannes im Tockenburg, war da aufgeklärter als der illustre Literat auf Preußens Thron: »Da mußten wir zusehen, wie man sie durch zweihundert Mann achtmal die lange Gasse auf und ab Spießruten laufen ließ, bis sie atemlos hinsanken, wie sie des folgenden Tages aufs neue dranmußten, die Kleider vom zerhackten Rücken heruntergerissen, und wie wieder frisch drauflosgehauen wurde, bis Fetzen geronnenen Bluts ihnen über die Hosen hinabhingen. Dann sahen Schärer und ich uns zitternd und todblaß an und flüsterten einander in die Ohren: ›Die verdammten Barbaren!‹« Mag das Tradition aus Zeiten gewesen sein, in denen Grausamkeit unreflektierter und selbstverständlicheres Lustvergnügen gewesen ist, Friedrich hätte es besser wissen können, aber er blieb ein »verdammter Barbar«. Wirklich verdammt, weil man sich fragen kann, ob denn überhaupt ein einigermaßen unbeschädigter Charakter sich im Zeitalter des Absolutismus entwickeln konnte und ob man diesen Absolutismus als ein institutionalisiertes neurotisches Syndrom verstehen muß – jedenfalls in der Vielfalt seiner aggressiven Auswüchse. Wird es für ein empfindsames und talentiertes Individuum zum Schicksal, in einen solchen Kulturstil geboren zu werden, dann ist es zu besonderen Leiden verurteilt. Aber man sollte durchaus an jedermann denken, wie er durch die vorwiegenden Erziehungsprozeduren in eine unselige Tradition hineingezwungen wird, die bei Friedrich wahrhaftig historische Folgen hatte.

Die neurotischen Grausamkeitsbedürfnisse können bei Friedrich durchaus als Beispiel eines pathologisch motivierten Verhaltens dienen, das die Öffentlichkeit in Mitleidenschaft zieht und das deshalb ihrer Kritik sich aussetzen muß.

Man sollte jedoch sehr vorsichtig sein, ehe man alles Fehlverhalten in den gesellschaftlichen Umständen begründet sieht. Es gibt Entscheidungen, die dem einzelnen nicht abgenommen werden können und deren Verfehlen ihm angerechnet werden muß. Zwar ist der Konformitätszwang der Traditionen allezeit ein erschreckender Drachen, auch die seelischen Verwundungen, die Friedrich zu ertragen hatte, seien nicht unterschätzt, trotzdem: er hätte vieles besser wissen können, viele seiner bedeutenden Zeitgenossen wußten es besser! Er hätte ernsthafter an sich arbeiten, weniger selbstgenügsam in bezug auf die großen Reformen sein können, die zu seinen Lebzeiten in Preußen fällig waren und die noch in seinem Jahrhundert in den Verfassungen nordamerikanischer Staaten und der Französischen Revolution sich Bahn brachen – für all das hätte er ein Gespür haben müssen, jedenfalls dann, wenn man ihm den Beinamen »der Große« zuerkennen will.

Wenn wir in unserer Lage aus der Geschichte brauchbare Anweisungen destillieren wollen, kommt es uns nicht mehr auf Ratschläge an, wie man nationale Territorien erweitern kann, sondern auf Inspirationen, wie sich der Grad der Selbstüberwindung vermehren ließe, so daß man ohne Einbuße der Selbstbestätigung internationale Konflikte mit Argumenten statt mit sturer Machtanwendung zu lösen lernt. In dieser Hinsicht bekommt man in unserem Vaterland (östlich-westlich) nur schwer Boden unter die Füße.

Wahrhaft tragisch scheint mir in diesem Zusammenhang die Unfähigkeit Friedrichs, mit den besten Köpfen seines Landes, seiner Sprache, in Kontakt zu kommen – überhaupt von ihnen Kunde zu bekommen. Außer der französischen ließ er keine Kultur gelten, auch darin absolut. Da stellt sich wieder die psychologische Frage: Ist das eine zur Marotte verstärkte persönliche Vorliebe, sonst nichts? Es gehört zu den Funden Augsteins, auf die nur wenige Leser vorbereitet sein dürften, daß Friedrich ein sehr plastisches, einfallsreiches Deutsch sprach. Zum Beispiel in dem Satz, in dem er bekennt, nicht zu wissen, »wohr mir Mein Stern Noch herum-promeniren wirdt«. Trotzdem macht er kaum Gebrauch davon. Für ihn ist Deutsch die Sprache des Vaters, wie Augstein hervorhebt, »voller Tabakqualm, dumpfer Späße, stumpfer Unbildung und unerträglicher Bigotterie«. Im Gebrauch des Französischen erhält er sich ein Stück der vorköniglichen, der in der Jugend gesuchten Identität. Hier ist er dem Vater überlegen – und zwar nicht auf dessen, sondern auf seinem, Friedrichs, eigenem Grund, der Musik, Literatur, Philosophie. Dieses Verlangen nach Eigenwert, Selbständigkeit ist charakteristisch für die Identitätssuche der ausgehenden Adoleszenz. »Um von seinen Franzosen als einer der ihrigen anerkannt zu werden, scheint er allen deutschen Bestrebungen den Scheidebrief ausgestellt zu haben – ein Unterfangen, das ihm von seiten empfindsamer Freunde in Paris, etwa d'Alemberts, nicht durchweg honoriert wurde.« Die integrative Kraft Friedrichs reichte nicht aus, das jugendliche Ich-Ideal mit dem der Rolle des Monarchen in fruchtbarer Weise zu vereinigen. Er erblindet statt dessen für geistiges Geschehen um ihn, immer hingeneigt nach dem Ideal des ungebundenen Künstlers. Dabei wurde aber von Hamann, von Lessing, von Goethes Jugendwerk, von Klopstocks »Messias«, von Kant, Herder, von Bach nichts durch Friedrich aufgenommen. »Gluck, Haydn, Mozart wußte er nicht zu schätzen.« Die gestörte Beziehung spiegelt sich auch umgekehrt darin, daß keiner der großen deutschen Dramatiker, zu Friedrichs und in der folgenden Zeit, das Verlangen spürte, ihn zur tragenden Figur eines Stückes zu nehmen.

So vertieft sich durch Friedrich jene Spaltung in deutschen Landen, die ihn bis auf den heutigen Tag überdauert hat: die zwischen Politik und Intellekt, die zwischen Machthabern und Denkern. Der »Pinscher«, der in unseren Tagen zur Charakterisierung eines bedeutenden Romanschriftstellers erfunden wurde, ist sozusagen nicht ohne Stammbaum.

Der Frage, hätte ein seelisch unbeschädigter Friedrich Schlesien erobert, darf die andere gegenübergestellt werden: Hätte ein seelisch weniger verletzter Friedrich seinem Machtbereich das Geschenk der Aufklärung in einer tiefer reichenden Weise gemacht? Das Zeug dazu hatte er, vielleicht mehr noch als Goethes Herzog Karl August. Was nützt so eine endlose Korrespondenz mit Voltaire, d'Alembert, um seine, Friedrichs, Anerkennung als Literat, wenn Preußen gleichzeitig »hinaufgeprügelt« wird zu größerer Machtfülle? Was nützt dieser »kategorische Imperativ der Expansion«, der nach knapp zweihundert Jahren verschollen ist bis auf den fernen Schweißgeruch »einer einzigen großen Wachtstube«, wie dem italienischen Dichter Alfieri Preußen auf einer Reise vorkam – was nützt das alles, wenn das Land von damals bis heute keine Anstrengungen macht, sich aus dem Geist seiner bedeutenden schöpferischen Intellektuellen zu regenerieren und zu regieren, ja nicht einmal die Vorstellung hat, wie ein verfeinerter Geist Macht ausüben könnte.

Das ist also eine *politische* Konsequenz der Gebrochenheit von Friedrichs Wesen. Der politische Denker, der diese Perspektive im Auge hat, wird sich fragen, ob er ihn »groß« nennen will. Dazu braucht ihn der Psychologe nicht »klein« zu machen.

Also doch noch ein Fußtritt. Abwertung? Nein. Durch Vermehrung des Materials, durch Ertragen einer mit simpler Größe nicht zu verneinenden Widersprüchlichkeit entsteht eine kontrastreichere Sicht. Augstein bietet uns einen Anschauungsunterricht über ein deutsches Einzelschicksal und über ein Volksschicksal, das mit diesem Einzelschicksal doch dauerhafter verknüpft ist, als man zunächst vermuten mochte. Die Motivation dafür liegt in der Hoffnung, es ließe sich durch schärferes Denken über die Vergangenheit, allem Pessimismus zum Trotz, an der Struktur der Gegenwart wenigstens so viel ändern, daß Herders Beschreibung unseres Landes widerlegbar wird: » . . . welcher Regent in Deutschland dürfte fürchten und zweifeln? Der Zweifel selbst wäre eine Beleidigung der Nation, die sich durch gutwillige Treue und fast blinden Gehorsam gegen ihre Landesherren seit Jahrtausenden in der Geschichte bemerkbar gemacht hat, daher auch Deutschland selbst vom päpstlichen Hofe mit dem Ehrennamen eines *Land des Gehorsams* vorzüglich benannt, und diesem Namen gemäß behandelt wurde.«

Es ist viel wegzuschaffen – viel boshafte, selbstverborgene Zwangsstrukturen. Wie eminent gegenwärtig liest sich der Bericht des briti-

schen Gesandten in Berlin, Sir James Harris, vom 18. März 1776:
» . . . diese bunte Mischung von Barbarei und Humanität, die seinen
Charakter so stark kennzeichnet. Ich habe gesehen, wie er in der Tra-
gödie weint, gewußt, daß er für einen kranken Windhund so sehr
sorgte wie eine liebevolle Mutter für ihr Lieblingskind; aber am Tag
darauf hat er Befehl zur Verwüstung einer Provinz gegeben . . . Er ist
so wenig blutdürstig, daß er es kaum zuläßt, daß ein Verbrecher mit
dem Tode bestraft wird, wenn es sich nicht gerade um ein notorisches
Verbrechen handelt; dennoch gab er im letzten Krieg Geheimbefehle
an mehrere Feldärzte, lieber den Tod eines verwundeten Soldaten auf
sich zu nehmen, als durch die Amputation eines Gliedes die Zahl
seiner Invaliden und die Unkosten für sie zu erhöhen.« Da sind die
tiefen Unterströmungen benannt, zum Beispiel die brutale Sentimentalität, mit welcher wir die Welt immer wieder erschreckt haben. 1813
schrieb Johann Gottlieb Fichte: »Pflichten der Fürsten? Sie denken
Wunder, wie Großes sie sagen! Die erste wäre die, in dieser Form nicht
da zu sein.« Die Fürsten sind gegangen. Wer kennt jene, die an ihre
Stelle traten, die uns regieren? Wer weiß, aufgrund welcher Fähigkeiten und Unfähigkeiten man heute zum Abgeordneten unseres Parla-
ments wird? Viel Arbeit bleibt. Der Anstoß, von Friedrich auszugehen,
hat doch präzise in die Gegenwart geführt.

Entwicklungsgrundlagen eines freien Sozialismus

Elementarer Zweifel

Unter wechselnden, nie vorauszubestimmenden Bedingungen den Kurs zu halten ist die Kunst der Seefahrt. Die Hilfsapparate, über welche sie heute verfügt, haben ihr diese Aufgabe bedeutend erleichtert. – Unter den wechselnden Bedingungen des flutenden politischen und ökonomischen Lebens den Kurs zu halten ist auch die Aufgabe der Staatsmänner. Man kann nicht sagen, daß die Mittel der Zivilisation sie ihnen gleichermaßen erleichtert hätten. Im Gegenteil: die Fahrtziele liegen in größerer Distanz als je; die Strömungen, in welchen sie treiben und die sie dennoch befahren sollen, haben bis auf den Grund hinunter alles ergriffen. Gewaltiges Treibgut blockiert die gewohnten Passagen, viel Ballast wurde schon geopfert. Die Passagiere sind im höchsten Grad beunruhigt. Die Nacht ist stürmisch und dunkel, die Gestirne sind noch immer verborgen.

Verlassen wir dieses Stimmungsbild, dann sagt es in der Sprache des Begriffes: Von der Zukunft ist nur gewiß, daß sie kommt; was sie bringen wird, bleibt eine quälende Frage. Seit dem Anbruch dieses Jahrhunderts hat sie schrecklichere Überraschungen bereitgehalten, als es alte menschliche Erfahrung erwarten ließ. Sie hat die Hoffnungen, die noch Wilhelm II. in den Worten zusammenfaßte: »Herrlichen Zeiten führe Ich Euch entgegen!«, als Täuschungen enthüllt. Denn seither trat die Armut und die Trauer in fast jede Stube; seither nahm die Freiheit des Menschen ab und seine Bedrohung in Krise, Krieg und Diktatur nahm unentwegt zu. Wir alle spüren, daß ein ungeheures Verhängnis über uns schwebt und daß es sich von Jahrzehnt zu Jahrzehnt in unserer Atmosphäre verdichtet hat. Periodisch haben wir die Entladung von Spannungen erlebt, die mehr vernichteten, als diese und die kommende Generation wieder erwerben können, zu schweigen vom Verlust unersetzbarer kraftspendender Schöpfungen unserer Kultur, in deren Wurzeln wir trotz allem immer noch leben.

Nach solchen Erfahrungen ist es verständlich, warum wenigstens der gegenwärtig lebende Europäer der Zukunft und jedem Versuch, sie inhaltlich im Umriß zu bestimmen, mißtraut. Er ist eher versucht, angstvoll oder resignierend und apathisch die Augen vor ihr zu schließen. Alle großen Worte, mit denen man ihn verlocken will, tönen ihm leer, entsetzlich und grausam leer. Trotzdem müssen wir uns ein Bild von der Zukunft machen, wenn wir nicht blinder, unfreier, schlechter vorbereitet in ihr herumgehen wollen, sobald sie Gegenwart geworden ist, als es in unserem Schicksal beschlossen sein müßte. Wer es unternimmt, ein Programm zukünftiger Lebensform zu skizzieren, wird trotzdem unausweichlich auf den Zweifel stoßen, wenn er die Zukunft aus den Elementen der Gegenwart ahnend zu ergreifen beginnt. Denn ein elementarer Zweifel hat alles und jedes ergriffen!

Wir sind tief mißtrauisch gegen den Staat. Er sollte die Form unseres besten öffentlichen Zusammenlebens sein. Wir können uns nicht mehr daran erinnern, seit wann in unserer Geschichte er dies nicht ist. Wir haben den Kontakt mit ihm verloren, denn er hat uns nicht vertreten noch gefördert – weder untereinander noch nach außen. Aber er hat uns vergewaltigt, mißhandelt; wie in einer ungeheuren Reuse sind wir in ihm gefangen, er hat Ungezählte der Unseren getötet und erniedrigt, beraubt, verdummt. Er hat aus uns eine verrohte und vergrämte Masse gemacht, in der jeder dem anderen mißtraut.

So gibt es niemanden mehr, der sich mit unserem Staat identifizieren möchte. Seit Hegel hat man uns gelehrt, daß er ein historisches Wesen eigener Entwicklungsgeschichte und mit einem eigenen Geltungsbereich ist; aber wir haben unterlassen, frühzeitig genug zu untersuchen, in welchem Verhältnis seine Ansprüche zu den Ansprüchen eines jeden von uns stehen. So wuchs er neben uns zu einem Moloch auf, der uns verschlang. Und nun erhebt sich in größter Armut, nach dem Verlust der Besten von uns, auf den Ruinen unseres Lebens die große Frage, auf welchem Weg wir wieder zu einem lebendigen Staat gelangen könnten, der unser Geschöpf ist und dem wir den Anteil an uns zu geben bereit sind, der ihm gebührt, und der seinerseits uns die Freiheit sichert, die wir zu einem lebenswerten Leben brauchen.

Wir sind ferner tief mißtrauisch gegen die Form unserer Wirtschaft. Lassen wir alle Schlagworte für ihre Bezeichnung beiseite: wir sind tief mißtrauisch gegen jene Form von Großunternehmen – mögen sie gehören, wem sie wollen –, die im Lauf der letzten 150 Jahre die wirtschaftliche Freiheit von immer mehr Menschen verschlungen haben, wie der Staat unsere politische verschlang. Auch diese Wirtschaft gebärdet sich wie ein Wesen eigenster Gesetzlichkeit; sie spricht den schlichten Bedürfnissen des Menschen hohn. Auch sie ist nicht unser Freund, ebensowenig wie der Staat. Eine seltsame Welt! Wir leben in ihr als Zwerge zwischen bösartigen Riesenwesen, die uns wie Gras abweiden.

Wir leben auch in einem tiefen Mißtrauen gegen unseren Mitmenschen, der uns fast immer als Wesen, welches uns beengt, unsere eigenste Welt beschneidet und nicht achtet, vorkommt; der uns um eines eigenen Vorteils willen zu verraten bereit ist und uns die Erfolge unseres Lebens mißgönnt. Der im übrigen selbst von Angst gejagt ist, gegen die auch wir oft vergeblich kämpfen. Unser Leben in der Enge ist hart; aber es hat jene eigentliche Härte verloren, die ihm verliehen ist, solange wir unserem Gewissen folgen. Man lebt, *um* zu leben, wie es auch gehen mag; man vegetiert und merkt es schon nicht mehr – und davon leben *dieser* Staat und *diese* Wirtschaft; durch diese Stumpfheit leben wir selbst. So sind wir am äußersten Punkt eines unwürdigen und unsozialen Daseins angelangt, denn wir haben unseren Nächsten und sogar – im Zweifel an einer größeren verbindenden Idee – jede mitmenschliche Gemeinschaft aus dem Auge verloren. Der Zustand von Staat und Wirtschaft zwingt uns, anarchisch zu leben; unsere innere Anarchie verhindert die Entfaltung einer Ordnung. Wir sehen nur noch unsere Interessen; aber davon wird niemand unter uns froh. Unsere Mitmenschen begegnen uns nicht mehr in einem natürlichen Lebensgefüge; die Maschinerien von Staat und Wirtschaft schieben den Menschen in völliger Achtlosigkeit seiner persönlichen Freiheit umher. Die Berührungen der Menschen untereinander sind Zufallsberührungen ohne die Verpflichtung der Rücksichtnahme, der Achtung, gar des Opfers.

Wie die Wirtschaft aus den Schätzen des Bodens, so hat die Politik aus den Ideenschätzen der Vergangenheit gelebt. Obgleich in einer zerbrochenen Gegenwart auch die Vergangenheit einen hohlen Klang bekommen hat, ist die Sehnsucht nach einer Wiedergeburt des Menschen, nach dem Geschenk einer verpflichtenden Ordnung unstillbar. Trotzdem sind wir tief mißtrauisch auch gegen alle Ideen. Denn in ihrem Namen ist ebensoviel Unrecht und Unheil angerichtet worden wie im Namen der Ideenlosigkeit des Nihilismus. Wir sind mißtrauisch gegen Ideen, weil wir fühlen, daß sich die Verworrenheit unseres Unglückes nicht aus der Peripherie, von irgendeiner beliebigen Stelle her, bessern und entwirren läßt, sondern nur von einem Punkt aus, der sich als ein neuer Mittelpunkt erweisen wird. Weil auf dieser Suche hochempfindliche Spürkraft, ja Hellsichtigkeit unerläßlich sind, bleibt einstweilen auch dem Betrug Tür und Tor geöffnet.

Nirgendwo macht der Zweifel halt. Nicht vor dem Indviduum, nicht vor dem Kollektiv, er durchwaltet den Alltag und die Welt der Gedanken. Er begleitet einen Prozeß der Auflösung aller Lebensordnungen, er ist die Auflösung selbst – aber auch die Kritik der Neuformung.

Was ihm standzuhalten vermag, darauf allein wird es in Zukunft ankommen, auf diese Lebenskraft und auf diese Idee.

Der Zweifel ergreift auch den Sozialismus als Idee. Wird eine Sozialisierung – so fragt man – von Not und Furcht befreien können, die uns Terror und Krieg brachten? Was ist von einer Idee zu halten, die in ihrem bisherigen Programm durch die Zone der Diktatur die Freiheit gewinnen will? Ist das, was man in der Welt schon an Verwirklichung der sozialistischen Idee erkennen kann, ermutigend?

Über Fragen gleich diesen hinweg bleibt der Sozialismus aber auf der ganzen Welt die Hoffnung aller derer, die überhaupt noch zu hoffen wagen. In seiner Idee ist eine Ordnung gemeint, welche die tiefsten Vorstellungen der Menschen von einem auf Gerechtigkeit und Recht ruhenden Glück befriedigen kann.

Weil der Zerfall der überlieferten Gemeinschaftsformen die Errichtung einer neuen fordert, müssen wir unterscheiden zwischen der historischen Nötigung, eine sozialistische Daseinsordnung zu verwirklichen, und den Vorstellungen, welche sich die Menschen von dieser Ordnung im einzelnen machen – einer sozialistischen Ideologie also.

Sozialismus bedeutet eine gerechte Ordnung der Verhältnisse der Menschen untereinander! Und zwar soll diese Ordnung nicht auf der Macht des Stärkeren beruhen, sondern – entsprechend der Vielfalt, zu welcher der Mensch in seinen Leistungen fähig ist – auf einer anerkennenden Wertung dieser Leistungen in der Gemeinschaft.

Ein gerechtes Verhältnis der Menschen untereinander ist immer als ein Verhältnis ihrer *Freiheiten* zueinander zu verstehen. Insofern der Sozialismus jedermann die ihm gebührende Freiheit der *Leistung* verschaffen will, steht er an der Grenze zur Utopie. Vergessen wir aber nicht, daß alle großen geistigen Bewegungen fest im Reich der Idee verwurzelt sind. Für den Marxisten z. B. besteht die Zukunftshoffnung in der Erwartung einer »klassenlosen Gesellschaft«. Es ist freilich noch nie gelungen, eine Idee so rein zu verwirklichen, wie sie denkbar ist; aber damit ist das Streben nach einer besseren, gemäßeren Lebensform der Menschen nicht zu entwerten. Es stehen zwei Wege zur Verwirklichung des Sozialismus offen. Beide müssen begangen werden, wenn die Anstrengungen erfolgreich sein sollen.

1. Es muß nach einer Staatsform gesucht werden, die dem Leben des Menschen in der Gesellschaft wie als einzelnem gleichermaßen dient und die menschlichen Freiheiten zur Entfaltung kommen läßt. Der Staat muß also eindeutig dem Wohl seiner Mitglieder dienen. Wenn man in den Begriffen einer Rangordnung denken will, dann heißt dies, daß das oberste Recht das der Menschen ist, die den Staat bilden, und daß dann erst – nie umgekehrt – sein Rechtsanspruch kommt. (Diesen

Vorrang zeigt auch die Geschichte; die Menschen lebten lange in stabilen Gesellschaftsformen, ehe sie den Staat erfanden.)

2. Ebenso wie die Staats- und Gesellschaftsordnung es möglich machen muß, das Leben als freies zu führen und zu empfinden (also sich in der *Leistung* je nach Talent für diese Gemeinschaft wertvoll zu machen) – ebenso muß der Sozialismus einen Vorgang der *Selbstbefreiung* darstellen. Sonst wird er immer ein Mißverständnis sein. Sozialismus heißt Ordnung der Freiheiten der Menschen untereinander. Er kann also nur nach einer Befreiung des einzelnen von unberechtigten egoistischen Strebungen Wirklichkeit werden! Sozialismus muß den Fortschritt von der Polizeikontrolle zur Selbstkontrolle seiner Mitglieder bringen, oder er wird sich nicht verwirklichen.

Äußere Ermöglichung der Freiheit und innere Selbstverantwortung durch den einzelnen (bei ihrem Gebrauch) sind untrennbare Seiten einer sozialistischen Wirklichkeit. Zum Sozialismus gehört nicht nur der vollkommenere Staat, sondern auch ein vollkommenerer *Mensch*, der in der Freiheit zu leben versteht und sie nicht auf Kosten anderer mißbraucht! Insofern ist der Sozialismus niemals allein durch ein Manövrieren der Staatsform zu erreichen, sondern muß seinen Anfang in der Verantwortlichkeit sozialistisch denkender und lebender Menschen nehmen.

Der Zweifel an der souveränen geschichtswendenden Kraft der modernen sozialistischen Idee rührt davon her, daß sie wie alles in der zweiten Hälfte des 19. und der ersten des 20. Jahrhunderts von der reißenden Gewalt der technischen Entwicklung überwältigt wurde. Diese hat neue Zustände – ein noch ungebrochenes Diktat der ökonomischen und der Produktionsverhältnisse – geschaffen, gegen welche das Programm des Sozialismus teilweise neu formuliert werden muß.

Dieses Programm ist zum erstenmal in unvergleichlicher Hellsicht der kommenden Dinge von Karl Marx und Friedrich Engels im »Kommunistischen Manifest« festgelegt worden. Aber auch Marx und Engels waren Menschen, und auch ihre Hellsichtigkeit bleibt gegenüber der grundsätzlichen Unberechenbarkeit der historischen Entwicklung begrenzt. So wäre es gewiß nicht im Sinne der beiden großen Helfer der unterdrückten Menschheit, wenn wir sie dogmatisch verstünden. Wir müßten ihr Wissen dann aus der Zeit nehmen und es mit ebensolchen Ausflüchten aufrechtzuerhalten suchen, wie dies die Vertreter der christlichen Religion bei der Entdeckung der Bewegung der Erde um die Sonne durch Kepler, Kopernikus und Galilei taten. Solcher Dogmatismus kann die sozialistische Idee nur um ihre Wirkung bei kritischen und überlegenen Beobachtern der Zeit und damit um ihre Wirkung in Gegenwart und Zukunft bringen.

Der Grundsatz des Sozialismus, die mitmenschlichen Verhältnisse auf dem Boden der gegenseitigen Achtung zu ordnen, kann durch keine Wendung der Geschichte erschüttert werden! Je tiefer die Zeit in den Abgrund äußerer Not und innerer Verzweiflung stürzt, desto inbrünstiger wird die Hoffnung auf die Befreiung in einer gerechten Sozialordnung.

Die Nötigungen der Gegenwart sind heute aber andere als vor hundert Jahren zur Zeit der Abfassung des »Kommunistischen Manifestes«. Dieses geht von einer historischen Situation aus, die nach dem Entwicklungsstand der Technik und der Gesellschaft zureichend als die Situation des Klassenkampfes bezeichnet werden durfte. Trifft diese Situation, wenn man den Kern der Zeitproblematik ergreifen will, noch unverändert auf die Gegenwart zu? Ferner: Das »Kommunistische Manifest« sieht für den Sozialismus keine andere Möglichkeit der Verwirklichung als im »gewaltsamen Umsturz aller bisherigen Gesellschaftsordnung«. Er ist gegen die »Bourgeoisie« aller Länder gerichtet. Es fragt sich aber, ob der Bourgeoisie heute die Bedeutung zukommt, die sie noch vor 100, selbst noch vor 25 Jahren besaß, ob überhaupt der Kapitalismus als geschlossene Wirtschaftsordnung noch existiert. Es fragt sich ferner, ob die Phase der »Diktatur des Proletariats« den Übergang zur Freiheit in der sozialistisch geordneten Welt verspricht.

Die technische Entwicklung bringt den Übergang vom Klassenkampf zur Existenzbedrohung aller Menschen

Durch die Ausbeutung der toten Energievorräte der Erde hat die Technik, bzw. die sie (wie Alfr. Weber sagt) bedingende »rationale Ordnung«, die immer großräumiger zu werden strebt, die »Güter« in einem vorher nicht einmal geahnten Ausmaß vermehrt. Indem sie die auf der Agrarproduktion ruhende Welt des vortechnischen Zeitalters ablöst durch eine Welt, die erfüllt ist mit »toten« Produkten der Maschine, erhöht sie nicht nur den aus der technischen Produktion stammenden Reichtum um ein Vielfaches, sie verändert auch seine innere Struktur. Er wird transportabel; er kann verhandelt werden und ist akkumulierbar. Diese Möglichkeit der Aufhäufung von vergegenständlichter Arbeit in den Produkten bringt eine neue Substanz, eine neue Zuständlichkeit in den sozialen Raum, schafft eine neue Verteilung der Macht.

Die Klasse des Bürgertums ist der erste Nutznießer des technischen Zeitalters. Eine rasche Erhöhung des Lebensstandards auch für den großen Durchschnitt der Bevölkerung tritt ein. Dieser relative ökonomische Reichtum beruht darin, daß durch die Technik noch vorwiegend Konsumgüter hergestellt werden. Die neu verfügbar gewordenen Energien befinden sich im *neutralisierten* Zustand der Handelsware und fluktuieren frei im Ausgleich von Angebot und Nachfrage.

Mit der Ausdehnung der Ansprüche auf die Rohstofflager der Welt durch die verschiedenen Gruppen der kapitalistischen Produzenten wächst die Rivalität. Im Zeichen des Besitzneides, der mit der Güterproduktion steigt, ändert sich das Gesicht der Ware. Nicht mehr der Markt der Käufer, sondern die Rüstung beherrscht die Produktion. Der Rüstungswettlauf beendigt den Wettlauf des kapitalistischen Zeitalters nach künftigen Märkten, nach dem Wohlstand der Zukunft, den Wettlauf mit einer Fata morgana. Er bringt bis zu unserer Gegenwart eine Verelendung herauf, welche fast alle herkömmlichen sozialen Sicherungen übersteigt. Die Technik ist in den Zustand des *explosiven Zerfalles* übergegangen.

Die bürgerlich-kapitalistische Form der Sozialordnung konnte dieser Entwicklung nicht Herr werden, und sie hat deshalb konstant ihren Besitz verloren. Der Materialismus als Weltanschauung, der das vergangene Jahrhundert in fast allen Köpfen beherrschte, versprach eine rationale Ordnung der Welt, aber er hat nur eine *lebendige* Ordnung von Jahrhunderten aufzulösen vermocht. Weil er sich selbst als »Fortschritt« gab, konnte er nie eine echte neue Ordnung gründen, die immer eine in sich ruhende und beständige Mitte besitzen muß. Voran die Idee des »Fortschrittes«, der als ein unendlicher Prozeß der Vergoldung der Zeit verstanden wurde, hat jeder Kontrolle durch sittliche Normen gespottet. Im Zeitalter des Bürgers mit seiner Anreicherung und Mobilisierung des Besitzes tritt die humane Wertung des Menschen vollends in den Schatten seiner »Zahlungsfähigkeit«, seiner materiellen Ausstattung. Die Bewegung des Geldes ist in jeder anderen Bewegung enthalten, da sie durch Geld erreichbar geworden ist! Aber auch dieser Prozeß begrenzt sich selbst. Der materielle Besitz macht unersättlich und schafft sich Feinde. Der Wirtschaftskrieg ist das Ende des Konkurrenzkampfes der bürgerlichen Blütezeit.

Die Maschine mit ihrer unermüdlichen Unruhe löst alle bisherigen Ordnungen von ihrem Grunde ab und schwemmt sie mit sich fort. Die Besitzer und scheinbaren Lenker dieser Dynamik sind die Besitzer der Maschine – die besitzende Klasse. Im »Kommunistischen Manifest« heißt es: »Die Bourgeoisie, wo sie zur Herrschaft gekommen, hat alle feudalen patriarchalischen, idyllischen Verhältnisse zerstört. Sie hat die buntscheckigen Feudalbande, die den Menschen an seinen natürlichen Vorgesetzten knüpften, unbarmherzig zerrissen und kein anderes Band zwischen Mensch und Mensch übriggelassen als das nackte Interesse, als die gefühllose ›bare Zahlung‹ . . . Sie hat die persönliche

Würde in den Tauschwert aufgelöst und an die Stelle der zahllosen verbrieften und wohlerworbenen Freiheiten die eine gewissenlose Handelsfreiheit gesetzt.« Das 1891 beschlossene »Erfurter Programm« der Sozialdemokratischen Partei Deutschlands beginnt mit den Worten: »Die ökonomische Entwicklung der bürgerlichen Gesellschaft führt mit Naturnotwendigkeit zum Untergang des Kleinbetriebes, dessen Grundlage das Privateigentum des Arbeiters an seinen Produktionsmitteln bildet. Sie trennt den Arbeiter von seinen Produktionsmitteln und verwandelt ihn in einen besitzlosen Proletarier, indes die Produktionsmittel das Monopol einer verhältnismäßig kleinen Zahl von Kapitalisten und Großgrundbesitzern werden.«

Wenn man um die Jahrhundertwende nur dieses »riesenhafte Wachstum der Produktivität der menschlichen Arbeit«, die Entstehung von Monopolbesitzern der Produktionsmittel sah, so können wir heute eine zweite Phase der technischen Entwicklung rückschauend erkennen: in der Rivalität der Gruppe von Besitzern der Produktionsmittel hat die Konkurrenz nicht nur die Entwicklung der technischen Produktion mit allen erfindlichen Hilfsmitteln vorangetrieben, sie hat auf diesem Weg auch die zunehmende Verwandlung der Güter von Gebrauchs- zu *Vernichtungsgütern* nicht verhindern können. Heute ist der technische Raum – und das ist der Lebensraum fast der ganzen Menschheit – überfüllt mit hochempfindlicher Sprengladung.

Die Neutralisierung der Interessen gelingt nur noch durch Zerstörung, nicht durch Aneignung des fremden Wirtschaftsraumes. Die Vernichtung seiner Produktionsmittel ist von der Vernichtung der Menschen nicht mehr zu trennen. Der Wirtschaftskrieg ist die Fortsetzung des Konkurrenzkampfes mit anderen Mitteln. Aber die ebenfalls maschinell ins Ungemessene gesteigerte Gefahr bringt es mit sich, daß jetzt mit den Besitzlosen, zusammen mit ihrem Besitz, auch die Besitzenden von der Katastrophe verschlungen werden!

Dadurch, daß die Technik alle Lebensräume erfüllt und praktisch jede Regung begleitet, ist sie mit dem Schicksal der Menschheit unauflöslich verknüpft. Es sei dahingestellt, ob durch die »Schuld« des bürgerlichen Kapitalismus, jedenfalls unter seiner Allgewalt hat sich der Charakter der Technik (und der gesamten »rationalen Ordnung«), die in ihren ersten Stadien als »Befreierin von der Sklaverei« besungen worden war, geändert und den befremdlichen Charakter angenommen, welchen sie nun aufweist. Im Zustand ihres explosiven Zerfalles schwebt nicht mehr eine Klasse, schweben alle Menschen, die sich ihrer bedienen, in höchster Lebensgefahr. Dies bedeutet für die Theorie des Sozialismus, daß die Kritik nicht mehr in der Phase des Klassenkampfes stehenbleiben darf.

Die Klasse der bürgerlichen Unternehmer hat mit ihrer »baren Zahlung« alle Privilegien ständischer Art, jedes Ordnungsprinzip, das nach anderen Werten als den in Geld ausdrückbaren gliederte, unterhöhlt. Sie hat keinen der alten Gegner aus der Epoche vor 1798 in irgendeiner Macht belassen; aber sie hat sich einen neuen Gegner geschaffen: den Arbeiter, der maschinell produziert, ohne an den Produktionsmitteln entsprechenden Anteil zu haben. »Bourgeoisie« und »Arbeiterklasse« sind aber keine Lebensformen ständischer Art mehr. Sie sind nicht die sichtbaren Formen einer in sich ruhenden *Ordnung*, die gleich der des Mittelalters den Menschen in seinem Werk eng an die Kreatur, an Landschaft und Jahreslauf gebunden hält. Sie sind eher Sammelbecken während einer Bewegung, die von Entdeckung zu Entdeckung, von Hausse zu Krise und von Krise zu Krise in unvorhergesehenen Sprüngen verläuft. Und es ist sehr erstaunlich, daß beide Lager, die so ungleich am »Segen der Technik« teilhaben, diese Bewegung »Fortschritt« tauften. (Der Wertcharakter der Technik wird ursprünglich von niemandem einem prinzipiellen Zweifel unterzogen.) Wenn in diesem Fortschritt nicht nur die Technik fortschreitet, sondern auch die Opfer, die sie fordert, unerbittlich steigen, dann ist es an der Zeit, kritisch hinter diesen »Fortschritt« zu leuchten.

Der hervorstechende Zug in der technischen Entwicklung ist die Akkumulierfähigkeit ihrer Produkte und damit der in ihnen enthaltenen Energien. Es wird möglich, Reichtümer und davon abgeleitet eine universell anwendbare Macht zu erwerben, wie dies frei von allen Fesseln des Standes vorher nicht möglich war. Durch ihre Aufhäufung gewinnen die Produkte im sozialen Raum immer mehr an Gewicht; sie überwiegen relativ sehr rasch die Bedeutung und den Einfluß des Menschen. Das Produkt fasziniert alle – Besitzende und Besitzlose! Insofern die Technik dem Menschen zu dienen scheint, dient sie seinen niederen Instinkten; jedenfalls erweisen sich seine höheren Funktionen als nicht stark genug, um das brutalste Macht- und Besitzstreben einzudämmen, nachdem es einmal als Verlockung erfahren worden war. Der Unermüdlichkeit der technischen Produktivität entspricht die Unersättlichkeit des Besitzhungers, der aber die Auszehrung der herrschenden Klasse nicht aufzuhalten vermag, wie diese zuvor über die Lebensinteressen der Schwächeren hinweggeschritten war.

Die »rationale Ordnung« dringt mit ihren Funktionen und Produkten in alle Daseinsbereiche ein und ertötet in ihnen die natürlichen Zusammenhänge. Bald läßt es sich nicht mehr verbergen, daß die

Handlungsfreiheit, die Freiheit der Entscheidungen, vom »Schwergewicht der Dinge« vernichtet worden ist.

Die Technik ist der Beherrschung durch den Menschen entlaufen! Sie bestimmt nun das Verhältnis der Menschen zueinander und die Richtung ihrer Anstrengungen. Und diese Bestimmung geschieht nach technischen und nicht nach menschlichen Erfordernissen. Dadurch, daß die Menschen im bürgerlich-technischen Zeitalter nahezu ausschließlich durch Form und Quantität des Besitzes gewertet und in der Funktion des Besitzerwerbes miteinander in Kontakt gebracht werden, müssen sie immer größere Anstrengungen unternehmen, um die fortwährend wachsende Menge an Gütern sich anzueignen, beziehungsweise ihren Besitz als Lebensgrundlage zu behalten. Die Güter herrschen! Sie herrschen nicht nur über den einzelnen, sie herrschen nicht nur über die Klassen, sie herrschen bald auch über den Staat. – Dies kann nur dadurch geschehen, daß sie die Gesellschaft vernichten. Denn die Gesellschaft ist etwas Primäres, dem Staat Vorgängiges. Sie ist die Ordnungsform der Menschen nach den umfassenderen Qualitäten der Person, während der Staat die Ordnung nach »sachlichen« Gesichtspunkten darstellt. Und es konnte nicht ausbleiben, daß diese Sachlichkeit vom Maß des Besitzes bestimmt wurde.

Unaufhaltsam füllt die der »rationalen Ordnung« anheimgefallene Wirtschaft den politischen Bereich aus. Der Substanzzuwachs durch die technische Produktion wiegt schwerer als jedes politische Stimmrecht. Die Macht, die von der sich immer mehr zusammenballenden Industrie und dem gewaltig akkumulierten »Kapital« ausgeht, bedeutet schließlich eine solche öffentliche Gefahr, daß sich die Tendenzen verstärken, sie aus der Hand einzelner zu nehmen und zu Allgemein-, d. h. Staatsbesitz zu machen. Der Staat gleicht sich damit der Wirtschaft, die Wirtschaft dem Staate an. In dieser Phase kämpft das Bürgertum, die Klasse der Kapitalisten, gleichsam von innen her, aus der Ebene der Produkte um die Vorherrschaft in einem »wirtschaftsförmig« verstandenen Staat.

Auf der anderen Seite versucht die arbeitende Klasse, die Bedrohung ihrer Existenz durch eine monopolisierte Produktion mit einer staatlichen Kontrolle der Monopole, d. h. mit einer »staatsförmigen« Wirtschaft, zu überwinden.

Gleichermaßen, ob der Staat wirtschaftsförmig oder die Wirtschaft staatsförmig ist – in jedem Fall handelt es sich um Entstehung und Machtanspruch unförmiger Riesengebilde, welche die Lebensäußerung des freien Menschen ignorieren. Ihre Zweckgesetze gehen vor mit der Begründung, daß dies das Wohl der immer nebelhafter werdenden Allgemeinheit verlange. Die Menschen des modernen Staates können sich aber nicht verhehlen, daß mit einer solchen Rangordnung ihre materiellen und geistigen Bedürfnisse unentwegt geschmälert wurden.

Diesen Zustand nennen wir den Verlust der Gesellschaft im Staat! Er ist entstanden aus der Klassenkampfsituation, vielmehr aus der Ablösung der mittelalterlich ständischen Ordnung in die fortwährend in Bildung und Auflösung begriffenen Schichten der Produzenten und »Arbeiter« im weitesten Sinn des Wortes. Die Tatsache, daß der Staat als größter Arbeitgeber gilt und auch die Angehörigen der freien Berufe wie die Handwerker in ein steigendes Abhängigkeitsverhältnis zu den Monopolunternehmungen geraten, gestattet es, die Einteilung in »Unternehmer« und »Arbeiter« als die einzige Gliederungsform von Bedeutung, die im größeren sozialen Raum übriggeblieben ist, anzusprechen.

Und doch fordern die Zustände der Gegenwart, die Parole des Klassenkampfes auf die Parole der Freiheitsrechte für alle Menschen zu erweitern. Die Erfahrungen des Alltags beweisen uns, daß es für die übergroße Mehrzahl der Menschen in bezug auf die Art der Arbeit gleichgültig geworden ist, ob eine Unternehmung Staats- oder Privateigentum ist. In beiden Fällen sind Arbeitsteilung, Arbeitsform, Unselbständigkeit, Einflußlosigkeit des persönlichen Gestaltungswillens des Arbeiters auf das Produkt gleich groß. Wo, wie in Rußland, sozialistische Gruppen die Staatsmacht in Händen halten, hat sich an der Produktionsform (Arbeitsteilung, Steigerung der Leistungsforderung im Stachanowsystem usw.) trotzdem nichts geändert. Der Schlüssel der Herrschaft im technischen Raum liegt nach wie vor in Quantität und Qualität des *Produkts*. Das Produkt wird nicht im Hinblick auf den Menschen, sondern der Mensch im Hinblick auf das Produkt gesehen. So verlangt z. B. die Bedienung irgendeiner Maschine, etwa eines Flugzeugs, bestimmte Eigenschaften von dem, der sie in Tätigkeit setzen soll. Unter diesem Gesichtspunkt der Eignung werden die Menschen »gemustert« und im technischen Raum verteilt. Die fortwährenden Versuche, den Menschen den Anforderungen der Apparatur anzupassen, haben die Angehörigen der arbeitenden Klasse unter das Diktat der technischen Produktion und damit einer inhumanen Rationalität gebracht. Die maschinenfeindliche Haltung des Arbeiters war tiefer begründet, als es die Motive ausdrückten, die im Klassenkampf vorgetragen wurden. Da er beim fortwährenden Anschwellen der Produktionsmittel in eine immer ohnmächtigere Situation gedrängt wurde, blieb ihm nur der Weg in die Masse und von dort durch den massierten Herrschaftsanspruch in die Mitherrschaft im wirtschaftlich gesehenen Staat übrig. Daß damit der Absolutismus der Materie nicht zu brechen war, die im technischen Raum durch die menschliche

Arbeitsleistung mit Energie aufgeladen wurde, blieb zu lange unerkannt. Die arbeitenden Klassen und die sozialistischen Ideologen haben diesen Weg mit dem Verzicht auf die nach menschlicher Qualität gegliederte Gesellschaft erkauft; sie erhielten dafür durch quantitative Massierung zwar einen an Stärke letztlich unüberbietbaren Herrschaftsanspruch. Aber die Aufgabe des Sozialismus, die Gesellschaft im Staate auf der Basis der Menschenrechte neu zu gestalten, ist damit noch keineswegs gelöst, sie scheint vielmehr hinter den Massenbewegungen versteckt.

Durch die Entstehung einer monopolistisch aufgebauten Großindustrie haben aber auch auf seiten der besitzenden Klasse immer mehr Menschen die wirtschaftliche Selbständigkeit verloren und sind zu Funktionären ihrer Unternehmungen abgesunken. Es ist schon oft beobachtet worden, daß die zunehmende Monopolisierung der Wirtschaft, die eine scheinbare Vereinfachung der Verhältnisse zu bringen schien, in Wirklichkeit ein schier unentwirrbares System von gegenseitigen Abhängigkeiten erzeugte, was sich im hoffnungslosen Anschwellen der »Verwaltungen« ausweist. Hinter dieser Oberfläche verbarg sich der der Rationalität und Berechenbarkeit entwachsene Prozeß der Selbstverwirklichung der Technik – unbeherrschbar durch menschliche Lenkungsversuche, mit unheimlicher Konsequenz einer Weltkatastrophe entgegentreibend. Mag immerhin die »Bourgeoisie« als die erste die Technik benützende, ausbeutende soziale Schicht an dieser unerfreulichen Entwicklung die historisch sichtbarste Schuld tragen, mochte sie sich durch die Verlockungen eines anwachsenden Besitzes zu tiefster Verstößen gegen das Gewissen hinreißen lassen, es gilt trotzdem zu erkennen, daß damit die Entwicklungslinie allein nicht ausreichend bestimmt werden kann. Auch die Vertreter der arbeitenden Klasse waren durch die stürmische Entwicklung der Produktion an Gütern zu sehr fasziniert. Der Ausschluß von ihrem Besitz erweckte Ressentiment. Dieses machte glauben, die Gewinnung künftiger Freiheiten hänge allein von der Gewinnung der Produktionsmittel und damit von einer gerechten Verteilung der materiellen Güter ab.

Bleibt aber die technische Produktion auf dem gegenwärtigen Zustand, dann wird keine Änderung der Besitzverhältnisse den inhumanen Charakter der Technik selbst zu verändern vermögen!

Die Aufgaben einer künftigen Sozialisierung bestehen deshalb sowohl in einer gerechten Verteilung der Produktionsmittel wie in der Gewinnung einer neu gegliederten Gesellschaft, d. h. einer Gesellschaft, die sich nach den Gesetzen menschlicher Bedürftigkeit und nicht nach den Gesetzen der technischen Produktion und ihrer Produkte bestimmt.

Der Fortschrittsoptimismus ist verflogen. Fortgeschritten ist nicht nur die Technik, es stiegen auch die Opfer, welche sie forderte, ins ungemessene an. Und wenn sie in Europa gleichermaßen Opfer an Gut und Blut wie an menschlichen Freiheiten waren, so ist auch dort, wo ein Sieg errungen wurde, dieser mit einem Übermaß an Leiden erkauft worden, aber, was noch mehr zählt, mit hoher persönlicher und politischer Unfreiheit des denkenden Menschen, auch in den sozialistischen Staaten der Gegenwart. Die Gefahr, die Freiheit zu verlieren oder nicht zu gewinnen, besteht quer durch die ideologischen Kraftfelder der Erde.

Das Elend unserer historischen Epoche ist alt. Es war vor hundert Jahren schon zu erkennen, allerdings nicht für den groben Sinn, mit dem man es auch jetzt ergreifen kann. Marx sah es und erkannte in ihm die »revolutionäre, umstürzende Seite, welche die alte Gesellschaft über den Haufen werfen wird«. Die Bourgeoisie seiner Zeit freilich war für dieses Elend blind, taub und stumm. Denn sie erlebte die Technik noch im Zustand eines beherrschbaren, mit Geldwert meß- und neutralisierbaren Aufschwunges. Aber es zeigten sich schon damals seltsame Eigenwilligkeiten in einem System, das durch Angebot, Nachfrage und Konkurrenz glücklich ausgewogen schien. Schon im »Kommunistischen Manifest« schrieben Marx und Engels, daß die moderne bürgerliche Gesellschaft der fortwährend anwachsenden, mehr und mehr erzeugenden Apparatur gegenüber einem Hexenmeister gleiche, der die unterirdischen Gewalten nicht mehr zu beherrschen vermag. Es zeigen sich Krisen. In ihnen »bricht eine gesellschaftliche Epidemie aus, welche allen früheren Epochen als ein Widersinn erschienen wäre – die Epidemie der Überproduktion«. In diesen Krisen offenbart sich zum erstenmal eine für die Ordnungskraft der bürgerlichen Welt unbeherrschbare Selbständigkeit der in der Technik aufgehäuften Energie. Es werden die ersten Merkmale eines Eigenlebens der technischen Apparatur, oder genauer ihr Vorherrschen vor den Ansprüchen des menschlichen Daseins, sichtbar. Solange die Krisen vornehmlich auf dem Rücken der ausgebeuteten Klasse, der kolonialen Völker, ausgetragen wurden, solange hat es einen Sinn, vom Klassenkampf als dem beherrschenden Phänomen der Zeit zu sprechen. Im Ersten Weltkrieg endete für unseren Kontinent – sicher aber für Deutschland – dieser Zustand jäh, wenn dies auch nur wenigen zum Bewußtsein kam.

Die unvorhergesehene Wendung in der technischen Entwicklung war durch die Umwandlung ihrer Produkte bedingt. Die in ihnen aufgehäufte, maschinell vervielfältigte Energie erweist sich plötzlich nicht mehr als neutralisierbar. Die Krisenverluste sind von Stund an keine Reibungsverluste in der Rivalität mit der Konkurrenz. Das Produkt der technischen Entwicklung wird gefährlich explosiv, und die erste selbstvernichtende Entladung eines Weltkriegs läßt auch nicht auf sich warten. Wenn Marx beobachtet hat, daß in der Fabrik die Bewegung vom Arbeiter auf die Maschine übergegangen ist, so ist es jetzt so, daß die Kampfmittel den Krieg erzeugen und daß in ihm die Bewegung von den Kämpfenden ebenfalls auf die Vernichtungsmaschinen übergegangen ist. Der Zweite Weltkrieg hat endgültig bewiesen, daß die Elementarkräfte, die in der Form der Maschine »vernünftig« genutzt schienen, jeder Vernunft hohnsprechen. Die aus dem Schlummerzustand im Innern der Erde erweckte Materie bedurfte zwar des Kontaktes mit dem Menschen, aber sie hat sich längst seiner Herrschaft wieder entzogen und verschwendet sich nach Prinzipien, die ganz in ihr selbst beschlossen scheinen. Immer häufiger und immer fürchterlicher brechen sie aus der maschinellen Bändigung aus. Und nachdem nun auch noch die atomare Energie in Aktualität übergeführt wurde, ist ein gewaltiger Sicherheitsaufwand nötig, der die Technik wie ein Pestkordon umgibt, von dem aber niemand weiß, ob sie ihn nicht mit blinder Gewalt niederreißen wird.

In diesem Zustand völliger Ratlosigkeit, in einem Augenblick, in dem die Selbstaufhebung der Technik vor allem auch in unserem Land die schrecklichsten Ausmaße angenommen hat, fragen wir uns, welche Möglichkeiten bestehen, um die gegen den Menschen und die Menschlichkeit gerichtete Aggressivität der Technik mit einer neuen Anstrengung abzufangen und mit den humanen Anstrengungen in Einklang zu bringen. Der Weg der Lösung wird nie mit einer Machtideologie zu erreichen sein, denn sie läuft in unseren Tagen auf einen unwissenden und unbeherrschbaren Einsatz der technischen Energie gegen die menschlichen Verhältnisse hinaus.

Die Situation seit Marx hat sich dahin verändert, daß der technische Fortschritt nun keine Mehrung an Gütern mehr hervorbringt, die das Dasein des Menschen erleichtern, sondern daß durch den zerstörerischen Charakter, den die Produkte angenommen haben, eine gefährliche Verarmung eingeleitet ist.

Der Irrweg der »totalen Mobilmachung« ist aber nicht durch weitere Vervollkommnung und Vermehrung der technischen Machtmittel zu erreichen, sondern nur durch eine Konstruktion, in welcher die Entwicklungen von Technik und Politik unabhängig verlaufen und nicht die erstere der letzteren zu einer unkontrollierten, unwidersprüchlichen Machtposition verhilft.

Diese Vorstellung scheint utopisch. Sie ist aber nach dem Zusammenbruch seiner militärisch-technisch repräsentierten Macht in Deutschland zur Möglichkeit, vielmehr Notwendigkeit geworden. Deutschland steht also jetzt vor der Aufgabe, seine Produktion nach Friedensbedürfnissen neu zu organisieren. Diese Umstellung von Kriegs- auf Friedensproduktion würde aber wenig nützen, wenn nicht zugleich die industrielle Produktivität in einem neuen humanen, d. h. den Menschen *dienenden* Sinne genützt würde. Friedensproduktion läßt sich rasch auf Kriegsproduktion umstellen. Das letzte Jahrzehnt hat uns dies bewiesen. Diese Erfahrung begründet das Mißtrauen der Siegermächte gegen eine Neubelebung unserer Industrie und die Absicht, die Art der Produkte und den Umfang der Produktion von vornherein festzulegen; und zwar in Grenzen, die es nicht gestatten werden, zwei Vitalaufgaben zu lösen: den Wiederaufbau der Wohnstätten und den Wiederaufbau einer Industrie, welche eine Vollbeschäftigung unserer verfügbaren Arbeitskräfte erlaubt. Ein derartiges Vorgehen müßte in Deutschland eine Verbitterung und Verelendung erzeugen, die es den sozialistischen Politikern zur obersten Pflicht machen müßte, die sozialistischen Genossen aller Länder um Hilfe anzugehen.

Aber diese Hilfe wäre trotz der internationalen Solidarität echter Sozialisten nur zu erreichen, wenn wir zur gleichen Zeit eine Produktions- und ein politisches Programm vorzulegen haben, welches das Mißtrauen dadurch zerstreut, daß unsere künftige industrielle Leistung eine wesentliche Hilfe im Wiederaufbau Europas darstellt. Im Zustand der totalen Mobilisierung der »rationalen Ordnung« für Kriegszwecke ist fast jede industrielle Produktivkraft »gefährlich«; der Umbau der Energieversorgung durch Nützung der Atomkraft eröffnet überdies noch nicht überschaubare Möglichkeiten. So kommt also alles auf die Kraft an, die menschlich mit der technischen Produktion verknüpft werden kann. Dabei ist die Kardinalforderung darin zu suchen, daß Rationalisierung und Humanisierung der Technik zu einer festen Verbindung, zur Legierung gebracht werden, denn es gibt kein Zurück aus der industriell-technisch-rationalisierten Lebensform, es gibt nur ein Vorwärts zu befriedigenderen Lösungen – zur Ergänzung der Rationalität durch Menschlichkeit.

Hinter dem nationalen Zusammenbruch Deutschlands, der entsprechend der Wirtschaftsförmigkeit des Staates ebenso ein ökonomischer ist, muß die Chance der Wiedergewinnung der menschlichen Vorherrschaft im technischen Raum gesehen werden. Nur wenn dies gelingt, können wir die angestrebte Demokratie vom Wunschtraum zur Wirklichkeit entwickeln – einer Wirklichkeit, die uns nicht Lügen straft, wenn wir von Menschenrechten reden. Bisher hat die Technik dadurch über den Menschen gesiegt, daß ihm die Güter, die ihm mit ihrer Hilfe zufielen, nur neuen Hunger erwecken konnten. Erst versuchte man dem Konkurrenten die Beute abzujagen, dann – im Zeitalter des eigentlichen Imperialismus – dem politischen Gegner. Wobei dieser Gegner für die besitzende Klasse außenpolitisch bestimmt war, für die Besitzlosen primär innenpolitisch. Die Atmosphäre des Nationalkrieges und des Bürgerkrieges durchdringt sich immer stärker, je weiter das Jahrhundert fortschreitet.

Das Reich der »großen Politik« ist noch von der Rivalität der imperialen Ansprüche erfüllt. Die Technik hat deshalb noch nichts von ihrem menschenfeindlichen Charakter verloren. So werden auch ihre letzten Errungenschaften mit zunehmender Bestürzung hingenommen; die Möglichkeit, atomare Energie nutzen zu können, hat bei den Menschen aller Länder nur noch lähmende Angst erweckt. Daß es eine industrielle Produktivität geben könnte, deren inneres Gefälle ins Humane, ins Dienliche gerichtet ist, dies übersteigt gleichermaßen die Vorstellungskraft der Politiker wie des »kleinen Mannes«. Solche echte Durchdringung der Technik mit menschlichem Willen setzt eine den ganzen sozialen Raum gleichermaßen erfassende soziale Konzeption – eine gewaltige Anstrengung also – voraus. Wären nicht so furchtbare Vernichtungen dem Machtverlust vorausgegangen, so müßte der Entzug imperial-expansiver Motive aus dem Antrieb der technischen Entwicklung für unser Land als Glücksfall betrachtet werden. Aber auch in unserer gegenwärtigen hilflosen Lage müssen wir die jenseits aller Machtpolitik liegende Bewährungsprobe zu bestehen versuchen.

Die Schwierigkeiten, die sich uns von innen und außen entgegenstellen werden, sind nicht kompakt genug anzuschlagen. Die freie Initiative im Erfinderischen vor allem muß spielen können, andererseits wird eine wirklich sozialistisch gelenkte Verteilung des Kredites die individuelle Leistung für die Gesellschaft so nutzbringend als möglich anzuwenden haben. Daß dabei der zertrümmerte und verstümmelte industrielle Apparat nur in Anlehnung an seine historische Entwicklung und im Zusammenspiel aller verbliebenen Kräfte mit Aussicht auf Erfolg restauriert und verjüngt werden kann, bedarf keiner Begründung.

Die Fehlschläge bisheriger Bemühungen, das Gefühl, geschichtlich »Objekt« ohne Freiheit der Selbstbestimmung geworden zu sein, erzeugt eine sich ausbreitende Welle der Resignation. Sie ist nicht berechtigt. Denn im Zeitalter des Imperialismus – sowohl des antiken wie des modernen – wird immer wieder verkannt, wer in der Geschichte untergeht. Nicht der nämlich, der keine Gewaltmittel, sondern der, welcher keinen historischen Auftrag besitzt. Diesen historischen Auftrag führen aber die Sozialisten mit sich. Insofern sind sie die einzige Menschengruppe, die bereits in einer künftigen Lebensordnung der Menscheit Fuß gefaßt hat.

Die freie Gesellschaft duldet keine Diktatur

Die Untersuchung der gegenwärtigen Lage hat bewiesen, daß das historische Schwergewicht nicht mehr ausschließlich auf dem Klassenkampf liegt. Es herrscht Staatsmonopolismus, Totalitarismus – mit dem Überbau der verschiedensten Ideologien. Wo er noch nicht herrscht, scheint er zur Herrschaft berufen. Wenn heute noch um Lohnfragen gekämpft wird, haben diese Kämpfe sicher ihre örtliche und aktuelle Bedeutung, aber sie verkörpern nicht das Zentrum, in dem um die Verwirklichung des Sozialismus gerungen wird. Denn die brennende Frage der Gegenwart ist nicht mehr im Verhältnis von Arbeitnehmer und Arbeitgeber beschlossen, sie liegt vielmehr in den Versuchen, das Verhältnis des einzelnen zum monopolistischen, totalitär bürokratischen Staat zu gestalten, d. h. im Kampf um das Grundrecht der menschlichen Freiheit. Mit einem Wort, es geht nicht mehr um die wirtschaftliche Freiheit des sozial Schwachen, es geht um die menschliche Freiheit im Staate schlechthin, die jedem anderen gerechten Interessenausgleich vorangeht.

Diese Freiheit kann nur garantiert werden, wenn der in der kapitalistischen Ära in seiner sozialen Gliederung nivellierte Staat wieder von einer neuen *Gesellschaftsform* ausgefüllt wird. Deshalb darf der wirtschaftliche Sozialismus, der sich teilweise zu erfüllen beginnt (andernorts sich gegen neue Formen der Bedrohung wehren muß), nicht mehr allein die Aufmerksamkeit der Sozialisten absorbieren.

Eine neue Gesellschaftsform kann nicht wie eine Staatsform konstruktiv von oben den Menschen aufgenötigt werden, sie muß aus den Erlebnissen, aus dem innersten Wollen der Individuen ihren Anfang nehmen. Jene Änderung der sozialen Haltung des einzelnen, die Marx in die Phase, die dem Klassenkampf folgen sollte, verlegt hat, ist jetzt unmittelbar von uns verlangt. Marx hat nicht gesehen – konnte nicht sehen –, daß der Klassenkampf nicht mit dem Sieg einer Klasse und der Diktatur des Proletariates als einer vorübergehenden Phase vor der Verwirklichung einer klassenlosen Gesellschaft enden würde, sondern daß er mit dem Sieg der Technik über den Menschen, mit der Diktatur ihrer antihumanen Energien soeben endet. Es ist nicht verwunderlich, daß in diesem Augenblick, in dem der Mensch tatsächlich »nichts zu sagen« hat, nihilistische Diktatoren wie Possenreißer die Enthüllung der menschlichen Ohnmacht begleiten.

Aus alledem geht hervor, daß ein sozialistisches Programm in der Gegenwart sich nicht in einem Wirtschaftsprogramm erschöpfen kann. Zur Definition des Sozialismus genügt nicht die Regelung der Produktionsverhältnisse. Insofern er kein Programm der sozialen Lebensform überhaupt enthält, wird er die historische Frage, die an uns gestellt ist, nicht zu beantworten vermögen.

Diese Frage lautet: Wie sollen die menschlichen Freiheiten, wie sollen die Menschenrechte erhalten und als neuer Auftrag verstanden werden?

Die vergangenen hundert Jahre haben die Freiheit als Handelsfreiheit verstanden, sie haben sie als Willensfreiheit geleugnet. Doch scheint es, als ob hier die Kriegskatastrophen der letzten Jahrzehnte eine Umkehr der Vorstellungen erzeugt hätten. Eine neue Gesellschaftsordnung fordert eine Beschränkung der materiellen Interessen vom einzelnen und will ihm für diesen Preis die Freiheit des Meinens und Wollens erhalten. Wenn in der Marxschen Zukunftsvorstellung und in der sozialistischen Propaganda die Diktatur des Proletariats – freilich nur als Übergangslösung – gefordert wird, dann ist diese Tendenz gewiß nicht deshalb äußerst fragwürdig geworden, weil eine sozialistische Herrschaft unerwünscht wäre, sondern weil in einem Zustand, in dem die Technik die Gesetze des Handelns vorschreibt, schon die verschiedensten Diktaturformen als Verbrämung dieses Zustandes äußerster Unfreiheit aufgetreten sind und weil jeder Diktatur gegenüber ein waches Mißtrauen am Platze ist!

Brutales Machtdenken im Sinne der Unterdrückung einer Minderheit darf nicht in Verbindung mit dem Sozialismus gebracht werden, der als Staatsform heute keine utopische klassenlose Gesellschaft, sondern angesichts erschreckend anwachsender formloser Massen eine reich gegliederte anstreben muß. In ihr muß sich das demokratische Prinzip der Regierung *mit* der Opposition (und nicht deren Vernichtung) verwirklichen. Die Vorstellung eines diktatorischen Staatssozialismus läßt nach unseren Erfahrungen den Zweifel zu, ob es ihm gelingen wird, sich je innenpolitisch zu einer freien sozialistischen Gesellschaft zu entwickeln und außenpolitisch die imperialen Machttendenzen zu überwinden.

Alle Versuche in unserer Zeit, den Menschen, der durch den technischen Prozeß entwurzelt wurde, wieder in einer dauerhaft gefügten Gesellschaft zu verankern, laufen auf die Frage hinaus, ob der Entwicklungszustand unserer Zeit, ob das soziale Bewußtsein der Menschen noch einen Zugang zum Erlebnis und zur Wirklichkeit der Freiheit hat.

Freiheit und Ordnung bedingen sich gegenseitig. Beide sind positive

Begriffe. Unordnung führt immer zu Unfreiheit, zu Zwang. Unter diesem Gesichtswinkel wird klar, daß ein uferloses staatliches Verwalten und Planen nur der Ausdruck verlorener Ordnung und ihrer Freiheit sind. Staatliche Ordnung kann nie die gesellschaftliche ersetzen. Letztere beruht auf menschlichen Individualitäten und deren freiem Entschluß, jene auf einem Zwang, der über das Individuum hinweggeht und irgendeine »Norm« im Auge hat.

Neue soziale Freiheit, eine Produktivität, die nicht saturnisch ihre Erzeugnisse verschlingt, die vielmehr den Spielraum des Menschen erweitert und damit seine Haltung zur Gemeinschaft wieder ins Positive verkehrt, ist nur aus dem Leben in einer überschaubaren Gruppe zu erringen.

Der entscheidende Unterschied zwischen einer in sich lebendigen Gruppe, die durch die gegenseitige Spannung ihrer Mitglieder zueinander zusammengehalten wird, und der Masse ist die Tatsache, daß der Einzelmensch in der letzteren seine funktionelle Souveränität – d. h. die Selbständigkeit des Seins und Handelns – verloren hat. Damit hat aber auch wechselweise die Gemeinschaft ihren Anspruch auf ihn eingebüßt. Er kennt dann nur noch sich selbst und reagiert gezwungen, auf Befehl, während er im Leben der Gruppe durch sich selbst diese mitverkörpert, in ihrem Auftrag handelt, den er sich selbst miterteilt!

Die soziale Grundaufgabe, an der die Lösung aller politischen und wirtschaftlichen Fragen der Gegenwart hängt, ist deshalb die *Auflösung der Massen* – und zwar gleichermaßen der Massen in Politik und Produktion.

Die Masse ist der Feind jedes Sozialismus, weil sie die Bindung der echten Lebens- und Arbeitsgemeinschaft verloren hat. Die Masse ist egoistisch und unverantwortlich, weil sie keinen inneren Auftrag mehr besitzt. Deshalb ist sie grenzenlos – beeinflußbar. Sie fluktuiert und ist in Bewegung, aber die Bewegung entspringt nicht mehr der Spontaneität ihrer Individuen, sondern materiellem und seelischem Zwang.

Es mag sein, daß es präindividuelle Massen gibt – Massen also vor der Entdeckung des persönlichen Selbstbewußtseins und der Selbstverantwortlichkeit. Die Vermassung in Europa ist ein postindividueller Prozeß – sie rührt also vom massenhaften Verlust der individuellen Freiheit her.

Niemand wird bestreiten, daß die ökonomische Entwicklung, die rationale Durchdringung aller Lebensbezüge an dieser Entwürdigung des Menschen entscheidenden Anteil hat. Zudem zeigte sich, daß nicht nur in der kapitalistischen Epoche – wie Marx glaubte – »die Arbeitskraft für den Arbeiter selbst die Form einer ihm gehörigen Ware«

erhält, sondern daß dieser Warencharakter zum Wesen der mechanisierten Arbeit gehört, jener Arbeit also, die nicht nach den Grundsätzen des menschlichen Ausdruckes, des individuellen Bedürfnisses, sondern nach denen der Rationalität im technischen Produktionsprozeß geleistet wird. Daraus kann man erkennen, daß nicht nur die ökonomische Entwicklung an dieser Entwürdigung der menschlichen Existenz Mitschuld trägt, sondern daß es das Formprinzip der Technik, ihr innerster antihumaner, unmenschlicher Charakter, ist, welches jeden lebendigen Ausdruck des Menschen in der Arbeit ertöten will. So muß also ein künftiger Sozialismus nicht nur auf die ökonomischen Lebensverbesserungen des Massenmenschen, sondern ebenso auf seine Erlösung von einer Arbeit bedacht sein, die keinen Ausdrucksgehalt aufnimmt, die in funktionell unabhängige Teile zerlegt ist und heute die typische Arbeitsform darstellt, die geleistet wird. Und zwar überall, gleichgültig welche Gesellschafts- oder Staatsvorstellungen herrschen mögen. Nur wo dies gelingt, werden tatsächlich die Lebensprobleme der Massen in einem wahrhaft sozialistischen Sinn zu bewältigen sein.

Massen sind nicht aus der Welt zu schaffen, wenn sie einmal entstanden sind. Sie müssen also in neue menschliche Sozialformen überführt werden. Dies ist die Aufgabe des Sozialismus, und zwar seine aktuellste! So leicht es einzusehen ist, daß an dieser Frage die Erprobung der konstruktiven Ideen unserer Zeit erfolgen wird, so unermeßlich schwierig ist es, eine wahre Lösung zu finden. Denn die Verkettung des Menschen mit der Form und den Ansprüchen der technischen Apparatur scheint unauflöslich. Wer nicht in kaltblütiger Verantwortungslosigkeit die Existenz von Millionen aufs Spiel setzen will, wird hier keinen gordischen Knoten durchhauen können, sondern seine ganze Mühe darauf zu verwenden haben, die Probleme in ihrer Verschlungenheit zu verfolgen und sie so schrittweise einer Lösung zuzuführen. Nur auf diese Weise sind wir vielleicht in der Lage, des »verzauberten Reichtums« teilhaftig zu werden, den Wissenschaft und Technik geschaffen haben.

Grundsätze eines freien Sozialismus

Aus einer solchen allereinfachsten und gewiß unvollständigen Beschreibung der Struktur unserer wirtschaftlichen und politischen Gebilde sind die Elementarerfahrungen für jene Anstrengungen zu entnehmen, die eine bessere Zukunft ermöglichen sollen.

Der Verlust alter Gemeinschaftsordnungen durch den Einbruch der Maschinentechnik hat nach einer kurzen Zeitspanne der Erleichterung des Daseins eine ungeheure Verelendung auch der technisch zivilisierten Völker gebracht und von der technischen Zivilisation noch nicht vollkommen durchdrungene Kontinente aus ihrem alten Elend nicht befreit. Wenn auch die Fragwürdigkeit jedes von der Technik geschaffenen Besitzes sehr groß geworden ist, dann ist noch mehr die *Vereinsamung* des Menschen gewachsen. Kriegskatastrophen von ungekanntem Ausmaß sind hereingebrochen und haben sich in alle Bezirke des menschlichen Daseins vorgeschoben. Vereinsamt ist der Mensch häufig durch den Verlust der ihm nächsten Menschen; Familien, Sippen sind zerstreut und dezimiert worden.

Vereinsamt ist er ferner, weil er in Millionen Fällen die gewohnte Umwelt und ihren Schutz verlassen mußte. Die Arbeit, welche die große Mehrzahl der Menschen im technischen Zeitalter zu leisten gezwungen wird, ist eine Teilarbeit an einem Prozeß überwältigender Größe. Die Arbeitsteilung in Industrie und Bürokratie, bis hoch hinauf in Berufe, die von alters her in sich verfeinert wurden, ist eine prinzipiell verschiedene von der, wie sie in den herkömmlichen Berufsgruppen, etwa des Handwerks, stattgefunden hatte. Insofern die Menschen der Gegenwart eine Teilarbeit leisten, die unter ihren Händen nie ein in sich geschlossenes ganzes Werkstück ergibt, können sie auch keinen seelisch befriedigenden Anteil an der Welt gewinnen; sie vereinsamen in ihrem Tun. Mit der scheinbar unbegrenzten Möglichkeit, mit Hilfe der Technik die Weite und die Schätze der Erde zu erreichen, haben die Menschen die Fähigkeit der Beschränkung verloren. Sich zu beschränken ist der Inhalt jedes sittlichen Gebotes. Der Verlust einer verpflichtenden Ethik hat aber rückläufig noch einmal zur Folge, daß der einzelne ein lebendiges Gefühl für den Mitmenschen verliert – und damit in Selbstsucht sich isoliert. Die erste Masse, die in der modernen Zeit auftaucht, ist die Masse des Produktes. Sie wird bald von der noch anonymeren Masse des Geldes überhöht, am Ende ergreift der Prozeß den Produzierenden selbst und schafft die Anonymität der menschlichen Masse.

An dieser Stelle und gegen eine scheinbar unerbittliche Zwangslage hat das Programm eines modernen Sozialismus anzusetzen. Deshalb muß es nicht mehr wie noch zu Zeiten von Karl Marx und Friedrich Engels ein nur ökonomisches Programm darstellen; es kann auch nicht glaubhaft machen wollen, daß eine Lösung ökonomischer Art gleichsam selbsttätig eine Lösung der anderen brennenden Probleme mit sich bringen wird. In einem solchen sozialistischen Programm muß deshalb enthalten sein, was zur Befreiung des Menschen von Not zu geschehen hat. Diese Not ist gegeben: 1. durch die Unfreiheit im Massenstaat, 2. durch den Verlust einer in sich sinnvollen Arbeit, 3. durch die Folgen, welche aus einem kurzsichtigen und von äußeren

Scheinerfolgen bestochenen Materialismus erwachsen sind, nämlich der Diktatur der Technik über Wohl und Weh des Menschen.

So wird ein sozialistisches Programm frei sein müssen: frei von dogmatischer Enge, frei für die Bewältigung der aktuellen menschlichen Not. Wie der Name sagt, steht im Mittelpunkt jedes sozialistischen Programmes die Sozietät, die Gesellschaft.

Die alte Gesellschaft ist untergegangen in Nivellierung und Vermassung ihrer Mitglieder. Eine neue Gesellschaft ist nur zu gewinnen durch Aufteilung der Masse in Gruppen mit innerem Zusammenhang. Sozialismus ist keine Religion. Infolgedessen kann er sich nicht um die gemeinsamen Glaubensgüter der Menschen kümmern. Er wird deshalb eine Gemeinschaft des tätigen Lebens sein müssen. In ihm anerkennt er allerdings die Wirksamkeit sittlicher Normen, die nicht aus der Ökonomie des Daseins abzuleiten sind, sondern ihrerseits der Welt des Menschen erst Gestalt und Würde geben. Der Sozialismus sucht aber diese Sittlichkeit nicht irgendwo in einer idealen Sphäre, sondern in den Entscheidungen des Alltags.

Die Verwirklichung eines freien Sozialismus erfordert deshalb in allen Zweigen der Wirtschaft genossenschaftsähnliche Gruppierungen. In der Landwirtschaft ist dies mit Produktivgenossenschaften verhältnismäßig einfach zu erreichen; in der Industrie müssen solche leistungsfähige, bzw. leistungssteigernde, den neuen Produktionsaufgaben angepaßte Gebilde noch entwickelt werden; so scheint etwa die Form des Stiftungsunternehmens sehr entwicklungsfähig im Hinblick auf eine echte Verankerung des schaffenden Menschen im technischen Produzieren. Mit Ausnahme des öffentlichen Verkehrs- und Nachrichtenwesens, die staatliche Monopolbetriebe bleiben können, sollen alle größeren Unternehmungen der Industrie in derartige neue Genossenschaftsformen, in denen die bisherigen Unternehmer und Arbeitnehmer beteiligt sind, verwandelt werden.

Diese Regelung der Besitzverhältnisse kann jedoch nicht genügen. Sie muß vielmehr begleitet sein von einer Gestaltung der Arbeit, die auf doppelte Weise erreicht werden muß. Durch Veränderung der Produkte im Sinne der Qualitätssteigerung, die immer einer Atomisierung des Arbeitsganges und einer völligen Entmenschlichung der Arbeit entgegenwirkt, und zum anderen durch abwechselnde Beschäftigung in industriellem beziehungsweise handwerklichem oder landwirtschaftlichem Betrieb, sei es im täglichen, sei es im saisonmäßigen Rhythmus. Durch eine solche neuartige Doppelbeschäftigung kann auf landwirtschaftlichem Gebiet eine durch die Überbevölkerung des uns verbliebenen Rumpfstaates notwendig gewordene Steigerung des intensiven Anbaus erreicht werden, außerdem eine erhebliche Krisenfestigkeit. Es wird auch hier, angepaßt an die örtlichen Verhältnisse und an die Gegebenheit einer noch mit landwirtschaftlichen Arbeiten vertrauten oder einer vorwiegend voll verstädterten Bevölkerung, die Gestaltung der landwirtschaftlichen Arbeit schwanken zwischen der Erweiterung eines Siedlungsprogrammes und gemeinschaftlicher Arbeit auf größeren der Genossenschaft gehörenden Betrieben. Im handwerklichen Sektor müßte versucht werden, neue hochqualifizierte Heimindustrien mit sozialer Sicherung zu schaffen, deren Erzeugnisse, dem Gestaltungswillen des einzelnen Raum gebend, internationalen Handelswert anstreben müßten.

Derart kombinierte Arbeit würde eine ungleich höhere Entfaltung der Persönlichkeit gestatten, als dies in der Monotonie der reinen Fabrikarbeit und der Massenproduktion der Fall sein kann. Es ist dabei sehr wahrscheinlich, daß die kombinierte Arbeit nach einer langen Fehlerziehung des Arbeiters zum spezialisierten »Handlanger« einem anfänglichen Widerstand bei der werktätigen Bevölkerung begegnen würde, die sich an die falsche »Bequemlichkeit« einer monotonisierten Arbeit gewöhnt hat.

Den Produktiv- und sonstigen genossenschaftlichen Organen obläge überdies besonders auch noch die Fürsorge für die handwerkliche Erziehung der Begabten und Förderung zu Mittel- und Hochschulbildung für die überdurchschnittlich Begabten. Wenn auch das Schulwesen unter der Oberaufsicht des Staates bleiben soll, dann ist doch mit einer derartigen Verbindung von staatlichen und lokalen Interessen die beste Nutzung der Schule gewährleistet.

So scheinen in sich vielfältig entwickelte und den Gegebenheiten angepaßte produktive Genossenschaften die einzige Möglichkeit, um dem Wirtschaftsmonopolismus – sei er privatwirtschaftlicher, sei er fiskalischer Natur – und der inneren Verödung der Arbeit entgegenzuwirken.

Derartige genossenschaftliche Gebilde werden gewiß mittelbar im lokalen politischen Leben eine anregende Rolle spielen. Nur aus der Intensivierung dieses lokalen politischen Lebens ist aber für uns eine politische Sphäre wieder aufzubauen, die wir nach maßlosem partei- und staatspolitischem Unitarismus verloren haben. Nur wenn unser politisches Leben in den Kommunen und Ländern fest verankert ist, können wir hoffen, einen Staat zu gewinnen, der für die in ihm lebenden Bürger den Charakter der *Anschaulichkeit* hat. Die Unförmigkeit und Unanschaulichkeit unseres vergangenen Staates war sicher nicht der geringste Grund dafür, daß unter seinem Deckmantel das entwürdigendste Unrecht geschehen konnte. Ein freier Sozialismus heißt für uns also immer auch ein gesunder *politischer Provinzialismus!*

Und mit dieser unabdingbaren Forderung auf der einen wie der Forderung nach einer gesamtdeutschen politischen Konzeption auf der anderen Seite scheinen wir in Widersprüche, mindestens zwischen Scylla und Charybdis, zu geraten. Es ist deshalb genau zu definieren: Politischer Provinzialismus kann niemals wirtschaftlichen Provinzialismus, eine Autarkie von duodezfürstlichem Charakter, meinen. Er soll die Gegenkraft gegen die verkappte bürokratische Diktatur des politischen Großgebildes darstellen. Frankreich hat hier Vorbildliches geleistet; unter einem Verwaltungszentralismus ist es provinziell reich und farbig geblieben. Die obersten repräsentativen Stellen unseres künftigen Staates müssen tatsächlich den Charakter von *Vorleuten* haben und in unmittelbarem Austausch mit den Provinzen stehen, deren Wünsche, Meinungen sie abstimmen und zentral ausgleichen. Was dann eben etwas sehr Verschiedenes ist von einem die Provinzen ertötenden politischen Zentralismus, der einseitig von einer Willensmonopole her die Geschicke des Landes diktiert.

Es besteht in der politischen landschaftlichen Gliederung die gleiche Aufgabe, die auch in der persönlichen Lebenssituation auftritt am Ende der faschistischen Diktatur; wie man lernen muß, den anderen und seine Interessen zu achten, so müssen auch größere soziale und politische Gebilde wieder eine Ahnung davon bekommen, daß das mitmenschliche Verhältnis weder im großen noch im kleinen unter dem Gesichtswinkel des »Freund-Feind-Verhältnisses« gesehen werden darf, wie dies die Theoretiker des Nationalsozialismus glauben machen wollten, sondern unter dem der *Bundesidee.* Eine Bundesidee auf internationaler Basis wird übrigens allein die Wiederherstellung der Lebensbasis von Gesamteuropa rasch möglich machen. Ein europäischer Bund würde auch die zentrifugalen provinziellen Tendenzen – die nicht überschätzt werden dürfen, weil sie kurzatmige, anachronistische Konzeptionen vorstellen und nicht mit einem gesunden Provinzialismus verwechselt werden dürfen – ad absurdum führen. Politischer Provinzialismus kann also nur provinzielle Selbstbesinnung und damit Stärkung der großräumigen politischen Formen meinen. Denn die Gefahr jeder großen politischen Lösung besteht in der bürokratischen Nivellierung und damit Aushöhlung des Ganzen. Da es aber eine zwangsweise Entwicklungslinie ist, die zu größeren, internationalen föderativen Gebilden führt, ist es doppelt notwendig, den ideellen Charakter der Provinz als Erziehungsstätte der *politischen Anschauung* zu betonen. Im »unentrinnbar großorganisierten Dasein«, wie Alfred Weber sagt, ist die tödliche Gefahr der »totalitären Bürokratie« nur durch ein aus provinziellem Leben gefestigtes politisches Selbstbewußtsein des einzelnen zu bestehen. Der politische Provinzialismus ist deshalb nur die Kehrseite einer freien sozialistischen, überprovinziellen, schließlich überstaatlichen Regelung. Die Technik hat zwar nicht übernationale und überstaatliche verbindliche Lebensformen schaffen können – dafür ist sie zu sehr mit der kapitalistisch-imperialistischen Vergangenheit verknüpft gewesen –, aber sie hat internationale Lebensbedingungen, eine übernationale Angleichung der Zustände und damit der Fragwürdigkeit dieser Zustände hervorgerufen. Aus diesem Grund kann die Konzeption eines freien Sozialismus nichts mehr mit nationalistischen Gefühlsregungen zu tun haben. Frei heißt hier: frei von nationalem Vorurteil. Daß damit keiner Achtlosigkeit gegen völkische Substanz das Wort geredet sein kann, geht schon daraus hervor, in welchem Maß die Lebensformen im freien Sozialismus auf der Anschaulichkeit der unmittelbar zu erlebenden Welt, auf der Besonderheit landschaftlicher und damit auch stammesmäßiger oder völkischer Eigenarten beruhen. Für den freien Sozialismus geht die Gesellschaft dem Staate vor. Denn die Gesellschaft ist die unmittelbare Art und Weise, wie sich der einzelne mit dem Dasein seiner Mitmenschen auseinandersetzt. In ihr erlebt der Mensch, daß seine Freiheit keine unbegrenzte ist. Er erfährt, daß Freiheit in Opfer und Verzicht bestehen kann. Der Zerfall der größeren Gemeinschaften ist nicht ohne Rückwirkung auf die elementarste Gruppe von Menschen, die Familie, geblieben. Die Erziehung zur mitmenschlichen Achtung geht überall verloren, wenn sie an einer Stelle verlorengeht. Die Wiedergewinnung einer in sich gegliederten, reichen, dem Individuum Spielraum gewährenden, aber den Egoismus bändigenden Gesellschaft ist deshalb nach unten in der Auswirkung auf die Familie und natürlich den einzelnen selbst ebenso wichtig wie nach oben gegenüber dem Staat, der oft die individuellen Interessen zu verletzen genötigt sein mag, der das Individuum dabei aber nie vernichten darf.

Auf solche Weise begreift der freie Sozialismus das Leben in der Sphäre des Persönlichen, die er unbedingt achtet, wie in der Sphäre der Gesellschaft, die er neu erringen will, zuletzt auch in der Sphäre des Staates, den er aus den Fesseln des Nationalismus und Imperialismus befreit sehen möchte, und damit befähigt zur eigentlichen politischen Leistung unserer Zeit, zur Gewinnung einer Ordnung der Menschheit.

Wenn die bestehenden sozialistischen Parteien alte erprobte Kampfparolen mit den Aufgaben verbinden, wie sie hier angedeutet wurden, werden sie den Teil unserer Jugend gewinnen, auf den es immer nur ankommt, die Jugend, die die Freiheit über alles liebt und die Verantwortung sucht.

Sie werden sich dann auch überlegen zeigen gegen die Irrwege in der Politik, die immer am demagogischen Aufwand, mit welchem sie verfolgt werden, erkennbar sind: gegen den Irrweg eines Einparteiensystems, gegen den Irrweg, die politische Macht durch eine politische Polizei mit unkontrollierter Vollzugsgewalt zu sichern, gegen den Irrweg einer offenen oder verdeckten Vereinigung von gesetzgebender und ausübender Gewalt in einer Hand.

Wenn ihnen dies gelingt, werden sie sich mit Ruhm bedecken, weil sie dann die größte Krise zu meistern geholfen haben, die seit Jahrhunderten über die Menschheit gekommen ist: die Krise der Menschenrechte.

Was ist ein Mensch wert?

»Medizinische« Versuche im Dritten Reich

Was ist ein Mensch wert? Sehr unterschiedlich viel oder wenig. Ein Mensch kann in den Straßen Kalkuttas des Hungers sterben, und niemand betrauert ihn. Ein Mensch kann auf den Straßen New Yorks erstochen werden und laut um Hilfe schreiend zusammenbrechen: kein Fenster öffnet sich, niemand eilt herbei. Ein Mensch liegt am Straßenrand einer Autobahn, Opfer eines Unfalls: es dauert lang, ehe einer aussteigt. Tausende nehmen am Tod eines gemordeten Taxichauffeurs Anteil, die Hüter der bürgerlichen Ordnung verfolgen den Täter mit aller Kraft, die ganze Gesellschaft zeigt sich beunruhigt. Ihr guter Ruf scheint auf dem Spiel zu stehen. Man kann trotzdem nicht sagen, in der Bundesrepublik sei der Mensch viel wert, in den brasilianischen Provinzen oder den unerträglich übervölkerten Städten des fernen Ostens wenig. Für die Unterwelt unserer Großstädte ist die Achtung vor dem Opfer genau so groß wie die Chance groß ist, für ein Verbrechen zur Verantwortung gezogen zu werden. Wir sollten hier keine Illusionen haben, die Humanität ist keine Erbanlage, sie wird erworben; wo die Gesellschaft nicht ausdrücklich Verbote errichtet hat und ihre Einhaltung mit Strafe erzwingt, handelt der Mensch zum Mitmenschen nicht automatisch mit dem Bewußtsein der Gleichheit, des Respektes. Er behandelt ihn vielmehr, wo er mit ihm in Konflikt gerät, als *Objekt seiner Triebe*, vergewaltigt, schindet, tötet ihn so rücksichtslos, als er es sich der Gegenwehr des anderen entsprechend leisten kann. Von Tötungshemmung als arteigentümlichem Schutz des Artgenossen vor Seinesgleichen keine Spur.

Es ist noch nicht allzulange her, daß man den Leibeigenen peitschen und demütigen konnte nach Belieben, ohne daß ein Kläger aufgestanden wäre oder ein Richter sich fand. Auch nicht das eigene Gewissen als Richter. Der südamerikanische Latifundienbesitzer bestreicht noch heute den widerspenstigen Peonen mit Honig und wirft ihn in den Ameisenhaufen. Und keiner verwehrt es ihm. Die Diktaturen, die in unserer Lebenszeit überall in der Welt aufgesprungen sind, haben ihre Kraft aus der Furcht der Unterworfenen destilliert: Millionen unter Stalin, Zehntausende unter Battista, Millionen unter Hitler, Hunderttausend in Algier, im Kongo wurden gemartert, getötet, deportiert, sind verschollen. Wenn man sich eines Bildes bedienen will: das Festland des Rechtes, das zur Achtung von Leib und Leben, von Hab und Gut des anderen zwingt, ist tief zerklüftet; in Lagunen und Binnenseen reguliert sich das Leben nach der Macht der Bande oder durch das Vorurteil, welches Minoritäten des Rechtsschutzes beraubt und ihre Verfolgung zur lustvollen Jagd werden läßt. Die Küsten dieses rechtlichen Festlandes sind jedoch nicht festgefügt, sie werden in dieser oder jener Weltgegend von Stürmen überflutet. Provinzen verschwinden in Blut und Chaos, und nur langsam festigt sich wieder Rechtsboden. Dazu ist ein System kommunizierender Prozesse nötig: materieller Wohlstand, Ausbreitung des Wissens und erzieherische Anleitung, die egoistischen Triebneigungen in Schach zu halten, müssen einen hohen Grad von Allgemeinheit erreicht haben.

Auch wenn es keine Gesellschaft unter Menschen gibt, die einen allseitigen Schutz gegen die brutalen Gelüste stärkerer Mitmenschen böte, das, was wir einen Rechtsstaat nennen, ist eine solche Hochleistung der Selbstüberwindung, ein solches Stück Hochkultur, daß die Bewohner einer derartigen Zone der Sicherheit viele Unannehmlichkeiten in Kauf nehmen, jene private Schikane, private Ausbeutung, die doch nicht allzu grob, allzu ungeniert werden darf. Lebt man in einem dieser etwas beruhigteren Winkel unserer Erde, dann sieht man auch nicht gerne mit voller Aufmerksamkeit in zwei Richtungen: in die, wo sich die Greuel der Gegenwart abspielen, und in die andere, die Richtung der Vergangenheit, wo wir selbst zu den Schrecknissen Schreckliches beitrugen. Die Korrektur unseres Menschenbildes hat uns die Einsicht gebracht, daß es keine endgültige Domestizierung des Menschen an eine definitive Gesellschaftsform gibt; immer wieder bricht er aus den Ritualien und aus der Selbsteinschränkung seines Egoismus aus. Es gibt viele Techniken, das Gewissen des Einzelnen und ganzer Populationen zum Schweigen zu bringen.

Ende 1965 gerieten amerikanische Armee-Einheiten in Vietnam im Ja-Drang-Tal in einen Hinterhalt. Reguläre Truppen Nordvietnams sollen sich mit dem Schlachtruf: »Tötet die GI's« auf sie gestürzt haben. Massiver Eingriff der amerikanischen Luftwaffe ermöglichte es nach einer Nacht erbarmungslosen Kampfes, die Umzingelung aufzubrechen. »In der Morgendämmerung«, hieß es in den Berichten, »konnten die Amerikaner ihre Schutzgräben verlassen. Sie fanden das Schlachtfeld übersät mit Toten. Nur wenige Meter von ihnen entfernt lagen die toten und verwundeten Vietnamesen. Amerikanische Verwundete fanden einen Verwundeten unter einem Baum liegend, ein Lächeln im Gesicht. ›Du wirst nicht mehr länger lächeln‹, rief ein Soldat und erschoß ihn. Zwei anderen Vietnamesen erging es ebenso«[1]. Kommentarlos bricht der Frontbericht an dieser Stelle ab. Söhne einer Kultur, die viel zur Kultur, die viel zur Entwicklung eines lebendigen Sozialbewußtseins, eines community spirit, beigetragen haben, einer Kultur, die gewaltige humanitäre Anstrengungen vollbracht hat, sind nicht gesichert, wo sie in die barbarischen Situationen des Krieges ohne jede humanitäre Spielregel geraten, im Erregungsrausch einen Menschen zu erschießen, der gemäß den Spielregeln der Höflichkeit seiner Kultur auch als Verwundeter lächeln muß. Diese drei Toten werden kaum einen Richter gefunden haben, der die Untat durch einen Rechtsspruch aufwiegt.

Vielleicht unterliegen wir einer optischen Täuschung, und es haben sich immer schon so viele vom Gewissenseinspruch, von Mitgefühl ungezügelte Akte der Grausamkeit zugetragen, und wir nehmen sie nur mit Hilfe der Nachrichtentechnik vollständiger wahr. Vielleicht enttäuscht uns aber auch – trotz vieler Vergünstigungen, die unsere Zivilisation bietet – unser Leben in seiner regulierten Monotonie mehr als unsere Vorfahren, so daß der Aggressionsüberschuß wächst und kategorisch nach Entspannung sucht. Jedenfalls, es geht erschreckend brutal zu auf der Welt, der Mensch sieht sich wie zu allen Zeiten seiner Geschichte in den verschiedensten Machtbereichen als »Material« behandelt; als Material, mit dessen Hilfe kollektive Rivalitätskämpfe ausgetragen werden. Keiner erwartet im Falle seines Unterliegens Gnade. Und das ergibt den Ansatz für die Betätigung der Grausamkeit.

Die scheinbaren Begründungen dafür sind billig, aber sorgfältig auf ihre Wirkung hin geplant. Da soll die Fortdauer des »Kommunismus« oder der »Freiheit« oder des Christentums oder es soll das Lebensrecht der farbigen Völker auf dem Spiele stehen. Das trifft auch zu, nur bleibt die Frage, ob Haß und Grausamkeit die zweckmäßigsten Mittel sind, um das Ziel zu erreichen. Der Verdacht verdichtet sich, sobald man zu analysieren beginnt, zur Gewißheit, daß es zwei Dinge sind, die sich da abspielen: der Durchbruch neuer oft revolutionärer Ideen gegen den Widerstand der etablierten Herrschaftsmächte – dies die bewußtseinsnahe, noch relativ rationale Absicht – und dahinter oder darunter die Abfuhr von aggressiven Triebspannungen, die der Alltag nicht absorbiert und die in großen Kollektiven eine gewaltige Dynamik zu entfesseln vermögen. Da sich Triebregungen mit unseren technischen Mitteln zu beliebiger Destruktivität verstärken lassen, ist keiner Epoche so wie der unseren die Selbstkritik zur Aufgabe gemacht. Wir erleiden vieles; Revolutionen und Kriege brechen über uns herein, aber wir wissen über das Triebhafte, das in uns allen am Zustandekommen dieser Katastrophen mitwirkt, sehr wenig.

Für einen Beitrag zur Vertiefung unseres Wissens weichen wir deshalb nicht nach weit entlegenen Schauplätzen, nach Algier oder in die von Rassenfehde erschütterten amerikanischen Südstaaten aus, wo man überall untersuchen könnte und sollte, sondern bleiben im eigenen Territorium. Wir orientieren uns an Ereignissen des Dritten Reiches, die ihre Aktualität nicht verloren haben – auch wenn wir zur Entlastung unserer Schuld- und Mitschuldgefühle oder zur Aufrechterhaltung eines zweifelhaften Gefühls von Unschuld uns nicht gerne erinnern lassen. Der Ereigniskomplex, den wir dabei im Auge haben, ist von besonderer Konfliktqualität: es geht um die sogenannten Menschenversuche im Dritten Reich. An ihnen waren zum Teil namhafte akademisch und militärisch höchstgestellte Ärzte beteiligt. Ärzte, die das Leben erhalten sollen, waren in den Sog der Destruktion geraten, ihre inneren, primitiven, wenn man will unveredelten Triebneigungen überwältigten ihre berufsgebotene Selbstkontrolle, ihren Mut für die Sache des Menschen als leidender Kreatur. Sie heilten nicht, sie vermehrten das Grauen. Wie ging das zu? Wie stellte sich dieser pervertierte innere Zustand her, in dem der Arzt zum Mörder wird – oder zumindest dem Mord nicht begegnet? Wichtig sind dabei nicht die charakterlichen Randexistenzen der Gesellschaft, die sich oft in normalen Zeiten mit den kleinen Gemeinheiten des Lebens in der Balance halten können und die im Aufruhr der Zeit zu den großen Gemeinheiten ohne Überwindung innerer Widerstände übergehen – wichtig sind vielmehr die Hilfspersonen des geschichtlichen Verhängnisses, die, solange das Festland des Rechtes nicht erschüttert ist, nichts Ärgeres gegen Recht und Gesetz tun als wir alle.

Zur Klärung des Begriffes »Menschenversuche« läßt sich vorausschicken, daß jene, über die zu berichten ist, mit wissenschaftlicher Zielsetzung und ärztlicher Verantwortung nur sehr wenig zu tun haben; sie sind unter den Verbrechen des Dritten Reiches aufzuführen[2].

Der Umfang, in dem Ärzte während der Dauer der nationalsozialistischen Herrschaft diese unentschuldbaren sogenannten Menschenversuche angestellt haben, ist unbekannt geblieben. Denn die Täter waren nicht nur bedenkenlos, sie waren auch gerissen in der Beseitigung der Spuren ihres Tuns. Da schreibt etwa der Generalsekretär der Gesellschaft »Ahnenerbe« (Untertitel: Forschungs- und Lehrgemeinschaft der SS), Direktor des Instituts für Wehrwissenschaftliche Zweckforschung und SS-Standartenführer, Wolfram Sievers an den Ordinarius für Anatomie an der Reichsuniversität Straßburg, Professor Dr. August Hirt, unter dem 20. 1. 1945 – also zu einem Zeitpunkt, als Straßburg schon in amerikanischen Händen war – folgendermaßen:

» . . . Sowohl Paris wie London beschäftigen sich inzwischen ganz munter mit der Straßburger Anatomie, wobei bedauert wird, Sie nicht gefaßt zu haben. Über das Kultusministrium werden Sie wohl inzwischen eine diesbezügliche Anfrage des Auswärtigen Amtes zur Stellungnahme erhalten haben oder demnächst bekommen. Seien wir froh, daß wir alle Arbeitsunterlagen rechtzeitig vernichtet haben. Mit konkreten Angaben konnte die Gegenseite bisher nicht aufwarten«[3] (S. 180).

Es bleibt also eine Vermutung, daß weit mehr verbrecherische Humanversuche erfolgt sind, als im Nürnberger Ärzteprozeß bekannt und verhandelt wurden. Unsere Darstellung folgt den Vorgängen, die dort aktenkundig wurden. Der amerikanische Militärgerichtshof Nr. 1 hat sich vom 21. November 1946 bis zum Urteilsspruch vom 20. August 1947 mit den Anschuldigungen gegen Ärzte beschäftigt. Wenn man in Betracht setzt, daß dieser Prozeß so kurze Zeit nach dem Krieg stattfand, muß man ihn als eine Meisterleistung an Objektivität, Sorgfalt, Geduld, rascher Recherche und, wegen der unbegrenzten Verteidigungsmöglichkeiten, die er den Angeklagten ließ, als eine Meisterleistung an Selbstüberwindung des Richtergremiums, das über ehemalige Feinde zu Gericht saß, bezeichnen.

Die ganze Anstrengung der dort Angeklagten und ihrer Anwälte bestand verständlicherweise darin, den gewaltverbrecherischen Charakter ihrer Handlungen zu verkleinern und das gefährliche Experiment mit Menschen sozusagen als etwas Alltägliches, Unvermeidbares darzustellen. Dabei versuchen sie, den Tatbestand, mit Menschen experimentiert zu haben, die in ihre Hand gegeben waren, und sie zu Hunderten getötet, vielmehr wie in denkbar grausamen Tierversuchen zu Tode gequält zu haben, immer wieder damit zu vertuschen, daß auch in anderen Ländern, z. B. an Schwerverbrechern und zum Tode Verurteilten, Menschenversuche vorgenommen wurden. Aber nirgends in der Welt wurden im Dienste medizinischer Forschung vergleichbare Experimente bekannt wie jene, von denen jetzt einige Stichproben folgen. Angesichts der Fakten mußte der Versuch, in der Verteidigung vom Verbrechen auf die gewiß schwierige Problematik des Menschenversuches auszuweichen, damals mißglücken, und auch heute, in zeitlichem Abstand, bleiben diese Verbrechen so scheußlich wie zur Zeit des Prozesses. Im Gedächtnis der Menschheit werden nicht Menschenversuche, die mit irgendwelchen nennenswerten Fortschritten der Medizin verknüpft gewesen wären, als Erinnerung an das Dritte Reich erhalten bleiben, sondern der furchtbare Makel, daß hier Ärzte zu Gewaltverbrechern wurden.

Noch vor Beginn des Prozesses war klar zu erkennen – was bis heute vielen leider immer noch nicht klar zu sein scheint –, daß man nicht nur die Gewaltverbrechen zum Teil prominenter Ärzte kennenlernen würde, die sich damit automatisch aus ihrem Stand ausgeschlossen hatten, sondern ein Teilstück unserer Zeitchronik. Es war nicht bloß zu individuellen Verbrechen gekommen – wie sie in Stevensons berühmter Novelle Dr. Jekyll als Mr. Hyde begeht. Vielmehr hatte ein Kollektiv die Menschenverachtung gelehrt und einzelnen seiner Individuen den Mord erleichtert. Durch die politische Ideologie des Nationalsozialismus waren die destruktiven Impulse ausdauernd gereizt worden; das hatte den Boden für grausame Bedenkenlosigkeit ungeahnter Art bereitet. Aber auch die Beschränkung auf objektivierbare Organvorgänge, die seit Jahrzehnten bestimmte, wie Medizin gelehrt wurde, hatte manchem, der sein Leben unauffällig verbracht hätte, wären ihm bessere Zeiten beschieden gewesen, damals keinen Schutz, keinen ethischen Halt geboten und ihn zum Komplicen werden lassen. Noch mehr: ein Apparat wohlfunktionierender Institutionen, wie wir ihn später aus dem Auschwitz- und Eichmann-Prozeß und vielen anderen kennengelernt haben, hat den Mördern die Opfer zugetrieben. Und beachten wir: es war keineswegs der Apparat der SS allein, auch Luftwaffe und Wehrmacht halfen aktiv und gewährenlassend mit. Dieser Tatbestand, den wir vermuteten (es gehe nicht um Kriminelle, sondern um einen »Kulturboden«, der sie hervorgebracht hat), wurde gerade wegen der überaus sorgfältigen Führung des Prozesses in zahlreichen Aspekten erhellt und bestätigt. Unsere Einsicht – nicht nur unsere Ansicht –, daß nicht Verbrechen von Verbrechern allein zum Prozeß anstanden, sondern die moralische Fühllosigkeit einer verbrecherischen Gesellschaft, die bis vor wenigen Monaten (damals im Sommer 1946) unsere offizielle Gesellschaft gewesen war – diese unsere Einsicht ist unpopulär geblieben. Wir haben sie weiter zu vertreten, und es folgen die Proben des Beweises.

Wir können gleich an den Taten des erwähnten Anatomie-Ordinarius August Hirt demonstrieren. Entsprechend der theoretischen Natur seines Faches hat er keine Versuche an lebenden Menschen vorgenommen, er hat schlicht Menschen morden lassen, um eine Skelett-Sammlung anlegen zu können. Zur Verwirklichung dieser Absicht bedurfte er der Zustimmung Himmlers, der seinem Projekt »volles Interesse« entgegenbrachte und die erwähnte »Forschungs- und Lehrgemeinschaft ›Ahnenerbe‹« einschaltete. In Hirts Bericht liest man:

»Nahezu von allen Rassen und Völkern sind umfangreiche Schädelsammlungen vorhanden. Nur von den Juden stehen der Wissenschaft so wenig Schädel zur Verfügung, daß ihre Bearbeitung keine gesicherten Ergebnisse zuläßt. Der Krieg im Osten bietet uns jetzt Gelegenheit, diesem Mangel abzuhelfen. In den jüdisch-bolschewistischen Kommissaren, die ein widerliches, aber charakteristisches Untermenschentum verkörpern, haben wir die Möglichkeit, ein greifbares wissenschaftliches Dokument zu erwerben, indem wir ihre Schädel sichern.

Die praktische Durchführung der reibungslosen Beschaffung und Sicherstellung dieses Schädelmaterials geschieht am zweckmäßigsten in Form einer Anweisung an die Wehrmacht, sämtliche jüdisch-bolschewistischen Kommissare in Zukunft lebend sofort der Feldpolizei zu übergeben. Die Feldpolizei wiederum erhält Sonderanweisung, einer bestimmten Stelle laufend den Bestand und Aufenthaltsort dieser gefangenen Juden zu melden und sie bis zum Eintreffen eines besonderen Beauftragten wohl zu behüten. Der zur Sicherstellung des Materials Beauftragte (ein der Wehrmacht oder sogar der Feldpolizei angehörender Jung-Arzt oder Medizinstudent, zugerüstet mit einem PKW nebst Fahrer) hat eine vorher festgelegte Reihe photographischer Aufnahmen und anthropologischer Messungen zu machen und, soweit möglich, Herkunft, Geburtsdaten und andere Personalangaben festzustellen. Nach dem danach herbeigeführten Tod des Juden, dessen Kopf nicht verletzt werden darf, trennt er den Kopf vom Rumpf und sendet ihn, in eine Konservierungsflüssigkeit gebettet, in eigens zu diesem Zwecke geschaffenen und gut verschließbaren Blechbehältern zum Bestimmungsort . . .«[3] (S. 174).

Ein derartiges Sammlervorhaben stellt etwas bis dahin in der Medizin nie Dagewesenes dar. Aber natürlich auch eine Seltenheit in der Geschichte menschlicher Grausamkeiten. Ein Arzt, der Menschen wie eine Spezies von Schmetterlingen einfangen will und der dafür den Apparat einer kriegführenden Nation beanspruchen darf. Unnötig, hinzuzufügen, daß die wissenschaftliche Einkleidung eine unsinnige ist und der Sadismus sich nicht mit vulgärem Rassen- oder Sozialdarwinismus verdecken läßt. Es ist unklar geblieben, wie weit die Kopf-Jagd jenes Anatomen der Reichsuniversität Straßburg in die Wirklichkeit umgesetzt wurde; nicht unklar blieb, daß mindestens 80, wenn nicht 115 Personen, »davon 79 Juden, 2 Polen, 4 Innerasiaten und 30 Jüdinnen bearbeitet« wurden, d. h. sie wurden im KZ Struthof-Natzweiler vergast und dann in die Anatomie nach Straßburg gebracht. Den männlichen Leichen entnahm man den linken Hoden – und das war alles, was mit ihnen nach Zeugenaussagen geschah. Beim Anmarsch der Alliierten wurden sie zur Spurenbeseitigung kremiert. Aber dieses Schicksal 115 namenlos gewordener Menschen ist mit großer Wahrscheinlichkeit nur ein Ausschnitt aus der Tätigkeit jenes Professor Hirt, von anderen Morden haben wir nicht einmal diese Kunde.

Als nächste Stichprobe sei eine freie Knochentransplantation erwähnt, die Professor Karl Gebhard vornahm. Gebhard war Chefarzt
der Heilanstalt Hohenlychen bei Berlin, oberster Kliniker beim Reichs-
arzt der SS, Leibarzt Himmlers, Präsident des Deutschen Roten Kreu-
zes. Ich übergehe die fadenscheinigen Entschuldigungen, die Gebhard
vor Gericht vortrug, und wie er die Schuld an andere, in Tat und
Wahrheit eher von ihm abhängige Ärzte als ihm vorgeordnete, zu
verschieben trachtete. Ein junger Patient in Hohenlychen hatte durch
einen bösartigen Knochentumor (Angioblastom) Schulterblatt und
Schlüsselbein verloren. Ihm sollte das Schulterblatt eines Häftlings im
benachbarten Ravensbrück eingesetzt werden. Da Ravensbrück ein
Frauen-KZ war, kann angenommen werden, daß das Schulterblatt,
das dann tatsächlich verpflanzt wurde, von einer Frau stammte. Dieses
barbarische Experiment geht also wieder auf einen Hochschullehrer
und bis dahin angesehenen Chirurgen aus der Schule Lexers zurück.
Über die Bedenkenlosigkeit des Leibarztes Himmlers hinaus ergab die
Untersuchung dieser Operation durch den Anklagevertreter etwas
überaus Lehrreiches.

Mit Gebhard, der zum Tode verurteilt wurde, unter anderem wegen
grauenvoller Infektionsversuche mit Gasbrand, saß noch sein Assi-
stent Dr. Fritz Fischer, Sturmbannführer der Waffen-SS, auf der An-
klagebank. Fischer fuhr, von Gebhard instruiert, nach dem Lager Ravensbrück, um dort das Schulterblatt herauszuoperieren und dann auf
schnellstem Weg nach Hohenlychen zu bringen. Er gab zu, in Ravensbrück operiert zu haben. Zwischen ihm und dem Anklagevertreter
entspann sich ein Dialog, aus dem folgendes zitiert sei:

»War der Gefangene, dessen Schulterblatt Sie entfernten, ein Mann
oder eine Frau?«

»Das weiß ich nicht genau.«

»Kennen Sie seinen oder ihren Namen?«

»Das weiß ich nicht.«

»In den vorangehenden Verhören haben Sie, Herr Doktor Fischer,
ausgesagt, daß es sich um einen Mann handelte, während Herr Gebhard sagte, daß es eine Frau war. Können Sie uns dieses Geheimnis
etwas klären?«

»Ja, insofern, als ich über die Person damals überhaupt nicht – aus
den Gründen, die ich ebenfalls darstellte – informiert war, und ich
hatte in dieser Abendunterhaltung von Stumpfegger (ebenfalls einem
in Hohenlychen beschäftigten Arzt) den Eindruck, daß es sich um ein
Schulterblatt eines männlichen Gefangenen handelt, dessen Hand am-
putiert war . . . «

»Nun, Herr Doktor, haben Sie diesen Mann selbst untersucht?«

»Nein, nicht.«

»Haben Sie mit ihm gesprochen?«

»Das habe ich auch nicht.«

»Wissen Sie, ob er der Entfernung seines Schulterblattes zugestimmt hat?«

»Nein, das wußte ich auch nicht. Ich habe mich heute bemüht, es Ihnen darzustellen, in welcher besonderen Situation ich dazu aufgefordert wurde, und wie ich die Situation vorfand, unter der ich das Schulterblatt mobilisierte.«

»Ich bin mir dessen voll bewußt, Herr Doktor. Wollten Sie mir etwa sagen, daß Sie vielleicht an einer Person eine Operation durchführen und ihre Scapula entfernen können und nicht imstande sind, festzustellen, ob diese Person eine Hand oder einen Arm besaß oder nicht?«

»Jawohl, das ist möglich.«

»Du meine Güte, Herr Doktor, Sie hatten die Person doch unter sich, nicht wahr?«

»Ja.«

»Und trotzdem konnten Sie nicht sagen, ob die Person einen Arm hatte oder nicht?«

»Herr Staatsanwalt, die Person, die operiert wird, ist ja total abgedeckt, bis auf den Teil, der das Operationsfeld darbietet . . . «

. . .

»Nun, wissen Sie, was dann mit diesem Mann nachher passierte?«

»Dieser betreffende Patient ist in die Pflege von Dr. Stumpfegger übergegangen.«

»Haben Sie ihn jemals wiedergesehen?«

»Herr Staatsanwalt, ich bin Anfang Januar auf Befehl nach Berlin gegangen und habe ihn nicht wiedergesehen.«[3] (S. 156).

Soweit der Dialog. Nach Zeugenaussagen wurde die Operation an einer vielleicht im Lager geisteskrank gewordenen Frau vorgenommen, die am folgenden Tag getötet wurde.

Der Sachverhalt: Ein junger Arzt ist demnach bereit, befehlsgehorsam einen Mitmenschen zu verstümmeln. Dieser andere Mensch ist ihm – dies wäre die eine Lesart – so wenig wert (er ist ja ein KZ-Insasse), daß er nichts, aber auch gar nichts von ihm zu wissen oder in Erfahrung zu bringen sich bemüßigt fühlt, z. B. ob die Person mit der an ihr vorzunehmenden Operation einverstanden ist. Man kann für die Szene aber auch eine andere, sicherlich ebenfalls wirksame Motivation annehmen. Dr. Fischer hatte eine kaum unterdrückbare Schuldangst wegen seines Tuns und hat deshalb den Tatort fluchtartig wieder verlassen. Und während seines Aufenthaltes sein ganzes Bewußtsein auf den Operationsausschnitt wie auf einen Brennpunkt konzentriert. Mit

Hilfe solcher Konzentration auf die Operationstechnik entledigt er sich des Gewissenskonfliktes. Denn zwei Gehorsamsforderungen, die einander widersprachen, waren an ihn gestellt: dem Gehorsam gegen das Gesetz der Achtung mitmenschlichen Lebens, das besonders dem Arzt geboten ist, widersprach der Gehorsam dem bösartigen Lehrer und Vorgesetzten gegenüber.

Für den Juristen mag es gleichgültig sein, welche Motive Fischer bewegten, weil nämlich der Vorgesetzten-Gehorsam siegte und dadurch der verbrecherische Befehl zur Ausführung kommen konnte. Für uns, die wir Mitglieder dieser Gehorsamskultur sind, ist es aber nicht gleichgültig, zu sehen, in welcher Ohnmacht, in welcher jämmerlichen Hilflosigkeit ein Arzt und Sturmbannführer dann erscheint, wenn von ihm persönlicher Mut in Gewissenskonflikten gefordert wird. Für solchen Widerstand bietet ihm seine Gesellschaft kaum erfolgreiche Vorbildfiguren an.

Es ist dieses Verhalten Fischers, das Gewaltverbrecher von Ordinarienrang derart ungezügelt sich entfalten ließ. In allen Abwandlungen ist es dieser Gehorsam gewesen, der auch all die außer-ärztlichen Greuel ins Ungemessene wachsen ließ. Dieser, einer Technik der Rückfrage unkundige und der Widerrede unfähige, Gehorsam motivierte es, daß wir uns auch heute noch mit den Menschenversuchen dieses Abschnittes der deutschen Geschichte beschäftigen müssen. Denn wir dürfen doch niemals vergessen, daß es nicht ein deutscher Aufstand, eine deutsche Gehorsamsverweigerung angesichts einer solchen verstümmelnden Operation, angesichts der befohlenen Juden-Vernichtung, Polen-Verrichtung, Kommissar-Vernichtung – und der Vernichtung unserer eigenen Heimat – gewesen ist, der eine Änderung der deutschen Verhältnisse erzwungen hat, sondern ein verlorener Krieg, nach dem uns Siegermächte in zwei verschiedenen Teilen Deutschlands zwei verschiedene Weltanschauungen hinterlassen haben. Hätten wir diesen Krieg Hitlers gewonnen, niemals wären die Hirt und Gebhard und Rose, und wie sie alle geheißen haben mögen, vor ein deutsches Gericht gekommen.

Gebhard, Hirt und welche Prominenz sonst noch verwickelt war – nicht nur handelnd, auch stillhaltend, abgewandten Auges Schriftstücke unterzeichnend, die sie aus ärztlicher Pflicht zum entschiedensten Widerstand hätten alarmieren müssen – all diese zu gemeinen Verbrechern und deren Komplicen abgesunkenen Einzelnen könnten zur Not vergessen bleiben. Fritz Fischer darf man nicht vergessen, weil er etwas von dem anfänglich erwähnten Prozeß zeigt, nämlich dem Prozeß, wie Unmenschen erzogen werden, weil er einen Verhaltensreflex unserer Gesellschaft repräsentiert – einen Reflex, der allüberall und zahllose Male sich wiederholt: den Reflex der Idealisierung der Autorität und eines Gehorsams vor ihr, der alles auslöscht: das kritische Urteil, das Mitgefühl, die mitmenschliche Rücksichtnahme. Alles erlischt bis auf den Vollzug des Befehls. Den Preis bezahlt natürlich das Opfer dieser mit Gewalt gepaarten Borniertheit, deren Gesichtsfeld knopflochartig auf das »Operationsfeld« eingeengt ist; wobei nun nicht nur jener Ausschnitt gemeint ist, den Fischer allein von dem durch ihn verstümmelten Menschen sah, sondern das geschrumpfte Handlungsfeld des Befehlsgehorsams überhaupt.

Dieser Schrecken erregende Egoismus, dieser Dressatgehorsam, der doch weitgehend mit Feigheit verschmolzen ist, weil ich nur mich kenne, meine Sicherheit, meine Karriere und sonst nichts auf der Welt, dieser feige Egoismus also, der mich dazu bringt, mich fraglos zu beugen, um selbst einst in diesen Machtbesitz gelangen zu dürfen, diese Rollenverzahnung von Autorität und Untertanen war es, die Hitler und die Seinen groß werden ließ, nicht ihr Talent. Alle Nationen haben ihre Verbrecher; wir haben uns hier aber nicht auf eine Schlechtigkeit hin zu befragen, die aus einem wie auch immer gearteten persönlichen Schicksal heraus entstanden zu denken ist – wie sie etwa der Sadist Hirt verkörperte –, sondern auf unsere deutschspezifische, von unserer Kultur abhängige, von ihr gezüchtete Unmenschlichkeit. Für zahllose namenlos Bleibende hat Fritz Fischer sie in seinem Verhalten und in der Art, wie er sich rechtfertigte, verkörpert.

Die zwischenmenschlichen Beziehungen, z. B. in den Erziehungsprozeduren, etwa in Institutionen wie deutsche Universitäts-Kliniken, die in unserer Gesellschaft solche Unmenschlichkeit hervorbrachten, sind im Augenblick vielleicht gemildert, aber sie sind seither nicht wirkungslos geworden, wie sie nicht von den Nazis erfunden wurden. Ein deutscher Soziologe, der selbst den Nationalsozialismus als Kind, kaum noch als Jüngling erlebte, ist dieser Unmenschlichkeit auf der Spur, die unter besonders ungünstigen historischen Gegebenheiten ins totale Verbrechen trieb. Aber an den normaleren Tagen unserer Geschichte, also auch an unserer Gegenwart, gestaltete sie mit. Es ist empfehlenswert, den 23. Abschnitt »Exkurs über Humanität und Unmenschlichkeit« in Ralf Dahrendorfs jüngst erschienenem Buch »Gesellschaft und Demokratie in Deutschland« in unserem Zusammenhang zu lesen. Dahrendorf, recht eindrucksvolle, zugleich jedermann widerfahrene Beispiele aus unserem Alltag benützend, spricht vor dieser stummen, sprachlosen, unartikulierten Unterwürfigkeit als von einem »Zivilisationsrückstand«. Er wird, meint er, auch dadurch hergestellt, daß dieses Verhalten kollektiv so selbstverständlich eingenommen wird und eigentlich gar keine rechte Alternative dazu besteht.

»Wäre dieser Rückstand ein rein passives Phänomen, so könnte man sich mit einem Kopfschütteln abwenden. Aber er ist virulent. Unterlassung ist selbst schon Verbrechen, und dies häufig genug im wörtlichen Sinn . . .« (S. 392) Das ist eine treffende Charakterisierung Fischers. Wenn wir uns deshalb heute die als Menschenversuch getarnten Gewaltverbrechen des Dritten Reiches ins Gedächtnis zurückrufen, so, mit Heddy Neumeister zu sprechen, um uns darüber klar zu werden, »wieweit die nationalsozialistische Gesinnung mit ihrer Verachtung des Schwachen in unserem Volk wirklich überwunden ist« (FAZ, 31. 3. 1965 – zit. nach Dahrendorf, l.c.). Auf die gleiche moralische Empfindungslosigkeit zielt auch C. Fr. v. Weizsäcker in einem Beitrag ab[4]: »Was ist denn Sozialpolitik? Ich meine, sie umfaßt zweierlei: Eröffnung von Chancen für die Menschen und Menschengruppen, die stark genug sind, nach einer solchen Hilfe durch eigene Kraft für sich zu sorgen, und Fürsorge für die Schwachen, die das nicht mehr können. Das muß planvoll geschehen, und diese durchdachte Ordnung muß unnachgiebig verteidigt werden. Was haben wir stattdessen getan? Ich würde es Fürsorge für die Starken nennen, nämlich für diejenigen Gruppen, die genug Wählermassen mobilisieren können, um Regierung und Opposition einzuschüchtern.« Hier handeln dann die Volksvertreter im gleichen Gehorsamsschema wie vor 20 Jahren der unglückselige Dr. Fischer.

Die Aktualität unserer Rückbesinnung wird durch die folgende letzte Stichprobe noch deutlicher werden. Hier wird es uns allerdings einige Mühe kosten, über einen in seiner Furchtbarkeit nochmals gesteigerten Tatbestand hinauszusehen, um die wirksamen Faktoren seiner Anbahnung zu erkennen.

Die verbesserte Flugfähigkeit der Kampfflugzeuge brachte für die Luftwaffe Probleme, wie man der Besatzung von Jägern, die in großer Höhe abgeschossen wurden, helfen könnte. Es ging darum, daß diese Besetzung dann plötzlich einem großen Drucksturz ausgesetzt waren und Sauerstoffmangel zu ertragen hatten. Diese Fragestellung tauchte natürlich bei allen Kriegführenden auf und führte zu vielen Selbstversuchen von Physiologen und Piloten auch in Deutschland. Bei uns schob sich jedoch in diesem Augenblick ein Doktor Rascher nach vorne, der Heinrich Himmler davon überzeugte, das Problem sei der Lösung durch von ihm, Dr. Rascher, entworfene, »terminal« genannte Versuche wesentlich näher zu bringen. Terminaler Versuch heißt: der Versuch – nämlich der Aufenthalt einer Versuchsperson in der Unterdruckkammer, die die entsprechenden atmosphärischen Bedingungen in großen Höhen zu simulieren vermag – wird bis zum Tode der Versuchsperson fortgesetzt. (Parallele terminale Versuche hat Dr. Rascher auch mit Unterkühlung durchgeführt. Vorwand: in Seenot geratene Besatzungen versenkter Schiffe.)

Die von Rascher eingeleiteten Versuche lassen sich besonders gut dokumentieren, da in seiner persönlichen Habschaft in Dachau Filme aufgefunden wurden, auf denen er diese Versuche festhielt. Wir haben dabei Gelegenheit, Morde zu verfolgen, deren Vollzug mit physiologischen Mess-Apparaturen verfolgt wurde.

Nun kann ein junger Stabsarzt der Luftwaffe wie Dr. Rascher selbst in einem Konzentrationslager zunächst Menschen nicht umbringen, ohne dafür legitimiert zu sein. Rascher unterstand dem Chef des Instituts für Luftfahrtmedizin in München, Professor Dr. med. Georg-August Weltz, und bedurfte der Unterdruckkammer, die ihm Dr. Siegfried Ruff, der Direktor des Fliegermedizinischen Instituts der Deutschen Versuchsanstalt für Luftfahrt Berlin überließ. An den Namen Siegfried Ruff wird man sich aus der jüngsten Zeit erinnern, als Studenten in Bonn über ihn von ihrer Universität Auskunft erheischten[5]. Doch zunächst zur damaligen Kooperation dieser Institute: Ruff lieh, nach persönlicher Inspektion im KZ Dachau, dem dort arbeitenden Dr. Rascher die Unterdruckkammer und sandte ihm einen Mitarbeiter, Dr. Romberg, mit. Dr. Romberg betonte vor dem Gericht, daß er, wie auch Dr. Ruff, »der Ansicht waren, daß Todesfälle bei Höhenunterschieden nicht vorkommen dürften und ja auch bisher nicht vorgekommen waren«. Romberg beobachtete dann aber an der Seite von Dr. Rascher, wie dieser einen Häftling in der simulierten großen Höhe zu Grunde gehen ließ und ihn dann anschließend sofort sezierte.

Er fuhr nach diesem Vorfall nach Berlin, um seinem Vorgesetzten, Ruff, davon zu berichten. Beiden mußte der wissenschaftliche Dilettantismus und die unverhüllte Mordgier des Kollegen auf den ersten Blick klar sein – sollte man meinen. Ist es pure Ausrede oder diese aus egoistischer Feigheit herrührende Selbstverdummung, die Romberg vor Gericht zu Protokoll geben ließ: »Da aber Rascher diese Versuche ja im Auftrag Himmlers durchgeführt hatte, an einem Mann, der zum Tode verurteilt war, sahen wir grundsätzlich keine Möglichkeit, Rascher daran unter offizieller Angabe des Grundes zu hindern.«[6] (S. 41) Beide sahen auch nicht die Möglichkeit einer entschiedenen fachmännischen und kollegialen Widerrede.

Nach Dachau zurückgekehrt, beobachtete Romberg dann noch mindestens zwei weitere terminale Versuche. Die für uns hier entscheidende Stelle des Verhörs durch den Anklagevertreter lautete folgendermaßen:

»Was haben Sie selbst im Verlauf dieser Todesfälle getan? Sind Sie nur dabeigestanden und haben durch das Fenster (der Druckkammer) beobachtet, oder haben Sie irgendwelche Apparaturen für Rascher bedient?«

»Nein. Ich sagte schon, daß ich bei dem ersten Todesfall das Elektrokardiogramm angesehen habe, also den Lichtpunkt ... (der die Herztätigkeit anzeigt).«

»Sie haben das Elektrokardiogramm studiert, Sie haben mit Rascher auf Anordnung Ruffs gearbeitet. Sie haben mit Rascher gemeinsam an diesem Experiment gearbeitet, und das Elektrokardiogramm studiert?«

»Nein. Ich habe auch nicht mit Rascher zusammengearbeitet, sondern es war so, daß ich bei diesem Versuch zufällig zusah und auf das Elektrokardiogramm sah. Und als ich da sah, daß also ein kritischer Punkt erreicht wird, in dem ich selbst diesen Versuch abbrechen würde, habe ich das Rascher auch gesagt.«[3] (S. 41)

Es geht nun im weiteren Verhör darum, daß Romberg, der die technische Einrichtung der Unterdruckkammer genau kannte, Rascher nicht in den Arm fiel und die Sauerstoffversorgung des Opfers verbesserte, sondern tatenlos diese und andere Morde verfolgte; auch keine Sabotage an der Kammer trieb, wenn er schon sonst keinen Widerstand wagte. Und auch Ruff ist nichts in dieser Richtung zur Verhütung der Morde eingefallen. Der Staatsanwalt fragte also Romberg, warum er Rascher nicht anschließend wegen Mordes angezeigt habe. Romberg findet das lächerlich.

»Sie stellen es als lächerlich dar, daß Sie ihn, nachdem der Tod der Versuchsperson eingetreten war, bei der Polizei wegen Mordes anzeigen sollten. Warum haben Sie das nicht getan? Das zu tun ist doch eine folgerichtige Sache, wenn jemand einen Mord begeht. Es ist nicht so lächerlich, einen Mörder zu übergeben.«[3] (S. 43)

Und nun kommt die Antwort, deretwegen die in Nürnberg verhandelten Verbrechen vorerst auf keinen Fall vergessen werden dürften. Romberg sagte:

»Das mit dem Mord, das sieht jetzt so aus und läßt sich jetzt entscheiden, nachdem man die ganze Sache kennt. Für mich war damals Rascher ein Stabsarzt der Luftwaffe.«[3] (S. 43)

Und am gleichen Tag kommt er noch einmal darauf zurück:

»Das mit dem Mörder war eben nicht ganz klar, das sagte ich heute schon. Das ist weder moralisch noch juristisch klar ...«[3] (S. 45)

Sicher haben Romberg und sein Vorgesetzter Ruff die Versuche Raschers nur mit Unbehagen mit angesehen, und sicher wußten sie daß ihre Aussage über Leben und Tod entscheiden konnte. Irgend etwas unternommen, d. h. irgendeine persönliche mitmenschliche Initiative haben sie damals nicht entfaltet. Ruff machte dem Vorgesetten Raschers, dem Sanitätsinspektor der Luftwaffe, Professor E. Hippke, Meldung. Da es sich aber um von Himmler gebilligte Versuche handelte, unternahm offenbar auch Hippke nichts. Ihm ging es wohl, höhergestellt, wie er zwar war, doch ebenso wie jenem Doktor Romberg, der auf Befragen seines Verteidigers (»da Sie nun gegen Raschers Versuche waren, ist es da richtig, wenn man annimmt, daß Sie diese drei Todesfälle als glatten Mord ansehen«?) antwortete:

»Nein, als glatten Mord konnte ich diese Versuche nicht ansehen, denn er (gemeint Rascher) war ja offiziell von dem zuständigen höchsten Vorgesetzten zu diesen Versuchen beauftragt. Ich wollte aber mit diesen Versuchen nichts zu tun haben, und deswegen habe ich die Meldung an Ruff gemacht.«[3] (S. 45)

Verliert ein Mord dadurch seinen Charakter, dadurch seine Verwerflichkeit, daß er in höherem Auftrag ausgeführt wird?

Waren es bei Hirt die jüdisch-bolschewistischen Kommissare, so sind es bei Rascher »rassenschänderische Berufsverbrecher-Juden«, die völlig sinnlos getötet wurden, da auch die Kriegsbedingungen nicht eine derartige Ausdehnung des Versuches forderten. Dr. Rombergs Vorgesetzter, der Institutsleiter Dr. Ruff, antwortete auf die Frage des Anklagevertreters, ob er denn nicht Bedenken gehabt habe, an KZ-Häftlingen zu experimentieren, wie folgt:

»Juristische Bedenken hatte ich keine, denn ich wußte, daß der Mann, der die Genehmigung zu diesen Versuchen von Staatsseite aus gegeben hatte, Himmler war. Himmler war damals im Innenministerium, er war Chef der deutschen Polizei und das höchste Exekutivorgan des Staates. Also nach dieser Richtung hatte ich keinerlei Bedenken.«[3] (S. 36 f.)

Über die Versuche verfaßte Rascher mehrere Geheimberichte für Himmler, die er allein unterzeichnete. Außer diesen Berichten liegt auch ein 24 Schreibmaschinenseiten langer zusammenfassender »Bericht Versuche aus großen Höhen« vor, der unterzeichnet ist im Namen der »Deutschen Versuchsanstalt für Luftfahrt e. V.« von S. Ruff (»Institutsleiter«), Dr. Rascher (»Stabsarzt der LW«), Dr. Romberg (letztere als »die Bearbeiter«),[3] (S. 28). In diesem Abschlußbericht werden die Todesfälle nicht erwähnt[3] (S. 49), aber selbstverständlich hatte Ruff, wie wir gehört haben, von ihnen Kenntnis. Er hat im übrigen, ebenso wie Professor Weltz, als Institutsleiter die Verantwortung für die Versuche mit übernommen[3] (S. 34).

Die Angeklagten, die um ihren Kopf kämpften, haben noch die törichtesten Ausreden ergriffen. Das Schema ist für die Gehorsamskultur sehr markant: nicht ich, die anderen, die Befehlenden über mir, trifft die Schuld. Um so mehr muß man die außerordentliche Großzügigkeit des Gerichtshofes bestaunen. Trotz der Komplicenschaft mit Dr. Rascher, den übrigens ein echtes Gangsterschicksal ereilte (er wurde von der SS erschossen, seine Frau erhängt, nachdem sich herausstellte, daß das Ehepaar die Kinder, von deren Ankunft es regelmäßig Himmler Nachricht gab, entführt hatte), und obgleich, wie es im Urteil heißt, »nicht bestritten werden kann, daß im Beweismaterial vieles vorhanden ist, das zum mindesten einen schweren Verdacht erweckt, daß die Angeklagten Ruff und Romberg in die verbrecherischen Versuche in Dachau verwickelt waren«[3] (S. 50), sah sich das Gericht vor der Notwendigkeit, auf Grund von Indizienbeweisen diesen beiden gegenüber entscheiden zu müssen, und zog den Freispruch vor. Ganz offenbar wollten die Richter angesichts der bedenkenlosesten Rücksichtslosigkeiten Schwachen gegenüber, wie sie die Angeklagten gezeigt hatten, mit dem äußersten Maß auch formaler Gerechtigkeit antworten. Es ist eine große Frage, ob die Angeklagten Romberg und Ruff bei einem deutschen Gericht ein derartig mildes Urteil gefunden hätten.

Es zeigt sich also auch an diesem Komplex von Experimenten, wie weitgehend das stillschweigende Einverständnis mit terminalen Versuchen gewesen ist, wenn diese an Schwerverbrechern, an jüdischen oder aus dem Osten stammenden KZ-Häftlingen durchgeführt wurden. Wobei schon das Wort »rassenschänderisch« in Erinnerung ruft, für welche Vergehen man damals zum Titel »Schwerverbrecher« kommen konnte.

Immer wieder tauchte auch eine chimärische Freiwilligkeit auf, die angeblich damals für die KZ-Insassen bestanden haben soll und die Voraussetzung der Versuche bildete. Man mußte schon über ein unerhörtes Maß vertrauensvoller Identifikation mit dem Propaganda-Apparat und den Ideen des dritten Reiches verfügen, um sich vorzustellen, daß ein Häftling des Jahres 1942 in einem KZ irgend etwas mit dem Begriff »frei« oder »freiwillig« zu tun haben konnte. V. v. Weizsäckers Satz kann als These gelten: »Die Auswahl von Menschen für quälende oder gefährliche Versuche muß, in Ermangelung einer der Wissenschaft immanenten Ethik, nach dem Prinzip der Freiwilligkeit, der Gegenseitigkeit und im übrigen des bürgerlichen und des Völkerrechtes erfolgen.«[7] Man denke sich ein Gegenseitigkeitsprinzip zwischen SS-Ärzten und KZ-Insassen, um sogleich zu verstehen, daß es eine Freiwilligkeit für die letzteren nicht gegeben haben konnte.

Aber – um auf die Gegenwart zu kommen – wie mag jener Dr. Siegfried Ruff, im Dritten Reich für des Dr. Rascher Taten mitverantwortlich zeichnend, in diesem Dritten Reich Direktor des Fliegermedizinischen Instituts der Deutschen Versuchsanstalt für Luftfahrt e. V., wie mag er nach dem Krieg zum außerplanmäßigen Professor an der Rheinischen Friedrich-Wilhelm-Universität zu Bonn und zum Leiter des Instituts für Flugmedizin in Bad Godesberg aufgerückt sein? Sind im März 1965 von den Studenten gestellte Fragen unberechtigt gewesen? Wohl kaum. Beantwortet wurden sie bisher nicht, weder vom Rektor der Universität, noch geschah etwas; vielleicht außer dem, was immer dann bei uns geschieht, wenn die Frage heikel ist und es um Zeitgewinn geht: man bildet eine Kommission.

Darin steckt ein weiterer Aspekt der Aktualität unseres Themas. Will man in Bonn um jeden Preis totschweigen, oder war man so schlecht informiert? Oder beides? Das wiederholte dann jene Knopflochverengung des Blickfeldes, jenes merkwürdige Informationsunvermögen, dem man im Dritten Reich unterlag, als man angeblich von all den Greueln der Nazis nichts wußte. Mein Mitarbeiter Mielke und ich haben von 1946 an die Dokumente des Nürnberger Ärzteprozesses der Öffentlichkeit mitgeteilt. Die Originalausgabe unserer Dokumentation, aus der ich hier alles zitiert habe (Wissenschaft ohne Menschlichkeit, Heidelberg, 1949) ist damals in 10 000 Exemplaren erschienen, von der Taschenbuch-Ausgabe unter dem Titel »Medizin ohne Menschlichkeit« sind inzwischen 75 000 Exemplare verkauft worden. Hat sich trotzdem in Bonn die Informationslücke so hartnäckig gehalten, daß unbekannt blieb, wer sich da mit Siegfried Ruff habilitierte und zum außerplanmäßigen Professor und Leiter des Instituts für Flugmedizin ernannt wurde?

Oder ist man der Auffassung, daß der Freispruch in Nürnberg für Dr. Ruff als Alibi gelten kann, das ihn vor seinem ärztlichen Gewissen freispricht und das ihn geeignet erscheinen läßt, in unserem Kampf gegen die unserer Kultur so eingewobene Unmenschlichkeit als Begleiter junger Menschen zu wirken, denen er beistehen soll, in den Fährnissen experimenteller Wissenschaft nicht von den Grundsätzen ärztlicher Verantwortung abzuweichen?

Schon werden neue Kammern für den Raumflug in Godesberg montiert – unter dem gleichen Institutsleiter wie damals. Verfährt man so wie geschehen, dann ist das ein Fall nach Globke-Muster: dem Spezialisten wird alles verziehen. Und viel schlimmer noch: Er, der tatenlos den Untergang zweck- und sinnlos geopferter erniedrigter Menschen verfolgte und mit zu verantworten hat – er kann sich selber alles verzeihen, solange sein Marktwert als Fachmann unbestritten ist. Dabei könnte man sich eine Situation denken, die den Schatten der Vergangenheit aufhellen und Ruff auch für eine Universität unseres Landes und heute akzeptabel machen würde. Dann nämlich, wenn er den Mut gefaßt hätte, vor die Studenten seiner Universität hinzutreten, um ihnen das zu schildern, was wir hier soeben zu skizzieren versuchten: wie er, vom Erfolg der Nazis geblendet, von Karriereehrgeiz angestachelt und von Karriereangst eingeschüchtert, in die gefährlichste Nachbarschaft des Verbrecherischen geriet. Und wenn er gesagt hätte: ich bedauere meine »moralische Anästhesie« dem Leiden Schwacher gegenüber – es tut mir heute leid, daß ich aus dieser egoistischen Befangenheit heraus den Tod jener Versuchspersonen nicht zu verhindern verstand. Nehmen Sie mein Schicksal als warnendes Beispiel!

Solche Worte hat man nicht von ihm vernommen. Und deshalb bleibt es ein Skandal, daß wir den gleichen Mann, nahezu mit der gleichen Funktion betraut, 25 Jahre später antreffen, wie es dem Alter gebührt, durch akademische Titel inzwischen geehrt.

Man wundert sich über das immer erneute Auftauchen der Vergangenheit, aber kann man sich wundern? Soll man sich beruhigen? Sollen jene 70 bis 80 Versuchspersonen, die damals im KZ Dachau auch unter der Verantwortung eben auch dieses Mannes getötet wurden, einfach vergessen werden? Sind sie Opfer eines Kriminalfalles? Oder sind sie Opfer eines Geschehens, das erst dann gesühnt ist, wenn wir, die wir heute weiterleben, etwas von den Bedingungen verstanden haben, die seinerzeit ihren Tod herbeiführten? Erst wenn wir dieses Stück trauernder Identifizierung mit den Opfern zu vollziehen bereit sind, wenn wir uns um sie zu kümmern beginnen, wird sich etwas zu ändern beginnen. Denn zuerst müssen wir unser Selbstverständnis verändern, müssen wir lernen, sehr schmerzliche Teile unseres Selbst an uns wahrzunehmen, um nicht mehr dem Zwang verfallen zu müssen, blindlings zu idealisieren und egoistisch zu gehorchen. Dann haben wir auch etwas getan, um die in sinnloser Brutalität Erniedrigten und Getöteten zu ehren.

Das wichtigste Ergebnis unserer Analyse der Tatbestände ist eine Verschiebung des Akzentes unseres moralischen Urteils. Nicht kriminelle Einzelindividuen waren haftbar für die Verbrechen. Erst ein allgemein den Mitgliedern unserer Gesellschaft eingeprägtes Verhaltensmuster hat dem skrupellosen einzelnen auch im Bereich der medizinischen Wissenschaft die Bahn freigemacht. Es war das Verhaltensmuster eines Gehorsams, in dem man sich für das Leiden anderer blendet, in dem man sich unbedingt der Befehlsgewalt eines Vorgesetzten ausliefert. An der Fraglosigkeit dieser Unterordnung lag es, daß die inhumanen Absichten, »die auf eine Einzelperson zurückgehen mochten, in großem Stil ausgeführt wurden; die Masse gehorchte den Befehlen«[8]. Diese Einsicht fordert aber noch einmal zum Weiterdenken heraus. Wir wissen, daß es Notsituationen gibt, in denen absoluter Gehorsam zum Schutz der Allgemeinheit gefordert werden muß. Auch eine Vorbereitung auf solche Notsituation mag erforderlich sein; das wichtigste Beispiel für diesen Anspruch auf unmäßigen, auf Bedenken sehr weit und sehr lange zurückstellenden Gehorsam sind militärische Organisationen, aber etwa auch die Schweigepflicht, der sich mancher Beamte unterworfen sieht, auch wenn er damit in persönliche Gewissenskonflikte geraten sollte. Wo ist der Punkt, an dem der Einspruch des Gewissens vor dem Befolgen des Befehles zu rangieren hat? C. P. Snow hat sicher recht, daß in unserer bisherigen Geschichte mehr Verbrechen im Namen des Gehorsams als im Namen der Rebellion begangen werden. Was die Geschichte des Dritten Reiches über diesen verderblichen, willenlosen Gehorsam lehrte, versuchte Dr. Milgram von der Yale-Universität mit Hilfe seines Experimentes in seinen Motivationen besser zu verstehen.

Er suchte in einem Zeitungsinserat 40 Personen im Alter von 20–50 Jahren zu einem Versuch über Gedächtnis und Lernen. Unter den Bewerbern suchte er sich solche aus weit gestreuten Berufen aus. Im Experiment wurden diese Personen in die Position des aktiv Handelnden gebracht. Sie sollten einer Versuchsperson im Falle eines fehlerhaften Ablesens von Wortpaaren einen elektrischen Schlag von steigender Stärke zufügen. Tatsächlich war die Versuchsperson ein Mitarbeiter Dr. Milgrams, der vorher genau instruiert war, wie er sich zu verhalten hätte. Die genannten Personen waren also in Wirklichkeit diejenigen, denen der Versuch galt, während sie der Meinung sein mußten, einen Versuch mit einem anderen durchzuführen. Sie saßen vor einer Klaviatur von Knöpfen, auf denen die Zahl der Volt angegeben war. Die Spannung für den auslösenden elektrischen Schlag begann bei 15 Volt und steigerte sich von Taste zu Taste um 15 Volt, so daß die angebliche Versuchsperson im Laufe der Fehler, die sie beging, immer stärkere Schläge erhielt. Über der 135-Volt-Taste stand »starker Schock«, bei 195 Volt »sehr starker Schock«; es folgten die Bezeichnungen »intensiver«, »extrem intensiver Schock«, von 375–450 Volt hieß es »Gefahr – stärkster Schock«.

Dieser Schockapparat war eine täuschende Nachahmung ohne Strom. Die angebliche Versuchsperson imitierte nur Reaktionen auf die elektrischen Schläge, wie sie auch willkürlich Fehler beging. Bei 300 Volt rutschte sie mit lautem Ton vom Stuhl auf die Erde, wand sich in Zuckungen. Die die Tasten drückenden Personen mußten den Eindruck erheblicher Qual und Schmerzen haben, je höher die Spannung anstieg. Die Wissenschaftler, die zu diesem Experiment eingeladen hatten, waren im Laboratorium anwesend. Sie versicherten, daß durch die Schläge kein bleibender Schaden entstünde. Das Experiment könne deshalb, falls notwendig, bis zur höchsten Spannung fortgesetzt werden. Die Personen, die die Schocks verabreichen mußten, waren also im Konflikt. Die Skala, die sie bedienten, zeigte die erwähnten wachsenden Stärkegrade, die Versuchsperson wand sich hinter dem Fenster unter den Schlägen. Das mußte Mitgefühl und Hemmung bei der Fortsetzung dieses quälenden Experiments auslösen. Aber die Veranstalter des Experiments schienen nicht beunruhigt und gaben seine Fortsetzung zu. Sie mußten ja überhaupt um des Forschungsvorhabens willen daran interessiert sein, ob durch diese äußerst unangenehmen Sensationen eine Verbesserung der Lernleistung zu erzielen sei.

Vor diesem Experiment hatte Dr. Milgram einen Vorversuch gemacht. Er hatte das geplante Experiment 14 fortgeschrittenen Psychologiestudenten der Yale-Universität genau beschrieben und sie um die Voraussage gebeten, wie viele von Hundert angenommenen Amerikanern der verschiedensten Berufsschichten vom Hochschullehrer bis zum ungelernten Arbeiter bereit wären, diesen doch offenbar sehr grausamen Versuch bis zum Ende durchzuexerzieren. Die Schätzung ging von 0–3%; also keine oder maximal 3 Personen würden hier mitmachen. Auch stichprobenhafte Befragungen anderer Personen ergaben die gleiche Meinung. Der tatsächliche Verlauf des Experiments widerlegte sie gründlich.

In Wirklichkeit führten alle Versuchspersonen die Schockserie bis 300 Volt durch, also bis zu dem Augenblick, in dem die Versuchsperson mit Poltern zu Boden fiel, 5 weigerten sich, über 300 Volt hinauszugehen, 4 weitere gaben nur noch einmal einen Schock, 2 hörten bei 330, je einer bei 345, 360 und 375 Volt auf. Dem wissenschaftlichen Leiter wurden also 14 Personen ungehorsam, 26 jedoch führten das Experiment, obgleich sie Zeichen höchster Erregung boten, bis zu Ende. 14 zeigten ein mehr oder weniger heftiges bizarres Lachen. Sie konnten sich seiner nicht erwehren. All das hinderte 65 % der Versuchspersonen nicht, eine Taste nach der anderen zu drücken.

Es ist nicht zu übersehen, daß die Situation dieser Versuchspersonen der ähnelt, in der Dr. Fischer, Dr. Romberg und Dr. Ruff sich befanden. In Dr. Milgrams Fall war es eine der angesehensten Universitäten der Welt, die den Versuch veranstaltete. Es ging also um den Fortschritt der Menschheit. Bei den Versuchen in den KZ-Lagern konnten sich die Ärzte darauf berufen, daß die höchste Exekutive des Staates die Versuche angeordnet hatte; auch hier sollte es um den Fortschritt der Menschheit, nämlich um den Sieg der Herrenrasse gehen.

Wo tatsächlich Menschen durch einen verblendeten Gehorsam geschädigt wurden, kann das die Schuld der Handelnden nicht verringern, aber wir werden doch durch die Situation darauf aufmerksam gemacht, daß es relativ einfach ist, Menschen unserer Kultur – trotz eines intensiven Schulderlebnisses, wie es sich etwa an dem nervösen Zwangslachen zeigt, zur Grausamkeit anzustiften. Obgleich sie gar keinen Nachteil zu erwarten hatten, waren 26 Personen in Dr. Milgrams Experiment zur Ausübung von Grausamkeit auf Befehl zu bewegen. Das zeigt uns, wieviel Aggression, wieviel aggressiv zerstörerische Grausamkeit in uns bereit liegt, die offenbar nicht fest unter der Gewissenskontrolle steht, vielmehr leicht an unserem Gewissen vorbei zur Befriedigung verlockt werden kann. Wir müssen uns wohl zu der Einsicht vorarbeiten, daß vieles an unserer Kultur nicht weise ist, daß sie offenbar mehr Triebbedürfnisse unterdrückt, als es ihr gelingt, diese zu veredeln, für jene hohen Ideale, die sie unablässig proklamiert. Ohne diese Einsicht scheint, wie allerorten praktizierte Grausamkeit beweist, wenig gegen die größte Geißel der Menschheit auszurichten zu sein: gegen diese bisher unbeherrschbar gebliebene Grausamkeit des Menschen gegen seinesgleichen.

Anmerkungen

1 Süddeutsche Zeitung, 20./21. November 1965.

2 In bezug auf die im Nürnberger Ärzteprozeß verhandelten Menschenversuche sagte V. v. Weizsäcker schon damals, er habe darunter »kein Experiment am Menschen gefunden, welches unvermeidlich war, um Heilung zu bringen, und gebracht hat« (»Psyche« 1, 1947/48, S. 98).

3 Zitiert jeweils nach Mitscherlich-Mielke: Medizin ohne Menschlichkeit. Frankfurt (Fischer-Bücherei Nr. 332), 2. Auflage 1962.

4 C. Fr. v. Weizsäcker, Sachfragen deutscher Politik. In: »Die Zeit« Nr. 3,14. 1. 1966.

5 »Die Zeit«, 3. 12. 1965, S. 29.

6 Mitscherlich-Mielke, a. a. O.

7 V. v. Weizsäcker, »Psyche«, 1, 1947/48, S. 69–101.

8 Stanley Milgram, Behavioral Study of Obedience. In: Journal of Abnormal and Social Psychology, 1963, Vol. 67, Nr. 371 ff.

Das Porträt des Rainer Barzel*

Argument statt Opposition

Zwei Dinge mußte man verwunderlich finden, wenn man die Meldungen über Dr. Rainer Barzel in der letzten Zeit verfolgt hat. Zunächst, er wird wiederholt als »junger Mann« bezeichnet. Das bringt mir erschreckend zu Bewußtsein, unter welcher Greisenherrschaft wir in Europa leben, wenn man einem 41jährigen als jungem Mann begegnet. Vor 200 Jahren wäre das ungefähr das durchschnittliche Lebensalter gewesen.

Zudem geht ja auch von Barzel wenig Jugendliches aus, vielmehr ist er ein Mann, der den Eindruck macht, als hätte er seine endgültige Position im Leben gefunden, ein geglätteter Mann. Warum ist man so erpicht darauf, Herrn Barzel zum Parteiführer zu machen? Wonach doch als nächstes Ziel das Amt des Bundeskanzlers steht. Hängt das damit zusammen, daß er als junger Mann so viele politische Ideen in die deutsche Szene gebracht hat? Sind mit ihm überhaupt neue Ideen gekommen? Nein, eben gerade nicht.

Es empfiehlt ihn scheinbar die Tatsache, daß man ihm keine Experimente zutraut, obgleich er ein junger Mann ist. Das macht ihn so vertrauenswürdig, und da muß man sich als denkender Mensch – um dem Wort »Intellektueller« auszuweichen – doch fragen: Was ist das für eine Jugend? Was ist das für eine Führerqualität? Da ist doch nichts von der Unmittelbarkeit eines anderen jugendlichen Politikers, nämlich Kennedys zum Beispiel.

Herr Barzel liebt nicht oppositionelle Auseinandersetzungen, schon gleich gar nicht mit Menschen, die mit ihm verwandt sind. Er arrangiert sich. Das Arrangement ist seine Stärke, und das macht ihn übrigens auch als Fraktionsvorsitzenden äußerst empfehlenswert.

Aber dieser Mann ist in der politischen Szene Deutschlands in eine zentrale Position gerückt. Kommen hier vielleicht Angebot und Nach-

---

* Dieses Porträt des seinerzeitigen CDU-Fraktionsvorsitzenden hat A. M. in einer Report-Sendung des Bayerischen Fernsehens gezeichnet. Diese Sendung ist heftig angegriffen worden. »Die Zeit« hat den umstrittenen – frei gesprochenen – Text abgedruckt und dem Autor Gelegenheit zu einer Replik gegeben.

frage einander entgegen, könnte es so sein, daß die deutsche Öffentlichkeit weiterhin dringend nach einer Art Dornröschenschlaf verlangt? Dann wäre eigentlich der echte jugendliche Politiker ein großer Unsicherheitsfaktor.

Herr Barzel ist wirklich nur ein vorzüglicher Exponent, der Mann, der alles mit sicherer Hand in den Geleisen hält, in denen es laufen soll. Aber um Gottes willen keine Entwicklung, keine Denkentwicklung, die in eine andere Richtung laufen und vielleicht seine Grundposition erschüttern könnte.

Hier ist sicherlich jemand sehr Loyaler, sehr Ergebener am Werk, der sich als Fraktionschef zum Beispiel vorzüglich eignen würde. Aber sollte man ihn so weit befördern, wie er möglicherweise selbst gar nicht befördert werden will? Er hat sich ja in der Vergangenheit sehr vorsichtig ausgedrückt: »Ich halte mich bereit, wenn man mich braucht.« Er hat nicht gesagt: »Ich will dort hin.« Sollte man ihn also weiter befördern, als er befördert sein will, oder sollte man ihn nicht beim Worte nehmen?

In der Zwischenzeit hält unsereins nach wie vor, quasi in die Ferne blickend, Ausschau: Wo ist sie denn, diese politische deutsche Jugend, die uns den geistigen Anschluß an die Bewegungen in der Welt verschafft?

Fragen wir uns einen Moment, wann konstelliert sich im Bewußtsein eines Menschen, daß er einer jungen Generation angehört? Daß er nicht so ist wie diejenigen, die vor ihm waren. Das ist doch in der Pubertät der Fall, in jener Zeit, in der in allen Kulturen ein Mensch aus der Kindheit in das Erwachsenenalter übertritt. Eine Zeit, die bei uns, mindestens in unserer europäischen Welt, seit Jahrhunderten eine relativ turbulente und lange Übergangsphase ist. Wenn man da betrachtet, wie es Herrn Barzel ergangen ist, versteht man vielleicht diese Koinzidenz von Angebot der Persönlichkeit und Nachfrage nach einer solchen Persönlichkeit in unserer Gesellschaft.

Als Barzel neun Jahre alt war, kam Hitler, erschien hinter dem Vater, mit dem man sich zu identifizieren hat in dieser Zeit – sicherlich konnte auch er sich mit seinem Vater identifizieren –, erschien der neue Übervater, Adolf Hitler, der die Väter entwertete.

Als er vierzehn Jahre alt war, nahm ihm dieser heidnische Übervater seinen Vater weg. Was passiert dann? Am Ende seiner Pubertät bricht die Welt der Väter überhaupt zusammen. Entpuppt sich dieser Übervater als ein Versager, und es zeigt sich, daß die Welt der Väter gerade diesem Versucher nicht standgehalten hat. Das muß ein enormer Schock für einen jungen Mann sein, und ich finde, man kann die Persönlichkeit Barzels von nun an sehr gut verstehen als eine Persönlichkeit, die ständig auf der Suche nach Vätern ist, die ihr Halt geben. Statt die Väter zu attackieren, Väter zu finden, die ihm überhaupt erst eine Basis der Existenz gewähren. Und darum ist er so überaus vorsichtig, so überaus konziliant, geht er den Vätern an die Hand – Spiekker, dem Landesminister, Karl Arnold, dem Ministerpräsidenten, dann Adenauer, dann, mit dem leisen Flair des Aufständischen, Erhard.

Auch die politische Pubertät, oder wenn man es feiner sagen will, die politische Zeit des Sturms und Drangs, ist bei Barzel kurz. Er hat zwar auf dem linken Flügel der CDU begonnen, bei Karl Arnold und Spiecker. Arnold, der Arbeitersohn, ist aber dann rasch in das Lager hinübergewechselt, von dem man streiten kann, ob man es als konservativ oder restaurativ bezeichnen will. Auch hier also ein rasches Arrangement mit der Welt, wie sie besteht.

Projizieren wir nun dieses Bedürfnis nach Ruhe und Ungestörtheit auf die unerhört bewegte politische Weltszene, so muß man sagen: Ein Mensch mit jugendlichem Bewußtsein wird doch immer ein Mensch sein, der, gerade weil er so neugierig auf die Entwicklung der Welt ist, sich mit den Weltproblemen auseinandersetzt.

Hat das Herr Barzel getan? Hat er uns irgendein Zeichen gegeben, daß er Probierhandlungen – denn Gedanken sind Probierhandlungen – daß er geistige Probierhandlungen tut? Nein! Er ist ein Mensch der kommenden Angestelltenkultur. Er will nicht Opposition machen, er will befördert werden. Er läßt sich ja auch nach oben schieben, und das ist eine Form der Beförderung. Mir scheint, daß das ein Zeichen ist, viel schlimmer für unser allgemeines politisches Bewußtsein, als für Herrn Barzel.

Auf die Couch gezerrt?

Ein Nachwort des Autors

Neue Männer arbeiten sich nicht nur im Apparat ihrer Parteien hoch. Sie entstehen auch aus der Aufbauarbeit der Werbeabteilungen, die man hier Öffentlichkeitsarbeit nennt. Alle psychologischen Tricks finden dabei Anwendung. Der Mann auf der Straße ist demgegenüber ziemlich wehrlos. So ist es wohl verständlich, wenn gelegentlich die Meinung eines unabhängigen Beobachters eingeholt wird, von dem anzunehmen ist, er sei in der Lage, »Image« von Person zu unterscheiden.

In diesem Sinn fragte mich die Redaktion von Report um meine Meinung über Rainer Barzel. Ich halte ihn nicht für einen Mann der ersten Reihe. Mein Hauptargument: Er hat nie eine merkliche Idee zur Lösung der deutschen Probleme beigetragen, sein Denken verläuft frühzeitig in konventionellen Bahnen. Wenn wir an die absehbaren Probleme der siebziger und achtziger Jahre denken, scheint mir Barzel dafür nicht gerüstet.

Ich hatte vorausgesehen, daß meine Betrachtung über einen mit viel Geld und Mühe aufgebauten Mann der Parteispitze mir nicht die unbedingte Sympathie der CDU/CSU eintragen würde. Die Reaktion übertraf meine Erwartungen soweit, daß ich annehmen muß, nicht gänzlich ins Blaue geschossen zu haben. Kaum war die Sendung erfolgt, kam die erste dpa-Meldung. Der Sprecher der CDU redete von einer »Ferndiagnose« und warf die Frage auf, ob das »den Regeln der ärztlichen Kunst« entspräche. Soweit habe ich aber nicht im Traum zu gehen versucht. Als ich mich über Dr. Barzel informierte, tat ich es nicht, weil ich als Arzt ihn für krank hielt – im Gegenteil, er kam mir sehr gesund vor.

Ich glaube immer noch, daß meine Bemerkungen über ihn von jedem Menschen unserer Zeit verfaßt sein könnten, der sich ein wenig um den allgemeinen Bildungsstoff, über den wir verfügen, bemüht hat. Der Sprecher der CDU/CSU erklärte jedoch, meine Betrachtung habe »mit Anstand wenig, mit Politik dagegen gar nichts zu tun«.

Da stand ich nun vor dieser Öffentlichkeit, der ich etwas Stoff zum selbständigeren Urteil hatte liefern wollen, als unanständiger politischer Ignorant. Aber ich wunderte mich doch sehr, was es mit dem *Dagegen* auf sich hatte: »Mit Anstand wenig, mit Politik dagegen . . .« war da eine Alternative aufgestellt, ganz nebenbei?

Da kam aber schon der nächste Schlag. Er kam vom *Bayern-Kurier.* Der fand das Ganze einen »ungeheuerlichen Vorgang«. Ich hätte Barzel »vor einem Millionenpublikum gleichsam auf die Couch gezerrt«. Als ein in Introspektion Geübter mußte ich nun doch ein leises Rieseln des Unmutes feststellen. Hatten die Herren Redakteure des Bayern-Kurier noch nie einen der großen europäischen Entwicklungsromane gelesen? Hatten sie nicht an der Bildung unserer Zeit insoweit Anteil, daß sie von den Schritten menschlicher Entwicklung wissen und davon, daß jeder Mensch in Kindheit und Jugend eine Entwicklung durchmacht, die sein weiteres Leben mitbeeinflußt. Das ist doch kein medizinisches Fachwissen mehr, das weiß jeder Lehrer und richtet sich danach. Und was mögen sich die Redakteure des Bayern-Kurier unter Psychoanalyse vorstellen?

Die Kampagne wurde mit Telegrammen des CSU-Vorstandes an

den Intendanten des Bayerischen Rundfunks und an den Vorsitzenden des Rundfunkrates fortgesetzt. Hatte der Bayern-Kurier schon in seinem Artikel mir »das Recht abgesprochen, als Arzt tätig und für die Ausbildung junger Ärzte zuständig zu sein«, so wurde das jetzt im Telegramm gleichsam noch einmal begründet. Ich wurde der Anwendung »pseudowissenschaftlicher Mittel und psychoanalytischer Phrasen« bezichtigt. Kurzum, der Tatbestand übler Nachrede war erfüllt.

Aber was sollte das? Was schmerzte denn den Parteiapparat so? Kann er schon meine Bemerkung zu Barzels Eignung als Parteiführer und Bundeskanzler nicht ertragen? Dabei hatte ich mich sehr zurückgehalten nach sorgfältiger Lektüre der Reden und Publikationen dieses Mannes. Ich habe nicht vom Komitee »Rettet die Freiheit« gesprochen, jener McCarthy-Nachfolge, von der Barzel im letztmöglichen Moment abgesprungen war, nachdem er zu den Initiatoren gehört hatte. Das war »kaltes Kriegertum« gewesen, wie es leibte und lebte. Aber bei mir war nur der Satz übriggeblieben, Barzel sei frühzeitig in konventionellem Denken befangen.

In zwei Tagen war mir also der Anstand, die wissenschaftliche Qualität abgesprochen – die Psychoanalyse hatte nach guter deutscher Art auch ihren Seitentritt bekommen. Und dies nach dem Versuch, zu einem selbständigen Urteil über einen Mann zu kommen, der möglicherweise deutscher Bundeskanzler wird. So rasch ist man in Kreisen der Politik bei der Hand, den Mann auf der Straße »fertigzumachen«, wenn er nicht parteigenehm funktioniert.

Das Experiment war doch wertvoll. Es zeigt einen ziemlich haarsträubenden Mangel an Bildung – zu welcher ja auch die Beherrschung der Affekte gehört – und einen gefährlichen Mangel an Toleranz. Aber wir leben in keinem Einparteienstaat. Wir dürfen öffentlich gegen die Parteistachel löcken. Vor kurzem habe ich die Frage zu beantworten versucht: Hemmen Tabus die Demokratisierung Deutschlands? Sie tun es – exemplum docet –, und es wird versucht, immer neue aufzubauen. Also müssen wir uns dagegen wehren. Der »deutsche Professor« wird sich dabei an die rauhen Sitten der Politiker gewöhnen müssen, wenn er nicht im Elfenbeinturm sitzenbleiben will, was ihm dann die gleichen Politiker zum Vorwurf machen. Aber auch die deutschen Politiker werden sich an den Auszug deutscher Professoren aus dem Elfenbeinturm gewöhnen müssen.

Das schlechte Gewissen der Justiz

Neuerdings mehren sich die Bemühungen, psychoanalytisch erworbenes Wissen in die Rechtsfindung und Rechtsprechung einzubringen. Ein, wie der Berliner Senatsrat Otto Uhlitz sagte »jahrzehntelanger, bis in unsere Tage hineinreichender Widerstand gegen Freud und seine Lehren« hatten das bisher verhindert. Vielleicht ist auch durch diese Realitätsverleugnung, die sich ein ganzer Berufsstand wechselseitig gestattet, eine Äußerung Gustav Radbruchs ausgelöst worden, die zwei Jahrzehnte zurückliegt, aber noch unverändert aktuell ist, die erstaunliche Bemerkung, »daß nur der ein guter Jurist werden kann, der mit schlechtem Gewissen Jurist ist«. Die Wissenschaft vom Menschen ist fortgeschritten, das Wissen der Juristen um diese Wissenschaft ist stehengeblieben. Die unzureichende – man muß betonen: unzulässig unzureichende – Basis unserer Rechtsfindung, zumindest im Strafrecht, und wohl auch im Gesellschaftsrecht, macht Gewissensbisse verständlich.

Natürlich ist jeder, der sich Rechtsprechung jenseits ihrer normativen Verpflichtung, das heißt jenseits der Mechanik ihres Alltags vorstellt, immer erneut betroffen über diesen Alltag. Man kann sich sehr häufig nicht vorstellen, wie aus solchem Procedere gerechte Lösungen hervorgehen könnten. Damit argumentieren wir, um es gleich eingangs zu betonen, nicht ad personam, nicht gegen einen einzelnen Richter, sondern gegen die institutionalisierte Form der Rechtsfindung, Rechtssprechung und des Strafvollzugs, mit der gewiß viele Richter ebenso wie ihre Kritiker nicht mehr einverstanden sind. Welche Wirkung muß eine Prozeßordnung, die den unbewußten Motivationen kaum Rechnung trägt, auf den *Richter* haben?

Wenn es sich tatsächlich so verhält, wie Radbruch sagte, daß man nur mit schlechtem Gewissen Jurist sein kann, dann muß man dem, der solcherart permanent zum Leiden verurteilt ist, mit vereinten Kräften beizustehen versuchen. Denn sonst treten mit Sicherheit zwei unerwünschte Folgen ein. Erstens: Niemand kann folgenlos mit schlechtem Gewissen leben, insbesondere dann nicht, wenn es, wie im Falle des Juristen, nicht verjährt, sondern sich durch jeden neuen Urteilsspruch wieder auflädt. Infolgedessen muß das Ich des Juristen zur Selbstverteidigung schreiten und Selbstschutzmechanismen in Kraft setzen. Darin unterscheidet sich der Richter nicht vom normalen Menschen in ähnlich bedrängter Lage. In dieser Defensivhaltung kann die Stimme des Gewissens noch so laut rufen, das Individuum ist leider taub für sie geworden. Professionell ist man »abgebrüht«. Also nicht nur mancher Rückfalltäter ist es, der Jurist muß es auch werden. Psychologisch kann man den Prozeß, der sich hier abspielt, durch eine Trennung von Inhalt und Affekt beschreiben. Das bedeutet zum Beispiel, daß das Verwundern über eine Straftat dadurch erstickt wird, daß sie an einer Alltagsmenschenkunde gemessen und mit oberflächlichen Erklärungen eingeordnet wird. Der Affekt, den die Tat erweckt, wird nicht reflektiert, sondern er wird abgetrennt, in irgendeiner konformistischen Erklärungsweise beruhigt. Es ist bemerkenswert, daß wir diesen Abwehrmechanismus insbesondere in der Krankheit Zwangsneurose vorfinden, wo ja der Zwang, die ritualisierte Handlung, der ritualisierte Gedanke den für das Bewußtsein unerträglichen Impuls oder Wunsch abwehren soll. Das kriminelle Drama, welches Täter und Opfer oft auf tragische Weise verknüpft, wird in seinen unbewußten Motiven auf diese Weise nicht begriffen. Statt dessen bietet die Moral ein Pseudoverständnis an, in dem sich Angeklagter und Richter sehr ähneln mögen. Aber es bleibt damit bei mehr oder weniger klassentypisch moralisierenden Floskeln. Und deshalb ist auch das oft mißbrauchte Wort von der »Klassenjustiz« psychologisch eine zutreffende Beschreibung. In einer Kurzformel: Selbstverständnis ersetzt Fremdverständnis, zu dem der Ansatz fehlt. Vordergründig moralpsychologisch Hingesagtes des Gerichtes oder des Gutachters kann aber nicht wirkliche Forschung nach den Entwicklungsgesetzen, denen die Persönlichkeit, die »normale« und die »krankhafte«, unterliegt, ersetzen. Da sie hier keine Schulung erfahren haben, um seelische *Gesetze* – nicht Mutmaßungen! – in die Beweiswürdigung einbeziehen zu können, verlegen sich die Rechtsprechenden affektiv wie intellektuell auf vollritualisierte Rechtsprozeduren, auf ein Gesetz, das unter Mißachtung psychischer Gesetzlichkeiten abgefaßt wurde.

So wird ungerührt normativ verfahren. Das Mitgefühl um des Verstehens willen erlahmt aber, wenn es keinen Weg findet, die intellektuelle Analyse eines Sachverhaltes zu befördern. Dieses glanzlose Auge der Justitia richtet sich mit innerer Abwesenheit auf den jeweiligen Fall. Es verschiebt sich das Interesse von der Würdigung eines Menschenlebens auf Rechtsformalitäten[1]. Wir wollen daraus keinen Vorwurf schmieden, der die Abwehrhaltung der Juristen nur versteifen würde, sondern uns bemühen einzusehen, daß die um Rechtsfindung Bemühten, wie jeder andere auch, einem gewiß psychisch kostspieligen, aber zwingend sich anbietenden Mechanismus des Selbstschutzes unterliegen. Diese, wie Jürgen Tern[2] sagt, »Fiktionen der Justiz«, gelten im übrigen nicht nur für den ordentlichen Strafprozeß, sondern ebenso für den politischen.

Gustav Radbruch hat also im Juristen mit dem ewig schlechten Gewissen einen chronischen Fall beschrieben. Was macht ihn chronisch? Warum diese unbefriedigende Stabilisierung einer sozialen Konfliktlösung, in welcher eigentlich nur Leid zugefügt und kaum reparative Kraft entfaltet wird? Einzig die Erforschung der Ätiologie scheint die Hilfsmöglichkeit für den berufskranken Juristen zu enthalten.

Da die Gesellschaft angesichts der bisher erreichten, nämlich einer überaus oberflächlich bleibenden Sozialisierung des Menschen nicht auf die Feststellung von Schuld, noch auf irgendwelche strafenden Konsequenzen verzichten kann, scheint es unerläßlich, den Juristen als Sachverwalter erträglicher Verhältnisse unter den Menschen mit diesen ungelösten Fragen nicht allein auf weiter Flur zu belassen. Das Problem von Schuld und Verantwortung stellt sich neu, je nachdem, wie weit es uns möglich ist, die Motivation der Schuld zu verfolgen: in die Umstände der sozialen Mitwelt hinein und dazu noch in die Zusammenhänge der Erlebnisinnenwelt; und zwar der Erlebnisinnenwelt von Täter *und* Richter. Ein Diebstahl, zu dem sich ein Individuum getrieben fühlt, kann eine symbolische Abneigung sein; ein ertrotzter Ersatz für unterbliebene Zuwendung, für unterbliebene Anerkennung, Liebe. Diebstahl kann aber auch einem fehlenden Einspruch des Gewissens entspringen. Das ist bei den zahlreichen Ladendiebstählen der Fall, die heutzutage nicht unter dem Druck bitterer Not, sondern meist von Leuten ausgeübt werden, die sich unverantwortlich fühlen und entsprechend handeln. Dieses Diebstahlmotiv, sehr typisch für eine Population von Studenten, ist sowohl arrogant elitär, wie Ausdruck einer fehlenden sozialen Zugehörigkeit. Natürlich wird sie im Erlebnis der Täter politisiert. Dieser primitive Egoismus ist aber ein psychischer Defekt, der im Bewußtsein zum Beispiel durch politische Motive verdeckt wird. Das Argument lautet dann, den verhaßten Kapitalismus, ein Warenhaus zu schädigen, das ohnehin genug Geld einnähme, und ähnliches. Verborgen bleibt die mangelhaft entwickelte Fähigkeit, mitmenschlich zu denken und aus wechselseitiger Rücksichtnahme der Einsicht entsprechend zu handeln. Denn es ist natürlich klar, daß mit Ladendiebstählen keine Revolution vorbereitet wird. Im ersten Diebstahlsfall ist der Verstoß gegen das Gesetz Teil eines neurotischen Symptoms; es hat die Funktion der Ersatzbefriedigung. Im zuletzt genannten Fall zeigt sich ein psychischer Entwicklungsdefekt: der Täter beweist, daß er nicht in der Lage ist, Gebote zu verinnerlichen, buchstäblich sich anzueignen und sie vor sich selbst intellektuell zu rechtfertigen. In Wirklichkeit sind derart anfällige Individuen ihrem Besitzwunsch mehr oder weniger ausgeliefert; wenn er auftaucht, so sucht man ihn so mühelos als möglich zu befriedigen. Im ersten Fall ist Strafe völlig sinnlos, weil die Handlung nicht im Sinne eines rücksichtslosen Egoismus strafbar war. Im zweiten Fall könnte nur eine Besinnung der Gesellschaft, wieviel Infantilismus sie erzeugt, die Antwort auf die Frage näherbringen, wie Strafe für ein Vergehen für den Täter mit der Einsicht, mit dem Einblick in seine Motivation, zum Beispiel in sein psychisches Fixiertsein an kindliche Unverantwortlichkeit und kindliche Erwartungen verknüpft werden könnte. Daß die Strafe als Abschreckung nicht weiterhilft, ist statistisch seit eh und je bewiesen. Daß Strafe als gesellschaftlich gebilligte Quälerei fortgesetzt wird, beweist unser enormes Rachebedürfnis für all die Entbehrungen, die wir, ohne vom Pfad der Tugend abzuweichen, hinnehmen mußten.

Es ist nicht lange her, seit wir auf eine differenzierte Weise Unterscheidungen an unbewußten Tatmotiven treffen können.

Gelänge es, diese Einsichten im Strafvollzug wirksam werden zu lassen, so würde dies notwendigerweise zur Erleichterung des richterlichen schlechten Gewissens führen.

Auch die zweite Reaktion auf dieses nicht abzuschüttelnde schlechte Gewissen entspricht einem psychischen Selbstschutz, und zwar einem Schutz gegen Angst. Irrationale Angst entsteht dort, wo die unbewußten angsterweckenden Inhalte stark sind, aber unbewußt bleiben müssen, weil sie den bewußten Wertvorstellungen widersprechen und mit dem Selbstgefühl unvereinbar sind. Wo es dem einzelnen Juristen klar werden mag, daß Rechtsprechung unter Umständen grobes Unrecht setzt, muß Schuld und Vergeltungsangst entstehen, die natürlich mit dem bewußten Verantwortungsgefühl kollidiert. Da dieser Konflikt praktisch mit den Mitteln, die unserem bewußten und kritischen Ich zur Verfügung stehen, zunächst nicht zu schlichten ist, gerät das Individuum in eine so schwierige innere Lage, daß es sich nur noch mit Verleugnung der Realität zu helfen vermag. Diese mehr oder weniger zufällig zustande kommende Urteilsfindung, die arbiträre Strafart und das arbiträre Strafmaß, das ist es, was Radbruch die Assoziation des schlechten Gewissens eingegeben haben mag. Undeutlich hat man dieses Wissen, aber es wird auch ihm der Affekt so weit entzogen, daß es ein mehr oder weniger konsequenzloses Wissen bleibt. Der Alltag zwingt zu Entscheidungen, die von dieser quälenden Einsicht in die Nutzlosigkeit der hergebrachten Art zu strafen wegführen. Die Routine, der Druck der täglich geforderten Entscheidungen erweckt das Gefühl der Ohnmacht: was soll der Einzelne an dieser

Justizmaschinerie schon ändern können? Dieses Gefühl der Ohnmacht ist auch ein Selbstschutz. Wie wirksam er ist, erkennt man daran, daß de facto das Wissen um unbewußte Motivationen menschlichen Verhaltens, das seit den großen Entdeckungen Sigmund Freuds in Jahrzehnten weiter ausgebaut wurde, an der Bewußtseinsbildung der Juristen und der ihnen verschwisterten psychiatrischen Sachverständigen – sie teilen die gleiche Menschenkunde – kaum etwas zu verändern vermochte.

Unzweifelhaft haben Männer wie Daumier, Swift, Nietzsche und zahllose andere das Absurde an der Aburteilung des Menschen durch Menschen gesehen. Im »Zarathustra« heißt es hochpathetisch: »Und du, roter Richter, wenn du laut sagen wolltest, was du alles schon in Gedanken getan hast: so würde jedermann schreien: Weg mit diesem Unflat und Giftwurm!« Wesentlich weniger Autoren haben gesehen, in welcher Notlage sich die von der Gesellschaft zum Urteilen Delegierten befinden. Daß diese Notlage groß ist, kann man eben daran erkennen, daß sie Konflikte nicht zu lösen in der Lage sind, sondern sie aus dem Bewußtsein in den Zustand der Unbewußtheit abschieben. Erst das Erarbeiten eines tieferreichenden psychologischen Verständnisses könnte uns von der verzweifelten Sinnlosigkeit der Strafmaschinerie befreien und aus dem Teufelskreis herausführen, in dem wir immer wieder die gleichen fruchtlosen Klagen ausstoßen, um dann verständnisarm weiter zu strafen. Gewiß ist der amerikanische Strafprozeß uns besonders fragwürdig. Er ist zynischer, skrupelloser, aber nicht meilenweit von unserem entfernt. So gilt dort das Kreuzverhör eines Zeugen, wie John A. Appleman schreibt, als »eine der hervorragendsten und wirksamsten Methoden, die das Gesetz zur Ermittlung der Wahrheit ersonnen hat«. Die Kapitelüberschrift seines Buches über das Kreuzverhör lesen sich dann aber so: »Zermürbt Euren Zeugen«, »Zeuge auf der Flucht«, »Dem gegnerischen Anwalt Fallen stellen«, »Das Fertigmachen«, »Die Nützlichkeit des Humors«, »Die Rhetorik des dramatischen Zusammenstoßes«, »Technik des Schmeichelns« und »Die Entkräftung eines ärztlichen Attestes«.

»Ist das Wahrheit? Gerechtigkeit? Ermittlung?«, fragt Karl Menninger in seinem Buch »Strafe – Ein Verbrechen?«[3] Wir fragen mit ihm. So unsinnig das Verfahren ist, Kritik prallt von ihm ab.

Es ist unbestritten, daß uns allen die Kriminalität, die sich besonders in den Ballungszentren der Menschheit ausbreitet, Realangst erweckt. Nicht weniger Angst wie vor den oft erbarmungslosen Verbrechern haben wir vor Geisteskranken, beide haben unsere Welt verlassen. Die Geisteskranken haben wir bisher in meist hübsche, aber möglichst entlegene Gegenden, in Heilanstalten abgeschoben.

Der Verbrecher suchen wir uns durch Einkerkerung zu erwehren. Dies sind keine Methoden wirklicher Konfliktlösung zwischen dem dissozial gewordenen Individuum und seiner Gesellschaft. Die pure Überwältigung schafft Ruhe und Ordnung, aber auf Kosten des Ausgestoßenen, der gewiß auch unter seinen Mitmenschen unerträglich geworden sein mag. Gefangenenfürsorge, Irrenfürsorge entsprangen dankenswerten Motiven, materiell und moralisch Hilfe zu leisten, aber sie haben sich selten zur Kritik der gültigen medizinischen Auffassungen von Wahn und der gültigen juristischen Auffassungen von Verbrechen und Sühne vorgewagt. So blieb im wesentlichen unsere ängstliche Beziehung zu Verbrecher und Geisteskrankem undurchleuchtet.

Die im Bereich unbewußter Prozesse zustande kommenden Abwehrmechanismen gegen Schuld, schlechtes Gewissen und Angst beherrschen weiterhin das Feld. Sie kooperieren mit den bewußten Wertorientierungen – der »Weltanschauung« – des Einzelnen, mit der Einstellungen und Vorurteilen seiner Gruppe und stabilisieren das seelische Gleichgewicht. Das »schlechte Gewissen« ist eine Gegenkraft zu diesem Selbstschutz. Es arbeitet nicht mit Realitätsverleugnung, sondern bringt Realität auf peinigend peinliche Weise, auf angsterweckende Weise ins Bewußtsein zurück. Die Lage des Juristen ist besonders schwierig, weil unsere Vorstellungen von »law and order« ihm andauernd behilflich sind, sein aufkommendes schlechtes Gewissen zu beruhigen.

Das macht klar, warum »besseres Wissen« sich keineswegs widerstandslos durchzusetzen vermag, gar in besseres Tun umzusetzen braucht. Nicht nur die Erkenntnisfortschritte der Psychoanalyse waren zur Folgenlosigkeit im Feld der Justitia verurteilt, auch der Gedanke eines so großen Juristen wie Franz von Liszt, »nicht die Taten, sondern die Täter« seien zu beurteilen, blieb im Vorfeld bloßer ehrender Anerkennung stecken. Folgenlos bleiben diese Einsichten eben deshalb, weil unbewußt verlaufende psychische Abwehrmechanismen ihre Schutzleistung mit einer außergewöhnlichen Zähigkeit durchsetzen, der gegenüber die so viel schwächere Stimme des kritischen Denkens sich nicht dauerhaft durchzusetzen vermag. Zu verdrängen, zu verleugnen, zu isolieren ist nicht etwas, worauf wir uns besinnen müßten. Diese Reaktionen sind da, stehen uns zur Verfügung. Vorurteile, in denen sie sich repräsentieren, bieten sich uns als das Selbstverständlichste von der Welt an. Sie werden als zu uns gehörig erlebt und im Dienst unseres Selbstgefühls verteidigt. In zahllosen Fällen, wahrscheinlich in den Fällen der Mehrheit der Mitglieder einer Gruppe bleibt ein großer Teil dieser Selbstverteidigung lebenslang unbewußt und unangetastet. So wandern Werthaltungen, Vorurteile, die Bereitschaft, auf Schwächere eigene Inhumanität zu projizieren, von Generation zu Generation im großen Strom der Tradition weiter. Erst wenn diese Abwehrformen soviel Kraft beanspruchen, daß das Individuum durch sie ernstlich geschwächt wird, bricht dieses System von Abwehr zusammen. Neue Phänomene durchbrechen den Kordon von Verdrängung, Verleugnung, Projektion etc., psychosomatische Krankheiten oder, wie wir sehen werden, ein bestimmter Typus von Strafhandlung, treten auf.

In diesem Kontext ist noch anzumerken, daß die Gefährdung des Selbstgefühls und die daraus entstehende Angst viel zum beklagten Konservatismus der Juristen beiträgt. Freud bot eine umfassendere, um die Dimension unbewußter Motive bereicherte Verhaltenslehre an. Sie hätte gewiß seit einem halben Jahrhundert dem Richter nicht geringe Hilfe anzubieten gehabt. Freilich nur um den Preis, daß er es selbst für möglich hält, unbewußte Ängste in sich zu bergen, unbewußten Motiven in sich Raum zu geben. Dem durfte nicht so sein. Und so wuchs eben durch Jahrzehnte der »Widerstand« der Juristen. Gleichzeitig wuchs, zur Vervollkommnung des Unheils, der Widerstand der psychiatrischen Gutachter, die sich ein System von Erblichkeitsfatalismus erfunden hatten, zu einer auf den Fachmann gespenstisch wirkenden Rückständigkeit.

Wiederum kam ein psychischer Abwehrvorgang dem gefährdeten Selbstgefühl zur Hilfe. Er wird in der psychoanalytischen Theorie »Verkehrung ins Gegenteil« genannt. Einige Juristen, die wir fortschrittlich nennen wollen, haben zwar inzwischen das Instrument der Psychoanalyse als eine »der bedeutendsten Entdeckungen unserer Zeit« zu erkennen gelernt. Das ist aber doch die sogenannte »verschwindende Minderheit«. Für die große Mehrheit, vor allem, wenn sie sich unbeobachtet fühlt, gilt die Psychoanalyse nach wie vor im Gegenteil als eine der lächerlichsten Halbwahrheiten, um nicht zu sagen, als platter Unsinn. Damit war die drohende Beunruhigung durch unbewußte Motivation des eigenen Handelns und Verhaltens um länger als ein halbes Jahrhundert abzuwehren. Niemand sollte die Kraft psychischer Schutzleistungen zur Aufrechterhaltung des eigenen Selbstwertes, vor allem, wenn eine Gruppe sich in ihren Werten wechselseitig identifiziert, unterschätzen!

Es ist also immerhin möglich, daß das von Radbruch geforderte schlechte Gewissen, wenn die Beunruhigung ein gewisses Ausmaß erreicht hat, erneut paradoxe Folgen zeitigen könnte. Neben der progressiven Tendenz, tiefer in Bedingungszusammenhänge einzudringen, wäre noch eine zweite zuzugestehen: eine erneute Anstrengung, die Situation durch unbefragbare Vorurteile abzusichern. Wenn etwa beschwörend nach »Recht und Gerechtigkeit« gerufen, Härte verlangt, wenn von der »liberalen Gefahr der Knochenerweichung des Rechtsstaates« üble Folgen prophezeit werden, dann hat gewiß eine nicht kleine Gruppe von Menschen das Gefühl, sie würde vor angsterweckenden Verbrechern, Perversen und Revolutionären beschützt. Es ist selbstverständlich, daß jede Gesellschaft sich, so gut sie kann, gegen Rechtsbrecher schützen wird. Fatal ist nur, wenn behauptet wird, dies wäre nur durch drakonische Abschreckung zu erreichen. Der Erfolg solcher Argumentation leitet sich freilich nicht nur von der Angst vor realer Gefährdung, sondern von unser aller unbewußtem Rachebedürfnis her.

Vielleicht sollte man aber noch auf eine Gefahr aufmerksam machen, die das schlechte Gewissen auf genau gegenteilige Weise für den Juristen erleichtern will. Nicht Rückkehr zur Sauberkeit der Altvorderen wird diesmal zum Ziel erklärt; vielmehr wird die psychoanalytische Methode offen anerkannt, freilich nur in Ausschnitten, wobei es der tieferen Sachkenntnis des jeweiligen Beurteilers überlassen ist, was er anerkennen will und was nicht. Man entnimmt ihr, die doch ein offenes System ist – aber eben doch ein System –, was einem passend erscheint. Der Rest wird als überholt und umstritten bezeichnet. Diese intellektuelle Pseudo-Anerkennung ist eine Neuauflage der alten Abwehr.

Der Versuch ist lohnend, etwas von diesen unbewußt manipulierten Mißverständnissen nachzuvollziehen. Wir haben oben vom Zusammenbruch des inneren Gleichgewichts gesprochen und erwähnt, daß neue psychische Phänomene dieses Gleichgewicht – wenn auch um den Preis von Krankheit und Kriminalität – wiederherzustellen suchen. Es läßt sich Pathologie im Sinne psychosomatischer (seelisch-körperlicher) Störungen von psychosozialer Pathologie (dissozialem bis asozialem Verhalten) unterscheiden. Dabei ist aufschlußreich zu erfahren, unter welchen Bedingungen das geltende Recht Strafschuld ausschließt, und sich auszudenken, wann dies beim geforderten Strafrecht der Fall ist. Der § 51 unseres Strafgesetzbuches, welcher die sogenannte Zurechnungsfähigkeit bestimmt, eignet sich, um die Unterschiedlichkeit der anthropologischen Ausgangsbasis, von der aus Recht gesucht wird, deutlich zu machen. Dabei wird es nicht schwerfallen, sich darauf zu einigen, die Konstruktion der menschlichen Seele, beziehungsweise die Theorie menschlichen Handelns sei im § 51 antiquiert, unglücklich, stelle von Anfang an eine Notlösung dar. Psychoanalytische Forscher haben so randunscharfen Begriffen wie der »krankhaften Störung der Geistestätigkeit« seit 1925 immerhin Ansätze zum Entwurf einer eigenen Strafrechtstheorie entgegengehalten.

Fußend auf Freud hat sie Theodor Reik[4] in seinem soeben wieder neu erschienenen Buch »Geständniszwang und Strafbedürfnis« für die damalige frühe Entwicklungsstufe mit bewundernswürdiger Klarheit dargestellt. Den Begriff des »Krankhaften« können wir wegen der Vervollkommnung der psychoanalytischen Triebtheorie seit Freuds Tod noch klarer und weniger spekulativ fassen.

Zunächst verblüfft an der psychoanalytischen Theorie der Straftat, zu der außer Reik auch die Autoren Franz Alexander und Hugo Staub[5] und andere beigetragen haben, daß in ihr strafbare Tat und Schuldgefühl in einer zum bisherigen Denken umgekehrten Reihenfolge erscheinen. Das Schuldgefühl ist nicht die Folge der strafbaren Tat, sondern umgekehrt, es wird zum Anlaß für die Tat. Diese Umkehr gilt nicht für alle Täter, aber immerhin für einen von den Fachleuten sehr hoch angesetzten Prozentsatz.

Nach dieser Theorie entstammt das Schuldgefühl dem ersten, sein Wesen grundsätzlich bestimmenden sozialen Konflikt des Menschen und seiner Auswirkungen auf die weitere seelische Entwicklung. Die »präexistenten Schuldgefühle« des Täters sind archaischer Natur und gehen auf die ödipale, also eine einleitende Entwicklungsstufe zurück. Das Besondere der analytischen Auffassung macht die erwiesene Annahme aus, daß die Wirkung seelischer Erlebnisse ungebrochen von der Kindheit an sich im Leben des Menschen bestimmend auswirken kann.

In seinen Lebenserwartungen ist der Täter an diese infantilen Schulderlebnisse fixiert geblieben; sie haben einen großen Verdrängungsschub ausgelöst und sich im verdrängten Zustand so erhalten, wie sie einst erfahren wurden, und dienen als Maßstab für alle späteren affektiven Erfahrungen des Individuums mit anderen Menschen. Die Kategorie der Zeit existiert nicht für die unbewußte Erlebnissphäre. Ein kindlicher Todeswunsch gegen den Vater behält unbewußt die Frische der ursprünglichen Szene, in der er entstand. Er bleibt für das innere Erleben gefahrbringend und reueauslösend.

Der spätere Schicksalslauf des Lebens steht in Motivbeziehung zu der Art und Weise, in welcher der erste soziale Konflikt im Leben überwunden wurde oder weiterhin ungelöst ist. »Es besteht für uns kein Zweifel mehr«, schreibt Theodor Reik, »daß bei den Verbrechern, für welche die Strafgesetzgebung eigentlich bestimmt ist, ein mächtiges unbewußtes Schuldgefühl bereits vor der Tat bestand. Dieses Schuldgefühl ist also nicht die Folge der Tat; es ist vielmehr deren Motiv.«[6]

Der Umfang der Gültigkeit dieser These ist noch keineswegs erforscht. Seit den Pionierleistungen Reiks ist ziemlich alles auf diesem

Felde liegen geblieben. Fritz Bauer[7] und andere haben bestritten, daß das Verbrechen Schuldgefühle auslöse. Das sei die Ausnahme. Es werde vom Täter nur verlangt, daß er es heuchle. Für die bewußtseinsfähigen Teile seines Erlebens mag dies der Fall sein. Für den unbewußten Teil können wir dieser Auffassung jedoch nicht zustimmen. Der Grund der Differenz liegt wahrscheinlich darin, daß die analytische These von den präexistenten Schuldgefühlen nicht sinngemäß rezipiert worden ist. Es wurde nicht zwischen der infantilen Primärschuld und der späteren Schuld unterschieden, die aus dem Verbrechenszusammenhang herrührt, der irgendwann im Leben des Täters die Justiz beschäftigt. Für dieses spätere Geschehen mag zutreffen, daß hier sehr häufig eine derartige Verhärtung der Reaktionsmöglichkeiten, eine derart eingeengte Fähigkeit zur Einfühlung sich herausgebildet hat, daß die Über-Ich-Funktionen, das heißt, die bewußten und mehr noch unbewußten Gewissensfunktionen kaum noch kontrollierende Kraft besitzen. Das Fehlen eines primären Schuldgefühls als einer quasi normalen Variante der seelischen Reaktionen des Menschen widerspricht analytischen Vorstellungen auf mehrfache Weise. Unter anderem würde die Schlüsselbedeutung der Identifikation derart in Frage gestellt. Aus einem großen Fächer von Identifikationen mit Beziehungspersonen entsteht in der Kindheit das Ich der Person. In diesen Identifikationen wird der Verstoß gegen Wünsche der Vorbildperson erlebt und festgehalten als ein zu vermeidendes Handeln. Je intensiver die affektive Beziehung zwischen Kind und Vorbild, desto stärker muß im Wiederholungsfall das Schuldgefühl zur Entfaltung kommen. Es kann so störende Ausmaße annehmen, daß es für die ungefestigte kindliche Person unerträglich und Anlaß zur Verdrängung wird.

Dieser Auffassung widerspricht natürlich nicht, daß es Über-Ich-Defekte schwerer Art gibt, die auf Entwicklungsschäden, auf die Identifikation mit gestörten Vorbildfiguren oder überhaupt auf mangelhaften affektiven Kontakten beruhen. In solchen Fällen ist es bereits in den frühen Lebensabschnitten, aber auch noch in späterer Jugend, für das Individuum unmöglich geworden, sozial ausreichend zu lernen und entsprechend relevant zu handeln.

Der in vielen Fällen berechtigte Eindruck, am Gros der Gewohnheitsverbrecher sei nichts mehr zu bessern, rührt daher, daß wir auf diese Menschen erst nach einer Reihe von Straftaten aufmerksam werden, dann, wenn sie sich im »Beruf« des Verbrechers konsolidiert haben. Meist haben zu diesem Zeitpunkt verschiedene Faktoren zusammengewirkt und unkorrigierbare Schäden gesetzt: eine traumatische Kindheit, mangelhafte Schul- und Berufsausbildung, schließlich die deformierenden Einflüsse der Strafanstalten. Für Identifikationsmöglichkeiten korrigierender Art bestand da selten die Chance. Ein Kind, das in kriminellem oder verwahrlostem oder schwer psychisch gestörtem Milieu die erste Phase des Lebens verbrachte, ist meist in seinen seelischen Entwicklungen, speziell seiner Lernfähigkeit, seinen Fähigkeiten der Realitätswahrnehmungen gestört. Die Besserung, welche die Strafe herbeiführen soll, wird besonders durch diese psychischen Deformierungen noch stärker eingeschränkt. Milieufaktoren erhöhen die Rückfallgefahr, besonders dann, wenn der Kriminelle von der Gesellschaft mehr oder weniger geächtet wird, und der Strafvollzug ihm nicht das Erlernen eines Berufes oder eine Fortbildung in einem schon erlernten ermöglicht, und außerdem ihn nicht marktgerecht entlohnt, so daß er mit Ersparnissen den Übergang in eine geordnete Existenz antreten kann.

Wiederum tritt hervor, daß es nicht eigentlich im Unbewußten der Versuch ist, den Täter zu bessern, der das Strafmaß und den Strafvollzug beherrscht, sondern daß wir vielmehr unser unbewußtes Rachebedürfnis in Urteil und Behandlung des Kriminellen befriedigen wollen. »Die Idee der Bestrafung«, sagt Karl Menninger,[8] »wie das Gesetz sie interpretiert, scheint zu sein, daß in dem gleichen Maß, in dem ein Mensch der Gesellschaft Schaden zugefügt hat, die Gesellschaft ihm offiziell Schaden zufügen muß; sie muß ihm die Tat, die er begangen hat, vergelten. Diese Vergeltung darf kein impulsiver Gegenschlag, keine Aktion des Mob sein; sie muß leidenschaftslos durch eine Behörde mit Hilfe von Gesetzesklauseln auf dem Rechtsweg erfolgen.«

Das klingt sehr rational, sehr berechtigt, kann aber auch verstanden werden als unsere Absicherung, den irrationalen Wunsch der Rache hinter ritualisierten Gerichtsverfahren zu verbergen. Auf diesen Gedanken würde man nicht kommen, wenn durch diese »leidenschaftslose« Form der Rechtsfindung anderes als neues Leid geschaffen würde. Als es noch keine Psychoanalyse gab, war man im übrigen in der Demonstration dieser Rachebedürfnisse keineswegs so vorsichtig wie heute. Menninger zitiert die Äußerung des ersten Direktors bei der Eröffnung des Gefängnisses des Staates Maine, einem der alten Neuenglandstaaten: »Gefängnisse sollen so gebaut sein, daß ihr bloßer Anblick Schrecken einflößt und sie als das erscheinen, was sie sein sollen – dunkle und unheimliche Behausungen der Schuld und Erbärmlichkeit. Keine andere Strafe . . . ist . . . so vorzüglich geeignet, Verbrechen zu verhüten oder einen Kriminellen zu bessern, wie die Inhaftierung in einer einsamen Zelle, die dem von jeder Hoffnung abgeschnittenen Häftling nicht mehr an Einrichtung bietet als eine Pritsche zum Schlafen und einen Holzbock, auf dem er sitzen kann . . .«

Wenn derartige Behandlung nachgewiesenermaßen mehr Inhaftierte bessern als verhärten würde, könnte solche Selbstgerechtigkeit noch verständlich erscheinen. Aber da dies nachgewiesenermaßen nicht der Fall ist, muß man typische Texte dieser Art als Rationalisierung des Hasses, und zwar des irrationalen Hasses der sich gerecht Fühlenden gegen die Rechtsbrecher lesen.

Wir haben in dem Modell, in welchem das Schuldgefühl die Straftat auslöst, einen zweiphasigen Vorgang der Schuldentstehung vor uns: primäre, aus der Kindheit stammende Aggressions-, Destruktions-, gar Todeswünsche erwecken ein mehr oder weniger drängendes Schuldgefühl. Unter günstigen Umständen wird es durch die späteren befriedigenden Beziehungen zu den infantilen Vorbildfiguren so weit aufgelöst, daß es als unbewußt weiterwirkendes Motiv so gut wie erlischt. Die Ambivalenz der Gefühle ist dann befriedigend geschlichtet. Im ungünstigen Fall tritt aber gerade dies nicht ein. Die unglückliche Primärbeziehung bestimmt überwiegend die soziale Einstellung überhaupt. In diesem Unglück geht der Wunsch nach einen »guten Objekt«, nach einem befreienden Beschützer, nach einem Erlöser nicht unter. Aber die Beziehung zu dieser gesuchten Person scheitert immer wieder, auch dort, wo sich Anknüpfungen böten, weil unschlichtbare Ambivalenz eine solche erhoffte Beziehung überschattet.

Das ist der Grund, warum so viele Kriminelle, die ein gutes Vorbild in der späteren Zeit finden konnten, diese Beziehung wieder zerstören mußten. Einerseits wurde man zum Bösewicht, weil man nicht beschützt, nicht unterstützt wurde; andererseits fühlt man sich wegen der tief unbewußt gewordenen Todeswünsche gegen das Urobjekt, das für das Kind immer gottväterliche Qualitäten hat, aber einen trotzdem nicht beschützt hat, für immer schuldig. Nun wird die faktische kriminelle Tat zu einem Mittel zum Zweck: »Das Verbrechen wird begangen, um den verpönten Triebregungen eine Ersatzbefriedigung zu gewähren, und das unbewußte Schuldgefühl zu begründen und zu entlasten.«[9] »Die Strafe«, meint Reik, »dient der Befriedigung des unbewußten Strafbedürfnisses, das zu einer verbotenen Tat trieb.«[10]

Die psychoanalytische Theorie der Straftat verlegt, wie bereits Reik in Anwendung der Beobachtungen Freuds sah, »das Schwergewicht auf die unbewußten Triebkräfte, die den Verbrecher zur Tat drängten«[11]. Es bedarf des Hinweises, daß die sehr ausgedehnte Erfahrung in der psychoanalytischen Behandlung psychoneurotisch Kranker uns das Recht gibt, heuristisch auch für die dissozialen Motivationen eine so weither wirkende Determinierung anzunehmen. Es ist deshalb – auch wenn wir im einzelnen noch unabsehbar viel zu lernen haben – Reik voll zuzustimmen, »daß jede Strafrechtstheorie unvollständig und unzulänglich ist, die nicht auf psychologischer Grundlage ruht«[12].

Blicken wir noch einmal auf die unbewußt selbstgewählte Einzäunung, Isolierung der Juristen gegen psychologische Einflüsse. Diese Isolierung war gegenüber der Psychoanalyse außerordentlich erfolgreich. So daß Ernest Jones, der Biograph Sigmund Freuds, schon recht hat, wenn er schrieb, eine der wenigen Taten, die Adolf Hitler nahezu uneingeschränkt gelungen seien, wäre die Ausrottung der Psychoanalyse in Deutschland. Weil man sich so entwöhnt ist, sollte man die Wiederbegegnung nicht mit ausgebreiteten Armen, sondern eher höflich abwartend vollziehen. Auch deshalb, weil manches nach wie vor als Zumutung der Psychoanalytiker wirken wird. Es muß beim Hinweis auf drei Punkte bleiben:

1. Die neuere Aggressionsforschung hat die Einsicht in die primäre Aggressivität der Spezies Mensch gebracht. Die aggressiven Triebregungen sind jedoch im Gegensatz zum Instinktverhalten der Tiere nicht arteigentümlich sozial ritualisiert. Sitten und Unsitten werden im sozialen Kontakt erlernt. Das muß unmittelbare Rückwirkungen auf die Schuldproblematik haben.

2. Sigmund Freud sprach von der mangelhaften Kultivierung des Menschen als von »Kulturheuchelei«. Durchstoßen wir diese Fassade, dann erweist sich, »daß uns keine tiefe Kluft vom Verbrechen trennt«[13].

3. Schließlich sei auf die Rolle von Staatsanwalt und Richter als zweier Personen einer Gesellschaft verwiesen, die auch – nicht nur, aber: auch – das ihre dazu taten, den Täter scheitern zu lassen. Das muß, ernst genommen, die Rollenvorschrift verändern. Der Richter muß bereit sein – ähnlich dem Psychoanalytiker –, ständig sein Verhältnis zur ihn beauftragenden Gesellschaft wie zu seiner eigenen inneren Konfliktlage durchzuarbeiten. Er gerät dabei zunächst in den Konflikt mit seiner déformation professionelle, die ihm eine fiktive Neutralität, eine fiktive Überlegenheit im Problemlösen, Meisterschaft über sich selbst als Vorgabe zugesteht. Auf die Sonderstellung des Richters kann jedoch auch in einer mündigeren Gesellschaft nicht verzichtet werden. Denn so mündig werden die Menschen in absehbarer Zukunft nicht sein, daß sie ihre schweren Interessenkonflikte, die Taten aus unbewußter Schuldproblematik, ohne Hilfe zu schlichten vermöchten. Oft bewältigen sie diese Aufgabe nicht einmal in Bagatellfällen, die in ihrem Erleben eine von der Realität weit entfernte Bedeutung haben mögen.

Diese drei Punkte vertragen sich nicht mit der allgemeinen Psychologiefeindlichkeit unseres Strafrechtes, unserer Strafrechtler und unserer amtierenden Staatsanwälte und Richter. Vom Hauch psychologischen Denkens muß man schon berührt sein, um herauszufinden, welche Neuformulierung für den § 51 (wie sie zum Beispiel Schwarz und Wille)[14] vorschlagen, sinnvoll ist und welche Selbstkorrektur des Rollenschemas aller Beteiligten dabei notwendig ist.

1. In der ersten der drei Fragen, die in der letzten Zeit von heftigen Kontroversen begleitet war, müssen wir bei der großen Linie bleiben. Die neuere Aggressionsforschung bestätigt die Annahme eines primären Aggressionstriebes. Damit ist gemeint, daß diese Triebqualität mit einer ursprünglich sozial rücksichtslosen Befriedigungsform verknüpft ist. Dieses Verhalten kann nur im sozialen Verband, in spezifischen Lernvorgängen in eines verwandelt werden, in dem die gleiche Triebkraft sozial kooperatives Verhalten trägt und einer differenzierten Selbstentfaltung dient.

Diesen Tatbestand einzusehen fällt offenbar schwer, weil mit ihm die Unsumme von destruktiven menschlichen Verhaltensformen nicht in die ein für allemal überwundene Vergangenheit verwiesen wird, sondern ein Momentum bleibt, das in unser Kalkül einbezogen werden muß. In einem Satz gesagt: Unser fragiles Selbstgefühl bleibt einer Triebstruktur zugeordnet, die sich erbgenetisch keineswegs als artspezifisch sozialisiert ausweisen kann. Sie kann vielmehr erst durch den Erziehungsprozeß ein Selbstverständnis aufbauen, in dem der andere durch Identifikation zugänglich und erfahrbar wird. Das Entscheidende an diesem Erziehungs- oder Sozialisationsvorgang ist, ob und wie tiefreichend es zu einer Verschmelzung aggressiver mit libidinösen Energien kommt.

Es ist aber bisher kein Erziehungssystem bekannt geworden, in dem nicht ein Teil unserer Triebnatur – verschieden wieviel bei verschiedenen Menschen – präsozial bliebe.

Die Intensität der Todeswünsche in der Zeit des ödipalen Konfliktes, welche unbewußt weiter aufrechterhalten werden, ferner die sicher sehr weite Verbreitung unbewußter Strafbedürfnisse in der manifesten Kriminalität, überhaupt die Ubiquität rücksichtslosen bis brutalen Mißachtens des Nächsten beweisen uns, wie bruchstückhaft uns die verläßliche soziale Einpassung gelingt.

Deshalb nützt uns auch das hochgeschraubte Pathos Nietzsches in der zitierten Zarathustrastelle wenig: wir wissen doch im tieferen Selbstverständnis um unser aller bösartige Phantasien und meist auch gar nicht sehr zaghaften Taten.

Mit Willensfreiheit hat das so gut wie nichts zu tun. Sie ist eine Erfindung unserer infantilen Selbstidealisierung, die uns mit einer Allmacht begabt, welche wir gerade nicht besitzen.

Das beansprucht keine philosophische Definition der Willensfreiheit zu sein, sondern eine Stellungnahme, welche die innere Freiheit des Täters, in bezug auf eine machtvoll in ihm motivierte Tat, abschätzen will. Da entdeckt man in der Regel wenig innere Entscheidungsfreiheit. Vielmehr geschieht etwas anderes: Der Richter projiziert den (verständlichen) Wunsch der Gesellschaft, den Gesetzesbrecher bestraft zu sehen, auf diesen, indem er ihm eine Fähigkeit zuschreibt, die er besitzen soll. Hätte er sie, wäre er eben der oft zitierte »kalte«, eiskalte, gefühlskalte, verschlagene etc. Unmensch. Dann dürfte ihn die Gesellschaft strafen, ohne sich selbst Vorwürfe machen zu müssen. Sie brauchte sich dann am Entstehen krimineller Unmenschlichkeit nicht betroffen zu fühlen. Es ist wie im »Struwwelpeter«: Der Täter wird bestraft, weil er nicht lernen *wollte*. Solange es bei dieser Handhabung der Willensfreiheit bleibt, werden sich Strafjuristen und Psychoanalyse nicht einen Millimeter näherkommen. Dieser ist nicht der Ort für Kompromisse.

Das angemessen psychologische Verständnis unserer Triebnatur zeigt uns aber nach dem beachtlichen Schritt, den wir durch Freuds Entdeckungen vorwärts gekommen sind, welchen Grad von Reflexion wir erreichen müssen, um die Schuldproblematik als echt psychologische zu verstehen und sie nicht nur normativ (unter welchen theoretischen Prämissen auch immer) abzuhandeln.

a) Müssen wir einsehen, daß wir triebhaft geneigt und mehr und mehr auch technisch befähigt sind, prinzipiell alle Objekte, denen wir begegnen (Wasser, Luft, Menschen, Landschaft, Städte, Meere, nicht zuletzt uns selbst) zu zerstören.

b) Müssen wir einsehen, daß unser Sozialbewußtsein bisher nicht so weit entwickelt ist – in Prozessen der sozialen Verständigung –, daß wir den präsozial destruktiv gebliebenen Verhaltensweisen gewachsen wären. Es könnte sein, daß wir technisch Manipulationstechniken erfinden werden, die eine bessere Domestikation erzwingen. Es ist klar, daß Drogen, zum Beispiel, hier nicht weiterbringen. Diese Veränderungen der Stimmungslage haben nichts mit Vermenschlichung durch Entfaltung *kritischer Rationalität* zu tun.

Unsere Gesellschaften machen statt dessen – nach wie vor für fragwürdige Ziele – von der Organisation der destruktiven Potenzen der Individuen weidlich Gebrauch. Wir haben den durch vielfältige Erfahrungen gestützten Eindruck, daß Aggressionsenergie nahezu unerschöpflich in den Gesellschaften der Menschheit zu wecken ist. Auch Idealisten verwandeln sich, wenn die Sterne für sie günstig stehen und sie zur Macht kommen, aus Revolutionären für größere menschliche Freiheit und Gerechtigkeit mit einer wahrhaft unheimlichen Geschwindigkeit selbst in Ausbeuter. Reik hat eindringlich gezeigt, wie Rachebedürfnisse einem Talionsgesetz entstammen[15]. Auge um Auge,

Zahn um Zahn. In der Außenwelt wird dieses Strafprinzip zwar immer mehr überwunden, in den unbewußten seelischen Tätigkeiten herrscht es weiter vor. Die unbewußten Schuldgefühle und Strafbedürfnisse beweisen es. Daraus ist zu folgern: In einem Sozialraum, in dem das sozial relevante Verhalten nicht erbgenetisch fixiert ist, müssen Verhaltensregulative im Sinn von Wert- und Unwertkategorien gesetzt und gestützt werden. Es muß, wo die durch Identifikation *erlebten Werte* verletzt werden, Schuld und Schuldgefühle geben. Schuld muß definiert gemacht werden und bleiben. Es ist eine schlechte Utopie – unkritisches Wunschdenken, nämlich –, die Lösung des Aggressionsproblems von einer menschlichen Gesellschaft zu erwarten, die selbst schon ohne primäre Aggressionen gedacht wird. Solche Utopien lähmen, sie inspirieren nicht zu Formen gelungener Integration der Triebbedürfnisse in unser Verhalten. In bezug auf die notwendige Neubegründung des Schuldbegriffes ist mit aller Deutlichkeit zu sagen: Die Alternative zum bestehenden Schuldstrafrecht ist nicht die Abschaffung der Schuld als ein Erlebnis, als Erfahrung. »Strafe« ist als Hilfe für die Durcharbeitung der Schuld unerläßlich: Ob das die gegenwärtigen Strafformen leisten können? Doch nur im Ansatz: Eine Neukonzeption der Strafidee ist die zweite Unerläßlichkeit. Die Kosten dafür sind via Parlament der Öffentlichkeit abgerungen. Hier geht es um eine Revision der Prioritäten.

Einer der vielen Beiträge Freuds bestand in der Überwindung eines Wunschdenkens, zunächst in ihm selbst. Er hat sich sehr spät der bitteren Wahrheit eröffnet, daß es primär destruktive Triebbedürfnisse gibt. Der Ausbau der Aggressionstheorie seit Freud, die Beobachtung zeitgenössischer Subkulturen, die den Schuldbegriff negieren wollen, zeigen uns, daß es zu den Führungsaufgaben jeder Gesellschaft gehört, wechselseitige Identifikationen darüber herzustellen, welche Grenzen dem Individuum beim Verfolgen seiner primär dissozialen Triebbedürfnisse gesetzt werden müssen – Grenzen, jenseits derer schuldhaftes Verhalten beginnt. Unbeachtet bleibt im Augenblick die Verpflichtung der Gesellschaft, sich des Individuums sozial protektiv anzunehmen, und zu sehen, wo ihre Grenzen schuldhaften Verhaltens verlaufen mögen. Die tragisch historische Dialektik liegt darin, daß die Gesellschaft einerseits diese Führungsaufgabe dem Individuum gegenüber erfüllen muß, sie aber eine Gruppierung von Individuen darstellt, deren jedes mit elementarer Kraft gegen diese Beschränkung sich auch auflehnt. Mit billigen Prophetien ist da nicht weiterzukommen. Es geht hier um die nicht definitiv, sondern nur auf Zeit lösbare Sinnfrage. Was heute noch als eine sinnvolle Ordnung erlebt wird – zum Beispiel das Feudalsystem mit seinen absoluten Rechten der Erlauchten über die Unfreien –, kann morgen schon als Korruption des Sinnes menschlicher Lebensordnung erkannt sein.

Es gilt prinzipiell festzuhalten: Der Einzelne kann seinen Mitmenschen gegenüber schuldig werden, wie die Mitmenschen als Einzelne und als Gesellschaft ihm gegenüber schuldig werden können. Zweifellos besteht ein schreiender Gegensatz darin, inwieweit die Schuld des Einzelnen definiert, paragraphiert, verfolgt und bestraft wurde und wird, und wie zögernd das mit der Schuld der Gesellschaft dem Einzelnen gegenüber geschieht. Die von Uhlitz benannte Unwilligkeit der juristischen Institutionen, in der Ausbildung dafür zu sorgen, daß die gesellschaftliche Wirklichkeit – eben *diese* gesellschaftliche Wirklichkeit – zur Kenntnis genommen wird, hat in dieser Scheu vor der erschütternden Selbstbegegnung, die eine ganze Berufsgruppe leisten muß, ihre Unheilswurzel.

Es scheint berechtigt zu sagen, daß wir Radbruchs doch recht verzweifelte Feststellung vom schlechten Gewissen des guten Juristen jetzt psychologisch genauer begründen können. Was immerhin einen neuen Ausweg eröffnet.

2. Im nächsten Problemzusammenhang, über den noch zu sprechen ist, wird nach den Exkulpationsmöglichkeiten von Schuld gefragt. Lassen wir für unsere Überlegung den Katalog der Einzelbedingungen, wie sie der § 51 und revidierte Formulierungen bieten, beiseite. Wo liegt das entscheidende Motiv für Schuldmilderung überhaupt? In einer kräftigeren Formulierung von Peter Krebs: »Wo liegt das prinzipielle Motiv zu einem ›Erbarmen mit der menschlichen Unvollkommenheit‹?«

Hier kommt uns die analytische Erfahrung mit der Behandlung psychoneurotisch gestörter Menschen zu Hilfe. Die Aufhellung bisher unzugänglicher unbewußter Motivationen in der Pathogenese hat uns sehen gelehrt, daß zwischen den neurotischen und den »normalen« Menschen keine kategorialen Unterschiede bestehen. Genauer: den »normalen« Menschen, den der »gesunde Menschenverstand« mehr töricht als gesund, als Richtschnur benutzen will, gibt es nicht. Natürlich gibt es Standards der Normalität in der Physiologie und auch in der Psychologie. Aber die letzteren sind doch viel schneller stürzbar. Im übrigen ist es aber gerade wichtig zu verstehen, daß zwischen der Spinnen- oder Schlangenangst, die so verbreitet sind, daß man sie für normal erklärt, und der schweren, lebensbeherrschenden phobischen Angst mancher Individuen auf Straßen und Plätzen, kein prinzipieller Unterschied, sondern eine Skala von Übergängen besteht.

Auf das Verbrechen angewandt: Freud hat, mitten im Ersten Weltkrieg, über die »mangelnde Kultureignung des Menschen« gesprochen und die von ihr herrührende »Kulturheuchelei«[16], also eine Scheinsozialisierung, die kaum eine Chance zur straflosen Befriedigung des rücksichtslosen Egoismus ausläßt. Das Tötungsverbot, das mit soviel Nachdruck aufrechterhalten werden muß, weise uns, meint Freud darauf hin, daß wir von einer langen Ahnenreihe von Mördern abstammen. Ohne Bereitschaft zum Verbrechen keine Notwendigkeit der Strafandrohung. Theodor Reik setzt Freuds Gedanken fort und folgert, der »Strafzweck der Abschreckung *aller* vom Verbrechen weist deutlich genug in *die* Richtung, in der wir die Gründe für das Auftreten der Gesellschaft im Strafzweck zu suchen haben. Es kann nur so sein, daß die Menschen vorbewußt erkannten, daß keine tiefe Kluft sie vom Verbrecher trennt, daß wir latent alle Keime zum Verbrecher in uns tragen. Das muß das eigentlich wirksame Motiv für die Änderung des Strafzweckes bilden. Das heißt aber mit anderen Worten, daß die Gemeinschaft ihren Teil der Schuld am Verbrechen zu erkennen beginnt.«[17]

Offenbar ein zeitlich sich sehr lange hinstreckender Vorgang! Die Wiederholung sei erlaubt: die Tatsache, daß alle Menschen mehr oder weniger keimhaft neurotische Reaktionsformen aufweisen, macht den neurotisch Kranken nicht weniger zu einem *Kranken, Leidenden*. Die Tatsache, daß alle Menschen kriminelle, präsozial gebliebene und auch regressiv asozial gewordene Züge und Neigungen zu inkriminierten Handlungen aufweisen, macht den Verbrecher nicht weniger *schuldig*. Zu untersuchen ist im Einzelfall, welches Motivbündel zum Verhalten mehr, welches weniger beitrug, das biologische, das soziale, der reflektierte persönliche Entschluß.

Schlußendlich die dritte Frage. Welche Rolle fällt dem Richter angesichts dieses doch entschieden weiter entfalteten Einblicks in die Entstehungsweise menschlichen Verhaltens zu? Es dürfte genügen, wenn er durch den Gutachter die unbewußten Motivationen im Tathergang aufgewiesen bekommt. Die kann dieser Gutachter im übrigen im Strafverfahren kaum finden. Da ist doch sofort eine Abhängigkeit prolongiert, die nach Kräften von der Seite des Richters her überwunden werden sollte. Überhaupt zeigt sich ein entscheidender Unterschied zwischen dem im therapeutischen Raum arbeitenden Psychoanalytiker und dem Staatsanwalt und Richter, denen die Erforschung eines bestimmten Straftatbestandes aufgegeben ist. Der Analytiker ist mit seinem Patienten koaliert. Wenn ein angstbesetzter Tatbestand erarbeitet wird, so steht am Ende für die Leistung eine Prämie: Leidenserleichterung. Selbst wenn die ungewöhnliche Situation geschaffen werden sollte, daß Richter und Angeklagter zur Findung der Wahrheit sich koalieren, dann steht am Ende immer noch Strafe. Mag sie erleichternd für das unbewußte Strafbedürfnis sein, so bleibt sie doch eine Strafe im bürgerlichen Sinn, eine Strafe, die zudem das erwachsene Ich für Taten aus einem unbewußten psychischen Gefälle hinnehmen muß, das vom infantilen Triebbedürfnis geschaffen wurde. Das ist keine Leidenserleichterung schlechthin – selbst dann nicht, wenn wir tatsächlich einen Strafvollzug hätten, der aus dem Bewußtsein konzipiert ist, die Gesellschaft trage ihren Teil Mitschuld am individuellen Scheitern des Verbrechers und stehe ihm deshalb in der Strafzeit nach Kräften bei.

Auch der medizinische Gutachter ist nicht in der Lage des mit psychischen Hilfsmitteln arbeitenden Arztes. Er kann vielleicht Vertrauen gewinnen, aber nicht einmal das kann er verlangen. Denn auch das ist ein fundamentaler Unterschied: Der Verbrecher hat ja keine freie Gutachterwahl wie der Kranke eine freie Arztwahl.

Das also sind Hinderungsgründe, psychoanalytische Theorie in die Praxis der Rechtsprechung zu übertragen. Es gibt aber mindestens drei ausbaufähige Positionen, die eine entscheidende Verbesserung bringen könnten. Beginnen wir beim Richter selbst. Er muß der erste sein, der den Schritt tut, von dem soeben die Rede war. Er muß als ein Organ dieser Gesellschaft, in der er amtiert, seine Aufgabe auch darin erblicken, zu sehen, wie die Gesellschaft am jeweiligen Straffall direkt und indirekt mitgewirkt hat, zum Beispiel durch Projektion des Erlebnisses eigenen Unwertes auf den Sündenbock. Diese Anstrengung, nicht um die Rechtspflege aufzuweichen, sondern um sie überhaupt erst in die Position zu bringen, in der ihre Aufgaben sichtbar werden.

Das kann man sehr eindringlich an einem Passus zu den Ausführungen über Schuld und Strafe im Kommentar von Schönke-Schröder[18] erläutern. Dort heißt es, mit der Strafe »wird eine verbotswidrige Tat mit einer sittlich gefärbten Rüge . . . einem sozialethisch deklassierenden Tadel . . . beantwortet. Verbunden ist hiermit eine in der sozialen Welt diskriminierende Wirkung, deren Umfang . . . über die eigentliche Strafverbüßung andauert.« Liest man dies, so wird der weite Weg erkennbar, den die Rechtssprechung in Zukunft wird gehen müssen. Wer unter solchen Prämissen Recht spricht, hinter einem solchen Panzer des Besser-seins, der *muß* sich ein schlechtes Gewissen erwerben. Wer in dieser Maschinerie verurteilt wird, dem bleibt selten genug anderes, als rückfällig zu werden.

Demnach liegt es am Richter, sich nicht nur *theoretisch* mit den unbewußt steuernden Kräften am menschlichen Verhalten bekannt zu machen. Er trüge einen unmittelbaren Gewinn davon, wenn er zur verbesserten Selbsterkenntnis sich einer Psychoanalyse unterzöge, und er ist auch derjenige, der das aus freien Stücken kann. Es ist nicht abzusehen – weil wir noch keine Erfahrungen in dieser Hinsicht haben –, ob und wie sich die Prozeßgestaltung ändern würde, wenn in ihr Richter zu Gericht säßen, die eine psychoanalytisch erweiterte Selbsterfahrung in ihr Vorgehen einbeziehen könnten. Zwar ändert sich dann noch immer nichts an der polaren Zuordnung von Angeklagtem und Richter, zumindest soweit es das Gefühl des Angeklagten betrifft. Aber der Richter hätte gelernt, um Reik ein letztes Mal zu zitieren, »mit dem dritten Ohr« zuzuhören. Ein derart zu besserem *Selbstverständnis* gelangter Richter könnte denn auch die zweite Position besser wahrnehmen. Das wäre, dafür zu sorgen, daß der Strafvollzug aus diesen jahrhundertealten sadistisch-primärprozeßhaften Phantasien von »sozialethisch-deklassierendem Tadel« befreit würde und für den Verurteilten zur vielleicht ersten Phase in seinem Leben würde, in der er beruhigt, weil gestützt, mitmenschliche Erfahrungen sammeln kann. Man kann das Durcharbeitung der Schuld in der »Strafzeit« nennen, die man dann mit einiger begründeten Hoffnung Sozialisationszeit nennen dürfte. An der Stelle des Strafvollzuges scheinen sich überdies die Dinge noch am ehesten zum Besseren zu wenden. Es muß aber betont werden, daß mit dem Aussprechen des Wunderwortes »Rehabilitation« die Sache nicht schon gebessert ist. Alle im Strafvollzug Tätigen müssen geschult werden, um ihre Aufgaben mit tieferem Verständnis für das, was der Strafgefangene braucht, erfüllen zu können.

Schließlich wird ein psychoanalytisch selbsterfahrener Richter seine Beobachtungen über den Zustand der Gesellschaft, wie sie ihm sich in den Rechtsfällen, die er zu bearbeiten hat, zeigt, in diese Gesellschaft mit ungleich größerer Autorität zurückspiegeln können als ein Richter, dem man vom Verkehrsdelikt bis zum hilflosen Ausgeliefertsein dem Sachverständigen gegenüber, bis zu den Urteilssprüchen bei Kapitalverbrechen nicht selten eine gewisse Weltfremdheit, eine gewisse Selbstidealisierung zur Fehllosigkeit anmerkt, die angesichts der Realität aber über kurz oder lang zusammenbricht – dem man also diese Defensivhaltung sehr wohl anmerkt und ankreidet.

In einer Gesellschaft, die von technologischen Ekstasen gepackt ist, kommt alles, wirklich alles darauf an, menschliche Beziehungen als menschliche zu erhalten und sie nicht in rein funktionalen, instrumentellen Beziehungen erkalten zu lassen.

Das ist gerade für den Angeklagten von besonderer Bedeutung, denn er ist meistens in dieser Hinsicht ein Benachteiligter. Zeitgemäß wäre es deshalb, nicht nur am § 51 die Schuld- und Zurechnungsproblematik mit Hilfe unserer verfeinerten Motivationsforschung neu zu durchdenken. Außerdem hat doch der Angeklagte das selbstverständliche Menschenrecht, von den großen gesellschaftlichen Institutionen als Mensch mit der Hoffnung auf eine glücklichere Erfüllung seines Lebens behandelt zu werden.

Dazu muß sie ihm die Wege weisen können, die besser sind als das heutige Tatverständnis und der heutige Strafvollzug.

Anmerkungen

1 Rudolf Augstein hat in seiner Durchleuchtung des Revisionsverfahrens – am Fall Vera Brühne – gerade dies zur Darstellung gebracht. (Der »Spiegel« Nr. 15–18,1970).

2 Jürgen Tern, Politische Prozesse. Hess. Rundfunk, 24. 1. 1971.

3 München 1970. (Diesem Buch ist das Zitat aus Appleman entnommen.)

4 Th. Reik, Geständniszwang und Strafbedürfnis. Leipzig, Wien, Zürich 1925.

5 F. Alexander und H. Staub, Der Verbrecher und seine Richter. Wien 1929.

6 Reik, a. a. O., S. 151.

7 F. Bauer, Das Verbrechen und die Gesellschaft. München 1957.

8 Menninger, a. a. O., S. 89.

9 Th. Reik, a. a. O., S. 151.

10 Ebd.

11 Ebd.

12 Ebd., S. 147.

13 Ebd., S. 149.

14 J. Schwarz und R. Wille, § 51 StGB – gestern, heute und morgen. (Aus dem Institut für gerichtliche und soziale Medizin der Christian-Albrechts-Universität, Kiel)

15 Reik, a. a. O., S. 145.

16 Sigmund Freud, Zeitgemäßes über Krieg und Tod. Ges. Werke. Bd. X, S. 323 ff.

17 Reik, a. a. O., S. 150.

18 Schönke-Schröder, Strafgesetzbuch – Kommentar. 15. Aufl. 1969, S. 439 ff.

Hemmen Tabus die Demokratisierung
der deutschen Gesellschaft

Von ›den Deutschen‹ zu reden ist eine Vereinfachung. Es geht um einige Züge im Verhaltenshabitus. Wenn diese Züge bei vielen gemeinsam sind, dann wird man darin so etwas wie ein kollektives Phänomen erblicken wollen. Mag das erneut eine Vereinfachung sein. Sie ist erlaubt, wenn diese Züge gehäuft bei denen vorzufinden sind, die das öffentliche Leben bestimmen, insbesondere die Politik.

Ein solches kollektives Phänomen in der deutschen Gesellschaft besteht zum Beispiel darin, daß sie einen großen Mangel an Einfühlung in andere aufweist, einen Mangel an Fremdverständnis. Umgekehrt gelingt es ihr schlecht, ihre Selbstüberschätzung und Selbstidealisierung politisch ungefährlich zu machen – etwa durch ein starkes Gewissen, das ehrlose Brutalität nicht zuläßt, oder, noch besser, durch Selbstironie. Dazu bedarf man der Fähigkeit, den eigenen Standpunkt relativ zu sehen.

Es gibt Hinweise, daß im breiten Durchschnitt der Bevölkerung Einfühlung in den anderen keine sehr verbreitete nationale Eigenschaft ist und daß von dieser Einfühlung auch nicht sicher verankerte Gegensteuerungen zur Selbstüberschätzung erfolgen. Unsere Demokratie hat sich noch in keiner vitalen Krise bewährt. Dann würde sich nämlich die Frage entscheiden, ob auch unter beängstigenden Belastungen der Mechanismus der Einfühlung, einer sicheren Orientierung an der Realität, stark genug bleibt, um das Verhalten zu regulieren, oder ob man wiederum nach einer autoritären Regulierung Ausschau halten würde, die einem die Bürde der Einschätzung der Wirklichkeit abnimmt. Dergestalt wird bei uns erfahrungsgemäß Realität nicht in einer ›gerechten‹ Weise beurteilt, sondern autoritäre Figuren stellen bis zu einem wesentlichen Grad realitätsfremde kollektive Projektionen dar, genauer: sie vereinigen in sich verbreitetes realitätsfremdes Wunschdenken und exekutieren es mit politischer Macht. Man hofft, sich mit diesen Personen gegen die Realität zu schützen. Ich erwähne hier nur etwa den Gedanken der Herrenrasse. Wer einer solchen angehört, ist quasi von Geburt her geschützter, sicherer und damit überlegen.

In einem Satz zusammengefaßt, geht es also um die Frage: Wie effektvoll sind die Instrumente der Realitätseinsicht bei uns entwickelt, und wie effektvoll kann solche Einsicht in politisches Handeln umgesetzt werden, insbesondere dann, wenn starke Affekte auf den Plan treten? Demokratie bedarf, um zu funktionieren, eines hohen Maßes von Einsicht in die Eigenarten zwischenmenschlicher Beziehungen, von der Familie bis in die supranationalen Konstruktionen. Orientierungsmechanismen, die diese Einsicht nicht vermehren, sind der Demokratie schädlich; dazu gehören weitverbreitet Vorurteile und Tabus. Die Handlungsanweisungen, die Vorurteile und Tabus geben, sind sehr zwingend, jedoch ohne eine Begründung, die sich nachprüfen ließe. Tabus sind vielmehr Bezirke, die man nicht durchforschen darf. Sie sind einer analytischen Betrachtung der Zusammenhänge entzogen. Dem Versuch, ihnen näherzukommen, seien einige Beobachtungen vorangeschickt, die sich auf Besonderheiten des kollektiven Verhaltens beziehen. Die Vermutung geht dahin, daß die ins Auge zu fassenden Züge des Verhaltens Auswirkungen der Tabuhörigkeit darstellen.

Es ist häufig darüber geklagt worden, daß sich die Deutschen, also der breite Durchschnitt der Bevölkerung und ihre politische Vertretung, höchst ungern an ihre Vergangenheit erinnern – und zwar an ihre unstilisierte Vergangenheit, an das, was sie waren, wie sie tatsächlich dachten, was sie wirklich taten. Statt dessen geben sie einem ihnen in Fleisch und Blut übergegangenen Hang nach: Sie stellen grundsätzliche Erwägungen an. Kaum in die Politik zurückgekehrt, verkünden sie zum Beispiel eine Doktrin – die Hallstein-Doktrin –, auf die sie jedermann verpflichten wollen. Ihre offiziellen Vertreter entfachen nicht etwa eine intensive Diskussion über Wesen und Eigenart jener östlichen Nachbarn, die soeben noch die Opfer unserer Eroberungszüge waren. Sie versuchen nicht, sie zu versöhnen, sondern begegnen ihnen mit Vorschriften, zum Beispiel der genannten Doktrin. Damit folgen sie, wie gesagt, einem Verhaltenszwang, der ihnen gar nicht bewußt ist. Denn die Deutschen benötigen, um sich in der politischen Wirklichkeit bewegen zu können, zuallererst ein von ihnen selbst entworfenes System dieser Wirklichkeit – ob sie Sieger sind oder Besiegte. Wem die Verallgemeinerung mißfällt, erinnere sich daran, daß die offizielle deutsche Politik durch diese Haltung gekennzeichnet ist. So sieht die politisch legitimierte Verallgemeinerung nun einmal aus.

Die These, die Begegnung mit der unstilisierten Vergangenheit würde vermieden, ist wohl bezeugt. In zwanzig Jahren hat sich daran kaum etwas geändert. Nur der massive Druck der außerdeutschen Öffentlichkeit konnte etwa von den deutschen Parteien die Zustimmung zu einer Verlängerung der Verjährungsfristen für die Naziverbrechen erzwingen.

Der Versuch, Deutschland zu demokratisieren, muß auf Schwierigkeiten stoßen, denn er erfolgt in einem Augenblick stürmischer Veränderungen in der Weltpolitik, insbesondere auch in der Sozialstruktur aller von ihr ergriffenen Völker. Selbst die klassischen Demokratien haben gewiß nicht geringe Schwierigkeiten, den »spirit«, die Essenz demokratischer Gesinnung bei sich zu retten. In einer Zeit, in der wir zwischen sehr vielen politischen Fronten zu operieren haben, also ein hohes Maß von Selbst- und Fremdverständnis aufbringen müßten, um unsere Identität nicht zu verlieren, können wir in Deutschland auf wenig geschichtliche Erfahrungen im Umgang mit Liberalität zurückgreifen. Liberalität ist aber doch jener »spirit« in der Demokratie. Wenn wir uns in einer neuen Lage zurechtfinden müssen – wie etwa nach der Katastrophe von 1945 –, denken wir nicht zuerst an Liberalität. Vielmehr suchen wir nach einer Doktrin, die wir der Situation verordnen können, statt die Situation auf ihre Chance ziemlich unbefangen zu untersuchen. Das gilt für Innen- wie Außenpolitik. Man braucht die Weisheit der Väter unserer Verfassung nicht zu bezweifeln, wenn man sieht, daß sie sehr viel autoritäres Denken in unsere Grundgesetze aufgenommen haben. Es wäre weltfremd von ihnen gewesen, mehr liberale Erfahrungsgrundlagen bei uns vorauszusetzen, als nach unserer geschichtlichen Entwicklung bestenfalls angenommen werden konnte. Das spiegelte sich zur Zeit der Abfassung dieser Bemerkungen in der Diskussion über die Notstandsgesetzgebung recht deutlich wider. Die besten Argumente, die gegen die vorliegenden Gesetzentwürfe sprechen, schlagen unter Politikern kaum Wurzeln. Man gibt sich relativ unbesorgt, hat bewußt – ganz naiv vielleicht – die administrativen Vorkehrungen für außerordentliche Lagen im Sinn. Durch diese subjektiv den einzelnen beruhigende Selbsttäuschung will man in diesem Lande, nach seiner längeren und nach der jüngsten Vorgeschichte, die Voraussetzungen dafür schaffen, wiederum eine Regierung mit autoritären Machtvollkommenheiten auszustatten – eine Angelegenheit mit höchst ungewissem Ausgang. Entweder ist der Vorstellungshorizont des einzelnen Abgeordneten, Ministers oder auch Wählers traditionell-autoritär; dann ist er, mit Adorno zu sprechen, eine »autoritäre Persönlichkeit«, und es kostet ihn keine große Überwindung, sich gerade in diesem Streit der Auffassungen zu entscheiden, also naiv an Verwaltung zu denken und nicht an die implizierten Machtverschiebungen, denen die Notstandsgesetze die legale Gewandung verleihen. Je stärker er unbewußt der Witterung in Richtung unkontrollierter Herrschaftsbefugnisse folgt, um so lauter wird er legalistisch argumentieren. Das haben doch die Nazis bis 1933 bewiesen. Als Alternative dazu muß man annehmen, die Fähigkeit, sich zu erinnern, sei affektiv stark eingeschränkt. Wiederum gilt es zu beachten, daß diese Erinnerungsschwäche unbewußt motiviert und keineswegs nur vorgetäuscht sein kann. So fehlte es vielen verantwortlichen Repräsentanten unserer Öffentlichkeit den Notverordnungsgesetzen gegenüber vielleicht nicht an historischer Faktenkenntnis, aber an Phantasie.

Diese sehr schwer beschreibbare Erinnerungsschwäche, die Trägheit der Assoziationsbereitschaft – man kann sie Gedankenlosigkeit nennen – verhindert, daß die große Öffentlichkeit sich der Tragweite der Entscheidungen innewird. Sie läßt sich durch solche naive oder pfiffige Verharmlosung der Implikationen beeinflussen. Das bringt uns zum Thema Tabu und Wirkung von Tabus auf das Selbstbewußtsein in Deutschland, auf das Selbstbewußtsein im allgemeinen, das den Hintergrund des politischen Bewußtseins bildet.

Zuerst einmal zur Wirkung von Tabus. Davon hat Sigmund Freud eine treffende Beschreibung gegeben: »Die Tabubeschränkungen sind etwas anderes als die religiösen oder moralischen Verbote. Sie werden nicht auf das Gebot eines Gottes zurückgeführt, sondern sie verbieten sich eigentlich von selbst; von den Moralverboten scheidet sie das Fehlen der Einreihung in ein System, welches ganz allgemein Enthaltungen für notwendig erklärt und diese Notwendigkeit auch begründet. Die Tabuverbote entbehren jeder Begründung; sie sind unbekannter Herkunft; für uns unverständlich, erscheinen sie jenen selbstverständlich, die unter ihrer Herrschaft stehen« (S. Freud, Totem und Tabu. Ges. Werke, Bd. IX, S. 26 ff).

Es steht zu erwarten, daß sich die Übertragung eines Typus von Verboten, wie sie ein Tabu umschreibt, nicht ohne weiteres aus den Stammeskulturen polynesischer Eilande – von dort haben wir das Wort entliehen – auf unsere Kultur vornehmen läßt. Immerhin ist es bemerkenswert, daß sich dieses Wort so eingebürgert hat und auch dem Sinne nach hier wie dort das gleiche meint. Bevor wir in die Funktionsanalyse des Tabus, das heißt also in die Analyse der von ihm ausgelösten Reaktionen eintreten, sei noch einmal auf dieses hervorstehende Merkmal hingewiesen, daß ein Tabuverbot keiner Erklärung noch Begründung bedarf; es versteht sich von selbst.

So scheint es sich für uns von selbst zu verstehen, daß wir ein Recht auf freie Entscheidung haben, zum Beispiel der Wiedervereinigung der beiden Nachfolgestaaten des Dritten Reiches. Wir pochen hier auf das Selbstbestimmungsrecht der Völker, auf seine selbstverständliche Gültigkeit. Obgleich wir bis zur bedingungslosen Kapitulation die Lehre von der Herrenrasse und ihrer Sendung vertreten haben, obgleich wir keineswegs in Elsaß-Lothringen einen Volksentscheid herbeigeführt haben, ob sich die Elsässer erneut an Deutschland anzu-schließen wünschten, obgleich wir nicht in der Tschechoslowakei frag-ten, ob man dort mit der Eingliederung in der Form eines Protektorates oder in Polen in der eines Generalgouvernements einverstanden sei – wir hingen nämlich der Lehre von der Herrenrasse an, zu deren Dog-men es gehörte, daß nur Herrenvölker ein Selbstbestimmungsrecht besitzen –, verlangen wir jetzt die humanitäre Rücksichtnahme auf uns. Nach einem Widerstand, der bis zur Vereinigung gegnerischer Truppen aus West und Ost in unserem Lande fortgesetzt wurde, nach einem hartnäckigen Kampf für dieses deutsche Herrenrassen-Dogma tritt plötzlich wieder das Tabu der Verletzung des Selbstbestimmungs-rechts der Völker hervor.

Dieser plötzliche Umschwung überzeugt nur uns selbst. Für alle anderen Nationen, auch die uns befreundeten, ist er wenig glaubhaft, wie wir ja auch bei jedem Individuum äußerst skeptisch bleiben und Beweise der Dauerhaftigkeit der Sinnesänderung abwarten würden. Wir haben unter Berufung auf politisch-rassische Dogmen die Freiheit von Völkern vernichten wollen. Es gelang uns nicht auf Dauer. Nach einem verlorenen Krieg, der die machtpolitische Antwort auf das machtpolitische »System Herrenrasse« darstellt, schalten wir die Erin-nerung an unsere früheren Konzeptionen der Einordnung von riesigen Bereichen Europas in ein Groß-Deutschland ab, adaptieren uns an die humanitären Forderungen unserer ehemaligen Gegner, die das Selbst-bestimmungsrecht fordern, und verlangen, daß unser Land in den Grenzen von 1937 wiederhergestellt wird. Es wäre schön, wenn dieser Traum in Erfüllung gehen könnte. Durch unsere wilden Annexionen und Feldzüge haben wir allerdings die Gewichte in der Weltpolitik nicht unerheblich und auf Dauer verschoben.

An eine Wiedervereinigung der Nachfolgestaaten ist bei realitäts-ge-rechter Betrachtungsweise in absehbarer Zeit wegen dieser durch uns heraufbeschworenen weltpolitischen Situation nicht zu denken. Aber die Forderung nach Restauration der Grenzen von 1937 wird von Jahr zu Jahr – je weniger realitätsgerecht die Hoffnung auf sie geworden ist – immer selbstverständlicher und mit immer weniger Rücksicht auf die Geschehnisse erhoben. Ein Tabu etabliert sich.

Das läßt sich noch vielerorts entdecken. Zum Beispiel muß man die Zwei-Populationen-Theorie, die Heinrich Lübke immer wieder vertrat, als signifikante deutsche Geschichtsinterpretation der Vergessenheit entreißen. Die Aussage lautet: Nicht das deutsche Volk habe die Un-taten des nationalsozialistischen Regimes begangen, sondern Hitler habe sich eines Abschaumes von Menschen bedient, die es in jedem Volke gebe (Die Welt, 1. April 1965). Vergessen sind die Millionen jubelnder Anhänger des Führers, als ob ihr Jubel nicht die Untaten erst möglich gemacht hätte. Ebenfalls im April 1965 erklärte Lübke in Bergen-Belsen: »Was geschah, geschah nicht im Auftrag und nicht im Wissen und Willen des deutschen Volkes – wohl aber in unserem Namen.« Im November 1952 hatte Theodor Heuss an der gleichen Stelle gesagt: »Wir haben von den Dingen gewußt« (Die Zeit, 30. April 1965).

So weit haben wir uns in 13 Jahren von den Schwellen der Einsicht in das, was wir wußten, wessen wir fähig waren, zurückgezogen.

Das geringe Fremdverständnis, das zu jener unrealistischen Einschätzung der Lage geführt hat, verflachte sich dementsprechend noch weiter: es sind wieder stereotypisierte Gegner, mit denen man es zu tun hat. Durch eine einfache Umfrage in den Schulen konnte man sich kürzlich davon überzeugen, daß hier keine gelockerten Auffassungen nachwachsen.

Ein durchschnittlicher Schüler hat heute ebensolche stereotypen Vorstellungen von den »dreckigen« Polen, wie sie im Dritten Reich bestanden. Wer zum Osten Beziehungen aufnehmen will, um die Menschen dort besser kennenzulernen, besonders auch ihre emotionellen Einstellungen, erfährt heftigste feindselige Kritik aus den eigenen Reihen. Das demonstriert eine beachtenswerte Ausstrahlung des Tabus, das in seinen ältesten Formen ein Berührungsverbot war und dies auch heute noch im Kerne ist: Wer ein Tabu verletzt, wird selbst ein Tabu. Er schließt sich aus dem Kreis der wohlmeinenden, rechtgläubigen Menschen aus.

Das Tabu ist überdies nicht ein Solitär unter den seelischen Reaktionsweisen. Seinem Verbotscharakter entspricht die Gebotseigentümlichkeit des Dogmas. Beide erklären sich aus sich selbst, ihre Ansprüche werden als übernatürliche Forderungen deklariert, und das Einverständnis des einzelnen wird zu diesem höheren, stärkeren, vorgeordneteren Anspruch gefordert. Viele Tabus mögen diesen Heiligkeitscharakter auf den ersten Blick nicht mehr verraten. Man kann ihn aber doch rasch ermitteln, denn die Verteidiger von Tabus berufen sich ebenso wie die von Dogmen auf die Anti- oder Supranationalität dieser Regulationen: Da heißt es dann etwa: »Es ist eben nicht alles mit Rationalität zu regeln; der Mensch ist auch antirational.« Das Tabu und das Dogma formulieren diese Anti-Rationalität in verbindlicher Form. Daß hier eine Fälschung im Gange ist, mögen wir schon aufklären können. Diese Bemühung hat jedoch wenig Sinn, bevor wir nicht noch mehr vom Tabu erfahren haben. Seine Wirkung ist vorerst durch einsichtiges Verhalten nicht außer Kurs gesetzt worden.

Ob Tabus nützlich oder schädlich sind und inwiefern, kann erst erörtert werden, wenn wir wissen, wie es zu ihnen überhaupt kommt. Wir müssen fragen: Welche Funktionen haben sie intrapsychisch, also im seelischen Haushalt des Individuums? Damit hängt die Frage zusammen: Welche Wirkung entfalten sie interpsychisch, nämlich im zwischenmenschlichen Leben?

Dogma und Tabu sind offenbar sehr archaische und primitive Gebots- und Verbotsregulationen. Sie sind übermächtige Forderungen anonymer Art, und sie sprechen auch nicht das Individuum als Individuum, sondern – wenn man so sagen darf – den Sterblichen an Es geht also von den Tabus ein starkes Verbot aus: »Wo ein Verbot vorliegt, muß ein Begehren dahinter sein« (S. Freud. Ges. Werke. Bd. IX, S. 87). Das Modell, nach dem wir uns die Entstehung eines Tabus vorstellen können, besagt demnach, eine starke Neigung – zum Beispiel etwas zu berühren, sich etwas anzueignen – müsse das Primäre sein. Gegen diese Neigung wird ein Verbot errichtet. Früher war der überweltliche Charakter stärker, jetzt ist es der Einspruch der Gesellschaft, vor dem der potentielle Frevler zurückschreckt. Ich denke an die außengeleitete Gesellschaft, wie David Riesman sie beschreibt.

Die Heftigkeit eines Verbots hebt natürlich den Trieb und sein Verlangen nicht auf. Um in diesem Konflikt zu einer Lösung zu kommen, muß das Verbot so ins Innere unserer Person aufgenommen, so introjiziert werden, daß unser Ich gezwungen wird, den ursprünglichen Wunsch zu verdrängen. Die Triebrepräsentanz, also das Verlangen, wird ins Unbewußte abgedrängt, es verschwindet aus unserer bewußten Wahrnehmung. Dieser Vorgang selbst vollzieht sich unbewußt. Damit tritt vielleicht eine Konfliktmilderung ein, aber keine Konfliktlösung.

Freud, dessen Darstellung wir mit diesem Modell folgen, schreibt deshalb: »Verbot und Trieb bleiben beide erhalten«, was geschaffen wird, ist »eine unerledigte Situation, eine psychische Fixierung« (S. Freud. Ges. Werke. Bd. IX, S. 39).

Der Konflikt selbst dauert also, vom Bewußtsein unbemerkt, fort und stimuliert ein ambivalentes Verhalten. Die verbotene Neigung zu einer Handlung, welche Triebwünsche befriedigen würde, hält an, aber sie wird verabscheut. Eine teilweise Entlastung der unterdrückten Triebspannung bringt der Vorgang der Projektion. In ihr verschieben wir unbewußt in uns selbst wahrgenommene eigene Wünsche, die tabuiert sind, also im Bewußtsein verabscheut werden, auf andere, denen nun diese unsere Abscheu gilt. Indem man sie am anderen wahrnehmen darf, kann man sie ein Stück weit auskosten.

Solange eine Zivilisation dem Individuum wenig Information über Kausal- oder Motivzusammenhänge anbieten kann, wird der einzelne um so bereitwilliger dogmatische Glaubenssätze oder Tabuverbote anerkennen. Übertragen wir dieses Wissen auf die gegenwärtige Lage, so ließe sich – sehr grob freilich – eine Konstruktion wie diese vertreten: Die Regulation heftiger Triebwünsche erfolgt in der deutschen Zivilisation nach wie vor auf der primitiven Ebene von Dogma und Tabu, und zwar in einem Ausmaß, das man nur als Rückständigkeit bezeichnen kann. Rückständig, weil sich in anderen Bereichen der westlichen Welt höher differenzierte, den kritischen Einspruch des Individuums berücksichtigende Sozialformen entwickelt haben.

Blicken wir auf die jüngste Geschichte zurück, so wurden dort heftige Triebwünsche als die Lebenszeichen einer Herrenrasse eingekleidet und damit dogmatisch anerkannt. Es wurde ihnen eine bevorzugte Befriedigung in Aussicht gestellt. Gewissenseinsprüche, zum Beispiel die des christlichen Gewissens, konnten damit offenbar erfolgreich zum Verstummen gebracht werden. Das spricht dafür, daß die älteren, vorfaschistischen Sozialisierungspraktiken in Deutschland ebenfalls von sehr heftiger und dogmatischer Art gewesen sein müssen; sonst bliebe mindestens die Leichtigkeit des Einverständnisses, mit dieser Art zu argumentieren, unverständlich. Das Dogma, uns stehe ein Groß-Deutschland zu, war stärker als die Einfühlung in Nachbarvölker, die dabei ihre nationale Selbständigkeit einbüßen mußten. Hier war also eine sehr farbig sich anbietende Triebbefriedigung – aggressiv und libidinös – verlockend ausgemalt. Daß zu deren Verwirklichung völkerrechtliche Verbote übertreten werden mußten, wurde geringgeachtet. Vielmehr wurden die liberalen und demokratischen Nationen, denen dieses Völkerrecht zu verdanken war, mit beißendem Hohn bedacht. Nach dem Zusammenbruch solcher Hoffnungen konnte nur die Identifikation mit den Wertnormen der Sieger, unter anderem also auch mit dem Selbstbestimmungsrecht der Völker, ein Herausarbeiten aus der Situation eines hoffnungslos Diskriminierten verheißen.

Diese neue Wertorientierung nahm aber, und dies ist der springende Punkt meiner Überlegungen, in unserem Lande und seiner Tradition entsprechend den Charakter der Übernahme von neuen Dogmen und Tabus an. Die Gültigkeit des Selbstbestimmungsrechts der Völker wird nun nicht mehr als ein in der Praxis schwer zu erreichendes Ziel, als eine ideale Orientierung angesehen, sondern als ein Dogma – seine Nichtbeachtung wird zum Tabu. Es gilt als eine selbstverständlich zu befolgende Forderung insbesondere uns gegenüber. Wer sie nicht beachtet, diskriminiert sich selbst, wird selbst tabuiert. Den Russen wird ohne Seitenblick auf die Politik des Gaullistischen Frankreichs oder Englands nachgesagt, sie verweigerten uns die Vereinigung der beiden

Nachfolgestaaten. Damit sind sie als Tabubrecher, als Alleinschuldige abgestempelt.

Es werden also, ohne daß dies Früchte einer langen Auseinandersetzung und einer langsam gewachsenen Erkenntnis wären, Wertorientierungen von unseren ehemaligen Feinden übernommen. Aber weil sich eben in uns selbst, in unserem psychischen Habitus, nichts geändert hat, keine Stärkung der Ich-Kräfte gegen primitives Triebverlangen erarbeitet wurde, nehmen diese übernommenen demokratischen Wertorientierungen für unsere innere Ökonomie den Charakter von Geboten und Tabus an.

Bis 1945 hatte man die Lebensordnung unserer ehemaligen Feinde, ihre demokratisch zersetzende Moral oder Amoralität in unzähligen Führerreden verächtlich machen hören. Jetzt vermag man sich fast über Nacht diese abscheuliche Moral zu eigen zu machen. Es ist klar, daß dies nicht mit seelischer Identität zu vereinbaren ist. Identität ist ein evolutiver Prozeß. Ich wachse und ändere mich jenseits der biologischen Reifungsschritte und -krisen, weil ich mir neues Wissen, Erkenntnis »einverleibe«, wie es unsere Sprache so anschaulich beschreibt. Einverleibung heißt Aneignung, Assimilierung. Das verändert mich, aber ich weiß mich mit mir dabei noch identisch. Wie gefährdet diese Identität ist, wissen wir aus den Pubertätskrisen, die in unserer Zivilisation sehr heftig und in ziemlicher zeitlicher Dehnung verlaufen. Aber das Individuum muß sich gerade in solchen stürmischen Lebensphasen daran gewöhnen, daß kindliche Tabus, kindliche Vorstellungen von göttlicher Wirksamkeit aufgegeben und zugunsten einer verfeinerten Gewissensorientierung ersetzt werden müssen. Dieser psychologische Exkurs bringt uns eine Hypothese ein: Nationalsozialistische Gewaltherrschaft und Neu-Etablierung als demokratischer Staat im Westen spielen sich seelisch auf der gleichen Ebene ab – beide Male erfolgt die Orientierung an Dogmen und Tabus. Der Übergang zur Demokratie stellt vorerst nicht das Ergebnis eines inneren Suchens, sondern eine pure Kriegsfolge im Sinne eines Oktroi der Sieger dar. Es muß nachgewiesen werden, daß ein Prozeß der Identitätsfindung durch diese Forderung der Sieger in Gang gebracht worden ist, indem sich der Einfluß kritischen Bewußtseins verstärkt hat. Hier sind Zweifel am Platz. Gewiß, sehr roh formuliert, aber wohl kaum die Determinanten des Geschehens grob verfehlend, läßt sich sagen, wir wären Zeugen zweier opportunistischer Anpassungsphasen gewesen; zunächst der Anpassung an den Faschismus in nationalsozialistischer Prägung und dann an die Wertvorstellungen unserer ehemaligen Gegner im Westen, der Anpassung an die Struktur der westlichen Demokratie. Entsprechendes gilt für die DDR.

Das Wichtige an dieser Hypothese liegt in der Betonung der Unterwerfung, denn man wird folgern dürfen, daß die Triebwünsche, die einstmals im Faschismus die Opportunität erblicken ließen, die gleichen geblieben sind. Es handelt sich wirklich um Triebwünsche aggressiver Art und libidinöser Wunscherfüllung. Das bleibt an der Tatsache zu erkennen, daß jedermann, das heißt Vertreter aller Bildungs- und Sozialschichten, dem Imperativ der Nazidogmatik erlegen ist und sich heute für einen Demokraten hält. Eigentlich haben wir keine Anzeichen dafür, daß die Triebproblematik sich geändert hat. Ohne Änderung des Vorzeichens wird zum Beispiel auf »den Kommunismus« weiter projiziert – wieder von hoch und niedrig. Ich rede nicht von Kommunismus als äußerer Realität, wie hassenswert oder nichthassenswert er sein mag, sondern vom Kommunismus als innerer Realität. Ich spreche also von der Tatsache, daß verdrängte Inhalte unseres eigenen seelischen Geschehens den Russen »angelastet« werden, um einen Begriff aus dem Wörterbuch des Unmenschen zu verwenden.

Fremdverständnis hat sich wohl partiell, zum Beispiel im Westen, angebahnt. Im Osten aber, wo starke Projektionsvorgänge unbemerkt weiterwirken, ist diese Einfühlung gleich rudimentär und archaisch, wie sie noch zu Zeiten des Faschismus war. Die seither erfolgte Vertiefung der Fähigkeit zur Einfühlung sollte nicht überschätzt werden. Es hängt wenig leidenschaftliches Erkenntnisstreben daran. Einen überwältigenden Beweis für die Richtigkeit des Opportunismus ihrer Angleichung an die Sieger im Westen sehen die Massen in ihrem unaufhaltsamen materiellen Aufstieg. Eigentlich war das, was Hitler in seiner Großraum-Ideologie vorgeschwebt hatte, jetzt mit der Intensivierung der industriellen Produktion erreicht: ein Reichtum, der uns nicht mehr hinter den alten Hegemonialmächten Europas zurückbleiben ließ. Die Triebbefriedigungsquote hat sich von Jahr zu Jahr mächtig vergrößert. Damit ist die zweite opportunistische Wendung besser gerechtfertigt als die erste. Aber die Motive – Kränkung des Selbstbewußtseins durch Diskriminierung nach 1918 und nach 1945 – wie die Ziele – Rehabilitierung des kaum veränderten Selbstgefühls – waren in beiden die gleichen.

Die Anforderungen an die menschliche Entbehrungsbereitschaft, mit anderen Worten: die Anforderungen an das moralische Verhalten, sind meist übertrieben. Der Triebsphäre muß Gerechtigkeit widerfahren. Wenn der Mensch viel hungert, ist er neidisch; wenn er neidisch ist, sieht er die Schuld für das, was ihm entgeht, hauptsächlich bei den anderen. Kritische Selbstbesinnung fordert besonders dann, wenn es einem schlecht geht, große Selbstüberwindung. Wir haben viel geleistet in unserer Geschichte, aber wir können wirklich nicht behaupten, daß wir hierin vorbildlich gewesen seien. Es kann sein, daß sich, wenn die wirtschaftliche Entwicklung eine stetige Wohlstandsquelle sichert, wie es imperialer Besitz zuvor tat, damit ein stabileres Selbstbewußtsein entwickelt. Unter dieser Voraussetzung einer Identität, die nicht so leicht verlorengehen kann, wäre man dann auch in unserem Lande in der Lage, eine Staatsform zu respektieren, gar zu lieben, unter deren Herrschaft sich zuvor der Aufschwung vollzog – und zwar auch in Krisenzeiten, denn nichts anderes zählt.

Die Heftigkeit übrigens, mit der gegen die Vasallenqualität der DDR bei uns polemisiert wird, ist ein sehr deutliches weiteres Anzeichen der Projektion: das eigene Vasallenverhältnis wird damit beschönigt. Auf diese Vasallenqualität müssen wir aber Nachdruck legen. Demokratie wurde von uns nicht erobert. Wir kennen keine Bastille, auf der das geschehen wäre. Es ist nicht einmal sicher, welches politische Gesicht Deutschland erhalten hätte, wäre es den Verschwörern des 20. Juli 1944 gelungen, ihre Sache mit Erfolg zu Ende zu bringen.

Demokratie wurde uns nicht anders überimpft als der DDR ihr Kommunismus. Die Art und Weise, wie dies bei uns im Westen geschah, zeichnete sich durch erheblich mehr Intelligenz und Weitsicht aus. Wir hatten es eben mit demokratisch geschulten Siegern zu tun. Trotz der schrecklichen Schuld, die der Faschismus Deutschlands auf sich geladen hatte, trotz einer viel weitergehenden Niederlage als 1918 hatten diese Sieger seit jenen Tagen von Versailles etwas gelernt. Den von den russischen Heeren überrollten Teilen Deutschlands widerfuhr solches Glück nicht. Aber weil wir vom Schicksal begünstigt wurden, ist doch nicht daraus zu folgern, daß wir uns etwas aus Demokratie machen.

Bisher sind wir in der Welle der Industrialisierung mit weitem Vorsprung vor der Entwicklung im Osten mitgeschwommen. Der Vorsprung wird langsam kleiner. Es bilden sich bei uns aber sehr nachdrückliche Zeichen, schwach gesagt, restaurativer Tendenzen, die sich in einer Indifferenz bis zur offenen Feindseligkeit gegen demokratische Spielregeln und demokratische Zielsetzungen bekunden. Wir wissen durchaus nicht, welche Tonart zum Beispiel konservative Politiker in Deutschland, etwa Repräsentanten der Vertriebenenverbände, anschlagen würden – gleichgültig, welcher Partei sie angehören –, stünden wir nicht in einem vasallenähnlichen Abhängigkeitsverhältnis von den USA. Wie der Brustton dieser Männer unverstellt klingt, wird man vielleicht bald deutlicher anhören müssen, wenn sich in den Vereinigten Staaten »law and order«-Denken und Rassismus weiter ausbreiten. Der Vorgang unserer Anpassung an die Demokratie – soweit unsere Hypothese – spielte sich bisher unter der kräftigen Mitwirkung primitiver seelischer Reaktionsgestalten ab: Es sind die Mächte Dogma und Tabu. In den Sozialisierungspraktiken, also bei der Erziehung jedes einzelnen, wurden sie erzieherisch verankert. Die Reaktionsform, die Dogma und Tabu herausfordern, heißt absoluter Gehorsam. Begründet wird diese Gehorsamsforderung tautologisch mit dem Hinweis, daß sich Gehorsam hier von selbst verstehe.

Tabu und Aufklärung schließen einander aus. Ohne Aufklärung – psychologisch gesprochen: ohne systematische Schulung des kritischen, nach Ursache und Wirkung fragenden Ich – ist keine Entwicklung zur Demokratie denkbar. Nicht der einzelne Inhalt, der in einem Tabu angesprochen wird, terrorisiert uns allein. Es ist vielmehr die Bereitschaft, leichtsinnig Zuflucht zu nehmen. Die Demokratisierung ist überall dort schwer behindert, wo es gelingt, den Konflikt, in dem ein Kollektiv steckt, rasch dadurch zum Verschwinden zu bringen, daß der Triebanteil – repräsentiert in unseren Allmachtsphantasien – verdrängt wird und damit auch die Erinnerung verblaßt, die von dem Konflikt berichten könnte.

Die Funktionsdefinition der Demokratie – jedenfalls für den Psychologen und den Anthropologen – würde doch lauten, daß sich in ihr gegenüber älteren Herrschaftsformen die Bereitschaft, abweichende Meinungen zu ertragen, in Koexistenz mit ihnen leben zu können, gesteigert habe. Das verlangt eine Distanzierung von eigenen Affekten, besonders dann, wenn Angst und Wut sehr heftig erregt werden, und zwar durch fremdes »unverständliches« Verhalten.

Man muß deshalb vernünftigen Einwendungen, daß man in einer Gesellschaft ohne Tabus nicht auskommen könnte, keineswegs unzugänglich sein – ich bin durchaus dieser Auffassung. Dennoch bedarf die These, daß es im politischen Bereich – also auch im Bereich der Erziehung – zumindest in unserem Lande nicht darauf ankomme, die Unumstößlichkeit der Tabus zu verteidigen, wohl noch auf Generationen hinaus der Unterstützung durch eine kritische Aufklärung. Denn die Entwicklung, die die Menschen im allgemeinen ergriffen hat, ist durch Wissenschaften in Gang gekommen. Wissenschaften sind aber, nach der Definition, Ur-Feinde der Tabus. Tabus stehen auch nicht, wie uns halbfaschistische Romantiker glaubenmachen wollen, als dialektische Antipoden im Widerstreit zur Wissenschaftsrationalität. Sie sind einfach auf dem Weg der menschlichen Emanzipation antiquiert. Ihre Rolle wird in der zukünftigen Menschheit – wenn diese überlebt – die Selbsttreue übernehmen, womit der Entwicklungsweg zur Identität gemeint ist.

In diesem Zusammenhang muß noch einer hervorragenden Besonderheit der deutschen Szene gedacht werden, nämlich ihres mangelnden Respekts vor der Erfahrung – und zwar vor der Sozialerfahrung. Wie geht man mit Menschen um, die einem unterstellt sind, die sozial schwächer, anderer Konfession oder Meinung sind? Dafür gibt es ein einheitliches Konzept, das sich aus dem Sozialklima der deutschen absolutistischen Duodezfürstentümer herleitet. Dort wurde der Typus des Untertanen geboren. Er hat sich bisher als ein unlösbares Problem erwiesen. Die Traditionen, die zu seiner Charakterentwicklung führen, sind bisher nicht überwunden. Deutlich wird das, wenn wir uns die Frage vorlegen: Wie erzieht man mit autoritär erzogenen, an autoritäre Regulationen gewöhnten Lehrern liberale, nachdenklichem Widerspruch anhängende Schüler?

Im übrigen liegen hier zwei sehr unterschiedliche Haltungen miteinander im Kampf. Im Bereich der sachbezogenen Techniken wird Erfahrung bei uns sehr hoch geschätzt. Wo es sich um das Schleifen von Linsen, das Herstellen von Stahl, um ungezählte andere technische Bereiche handelt, zollt man dem Erfahrungsschatz realitätsgerecht die gebührende Hochachtung. Noch mehr, man entwickelt ihn weiter. Er enthält nur wenige hemmende Tabus. Im Bereich der menschenbezogenen Technik, des Umgangs, ist das ganz anders. Dort gibt es Aufzuchtprozeduren, die längst vor dem Struwwelpeter tabuiert waren: etwa, daß Kinder früh zu Bett gehen und regelmäßig das ihnen Vorgesetzte aufessen müssen. Der Sinn solcher Vorschriften erklärt sich ganz von selbst: Das muß man doch, daran kann man doch nicht zweifeln. Hier handelt es sich um eine der vielen Facetten des Tabu-Gehorsams. In ihm sind wir über die Maßen eingeübt, und ihn bringen wir unseren Kindern bei.

Die Grenzen des riesigen Territoriums, innerhalb dessen wir gewohnt sind, blindlings zu gehorchen – und wenn nicht blindlings, dann opportunistisch –, sind noch kaum an einigen Stellen angenagt. Auf Verstöße gegen den Tabu-Gehorsam folgt die Strafpflicht der Eltern und aller Autoritäten, die ihnen nachfolgen; und auch das bleibt eine Selbstverständlichkeit. Wenn ein Hund verprügelt wird, ruft der Tierschutzverein nach der Polizei. Wenn das gleiche mit einem Kind auf unseren Straßen geschieht, sieht die Umgebung angeregt zu, mindestens ist sie stillschweigend einverstanden. Durch Generationen hat sich diese schon von Luther beredt empfohlene Erziehungsmethode kaum gewandelt. Ein tieferer Einbruch macht sich eigentlich erst seit 1945 bemerkbar. Er wird eher als Schwäche beklagt, als Verfall der Sitten, der im Zweifelsfall aus Amerika zu uns gekommen ist. Damit stoßen wir übrigens auf die Ambivalenz den Siegern gegenüber, die uns die Demokratie aufgenötigt haben. Kaum jemand sieht in den Anzeichen kindlichen Ungehorsams die Chance, einen Fortschritt in unseren Sozialisierungspraktiken zu erzielen. Natürlich kann sich in Ungehorsam Führungslosigkeit widerspiegeln, aber Führung muß umgekehrt nicht Forderung auf Unterwerfung sein.

Das Tabu bewirkt also intrapsychisch eine Denk- und eine Einfühlungshemmung. Damit wird die Ökonomie der seelischen Verläufe entscheidend vereinfacht – ein lastender Konflikt scheint autoritär entschieden. Wir haben gesehen, daß dies de facto keineswegs der Fall sein muß. Es kann bei einer mehr oder minder listigen Anpassung unter Drohung bleiben. Oft reicht die Charakterverkrümmung tiefer; das Ich selbst korrumpiert sich, läuft zum Geist der quälenden Autoritäten über. Der Gewinn, den das Individuum mit Hilfe des Tabu-Gehorsams erzielt, ist nicht unbedeutend. Es wird dadurch aktionsfähig, daß ihm durch Tabus die denkende Konfliktbearbeitung erspart wird. Die Einfühlungshemmung, welche der Gehorsam vor anonymen unwidersprechbaren Befehlen voraussetzt, wird in solchem Milieu schwerlich beobachtet, geschweige als anstößig empfunden.

Die interpsychische Wirkung des Tabus ist die der Verständigungserleichterung. Da man das gleiche glaubt, das gleiche verabscheut – und zwar selbstverständlich –, da man durch die gleichen selbstverständlichen Verbote reguliert wird, verringern sich die Konfliktsmöglichkeiten zwischen den Individuen. Es wäre aber verkehrt zu glauben, man verstünde sich besser, indem man Tabus oder Vorurteilen folgt. Man ist zwar gleichgestimmt und auch auf die gleiche Weise aktionsfähig gemacht, aber man bleibt kollektiv ahnungslos, wie die Christen durch die Jahrhunderte ahnungslos über Mohammedaner oder Juden geblieben sind, über die ein so heftiges Berührungstabu verhängt war.

Innerhalb unseres Landes hat die demokratische Ordnung lange eine gewisse Leblosigkeit nicht überwinden können. Eine gewisse Belebung ist erst in den letzten Jahren eingetreten. Unser Staatswesen hat innenpolitische Spannungen, das dürfen wir uns durchaus selbst bestätigen, nicht so schlecht überwunden; jedenfalls müssen wir den Vergleich mit anderen demokratischen Nationen nicht scheuen. Zur gleichen Zeit formieren sich bei uns und anderswo die Kräfte der Reaktion. Sie glauben, diese Linie der Selbstverwirklichung, die Konflikte nicht zudeckt, als »Schwäche«, »Führungslosigkeit« verdächtigen zu können, wie das seinerzeit schon in der Weimarer Republik beliebt und leider erfolgreich war. Koexistenz auf allen Ebenen macht uns doch die größten Schwierigkeiten. Das geht darauf zurück, daß wir nach der schematischen Antithese von Dogma und Tabu, von »ideal« und »unrein«, unsere Wirklichkeitsorientierung vollziehen.

Erinnern wir uns aber an Freuds Beschreibung: Die Verdrängung eines Wunsches, der tabuiert wurde, schafft eine »unerledigte Situa-

tion«, eine »psychische Fixierung« – keine wirkliche Lösung. Dem
Kind ist es sozusagen erlaubt, wenn es eine Tasse zerschlagen hat, das
zu verleugnen, davon wegzublicken – aber nicht dem Erwachsenen.
Infolgedessen sind diese psychologischen Abwehrmechanismen – wie
Verdrängung und Verleugnung – infantile Schutztaktiken gegen die
Realität, die gefährlich werden können. Unser unbewußtes Ich verfügt
also über Mittel und Wege, um Störendes zu vergessen, Scham Erwek-
kendes weniger peinlich erscheinen zu lassen. Alles dies geht auf Kosten der Wahrheit, und der Konflikt mit ihr wird nur unbewußt gehalten. Das bedeutet aber, daß er aus dem Kontakt mit der Erfahrung
abgeschnitten wird. An dieser Stelle können wir nichts mehr dazuler-
nen. Der Konflikt wird in seiner Primitivität konserviert. Wer durch 20
Jahre die Verlautbarungen bundesdeutscher Politiker, etwa über die
Ostblockstaaten und ihre Bewohner, gelesen hat – Besserung scheint
sich anzubahnen –, kann die Infantilität der Denkweise linguistisch
nachprüfen. Damit ist noch gar nichts zum Lob dieser Staaten, insbesondere nicht der DDR, gesagt. Wir sind aber im Augenblick nicht mit
ihnen, sondern mit den Bedingungen der Demokratisierung in unserem Staat beschäftigt. Demokratisierung heißt, die Affektkontrolle
steigern, damit man unbefangener wahrnehmen kann. Das gilt für
jeden Bereich des politischen Lebens, und das fällt schwer, wo die
eigensten Interessen betroffen sind. Trotzdem hat die Politik der
Nichtanerkennung der Realität, das affektive Antworten auf gezielte
Provokationen der Gegenseite niemandem etwas eingetragen. Aber sie
hat das Denken in Schablonen gefördert. Sie ist bis zu einem gewissen
Grad ritualisiert worden.

Für den einzelnen wie für das Kollektiv gilt, daß also Dogma und
Tabus den Erkenntnisstand tief halten. Das »Du sollst« und »Du
darfst nicht« ist eine Lenkungsweise für das Kleinkind. So korrespondiert den Tabus ein infantiles Weltverständnis. Zu den Eigentümlichkeiten unseres seelischen Haushaltes gehört es, daß unter Konflikt-
druck in unserem Innern – ebenso wie unter bedrohlichen Einflüssen
von außen – die Neigung wach wird, erlangte Reifungspositionen aufzugeben und zu älteren, einfacheren Reaktionsformen zurückzukehren. Darin drückt sich eine der Menschenart eigentümliche seelische
Reaktionsweise aus.

Der Verlust der Monarchie 1918 muß mehr Menschen in Deutschland in ihrem seelischen Gleichgewicht tiefer getroffen haben, als den
wenigen an der Demokratie Interessierten damals klar wurde. Die
Arbeitslosigkeit zehn Jahre später traf also schon eine regressionsbe-
reite Population. Die pubertär verstiegene Redeweise Hitlers fixierte
aufs neue Tabus, gab neue dogmatische Gewißheiten. Zunächst wirkte

das wiederum auf weit mehr Menschen, als man erwarten würde, angstbefreiend, lockernd. Es wurde nun in der Tat in ihrem Brustton gesprochen. Sie hatten sich in jenen Gläubigkeits- und Hoffnungspositionen eingerichtet, zu denen sie psychisch regrediert waren. Alles sah einem Erfolg zum Verwechseln ähnlich. Der Wahn Hitlers nahm sich im Chor der Massen wie Beschreibung der Realität, wie Vernunft aus. Regression bietet aber nicht nur unzureichenden Schutz, sie verlockt im Gegenteil zu so groben Fehleinschätzungen der Realität, daß Katastrophen meist nicht allzu lange auf sich warten lassen. Die Katastrophe kam, und wieder änderte sich mit ihr die Szene. Wir haben schon eine opportunistische Konsequenz, die Anpassung an die Staatsform der Sieger, beschrieben. Ein anderer Aspekt des der Niederlage folgenden seelischen Geschehens war abermals Regression beziehungsweise Beharren auf schon besetzten infantilen Positionen, das heißt Beharren auf infantilen Verleugnungsvorgängen an der neu entstandenen Lage. Die Regression übersprang nach Möglichkeit die Episode Drittes Reich, aber auch Weimarer Republik, an die bei den allermeisten keine affektive Bindung bestand, und kehrte im unverdächtigen Wilhelminischen Deutschland ein. Der Mann, der den stärksten politischen Einfluß auf die Entwicklung unserer Republik genommen hat, empfing seine Persönlichkeitsprägung in diesen Jahren vor dem Ersten Weltkrieg. Er bot sich den Regressionsbedürfnissen wie ein dankbar empfangenes Geschenk an. Wieder begann wie nach 1918 – nur unter besseren ökonomischen Bedingungen – ein Verleugnungsprozeß.

So haben wir eine Abfolge von Katastrophen im Laufe eines guten halben Jahrhunderts. Sie werden zentral nicht zum Anlaß der Reflexion – das ist der springende Punkt –, es wird nicht danach geforscht, was sie eigentlich herbeigeführt haben mag, sondern es erfolgt ein hartnäckiger Rückzug aus der Verantwortung.

Weitgehend wurde zudem noch eine weitere Abwehrtaktik angewandt. Sie ist von gleicher Art wie Verdrängung und Regression: Es wird ins Gegenteil verkehrt. Die Niederlage 1918 wurde rasch danach mit dem Fangwort »im Felde unbesiegt« umgekehrt. Aus dem faktisch zweigeteilten Deutschland wird die Fiktion vom »unteilbaren Deutschland«. Die Schuld an den millionenfachen Morden des deutschen Faschismus wurde unserem »Abschaum« allein übertragen; wir, die respektablen Bürger der Bundesrepublik, hatten nie etwas damit zu tun. Wir beobachten, wie die Legende aufgebaut wird. Hunderttausende Deutscher in der Tschechoslowakei und sonst in den östlichen und südöstlichen Staaten Europas seien quasi aus heiterem Himmel, ohne ausreichende Motivation einem mörderischen »Volksvergnügen« zum

Opfer gefallen. Die Wortwahl vom Volksvergnügen des Mordens und Zu-Tode-Quälens auf offener Straße traf Franz Josef Strauß in einer Rede am 10. April 1965 in einem Münchener Bierkeller. Nicht, daß diese Schreckenstaten nicht begangen worden sind. Aber bei Hosea heißt es schon: Wer Wind sät, wird Sturm ernten. Die dem Wunschdenken entspringende Umkehr ins Gegenteil vergißt nur den gesäten Wind – man stellt es so dar, als ob diese »Ostvölker« ohne irgendeinen Anlaß schuldlose Deutsche überfallen hätten – und ist damit stracks beim Tabu der Minderwertigkeit, der Niederträchtigkeit des Charakters, das bereits Hitler, gestützt auf eine gängige Kolonialideologie, ausgesprochen hatte.

So ist also ganz im Gegensatz zu den martialischen Äußerungen die deutsche Szene psychologisch in diesem Jahrhundert durch ein kollektives Zurückweichen vor der Härte der Realität ausgezeichnet, einer Realität, die in ihren bedrückenden Konsequenzen freilich weitgehend durch Selbstarrangements bestimmt wurde. Wie man in den Wald hineingerufen hatte, so war das Echo. Die Neigung, in einer Gefahrensituation kindliche Anlehnung zu suchen, was in Wirklichkeit wegen des chamäleonartigen Opportunismus zu einem Identitätsverlust führt, ist bisher unzureichend korrigiert. Regression muß naturgemäß zur Verstärkung von Dogmen und Tabus und ihrer Handlungsanweisungen führen. Verleugnung führt dazu, daß schmerzhafte Konflikte mit der Realität in einem blinden Flecken verschwinden und statt dessen Wunschvorstellungen als Realität, oder wenn nicht das, dann als bald zu realisierende Hoffnung ausgegeben werden.

Damit ist die Frage, ob Tabus die Demokratisierung Deutschlands beeinträchtigen, beantwortet: Sie tun es.

Wenn dies der Fall ist, muß unsere ganze therapeutische Aufmerksamkeit darauf gerichtet sein, regressive Reaktionsformen früh zu erkennen und zu bekämpfen. Eine Vorbedingung sehen wir in der Korrektur der zur Ideologie unserer Gesellschaft gehörenden Verachtung des Sozialpragmatismus. Diese Verachtung schlägt sich in einem Mangel an Affektkultur, an kultiviertem Talent der Menschenbehandlung nieder. Hier wird zum Beispiel kein Nachfolger des Premierministers sorgfältig herangezogen; hier gibt es keine Rechtsprechung, die sich an den Präzedenzfällen orientiert, hier wird der Lehrer überwiegend am Stoff geschult und meistens unter den Voraussetzungen einer idealisierend verstiegenen Anthropologie mit der Technik des Lehrens vertraut gemacht. Er soll ja »Bildung« vermitteln. Darunter wird immer Sachwissen verstanden. Daß die Schule eine differenzierte Gruppenerfahrung sein sollte, eine lange und sorgfältige Einübung in soziale Selbständigkeit und Verantwortlichkeit, wird erst in allerletzter

Zeit von den fortgeschrittenen Pädagogen als Möglichkeit gesehen und praktiziert. Das Gros erzieht weiter auf Gehorsam, nicht auf Initiative, nicht auf Engagement am Gruppenleben. Letzteres gedeiht schulisch kaum zu einem rechten Elan: Zwischen Anarchie des Widerstandes und tradiertem Kadavergehorsam ist die Integration oft sehr schwer zu finden.

Selbst in einem so exquisit auf einen pragmatischen Beruf vorbereitenden Training wie dem des Medizinstudenten stehen die Vorlesung, in welcher der Hörer zur Passivität verurteilt ist, und das Buchwissen weit im Vordergrund. Der approbierte Arzt wird dann in die Praxis entlassen, ohne daß ihm jemand beigestanden hätte zu lernen, wie man das erworbene Wissen als Arzt anwendet, wie man mit Menschen in dieser Rolle umzugehen hat. Immer wieder entdeckt man bei uns, daß Sachwissen als Drill vermittelt wird. Im Wissen um menschliches Verhalten hinken wir trostlos den westlichen Kulturstaaten nach.

Das Ausbleiben einer deutschen Revolution zur größeren Selbstverantwortung der Bürger – zuletzt am kriegerischen Ende des Dritten Reiches – macht sich sehr bemerkbar. Es scheint, sie kann durch nichts ersetzt werden – ein Psychologikum, das freilich jenseits der Aufgabe dieses Referates liegt. Hier ging es um die These, daß vorerst Demokratie in Deutschland ein Faktum ist, aber kein leidenschaftlich erstrittener Besitz.

Seit altersher mangelt es in Deutschland an der Vorliebe für die pragmatische Humanität. Statt dessen werden hochfahrende Entwürfe über die Bestimmung des Menschseins sehr geschätzt. Da wimmelt es dann von Worten wie Ehre, Treue, Begnadung, höheren Werten, Dasein, Geist und Sinngebung. Diese ausgesprochene Vorliebe für idealisierende Überheblichkeit, bei der die Selbstanbetung in dem eigenen »System« sicher keine geringe Rolle spielt, macht Deutschland zu einem Boden, in dem Tabus die Aussicht haben, sich fest verwurzeln zu können, und zwar auf allen Ebenen der Gesellschaft. Das Pragmatische, dieses »know how«, muß immer nach den Motivationen, nach den natürlichen Zusammenhängen suchen. Man ist auf die Einsicht, auf das Hineinschauen in die Verschlungenheit der Bedingungen angewiesen, wenn man sich in einer Lage zurechtfinden und mir ihr fertig werden will. Der Systemorientierte hingegen mißt an seinen Wertkategorien, an seinen Soll-Vorschriften. Ihnen hat man zu genügen. Diese Kategorien selbst, dieses System von Privilegien und Pflichten, haben sich nicht zu rechtfertigen. Sie sind selbstverständlich.

Das Zusammentreffen von »selbstgefälligem« Denken darüber, wie die Welt sein sollte, und von Handlungsanweisungen durch Tabus, die so selbstverständlich sind, daß sie keiner Erklärung bedürfen, ist natürlich keine Affäre, die sich allein in Deutschland ereignet hätte. Mit einer Mischung von Neid, Bewunderung und Verachtung haben wir auf die Engländer geblickt, die so sicher in der Annahme waren, die privilegierte Herrenrasse zu sein, daß es ihnen überhaupt nicht entfernt in den Sinn kam, darauf einen Gedanken zu verschwenden. Diese Grundlage ihrer Kultur war sacer, heilig, tabu. Aber das hinderte sie nicht, zum Beispiel eine vorzügliche Ethnologie zu entwickeln und ihr Wissen um die Eigenart anderer ethnischer Gruppen erfolgreich politisch auszunützen. Da genügt als Kontrast der Hinweis auf die Politik der Naziregierung den Ukrainern gegenüber. Die im politischen »System« verankerte Erniedrigung der »Ostvölker« zu Sklavenrassen ließ nicht den Umgangston finden, der zum Beispiel bei den Ukrainern eine nahe der Oberfläche schlummernde Hoffnung auf nationale Selbständigkeit und Befreiung von der großrussischen Expansion zu nützen gewußt hätte. Es kam zu keiner pragmatischen Übereinkunft, sondern zu einer maßlosen Enttäuschung und einem kategorischen Sinneswandel des ukrainischen Volkes, das sich nun nicht befreit, sondern erobert und gedemütigt erlebte. Man erinnere sich hier an William Wilberforce, der um die Wende vom 18. zum 19. Jahrhundert zum unermüdlichen und erfolgreichen Vorkämpfer gegen den Sklavenhandel wurde – ein Engländer, mit nichts bewaffnet als dem besseren Argument im Kampf mit dem, was die anderen für ein unbezweifelbares Vorrecht hielten, das ihnen übrigens zur damaligen Zeit die höchsten Einnahmen aus ihren Kolonien brachte. Diese innere Dialektik zwischen einem unerschrockenen individuellen Gewissen und dem Eigennutzen der Nation gehört nicht zu den Charakteristiken unserer Geschichte.

Zusammenfassend ist zu folgern, daß Tabus offenbar dann zu Instrumenten der Störung – geradezu der Selbstzerstörung – werden, wenn sie nicht balanciert sind, und zwar durch direkte Gegenkräfte des Tabus. Das können nur seelische Leistungen sein, die dem »tierischen Ernst« systematischer Einteilung und starrer Verbote direkt entgegenlaufen, wie zum Beispiel Ironie, gipfelnd in Selbstironie, überhaupt Distanz überall dort, wo ein Affekt diese Distanz zur Sache verschlingen will. Der Systematiker gerät aber leicht in Rage, weil die Wirklichkeit sich diesen teils hochkomplizierten, verstiegenen teils simplifizierenden Gedankenentwürfen seines Systems über diese Wirklichkeit nicht anzupassen pflegt. Das muß alles mit »Zusatzhypothesen« nämlich mit Realitätsverleugnung geleistet werden, was der Laune nicht bekommt. Ich wiederhole: Tabus sind Regulative sozialen Verhaltens. Betrachtet man sich ihre Rolle in der Menschheitsgeschichte, so haben sie in den kleinen Gesellschaften der Geschichte insbesondere sexuelles Verhalten gelenkt. Für die Gegenwart trifft zu, daß sie mindestens ebenso stark die Lenkung aggressiver Potentiale besorgen, und zwar gerade solcher, die von einer Legierung mit den erotischen Strebungen ausgeschlossen und deshalb besonders »hart« sind. Tabus stehen damit Vorurteilen nahe, sind zum Teil mit ihnen identisch. Da dem Individuum nicht die Kraft gegeben ist, in allem Erlernten nach der Berechtigung der Aussage zu forschen, nimmt es Auffassungen um so leichter hin, je unbeschwerter von Zweifeln sie angeboten werden.

Erreicht diese Willfährigkeit jedoch Ausmaße, die keine kritisch zweifelnde, spottende Haltung irgendeiner ins Gewicht fallenden Autorität gegenüber zulassen – insbesondere nicht angesichts der Autorität des eigenen Selbst –, dann werden Tabus zu gefährlichen Lenkungsmechanismen. Sie machen das Individuum wehrlos, realitätsfremd, ganz wie das alte Wort ›tumb‹ es beschreibt. Da Demokratie essentiell auf der Anerkennung einer opponierenden Meinung beruht, die sich auf viele Tabus der herrschenden Gesellschaftsschichten erstrecken mag, ist sie eine soziale Ordnung, die unbefragbaren Gewißheiten nicht günstig gesonnen ist. Deshalb haben zum Beispiel religiöse Autoritäten, die sich sehr stark der Dogmatisierung und Tabuierung bedienen, der Demokratie nie sehr wohlwollend gegenübergestanden. Die außerordentlichen Fortschritte der politischen Klerikalisierung in Deutschland sind ein weiteres Zeichen für die offensichtliche Schwächung demokratischer Ansätze in unserem Land.

Demokratisierung heißt Steigerung der Bereitschaft, abweichende Meinungen zu ertragen, in Koexistenz mit ihnen leben zu können. Diese Distanzierung von Affekten – besonders von Angst und Wut –, wo man auf fremde, »unverständliche« Haltungen trifft, bereitet eine bessere Ausgangsposition für das kritische Denken, als Tabus es können. Erziehungspraktiken, Sozialtraditionen überhaupt, bereiten in Deutschland auf »Radfahrerreaktionen«, also ein situationsabhängig entweder autoritär tretendes oder unterwürfig buckelndes Verhalten, in solcher Breite vor, daß Toleranz trotz besten Willens meist mißlingt. Das schlägt in der Politik zu Buch. Adenauer hat mit großer Zustimmung autoritär regiert; um ihn sind mehr Zerfallsformen autoritärer Herrschaft als demokratische Sitten entstanden.

Die Stadt der Zukunft

Bedenken wir es recht, so ist unser Unvermögen, oft auch nur die gröbsten Umrisse der Zukunft zu erkennen, ein Anzeichen der geringen Dauerhaftigkeit unserer sozialen Lebensformen und damit auch für die Unberechenbarkeit unseres Schicksals als Individuen. Was in hundert Jahren an diesem Ort sich zutragen wird, ist doch nicht deshalb so schwer absehbar, weil Naturkatastrophen, etwa eine neue Eiszeit, eingetreten sein könnten, sondern weil wir nicht wissen, welche neuen Erfindungen bis dahin gemacht werden: vom Menschen herbeigeführte Neuerungen wie die unzählbar vielen, die seit dem Jahre 1870 gelangen.

Mit dieser Erfindungswissenschaft, in der sich die Produktivität unserer Werkzeugintelligenz Gestalt gibt, hat es aber eine besondere Bewandtnis; sie verführt zu einem Denken, das in der Künstlichkeit der Isolation stattfindet. Diese Isolation ist sowohl im Experiment wie in einem ziel- oder auftragsfixierten Spezialistentum zu beobachten.

Georg Picht[1] hat dieses Strukturelement unseres fortschreitenden Wissens, das wir bisher noch kaum durch bessere Methoden zu ersetzen vermochten, gut dargestellt:

»Die Wissenschaft des technischen Zeitalters beruht auf der methodischen Isolierung einzelner Ketten von Phänomenen. Das Geflecht der Interdependenzen wird zerschnitten, die störenden Faktoren werden ausgeblendet, um experimentelle Bedingungen herzustellen, die eine methodische und technische Beherrschung bestimmter Vorgänge erlauben. Was im Ansatz des Verfahrens ausgeblendet wurde, kann nicht nachträglich wieder eingeführt werden. Die Blindheit gegenüber den Sekundäreffekten ist deshalb geradezu das Prinzip der Wissenschaft, die unsere Welt gestaltet.« Wer die Zukunft prognostizieren will, sollte sich gesagt sein lassen, daß wir dabei durch unser Wissenssystem verführt werden zu ignorieren, was wir gerade nicht ignorieren dürfen, die Verschränkung und Verfilzung von Effekten und Nebeneffekten. Wir beobachten eine fortschreitende Auflösung klanhaften oder sippenhaften Zusammenlebens unter den Einflüssen der fortschreitenden industriellen Entwicklung, insbesondere der Entstehung neuer Produktionsbereiche und -zentren. Die Auflösung hat jetzt mit der funktionalen Gleichstellung der Frau auch die Primärgruppe, die Familie, die Stellung von Eltern und Kindern selbst, erreicht, deren

Schutz soviel rechtliche und ideologische Sicherungen gegolten haben. Es werden noch viele, aber kraftlos bleibende Worte gegen diesen Auflösungsprozeß der Familie vorgebracht werden. Der Prozeß wird weiterschreiten als einer dieser unbeabsichtigten Nebeneffekte einer Entwicklung, die ganz andere Ziele im Auge hatte. Die großen Entdecker und Techniker der letzten 200 Jahre dachten sich eine apparativ vervollkommnete Welt, aber sie dachten nicht, oder nur höchst unvollkommen, daran, daß diese Welt, in der zunächst die grobe, schließlich auch die feine Körperarbeit von Maschinen erledigt wurde und dann auch noch Denkprozesse auf Apparate übertragen wurden, auch von »anderen« Menschen bewohnt sein würde.

Was heißt »anderen« Menschen? Menschen, die einen Anpassungsprozeß an eine veränderte äußere und soziale Umwelt zurücklegen, veränderte Formen der Selbstentfremdung unter dem Druck ihrer Gesellschaft zu ertragen haben, aber durch die Gegebenheiten dieser Gesellschaft auch ein differentes Selbstbewußtsein erreichen können.

Da nun einmal der Mensch ein Geschichte machendes Wesen und keiner definitiven Umweltgestaltung fähig ist, verlangt es ihn nach besseren Aussichten. Auch dabei unterstützt uns unsere Fähigkeit, immer neue Arbeitswerkzeuge zu ersinnen und damit uns angeblich passendere Umweltbedingungen zu schaffen. Wir bezeichnen dies als Fortschritt und bekunden dabei eine fast undurchdringliche Empfindungslosigkeit gegen Verluste, die wir dabei zugleich einhandeln.

Überwältigend klar wird dieser Zusammenhang zwischen wachsender Aufklärung an einer Stelle und Verfall von Freiheiten an anderer, wenn man sich die Geschichte der Stadtutopien vergegenwärtigt. Im Phantasiespiel berauscht sich der Schöpfer vollkommener Zukunft an seiner einzigen ins Gewicht fallenden Waffe, und zwar an der Fähigkeit, aus linearer Logik ein Bild zu konstruieren. Es ist beachtenswert, daß von alters her in vielen der Stadtutopien (ich denke an Ledoux, Huvé, Faust, Owen und besonders Fourier und Cabet) die geometrische, an Kristallgitter erinnernde Form vorherrscht. Die Zeit des Absolutismus, also stärkster Beeinträchtigung denkender und urteilender Selbständigkeit der Bürger, brachte in den »Fürstenstädten« (man denke an die Pläne Karlsruhes und Mannheims) die Verwirklichung. Zweifellos besteht hier eine tiefe Verwandtschaft zwischen der zwanghaft geometrischen Figur und dem Versuch, soziale Konflikte autoritär zu lösen. Dem gesuchten Glück ist die Menschheit mit diesen Entwürfen und ihren Verwirklichungen kaum näher gekommen.

So harmlos sind Utopien also nicht. Sie sind Indikatoren, wichtige Ausdrucksmittel jener Spannungen, die eine Gesellschaft ihren Mitgliedern aufzwingt; sie sind Ersatzbefriedigungen. Aber der Druck, den man selbst erleidet, wird in der erträumten Lösung in die Zukunft hineinprojiziert – auf die kommenden Generationen, die unter diesem für sie vorausgeplanten Joch werden ächzen, dieser Traumstadt ihren Tribut werden entrichten müssen. Lewis Mumford[2] unterscheidet deshalb auch treffend zwischen »Fluchtutopien« (utopias of escape) und den konstruktiven Utopien (utopias of reconstruction); in den ersteren erkennt er den Abwehrcharakter gegen gesellschaftliche Konflikte, die der Utopist nicht zu lösen vermag, denen er vielmehr mit Hilfe der Idealstadt seines Traumes zu entrinnen sucht. Die »utopias of reconstruction« enthalten statt dessen »eine Vision einer wiederhergestellten Umwelt, die besser an die Natur und die Ziele der menschlichen Lebewesen angepaßt ist, als es deren gegenwärtige Umwelt ist«. Nur sie sind als ernsthafte Beschäftigung mit der Zukunft anzuerkennen.

Diese Einteilung der Utopien ist einleuchtend, aber sie reicht auch noch nicht aus. In jedem Fall hängt selbst eine konstruktive Utopie vom Funktionsdefizit ab, das in der sozialen Wirklichkeit des Vorausdenkenden herrscht. Und nicht ganz unbedeutend ist doch auch die Distanz, die zwischen der Bewußtseinshöhe liegt, welcher die Utopie entstammt, und jener, in welcher die Menschen leben, denen diese Utopie angetragen wird. Da scheint es ärgerliche Sprach- oder Verständigungsverwirrungen, noch in der jüngsten Vergangenheit, nicht so selten gegeben zu haben.

Der Utopist ist immer schnell bei der Hand, seinem Noch-nicht-Ding den Charakter einer Panazee zu verleihen, während die Menschen – man denke an die in Brooklyn oder São Paulo – unter einem extremen, deformierenden Anpassungszwang leben mögen; das heißt, sie sind gezwungen, in weiten Bereichen ihres seelischen Lebens zu vegetieren, wo auch sie entwickelbare Fähigkeiten besäßen. Es gilt die Devise: Vogel friß oder stirb. Le Corbusiers Cité Radieuse präsentiert sich dagegen gewissermaßen als ein hochgebautes Jerusalem, als die »City beautiful«. Diese Utopie Le Corbusiers hat, wie wir wissen, eine enorme Suggestivkraft besessen; wir zitieren sie als noch aktuelles Beispiel.

»Sie wurde« – wie Jane Jacobs[3] schreibt – »von den Architekten überschwenglich gefeiert und ist allmählich in Unmengen von Siedlungen, angefangen vom sozialen Wohungsbau bis zu Bürobauten, Wirklichkeit geworden. Außer daß er, jedenfalls oberflächlich, die Prinzipien der Gartenstadt auf große Bevölkerungsdichten anwendbar machte, enthielt der Traum Le Corbusiers noch andere Wunder. Er versuchte, die Verkehrsplanung zu einem integralen Teil der Planung zu machen, und das war in den zwanziger Jahren und bis in den

Anfang der dreißiger Jahre hinein ein neuer, aufregender Gedanke. Le Corbusier plante große Verkehrsadern für Einbahn-Schnellverkehr, er beschnitt die Anzahl von Straßen, weil ›Kreuzungen ein Feind des Verkehrs‹ sind. Er schlug unterirdische Straßen für den langsamen Verkehr und für Last- und Lieferwagen vor, und natürlich hielt er, ebenso wie die Gartenstadt-Planer, die Fußgänger von den Straßen fern und verbannte sie in die Parks. Seine Stadt war ein wundervolles mechanisches Spielzeug. Darüber hinaus zeichnete sich sein Entwurf architektonisch durch verblüffende und blendende Klarheit, Einfachheit und Harmonie aus. Er war so ordentlich, so einleuchtend, so leicht zu begreifen! Wie eine gute Reklame war er mit einem einzigen Blick ablesbar. Diese Vision und ihr kühner Symbolismus waren so gut wie unwiderstehlich für Planer, Wohnungsbauspezialisten, Architekten, für Entwickler, Finanziers und auch für Bürgermeister. Ganz gleich, wie tötend und nutzlos der offene Raum ist, wie langweilig die Ansicht aus der Nähe – Le Corbusiers Ruf ›Seht nur, was ich da gemacht habe‹ geht durch das Land. Wie ein großes personifiziertes Ego erzählen diese Gebilde von den Leistungen des jeweiligen Schöpfers. Aber über die Funktionsfähigkeit der Stadt erzählen sie, genau wie die Gartenstadt, nichts als Lügen.«

Eingepackt in diese Aufforderung zu modernerem Leben – die natürlich als schöpferischer Traum in sich große Entwurfskraft verrät, was wir Kritiker auch dagegen vorbringen mögen –, eingepackt in dieses schöne Bild ist ein autoritäres Verfügen über den Menschen. Es ist wieder ein Vogel-friß-oder-stirb, dem er sich unterordnen muß, und zwar unter dem indignierten Auge des Propheten, der nicht verstehen kann, daß die Städte nicht sofort neu nach seinem Schema sich zu ordnen beginnen; und zwar hat sich nicht nur die räumliche Struktur, sondern die gesamte gesellschaftliche Ordnung seinen Plänen anzupassen.

So ungewiß wird also der Boden, sollte man sich dazu verführen lassen, von der zukünftigen Stadt ein Bild sich zu machen. Und doch müssen wir es uns angelegen sein lassen. Nur wird es offensichtlich immer weniger reizvoll, die Vorschau im Stile der alttestamentlichen Propheten zu versuchen. Wenn wir zuvor den Zwang zur linearen Logik, zur monomanen Besessenheit wissenschaftlichen Planens erwähnt haben, so kündet sich jetzt doch auch eine unbeabsichtigte auflockernde Rückwirkung der Möglichkeit an, Modelldenken, zum Beispiel das Ausdenken einer Stadt der Zukunft, nicht verbissen selbst »durchexerzieren« zu müssen, sondern die Informationen zunächst einmal an Computer zu verfüttern und von ihnen sich etwas vormachen zu lassen. Das scheint den Krampf der Überidentifizierung zu lockern und ein erheiterndes Spielelement zum Zuge kommen zu lassen.

Denn das hat natürlich gewiß nicht nur für die Stadtplaner, sondern auch für zahllose Erfinder philosophischer oder sonstiger natürlicher Heilsysteme gegolten, daß in ihnen die funktionale Gestalt des Entwurfs sich nicht an die Realität, an die Vielgestaltigkeit der Kompromisse, unter denen wir leben, gehalten hat, sondern Wunschdenken entsprang. Mit anderen Worten: die Fluchtsysteme, zu denen auch die Fluchtutopien gehören, vermeiden die politische Veränderung zugunsten eines autoritären Wunschdenkens, das sich im Fall der Stadtutopie zunächst das Air ästhetischer Perfektion zu geben weiß.

Wir fangen an, dies zu begreifen und uns statt dessen ganz andere Vorfragen vorzulegen; etwa: Was ist für Menschen gesund und was ungesund, was natürlich und was nicht, und wie steht es überhaupt mit dem Bedürfnis nach Naturkontakt, ist es romantisch oder unerläßlich, oder beides; kann Monotonie die Initiative und mehr noch die Fähigkeit, zu fühlen, töten?

Diese und ähnliche Fragen, naiv aufgestellt, beweisen uns, daß wir nahezu kein verbindliches Wissen über unsere humanbiologischen Grundbedürfnisse haben. Menschen sind Verwandlungskünstler, was das pure Überleben betrifft; aber welche Einflüsse ihres heimischen Biotops, ihrer Gesellschaft die wünschenswerten Neigungen in ihnen verstärken, ist keineswegs so klar. Wie überhaupt die Ideologien unvermeidlich ins Spiel kommen: wir wünschen uns den Menschen milder, verständiger, humorvoller. Da gibt es andere unter uns, die wollen ihn grimmiger, selbstvergessen tötungs- und zum Tod bereit. Wer ist degeneriert von uns, wer atavistisch? Das läßt sich alles nicht so einfach entscheiden, wie es uns die Werbetechniker in verschiedenen Diensten einreden wollen. Aber für diesen und für jenen soll ein Haus gebaut werden – spartanisch oder komfortabel?

Wegen dieser Ungewißheiten denkt sich der Sozialpsychologe nicht die Stadt einer Zukunftsgesellschaft aus, in der zum Beispiel eine erfolgreiche sexuelle Revolution stattgefunden hat, oder in der eine Gesellschaft haust, die mit ihrer Aggression besser umzugehen gelernt hat, sondern er möchte zunächst die Vorfragen klären. Was bringt der Strom der Geschichte mit sich, was trägt er aus seinen Einzugsgebieten in die Zukunft hinein; welche Traditionen, welche traditionszerstörenden, aber neue Realität schaffenden Gegebenheiten? Wohin drängt die Evolution, wo haben sich die destruktiven Spannungen zu tödlicher Gefahr gesteigert? Bei einer Wachstumsrate der Weltbevölkerung von zwei Prozent im Jahr kann uns die Zukunft weniger kaltlassen als je zuvor. Zwangsläufig verwissenschaftlicht sich die Utopie, an ihre Stelle tritt die Futurologie, die alle verfügbaren Informationen in künstlichen Gehirnen und in bisher unerreichbarer Assoziationsbreite kombiniert. Robert Jungk hat über die Arbeit dieser »Think Factories« genannten Institute[4] auf dem Darmstädter Gespräch 1966 berichtet. Seiner Rede war zu entnehmen, daß in mehreren amerikanischen Universitäten zum Beispiel auch »Modelle einer teilweise oder vollständig abgerüsteten Welt« entworfen werden[5]. Der Zusammenhang dieser Frage, ob es gelingen wird, Zankäpfel zwischen staatlichen Gebilden zukünftig mit anderen Mitteln als den herkömmlichen, geschweige atomaren Kriegen zu beseitigen, mit der anderen Frage, wie die Städte einer Zukunft aussehen werden, in der die Menschen nach wie vor so aggressiv geblieben sind, aber nicht mehr das Bedürfnis verspüren, ihr Destruktionsverlangen in Kriegen zu entladen: die Verwobenheit dieser Fragen untereinander ist deutlich.

Das fordert nun aber heraus, Proben dafür zu geben, was ein Sozialpsychologe zu einer solchen Teamanstrengung, die Chancen zukünftiger Städte zu durchdenken oder durchzuspielen, beizutragen hat. Wie sehen die Variablen aus, die er benennen muß und von denen er annimmt, daß sie an der Gestaltung der Stadt der Zukunft entscheidenden Anteil haben? Und um es zu wiederholen: Solange man diese Faktoren nicht ausreichend einzuschätzen gelernt hat, bleiben Stadtutopien – ob es nun Turm- oder verkehrsgerechte Städte sind – Träume, oder sie enthüllen sich bei den Ansätzen der Verwirklichung als Mißgeburten.

Zwei Überlegungen drängen sich als allen anderen vorgeordnet auf, die noch einmal Rudolf Hillebrechts Wort, »politische Entscheidungen allein vermögen einen neuen Städtebau herbeizuführen«[6], unterstreichen sollen. Wir alle wissen, daß die unmittelbarste Vorbedingung, welche die Stadt der Zukunft menschengerechter werden lassen könnte, die Bodenreform, »auf der Strecke blieb«. Das Motiv dafür ist ein unzureichendes Bewußtsein der Öffentlichkeit für die Voraussetzungen ihrer eigenen Existenz. Sie lebt emotionell tief in der Vergangenheit und rechtfertigt damit blinden Eigennutz, der durch nichts zu rechtfertigen ist. Solange aber nicht ein Stück dieser neu entstandenen Realität der technischen Metropolen und ihrer weiterwachsenden Zahl von Bewohnern im öffentlichen Bewußtsein angenommen und verarbeitet ist, wird es keine Neuigkeiten in der Stadtgestalt von morgen geben.

Unsere erste Überlegung fragt demnach: Wird es gelingen, den Bewußtseinszustand der Städter unserer Epoche so zu verändern, daß in den Wachstums- oder Umbauvorgängen die modernen Siedlungsballungen Qualitäten wiedergewinnen, die wir mit dem Begriff »Stadt« verknüpfen? Wenn wir sagen »wiedergewinnen«, so meinen wir nicht eine Rückorientierung an formalen, ästhetischen Gestalten, die unwiederholbar sind, sondern Umweltfaktoren, die eubiotisch, das heißt biologisch harmonisierend, wirken, die daran mitwirken, daß das Leben auf angenehme Weise verlaufen kann.

Unsere zweite Kardinalfrage: Wird es der Menschheit gelingen, ihre Vermehrung ausreichend zu kontrollieren, so daß sie in absehbarer Zeit zum Stillstand kommt? Natürlich sind auch die Entscheidungen, die in diesen zweiten Problemkreis fallen werden, an den Bewußtseinszustand, an die Realitätserkenntnis, das Verantwortungsgefühl geknüpft. Aber dieser eine Faktor – Ausmaß und Dauer künftiger Bevölkerungsvermehrung – ist doch von so überragender praktischer Bedeutung, daß man ihn als eines der zukunftsbestimmenden Phänomene von höchster Ordnung betrachten kann.

Wir können hier nur einen Augenblick Konsequenzen vorausdenken, um noch einmal zu bestätigen, daß Stadt- oder besser Regionalplanung immer im Kontext politischer Entscheidungen geschieht; und daß diese Entscheidungen von der Einsicht in die geschichtsbestimmenden Realfaktoren abhängen. Sollte die Bevölkerung im augenblicklichen Tempo weiterwachsen, so birgt dies für die Menschheit mit eiserner Konsequenz eine Hungerkatastrophe von ungekanntem Ausmaß. Das sind keine leeren Behauptungen, sondern Ergebnisse jener Vorausberechnung einzelner Zukunftsentwicklungen, die mit hoher Exaktheit ausgeführt werden können. Die Experten der Ernährungs- und Landwirtschaftsorganisation (FAO) der UN haben mitgeteilt, daß schon jetzt die Bevölkerungszunahme die Zunahme der Nahrungsmittelproduktion überrundet hat. Der Hunger, der heute in weiten Teilen unserer Erde herrscht, ist also kein Überbleibsel, sondern bereits Teil, erstes Sichtbarwerden dieser mahnenden Hungerkatastrophe.

Sie tritt nicht in zwanzig Jahren ein; die Zukunft hat hier in der Tat schon begonnen: Die Weltbevölkerung wächst jährlich um zwei Prozent, die Nahrungsmittelproduktion nur um ein Prozent. Die Menschen der chronischen Hungergebiete sind zugleich die mit der geringsten Einsicht in die geschichtliche Lage und der höchsten Vermehrungsrate von drei und mehr Prozent. Man muß immer wieder bekannte Zahlen sich ins Gedächtnis zurückrufen: In den 600 000 Jahren des Altsteinzeitalters benötigte die Menscheit eintausend Jahre, um sich um ein Prozent zu vermehren. Heute vermehrt sie sich in einem Jahr um zwei Prozent; das heißt, es ist eine Beschleunigung um das Zweitausendfache in diesem Vermehrungsprozeß eingetreten[7].

Denken wir an die Stadt der Zukunft, so kann das nicht nur die Stadt der westeuropäischen Industrienationen sein, deren Probleme weniger durch die absolute Bevölkerungsvermehrung als durch die Ballungstendenzen der industrietechnischen Betriebe entstanden sind. Die Millionen unzivilisierter, ungebildeter und dadurch mehr und mehr zu unproduktivem körperlichem und seelisch-geistigem Vegetieren verurteilter Massen sind nicht in Städten von der Art geordneter Gefäße des Lebens aufzufangen. Wir haben nach der Katastrophe 1945 eine vergleichbare, aber immer noch milde Form dieser chronischen Notzustände der Entwicklungsländer Afrikas oder Südamerikas mitgemacht und wissen, wie lähmend auf die Verwirklichung produktiver Lösungen im Städtebau diese Extremsituation gewirkt hat.

Es ist aber eine noch deprimierendere Konsequenz der Überbevölkerung zu nennen, von der wir mit Gewißheit annehmen können, daß sie auf unsere Gesellschaft rückwirken wird. Das Anwachsen von Populationen, für die kein sozialer Status vorbereitet ist, die einfach unwillkommene neue Esser sind, setzt den Wert des Menschen drastisch herab. Wo das Individuum so wenig gilt, stellt sich über kurz oder lang ein Zustand her, dessen Grundmuster die »orientalische Despotie«[8] ist. Die kürzeste Definition dafür lautet, daß »der Staat stärker als die Gesellschaft« ist. Und das ist genau das Gegenstück zum aufgeklärten Staatsdenken, das sich in den europäischen Stadt-Kulturen entwickelt hat: totale Anpassung, totaler Terror, totale gesellschaftliche Vereinzelung und Unterwerfung, maximale Entmündigung und eine wenig benevolente Exekutive.

So wie wir sagen können, der Hunger der Gegenwart ist Vorbote einer größeren Hungersnot, so können wir schließen, die Herstellung despotischer Herrschaftsverhältnisse, die wir an immer neuen Orten der Erde beobachten, ist die Konsequenz der Entwertung des Individuums in Gesellschaften, deren Wachstum das Aufkommen differenzierterer Sozialstrukturen verhindert. Die gemilderte Form dieses Entwertungsprozesses ist auch noch am anderen Ende der Produktionsskala in den höchstindustrialisierten Ländern zu beobachten.

So hat der Trend nach dem Westen in den USA zum sprunghaften Anwachsen der dort gelegenen Städte, besonders von Los Angeles, geführt. Auch in der Gestaltlosigkeit dieser Aufreihung von »Slurbs« (das Wort ist eine der genialen Zusammenziehungen des Amerikanischen: Slum und Suburb) kündigt sich Massenelend, diesmal betont seelisches, an – ablesbar an den höchsten Selbstmord-, Vergewaltigungs- und Mordraten, der weitesten Ausbreitung aller denkbaren Suchtformen und so weiter. Henry Millers Definition dieser Art von »Stadt« und städtischem Dasein als »airconditioned nightmare« trifft diesen Vorgang, daß staatliche (oder in den USA dem staatlichen Zwang vergleichbare) Anpassungszwänge an Konsum und Verhalten in jedem Bereich das Individuum despotisch regieren.

Auf unsere Sicht in die Zukunft angewandt: Es wird von höchster Bedeutung sein, ob es gelingt, das Problembewußtsein zunächst der führenden Schichten der führenden Länder auf die Wachstumsrate der Weltbevölkerung zu konzentrieren, weil dieser Vermehrungsprozeß jede Planung humaner Existenz unmöglich macht. Mehr als jedes Mondfahrtsprogramm ist sofortige Aufklärung in dieser Hinsicht eine politische Notwendigkeit. Sie ist politischer Selbstschutz.

Man könnte einwenden, hier sei fortwährend von Hunger in den nächsten Dekaden, nicht von der Stadt in dieser Zeit die Rede. Dagegen ist zu wiederholen, daß die Selbstverwirklichung städtischer Lebensform vielfältigst von der Fähigkeit, soziale Probleme überhaupt zu lösen, abhängt. Wie die Inder offensichtlich eher verhungern müssen, als daß es ihnen gelänge, einen Bewußtseinszustand zu erlangen, in dem sie sich vom Kult eines Totemtieres, also von ihren heiligen Kühen, trennen können, so werden wir auch bei uns Verhaltensformen irrationaler Art finden, die es bisher absolut verhindert haben, daß die führenden Köpfe unseres politischen und geistigen Lebens überhaupt begriffen zu haben scheinen, was mit der Lösung der Stadtprobleme für unsere Gesellschaft auf dem Spiele steht. Jane Jacobs hat in ihrem Vortrag auf der Constructa II den Senator Robert F. Kennedy zitiert, der im Dezember 1966 feststellte, und zwar als verantwortliche Amtsperson: »Unsere bisherigen Anstrengungen, die städtebaulichen Probleme zu bewältigen, waren erfolglos. Nichts, was man sich versprach, wurde erreicht. Der Zweck unserer Bemühungen wurde verfehlt.«[9]

Es gibt also in der Tat auch bei uns »heilige Kühe«. Darin ist mehr als nur eine Analogie zu sehen. Es geht um seelische Reaktionsformen des Menschen, die zu ihm als Artwesen und nicht nur als Mitglied dieser oder jener Kultur gehören. Sie noch mit einem Wort zu bedenken ist notwendig, wenn wir uns die Stadt von morgen vorstellen wollen. Sie wird nämlich Ausdruck sehr vieler emotioneller Bedürfnisse – und nicht weniger: emotioneller Entbehrungen – sein, die auch die Stadt von heute und gestern auszeichnen und ausgezeichnet haben.

Wir sprachen zu Anfang davon, daß Prognosen über den Verlauf der Geschichte voller Ungewißheit seien. Denn die menschliche Geschichte ist bestimmt von unvorhergesehenen Wendungen, die menschliches Verhalten und nicht anonyme Naturgesetzlichkeit herbeiführt. Das könnte den Eindruck erwecken, die menschliche Natur lasse mehr Bewegungsfreiheit zu, als es tatsächlich der Fall ist; es könnte mithin die Paradoxie, die in unserem Wesen Wirklichkeit ist, verdeckt werden. Denn wir sind, wie das immer dichtere Netz technischer Einrichtungen beweist, vorzüglich in der Lage, Naturgesetze außerhalb unserer selbst zu manipulieren; die Beherrschung jener Naturkräfte, die uns innerlich in Atem halten, nämlich unsere Triebe, bleibt nach wie vor ein fragmentarisches Unterfangen. Das hat den Charakter archaischer Majestät; ist aber auch zum Verzweifeln.

Am Zustandekommen der Stadt von morgen sind also sehr schwer bewegliche, aber sehr hartnäckig auf traditioneller Befriedigungsweise beharrende Einstellungen beteiligt. Die Unmöglichkeit, in christlich traditionsgebundenen wie sozialdemokratischen Parteigremien, im Golfklub wie am Stammtisch der Gärtner oder Hausbesitzer die Bodenfrage auch nur zur Diskussion zu bringen, zeigt, welche Tabus ihre Stabilität behalten haben. Sie werden dabei durch das Gegenstück zur vorwärtsweisenden Utopie, durch Kernsätze staatserhaltender Ideologie, fortwährend stabilisiert. Ulrich v. Altenstadt[10] möchte »die These, ›Bodenbesitz schafft Bürgersinn‹, mit einem Fragezeichen« versehen:

»Wer sich heute die Bauvorschriften für Einfamilienhäuser ansieht, wird zugeben müssen, daß die Beschränkungen der Freiheit (Abstände, Bautiefen, Dachformen etc.) kaum weniger groß sind als in mittelalterlichen Städten, die aber keinen Privatbesitz an Grund und Boden, sondern nur Gemeinschaftseigentum der Zünfte oder sonstiger Gruppen kannten. Die Einschränkung ist nur fühlbarer, da man sich ja auf eine vermeintliche persönliche Freiheit eingerichtet hat. Die wahren Nutznießer unserer heutigen Bodenpolitik sind die Grundstücksspekulanten, die ihre Herkunft aus dem agrarwirtschaftlichen Denken nur zu gut begriffen haben: Boden als Produktionsmittel (für Bankguthaben).«

Für den Sozialpsychologen wird es also relativ ephemer, ob die Stadt der Zukunft durch ein anderes Vehikel geprägt, aus neu entwickkelten Baustoffen errichtet, im Rastergrundriß ausgelegt sein wird. Das sieht er als Probleme der zweiten Linie an, was natürlich nicht heißt, sie seien gleichgültig, sondern nur, daß diese Phänomene vorgeordneten politischen Entscheidungen gehorchen werden. Es wird ihm also nicht die Antwort genügen, die Stadt von morgen werde nicht mehr vom Automobil, sondern von Luftkissenfahrzeugen beherrscht. Er möchte, wie angesichts der Tatsache, daß sich an manchen Stellen der Welt Utopia in »Autopia« verwandelt hat, wissen: Welchen Stellenwert hat denn das jeweilige Verkehrsinstrument für die Individuen einer Gesellschaft? Denn es ist doch längst nicht so, daß wir in Automobilen Verkehrsmittel und sonst nichts herstellen. Wir produzieren mit ihnen Statussymbole, Rückzugsgehäuse für Liebende und Geplagte und vor allem Suchtmittel für einen enorm gesteigerten Bewegungsdrang. Wer also nicht alle diese Faktoren in der Lebensökonomie des heutigen Städters mitbedenkt, kann keine angemessene Verkehrsplanung treiben, denn hier geht es um ein stürmisches Gemenge von utilitaristisch-rationalen und von gänzlich irrationalen Phantasiebedürfnissen. Und gleiches gilt von jedem anderen Punkt auch, ob die Gartenstadt oder die Nachbarschaftsidee oder sonst etwas zur Debatte steht.

Es gibt keine einfachen Erlösungspraktiken für den Menschen. Weil ich gerne spazierengehe, tun es andere noch nicht, ihnen genügt vielleicht der Blick auf ein paar Bäume und ein Stück Garten. Und das ganz und gar Unbequeme ist, daß es, wie gesagt, äußerst schwierig ist, auszusortieren, welche Faktoren die schlechthin unerträglichen sind. Ich würde dazu den permanenten Verkehrslärm rechnen, oder weite Quadratkilometer mit Häusern verbaut ohne einen Baum wie in Brooklyn. Aber es gibt hier viel verborgener Wirksames, wie die Sterilität von Levitt Town oder die Limesstadt oder Gravenbruch, um in der Nähe zu bleiben.

Aber da ist noch ein Stabilisierungsfaktor, der dafür sorgt, daß sich nichts Grundlegendes an unseren Städten ändern wird: Solange die Militärausgaben in den geschichtsbestimmenden Staaten die absolute Priorität genießen, kann der Städtebau nicht entscheidend gefördert werden. Zwar ist die industrielle Produktivität einer Weltmacht wie der USA so erstarkt, daß sie sich einen »begrenzten« Krieg im Stile des in Vietnam geführten wie einen Luxus leisten kann, aber sie kann sich nicht den doppelten Luxus leisten und Beträge vergleichbarer Höhe langfristig in eine Humanisierung der amerikanischen Städte investieren. Aus einem militärischen Gesamtbudget von 76,8 Milliarden Dollar sind im Haushalt 1967/68 insgesamt 21,9 Milliarden Dollar für den Vietnamkrieg vorgesehen. Unter dem Eindruck dieser Zahlen versteht man, was die Abrüstung für einen Wandel im Aussehen der Welt mit sich brächte. Die Futurologen können über nicht unbeträchtliche Einsätze bei ihren Denkspielen mit der abgerüsteten Welt disponieren. Eine solche Umverteilung unseres Reichtums steht freilich in weiter Ferne[11]. Denn die Ritualisierung und Institutionalisierung unseres aggressiven und destruktiven Triebüberschusses in Armeen, in sich zunehmend brutalisierenden Ausbildungsformen und Techniken der Kriegsführung zeigen, daß hier Triebzwänge mit elementarer, die Einsprüche der Vernunft überwältigender Macht sich entladen wollen. Ihre Energiequelle ist unsere Natur selbst. An ihrer Qualität hat sich gewiß seit dem Paläolithikum wenig geändert. Arkadisch könnte Harlem, könnten die Slums und Slurbs der Erde werden, wenn die 21,9 Milliarden Dollar und vergleichbare Summen in die Pflege unserer Städte statt in die Vorbereitung zu ihrer Zerstörung flössen.

Fassen wir zusammen: Die Lage sieht prekär aus, aber welche täte es nicht. Als der schwarze Tod wütete, schien die Zukunft nicht rosiger als heute mit den Toten der Verkehrsschlacht. Als die Zünfte die Initiative erstickten, winkte da mehr Hoffnung als heute, wo riesige Baugenossenschaften über die Wohnschicksale von Millionen entscheiden? Man muß schon an das »Prinzip Hoffnung« appellieren, um nicht in Apathie zu geraten oder sich Fluchtutopien zu überlassen. Und immer fällt die Gefahr der eigenen Zeit besonders ins Gewicht, denn es ist ja noch nicht wie im Falle der Pest heraus, ob wir noch einmal davonkommen.

Der Weg, auf dem uns tatsächlich eine Stadt beschieden wird, über die es sich bereits heute nachzudenken lohnt – kein Fleckenteppich der Kurzsichtigkeiten, Feigheiten, Bequemlichkeiten und des Profitstrebens –, der Weg zu dieser Stadt ist sehr beschwerlich. Denn uns selbst zu erforschen – und für uns selbst wißbar zu machen – ist kein geringeres Unternehmen als die Erforschung eines fernen Himmelskörpers. Die Unlust, hergebrachte Sicherheiten, hergebrachte Stücke unseres Charakters aufzugeben, ist ein etwa ebenso großer Faktor in der Weltgeschichte wie die unermüdliche Lust, der Natur Geheimnisse abzujagen. Das macht jene Mischung von zäher Unbeweglichkeit und überraschenden Hinwendungen auf neue Chancen aus, die es so erschweren, eine Prognose zu wagen.

Denn jede Zeit der Geschichte war immer gemischt aus dem Ältesten in der Natur des Menschen und aus dem, was noch nie dawar. Es ist schwer, eine Linie der Evolution im Gang der Geschichte zu entschlüsseln. Vielleicht hat sich die Resistenzfähigkeit gegen Selbstbetrug erhöht, trotz der ungeheuersten Verblendungen, deren Zeugen, vielleicht Opfer, wir selbst waren. Ein Training dazu hatte ich im Sinn, als ich die Entwicklung der Stadt der Zukunft von der Bewußtseinsbildung ihrer Bewohner abhängig sah. Aber es darf nicht vergessen werden, daß trotzdem ungemildert das Gesetz gilt: Das Bewußtsein der Menschen wird von den Bedingungen, unter denen sie sozial zu leben gezwungen sind, geformt. Der Selbsttäuschung zu entgehen ist also nur möglich, soweit wir dieser Dialektik in unserem Leben innewerden, daß wir zu uns selbst nur via der Vorstellungen und Vorurteile unserer Gesellschaft kommen.

Als ein vorzügliches Mittel hierzu scheint sich die interdisziplinäre Arbeit zu erweisen – jene interdisziplinäre Arbeit, ohne die Planung humaner Städte der Zukunft nicht denkbar ist. Daß dieses Durchdenken der Probleme so unzureichend geschieht, verrät wiederum den Mangel an Problembewußtsein. In dieser Intransigenz steckt aber der Egoismus des einzelnen wie der Gruppen, zu denen er sich zählt; dagegen wäre nichts einzuwenden, denn der Egoismus ist das Werkzeug der Selbsterhaltung. Es ist nur zu betrauern, daß die Mittel, deren er sich bedient, quasi im Althirnlichen verblieben sind, wenig Lenkung durch das kritische, in unserer Gegenwart lebende Ich verraten.

Das läuft auf eine politische Pflicht hinaus, an deren Formulierung eine Gruppe von Architekten, Historikern, Soziologen, Sozialpsychologen mitwirken wollen und die sie in der »Bochumer Erklärung vom 16. September 1965« formuliert haben. Dort heißt es: »Die städtische Lebensweise bietet dem Menschen das vielseitigste Angebot an Arbeitsplätzen, Ausbildungs- und Kulturstätten, an Gütern, Waren und Dienstleistungen, an Begegnung und Austausch, Differenzierung und Leistungssteigerung. Nicht die Auflösung der Stadt, sondern ihre sinnvolle Neuordnung, mit allen Mitteln unserer Technik und unter Anwendung aller schöpferischen Phantasie unserer Zeit, wird dieser Aufgabe gerecht.

Voraussetzung für die Erkenntnis der vielfältig verflochtenen, aber heute meist hoffnungslos isoliert wirkenden Kräfte, die die Stadtgestalt formen, ist die Stadtforschung, die als eine ernstzunehmende Wissenschaft gefördert werden muß.

Wissenschaftliche Erkenntnisse müssen an die Stelle der heute üblichen Ideologien treten. Sie allein können gemeinsam mit den Vorstellungen vom Leben in einer freien Gesellschaft Grundlage politischer Entscheidungen sein.«[12]

Die Stadt der Zukunft ist so viel wert wie die Kraft ihrer Bürger, sich übertriebenen Anpassungszwängen mit kritischer Einsicht entgegenzustemmen, nach Besonderheit statt nach Konformität zu drängen, ihr eigenes Urteil zu suchen, statt sich dem der Öffentlichkeit bereitwillig anzuschließen. Wo immer wir aufgeklärte und nicht grenzenlos manipulierbare Menschen als Mitbürger wünschen, müssen wir ihnen die Chance geben, zu solchen Menschen zu werden. Und das hängt von ungezählt vielen, die Gesamtheit einer Umwelt ausmachenden Faktoren ab.

Forschung und noch einmal Forschung ist notwendig, weil die Abhängigkeit des Menschen von der städtischen Existenz viel größer ist als je zuvor, wir also in unseren Städten unsere mehr oder weniger ausschließliche Umwelt schaffen. In dieser Umwelt sollen aber Kritiklust als Anzeichen des Beteiligtseins, Einfühlung, Stolz auf die Zugehörigkeit zu einer Stadt als Zeichen der Identifikation wachsen können. Das sind Fähigkeiten, die nicht aus irgendeiner Erbanlage entstehen, sondern in der Gesellschaft erzogen werden. Es ist banal, aber wahr: es liegt an uns, wieviel wir in uns überwinden, aus uns entfalten. Entsprechend werden die Nachkommen im Jahre 2070 und danach leben.

Anmerkungen

1 Georg Picht, Die Situation des Menschen in der Zukunft der technischen Welt. Rundbrief der Vereinigung Deutscher Wissenschaftler, 28. 12. 1966.
2 Lewis Mumford, The Story of Utopias. Ideal Commonwealths and Social Myths. London 1923. (Siehe auch: Heinrich Schoof, Idealstädte und Stadtmodelle als theoretische Planungskonzepte. Dissertation der Technischen Hochschule Karlsruhe, 1965.)
3 Jane Jacobs, Tod und Leben großer amerikanischer Städte. Frankfurt am Main 1963.
4 Die Rand Corporation (Research and Development Corporation) ist am bekanntesten geworden.
5 Robert Jungk, Voraussage, Voraussicht und Entwurf. Darmstädter Blätter 11, 1966, S. 1 ff.
6 Rudolf Hillebrecht, Städtebau heute? Mitteilungen der List-Gesellschaft 1966. Fasc. 5, Nr. 9, S. 189.
7 Ph. M. Hauser, Die zukünftige Entwicklung der Weltbevölkerung als zentrales weltpolitisches Problem unserer Zeit. Universitas 11, November 1966.
8 Karl A. Wittvogel, Oriental Despotism. A Comparative Study of Total Power. New Haven 1951. (Deutsch: Die orientalische Despotie. Köln und Berlin 1962.)
9 Jane Jacobs, Fehlschläge und Perspektiven amerikanischer Wohnungsbauprogramme. Deutsche Architektur- und Ingenieur-Zeitschrift 5, Februar 1967.
10 Ulrich von Altenstadt: Städtebau zwischen Emotion und Wissenschaft. In: »Merkur« 198, 1964, S. 720 ff.
11 »Nur elf Mrd. aus Steuermitteln sind für Sozialprogramme des Bundes vorgesehen, also für Erziehung und Ausbildung, Gesundheitsfürsorge und lokale Entwicklungsprojekte. Mit anderen Worten, 35 Millionen Amerikaner, die nach offiziellen Schätzungen unter der Grenze des zumutbaren Mindestlebensstandards leben, unter ihnen ein unverhältnismäßig hoher Prozentsatz von Farbigen, müssen auf einen großen Teil jener Strukturhilfe verzichten, die ihnen unter dem Schock der Erkenntnis, welches Ausmaß an Armut sich im ›reichsten Land der Welt‹ angesammelt hat, feierlich versprochen wurde.« H. T. R., Kriegsbudget. In: »atomzeitalter«, 1/2, Januar/Februar 1967, S. 5.
12 Apropos »Bochumer Erklärung«: Was hat sie für Folgen gezeitigt? Keine! So vieler Anläufe bedarf es, um Einsicht auch nur ein paar Fußbreit in den Dschungel der bürokratischen Handhabungen und privaten Interessen am Bodeneigentum hineinzutragen.

Großstadt und Neurose

Notiz

Die Bemerkungen dieses Abschnittes stehen nur in einem mittelbaren Zusammenhang mit den Fragen der Städte- und Regionalplanung. Sie handeln von gegenwärtigen Leiden und Krisen und lassen die Frage offen, inwiefern die städtische Umwelt an ihrem Zustandekommen beteiligt sein könnte. Unsere Überlegungen werden mit der Absicht angefügt, etwas zum besseren Verständnis erlebnisbedingter Krankheit beizutragen. Besser sagen wir: erlebnisbedingten Verhaltens; denn oft registriert weder Individuum noch Gruppe, daß es sich um pathologisches Verhalten handelt. Wenn hier ein verfeinertes Verständnis sich ausbreitete, könnten vielleicht die groben Fehlentscheidungen in der Stadt- und Wohnungsgestaltung vermieden werden, weil Zusammenhänge im Denken und Beobachten aufgedeckt sind, die bisher unbemerkt wirkten. Natürlich knüpfen wir keine umwälzerden Hoffnungen an die Lektüre dieses Kapitels.

Ein Titel wie dieser: Großstadt und Neurose, möchte sich schon als Diagnose aufspielen. Wie zu den Reisfeldern die Malaria, zu den Bergwerken die Staublunge, zur mittelalterlichen Stadt der Überfall der Pest, so gehöre zur Großstadt die Neurose. Vorsicht ist am Platz, denn nach dem bisherigen Gang unserer Überlegung ließe sich manches Argument für die These finden, Großstadt, wie sie historisch nun einmal geworden ist, sei das Produkt einer seelischen Verfassung, die man nicht so ohne weiteres gesund nennen könne; zum Beispiel, wenn wir an die Angstabwehr mit Hilfe der Tabuierung des Grundbesitzes denken. Das ließe sich als endemische Neurose auffassen, die sich von Generation zu Generation überträgt.

Im übrigen müßte man wissen, was mit der Krankheitsbezeichnung »Neurose« gemeint ist. Das Lübeck von Thomas Manns »Buddenbrooks« ist doch keine Großstadt. Liest man dieses Buch, so kann man sich kaum einer Variation des Goethe-Wortes enthalten: Lübeck steckt voller Merkwürdigkeiten, voller skurriler Typen, die man, im modernen Sprachgebrauch, unzweifelhaft als neurotisch bezeichnen muß.

Das Genf Calvins, das Florenz Savonarolas sind starke und beklemmende Erinnerungen an das Leben relativ kleiner Städte mit weiträumig in die Weltgeschichte auslaufenden Geisteskämpfen, bei denen es um die Diktatur durch Menschen ging, die von ihrem inneren Anspruch verzerrt wurden. Man mag es unzulässig finden, von Calvin und Savonarola bis hin zu den Rassenfanatikern in den Kleinstädten des amerikanischen Südens als von Neurotikern zu sprechen; aber haben die bedeutenden und erfolgreichen Anführer nicht oft ein neurotisches Wachstum ihrer Gemeinden diktiert, und das auf Generationen hinaus? Wenn also jemand die Lust verspüren sollte, rein deskriptiv ein Kapitel »Großstadt und Neurose« mit der Hypothese zu schreiben: Großstadt schafft Neurose, so müßte man ihn daran erinnern, daß in der Weltliteratur durch klassische Romane das Thema »Kleinstadt und Neurose« bereits aufs glänzendste abgehandelt worden ist.

Aber wir wollen diesen Affekt gegen die Großstadt, der bis auf die Zeiten Babylons zurückgeht, ein Stück weiter verfolgen. Die Großstadt ist, so heißt es, ein gefährliches Pflaster für den Fremden. Die Fremdheit, die Undurchsichtigkeit schafft Angst und Abenteuer. All diese Affekte gehen darauf zurück, daß die Großstadt, eben wie Babylon, die große Hure ist. Jean Jacques Rousseau hat in jüngeren Jahren in seiner »Nouvelle Héloise« in etwa 20 Briefen Satiren von Voltairescher Schärfe gegen Paris geschrieben, mit der ganzen Verachtung des Stifters und Apostels der Gegenbewegung »zurück zur Natur«. Was schrieb aber der ältere Rousseau in seinen »Bekenntnissen«? »Das, was man ist, wird man durch Paris.«

Der vagen Behauptung, Großstadt erzeuge Neurose, darf man also mit einer auf viel Erfahrung sich stützenden Gegenbehauptung erwidern, daß die Großstadt das probateste Mittel gegen viele andere Neurosenquellen sei: gegen alle Folgen der Enge und Stagnation des Zweitrangigen, der Intoleranz, des Sich-Aufspielens, des unentrinnbaren kollektiven Zwangs, der scheinheiligen Beobachtung und verborgenen Tyrannei. Wer auf Ehescheidungsrekorde, auf Alkoholismus, auf Prostitution, Homosexualität und Kriminalität als »Sumpfblüten« der Großstadt hinweist, den möchte man fragen, ob er noch nie von der Trunksucht auf dem Lande, noch nie vom lebenslänglichen Martyrium von Frau und Kind in patriarchalischen Verhältnissen, die nur wenig getarnte sadistische Perversion gedeihen lassen, gehört habe. Mit vorgefaßter Meinung kommen wir hier nicht weiter. Neurose ist überall, wo Verzweiflung ist, und Verzweiflung ist überall, wo Menschen sind.

Der Akzent liegt vielmehr auf der Tatsache, daß keine Umwelt des Menschen ganz und gar unentrinnbar und unveränderlich ist. Unzweifelhaft sind die vielen Großstädte unserer Zeit ein unerträglicher Ort des Aufenthalts; aber man kann diese Fehlentwicklung nicht durch den Hinweis auf bessere Umwelten des Menschen anprangern. Wäre nämlich das Dorf nicht so stickig, die Provinzstadt nicht so provinziell langweilig gewesen, so hätte dieser Zug in die großen Metropolen nie stattgefunden. Stadtluft hat ja tatsächlich zunächst einmal frei gemacht.

Worum es uns geht, ist die Verbesserung der großstädtischen Umwelt, und das wird man nur erreichen können, wenn man in der Tat Bedingungen verbessert, die nach der biologischen Anlage des Menschen zu krankhaften Verhaltensformen führen müssen.

Immerhin ist es eine außerordentlich bemerkenswerte Tatsache, wie zäh die Städter unserer Zeit zu ihren Städten gehalten haben, denn nach fast vollkommener Zerstörung haben sie ihre Städte nicht hinter sich gelassen und sind keineswegs aufs Land ausgewandert. Die Soziologen nennen diese katastrophalen Belastungen standhaltende Ausdauer im städtischen Milieu »Stadtfestigkeit«. Die Nachkriegsjahre haben uns bewiesen, daß die Bevölkerung der Städte eminent stadtfest ist, daß sie aus allen Verlagerungen, Evakuierungen mit ihren Produktionsmitteln oder privater Habe oder auch Armut unter Aufbietung aller Kräfte den Weg in die Stadt zurückerobert hat. Denn diese Stadt ist ihre Heimat, oder, um es wiederum mehr in der Sprache der modernen Verhaltensforschung zu formulieren: die städtische Umwelt hat die Städter geprägt und dieser Prägung entläuft man nur schwer, selbst wenn man notgedrungen andere Umwelten, wie zum Beispiel dörfliche, kennen und wohl auch bis zu einem gewissen Grad schätzen gelernt hat.

Diese Vorbemerkung galt der Abwehr von Vorstellungen, die Stadt, insbesondere die Großstadt, sei aller Übel Anfang; es war aber auch an die stillschweigende Treue ihrer Bewohner zu erinnern. Es geht demnach um ambivalente Gefühle. Je mehr Menschen in Zukunft ihr Leben ausschließlich in den Agglomeraten führen werden, desto entscheidender wird die prägende Kraft dieser Städte für die Verfassung der Menschheit ins Gewicht fallen.

Die Lebensformen des Menschen in der industrialisierten Gesellschaft stellen eine der härtesten Belastungsproben dar, die er sich, seit er Umwelt schafft, arrangiert hat. Zweierlei ist im Gedächtnis zu behalten: 1. daß die Idylle von der »Natur« eine geschichtsunwirkliche, romantische Illusion darstellt; der Mensch der Hochkulturen bewegt sich immer in einer Kulturlandschaft, und je mehr Menschen auf dieser Erde leben, desto unausweichlicher muß sich auch das Land produktiv industrialisieren. Begriffe wie Kultursteppe, Waldkultur deuten dies an und zeigen deutlich die Herkunft des Wortes Kultur. 2. ist es müßig, sich den Kopf darüber zu zerbrechen, ob Großstädte ein angenehmes Lebensklima sind oder nicht. Für die Gesellschaft mit industrieller Produktion, für eine Massengesellschaft, die nur durch ein starkes Anwachsen der Dienstleistungen ihre Organisationsaufgaben bewältigen kann, ist die Großsiedlung eine unausweichliche Gegebenheit. Produktive Kritik besteht darin, Wege zu finden, wie das Milieu der Großsiedlung stärker kultiviert werden kann. Wobei hier das Wort »Kultur« in erster Linie die Durchformung der Affekte, also die Affektkultur, meint, weil sie die Grundlage zu einem bekömmlichen Lebensraum, den unzählige Menschen miteinander teilen müssen, darstellt. Die Krankheiten, die der Mensch im Zusammenleben mit der Natur sich zuzieht und die durch seine ganze Geschichte seine erbitterten Gegner waren, können wir heute fast alle beherrschen; sie haben ihren Schrecken verloren. Jedoch das Milieu der zweiten Natur, der technischen Binnenräume, ist keineswegs in seinen pathogenen Faktoren so sicher beherrschbar wie das der ersten Natur. Welche Orientierung ist darüber möglich, ob es Störfaktoren besonderer, großstadtspezifischer Art gibt, die den Entwicklungsweg des Individuums wie auch die affektiven Beziehungen der Individuen untereinander so belasten, daß Krankheit folgt? Bei diesen Krankheiten handelt es sich dann in erster Linie nicht mehr um Infektionen, chronische Ernährungsschäden u. ä., sondern um das Versagen der »vegetativen Steuerung« des menschlichen Organismus. Dieses Versagen der nervösen Anpassung steht regelhaft mit krankhaften Veränderungen jenes Ganzen psychischer Prozesse in Zusammenhang, die wir als Persönlichkeit oder Charakter bezeichnen.

Eine Krankheitslehre, die das Erlebnismoment berücksichtigt, hat in der modernen Medizin mit den Forschungen Sigmund Freuds und der Neurosenlehre der Psychoanalyse ihren Anfang genommen. Die sogenannte psychosomatische Medizin setzt diese Forschungsweise fort, indem sie auch solche Krankheiten, die bisher als rein »äußerlich« oder »konstitutionell« verursacht gedacht wurden, auf dem Erlebnishintergrund und in der Lebensgeschichte des Menschen eingezeichnet und in vielem vorgezeichnet wahrnimmt.

Wir müssen an den Leitgedanken unserer bisherigen Überlegungen erinnern. Zustände der menschlichen Gesellschaft – wie übrigens auch innere Verfassungen des Individuums – sind nie einseitig aus den Umständen (dem Grad der technischen Entwicklung, den ökonomischen Bedingungen, den Trägheitskoeffizienten von Institutionen, auch nicht aus dem Diktat, das Gruppen auf ihre Einzelglieder ausüben) zu erklären. Das Verhalten der Menschen, ihre Wertorientierung, ihre Beschränktheiten haben eine komplexere Herkunft. Wir vertreten die Auffassung, daß gesellschaftliche Zustände durch die individuellen Entscheidungen, durch die individuelle seelische Verfassung mit erhalten werden. Sie werden freilich vom Kollektiv nahegelegt. Im Laufe unseres Lebens erwerben wir uns ein Verständnis unserer selbst und der anderen. Zumeist ist es höchst unzureichend; darin liegt die wesentlichste Schwierigkeit, bestehende gesellschaftliche Zustände, und wenn sie sich noch so sehr zum Nachteil aller auswirken zu ändern.

Die einzelnen Individuen kennen die Motivationen ihres Verhaltens so wenig, daß sie bei »bestem Willen« ihr Verhalten nicht ändern können, sie kommen an die wirksamen Triebkräfte und an viele andere seelische Prozesse in sich selbst gar nicht heran. Dadurch entsteht eine unfreiwillige Richtungskonstanz des Verhaltens. Die Beschränktheit dieses unseres Selbstverständnisses wiederum ist institutionalisiert. Die Institutionen haben einen eigenen Trägheitskoeffizienten, der seinerseits dazu beiträgt, daß sich die Werteinstellungen nicht so leicht wandeln. Wenn wir diesen Bedingungszusammenhang als richtig gesehen voraussetzen, wird deutlich, daß die Einschätzung spezifischer Fehlentwicklungen der Gesellschaft durch die Art des Selbst- und Fremdverständnisses ihrer Glieder bewirkt wird. In einer industriellen Großstadtkultur haben wir es mit für sie typischen neurotischen oder einer Neurose vergleichbaren leib-seelischen Fehlsteuerungen zu tun.

Zuerst ist festzuhalten, daß eine breite Skala von Verhaltensweisen, zum Beispiel Zwänge oder die Neigung zur Verdrängung, dem Willen, der Entscheidungsfreiheit des Individuums entzogen ist. Und doch vollziehen sich diese Reaktionen an ihm. Dies hat also die Neurose mit der Krankheit im weitesten Sinn gemein, daß sie ungerufen auftritt. Die alte Definition hingegen, daß »Neurosen Nervenkrankheiten ohne Organbefund« seien, ist vorläufig nur eine negative Vorstellung; sie wirft nichts für das Verständnis des Fehlverhaltens ab.

Psychoneurosen wie psychosomatische Erkrankungen werden dann undenkbar, wenn ein Lebewesen mit seiner Umwelt durch angeborene Verhaltensmuster fest verzahnt ist. In dieser Art ist im großen und ganzen die Umwelteinpassung der Tierarten geregelt; nicht die des Menschen. Denn Neurosen sind Anpassungskrankheiten, Reaktionsformen, die unter der Belastung der Forderungen aufgetreten sind, die im Zusammenleben der Menschen dem Individuum gegenüber geltend gemacht werden. Daß diese soziale Außenwelt gleichsam ins Innere des Individuums wandern kann, daß sie dann als ein Sozial-Gewissen, als Über-Ich, von innen heraus ihre Macht entfaltet, das ist bereits ein nächster Schritt der sozialen Adaptation.

Neurotisches Verhalten, das wissen wir seit Freuds Hysterie-Untersuchungen, stellt einen Protest gegen Anpassungsforderungen an die Sittengesetze dar, denen das Individuum offen nicht zu widerstehen, die es aber in der Tiefe seiner Triebnatur auch nicht hinzunehmen vermag. Zwischen unserem Wollen, unserem inneren Müssen und dem, was wir nach den Gesetzen unserer Gesellschaft sollen und dürfen, vollzieht sich ein ununterbrochenes Kräftespiel; und zwar an unserer Bewußtseinsoberfläche eher in einer beruhigteren Form als in der Tiefe unserer Person. Hier gibt es keinen endgültigen Frieden, hier stellen sich bestenfalls, solange Leben nicht erstarrt ist, wie Ludwig von Bertalanffy sagt, »Fließgleichgewichte« her. Die Einfügung in unsere Mitwelt kann immer nur hinlänglich befriedigend gelingen. Je gewalttätiger der Zwang ist, der ausgeübt wird, desto nachhaltiger wirkt der aus unserem Unbewußten gespeiste und von den unbewußten Anteilen unseres Ichs dirigierte Widerstand.

Haben sich die gesellschaftlichen Normen in den einzelnen Mitgliedern einer Gesellschaft nicht tief genug »verinnerlicht«, so wird es immer wieder Einzelne oder Gruppen von Einzelnen geben, die sich offen über die Sittengebote hinwegsetzen. Die Asozialität, die dann auftritt, ist also ein primitiverer Aufstand als der des Neurotikers. Kann, in grober Vereinfachung gesprochen, der Kriminielle seine auf rasche Triebbefriedigung drängenden Impulse nicht in Schach halten und kennt er dabei keine Rücksicht, so lebt der Neurotiker häufig unter einer unerträglichen Gewissensnot; die Kontrollmächte der Gesellschaft verfolgen ihn bis in sein Innerstes. Mit ungreifbarer Gespensterhand, um eine Formulierung Heinrich Zimmers zu verwenden, wirken nun die dem Ich entfremdeten Triebkräfte in das Verhalten hinein, dessen rationale Pläne durchkreuzend. Verstimmung, Brutalität, Unduldsamkeit, zahllose Einstellungen und festgefügte Reaktionsmuster, unter denen ein Mensch leidet, die ihn beherrschen, denen er ausgeliefert ist, unter denen seine Umgebung ächzend mitleidet, sind dauerhafte Fernwirkungen einer nicht bewältigten Anpassung. Hiermit ist keineswegs allein eine passive Anpassung gemeint, in der man sich jedem Gebot der Gesellschaft blindlings unterwirft. Es gibt die überaus wichtige aktive Anpassung durch Widerstand und Auflehnung, indem sich nämlich das Individuum für seine Ansprüche ein ihm angemessenes Lebensrecht erkämpft. Wo schwere seelische Störungen aufgetreten sind, gelang weder die eine noch die andere Form der Anpassung, in welcher das Individuum noch befriedigenden Spielraum behalten hat.

In jedem Fall ist Neurose also durch eine Vertiefung der Spaltung zwischen bewußten, gewollten und unbewußt diktierten Verhaltensweisen zu charakterisieren. Wer sich darauf einübt, wird eine Fülle von Beobachtungen machen können, in denen sich bestätigt, wie unbewußte Triebbedürfnisse unbemerkt oder unter dem Deckmantel rationaler Begründungen sich im Verhalten von uns allen durchzusetzen vermögen. Damit ist zugegeben, daß es einer sehr ausdrücklichen Selbstverborgenheit bedarf, um sich der Illusion hinzugeben, man selbst habe keine Züge einer nicht geglückten Anpassung, man sei nicht mehr oder weniger deutlich selbst neurotisch. Damit ist kein Urteil gefällt, gegen das ein heftiger Protest sich lohnen würde, es ist vielmehr nur gesagt, daß wir alle uns teils produktiv, teils unproduktiv sozialisiert, unserer Gesellschaft eingepaßt haben, und daß hier eine große Möglichkeit der menschlichen Fortentwicklung im Sinne der Befreiung von Verhaltenszwängen offensteht.

Als Faustregel kann man formulieren: Je rücksichtsloser das Individuum dazu gezwungen wird, gegenüber der Realität primitive Verleugnungsmechanismen anzuwenden, etwa zu verdrängen, Motive seines Handelns ins Gegenteil zu verkehren und ähnliches – je schlechter es also angeleitet worden ist, seine individuellen Bedürfnisse auf dem Wege der Vernunft im Einklang mit den Wünschen der anderen zu befriedigen –, desto unausbleiblicher die Konflikte, desto hartnäckiger der Widerspruch der nicht-sozialisierten, nicht mit den Verzichten abgefundenen Triebnatur. Dann beginnen Unlust, Zerstreutheit, Konzentrationsmangel, Jähzorn, Zerstörungswut, grausame Rücksichtslosigkeit die Freiheit der Lebensführung einzuschränken. Mehr noch: unbewußt wirkender Zwang manövriert uns in Situationen, unter denen wir dann seufzen, für die wir schwer zu bezahlen haben, gegen die wir ohnmächtig rebellieren. Alfred Adler hat diesem Vorgang den Namen »Arrangement« gegeben. Fangen wir einmal an, uns genauer zu befragen, so kommen wir schnell dahin, uns viele solcher Arrangements, für die wir bisher Gott und die Welt verantwortlich machten, einzugestehen.

Der Einblick in die Ökonomie des seelischen Geschehens zeigt uns also, daß abgedrängte, aus dem Bewußtsein abgespaltene Triebansprüche zwar unserer Aufmerksamkeit sich entziehen, nicht aber aus dem Gesamthaushalt unseres seelischen Lebens verschwinden. Terroristisch unterdrückt, entfalten die Triebkräfte vielmehr im unbewußten Seelenleben eine ich-fremde, eine gegen die Herrschaft des bewußten Ichs gerichtete Tätigkeit. Sie suchen nach Ausdruck und Mitbeteiligung am Geschehen, nach Entlastung. Sie müssen alle Finessen der Überrumpelung gegen die von unserem Ich aufgerichtete Abwehr anwenden, um trotz dieser Einsprüche des Ichs die gesuchte Entlastung zu finden. Ihre Wiederkehr kann nur chiffriert erfolgen, als Fehlleistung, als diffuses oder eng umschriebenes Symptom.

Rigide Abwehrhaltungen gegen äußere Realität wie gegen innere Triebrealität, die als provozierend empfunden werden, Abwehrhaltengen, wie wir sie insbesondere in politischer Urteilsbildung finden, dienen häufig der Aufrechterhaltung eines ökonomischen Gleichgewichtes im seelischen Haushalt. Die so starr aufrechterhaltenen Vorurteile garantieren ein dosiertes Quantum Triebbefriedigung. Sie wirken sich nicht als Leiden für den Einzelnen unmittelbar aus – er fühlt sich bei seinen Vorurteilen durchaus wohl –, vielmehr behindert er eben durch die Rigidität seiner Haltung gesamtgesellschaftliche Anpassungsschritte an neue Lebenslagen. Zum Beispiel wird derjenige, der durch den Besitz an städtischem Boden oder gar durch Bodenspekulation seine Mitbürger aufs unmittelbarste schädigte, nicht nur nach rationalen Argumenten suchen, mit denen er seine Haltung verteidigen könnte, er pflegt vielmehr sein unbewußt bestehendes Schuldgefühl durch einen Affekt abzufangen; er gerät in Wut und mag von irgendwelchen seiner Meinung widersprechenden Argumenten »nichts hören«. Kein Zweifel, daß die politische Versippung von Individuen, die in derartigen Charakterformationen übereinstimmen, weit mehr noch als die faktische Ungleichheit im Besitz des Bodens und der Produktionsmittel fortschrittlicheren Lösungen entgegenwirkt.

Denn dies gehört auch zur Biologie, die neurotische Entwicklungen mit umfaßt, daß einmal erworbene Reaktionsformen, die der Abwehr von Konflikten, der Abwehr der Erinnerung an Traumen, der Abwehr auch unerlaubter Wunschregungen dienen, konservativ festgehalten werden und also recht eigentlich den inneren Fortschritt des Individuums – der eben auf Fließgleichgewichten beruht und nicht auf ein für alle Mal gegebenen Lösungen – hemmen. Neurosen sind Notlösungen um hohen Preis. Die Angst, der sie entstammen, wird so stark erlebt, daß dieser Preis immer wieder gezahlt wird, um der Angst zu entgehen. Auch eine zu den Grundlagen unserer Gesellschaft zählende Ideologie, wie die von der Unverletzlichkeit des Privateigentums, kann Teil einer (kollektiv-) neurotischen Angstabwehr werden. Diese Anbetung des Besitzheiligtums wird übrigens sofort vergessen, wo die großen Leidenschaften der Gegenwart ins Spiel kommen; etwa die Bewegungssucht. Für Straßen darf ohne Murren enteignet werden, nicht für einen Kinderspielplatz.

Wenn wir also politisch wirken wollen, so werden wir das nicht mehr durch die Verheißung einer besseren Zukunft, sondern nur durch die Schaffung eines besseren Milieus können – eines, in dem die Selbsterforschung als Aufgabe des Menschen honoriert wird. Zwar stehen wir noch sehr am Anfang unserer Einsichten in die kollektiven zeitgenössischen Arrangements, aber wir haben doch immerhin erkennen und wissen gelernt, daß die entscheidenden Grundlagen für die spätere neurotische Entwicklung eines Menschen im ersten Lebensjahrfünft gelegt werden. Später kann er vieles auf eigene Faust. Aber bis er in die Schule kommt, muß ihm das Milieu entgegenkommen. Hier wird bis heute mehr zerstört, als man auch nur ahnt.

Deshalb unsere Anstiftung, überall dort unfriedlich zu reagieren, wo dem Menschen in dieser Lebenszeit vermeidbares Leid geschieht. Schwerste aus der Umwelt hereinbrechende Belastungen können keine neurotische Fehlentwicklung erzeugen, wenn sie nicht in dieser Frühzeit durch Traumen und Dauerverkrüppelungen seelischer Art vorbereitet worden sind. Rein aktueller Schock, selbst sehr dramatisch erlebter, etwa die Begegnung mit einem Exhibitionisten, selbst schmerzliche Verluste an nächsten Beziehungspersonen und mit ihnen endende Lebensgeborgenheit werden adäquat, nämlich mit Angst, Abscheu, Trauer und Verzweiflung, aber schließlicher Überwindung des Schmerzes beantwortet, wenn nicht das Selbst- und Lebensgefühl in den frühen Entwicklungsphasen bleibende Schwächungen erfahren hat. Das Milieu des Kindes wird hinsichtlich seelischer Gesundheit immer in erster Linie durch die ihm nahe verbundenen Menschen bestimmt; aber auch durch die Möglichkeit, sich ein Territorium der Aktivität aneignen zu können. Kollidieren hier Erwachsene und Kinder auf unglückliche Weise, dann haben die bleibenden Folgen die Kinder zu tragen.

Unsere Großstädte sind Schwerpunkte des zivilisatorischen Fortschritts, besser: eines fortwährenden Umbaus; sie sind Experimentierlaboratorien, Schmelztiegel der Zeit. Ein weites Feld der Forschung liegt fast unbetreten vor uns. Welche zirkulären Bedingungen haben sich in diesen großstädtischen Lebensräumen zwischen den Gesetzlichkeiten des seelischen Erlebens und den Reizquanten der Außenwelt hergestellt? »Harte Lebensbedingungen« werden durch »große Versprechungen« aufgewogen. Was ist Überbelastung? Unter welchen Bedingungen sind die in Aussicht gestellten Gratifikationen integrierbar – also ich-stärkend –, unter welchen anderen fördern sie eine Diffusion der Persönlichkeit in Felder der Ersatzbefriedigung – sind sie ich-schwächend? Wir besitzen durchaus Maßstäbe, um uns zu orientieren. Wir können auch sagen, daß in den städtischen Agglomerationen ohne Zweifel große Irrtümer in der Beheimatung des Menschen begangen werden. Die Vorstellungen, die wir von der Welt haben, die Wertsysteme, denen wir Ewigkeitswert zusprechen, während unser faktisches Leben ihnen dauernd widerspricht – das alles hinkt dem rapiden Tempo der Umweltveränderung nach, die die alte Sozialverwurzelung auflöst. Diese Konsequenzen sind unausweichlich. So sicher es ist, daß wir eine verpflichtende Lebensordnung für die Gesellschaft der großen Siedlungsräume finden müssen, so sicher ist es, daß wir das nicht durch Verleugnung der Realität, durch Herumkommandieren, durch autoritäres Maskenspiel mit Rollen der Vergangenheit erreichen werden, sondern nur durch eine Steigerung unseres Bewußtseins. Nichts als eine vertiefte Einsicht kann helfen; und zwar sowohl in die materiellen Bedingungen, die Technologie unseres Lebens, wie in die Motivationen unseres Verhaltens, in die Struktur unserer eigenen humanen Biologie. Es nutzt äußerst wenig, wenn man einer großstädtischen vereinsamten Mutter, die ihr Kind nicht liebt und es unbewußt nicht anzunehmen bereit ist, ihre Pflicht gegenüber Gott vor Augen hält. Sie wird dann vielleicht allen äußeren Fürsorgeaufgaben obliegen, aber sie wird den ihr selbst unbewußten Akten ihrer Grundeinstellung der Kälte, der Fremdheit nicht gebieten können. Sie wird das Kind auf der Ebene nicht-sprachlicher Verständigung ihre wirkliche Einstellung fühlen lassen, und das Kind wird dies verstehen; es kann gar nicht anders als darauf eine neurotische Antwort geben. Viel hilfreicher wäre es, dieser Mutter ihre Haßgefühle wie ihre Schuldgefühle ein Stück bewußter zu machen, ihr bekäme es besser, dem Kind bekäme es besser. Die innere Entfremdung mit sich selbst wäre bei Mutter und Kind geringer.

Das eigentlich Zerstörerische der neurotischen Haltungen besteht darin, daß sie Antriebe, Motive, Wunschphantasien so weit vom bewußten Ich abspalten. Wir können dieser Regungen dann nicht mehr sprachlich habhaft werden, sie uns und anderen mitteilen. Statt dessen geben sie sich, unbewußt gesteuert, wie von selbst kund. Wir sind dann nicht mehr imstande, kritisch zu ihnen Stellung zu nehmen. Die Gefühlsbeziehung zwischen Menschen wird damit vergällt, ihre Zuneigung entschwindet. Entlaste ich durch psychotherapeutische Hilfe zum Beispiel die Beziehung zwischen Mutter und Kind, indem die Ambivalenz der Gefühle sichtbar werden darf, dann bedarf es aber für das Kind noch einer Hilfe durch das Wohnmilieu. Mit anderen Kindern muß es sich treffen können, um durch eigene Erfahrungen bereichert zur Mutter zurückkehren zu können. Solcher »Auslauf« entlastet beide ungemein und hilft zur Entspannung.

Je enger der Lebensraum, je ausschließlicher der ohnmächtige Mensch in seiner Kindheit wenigen Beziehungspersonen ausgeliefert ist, um so mehr Wert muß die städtische Gesellschaft darauf legen, das kritische Denken ihrer Individuen auf allen Gebieten des Lebens zu fördern und zu festigen. Der ganze Jammer restaurativer Gesellschaften packt uns an, wenn wir sehen, wie einstmals revolutionäre Bewegungen, wie etwa die der christlichen Religion, heute aus Selbstsucht ihrer Institutionen zu den großen Förderern der freiheitszerstörenden Mächte unserer Gesellschaft geworden sind.

Es hat einmal in unserem Lande einen Familienminister gegeben, der hinter seinem Schreibtisch ein groß dimensioniertes Bild eines Vogelnestes mit Eiern aufgehängt hatte. Offenbar verstand er dies als Sinnbild dessen, was man ihm zu schützen aufgetragen hatte. Es wäre aber für einen Minister, der die Sozialform der Familie zu betreuen hat, von besonderer Wichtigkeit gewesen, sich darüber klar zu werden, daß gerade diese Primärgruppe außerordentlich empfindlich auf Veränderungen der Gesellschaft reagiert hat. Die Ehe der ständisch-stabilen Gesellschaft war eine traditionsbestimmte und der Aufrechterhaltung der Tradition dienende Einrichtung. Das Individuum war den Traditionselementen untergeordnet; in der bäuerlichen und feudalen Schicht diente die Ehe der Erhaltung und Mehrung des Besitzes. Je nachdem, wie dies gelang, artikulierte sich das Selbstbewußtsein des Individuums. Familien versprachen bei der Geburt ihre Kinder einander zur Ehe; Liebesheirat im modernen Sinn war nur an der untersten, der proletarischen, nicht ständisch-traditionsgebundenen und nicht besitzgebundenen Schicht und allenfalls in der alleroberstern, in der das Individuum sich über seine eigenen Traditionsbeschränkungen hinwegsetzte, ein gelegentliches Vorkommnis. Für die breite Mittelschicht der Gesellschaft war die Liebesheirat ein atemberaubendes, gefährliches Abenteuer, zwar beneidet, aber doch eben nur auf der Ebene der Vorstellung, ein Liebäugeln mit außenseiterischer Selbständigkeit und eine Romanfreude. Unsere Gesellschaft hat diese Form der Partnerwahl zur Selbstverständlichkeit werden lassen. Es ist nun sehr schwierig, die echten Motive hinter den vorgeschobenen zu entdecken, welche die Entscheidung zur Ehe beeinflussen. In den eigentlich ideologieschaffenden Kommunikationsmitteln der Massengesellschaft werden die Leittypen entwickelt, an die sich die Affekte binden. Hier hat man gleichsam ein nicht zu umfängliches Album von Modellen vor sich, aus dem jeder »seinen Typ« (zuweilen ein Vorgang nicht unähnlich der Wahl zwischen Automobilen) findet und dann auch im reichlichen Angebot des Alltages wiederentdeckt. Diese Identifikationen mit den Prototypen sind relativ oberflächlich und wandelbar. Wird eine Ehe unter einem derartig zufälligen Aspekt geschlossen, weil sich die Individuen wechselseitig mit ihrer Stilisierung auf einen konformen Phänotypus anzogen, so taucht plötzlich Fremdheit auf, wenn dieser Typus außer Mode geraten ist. Was zusammengeführt hatte, waren kollektiv-typische Appetenzen, Hungerstimmungen; psychologisch nennt man dies eine *Objektwahl auf narzißtischer Grundlage*. Soll aber eine solche Gesellschaft, die zudem die Stetigkeit von Besitzsketten oder erblichen Privilegien verloren hat, funktionieren, so wird in ihr *Objektwahl auf der Anlehnungsbasis* verlangt; das heißt, es wird gefordert, daß das Individuum auf seinem Sozialisierungsweg als wesentliche Sicherheit gegen Selbstverlorenheit oder, positiv ausgedrückt, zur Sicherung der eigenen Identität die Fähigkeit entwickelt hat, andere auch als Individuen, als motivierte, in ihren Gefühlen ambivalente Wesen zu verstehen und zu ertragen. Das stabilisierende Moment ist also immateriell geworden, es liegt in der Befriedigung und wechselseitigen Hilfe durch den Prozeß des Verstehens.

Wer also über die Stadtgestalt der Zukunft nachdenkt, tut gut daran, sich darüber klar zu werden, daß auch die Primärgruppen menschlichen Zusammenlebens nicht etwas sind, dessen Form ein für allemal feststeht. Nicht nur die Häufigkeit des Scheiterns der Ehe oder außerehelicher Intimbeziehungen sollte alarmierend auf uns wirken, sondern die Frage, was aus der Ehe werden soll, wenn es nicht gelingt, die Fortpflanzungs- und Aufzuchtprozeduren in neuen Sozialformen aufzufangen – oder vielleicht besser: durch ein neues Bewußtsein zu gestalten. Daß hier die urbanisierte Gesellschaft in einer elenden Verfassung sich befindet, kann nur leugnen, wer zur Aufrechterhaltung seines Gleichgewichts den Mechanismus der Idealisierung nötig hat. Thornton Wilder hat einmal denjenigen, die sich auf die hohen Scheidungsstatistiken in Amerika berufen, die stumme Statistik von 5000 Jahren Leid in unauflöslichen Ehen entgegengehalten. Dieser traurige Rückblick kann uns nur anfeuern, für eine Gesellschaft, die es dem Individuum so viel weniger erlaubt, früh zu stagnieren, Verhaltensmuster konstanter affektiver Beziehungen zu erfinden. Sie haben der zunehmenden kritischen Differenziertheit, dem Unabhängigkeitsstreben, dem hohen Niveau von Konsumbedürfnissen und manch anderem Rechnung zu tragen. In der zeitgenössischen Primärgruppe kann nicht mehr durch einfache Unterordnungsverhältnisse dauerhaft regiert und sozial reguliert werden. Bei aller Nivellierung, welche auf den großen Heerstraßen des Lebens besorgt wird, bleibt viel Individuelles erhalten. Es gibt in unserer Gesellschaft einen Trend nach Mündigkeit, der natürlich auch in den intimsten Formen des Zusammenlebens sich Ausdruck verschaffen will.

Man wird sich also darüber klar sein müssen, daß wiederum eine Gegenläufigkeit zweier Entwicklungstendenzen das Geschehen in Wahrheit bestimmt. Die Konsumgesellschaft mit ihrer Markttypisierung fördert die narzißtische Objektwahl, man darf sagen, mit höchstem Raffinement. Diese wiederum fördert die Isolierung der Individuen voneinander. Sie möchten aber – und dies ist die Gegenläufigkeit – gerade aus dieser Isolierung heraus, möchten über eine Verständigung auf der Ebene von Stereotypien hinauskommen, um zu so etwas wie haltbaren mitmenschlichen Verständigungen zu gelangen. Auf der

Konstanz allein können wir unsere Identität als Affektwesen aufbauen. Zur Identität beruflichen Spezialistentums, das so überaus schmal in seinem Erprobungsbereich geworden ist, muß die Identität *kluger Gefühle* als Rückhalt treten, wenn überhaupt Individuierung, individuelle Entscheidungsfreiheit als gesellschaftlich akzeptiertes Ziel des menschlichen Lebens angesehen wird. Identität kluger Gefühle bedeutet, daß im Lauf des Lebens gelernt wird, Gefühle in den Bereich des Nachdenkens gelangen zu lassen. Solche Reflexion macht die affektive Zuwendung dauerhafter als ein momentaner Triebhunger. Derart vertiefte Erlebnisfähigkeit wird sich sicher auch in anderen Objektbeziehungen kundgeben, zum Beispiel in der Gestaltung des Wohnraumes, in der Ansprechbarkeit auf die Umwelt, und zwar innerhalb verschiedener Ebenen. Nachdenken, das der Welt außerhalb meiner selbst gilt, wird meine Fähigkeit, Umwelt zu beeinflussen, erhöhen. Um unsere Städte anders wachsen zu lassen, als es jetzt geschieht, müßten wir uns erst wieder für sie verantwortlich, von ihnen angesprochen fühlen. Die Städte aber werden nicht ansprechender werden, bevor wir nicht über sie *mit Leidenschaft* nachgedacht haben.

Es bleibt ungewiß, wie diese Wendung herbeigeführt werden kann. Denn die Großzahl der Menschen ist von den spannenden Erfahrungen des Gestaltens, des selbstverantwortlichen Handelns abgeschnitten. Hier entspringt eine zwanghafte Langeweile, zu der eine unbewußt entstandene Reizbarkeit, ein ungesättigtes »dramatisches Bedürfnis« gehört. Ein großer Funktionsbereich der monotonen städtischen Agglomerationen bietet sich dem nach Ersatzbefriedigung Suchenden an. Im Fernsehen ist diese Technik aus den Vergnügungszentren in die Wohnungen eingewandert. Fernsehen etwa ist ebenso wenig verderblich, wie Wein verderblich ist, krankhaft ist lediglich die Unfähigkeit, mit dem lust-versprechenden Angebot umgehen zu können. Für den nicht asketisch begabten Zeitgenossen wird dies nur möglich, wenn ihm die Gesellschaft auch Lustbefriedigungen in Aussicht stellen kann, an denen er wachsen kann – und dies nicht auf einer Ebene, die mit vergangenen Sittlichkeitsidealen operiert, zum Beispiel mit einem, das sich mittels eines mit schönen Eiern belegten Nestes darstellen läßt.

Es schien uns wichtig, noch einmal auf das dauernde Entgleisenkönnen menschlichen Verhaltens – auch unter perfekten Komfortbedingungen – hinzuweisen, bevor wir schließen. Die Suchtformen, die wir allerorts in unserer Gesellschaft antreffen, zeigen uns, daß elementare Hoffnungen und Wünsche des Menschen auch in der Überflußgesellschaft unbefriedigt geblieben sind; daß auch das von Hunger und Seuche befreiende Potential der Industriezivilisation vorerst mächtige

Tribute an Lebensglück von jedem Einzelnen fordert. Das läßt sich gewiß nicht durch formale Planung der Siedlungsregionen allein auffangen; aber es läßt sich doch viel – weit mehr, als die konservativen Kräfte unserer Gesellschaft zuzugeben bereit sind – von den gesellschaftszerstörerischen Tendenzen, die in uns allen sind, in ein konstruktives, sozial integratives Verhalten verwandeln, wenn die Frühphasen des menschlichen Wesens als eines Stückes primärer Natur nicht allzusehr durch das Milieu deformiert werden. Hier geht es um relativ einfach erreichbare Verbesserungen des städtischen Daseins. Es ist durchaus keine utopische Hoffnung, zu glauben, daß durch das Vermeiden einer frühen Neurotisierung des Menschen die späteren hochkomplizierten Konfliktsphären sich nicht wesentlich entschärfen ließen, nämlich dadurch, daß der Einzelne dann nicht mehr gezwungen ist, unbewußt für die Traumen und die Enttäuschungen seiner Kindheit Rache zu nehmen – das große, fast unerkannte Motiv, aus dem das Unbehagen in der Kultur sich nährt.

Die Therapie der Zivilisationskrankheiten – für welche der Name der Neurosen nicht ausreicht – ist in dem Augenblick in ein neues Stadium eingetreten, in dem wir begonnen haben, Krankheitsfaktoren nicht nur in der Umwelt zu suchen, sondern sie durch das Mittel der menschlichen Selbstbefragung *in uns* zu entdecken. Hier offenbart sich die ganze Schwäche unserer Ich-Identität. Aber dieses Ich ist zugleich auch historisch die jüngste aller seelischen Äußerungen; mit vollem Anspruch tritt es in der Geschichte lange nach den Triebbedürfnissen, lange nach den Forderungen des sozialen Gehorsams als Mitlenker unseres Lebensgeschickes auf. Ein unverklärter Blick auf die Realität sagt uns, daß die Menschen aller Schichten sehr viel ichschwächer sind, als sie es nach ihrem Selbstbewußtsein wahrhaben wollen. In den großen Konflikten, auch in solchen, die ihr Gewissen schwer belasten müßten, zeigen sie sich in höchstem Maße kollektiv abhängig. Die »Man«-Welt ist ein Riese, die Ich-Welt ist ein Zwerg. Nur wenige bewegen sich darin wie David oder das tapfere Schneiderlein.

Quellennachweis

Über hergestellte Dummheit
Rede anläßlich der Verleihung des Friedenspreises des Deutschen Buchhandels. Frankfurt am Main 1969.

Zur Psychologie des Vorurteils
aus: »Vorurteile, ihre Erforschung und Bekämpfung«, Hrsg. K. D. Hartmann.
© Europäische Verlagsanstalt, Frankfurt/Köln 1964.

Neuerliches Nachdenken über Aufklärung
in: »Psyche«, Heft VI, 31. Jg., 1977.

Marihuana oder Andere Zeiten – andere Sorgen
Eine Sendung im Hessischen Rundfunk am 19. 10. 1969.

Der unsichtbare Vater
Kurze Apologie des Klatsches
Exkurs über die Triebdynamik
aus: »Auf dem Weg zur vaterlosen Gesellschaft«.
© R. Piper & Co. Verlag, München 1963.

Das soziale und das persönliche Ich
Erfolgreiche Abwehr einer Melancholie der Massen
Relativierung der Moral*
Konsequenzen – bei offenem Ausgang der Konflikte
aus: »Die Unfähigkeit zu trauern«.
© R. Piper & Co. Verlag, München 1967.
* Diesem Beitrag liegt eine Kurzfassung zugrunde, die im »Merkur«, Heft 1, 20. Jg., 1966 erschienen ist.

Könige sind archetypische Groß-Väter
in: »Der Spiegel«, Nr. 4, 1969.

Entwicklungsgrundlagen eines freien Sozialismus
aus: »Freier Sozialismus« von Alfred Weber und Alexander Mitscherlich.
© Lambert Schneider Verlag, Heidelberg 1946.

Was ist ein Mensch wert? –
»Medizinische« Versuche im Dritten Reich
Eine Sendung im Hessischen Rundfunk, Abendstudio, 18. 2. 1966.

Das Porträt des Rainer Barzel
 in: »Die Zeit« vom 18. 3. 1966.

Das schlechte Gewissen der Justiz
 Eine Sendung im Hessischen Rundfunk, Abendstudio, 8. 2. 1971.

Hemmen Tabus die Demokratisierung der deutschen Gesellschaft
 aus: »Massenpsychologie ohne Ressentiments«.
 © Suhrkamp Verlag, Frankfurt am Main 1972.

Großstadt und Neurose
 aus: »Die Unwirtlichkeit unserer Städte«.
 © Suhrkamp Verlag, Frankfurt am Main 1965.

Die Stadt der Zukunft
 aus: »Thesen zur Stadt der Zukunft«.
 © Suhrkamp Verlag, Frankfurt am Main 1971.

Bibliographie

Eine Auswahl aus dem Lebenswerk von Alexander Mitscherlich

Die vollständige Liste aller bisherigen Publikationen Alexander Mitscherlichs (o h n e Sekundärliteratur!) würde ca. 30 Druckseiten füllen. Wir beschränken uns hier auf die wichtigsten seiner Buchveröffentlichungen in deutscher Sprache (in chronologischer Reihenfolge):

Freier Sozialismus. Von Alexander Mitscherlich und Alfred Weber. Heidelberg 1946.

Das Diktat der Menschenverachtung. Zusammen mit Fred Mielke. Heidelberg 1946.

Endlose Diktatur. Heidelberg 1947.

Vom Ursprung der Sucht. Stuttgart 1947.

Sigmund Freuds Beitrag zur modernen Psychologie. Synopsis. Alfred Weber zum 80. Geburtstag. Heidelberg 1948.

Freiheit und Unfreiheit in der Krankheit. Das Bild des Menschen in der Psychotherapie. Hamburg 1948. Neuauflage: Frankfurt/M. 1977 (edition suhrkamp 505).

Wissenschaft ohne Menschlichkeit. Dokumente des Nürnberger Ärzteprozesses. Zusammen mit Fred Mielke. Heidelberg 1949.
Neuauflage: *Medizin ohne Menschlichkeit.* Frankfurt am Main 1978 (Fischer Bücherei, Bd. 2003).

Auf dem Weg zur vaterlosen Gesellschaft. Ideen zur Sozialpsychologie. München 1963 (11. Aufl. 1976, Serie Piper, Bd. 45).

Die Unwirtlichkeit unserer Städte. Frankfurt am Main 1965 (edition suhrkamp 123).

Von den Unmöglichkeiten, zu Hause zu sein. In: Die Kunst, zu Hause zu sein. München 1965.

Krankheit als Konflikt. Studien zur psychosomatischen Medizin I. Frankfurt am Main 1966.

Die Ehe als Krankheitsursache. In: Krise der Ehe? München 1966.

Die Unfähigkeit zu trauern. Grundlagen kollektiven Verhaltens. Zusammen mit Margarete Mitscherlich. München 1967 (10. Aufl. 1977, Serie Piper, Bd. 168).

Die psychosomatische und die konventionelle Medizin. In: Der Kranke in der modernen Gesellschaft. Hrsg. von A. Mitscherlich, T. Brocher, O. v. Mering, K. Horn. Köln, Berlin 1967.

Krankheit als Konflikt. Studien zur psychosomatischen Medizin II. Frankfurt am Main 1967.

Aggression und Anpassung. In: H. Marcuse, A. Rapoport, K. Horn, A. Mitscherlich, D. Senghaas, M. Markovic: Aggression und Anpassung in der Industriegesellschaft. Frankfurt am Main 1968.

Aggression – Spontaneität – Gehorsam. In: Alexander Mitscherlich (Hrsg.): Bis hierher und nicht weiter. Ist die menschliche Aggression unbefriedbar? München 1969.

Die Grenzen psychologischer Forschung. In: Politik, Wissenschaft, Erziehung. Festschrift für Ernst Schütte. Frankfurt am Main, Berlin, Bonn, München 1969.

Psychosomatische Anpassungsgefährdungen. In: Das beschädigte Leben. Diagnose und Therapie in einer Welt unabsehbarer Veränderungen. Hrsg. von Alexander Mitscherlich. München 1969.

Aggression als individuelles und gesellschaftliches Schicksal. Zusammen mit Margarete Mitscherlich-Nielsen. In: Aggression und Autorität. Stuttgart 1969.

Was haben wir dem Diktat der Grausamkeit entgegenzusetzen? In: Dino Larese, Alexander Mitscherlich: Eine Lebensskizze. Amriswiler Bücherei 1969.

Versuch, die Welt besser zu bestehen. Fünf Plädoyers in Sachen Psychoanalyse. Frankfurt am Main 1970.

Eine deutsche Art zu lieben. Zusammen mit Margarete Mitscherlich-Nielsen. München 1970 (Serie Piper, Bd. 2).

Krieg und menschliche Aggressivität. In: Krieg oder Frieden. Wie lösen wir in Zukunft die politischen Konflikte? 12 Beiträge. München 1970.

Mit Gert Kalow (Hrsg.): *Hauptworte – Hauptsachen*
Zwei Gespräche: *Heimat – Nation*. München 1971 (Serie Piper, Bd. 16).
Zwei Gespräche: *Über Eigentum und Gewalt*. München 1972 (Serie Piper, Bd. 28).
Zwei Gespräche: *Über Treue und Familie*. München 1972 (Serie Piper, Bd. 42).
Zwei Gespräche: *Glück – Gerechtigkeit*. München 1976 (Serie Piper, Bd. 137).

Thesen zur Stadt der Zukunft. Frankfurt am Main 1971 (edition suhrkamp 10).

Massenpsychologie ohne Ressentiment. Sozialpsychologische Betrachtungen. Frankfurt am Main 1972. Neuauflage: Frankfurt am Main 1975 (Suhrkamp Tb 76).

Toleranz – Überprüfung eines Begriffs. Ermittlungen. Frankfurt am Main 1974.

Der Kampf um die Erinnerung. Psychoanalyse für fortgeschrittene Anfänger. München 1975.

Freiheit – eine Utopie? Ausgewählte Schriften 1946–1974. Frankfurt am Main 1975 (Büchergilde Gutenberg).

Hans-Peter Hempel

Zen-Yoga

Unterweisungen zu einem Weg
der Befreiung

Hans-Peter Hempel

Zen-Yoga

Unterweisungen zu einem
Weg der Befreiung

Theseus Verlag

© Theseus in J. Kamphausen Verlag & Distribution GmbH, Bielefeld 2013
Layout/Satz: Ingeburg Zoschke, Berlin
Lektorat: Susanne Klein
Umschlaggestaltung: Morian & Bayer-Eynck, Coesfeld, www.mbedesign.de
Umschlagfoto: © benicce / Photocase
Druck & Verarbeitung: Westermann Druck Zwickau GmbH

Der Verlag dankt Mathias Tietke für die Bereitstellung des Interviews
aus der Zeitschrift *Yoga aktuell*.

www.weltinnenraum.de

1. Auflage 2013

Bibliografische Information der Deutschen Nationalbibliothek:
Die Deutsche Nationalbibliothek verzeichnet diese Publikation in der
Deutschen Nationalbibliografie; detaillierte bibliografische Daten
sind im Internet über
http://dnb.d-nb.de abrufbar.

ISBN 978-3-89901-708-3

Für Margret

Inhalt

Vorwort

Wenn wir uns die Lage, in der wir uns heute befinden, vergegenwärtigen, und dies durchaus von den unterschiedlichsten Standpunkten aus, dann begreifen wir sehr schnell, dass wir Menschen den wirklich aufrechten Gang zu gehen erst noch lernen müssen. Die Natur stellt uns zwar einigermaßen auf die Beine, wirklich zu gehen, wirklich zu sehen, zu hören und nicht zuletzt wirklich zu atmen müssen wir aber erst durch eigene Anstrengungen lernen – da helfen uns auch keine noch so glückverheißenden Lebensstrategien weiter, wie sie inzwischen Mode geworden sind.

Wir müssen, wenn wir in der derzeitigen, gesamtgesellschaftlich gesehen nicht sehr hoffnungsvollen Lage eine Veränderung anstreben, meines Erachtens in zweierlei Hinsicht eine Nachfolge antreten: (a) im Hinblick auf unsere Außenwelt die Nachfolge Galileis und (b) im Hinblick auf unsere Innenwelt die Nachfolge Buddhas. Das heißt, wir werden die Eigenschaften Galileis mit denen Buddhas verbinden müssen, wenn wir aus den Schwierigkeiten, die uns nicht zuletzt der vermessene wissenschaftlich-technische Fortschritt mit den Möglichkeiten der totalen Selbstauslöschung beschert hat, überhaupt noch herauskommen wollen. Wir werden weiterhin ungeheuer viel Interesse an der äußeren, aber in gleicher Weise auch ungeheuer viel Interesse an unserer inneren Welt aufbringen müssen, wenn wir am Ende dieses Erkundungsweges noch eine Differenz zwischen Innen- und Außenwelt anerkennen.

9

Im Abendland glaubt man, das Ziel von Zen, auf das ich in meinen Unterweisungen den Yoga beziehe, bestehe darin, sich aus und von der Welt zu lösen. Das ist jedoch nicht der Fall. Vielmehr geht es im Zen – und damit auch im Yoga – darum, sich in Auseinandersetzung mit der Welt erst einmal selbst in seinem Woher, Wohin und Wozu zu erkennen, um mehr als bisher Klarheit über sich und damit über diese Welt, in der wir leben, gewinnen zu können.

Zen lehrt: Die ausschließlich materielle Freiheit gibt uns noch lange nicht die wahre Freiheit; sie führt uns vielmehr in eine neue, ungeahnte Sklaverei. Wir alle im Westen haben inzwischen gelernt: Jenseits dieser materiellen Freiheit beginnen erst unsere eigentlichen Existenzprobleme.

Zen lehrt: Tief in uns selbst liegt jener Schlüssel verborgen, der geeignet ist, unsere Existenzprobleme zu lösen; ein Schlüssel jenseits all unseres angehäuften Wissens und der vielen Worte, die uns den Blick auf uns selbst und die Welt eher verstellen als erhellen.

Das zeigt sich schon im ganz anderen Charakter seiner Vermittlung. Zen wird vornehmlich durch mündliche Unterweisungen (Kusen) gelehrt und nicht durch philosophische und wissenschaftliche Traktate. Zen-Unterweisungen sollen den Schüler unmittelbar ansprechen, ihn ganz praktisch auf seinem Übungsweg anregen und gleichzeitig vermeiden helfen, dass sich der Schüler seine eigenen, meist in die Irre führenden Unterweisungen zurechtlegt. Gerade die Stille, die auf die Übungen im Zen-Yoga folgt, und die entspannte Ruhe im Hier und Jetzt, die er im Verlauf der Übungen erfährt, verleiten ihn häufig dazu, sich selbst eine »innere Rede« zu halten oder vage vor sich hinzudösen; die Unterweisungen des Lehrers sollen das von vornherein unterbinden.

Entscheidend ist, dass der Lehrer die Unterweisungen *während* der Übungspraxis an seine Schüler weitergibt, mithin nicht vorher und nicht nachher, um so jede Form von intellektueller Vermittlung zu vermeiden. Unterweisungen zeichnen sich daher eher durch ihren improvisierenden Charakter aus und entstehen aus der spezifischen Stimmung einer jeweiligen Übungsstunde, sodass gewissermaßen eine Kreisbewegung entsteht: Worte, die gesprochen werden, berühren den Schüler unmittelbar, sofern der Schüler sich dem Übungsgeschehen wirklich öffnet und innerlich bereit ist, auf ihren Inhalt gleichsam mit dem Dritten Ohr zu hören. Die Unterweisung darf den Schüler nicht aus einer Übung herausholen und ihn wieder in intellektuelle, abstrakte Überlegungen, Ideen und Vorstellungen hineinziehen. Sie soll ihn ganz im Gegenteil im Tiefsten seiner Übungspraxis ansprechen und berühren, ja durch ihn hindurchfließen, sodass der Schüler ganz bei sich selbst bleibt und sich nicht gleich wieder von sich wegbewegt. Wenn Letzteres geschieht, riskieren sowohl der Schüler als auch der Lehrer, wieder in das uns allen mehr oder weniger vertraute eindimensionale Gespräch zu verfallen, was beide, vor allem aber den Schüler, von den Übungen fort- statt zu ihnen hinführt.

Insofern stellen die folgenden Unterweisungstexte so etwas wie einen absurden Kompromiss dar, getragen von der Hoffnung, der eine oder der andere möge sich dieser altehrwürdigen Praxis bedienen, um den aufnahmebereiten Schülern nicht nur die yogischen »Techniken« zur »Bewältigung« der angeblich oder tatsächlich komplizierten Asanas, Pranayamas, Mudras und Mantras zu vermitteln, sondern ihnen auch zeigen, worin das eigentliche Ziel des Zen-Weges besteht, das auf eine lange, ehrwürdige Traditionslinie zurücksehen kann.[1]

---

1 Siehe O. Bottini: *Das große O.W. Barth-Buch des Zen*, O. W. Barth Verlag, München, Wien 2002.

Wieder habe ich in erster Linie meinen Lehrern zu danken, wieder aber auch all denen, die mir geholfen haben, besonders meiner Frau Margret, dass aus der Idee ein Buch geworden ist.

Nicht zuletzt danke ich der Lektorin Susanne Klein, die dem Buch den letzten Schliff gegeben hat.

Berlin, Februar 2013　　　　　　　　　　*Hans-Peter Hempel*

»Real und lebensnah«

Interview zur Einführung in Zen-Yoga

Für die Zeitschrift *Yoga aktuell* sprach der Journalist Mathias Tietke mit Hans-Peter Hempel über Yoga mit Impulsen aus dem Zen, die Dekonstruktion der indischen Mythologien und die Chance, selbstverantwortlich durch Krisen auf der Yoga-Matte zu gehen.

Mathias Tietke: *Du bist einerseits Dozent für Politikwissenschaft und zudem philosophisch ausgerichtet, aber du bist auch Yogalehrer und praktizierst Zen. Das klingt nach einem Kontrastprogramm. Empfindest du das ebenso?*

Hans Peter Hempel: Heute nicht mehr. Natürlich nehme ich den Satz des Buddha sehr ernst:»Ich lebe in der Welt, aber nicht von ihr.« Das ist sehr wichtig. In dem Maße, in dem ich den stillen Beobachter in mir durch alle Krisen hindurch erkannt und entwickelt habe, habe ich einen gänzlich anderen Blickpunkt gewonnen. Dieser Blickpunkt ist in vielerlei Hinsicht ehrlicher und klarer. Ich habe dadurch Klarsicht gewonnen, und ich denke, dass meine politischen Urteile und Analysen gar nicht ohne ihn zu verstehen sind. Es ist die Welt des Gestells, um es mit Heidegger auszudrücken, in dem wir alltäglich leben. Adorno nannte es den Betrieb, Max Weber das kalte Gehäuse und Jean-Paul Sartre das berühmte Laufrad, das Räderwerk. Und dieses nehme ich wahr, so, wie es ist. Ich habe beherzigt, was der Buddha gesagt hat:»Wir haben eine große Leidenschaft

13

zur Selbsttäuschung.« Und diese Leidenschaft ist, glaube ich, bei mir nicht mehr da.

M.T.: *Du meinst offenbar jene Art von Selbsttäuschung, die Patañjali im Yogasutra als Avidya bezeichnet: zu glauben, man wüsste gut Bescheid, obwohl es auf falschen Prämissen oder Irrtümern beruht ...*

H.P.H.: Ja. Meine Sätze sind stets Vermutungssätze, aber da, wo ich fest davon überzeugt bin, etwas richtig zu sehen, mache ich *Realitas* daraus. In diesem Zusammenhang macht man mir häufig den Vorwurf, ich sei pessimistisch. Aber da halte ich es mit einem anderen Philosophen, der gesagt hat: »Ich bin weder Pessimist noch Optimist. Ich bin unglaublich nüchtern.« Man hört von Kollegen, auch von Yogakollegen, heute sehr schnell den Vorwurf, dass man Kulturpessimist sei – und die meisten Leute wissen eigentlich nicht, was das ist. Aber gerade weil ich glaube, dass dieser Planet etwas so Wunderbares ist, etwas Einmaliges, muss man doch seinen Zeigefinger genau dahin legen, wo dieser Planet in die Gefahr gerät zu verschwinden; wo das Risiko besteht, dass es zu einem »Endspiel« kommt, um es mit Beckett zu sagen.

M.T.: *Wer ist dieser von dir erwähnte unglaublich nüchterne Philosoph?*

H.P.H.: Das ist der luxemburgische Ministerpräsident Jean-Claude Juncker.

M.T.: *Hat sich dein Yogaverständnis durch die Politikwissenschaft verändert?*

H.P.H.: Ich habe Yoga bei Asha und Keshav Rekai studiert, die in der Nachfolge von Gitananda stehen, den ich auch besucht habe. Ich halte diesen Traditionsstrang für sehr wichtig, habe aber eines nicht mitmachen können: die indischen Mythologien. Ich finde sie an sich hochinteressant, aber sie berühren mich nicht. Sie haben mich nie aufgewühlt, nie angespannt, weil ja der, der durch die Schule Heideggers gegangen ist, eigentlich immer eine Dekonstruktion dieses Überbaus betreibt. Auf diese Weise bin ich zum Zen gekommen. Zen dekonstruiert permanent.

M.T.: *War das zur gleichen Zeit, als du bei Asha und Keshav die Yogalehrerausbildung gemacht hast?*

H.P.H.: Das passierte schon weit vorher. Es gab während meines Studiums eine ganz bedeutsame Phase, und das war, als ich Heidegger kennengelernt und mich da eingearbeitet habe. Heidegger dekonstruiert die abendländische europäische Philosophie. Ich habe einmal ein Manuskript verfasst mit dem Titel »Die Dekonstruktion der Bhagavadgita«. Was ist da eigentlich Überbau und hat mit der Realität kaum etwas zu tun? Es werden Geschichten und Märchen erzählt, aber sie haben mit dem Programm des Yoga, »Erkenne dich selbst« oder »Suche nicht irgendwo, sondern suche dich!« kaum noch etwas zu tun. Ganz im Gegenteil: es werden eher noch Barrikaden aufgebaut.

Deshalb bin ich diesen Teil des Weges zum Ärger meiner Yogalehrer nicht mitgegangen. Ich finde die Geschichten von Krishna und Arjuna oder von Shiva und Durga, die auch in der Ausbildung eine Rolle spielten, an sich schön, aber es hat nichts wirklich mit meinem Weg zu tun. Ebenso wenig die Puja-Zeremonien und ihre Rituale. Da war ich immer in einem Zwiespalt, insbesondere emotional. Es ist einfach nicht mein Weg.

Mein Weg ist eher der des Zen, und Heideggers Philosophie gleicht dem Zen in vielerlei Hinsicht sehr stark. Es gibt von ihm bedeutende Aussagen zur Seinsfrage, und die habe ich sehr ernst genommen. Erst dann habe ich Yoga kennengelernt. So konnte ich nicht mehr in diesem vorgegebenen Sinne programmiert werden, weil Heideggers Programm ein Dekonstruktionsprogramm ist.

M.T.: *Wodurch kamst du mit Zen in Berührung? Eher durch Literatur oder auch persönliche Begegnungen?*

H.P.H.: Eine ganz wichtige Rolle bei mir spielt die Begegnung. Aber dem ging erst einmal die Literatur von Bhagwan, heute Osho, voraus. Osho ist für mich genauso wichtig wie Heidegger oder Ernst Bloch. Und zwar durch eine ganz einfache Tatsache. Das, was man philosophisch oder wissenschaftlich so schwierig ausdrücken kann und was man kaum oder gar nicht begreift, ist bei Osho vollkommen klar. Eine klare Fragestellung, eine klare Antwort. Dazu kommt noch ein unglaublicher, fast jüdischer Witz, und ich muss sagen: Osho war für mich neben den zuvor Genannten so etwas wie ein wirkliches Ereignis. Ich habe hintereinander alles von ihm gelesen und dabei eine sehr interessante Erfahrung für mich gemacht. Das, was mich bei Osho besonders angesprochen hat, war bei mir als unterschwelliges Wissen immer schon da, sodass Osho mir dafür eine Bestätigung gegeben hat.

Ich habe bei diesen abstrakten Philosophien immer schon das Gefühl gehabt, dass sie eher vom Problem weg- statt zu ihm hinführen. Bei Osho bin ich vom Abstrakten zum Konkreten gekommen. Das entspricht genau dem, was in mir vorhanden ist und sagt, du musst nah an der Wirklichkeit sein. Wenn ich dann wieder Hegel oder wen auch immer gelesen habe, habe ich mich stets gefragt: Was soll ich eigentlich mit all diesem Kram? Aber der philosophische Impuls, die Frage nach Sein und Zeit zu stellen, war ständig da. Dieser Impuls war durch meine Beschäftigung mit Heidegger gewissermaßen vorprogrammiert, und bei Osho las ich dann: »Es kommt erst einmal darauf an, wer du bist.« Deutlich später erst habe ich Ramana Maharshi kennengelernt, der, wenn man seine Gesprächsprotokolle liest, immer wieder die Fragen stellt: »Wer bist du? Wer denkt hier? Wer fühlt hier?« Das war für mich ein konkreter Zen-Weg. Osho zusammen mit Ramana Maharshi, das war ganz wichtig für meine Entwicklung.

Ich bin auch einmal in Poona im Ashram von Osho gewesen und wurde ganz liebevoll begrüßt. Ich durfte in der vierten Reihe einen Vortrag von Osho hören, der etwa vier Stunden dauerte, ein Vergleich von Buddha und Jesus.

M.T.: *Wie hast du Asha und Keshav und Yoga nach Giiananda kennengelernt?*

H.P.H.: Das hing mit meiner damaligen Freundin zusammen. Die nahm mich eines Tages mit. Ich habe, bevor ich mit Yoga begann, Rolfing gelernt und auch mit Erfolg ausgeübt. Aber ich hatte immer das Gefühl, irgendetwas fehlt hier. Klienten standen nach den berühmten zwölf Rolfing-Sitzungen auf, und das war es, denn eine Krise gab es nie. Nur in mir selbst entwickelte sich zunehmend eine Krise. Und ich dachte mir, nach einem halben Jahr sehen diese Klienten wieder genauso aus wie vorher.

Dann nahm jene Freundin mich zu einem Yogakurs mit, und das war zufällig ein Kurs von Asha und Keshav. Als ich dann auf der Matte lag, wurde mir sofort klar, worum es hier geht. Yoga hat gegenüber den anderen Formen der »Körperarbeit«, wie Massage und so weiter, einen Vorteil: Du selbst musst die Verantwortung für dich übernehmen! Und das haben diese beiden Yogalehrer auch sehr ernsthaft gelehrt. Es kommt auf dich an. Wenn du nicht weiter vorankommst, dann liegt das nicht an uns beiden, sondern du hast es in der Hand. Da sie selbst sehr verantwortlich waren, blieb einem gar nichts anderes übrig, als dieser Anweisung zu folgen. Sie warfen einen immer wieder auf sich selbst zurück. Das kannst du in der Massage sehr schwer. Die Leute legen sich hin und denken:»So, nun mach mal!« Sie sind auf Empfang eingestellt. Sie atmen mit bei der Behandlung, und sie wissen, das ist etwas, das sie tun müssen, aber dies trifft nicht ihren Wesenskern. Und was für Asha und Keshav auch typisch war: Man musste wirklich durch diese auf der Matte erfahrenen Krisen gehen!

17

Wir sehen in der Yogaszene ständig Leute fliehen, die mit Yoga anfangen und dann sagen:»Ach nee, das ist doch nicht das Richtige. Ist mir zu anstrengend.« Wären sie nur geblieben und hätten die Krisen durchgestanden, dann hätten sie auch die entscheidende Tür aufgestoßen.

M.T.: *Wie lange bist du bei Asha und Keshav geblieben?*

H.P.H.: Ich habe mit dem Kurs angefangen und dann auch schon bald die Ausbildung bei ihnen gemacht. Das war insofern witzig, als sie erst mit meinem Jahrgang die Ausbildung begannen. Ich gehörte zur ersten Generation, die ausgebildet wurde, habe aber kein Examen gemacht und halte von solchen Examina nichts. Kann man einen, der den Stufenweg nach Patañjali gegangen ist, anschließend prüfen und mit einem Examen abschließen lassen? Na ja, ich bin trotzdem ein ganz erfolgreicher Yogalehrer geworden.

M.T.: *Die Ausbildung dauerte damals zwei Jahre?*

H.P.H.: Ja, zwei Jahre. Und die anderen Teilnehmer haben mit einem Diplom abgeschlossen. Für mich war es eine Überzeugungssache, dass ich meinen Lehrern sagte:»Nein, das mache ich nicht.« Und ich mache mir kein Plakat mit einem Zertifikat darauf.

M.T.: *Wenn du dein anfängliches Interesse am Yoga mit deinem gegenwärtigen Interesse vergleichst, gibt es da einen Wandel?*

H.P.H.: Es gibt keinen Wandel, ganz im Gegenteil: Ich bin vom Yoga so überzeugt, wie ich es zu Beginn war. Natürlich habe ich in diesen zwanzig Jahren auch Krisen durchgemacht. Ich habe mich gefragt: Wozu eigentlich mache ich das, hat es überhaupt einen Zweck? Inzwischen bin ich ein bisschen gelassener geworden. Wenn ich unterrichte, sage ich mir: Es ist ein Angebot, und ich bin denen, die zum Unterricht kommen, bei ihrer Suche nach sich selbst behilflich. Ich mache sie immer wieder darauf aufmerksam, worum es geht. Dankbar bin ich, wenn Schüler von mir selbst beginnen zu unterrichten. An der TU sind jetzt drei Lehrende, die von hier kommen. Die machen jetzt ihr eigenes Buddha-Feld [Sphäre mit heilsamen Einflüssen, Anm. M.T.] auf. Das war ja einer der Ausgangspunkte, die ich von Osho gelernt habe: Macht Buddha-Felder auf. Und als ich in Indien war, haben sie mich drei Wochen lang vertreten.

M.T.: *Wo sind für dich die Gemeinsamkeiten von Zen und Yoga, wo sind die Unterschiede, und was kennzeichnet die Synthese?*
H.P.H.: Ich empfinde es nicht als Synthese. Für mich sind der Yoga- und der Zen-Weg untrennbar verbunden. Yoga ist ohne Zen und Zen ohne Yoga nicht denkbar. Und das vermittle ich im Unterricht, wenn du so willst, auf indirekte Weise, nicht zuletzt durch das Vorbild, das ich gebe.

Im Mittelpunkt meines Unterrichts steht nicht die Bhagavadgita. Zen ist ja so etwas wie eine Synthese aus Mahayana-Buddhismus und Daoismus mit einer verstärkten Betonung des sozialen Engagements. Das hat mich seit eh und je geprägt, was sicher auch mit meiner Krankenpflegerausbildung zu tun hat. Mir ist es wichtig, zu helfen, nicht ideologisierend im Sinne eines Versprechens, dass der liebe Herrgott auf einen wartet und einen im Himmel begrüßt. Es geht mir nicht um Götteranbetung. Mir ist vielmehr wichtig: Was kann Yoga in Gang setzen? Yoga kann uns zu Authentizität verhelfen. Das Wort »Mathias« ist völlig unwichtig. Das, was Mathias als Mathias ausmacht, das ist seine Authentizität, die sich langsam, wie eine Lotosblüte, entwickelt. Der Mathias, der da zu einem authentischen Menschen wird, das ist der Inbegriff von Yoga. Aber nicht abstrakt, sondern real und lebensnah. Die Griechen haben den Leuten ja auch auf die Schultern geklopft und gesagt: »Komm zu dir selbst.« Und Yoga zeigt ganz konkret, wie man es macht. Man kommt zu sich selbst durch Yoga mit den Impulsen des Zen.

M.T.: *Braucht es für die Meditation so etwas wie Zazen, oder gibt es im Yoga genügend Möglichkeiten?*

H.P.H.: Ich glaube, im Yoga etwas für mich entdeckt zu haben, was ich in den Yogabüchern nicht finde. Mir ist aufgefallen, dass es in den Quellenschriften nur ganz wenige Asanas gibt. Wir reden heute von 84 oder 120, aber von den Quellenschriften her stimmt das nicht. Bei Svatmarama [Verfasser der Hatha-Yoga-Pradipika, Anm. M.T.] ist mir das am stärksten aufgefallen. Der beschreibt die einzelnen Asanas geradezu minutiös. Wir sollten ihm folgen und Schüler dahin bringen, dass sie, wenn sie in einem Asana angekommen sind, dieses Asana in ein Maha-Mudra »verwandeln«. Ein Maha-Mudra einzunehmen ist Meditation. Wenn ich darum bitte, in Mandukasana, die Froschhaltung, zu gehen, dann gehen die Yoga-Praktizierenden ganz normal in den Frosch. Jetzt kommt aber: »Lass den Atem los. Lass die Gedanken los. Komm in diesem Asana wirklich an, und schau, aus welcher Perspektive du dich jetzt siehst.« Und wenn er das tut, dann geschieht Meditation. Das dauert natürlich zwei bis drei Jahre. Über die Versenkung gelangst du in die Meditation – sodass ein gesondertes Sitzen in Meditation, getrennt von den anderen Asanas, Unsinn ist. Obwohl ich es auch noch so mache.

M.T.: *Arbeitest du auch gezielt mit den Kumbhakas? Gibst du etwas vor oder steuerst das?*

H.P.H.: Jetzt kommt etwas sehr Interessantes, was in vielen Yogabüchern nicht steht: dass der Atem immer mehr zum Hauch wird. Und was wird aus dem Hauch? Er verschwindet. »Hauch« heißt im Griechischen *psyche*. Der Atem ist im Grunde genommen unsere Psyche. Er nimmt sich mehr und mehr zurück. Er wird immer ruhiger, und du hast die oft beschriebene stille Wasseroberfläche und kein bisschen Bewegung mehr. Das ist mir erst während meines Unterrichtens bewusst geworden: Es ist nichts mehr da. Aber dies den Schülern zu vermitteln ist eine große Schwierigkeit. Das ist erst einmal mit Ängsten besetzt. »Der Atem muss doch andauern!« und ähnliche Reaktionen. Aber: Es atmet doch. ES atmet. Aus dem »ich atme« wird ein »es atmet«. Genauso, wie ich es gelernt habe. Aus dem »ich denke, also bin ich« wird das »es denkt« der Heidegger-Schule. So kann man den Schülern vermitteln: Lasst es doch mal denken in euch! Lasst doch auch hier mal los! Und dann wandelt sich der Yoga plötzlich. Er wandelt sich zu einem Ereignis. Er wandelt sich zu einem »es geschieht«. Das heißt, nicht »ich mache« Yoga, sondern Yoga geschieht. Und wenn dies passiert, ist das aus meiner Sicht Zen.

M.T.: *Wenn du dich zur Meditation oder zu Samadhi äußerst, gibt es da auch Vorgaben oder Imaginationen?*
H.P.H.: Ich mache keine Voraussagen, das wäre unverantwortlich. Aber ich sage: Achtet auf euren Atem. Meine Schüler sind im Durchschnitt fünf bis sechs Jahre hier. Ich mache sie von Anfang an auf bestimmte Dinge aufmerksam. Und der Atem ist das A und O. Der Atem ist der eigentliche Türöffner. Er ist der immer strömende Ganges.

M.T.: *Deutest du denn an, was hinter der Tür ist?*
H.P.H.: Nein. Denn ich weiß es nicht.

M.T.: *Es gibt ja durchaus Yogalehrerinnen und Yogalehrer, die klar vorgeben, zu welchen Erkenntnissen die Teilnehmer gelangen werden, wenn sie auf die rechte Art und Weise meditieren oder Samadhi erreichen ...*
H.P.H.: Darüber wird bei mir nicht geredet. Es wäre eine Vorgabe, die man nicht machen kann. Und es gibt natürlich auch viele Schüler, für die sich die Tür auf eine andere Weise öffnet, als ich es erfahren habe, oder vielleicht auch nie. Das ist in Ordnung. Sie erkennen etwas anderes. Als Yogalehrer hat man schon eine gewaltige Verantwortung, und man sollte die Schüler

nicht in irgendeine Richtung manipulieren wollen. Aber ich sage: »Passt genau auf, was in euch und mit euch geschieht.« In jeder Pause frage ich: »Was habt ihr gerade getan?« Es soll ja nicht so ablaufen, wie es im Neuen Testament formuliert ist: »Sie wissen nicht, was sie tun.« Wir Yogis wollen ganz genau wissen, was wir tun. Das gehört zum Hier und Jetzt und sollte auch im Alltag angewandt werden.

M.T.: *Du gibst also eher einen Impuls zur achtsamen Wahrnehmung ...*

H.P.H.: Richtig. Und ich sage ihnen: »Nehmt insbesondere euren Atem wahr, es ist der heilige Strom in euch.« Welche Tür sich öffnet und was sich dahinter verbirgt? Ich bin doch nicht Gott! Bei der Atemtherapeutin Ilse Middendorf ist mir das zum ersten Mal aufgefallen. Middendorf sprach immer vom Hauch. Da habe ich mich immer gefragt, warum spricht sie nicht vom Atem, sondern vom Hauch? Aber sie hatte recht. Wenn man den Atem autonom fließen lässt, dann ist es ein Hauch. Das war für mich wie eine Erleuchtung. Ich habe ja auch noch Schüler, die einzeln zu mir kommen. Da ist mir besonders aufgefallen: Manche kannten keine Atempausen. Dabei sind ja gerade die Pausen der Knüller! Ohne die Pausen kann ich mir das alles sparen.

M.T.: *Geht es dir in Bezug auf Pranayama eher um Wahrnehmung und Bewusstsein, oder setzt du auch spezifische Techniken ein?*

H.P.H.: Ich würde sagen, für Anfänger würde ich immer wieder Pranayama lehren, wie ich es bei Asha und Keshav gelernt habe und wie es in jedem Yogabuch steht. Wenn ich in den fortgeschrittenen Yoga hineingehe, dann müssen sie das Gelernte wieder verlernen. Noch mehr hören auf ihren Atem und auf ihren Körper. Der Körper kennt so etwas wie eine eigene Zeichensprache, und die Schüler müssen lernen, diese Zeichen allmählich für sich zu entziffern. Die Spanne der Wahrnehmung reicht vom großen Schmerz bis zur ekstatischen Freude. Der Körper vermittelt uns das auf seltsame und oft sehr aufregende Weise. Das müssen die Schüler lernen. Da haben es vielleicht Frauen in mancher Hinsicht leichter als Männer, da Frauen viel eher vorbereitet sind, auf ihren Körper zu hören.

M.T.: *Beziehst du deine Impulse primär aus der Hatha-Yoga-Pradipika?*

H.P.H.: Ja, ich finde die Hatha-Yoga-Pradipika viel spannender als Patañjali.

M.T.: *Weil sie tantrisch ist?*

H.P.H.: Das kann ich dir gar nicht sagen. Stimmt, sie ist tantrisch, und manche Dinge sind einem nach wie vor schleierhaft. Aber mich hat bei der Hatha-Yoga-Pradipika die Reduzierung der Anzahl der Asanas auf wenige Eck-Asanas angeregt und außerdem die Tatsache, dass darin mehr über das Hören geschrieben steht. Die Inder sind ja Hörende. Patañjali ist mehr für die Intellektuellen. Vielleicht muss man sich an der Hatha-Yoga-Pradipika mehr reiben als am Yogasutra von Patañjali. Ich habe mal eine Weile mit einigen Schülern gemeinsam Quellentexte gelesen. Das hat uns allen sehr geholfen. Manchmal kommen Schüler und fragen:»Was, das gibt es auch, Quellentexte?« Wir sollten immer wieder das Angebot machen, solche Texte vorzustellen. Yoga ist nun mal keine Wehrertüchtigung. Sondern Yoga ist für mich ein ernst zu nehmender Weg, um ein Stück von mir selbst kennenzulernen.

23

Yoga mit den Impulsen des Zen –
ein befreiender Weg
und seine Ethik

Uns ist bewusst, dass Europa, die Geburtsstätte des neuzeitlichen Fortschritts, auf ein begrenztes, auf ein eindimensionales Wirklichkeitsverständnis abhebt und damit eine Eigenmacht begründet, die in ihrem fast unaufhaltsamen Selbstlauf nur zu bremsen und unter eine gewisse Kontrolle zu bringen ist, wenn verständlich und begreifbar wird, dass es sich hier um einen begrenzten, einseitigen Fortschritt handelt, der auf Fiktionen beruht und alles andere, nur kein wirklicher Fortschritt im Hinblick auf die Selbstverwirklichung des Menschen ist. Was stattfinden muss, ist eine deutliche Differenzierung im Begriff Fortschritt heute.

Mich interessiert, was das denn eigentlich ist, was wir gewöhnlich unsere Wirklichkeit nennen, und wer das ist, der diese Fragen stellt. Denn nur so kann eine Differenzierung im Begriff Fortschritt überhaupt vorgenommen werden. Das heißt, dass die erste und vorrangige Frage also nicht lautet: Was muss ich im Hinblick auf die Wirklichkeit denken, sondern: Wer ist das eigentlich, der diese seltsame Frage stellt? Mit anderen Worten: Wer befindet sich hinter dieser Frage, und wo befindet sich dieser Fragende heute?

Was bleibt, ist das »Ich bin«

Was sich unserer Wahrnehmung entzieht, stellt sich spätestens dann heraus, wenn wir die Wirklichkeit, in der wir leben, total infrage stellen und damit jede Form der Begrenzung aufzuheben versuchen. Wann immer wir fragen: »Wer bin ich?«, lösen sich fast automatisch alle Muster der Identifikation mit einem Namen, einem Geschlecht, einem Alter, einer Konfessionalität, einer Nationalität, einem Beruf, einer familiären oder einer gesellschaftlichen Stellung auf. Wir behalten gewissermaßen keine Visitenkarte mehr in der Hand, haben keinen Namen, kein Geschlecht, kein Alter, keine Karriere und auch keine Pläne mehr. Zu guter Letzt besteht das »Ich bin« jetzt nur noch aus zwei Worten bzw. Begriffen, sodass das Verb »sein« im Infinitiv, ohne Subjekt oder Artikel, der angemessenste Ausdruck für das ist, was hier gemeint ist.

Die Dualität – das ist leicht einzusehen – ergibt sich, wenn »sein« zu »ich bin« wird oder wenn »ich bin« voller körperlicher Empfindungen, Gefühle und Gedanken ist, das heißt, wenn sich mein Sein mit einer begrenzten Form gleichsetzt, z. B. mit angenehmen oder unangenehmen körperlichen Empfindungen, mit besonderen psychischen Eigenarten, mit räumlichen Koordinaten, vielleicht auch noch mit einem altersmäßigen Zeitablauf und einer Verkettung von Ursachen und Wirkungen.

Das »Ich bin« steht gewöhnlich in einem Gegensatz zur äußeren Welt, dem Nicht-Ich. Das reine, das nicht differenzierte »Ich bin« wird zum »Ich bin ich«, wird zur Person, zur Persönlichkeit emporstilisiert. Darin ist angelegt: Wir mühen uns ständig ab, jemand zu werden bzw. zu sein, was uns dann von einem Identitätswunsch zum nächsten, von einer Selbst-Definition zur nächsten, von einer Unzufriedenheit in die nächste Unzufriedenheit, von einem Ungenügen in das nächste Ungenügen treibt. Und wir erkennen dabei nicht: Je mehr wir uns anstrengen, jemand ganz Bestimmtes zu sein, und je mehr wir uns eines Tages auch für jemanden halten, umso weniger erreichen wir das Ziel, jene Vorstellung oder jenes Ideal: wirklich wir selbst zu sein. Die Ursache für diesen Trugschluss ist ganz einfach. Wir können nicht versuchen, jemand zu sein, ohne dabei unvermeidlich wieder mit gesellschaftlichen Normen, mit Vergleichen (auch wissenschaftlichen) und Nachahmungen zu operieren, die uns von vorneherein auf ganz bestimmte Klischees festlegen, von denen wir uns, wenn wir uns an sie gewöhnt haben, nur schwer wieder trennen können.

Wir sehen, dass zum einen die moralischen Grundprinzipien des Zen-Yoga ohne diesen Hintergrund überhaupt nicht verstanden, und wenn, dann nur missverstanden werden können. Zum anderen wird sichtbar, dass in der Tatsache, dass ich im Grunde ein Niemand bin, alle Probleme ihre Ursache haben, mit denen ich mich als Individuum ständig herumplagen muss.

Gerade weil wir immer wieder zu dieser Einsicht kommen und diese Erfahrung machen, entsteht in einem gewissen verzweiflungsvollen Selbstbetrug unser Verewigungswunsch, der umso verhängnisvoller ist, je hartnäckiger wir an ihm festhalten. Dieser Wunsch führt in der Regel dazu, das für dauerhaft zu halten, was dem Zweck der Selbsterhöhung (bzw. der Machtsteigerung) dient. Dazu gehört unter anderem auch die Vorstellung von der Unsterblichkeit der Seele oder des Ichs. Daher bleibt noch einmal hervorzuheben: Wenn wir diesen Selbstbetrug, diesen Wahn auflösen wollen, müssen wir erst einmal der Bewegung gegen den Strom folgen, die zur Deprogrammierung, Dekonditionierung und Dehypnotisierung unseres aufgeblasenen Ichs führt.

Am Ende dieser Anstrengung werden wir dann alles, ohne Übergriffe und ohne Besitzansprüche, in einer ruhenden Bewegung erfahren. Auf diese Weise wird die bislang gültige Vorherrschaft des zugreifenden Ichs gebrochen.

Das Problem des Wachseins und der durch das Wachsein bewirkten Erfahrung: dass wir als Individuen unersetzbar, aber auch auf eine ganz spezifische Weise allein (»jemeinig«, wie Heidegger sagt) sind, besteht darin, dass wir uns, wenn wir uns nichts weiter vormachen, leer und abgründig fühlen. Aus Angst sind wir ständig dabei, vor uns selbst zu fliehen bzw. wegzulaufen.

Dieser Abgrund ist anfangslos und endlos. Doch wo wir auch hingehen: diese Leere und dieses Nichts wird in uns bleiben, weil wir nun einmal diese Leere selbst sind. Es ist und bleibt unsere Natur, unser Sein, unser Brahman, unser Tao, unsere Thora, unsere Buddha-Natur. Die entscheidende Erfahrung lautet: Vor dieser Leere bzw. vor diesem Nichts fliehen wir nur so lange, bis wir durch Meditation zu der Erfahrung gelangen, dass diese Leere und dieses Nichts Alles ist.

Durch Meditation lernen wir, vor dieser Leere nicht weiter zu fliehen, sondern erstmalig vieldimensional zu leben, ja durch sie zu sein, zu »leiben«. Wenn wir nicht mehr fliehen, sondern ganz einfach nur dasitzen (Zazen) oder stehen bleiben, wird diese Leere zur Fülle des Lebens, die den Tod mit einschließt. Solange unserem »Ich bin«, »Ich denke«, kurz: unserem Ichgedanken, die Bedeutung beigemessen wird wie in der neuzeitlichen cartesianischen Philosophie, existiert eine geradezu verhängnisvolle Begrenzung, die unser Leben verarmen lässt. Sobald wir aber diesen Stützpunkt in unserem Zen-Yoga, dessen Ziel letzten Endes ein meditatives Leben ist, gewissermaßen wegschmelzen lassen und uns entschlossen in diese Leere hinein bewusst loslassen, verändert diese Leere auch ihre Natur und wird zur Allgegenwart. Diese Leere ist dann nicht mehr leer, nicht mehr negativ besetzt, sondern: das Positivste der Welt.

Wir müssen begreifen lernen, dass wir unsere Persönlichkeit, auf die wir häufig sehr angestrengt hinleben, mit unserer Individualität genauso verwechseln wie unser Selbst mit unserem angestammten Ich. Wir begreifen dann auch, dass – so wie das Ich eine unechte Erscheinung ist, die die Wirklichkeit zum wahnbesetzten gesellschaftlichen Fortschritt umstilisiert – auch die sogenannte Persönlichkeit nichts als eine unechte Erscheinung ist. Darin agiert als Zentrum ständig das angeblich so angestammte Ich, das uns die Gesellschaft anstelle unseres wahren Wesens einprogrammiert hat. Das aber bedeutet: Wenn die Persönlichkeit und das Ich nicht als das, was sie sind, nämlich Fiktionen, erkannt werden, kann auch nicht durchschaut werden, was sich hinter ihnen an Unechtem verbirgt. Uns gelingt es dann auch nicht, unser ursprüngliches Selbst frei von allen Vorurteilen zu erkennen.

Der Zen-Yoga lässt alles von uns abfallen, was wir nicht von unserer einzigartigen Individualität her sind, von dem wir aber möglicherweise noch glauben, dass es zu uns gehört. Wenn der Zen-Yoga uns alles Unechte genommen hat, wenn es gleichsam von uns abgefallen ist, ohne dass wir es verdrängen, entdecken wir allmählich unser ursprüngliches Selbst, unser ursprüngliches Gesicht, mit anderen Worten: unsere Wahrheit.

Da Zen-Yoga nichts mit Askese zu tun hat, weil auf nichts wirklich verzichtet wird, was nicht schon längst von uns abgefallen ist, kann natürlich auch nichts gegen unseren Willen geschehen. Wir lassen es zu. Sobald auch nur ein Anflug von Zwang die yogische Praxis bestimmt, erfolgt wieder neues Unheil: uns von unserem ursprünglichen Selbst, von unserem ursprünglichen Gesicht und damit von unserer Wahrheit und Individualität abzuspalten. Sobald wir bereit sind, uns selbst in unserer Individualität zu akzeptieren, gibt es für uns auch kein Problem mehr: Wir sind frei geworden.

Gehe ich in Distanz zur unterscheidenden Erkenntnis bzw. zum begreifenden Denken (Hegel) und bleibe ich nur wacher Zeuge dessen, was tatsächlich vor sich geht, bin ich also in meiner Lebenshaltung meditativ, verschwinden allmählich die alten Denk- und Verhaltensmuster. Unser Lebensstil verändert sich von Grund auf. Erst wenn alles Erzwungene verschwunden ist, lösen wir unsere heuchlerische Persönlichkeit auf. Wir wachsen, ja wir werden erwachsen. Sobald wir unser Wachstum erzwingen wollen, stockt der Prozess sofort. Wir tragen dann wieder jene Maske, die jeder bewusst oder unbewusst mit sich herumträgt. Solange wir vor unserem Spiegel eine Maske tragen, glauben wir, dass er unser Gesicht wiedergibt. *Auch hier lehrt Zen-Yoga:* Loslassen, damit unsere Masken von uns abfallen. Wenn wir dann auf unserem Übungsweg fortfahren, verschwindet auch noch der letzte Rest von Ich-Ansprüchen, sodass unser authentisches Wesen hervortritt. Das ist jener Beginn von Selbsterkenntnis, der in der Sprache des Zen-Yoga Erleuchtung (Aufklärung) genannt wird. Unser vorgetäuschtes Ich, unsere geheuchelten Verhaltensmuster und unsere Masken können nun einmal nicht erleuchtet werden; das kann nur unser ursprüngliches Gesicht.

Selbsttransformation und ethische Regeln

Ein von der Praxis des Zen-Yoga nicht zu trennender Bestandteil ist Selbstkontrolle, d. h. die Befolgung bestimmter ethischer Regeln, die von jedem Übenden gefordert werden (Yama und Niyama). Auf dem achtgliedrigen Übungsweg des Yoga bildet Yama, die Leitlinien zum Umgang mit der Welt, die erste Stufe und Niyama, die Regeln zum Umgang mit uns selbst, die zweite. Weitere Stufen sind:
– die Ausübung bestimmter Körperhaltungen (Asanas)
– das Fließen unseres Atems (Pranayama)
– das Zurückziehen der Sinne (Pratyahara)
– Konzentration; wir können auch sagen: hundertprozentiges Engagement in dem, was wir tun (Dharana)
– Meditation (Dhyana) und schließlich
– der unverstellte Durch- bzw. Klarblick durch die Realität auf

die tatsächliche Wirklichkeit hin, in der wir leben, und das völlige Einssein mit uns und der Welt (Samadhi).

Sehen wir einmal von dem Ziel ab, das vorrangig im für jeden erreichbaren Klarblick besteht, so ist jeder einzelne Punkt Bestandteil des Zen-Yoga-Weges. Wir können also nicht irgendein Element herausbrechen und dann noch von Yoga reden. Die erreichbare Transparenz unseres Selbst, die Befolgung bestimmter ethisch-moralischer Imperative und die Ausübung bestimmter Körperübungen (Asanas) dienen genauso wie die erreichbare Transparenz und Kontrolle unseres Atems (Pranayama) dazu, die Wahrheit unserer leiblichen Existenz zu erkennen. Hinzu tritt die Erkenntnis unserer wirklichen Bedürfnisse und die Konzentration unserer Bewusstheit auf einen Punkt hin, wobei uns diese Konzentration schließlich in der Meditation allmählich befähigt, die unverstellte, nicht mehr unterschiedene, die ungeteilte Erkenntnis allen Seins zu erlangen. Wir erreichen den Seinszustand: frei von allem Werden.

Wenn ich betone, dass alle Elemente, die ich hier aufgezählt habe, zusammenströmen müssen, um von Zen-Yoga sprechen zu können, dann will ich darauf hinweisen, dass es z. B. wenig Sinn hat, sich durch Körperübungen nur physisch zu entspannen, wenn wir dann doch geistig angespannt bleiben. Wenn wir uns körperlich entspannt haben, lenken wir unsere Aufmerksamkeit auf unsere Gedanken, indem wir sie ohne innere Beteiligung unsererseits an uns vorüberziehen lassen. Wir merken dann relativ schnell, wie nichtssagend und gleichgültig sie im Grunde genommen sind. Konzentrieren wir uns hilfsweise auf einen dunklen Fleck, der das völlige Nichts und die völlige Leere darstellt und lassen wir dabei unsere Gedanken diese Leere durchkreuzen, und das mehrfach, werden wir binnen kurzer Zeit schon mühelos einen unendlichen lichtdurchfluteten Raum vor uns sehen und in einer geistigen und körperlichen Entspannung uns selbst in diesem Raum erfahren. Wenn wir aber meditieren und darauf bewusst verzichten, Atem- und Körperübungen zu praktizieren, werden wir schnell spüren, dass wir uns hier nur etwas vormachen, uns selbst betrügen. Es tritt dann gerade das nicht ein, was wir unter Einbeziehung der genannten Elemente erwarten können: die Transformation unseres gewöhnlichen Bewusstseins in die Helle einer Bewusstheit, die uns selbst und die Wirklichkeit, in der wir leben, in neuer Qualität erfahren lässt.

Der Zen-Yoga versteht den Menschen stets als ein ganzheitliches, d. h. leibendes Wesen. Er dient dazu, diese Leiblichkeit, also nicht nur den Körper, zur vollen Entfaltung zu bringen. Er ist wie kaum ein anderes Lehrsystem dabei auf die Initiative und Verantwortung jedes einzelnen Menschen angewiesen. Er ist, wenn wir wirklich mitarbeiten, in der Lage, uns Menschen aus der Passivität und Lethargie unseres gegenwärtigen Zustands herauszuführen.

Voraussetzung ist aber auch jetzt wieder: Der Zen-Yoga muss von dem, der sich ihm anvertraut, innerlich wirklich akzeptiert werden, damit es zu den gewünschten Fortschritten kommt. Derjenige, der diesen Weg geht, begreift sich dann schon nach kurzer Zeit nicht mehr als ein Leidender (Patient), sondern eher als ein Suchender, der sich nur vorübergehend der Leitung eines Lehrers, einer Lehrerin anvertraut hat.

Nicht jeder wünscht – und das müssen wir natürlich auch sehen –, sich über sich selbst und die Wirklichkeit, in der er lebt, Klarheit zu verschaffen. Nicht jeder ist gewillt, so ohne Weiteres ins Unversicherbare aufzubrechen. Denn jeder von uns – auch daran muss selbstverständlich gedacht werden – befindet sich in unterschiedlichen Entwicklungsstadien, die schon die alten Yogis veranlassten, das Leben des einzelnen Menschen in vier große Altersabschnitte einzuteilen, die er nacheinander durchschreiten muss, sobald er die eigene Kindheit verlassen hat.

In der ersten Phase widmet er sich als Heranwachsender dem Studium unter Anleitung eines Lehrers. In der zweiten Phase heiratet er. Er gründet eine Familie, übt einen Beruf aus, entwickelt sich hier, schafft und verteilt Reichtümer. Er spielt in unterschiedlicher Weise seine gesellschaftliche Rolle. In der dritten Phase geben Mann und Frau alle ihre materiellen Güter auf bzw. verteilen sie unter ihren Erben, um gemeinsam – oder jetzt wieder getrennt voneinander – in der Einsamkeit zu meditieren. Es ist die Phase der verstärkten Suche nach dem Selbst, die im Finden des Herzens und in der Bewusstseinserleuchtung endet. In der vierten Phase erfolgt die totale Loslösung, in der jede Spur des Ichs verschwindet und jede noch so geringe materielle Abhängigkeit aufgehoben ist. Das Leben wird jetzt frei von allen körperlichen, gefühlsmäßigen und geistigen Anspannungen, ohne Erinnerungen und ohne Erwartungen in der Spontaneität eines ewig gegenwärtigen Augenblicks, gelebt.

Die damit angesprochene Transformation bleibt aus, wenn wir den Zen-Yoga abgehoben von unserer täglichen Wirklichkeit betreiben. Das liefe auf eine Pseudobefreiung hinaus. Nur in dem Maße, in dem wir die widerständigen gesellschaftlichen und politischen Verhältnisse um uns herum wirklich wahrnehmen und ihren zum Teil extremen Herausforderungen an uns nicht ausweichen, uns ihnen ganz im Gegenteil bewusst stellen, in dem Maße werden wir wirklich frei werden und uns auch erst wirklich in der angezeigten Richtung verändern.

Über Zen-Yoga zu sprechen heißt nach allem, was ich bisher ausgeführt habe, nicht noch gesondert über die moralischen Prinzipien des Zen zu sprechen. Er ist in seiner Grundverfassung durch und durch sittlich-moralisch, auch wenn Patañjali mehr aus didaktischen Gründen spezielle Verhaltensgrundsätze in den Yamas ausdrücklich hervorhebt: nämlich keinem Lebewesen etwas zuleide zu tun, wahrhaftig zu sein, nicht zu stehlen und in allen Dingen Maß zu halten, d. h. frei von jeder Habgier zu sein.

Ethik (Ethos) bedeutet, wenn wir dieses Wort nach seinem inneren Sinn, im Hinblick auf seine Bedeutung befragen: Aufenthalt bzw. Ort des Wohnens. Heidegger hat daran erinnert, dass dieses Wort den offenen Bezirk benennt, worin die Menschen, also wir, wohnen. An einer anderen Stelle schreibt er, »dass im Wohnen das Menschsein beruht, und zwar im Sinne des Aufenthalts der Sterblichen auf der Erde«. Doch »auf der Erde« heißt schon »unter dem Himmel«. Beides meint *mit* »Bleiben vor dem Göttlichen« und schließt ein »gehörend in das Miteinander der Menschen«. Heidegger konnte daraus schließen: »Aus seiner *ursprünglichen* Einheit her erfahren und gedacht gehören die Vier: Erde und Himmel, die Sterblichen und der Gott in eins.« (Bauen, Wohnen, Denken, S. 149) Sie bezeichnen den offenen Bezirk, in dem wir jeweilig wohnen.

Von keinem anderen Wohnen spricht der Zen-Yoga, die Lehre von der Selbsttransformation, ob er nun den menschlichen Leib als Tempel Gottes anspricht oder – wie ich es tue – das gesamte Universum, den Mikro- und Makrokosmos. Entscheidend ist, dass es weder auf der einen Seite eine bevorzugte und erhabene göttliche Wirklichkeit noch auf der anderen ein weltliches Jammertal gibt. Das ist die spezifische Wohnstätte des christlich-abendländischen Menschen, aber auch des Islam. Die zen-yogische Kosmologie geht von der Erfahrung aus, dass Gott sein Werk für gut befunden und damit auch für vollkommen erklärt hat. In diesem Sinne ist jeder Mensch, so wie er ist, vollkommen, sodass wir ihn auch nur an etwas erinnern müssen, das er möglicherweise vergessen hat. Wir können uns selbst und anderen helfen, zu sehen, dass wir mit ein wenig Abstand Zeuge dessen sein können, was wir sehen, hören und beobachten, sodass diese Dinge zwar weiterlaufen mögen, wir aber nicht mehr wie bisher von ihnen gefangen und gefesselt werden.

Solange wir nicht jene Mitte in uns ausfindig gemacht haben und diese Mitte dann auch immer wieder aufsuchen, uns ihrer erinnern, wo wir Zeuge uns selbst und der Wirklichkeit gegenüber sein können, mit einem Wort: solange wir also nicht wirklich meditativ leben, ist und bleibt die Welt, in der wir leben, ein Chaos.

Diese Feststellung streift nichts von der Tatsache ab, dass sich die meisten Menschen unter uns nicht natürlich entfalten können, dass sie vielmehr festsitzen und abgelenkt in Richtung Geld, materielle Güter und bloßes Überleben existieren, ohne dass ihnen dies aber wesentlich weiterhelfen würde. Trotzdem kommt durch Schicksalsschläge oder andere Ereignisse der Punkt, an dem wir aufwachen und uns endlich an das erinnern, was uns möglicherweise als Kind verloren gegangen ist. Daher sollte mit Einschränkung auch der Lehrer so unsichtbar wie möglich arbeiten und so wenig wie möglich eine persönliche Wirkung auf den Suchenden ausüben. Denn je stärker die Wirkung des Lehrers auf den Menschen ist, umso weniger fühlt dieser, dass es sein eigenes Wachstum, seine eigene Transformation ist, um die es hier geht. Er denkt dann nur wieder, dass Wachstum mit etwas außerhalb seiner Person zu tun hat. Je unsichtbarer daher der Lehrer ist, umso mehr fühlt der Sucher, dass das, was geschieht, sein Eigenes ist, und dass das entscheidende Potenzial zu seinem Wachstum in ihm selbst angelegt ist.

Der Schlüssel zur Ethik liegt also erst einmal im Akzeptieren unserer eigenen Natur und nicht in der Vorstellung und in der Idee, die wir möglicherweise über diese unsere Natur mit uns herumtragen. Wenn es in Ordnung ist, sich glücklich oder traurig oder wütend oder leer oder ängstlich oder vergnügt oder was auch immer zu fühlen, dann ist Lebendigsein und am Leben teilzunehmen wichtiger, als sich der abstrakten Frage hinzugeben, wie das Leben sein könnte, wenn ... oder wie es gar sein sollte. Ein deprogrammierter Mensch ist ein Mensch, der keine Marionette mehr ist und der seine Unabhängigkeit und Freiheit von dem eingebildeten Gott, und, was vielleicht noch viel wichtiger ist, von dessen Propheten erklärt hat.

In den etablierten Religionen scheint mir in dem Maße, in dem Gott inzwischen nur noch wenig Vertrauen entgegengebracht wird, die Rede über Gott ein Ausmaß erreicht zu haben, das in keinem Verhältnis mehr zum tatsächlichen Glauben steht. Wenn Jesus geradezu die Inkarnation der göttlichen Liebe darstellt, so müssen wir heute zu der Feststellung gelangen, dass die etablierten Religionen den Menschen zum Hass statt zur Liebe erzogen haben. Der Christ hasst den Hindu, der Hindu hasst den Moslem, der wiederum den Juden usw. Aber nicht genug damit: Der Theist hasst den Atheisten, der Atheist den Theisten. So sind alle politischen Ideologien auf Hass gegründet. Alle Nationen sind im Hass verwurzelt: sie hassen sich ständig gegenseitig.

Dieser Hass sitzt selbstverständlich auch in unseren Körpern. Wenn wir uns auch manchmal einig zu sein scheinen, sind wir uns doch häufig mehr gegen etwas einig, gegen den gemeinsamen Feind, statt wirklich einig.

Politiker sind sich dieser Tatsache selbstverständlich bewusst. Sie wissen: Alle Macht baut auf Hass auf. Erzeuge unter den Menschen ein hasserfülltes Freund-Feind-Denken, und sie werden sich schlussendlich zusammenraufen. Folglich halten uns die Politiker auch ständig in Angst: dass wir z. B. von außen angegriffen werden oder angegriffen werden könnten, unter anderem vom Teufel, wobei die Gründe dafür schnell herbeigeschafft sind. Die UdSSR häufte immer mehr Atombomben, Wasserstoffbomben usw. an, aus Angst, weil sie vielleicht zu Recht davon ausgehen musste, dass die USA durch ebenso mörderische Waffen einen Krieg gegen die UdSSR vorbereiteten. Das Gleiche spielte sich natürlich auch in umgekehrter Richtung ab. Die Folge ist: Die Welt bestand und besteht nach wie vor aus Angst, Hass und Schrecken. Liebe fand auf diese Weise bisher keine Heimat, obwohl sie doch unsere eigentliche Natur ist und keiner von uns ohne Liebe existieren könnte.

Wenn ich sage, die etablierten Religionen erzögen den Menschen zum Hass und eben nicht zur Liebe, so liegt die Begründung darin, dass jede etablierte Religion ständig für sich einen Gott reklamiert und dabei ist, ihren Gott gegenüber den Menschen oder den Menschen gegenüber Gott auch noch theologisch zu rechtfertigen. Aber ein christlicher, ein jüdischer, ein hinduistischer Gott: Dies alles sind falsche Götter. Denn Gott kann nicht Christ, kann nicht Jude und nicht Hindu sein, weil es keine Christen-Liebe, keine Juden-Liebe und keine Hindu-Liebe etc. gibt.

Um zu dieser Einsicht zu gelangen, ist es wichtig, dass wir endlich bewusst und aufgeklärt zu leben beginnen und uns solche Vorstellungen und Ideologien nicht weiter von den etablierten Religionen einreden lassen. Erst wenn wir im Hinblick auf die Rede von Gott unseren bewusstseinsmäßigen Rückstand aufholen, werden wir auch von dem unbegreiflichen Wunder unserer Existenz, wie der Schöpfung überhaupt, ergriffen und infolgedessen auch empfindsamer werden für den Sinn und für die Wahrheit des Lebens, dem wir unsere unbegreifbare, göttliche Existenz verdanken.

Nietzsche hatte recht, wenn er sagte, dass das Leben gefährlich, unsicher und abgründig sei. Aber gerade dadurch leben wir! Wenn wir sicher und in Gewissheit leben, sind wir tot zu Lebzeiten.

Liebe ist der Tod des Ichs, wobei unser anerzogenes Ich ängstlich ist, der Liebe zu verfallen. Liebe ist Vertrauen in das Unbekannte, ja identisch mit unserem Aufbruch in das Unbekannte, wo keinerlei Sicherheit mehr existiert. Liebe ist die einzige Möglichkeit, uns wirklich selbst zu begegnen, uns wirklich selbst zu entdecken, um so aus unserer meist selbstverschuldeten Gefangenschaft endlich herauszukommen und frei zu werden.

Demgegenüber sind alle etablierten Religionen mehr oder weniger sadomasochistischer Natur. Sie haben eine elende Welt geschaffen, weil sie die jenseitige Welt mit Hilfe ihrer jeweils spezifischen Gottesvorstellung zur eigentlichen Welt erklärten und die diesseitige zur sündigen. Die Folge ist, dass wir schon in Sünde und Schuld geboren sind. Das bedeutet, dass wir uns auch dafür schuldig fühlen müssten, überhaupt geboren zu sein. Die Ethik, die sich daraus ableitet, kann daher keine positive Ethik sein, in dem Sinne: natürlich zu sein und das Leben, das jedem von uns geschenkt worden ist, wirklich zu akzeptieren.

In diesen Zusammenhang gehört auch die Vorstellung, dass das Leben nach dem Tode das für den Menschen entscheidende Leben sein soll. Erst in jenem anderen Leben sollen wir das Königreich Gottes erben und dafür in dem hiesigen leiden. Die Folge ist auch hier wieder, dass wir dem Leben entfremdet, vom Leben abgeschnitten werden und dabei letztendlich leiblich verelenden. Am Ende dieser Entwicklung finden wir keine Erinnerung mehr daran, dass jeder von uns aus Freude geboren wurde, um das Leben unter den etablierten Erziehungspraktiken schnell wieder zu verlieren.

Dieser hier genannten Perspektive widerspricht Zen-Yoga in jeder Hinsicht, indem er konsequent der Zielinvarianz folgt, dass nur der bewusst lebende Mensch sich mit dem Leben fortbewegt, aber in einer ruhenden Bewegung, die nicht wieder in Hektik zurückfällt und uns daran hindert, uns selbst zu sehen, wie es Sokrates einst gefordert hat: sich selbst zu erkennen. Daher ist es gut, dass wir erst einmal gar nichts tun, auch wenn das am Anfang jedem schwerfällt.

Dass das schwerfällt, liegt nicht daran, dass wir uns nicht entspannen können, sondern dass wir inzwischen süchtig danach geworden sind, ständig etwas zu tun. Diese Sucht wird daher eine Weile brauchen, bis sie verschwindet, wir einfach nur noch da sind und für uns die Langsamkeit entdecken. Sein in diesem Sinne ist einfaches Nicht-Tun – und dieses Nicht-Tun zu beobachten. Wir sitzen nur still da und tun nichts, sind nur noch unser eigener Zeuge und beobachten in müheloser Mühe, was geschieht – wir können auch sagen: sich ereignet. Wir sehen dem zu. Unsere Gedanken bewegen sich in unserem Kopf und verschwinden daraus auch wieder, ohne dass wir noch etwas dazu tun.

Vielleicht hat der eine oder andere von Ihnen, der diese Zeilen liest, zeitweilig Migräne. Versuchen Sie einmal, Zeuge Ihrer Migräne zu sein und sich nicht mit der Migräne sofort zu identifizieren, wozu natürlich ein wenig Geduld gehört. Denn die Gedanken rasen selbstverständlich weiter hin und her, und der Körper ist bisher nicht daran gewöhnt, still zu sitzen. Wir kurven durch die Gegend. Aber beobachten Sie jetzt einfach nur, dass Ihr Körper dieses oder jenes tut, dass die Gedanken im Kopf hin- und hersausen und Sie voller Gedanken – wie die über Gott und Teufel – sind, die Sie immer wieder daran hindern, Ihr Dasein überhaupt noch unverstellt zu sehen und zu erfahren. In Abwandlung eines berühmten Satzes: Wenn Sie Gott begegnen, töten Sie ihn. Erst dann werden Sie das erfahren, was mit diesem Satz präzise umschrieben wird.

Im Zen-Yoga geht es darum – wie ausgeführt –, die Wirklichkeit des eigenen Seins zu erfahren, um die Realität, in der wir leben, überhaupt erkennen zu können. Dies bedeutet für jeden, der sich auf diesen Weg begibt, einen Sprung ins Unversicherbare und Unbekannte hinein zu wagen. Nur wenn der zukünftige Zen-Yogi offen und empfänglich für die eigenen Dimensionen seines Seins ist bzw. es wird, nichts erwartet, sich auch nicht beklagt, wenn jetzt nichts Spektakuläres mit ihm passiert, dann besteht für ihn die Chance, sich neu zu erfahren und dann auch in neue Dimensionen der ihn umgebenden Wirklichkeit vorzudringen.

Was dem entgegensteht, ist die Tatsache, dass der Anfänger auf diesem Wege immer wieder vergisst, dass er schon nach kurzer Zeit wieder einschläft (gerade wenn er besonders geschäftig ist), und der Lehrer die entsprechenden Register zieht, um ihn wieder aufzuwecken. Sollte das gelingen, dann begreift er noch nicht, dass er nur 2 Prozent seiner Wirklichkeit, in der er lebt, wirklich erfährt. Aber selbst wenn er 98 Prozent ausspart, hat er für sich selbst schon einiges gewonnen.

Umgang mit Schwierigkeiten

Der Weg zu uns führt uns durch viele Schwierigkeiten, für die wir zum großen Teil jedoch selbst verantwortlich sind. Wir lassen es nicht zu, dass das in jedem von uns vorhandene Licht den Dämmerzustand verlässt und wir die Wirklichkeit, in der wir leben, unverdeckt und unverstellt erkennen. Sobald wir aber unsere Widerstandshandlungen aufgeben, wird unser Selbst Gegenwart, wobei dieses dann identisch ist mit dem, was wir im Zen-Yoga die Leere nennen und zugleich auch die Fülle, mithin das Zentrum, in dem sich alle unsere ungerechtfertigten Anstrengungen auflösen.

Solange wir nur nach außen gehen und uns ausschließlich in der Realität engagieren, werden wir nie beweisen können, dass wir jemand sind. Anderen zu beweisen, dass wir jemand sind, macht aus uns noch keinen »Jemand«. Wir bleiben, auch wenn wir gesellschaftlich noch so respektiert werden, ein Niemand.

Um aus uns einen Jemand zu machen, setzen wir häufig kompensierende Machtmittel ein. Wir kompensieren mit ihnen die Tatsache, dass wir niemand sind und dass das auch unser Leben lang sicher so bleiben wird. Dies gilt es sich namentlich in einer Zeit bewusst zu machen, die ständig einen Menschentyp fordert, den Nietzsche den »Übermenschen« und Ernst Jünger den »Titan« nannte. Es geht daher auch nicht so sehr darum, dieses Niemandsein loszuwerden, sondern sich vielmehr seiner im Sinne eines Satzes von Tschuang-Tse zu erinnern: »Werde erst einmal zu einem leeren Boot«, d. h., gehe nach innen und erkenne, dass du eben dieser Niemand bist.

Diese fundamentale Einsicht fordert wieder von uns, dass wir nicht in der Peripherie unseres Seins stecken bleiben, sondern ins Zentrum unseres Seins vordringen, andernfalls findet kein wirkliches Wachstum, keine Emanzipation von den uns umgebenden Strukturen statt. Wir trocknen weiter aus, sodass die Wüsten in uns und um uns herum weiter wachsen.

Wir erinnern uns noch einmal daran: Ein meditativer Zustand, zu dem der Zen-Yoga uns hinführt, stellt eine sich immer mehr ausweitende Bewusstheit dar, die alles beobachtend wahrnimmt und sich dabei nicht auf einen einzigen Brennpunkt einschwört. Wenn wir dies tun, schließen wir uns sofort wieder ein und befreien uns so gerade nicht von unseren Gefängnismauern. Sobald wir uns mit anderen Worten auf ein Ziel hin ausrichten, schaffen wir nur noch mehr Spannungen in uns und bleiben stehen; wir blockieren uns damit selbst. Wir müssen, um unseren Weg wirklich und nicht zum bloßen Schein gehen zu können, alle derartigen Hindernisse aus dem Weg räumen, um für unser Sein, unsere Existenz, einschließlich der Realität, in der wir leben, offener zu werden.

In der Meditation entspannen wir uns in uns selbst hinein. Je mehr dies schlussendlich geschieht, desto offener werden wir für alles, was in uns und um uns herum geschieht, und desto weniger erstarrt und blockiert fühlen wir uns; wir beginnen, durchlässiger und damit zugleich auch kreativer zu werden.

Nur wenn wir unser Sein ohne Vorbehalt akzeptieren, können wir uns auch entspannen. Wenn wir uns weiterhin an noch so kleinen Dingen stören, ist es letzten Endes eben diese unsere Einstellung, die unseren Weg blockiert. Sitzen wir jedoch still und hören allem zu, was um uns herum und in uns geschieht, finden wir zu uns selbst.

Ich sagte mehrfach, dass der Zen-Yoga durch eine nicht unerhebliche Zahl von Schwierigkeiten hindurchführt, an denen

41

wir selbst schuld sind. So machen viele mal hier und da eine Gruppe, wie das heute so schön heißt, und bekommen dann hier eine Anregung und dort eine andere mit auf den Weg. Sie bewegen sich zwar in einem Teufelskreis, sind aber trotzdem begeistert und voller Hoffnung. Sie merken erst nach längerer Zeit, dass sich durch solche Attraktionen in ihnen selbst nichts verändert. Also suchen sie wieder nach einem anderen Weg, dann wiederum nach einem neuen Weg. Besonders »erfolgreich« sind diejenigen, die zwei oder drei Wege gleichzeitig zu gehen versuchen.

In Wirklichkeit handelt es sich aber nur um ein altes Spiel, unter einer Art spiritueller Verstellung, wir können auch sagen: unter einer andauernden Lebenslüge. Den einen Tag geht es nach Norden, am nächsten Tag nach Süden, am darauffolgenden nach Osten und schließlich wieder nach Westen. Ein Höhepunkt ist dann unter anderem der Besuch irgendeiner Yoga-Olympiade bzw. der Besuch eines Buddha-Kongresses. So wird täglich die Richtung gewechselt, manche schaffen das auch schon von Stunde zu Stunde.

Was ist der Grund für ein solches Verhalten? Sobald auf dem Übungsweg innere Widerstände auftreten, fragen diese Sucher nicht mehr nach den Gründen ihrer inneren Widerstandshandlungen (die sie daran hindern, Klarheit über sich selbst und die Realität, in der sie leben, zu gewinnen). Sie wechseln ganz einfach die Yoga-Schule und wundern sich dann darüber, warum sie in ständiger innerer und äußerer Anspannung immer dieselben bleiben. Sie sind dann wieder ihrer permanenten Lebenslüge und häufig auch Sensationslust zum Opfer gefallen.

Selbstverständlich zeigt dieses Verhalten auch eine bestimmte gesellschaftlich bedingte Konditionierung. Man verhält sich heute eben so und nicht anders; sonst ist man nicht in. Wir sehen und hören also – außengeleitet – nur noch das, was uns die Gesellschaft, in der wir leben, zu sehen und zu hören, ja wahrzunehmen erlaubt. Das nennen wir dann für gewöhnlich die Seh- und Hör-Kultur, wobei wir auf diesem Wege schon viele Sinne verloren haben. So unter anderem unseren Geruchssinn. Er ist inzwischen radikal eingeschränkt worden. Freud hat zu Recht darauf hingewiesen, dass der Verlust unseres Geruchssinns von der sexuellen Verdrängung, die uns die gesellschaftlichen Standards ständig abfordern, herrührt. Daher: In dem Maße, in dem z. B. das Basis-Chakra revitalisiert wird, in dem Maße revitalisiert sich auch unser Geruchssinn. Denn wir sind natürlich genau so empfindlich wie jedes Tier, auch wenn inzwischen unsere Nase verdorben wurde. Geruch ist eines der sexuellen Tore zu unserem Körper. Am Geruchssinn merken die Tiere, ob sich ein Männchen mit einem Weibchen in Einklang befindet. Jeder von uns weiß das natürlich auch, ist doch der Geruch das subtilste Zeichen unseres Sympathievermögens. Wenn wir zur liebevollen Vereinigung bereit sind, verströmen auch wir einen ganz bestimmten Geruch.

Gerüche stoßen sicher auch ab. So ist es gar kein Zufall, dass in zivilisierten Ländern viel Zeit darauf verwandt wird, alle möglichen Gerüche strikt vom Körper fernzuhalten, ja wegzuwaschen und durch künstliche Gerüche zu ersetzen. Parfüms sind mit anderen Worten ein Mittel, eine Wirklichkeit zu vermeiden, die bedauerlicherweise aber immer noch fortbesteht.

Das Gleiche geschieht natürlich auch mit unseren anderen Sinnen. So schauen wir heute nur noch gezwungenermaßen anderen Leuten direkt in die Augen oder nur ein paar Sekunden lang. Wir schauen uns gewöhnlich eben nicht wirklich an; es gilt sogar häufig als unhöflich. Denn wir würden möglicherweise etwas sehen, was der andere uns nicht so gerne sehen lassen möchte bzw. uns nicht zu sehen erlaubt. Wir hören auf die Worte (aber auch das nur selten), und wir sehen nicht das Gesicht, wobei sich sehr oft die Worte und das Gesicht einander extrem widersprechen. Nach und nach verlieren wir bedauerlicherweise den Sinn dafür und hören nur noch im Ungefähren auf die Worte anderer.

Die erste Schwierigkeit, mit der wir uns im Zen-Yoga auseinanderzusetzen haben, bezieht sich auf unsere Sinne. Wir sehen nur noch das, was wir sehen wollen, unser Wahrnehmungsvermögen wurde eingeschränkt und häufig vergiftet. Unser Körper wurde verpanzert. Wir sind inzwischen erfroren bzw. leben in einem spezifischen Gefrierzustand; wir sind eigentlich schon längst gestorben. Aus Angst vor dem Leben haben wir alle Brücken abgebrochen, auf denen das Leben mit uns unter Umständen heute noch in Berührung kommen könnte und vielleicht auch möchte. Man hat uns in unseren Breiten und unseren Zeiten nicht erlaubt, natürlich zu leben. Wir haben nicht gelernt, unsere Leiblichkeit zur vollen Entfaltung zu bringen.

Bedingt durch Verdrängungen und Abtötungen ist unser Körper unorgasmisch geworden, d. h. freudlos. Das ist sowohl mit uns Männern als auch mit den Frauen passiert, nur sind wir Männer noch tiefer in diese Falle geraten. Wir sind in unserem alltäglichen Verhalten noch wesentlich neurotischer als die Frauen. Wir Männer verstehen es häufig nur besser, unsere Situation zu verschleiern.

Als Erstes lernen wir daher im Zen-Yoga, unseren Körper so zu akzeptieren, wie er ist. Wir akzeptieren ihn aber nicht nur. Wir lernen vielmehr, in Dankbarkeit zu begreifen, dass er unser eigentliches Zuhausesein ist, dass wir in ihm im wahrsten Sinne des Wortes wohnen und von ihm aus mit der Wirklichkeit kommunizieren, in der wir leben: mit den Augen, den Ohren, der Nase, dem Tastsinn. Öffnen wir den Körper, lassen wir das Leben in uns zu und werden von jetzt an empfindsamer, als wir es bisher waren bzw. uns zugestanden haben.

Der Zen-Yoga ist aus dieser Sicht nicht mehr und nicht weniger als eine Methode, ein Weg des Selbstgewahrwerdens und damit zugleich eines Neugewahrwerdens der uns umgebenden Realität. Er kreiert keinen neuen Mythos, wie viele, die nicht einmal für wenige Minuten an einem Ort stillsitzen können, häufig meinen. Er ist nicht gegen eine wie auch immer definierte Vernunft eingestellt, ein Argument, das immer dann ins Feld geführt wird, wenn man nicht so recht weiß, was die Vernunft (inklusive des Verstandes) eigentlich ist. Der Zen-Yoga führt uns über die Möglichkeiten, die die instrumentelle Vernunft und der eindimensionale Verstand zur Erkenntnisgewinnung für uns parat hatten, weit hinaus. Und was immer uns dann noch im Ungewissen erwartet – es ist in jedem Falle das, was eines Tages als zu unserer tatsächlichen Wirklichkeit gehörend erfahren wird. In diesem Sinne ist der Zen-Yoga die eigentliche Vollendung dessen, was hier in Europa mit der Aufklärung begonnen hat und leider allzu schnell wieder abgebrochen wurde.

Auf unserem Lebensweg tragen wir Fragen mit uns herum nach unserem *Woher, Wohin* und *Wozu,* die uns ständig antreiben und auf die wir bisher keine so rechte Antwort erhalten haben. Unser Ziel ist jedoch eines, das nirgendwo existiert bzw. zu haben ist. Eines Tages aber werden wir uns vielleicht schon so sehr an das Reisen gewöhnt haben, dass wir unsere Fragen, einschließlich unseres Ziels, vergessen haben, sodass wir in der Tat nunmehr nur noch im *Hier* und *Jetzt* leben: immer weiter ins Unbekannte fortgehend und in jenes Unermessliche unserer Existenz, das wir dann unser Leben nennen. Das aber ist genau das Gegenteil von dem, was unser Ego bisher ständig erleben wollte – das Ego, das bislang nach irgendeinem Wohlbefinden, nach irgendeiner Erlösung, nach irgendeiner Erleuchtung gierte.

Sobald wir dieses Ego aber fallen lassen – was nicht leicht ist – und sobald wir die Einsicht gewonnen haben, dass wir, wie ich sagte, niemand sind, erkennen wir, dass wir alles sind.

Es geht also nicht darum, gegen dieses Niemandsein anzukämpfen; es geht nicht darum, immer und immer wieder zu versuchen, die Leere in uns zu füllen, es geht vielmehr darum, sie zu erkennen und mit ihr eins zu werden; dann werden wir angekommen sein. Wir stellen dann keine Fragen und erwarten dann auch keine Antworten mehr – wir sind nur noch da und unterwegs.

Dies ist schließlich auch der Augenblick, der Tag oder die Stunde, wo wir aufhören werden, weiter nach Utopien oder mo-ralisch-normativen Grundsätzen zu fragen oder alten oder gänz-lich neuen, ethisch eingefärbten Superidealen hinterherzulau-fen. Wir leben dann, wie die Sufis sagen, *mit offenem Herzen im Hier und Jetzt* und begrüßen so den sich ereignenden Augen-blick, um uns von nun an nur noch von ihm führen zu lassen.

Wer ist der Mensch,
der sich im Yoga begegnet?

Normalerweise leben wir halb – halb lebendig und halb tot – aufgrund jener lebensfeindlichen Konditionierung, die jeder von uns seit seiner Kindheit erfahren hat. Deshalb fließt unsere Energie eher nach außen statt nach innen, sodass jeder spürt, dass er immer leerer wird oder, in Nietzsches Worten, die Wüste in ihm selbst sich täglich weiter ausbreitet. Zen-Yoga in dem weiten Sinne, wie wir ihn hier praktizieren, kann uns wieder lebendig machen.

Zuerst mag Angst aufsteigen, weil wir zum einen mit gänzlich neuen Gefühlen konfrontiert werden und zum anderen einen kompletten Energiekreislauf bis dahin noch nicht wirklich kennengelernt haben, sodass jetzt in der Tat eine Umstimmung unseres Da-Seins erfolgt und damit eine Veränderung unseres Verhaltens gegenüber uns selbst und der Wirklichkeit, in der wir leben.

Natürlich fühlen wir uns unsicher. Wir beginnen uns vielleicht erst einmal unwohler zu fühlen, hin- und herzuschwanken und zu zittern. Wir entfernen uns aus unseren gewohnten Bahnen und halten verstärkt nach neuen Orientierungspunkten Ausschau. Aber sobald unser Energiekreislauf entblockiert worden ist, fühlen wir uns weit lebendiger und lebensbejahender als bisher. Der blockierte Energiekreislauf schafft Ruhelosigkeit und permanente Körperspannungen.

Zen-Yoga ist identisch mit aufrichtiger Selbsterforschung, ohne auf irgendein Glaubensbekenntnis oder auf irgendwelche vorfabrizierten Ideen und Utopien angewiesen zu sein. Er bringt alle Teile in uns zusammen, indem wir zu einem Individuum, d. h. zu einem unteilbaren Ganzen, werden. Dies ist identisch mit einem Aufbruch zu unserer Mitte, von der wir in Europa ständig reden, ohne zu wissen, wie wir das bewerkstelligen sollen und vor allem auch können. Dieses Wissen holen wir uns unter anderem aus den Upanishaden, aus den Sutren des Patañjali und den Lehrreden des Buddha.

Keiner von uns ist identisch mit sich selbst. Der Satz der Identität trifft für unsere Psychologie nicht zu. Wenn wir mit uns selbst identisch zu sein glauben, bilden wir uns das nur ein. Wir bewegen uns nur weiter im Strudel unserer wechselnden Vorstellungen, Wünsche, Hoffnungen und Erwartungen. In gleicher Weise sind wir auch nicht in der Lage, unseren Mitmenschen zu identifizieren, so wie es die Polizei unter anderem an Grenzübergängen tut.

Die Klassiker der indischen Ethik-Lehre machen uns stattdessen darauf aufmerksam, dass wir zu keiner Zeit wirklich wissen werden, wer wir sind, wer der andere ist, mit dem wir möglicherweise schon seit Jahren und Jahrzehnten zusammenleben, und was es mit der Wirklichkeit auf sich hat, in die wir hineingeboren wurden und aus der wir eines Tages auch wieder zurückgerufen werden.

Was wir häufig als Identität mit uns selbst erfahren, sind wenige Augenblicke, die jedoch schon überholt sind, wenn uns dieser Zustand kurzfristig bewusst wird. Wenn in den Veden, den Upanishaden und den Sutren des Patañjali unter anderem davon gesprochen wird, dass in uns eine ewige Substanz (Atman) vorhanden sei, die letzten Endes identisch sei mit dem unzerstörbaren Brahman, dann lehrt uns der Buddha, dass wir auch diese Vorstellung noch aufgeben hätten, um endlich aufzuwachen. Bis dahin haben wir noch einen weiten Weg vor uns!

Sobald wir uns begreifen wollen, schränken wir uns auf einen Punkt hin ein und verfehlen so unsere wahre, d. h. vieldimensionale Existenz Sobald wir in diesem Sinne auch noch den anderen mit einbeziehen, haben wir uns schon an ihm vergriffen. Und sobald wir glauben, begriffen zu haben, was die Wirklichkeit, in der wir leben, wirklich ist, liegen wir schon daneben. Wir werden es nie wirklich wissen. Dieses Wissen, diese Wahrheit ist uns Menschen nicht gegeben. Was damit gemeint ist, werden wir aber erst verstehen, wenn wir aufgewacht sind. Und aufgewacht sein heißt: sich der Zeitlichkeit ständig bewusst zu sein.

Unbewusst lebende Menschen reagieren in vorgeprägten Bahnen automatisch, bewusst lebende spontan und kreativ. Das bedeutet unter anderem politisch: Bewusst lebende Menschen hat man nie ganz in der Hand, man kann sie nie zu irgendetwas verführen oder manipulieren. Folglich revoltiert auch jeder bewusst lebende Mensch gegen Anmaßungen politischer Ideologien und Moralvorstellungen und gegen jede Form etablierter Religiosität, die über kurz oder lang, das wissen wir hinlänglich genug aus der eigenen Geschichte, nur über Menschen herrschen will.

Der bewusst lebende Mensch weiß, dass er kommt und geht, ohne dass das kosmische Geschehen wesentlich davon berührt wird. Statt danach zu leben, blicken wir aber ständig auf unsere Uhr. Es ist nur die Uhrzeit, die ständig vergeht. Gäbe es uns auf dieser Erde nicht, verginge die Zeit dann tatsächlich? Alles bliebe vermutlich so wie es ist. Das Meer träfe weiter auf den Strand, die Sonne ginge weiter auf und unter.

Einen Morgen und einen Abend gibt es – das will ich damit sagen – nur in unserer Vorstellung. Es gibt kein Sein und keine Zeit als solche! Der Zeitbegriff ist – wie auch der Seinsbegriff – bloß eine mehr oder weniger zweckvolle Erfindung unseres eindimensionalen instrumentellen Verstandes.

Durch die Veden und die Upanishaden, von Patañjali, aber vor allem auch von Buddha werden wir immer wieder darauf aufmerksam gemacht, dass es weder eine Zeit noch ein Sein gibt, und wenn überhaupt, dann nur im verbalen und nicht substantivischen Sinne!

Was heißt das nun genauer?

Substantive sind eine Erfindung von uns Menschen, und sie sind nötig, damit wir uns schnell miteinander verständigen können. Sie bleiben aber nichtsdestoweniger eine Erfindung. So ist es z. B. völlig widersinnig, eine Blüte Blüte zu nennen. Entscheidend ist vielmehr das Verb – *blühen*. Wenn wir eine Blüte Blüte nennen, haben wir sie schon zu einem Substantiv gemacht und diese Blume in ihrer Wahrheit verfehlt.

Wie uns die Zen-Patriarchen immer wieder lehren, sehen wir auch keinen Fluss. Wir sehen in Wirklichkeit nur Fließen und Strömen und begreifen erst so, was tatsächlich geschieht. Wir lernen, dass alles, auch wir selbst, veränderlich sind, fließend. Das Leben, das wir führen oder von dem wir uns führen lassen, geht in den Tod über, aber der Tod wird wieder zum Leben. Alles, was ist, ist, wie es der Buddha gelehrt hat, im ständigen Wechsel. Nichts kommt je zu einem Stillstand, zu einem völligen Endpunkt, sodass auch von einem Anfangspunkt zu reden widersinnig ist.

Wenn wir dies erst einmal verstanden haben, befinden wir uns in der Grunderfahrung des Zen, der eigentlichen Substanz des Yoga. Von dieser Grunderfahrung kehren wir immer wieder zu unserem jetzigen, alltäglichen Tun, unserem Machen, ja zu unserer Macht zurück, dieser Macht, die heute einen Punkt erreicht hat, in der sie ganz deutlich, zum Teil erschreckend, ihre Ohnmacht (und zugleich damit ihre Destruktivität) zeigt. Wir sehen im äußeren Erscheinungsbild gerade heute den äußersten Machtwillen am Werk, der, da er sich gleichzeitig nicht mehr so ohne Weiteres seines Inhalts gewiss ist, nur noch sich selbst will. Am Ende steht die totale Vernichtung aller unserer Lebensbedingungen. Die Verwüstung kennt kein Ende.

Ein Weg zur
Bewusstseinsentwicklung

Dem Yoga wird häufig entgegengehalten, dass letzten Endes doch das materielle Sein unser aller Bewusstsein bestimme. Die Theorie und Praxis des Yoga spiele sich in der Luft und nicht auf dem Boden von Tatsachen ab. Die Frage, die jedoch nicht gestellt wird, lautet: Was ist das denn eigentlich, das materielle Sein?

Ich versuche wenigstens in Ansätzen darauf eine Antwort zu geben: Materie ist heute längst nicht mehr das, als was sie uns erscheint, in keinem Falle aber einfach nur ein grober Klotz. Sie ist vielmehr schwingende, ja tanzende Energie in einem bestimmten Aggregatzustand. Das schließt ein, dass auch wir Menschen eine bestimmte Erscheinungsform eben dieser Energie sind. »Eingebunden in Stein, in der mineralischen Welt«, schreibt daher der indische Kriya-Yoga-Lehrer Hariharananda, »wachsen die Lebenskräfte ... und beginnen den Prozess der Entfaltung. Dann werden sie zu stark für die mineralische Welt und wechseln über in die Pflanzenwelt. Dort entfalten sie (sich) mehr und mehr ..., bis sie zu stark sind für die Pflanzen und zu Tieren werden. Sie dehnen sich (nun) während ihrer Existenz als Tiere aus, sammeln Erfahrungen und übersteigen (schließlich) auch die Grenzen des Tieres und erscheinen als Menschen. Im menschlichen Dasein wachsen sie weiter. Sie laden sich mit stetig zunehmender Kraft auf, der Druck gegen ihre Barrieren wird größer, und schließlich überwinden sie das menschliche Sein und gehen über ins Übermenschliche« – und zwar, so ergänze ich noch: sodass der Mensch über den bisherigen hinausgeht, indem er mit dem kosmischen Bewusstsein verschmilzt.

Von dieser Fragestellung her wird deutlich, dass der Zen-Yoga im Dienste einer Entwicklungspraxis steht, die eine fortwährende

Weiterentwicklung des jetzigen Menschen zu einem immer bewusster lebenden Menschen hin bedeutet.

Indem ich mich selbst erkenne, mich im wahrsten Sinne des Wortes erst einmal kennenlerne, und indem ich nicht nach *der* Wahrheit, sondern nach *meiner* Wahrheit frage, bewirke ich ein Fortschreiten, das weit explosiver ist als der heutige wissenschaftlich-technische Fortschrittswahn, der unser gegenwärtiges Leben maßgeblich bestimmt, der vom Menschen abstrahiert, um ihn ständig zu überrennen und auszugrenzen.

Wenn sich das menschliche Bewusstsein weiterzuentwickeln beginnt, gewinnen die Menschen, mit denen wir bisher lebten und weiter leben werden, vor allem aber auch die Dinge, mit denen wir bislang Umgang pflegten, allmählich ein neues, verändertes Gesicht. Meistens erkennen wir erst dann, dass der Mensch, so wie wir ihn und vor allem wie wir uns selbst kennen, ein unvollendetes Wesen ist. Die Natur stellt ihn nur bis zu einem gewissen Grade auf seine eigenen Beine, um ihn dann sich selbst zu überlassen, damit er durch seine eigenen Bemühungen und Initiativen den aufrechten Gang aus eigener Kraft zu gehen lernt oder möglicherweise auch nicht.

Besser, als es Moshé Feldenkrais zum Ausdruck gebracht hat, kann ich die Grundthese nicht formulieren. Feldenkrais schreibt:»Die Mehrzahl der Menschen einer jeden Generation hört auf, sich weiterzuentwickeln, wenn sie geschlechtsreif ist. Sie gilt dann als erwachsen und empfindet sich auch so. Was man danach noch lernt, hat vorwiegend nur gesellschaftliche Relevanz; die Weiterentwicklung der Person für sich bleibt im großen und ganzen zufällig und ein Glücksfall.

Die meisten von uns erlernen einen Beruf eher durch die Gelegenheit dazu als durch kontinuierliche Entwicklung und Entfaltung ihrer Möglichkeiten und Neigungen. Nur künstlerisch tätige Menschen ... bleiben nicht stehen und stecken, entwickeln sich nicht nur in gesellschaftlicher und beruflicher Hinsicht weiter, sondern auch als Person. Andere erweitern nur ihre

Fähigkeiten, während ihr Gefühls- und Sinnenleben pubertär oder infantil bleibt und sie dementsprechend auch in ihren motorischen Funktionen zurückbleiben. Ihre Haltung wird immer schlechter, Bewegungen werden eine nach der anderen aus dem Repertoire ausgeschieden, zuerst das Springen und Über-den-Kopf-Rollen, dann, in welcher Reihenfolge auch immer, die Drehbewegungen … sie werden abgebaut oder so vernachlässigt, dass es bald vollends unmöglich wird, sie noch auszuführen.« (Die Entdeckung des Selbstverständlichen, S. 18 f.)

Dabei prägt und entwickelt uns ganz ohne Zweifel, worauf Feldenkrais leider nicht mehr eingeht, das zum Teil verhängnisvolle Bildungssystem (Familie, Schule, Beruf). Feldenkrais macht uns aber darauf aufmerksam, dass unser aller Schwierigkeiten darin bestehen, dass wir uns immer wieder darum bemühen,»uns (schließlich) so korrekt zu benehmen, wie man das von uns erwartet und wie man es tun sollte«. Dabei unterdrückten wir unsere Individualität und verleugneten also unser Selbst, bis wir überhaupt nicht mehr wissen,»was wir wollen, und glauben, dass wir tatsächlich tun, was wir tun möchten«. (ebd. 19 f.)

Von welchem Gesichtspunkt aus wir das Problem auch betrachten: Wir alle leben mehr oder weniger unterhalb unseres durchaus erreichbaren Entwicklungsniveaus und bewegen uns häufig so, als ob wir weder vorwärts noch rückwärts gehen könnten, also schon vereist seien. Mit anderen Worten: Die meisten von uns bleiben an einem bestimmten Punkt ihrer Entwicklung stehen, ohne dass ihnen bewusst wird, dass ihr Leben noch gar nicht begonnen hat!

Jeden Augenblick, den wir bewusst leben, und jeder Augenblick, in dem wir bewusst atmen und in vollem Bewusstsein alles das tun, was zu unseren täglichen Aufgaben gehört, stirbt allmählich unsere Vergangenheit zugunsten des Hier und Jetzt ab. In uns stirbt oder fällt in einer vorerst noch recht rätselhaften

Weise das von uns ab, was wir bis dahin zu sein glaubten und zu werden hofften, sodass das Leben für jeden, der diesen Weg geht bzw. sich auf ihn einlässt, eine tiefe, kaum auslotbare Bedeutung, einen Sinn gewinnt.

Das bedarf natürlich bestimmter und besonderer Anstrengungen des Einzelnen, die er sicher auch nicht ausschließlich selbst erbringen kann. Er ist auf die Unterstützung derer angewiesen, die vor ihm schon eine ähnliche Anstrengung vollbracht und ein gewisses Niveau der Entwicklung erreicht haben. Dies schließt die Erkenntnis ein, dass nicht alle bereit sind, sich den Anstrengungen des Zen-Yoga zu unterziehen, wobei – und wir sollten das weder positiv noch negativ bewerten – viele Menschen gar nicht das Verlangen haben, erwachsen zu werden. Denn eine Verhaltensveränderung setzt natürlich eine gewisse Entschlossenheit voraus, die nicht so ohne Weiteres bei jedem vorhanden ist und an der viele – auch wenn sie zuerst so begeistert waren – über kurz oder lang scheitern. Ein vorübergehender oder gar vager Wunsch, hervorgegangen etwa aus einer temporären Unzufriedenheit mit den äußeren Lebensbedingungen, schafft noch nicht den ausreichenden Antrieb für die Realisierung dessen, was der Zen-Yoga anstrebt. Die Fortentwicklung im Sinne der Befreiung, wie er sie fördert, hängt, wenn ich meine eigenen Erfahrungen einbringe, stets davon ab, was ich dafür auch aufzugeben bereit bin!

Wir alle entfalten also nur einen Teil unseres Potenzials; man schätzt diesen Anteil auf nicht mehr als zehn Prozent. Und gewöhnlich haben wir gar nichts dagegen, dass das Leben mechanisch abläuft und von irgendeinem Schicksal oder Gott bestimmt wird. Aber sobald wir im Hier und Jetzt, durch welche äußeren Anstöße auch immer ausgelöst, bewusst zu leben beginnen, beginnen wir uns selbst und die Welt jenseits der einengenden Formen unseres inzwischen mechanisierten Bewusstseins zu erfahren. Von diesem Zeitpunkt an beginnen wir auch erst die Wahnwelt, in der wir bislang immer noch lebten, hinter uns zu lassen,

In der Gegenwart zu leben heißt, nicht mehr vor dem Leben zu fliehen, sondern in dieses Leben einzusteigen. Geschieht dies – und wenn auch erst einmal für wenige Augenblicke –, dann ist kein Augenblick mehr sich selbst gleich, dann erfolgt in jedem Augenblick eine Neu-Schöpfung nicht nur des Universums, sondern auch eines jeden Einzelnen von uns. Sobald wir diesen Augenblicken aber Kontinuität verleihen, indem wir ihnen Ideen, Erwartungen, Hoffnungen und Wünsche der Vergangenheit, Gegenwart und Zukunft auf- bzw. überstülpen, blockieren wir uns in unserer Entwicklung wieder selbst. Das Auslösen von Depressionen infolge von Enttäuschungen ist dann häufig die Folge.

Abschied
von den Konditionierungen

Beginnen wir damit, den jeweils spezifischen Charakter unseres Denkens zu durchschauen. Das erfolgt auf dem Zen-Weg nicht so, dass wir unser gewöhnliches Denken noch weiter strapazieren, sondern ständig die Grenzen unseres zur Gewohnheit gewordenen Denkens aufsuchen, um es in seiner inneren Struktur durch Überschreiten zu erweitern, wenn nicht gar zu überwinden. Denn – und das ist sehr entscheidend: In dem Maße, in dem wir die Natur unseres Denkens, auf das hin wir häufig schmerzlich konditioniert worden sind, zu durchschauen und zu begreifen lernen, tritt eine Veränderung unseres Verhaltens gegenüber uns selbst wie der Wirklichkeit, in der wir leben, ein. Wir erfahren dann, dass unser gewöhnliches Denken, das wir tagtäglich praktizieren, Veränderungen, geschweige denn grundlegende Veränderungen nicht so ohne Weiteres mehr akzeptiert; dass es sich vielmehr dogmatisch an allem und jedem festklammert, da es nun einmal selbst kein Sensorium für Veränderungen besitzt. Für sich genommen ist dieses Denken eher eine Waffe gegen uns selbst – und zwar so lange, wie wir unser instrumentelles Denken nicht bewusst verwenden, um ein bestimmtes Ziel zu erreichen.

Das Gleiche gilt selbstverständlich auch für unser Ich, das den Verstand per se beobachten und sowohl in seinem wahren Charakter verstehen als auch missverstehen kann. So hatte Heidegger recht damit, wenn er immer wieder darauf hinwies, dass das metaphysische Denken, d. h. das onto-theo-ego-logische Denken bislang eine geradezu verhängnisvolle Falle darstellte, um die Welt, in der wir leben, in ihrer Tatsächlichkeit erst gar nicht wahrnehmen zu müssen, ja letztlich gar nicht wahrnehmen zu können.

Die Rishis wiesen immer wieder mit Nachdruck darauf hin, dass das Pseudo-Selbst, das Ego, also die Vorstellung, etwas Einzigartiges und ganz Besonderes zu sein, uns von vorneherein daran hindert, die Frage, wer wir denn eigentlich sind, zu stellen. Und dies ist die entscheidende Frage jedes Zen-Yogi. Diese Vorstellungen korrumpieren uns, sodass wir schon am bloßen Zuhören gehindert werden. Wenn aber erst einmal Zweifel an dieser Verhaltensweise aufgekommen sind, begreifen wir relativ schnell, dass das möglicherweise noch vorhandene Scheingefühl von einem Selbst eines Tages zur wahren Individualität, zum Nicht-Selbst werden kann, auch wenn dies sich natürlich wieder nicht ohne Schmerzen und Krisen vollziehen wird. Schmerzen und Krisen zeigen uns häufig überdeutlich, dass wir uns auf unserem Weg durchaus erfolgreich vorwärtsbewegen. Denn wir müssen, bevor wir diesen Zustand erreichen, erst die ganze Gedankenkulisse fallen lassen, die vor allem wir Akademiker uns haben verpassen lassen, ohne dass wir bemerkt haben, dass gerade sie uns ständig daran hindert, zur Erkenntnis unserer Lebenswelt vorzudringen.

Jeder von uns kann diese erschreckende Beobachtung machen: Viele von uns hören zwar, aber hören auch wieder nicht wirklich, ja können häufig nicht zuhören. Sie hören nur Lärm, in Wirklichkeit aber nichts. Und wenn sie dann durchaus etwas hören, ist der Sinn, den sie den gehörten Worten unterlegen, immer nur ihr eigener, vorsätzlicher. Die Folge ist, dass, sie von einer Vorstellung zur anderen ziehen, das eine oder andere hören, auch das eine oder andere erleben. Am Ende aber begreifen sie erst (wenn überhaupt), dass sie nur ständig ihren eigenen Müll aufgesammelt haben, den sie nun nicht mehr loswerden können und vielleicht auch nicht mehr loswerden wollen, weil sie sich an ihn gewöhnt haben.

Sie kommen nicht mehr zur Ruhe, obwohl sie doch immer wieder hören konnten, dass Ruhe und Stille die Voraussetzung dafür sind, zu erkennen, wer man eigentlich selbst ist. So von Tür zu Tür gehend – ohne wirklich zuzuhören – bleiben sie Bettler.

Natürlich kann man – wer wollte das leugnen? – Informationen sammeln, und viele von uns haben schon ein solches umfängliches Wissen. Aber diese Informationen erhöhen häufig nur das Chaos, für das wir dann auch noch den Yoga verantwortlich machen Jede Schule hat dabei ihre eigene Methode. Diese Methode ist dann auch richtig für diese Schule, und dies wiederum im Rahmen ihrer ganz besonderen Bedingungen. Wenn Sie sich einmal für die Bedingungen dieser Schule entschieden haben – und hier sollten Sie sich ruhig Zeit lassen –, müssen Sie sich auch durch die leidvollen Krisen, die Sie dann durchmachen, an die Bedingungen eben dieser Schule halten. Billiger ist der Weg nicht zu haben.

Die materiellen Bedingungen vieler Yoga-Schulen verführen häufig viel zu schnell zu Konzessionen, die ihnen letzten Endes schaden, und besonders auch den Schülern schaden. Ich bin daher strikt gegen die permanenten Wechsler, weil ich inzwischen die Erfahrung gewonnen habe, dass Menschen, die von einem

Lehrer zum anderen wandern und meinen, sie könnten auf diese Weise viel Wissen, gar Erfahrungen anhäufen, nur noch neurotischer werden, als sie es schon sind. Jeder Weg ist meiner Ansicht nach nur richtig im Rahmen der Spielregeln, die der Lehrer aufgrund seiner ureigensten Erfahrungen für seine Schule festgelegt hat und die er, entsprechend den Erfordernissen seiner Schüler, natürlich auch fortentwickelt.

Ein totales Engagement ist also vorauszusetzen, wenn im Zen-Yoga ein einziger Schritt erfolgreich getan werden soll. Nur dann besteht die Chance, wacher für das zu werden, was durch uns und mit uns geschieht, und auch für das, was bereits vor unseren Augen liegt.

Wir beobachten dann schon recht bald, dass unser Ich ein merkwürdiges Sammelsurium anerzogener Verhaltensweisen ist, programmiert je nach Familien-, Religions-, Staats- und Geschlechtszugehörigkeit. In unseren Ich-Köpfen herrscht deshalb eine so heillose Konfusion – auch das merken wir schnell –, weil jedes Ich, ausgestattet mit einer spezifischen Software, stets seinen eigenen Wahrheitsanspruch geltend macht. Tragisch wird es erst, wenn eine sozial funktionsfähige, d. h. sozial akzeptierte Persönlichkeit sich nur noch dann gesellschaftlich behaupten kann, wenn sie sich mit dem jeweiligen Programm in ihrem Kopf auch identifiziert. Je stärker diese Identifikation dann erfolgt, desto mehr Macht, Einfluss und Wohlstand vereinigt diese Persönlichkeit auf sich.

Unser Ich, ausgestattet mit dem entsprechenden Verstand, ist mit anderen Worten ein höchst raffinierter Mechanismus, der das ganze Bündel widersprüchlicher Spiele, die wir spielen, notdürftig zusammenhält, sodass es letzten Endes auch unsere vertrackte Normalität ausmacht.

Das und vieles andere funktioniert aber nur, wenn das Ich seine wahre Natur verschleiert. Im Grunde handelt es sich hier um einen sich ständig stabilisierenden Teufelskreis, wobei der konditionierte Kopf, der Verstand – aber nicht nur er –, das wirksame Instrument dafür darstellt, diesen ganzen Schwindel in uns und außerhalb von uns in Gang zu setzen, aber vor allem zu halten. Auf diese Weise wird jede Generation von der vorigen dazu angeleitet bzw. verleitet, ja abgerichtet, sich mit einer ganz bestimmten Familie, Gruppe, Nation usw. zu identifizieren, um zu wissen, für welchen Fußballclub, welche Flagge und welchen Messias sie sich prügeln oder in Zukunft töten lassen soll.

Diese Zusammenhänge zu erkennen ist eines, ein anderes, dieses tödliche Spiel sofort zu beenden. Beenden können wir dieses Spiel nur, wenn wir uns endlich auf uns selbst einlassen und nicht nur ständig weiter über irgendwelche Ideen reden.

Wenn ich den Zen-Weg als den Weg bezeichne, der uns aus dem bestehenden Dilemma herausführen kann, will ich sagen, dass der Westen vom Osten – wie heute der Osten auch vom Westen – ganz Entscheidendes für den Fortbestand unserer Existenz lernen kann, ja lernen muss, wenn wir nicht alle, Ost und West, daran zugrunde gehen wollen. Beide bislang noch getrennten Teile müssen endlich zusammenfinden, wenn wir heute noch eine Chance zum Überleben haben sollen.

Wer sich nicht selbst kennt, sagt der Osten, weiß auch nicht, was er tut. Er richtet nur ständig Schaden und Unheil an, für sich und für alle anderen. Diese Weisheit mit Milliarden multipliziert, und wir wissen, wie es um diesen Planeten bestellt ist. Erst wenn es uns gelingt, sagt jetzt wieder der Osten, mit gänzlich neuen Augen uns und unsere Wirklichkeit zu sehen, erst wenn wir uns z. B. auf gänzlich neue Hörerfahrungen einstellen, erst wenn wir alles, was ist, wirklich neu wahrzunehmen gelernt haben, erst dann lassen wir endlich jene Welt hinter uns, die wir ständig so eilfertig kritisieren, hinterfragen, um uns so aber weit stärker als bisher an sie zu binden.

Zen lehrt: Wir sind nicht Teil der Konditionierungen, die wir bisher in unserem Leben erfahren haben. Unser Bewusstsein wurde durch diese Konditionierungen nur überlagert. Darin, in dieser Tatsache allein, liegt die Möglichkeit, sie eines Tages auch hinter uns zu lassen.

Unsere Konditionierungen mögen Jahrzehnte alt sein; von dem Augenblick an, in dem wir uns nicht mehr mit ihnen identifizieren, verlieren sie jede Macht und Bedeutung über uns. Wir sind frei.

Wer ist es, so fragen wir, der da Jahrzehnte der Konditionierung allmählich, möglicherweise auch plötzlich zu durchschauen in der Lage ist? Es ist der, der sieht, getrennt von dem, was er ständig oder mit Unterbrechungen sieht. Gewöhnlich wird er der Beobachter in uns genannt. Sobald wir nämlich erkennen, dass wir in unserem eigentlichen Sein nicht schon diese Konditionierungen sind, die unseren bisherigen Charakter bestimmten, sobald uns dies bewusst wird, beginnt die Veränderung mit uns, und merkwürdigerweise verändert sich dann auch die Welt, in der wir bislang lebten. Wir gewinnen damit auch eine neue Lebenspraxis. Von diesem alles entscheidenden Augenblick an erkennen wir: Diese Konditionierungen sind nichts als Staub, der sich auf uns, auf unserem Spiegel angesammelt hat. Er verfliegt, sobald wir in diesem Sinne bewusst zu leben beginnen. Wir stellen fest: Diese Konditionierungen konnten und können auch jetzt unser Sein nicht wirklich zerstören.

Dies und vieles andere wird uns bewusst, sobald wir den Zen-Weg zu gehen beginnen. Er befreit uns von unseren bisherigen Glaubenssystemen und unterdrückten Energien und öffnet uns nunmehr neue Zeiträume und Dimensionen sowohl nach innen wie auch nach außen – Zeiträume, die bisher für uns gänzlich unvorstellbar waren. Wir beginnen zu verstehen und zu begreifen, dass das Leben ein Spiel, wenn sicher auch ein ernstes ist, wobei der Beobachter nur noch still inmitten dieses Spiels sitzt, meditiert.

Natürlich ist die Angst vor einer solchen Transformation die gleiche wie die Angst vor dem Tod. Daher laufen auch viele Anfänger schon nach kurzer Zeit wieder davon. Das heißt, sie laufen vor sich selbst davon, ist es doch in der Tat das Alte, das geht, und das Neue, das in uns entsteht. Solange wir daher noch nicht in diesem Sinne zu sterben bereit sind, leben wir noch weit von uns entfernt und haben uns auf diesen Weg noch nicht wirklich eingelassen. So finden wir auch zu unserer ursprünglichen Lebensfreude noch nicht wirklich zurück.

Zu dieser Lebensfreude gehört es, Harmonie und Einklang zu erlangen mit unserem Körper. Erst dann stellen sich erfüllende und liebevolle Beziehungen ein und damit auch die Fähigkeit, unser Alleinsein wirklich zu genießen und uns in den Fluss des Lebens hinein zu entspannen.

In der herkömmlichen Erziehung werden wir darauf eingeschworen, zu überleben und in der Gesellschaft gut zu funktionieren. Im Konkurrenzkampf suchen wir unseren Vorteil und nutzen dabei ständig die Schwächen des anderen aus. Wir werden hart und verlieren schließlich unsere Lebensfreude. Wir werden uns entfremdet, um das Leben, das wir leben, nur noch als Fremde zu erfahren.

Die Botschaften des Körpers und unsere Befindlichkeiten sind oft Beschwerden wie Schlaflosigkeit, Depressionen und immer wieder Ängste. Sobald wir aber wieder zu atmen, ja wirklich durchzuatmen beginnen, lernen wir auch wieder, die Sprache des Vertrauens, des Akzeptierens und nicht zuletzt der Liebe in uns zu entdecken. Erst dann können wir aber auch wieder Vertrauen zu unseren Mitmenschen, ja zu unserer Existenz fassen.

Traumatische Erfahrungen und Ereignisse, vor allem aus unseren ersten Lebensjahren, wurden häufig aus unserer bewussten Erinnerung verdrängt. Sie bestimmen jedoch immer noch unser Leben. Der Yoga, der sich auf den Atem einlässt, löst in uns, unseren Mitmenschen und der Welt, in der wir leben, diese bewussten Konditionierungen, die wir nicht mehr benötigen, auf. Denn unser Atem öffnet den direkten Zugang zu unserem Unter- und Vorbewusstsein. Wir erfahren: Jeder trägt alles in sich, um sein Leben auch gegen Widrigkeiten gestalten zu können. Voraussetzung dafür ist, dass wir uns nicht weiter mit unseren erlittenen Konditionierungen identifizieren; sie mögen nach wie vor vorhanden sein, aber wir gehören nicht mehr zu ihnen. Wir gehen weiter.

Jeder von uns ist ein solcher Beobachter, ein solches Bewusstsein. Dieses Faktum, identisch mit unserer Freiheit, kann nach alledem, was wir sagten, von keiner Konditionierung mehr eingeholt werden. Sich mit ihr weiter zu beschäftigen ist nur eine mehr oder weniger üble Angewohnheit. Wir können sie jederzeit loslassen, wenn wir es nur wollen und uns nicht weiter auf sie berufen bzw. einlassen, um uns nur wieder auszuweichen. Dies kann ohne jede Anstrengung geschehen, indem wir schließlich zu atmen beginnen und uns so auf den Weg begeben. »Alles, was ist, verdankt sein Erscheinen dem Atemwind.«

Die Weisheit des Atems

Wir konzentrieren uns auf unseren Atem und erinnern uns daran, dass alle im Zen-Yoga praktizierten Asanas im Atemfluss und durch den Atem getragen und ausgeführt werden.

Wir achten darauf, dass Yoga nicht zu einer Gier wird – um gleich wieder in den althergebrachten Verhaltensstrukturen festzusitzen. Vielmehr müssen wir sehen, mit welcher inneren Einstellung wir Yoga praktizieren, wobei der Geist hier nichts anderes meint als die subtilste Materie, die veränderbar ist. Hat sich erst unser Bewusstsein verändert, verändert sich für uns auch unser In-der-Welt-Sein. Wo schließlich, wie in der Meditation, ein Zustand herbeigeführt wird, in dem es den Geist im bisherigen Verständnis dieses Wortes nicht mehr gibt, sehen wir die Welt und ihre Wirklichkeit nur noch nackt, d. h. ohne Vermittlung bzw. Vermittler. Wir begegnen der Wirklichkeit ohne jede Einschränkung, weil niemand mehr zwischen uns und dem Wirklichen existiert. Die Folge: Wir sind für uns selbst endlich durchsichtig geworden. Aber auch die Welt, in der wir leben, wird durchsichtiger, sodass jedes die Wirklichkeit verzerrende eindimensionale Erkennen völlig ad absurdum geführt wird.

Die Anstrengung im Zen-Yoga bezieht sich vornehmlich darauf, alle zielorientierten Anstrengungen zugunsten eines absichtslosen Tuns bewusst loszulassen. Wenn ich »bewusst« sage, wende ich mich damit gegen eine bei uns inzwischen üblich gewordene

Unbewusstheit, die alles immer wieder so belässt, wie es ist, dafür aber ständig davon redet, dass alles von Grund auf völlig anders werden müsse. Diese Unbewusstheit kann nur beendet werden, wenn der aufrechte Gang (Ernst Bloch) durch alle auftretenden Krisen hindurch mit Beharrlichkeit und Geduld geübt und vor allem auch gelebt wird. Das wiederum ist nur möglich, wenn wir unsere meist krankhafte und verkrüppelte, neurotische Einstellung hinter uns lassen, jenes heillose innere Durcheinander, an das wir uns offensichtlich gewöhnt haben und das uns zeigt, wie sehr wir aus dem inneren Gleichgewicht geraten sind.

Um dieses innere Chaos, das sich selbstverständlich auch in unserem äußeren Verhalten zeigt, zu beenden, konzentrieren wir uns auf unseren Atem.

Der Atem kommt. Wir gehen mit ihm mit und erfahren, dass er unabwendbar auf eine Atemwende bzw. Atempause zuläuft, die ein Intervall, eine Lücke, einen Nullmeridian (Paul Celan) anzeigt, in dem wir weder ein- noch ausatmen. Diese in der Praxis nicht zu unterschätzende Atempause läuft wieder auf ein Ausatmen hinaus, wobei sich am tiefsten Punkt der folgenden Atemwende wieder dasselbe ereignet. Sobald wir ausgeatmet haben, folgt wieder eine Lücke, ein Intervall, ein Nullmeridian, wir haben noch nicht wieder eingeatmet. Und doch geraten wir jetzt seltsamerweise nicht mehr außer Atem, bevor wir nach einer Weile wieder einatmen. Auf diese jeweilige Lücke hin, auf diese jeweilige Atemwende hin richtet sich unsere konzentrierte Aufmerksamkeit, die im Verlaufe unseres Übungsweges noch genauer, noch intensiver werden wird, sodass uns schließlich zu Bewusstsein kommt, dass kein Atem mehr da ist, und wir spüren, dass der Atem letztlich weder hinausgeht noch hereinkommt, sondern still steht. In diesem Stillstand empfinden wir zum einen ein bisher nicht gekanntes Wohlbefinden und zum anderen erfolgt nach geraumer Zeit eine Bewusstseinserweiterung von bisher nicht bekanntem Ausmaß.

Ich möchte das noch etwas verdeutlichen:

Wenn wir es gelernt haben, wirklich auf den Atem zu achten, sehen wir, dass unser ein- und ausströmender Atem letztendlich einen Kreis bilden, unsere Atemzüge also nicht mehr so etwas wie parallele Linien beschreiben; denn parallele Linien schneiden sich bekanntlich im Unendlichen. Und wir sehen dann, dass der ein- und ausströmende Atem nicht zwei Atemzüge, sondern in Wirklichkeit nur einen bezeichnet. Und schließlich erfahren wir, dass wir, wenn wir weder ein- noch ausatmen, weder unser Körper noch unsere Seele, d. h. weder körperlich noch seelisch, noch geistig sind. Vielmehr ist es so, dass wir ein neutrales Territorium durchqueren, in dem wir einfach nur noch im Hier und Jetzt existieren: unberührt, unkompliziert, unverkörpert, ohne irgendeine geistige Form. Wir sind namenlos geworden, lehrt Zen. Wir sitzen nur still da und tun bewegungslos nichts, sodass das torlose Tor aufgeht und wir in unser eigenes Inneres gelangen, das dann aber auch schon nicht mehr unser eigenes Inneres ist, wenn wir nur noch auf die Wendepunkte unserer Atemzüge achten, ohne dass sich noch der Geist regt. Nur solange der Atem strömt, ist er mit unserem denkenden Geist und mit unserem Körper verbunden. Sobald wir uns in der genannten Atemwende befinden, befinden wir uns auch schon in jener Leere, von der Zen sagt, dass sie das Ganze, jene kreative Kraft, die »offene Weite«[2] sei, die uns durch unser Leben trägt. Wir befinden uns in unserem Zentrum.

Wenn der Atem hinausgeht, kommt er aus unserem Zentrum. Wenn er hineingeht, geht er wieder auf eben dieses Zentrum zu. Die Zen-Lehrer sagen, dass nicht der Kopf unser Zentrum ist, sondern der Nabel; ich ergänze: unser Becken. Der Atem geht in unser Becken und bewegt unseren Nabel und geht von da auch wieder hinaus. Er hat das Zentrum erreicht. Wir sind angekommen.

---

2 Nach dem Zen-Patriarchen Bodhidharma, der auf die Frage, was das Wesen des Zen sei, antwortete: »Offene Weite – nichts von heilig.«

Haben wir nicht wirklich tief genug geatmet, den Atem nicht wirklich zugelassen, wurde er nicht zentriert. Darum fühlen wir uns auch mehr oder weniger dezentriert, ohne Mitte. In der gesamten Moderne haben wir daher alle das Gefühl, dass uns die Mitte fehlt und wir infolgedessen ständig aus dem Gleichgewicht sind. Je mehr wir aber auf unseren Atem achten und uns unserem Zentrum wieder nähern, desto angstfreier wird auch unser Handeln. Wir beginnen fast automatisch bewusster zu leben, ja mehr noch: Wir fangen an, endlich wieder zu leben!

Da wir andererseits aus Atemnot häufig Angst davor haben, wirklich zu leben, atmen wir flach und nähern uns so eher dem Tod als dem Leben. Wir atmen nur noch minimal ein und aus, und nicht, was möglich, ja dringend notwendig wäre: maximal. Daher erscheint unser Leben nicht nur leb- und sinnlos, es ist es im Grunde genommen auch. Das Signal lautet: Wir sind außer Atem geraten.

Sobald wir wieder bewusst zu atmen anfangen, fließt auch das Leben wieder, sodass wir auch anderen davon etwas abgeben können. Es fließt über. Aber dieses neue Leben bringt, wie jeder weiß, natürlich auch Schwierigkeiten mit sich. Wir können nun nicht mehr die Rolle spielen, die uns die Gesellschaft zugewiesen hat bzw. ständig weiter zuweist. Wir entziehen uns nunmehr ihrer Kontrolle, die nur so lange funktionierte, wie wir unsere Energie auf ein Minimum reduziert hielten.

Wenn wir aber schon einmal in aller Ruhe wirklich durchatmen, kann es passieren, dass wir unser Zentrum berühren und uns wenigstens für ein paar Augenblicke glücklich fühlen. Dieses Gefühl kommt aus unserer Mitte. Uns wird bewusst, dass das flache Atmen, auf das hin wir sozialisiert worden sind, ein Trick der Erziehung und der Moral war, dem wir nun mit äußerster Gelassenheit durch alle Schwierigkeiten hindurch, völlig neu, weil innerlich verwandelt, gegenübertreten, sodass sich alle Schwierigkeiten relativieren, die wir unter Umständen selbst auf uns geladen haben.

Die Luft, die wir einatmen, ist nur der Träger, aber nicht schon die Essenz (Prana) des Atems. Die Luft ist nur das Medium, nicht aber schon jene Lebenskraft, die uns, wenn es uns gelingt, sie wirklich wahrzunehmen (also sie nicht nur uns einzubilden) hilft, jenen befreienden Durchbruch zu vollziehen, durch den sich das, was wir bislang Realität nannten, von Grund auf verändert. Wir sind uns unseres Selbst bewusst geworden.

Davor kannten wir uns nicht, waren uns nie wirklich selbst begegnet. Wir kannten wohl winzige Ausschnitte, aber kannten uns nicht in unserer Abgründigkeit. Wir glaubten hier und da, unter anderem als Wissenschaftler, die Welt schon kennengelernt, ja Einblicke in sie gewonnen zu haben. Wir begreifen aber erst jetzt, dass dies nicht möglich war, bevor wir uns nicht wirklich selbst begegnet sind.

Wir lebten bisher in einer recht merkwürdigen geistigen Verfassung, als hätten wir uns einen Film angeschaut, der auf einer Leinwand abläuft. Wir sind in ihn so versunken, dass nur noch dieser Film und sonst nichts anderes mehr existierte. Wir merkten gar nicht, dass wir damit in einer geradezu verhängnisvollen Falle saßen. Solange wir noch in diesem Wahn vertieft waren, konnten wir auch nicht sagen, wer das denn eigentlich ist, der sich diesen Film anschaut, weil wir so tief in das Geschehen dieses Films verwickelt waren und wir uns mit dem Geschehen identifizierten.

Leben aus dem Zentrum

Wir sind atemlose, unzentrierte Schlafwandler, die den ganzen Tag über dem Schlaf verfallen sind (ohne es recht zu merken). Wir sehen und erforschen dabei alles, nur nicht uns selbst. Wir fühlen alles, nur nicht uns selbst. Wir wissen alles, nur nichts von uns selbst. Wir leben ständig außengeleitet (David Riesman) an unserer Peripherie, dort, wo – wie wir gewöhnlich sagen –

täglich der Film abläuft. Wir leben irgendwie, aber nicht wirklich in unserem *Zentrum*, nicht wirklich in unserer *Mitte*.

Bevor wir den »erfahrbaren Atem« (Ilse Middendorf) nicht gekostet haben, sind wir zudem unser ganzes Leben lang ständig woanders und erfahren demzufolge auch die Wirklichkeit, in der wir leben, ständig nur sinnentleert, ja als völlig sinnlos. Über den erfahrbaren Atem erfolgt erst – wie auch Zen lehrt – die notwendige Selbsterinnerung, ohne die unser Leben schal und im eigentlichen Sinne des Wortes nicht wirklich lebbar ist. Wenn sich diese Erinnerung über unseren Atem erst einmal einstellt, verändert sich auch wieder die Realität, der wir bislang mehr oder weniger ausgeliefert waren bzw. der wir uns ständig beugten. Wir erkennen dann, wie wir uns bislang betäubt und hypnotisiert in dieser Welt bewegten.

Sobald wir jedoch in unserem Zentrum zu leben beginnen – was nur über den Atemfluss möglich ist –, erfahren wir das Leben mehrdimensional, sind so zu einem erwachten Menschen, zu einem Buddha geworden. Die Ängste sind verschwunden, wir sind frei. Gier, Hass und Selbsttäuschung gehören von nun an der Vergangenheit an.

Bis dahin laufen wir atemlos weiter von uns fort und begreifen dies absurder Weise auch noch als Fortschritt. Diese Flucht in solches Nichtleben führt zu einer Maskerade und einer Inszenierung, zu einer Fata Morgana abstrusester Wünsche, Hoffnungen und Erwartungen. Bis wir diesen Wahn endlich begriffen haben, werden wir weiter durch Krisen und Enttäuschungen immer wieder auf uns zurückgeworfen, um uns dann wieder in uns selbst – wenn dieser Zurückwurf ernsthaft erfolgt ist – zu zentrieren. Sobald dies geschieht, sind wir nicht mehr dieselben, weil dann die bislang gehegte und uns längst zur Gewohnheit gewordene Identität, wir können auch sagen: unsere Gefängnismauern, zerbrechen. Bis das geschieht, leben wir in ungeheuren Spannungen, weil wir uns fremd sind und immer jemand anderer sein möchten, als der wir wirklich sind. Bis dahin akzeptieren wir noch jeden Spannungszustand, um etwas zu erreichen, was wir bislang noch nicht erreicht haben. Bis dahin nehmen wir jede Einschränkung unserer Lebensqualität hin, obwohl diese Einschränkungen den Verlust unseres Gleichgewichts, den Verlust unserer Mitte und damit eingeschlossen den Verlust jeglicher Maßstäbe zur Beurteilung unserer gegenwärtigen Lage zeigen.

Solange wir unsere Lage – über einige wenige Lichtblicke hinaus – nicht beurteilen können, kommt es nach allem, was wir bisher gesagt haben, darauf an, erst einmal beharrlich weiter nach uns selbst zu fragen. Diese Selbstbefragung ist ein Weg, der gewöhnlich der Weg zur Selbstverwirklichung genannt wird. Nichts anderes als dies ist Zen-Yoga: der Weg zu uns selbst. Wer sich auf diesen Weg nicht einlassen will, sollte sich auch damit nicht belasten.

Aber wenn wir uns auf ihn einmal eingelassen haben, fällt uns auf, dass wir nur für ganz wenige Augenblicke am Tage wirklich zentriert sind, ja dass jeder Augenblick sein eigenes Zentrum hat. Wenn wir z. B. im Kopf Klarheit gewonnen haben, fühlen wir unseren Kopf als unser eigentliches Zentrum. Wenn wir lieben, ist es das Herz. Wenn wir nichts Bestimmtes tun, wissen wir es nicht. Wir sind dann nicht einmal in der Lage, herauszufinden, wo wir uns aufhalten. Wir fühlen uns merkwürdiger Weise erst von dem Augenblick an wohl, in dem wir uns in unserer Mitte aufhalten, hier gegenwärtig sind. Wir benutzen dann natürlich auch weiterhin unseren Kopf, da unser Kopf für uns nach wie vor ein wichtiges Instrument bleibt, mit dem wir bestimmte Denkoperationen vollziehen können. Unsere eigentliche Mitte ist und bleibt aber das Nabelzentrum (Manipura-Chakra). Wenn wir darin wirklich zu wohnen gelernt haben, erleben wir dies als Wohltat.

Die damit einhergehende Entspannung entspricht dann unserem ureigensten Bedürfnis, das, bevor wir dem nicht wirklich nachkommen, nur dem Namen nach existiert, nur als Möglichkeit. Jeder von uns besitzt dieses Potenzial, diese Anlage in sich, aber diese Anlage muss erst von jedem Einzelnen nachdrücklich verwirklicht werden, eine Tatsache, die in unseren Schulen und sonstigen Erziehungseinrichtungen – aus welchen Gründen auch immer – nicht ernst genommen wird.

Um zu uns selbst zu gelangen, und uns wieder im Gleichgewicht zu befinden, in jener Mitte, in jenem Zentrum, ohne das wir nicht leben können, praktizieren wir Zen-Yoga.

Auf diesem Weg vergegenwärtigen wir uns noch einmal: Wir alle denken mehr oder weniger ungeordnet, chaotisch, vage und ohne Ziel. Gedanken fließen hin und her, ohne dass wir darauf irgendeinen Einfluss haben. Von einer natürlichen, logischen Verbindung können wir nicht sprechen, höchstens von Assoziationen, wobei jede beliebige Assoziation durch irgendein Geschehen oder einen Zufall ausgelöst wird. Unser Gehirn funktioniert dann wie ein Computer, der uns unentwegt tyrannisiert. Sobald wir diese Gedanken jedoch unter erheblichen Anstrengungen zielgerichtet denken, sprechen wir von Kontemplation. Wir schneiden ihnen alle Nebenwege ab und lenken sie konsequent und rational auf ein zu lösendes Problem hin. Der folgende Schritt lautet dann: Konzentration. Er bedeutet, an einem Punkt beharrlich zu verweilen, »einspitzig« (Ayya Khema) zu werden und dem Denken nicht mehr zu erlauben, weiterzugehen. Denn gewöhnlich führt sich unser Denken wie wahnsinnig auf. In der Kontemplation wird das Denken noch einigermaßen gelenkt und geleitet, sodass es kaum einen Seitensprung machen kann, in der Konzentration hingegen wird ihm nicht einmal mehr erlaubt, sich überhaupt zu bewegen.

Atmen heißt leben

Der gewöhnliche Mensch hat es ständig mit ungelenkten Gedanken zu tun, der wissenschaftlich denkende Mensch mit mehr oder weniger gelenkten, der Yogi aber mit einem scharf auf einen Punkt hin ausgerichteten Gedanken, der keine Bewegung mehr erlaubt. In der Meditation verschwindet schließlich jedes vorstellende, kontrollierende, jedes berechnende, auf irgendeine Erwartung hin ausgerichtete Denken zugunsten jener nun schon mehrfach genannten offenen Weite, die folgerichtig dann auch keinen Denkvorgang mehr kennt, sondern nur noch Leere. Wenn wir dann wieder aus der Meditation in unsere Realität zurückkehren, begreifen wir zum ersten Mal, dass unser zweidimensionaler Verstand lediglich ein Inbegriff von gesetzten Regeln und Grenzziehungen (Definitionen) ist. Diese können unsere Wirklichkeit, unser Leben, unser Sein wohl ordnen, aber sie lassen die Frage unbeantwortet, ob wir denn überhaupt die Welt in Ordnung bringen können oder ob nicht vielmehr die Welt, wie Laotse lehrt, in sich schon eine Ordnung darstellt, die wir erst durch unser spezifisch wissenschaftlich-technisches Denken in völlige Unordnung gebracht haben?

Aber nicht genug damit: Wenn wir aus der Meditation zurückkehren, wissen wir häufig nicht mehr, wer wir eigentlich sind. Wir wissen dann auch nicht mehr, was wir noch tun sollen, weil sich unsere alten Muster nicht mehr einstellen, denen wir blindlings vertrauten, die uns aber nicht mehr zu tragen vermögen. Alle bisherigen Ankerketten, Bindungen etc. werden so aufgelöst. So verliert unter anderem auch die Vergangenheit ihr bisheriges (Über-)Gewicht und damit natürlich auch die Zukunft, die wir uns gewöhnlich, wenn wir etwas darüber nachdenken, immer nach dem Muster unserer Vergangenheit vorgestellt haben. Wir begreifen dann, dass die Einteilung unserer Zeit in Vergangenheit und Zukunft trügerisch ist, ja dass die Gegenwart in Wirklichkeit Teil der Ewigkeit ist, sodass, was gegenwärtig ist, unserer jeweils vorgestellten, berechenbaren Zeit nicht mehr zugehört.

Das und vieles andere wird uns bewusst, wenn unser alltägliches Leben allmählich oder plötzlich zu einem meditativen Leben geworden ist und wir uns nach und nach für den leeren Raum, für die Leere allen Seins, geöffnet haben und den leeren Raum, seine Schönheit und Wohltat (Buddha) spüren.

Das geschieht, ausgehend von unserem gewöhnlichen Denken, aus der Kontemplation heraus, führt dann zur Konzentration und schließlich durch einen Sprung in eben jene gekennzeichnete offene Weite, die identisch ist mit der Leere, die jetzt frei von allem einschränkenden Denken, erfahren wird. Entscheidend bleibt aber auch jetzt wieder, dass wir aus unserem Atem heraus leben und uns so der genannten Bewusstseinsebenen bewusst werden und es bleiben, wobei das genannte Nabel- bzw. Gleichgewichtszentrum nicht erst entwickelt zu werden braucht. Es ist schon da.

Indem wir atmen, leben wir.

Das bisher praktizierte Atmen hat noch einen anderen Grund. Wenn wir tief atmen, also wirklich, wie es so schön heißt, durchatmen und der Atem dabei tief in unseren Unterbauch und unser Becken geht, wird unser sexuelles Potenzial freigesetzt, ja der ganze Bereich von innen her massiert, sodass er aktiver, im Ganzen wesentlich lebendiger wird. Jeder, der Sigmund Freud oder Wilhelm Reich studiert hat, weiß, dass gerade das von der Gesellschaft bekämpft wird, sie geradezu Angst davor hat. Das ist die Folge davon, dass die christliche Gesellschaft den unteren Teil unseres Körpers durch die Jahrhunderte hindurch nicht nur körperlich tiefer, sondern auch wertmäßig heruntergesetzt und abgewertet, wenn nicht gar völlig verdammt hat. Ginge es daher nach den christlichen Moralpredigern, würden sie den ganzen Atemapparat grundlegend verändern; sie würden uns nur noch nach oben in den Kopf hineinatmen lassen, um uns so endlich besser beherrschen zu können. Das zeigt, dass wir als zivilisierte Menschen in Wirklichkeit kastrierte Menschen sind, sodass auch verständlich wird, warum so viele Menschen um uns herum atemlos wie Leichen durch die Straßen gehen. Sie sind tot zu Lebzeiten. Eine Gesellschaft wie die unsere, die voller Gier, Hass und Selbsttäuschung ist, kann offenbar nur existieren, wenn sie vom Atem nichts mehr weiß. Darum ist in unserer Kultur auch die Weisheit des Atems verloren gegangen; wir haben sie vergessen und müssen sie uns erst wieder schrittweise aus unserer Erinnerung zurückholen.

Die Weisheit des Atems gilt es wieder zu erinnern, mithin neu zu entdecken, *lehrt Zen*. Sie liegt, worauf uns vor allem der Buddha hingewiesen hat, in uns verborgen. Sie braucht also nur geborgen zu werden. Sie braucht nicht erst erforscht zu werden. Sie ist in uns vorhanden. Es gehört also gar keine große Mühe und Anstrengung dazu, das Atmen zu lernen. Aber unsere Anstrengungen, unsere Anspannungen, unsere Atemarbeit – ein wahrhaft scheußlicher Begriff – wird sofort wieder zu einer Schranke, wenn wir nicht unseren Atem erst einmal zulassen. Daher rate ich immer wieder zu einer ganz beiläufigen mühelosen Mühe, wie es im Zen heißt, da wir nur immer wieder die Voraussetzungen (auch durch Asanas) schaffen können, damit ›es‹, das Ankommen des Atems in unserer Mitte, geschehen kann. Gewalt ist gerade hier gänzlich unangebracht. Je mehr wir wollen, desto geringer ist auch die Chance, wirklich zu atmen, zu leben, zu leiben. Indem wir zu atmen beginnen, beginnt erst unser Weg durch die Bewusstseinsschichten hindurch für uns sichtbar zu werden.

Der Atem kommt herein, wir fühlen seine Berührung, nicht schon den Atem selbst. Wir sind uns nicht einmal dieser Berührung bewusst. Nur wenn etwas nicht stimmt, wenn wir Probleme mit ihm haben, spüren wir ihn, sonst nehmen wir ihn im Grunde genommen nicht wahr. Wir nehmen gewöhnlich nur unsere Körperbewegungen wahr – häufig leider nicht einmal das. Der erste Schritt lautet daher, sich des Atmens wirklich bewusst zu werden und seine subtilsten Bewegungen zu spüren. Dadurch wächst unsere Empfindsamkeit. Auch jetzt ist an unsere Beharrlichkeit und unsere Geduld zu erinnern, dauert es doch eine Weile, so empfindsam zu werden, dass wir nicht nur die Berührung, sondern auch die Atembewegung und damit unseren Lebensfluss, unsere Lebensenergie wahrnehmen und erkennen. Der Buddha brauchte dazu sechs Jahre, um schließlich zu diesem Zentrum jenseits des Atems zu gelangen. Bis wir dahin kommen, ist unser Kopf dabei, immer wieder Rationalisierungen zu erfinden, um uns diesem Zentrum so lange wie möglich fernzuhalten.

Zuerst beobachten wir nur aufmerksam unseren Atem. Nach und nach führt diese Aufmerksamkeit zu Bewusstheit. Wir gehen auch dabei wieder durch erhebliche Krisen, ja müssen durch sie hindurchgehen. Zwischenzeitlich leben wir im wahrsten Sinne des Wortes bodenlos, nichts hält uns mehr fest, jede Form von Sicherheit und Gewissheit bricht uns weg. Was übrig bleibt, ist schließlich die nackte Existenz, die Leere. Bis dahin durchleben wir zum Teil erhebliche Ängste, sodass wir gegen diese Erfahrungen – fast schon auf natürliche Weise – Widerstände entwickeln, um uns diesen wichtigen, wenn häufig auch sehr schmerzlichen Erfahrungen letzten Endes nicht aussetzen zu müssen.

Diese Ängste beherrschen uns aber wieder nur solange, wie wir uns ihnen nicht wirklich stellen bzw. nicht begreifen, dass die Leere das sicherste Fundament ist, das nicht mehr zerstört werden kann. Ängste haben wir immer nur vor Unversicherbarem und vor Ungewissheiten, also vor Dingen, die sich permanent verändern und die wir gleichwohl doch immer wieder festhalten wollen. Wenn wir erst einmal begriffen haben, dass unser Sein ein endliches Sein ist, dass mit unserem Leben immer schon der Tod da ist, uns bevorsteht, verschwinden unsere

Ängste vor dem Tode. Solange wir dagegen glauben, an unserem Tod etwas ändern zu können, so lange bleiben auch unsere Ängste vor dem Tod bestehen.

Zeit und Atemgewahrsein

Wir leben umso länger, je intensiver wir leben, d. h. atmen. Das Leben existiert in der Zeit, aber es gehört nicht der Zeit an. Wenn wir nach innen schauen, existiert die Zeit nicht mehr. Sie existiert nur, wenn wir nach außen schauen. In unserem Inneren bleiben wir dieselben, die wir auch schon als Kinder waren. Innen hat sich nichts geändert. Das Gesicht hat durch das Altern ohne Zweifel Falten bekommen. Das Haar ist grau geworden, der Tod, das Ende rückt heran. Das alles kommt jedoch wieder von außen. In unserem Innern hat es noch nie die Zeit, der wir in unserer physischen Existenz ausgesetzt sind, gegeben. Wir sind wieder die Gleichen, die wir schon immer waren. Die dreidimensionale Zeit ist ganz offenkundig ein Trugschluss.

Zen lehrt: Unser Sein geht von innen nach außen in konzentrischen Wellenkreisen; es pulsiert nach außen, aber es steigt auf aus unserem inneren Kern. So gibt es keinen Tag und keine Nacht, sondern immer nur die ewige Wiederkehr des Gleichen. Die Zeit ist aus dieser Perspektive nur ein für unseren Alltag brauchbarer Begriff, der draußen gebraucht wird. Wenn wir auf uns selbst bezogen sind, wir allein sind, wird Zeit nicht gebraucht. Sie ist dann auch nicht mehr gegenwärtig.

Die Zeit stellt eine Relation zwischen uns und den anderen dar. Sobald wir an die Zeit glauben, sie festzuhalten versuchen, fixieren wir uns an eine Illusion. Denn das, was nicht unserer inneren Wirklichkeit entspricht, existiert für uns auch nicht. Zeit ist nur eine mehr oder weniger sinnvolle Vereinbarung. Wenn kein Mensch existierte, existierte auch keine Zeit. In unserem Inneren, wo wir allein sind, ist sie bedeutungslos.

75

Unsere heute so exakt definierten Zeit-Begriffe werden, sobald wir danach fragen, wer wir denn eigentlich selbst sind, schwammig, sodass wir Angst bekommen. Wenn wir diese Frage stellen, kommt sofort alles ins Schwimmen. Die Wissenschaft, hier vor allem die Naturwissenschaft, kann ihre Aussagen nur auf feste Definitionen gründen.

Wir alle sagen häufig ohne Bedacht: Die Zeit geht vorbei. Aber wo geht sie hin und wo kommt sie her?

Wir antworten sehr schnell, sie komme aus der Vergangenheit und gehe in die Zukunft über. Die Zukunft existiert, ehe sie zur Gegenwart wird? Wo aber kommt sie her? Antwort: Von nirgendwo.

Wenn sich die Gegenwart in der Vergangenheit sammeln sollte, ist sie dann in diesem Augenblick noch da? Worin unterscheidet sich dann aber Vergangenheit, Gegenwart und Zukunft, wenn sie alle jetzt existieren? Sind alle Zeitdimensionen gegenwärtig, gibt es offensichtlich auch keine Vergangenheit und keine Zukunft?

Wir sagen, dass ein Moment, der vorübergegangen ist, Vergangenheit ist und dass ein Moment, der noch nicht da ist, zukünftig sein wird. Wir stehen an einer Straßenecke, nachdem wir zwei Kilometer gelaufen sind. Das ist vergangen. Aber diese zwei Kilometer existieren auch weiterhin, denn wir können doch auf die zwei Kilometer lange Strecke zurückschauen. Diese zwei Kilometer sind also nach wie vor vorhanden. Wenn wir diesen Weg zurückgehen wollen, können wir auch wieder zurückgehen. Aber können wir die verbrauchte Zeit wieder zurückholen? Das können wir offensichtlich nicht.

Wenn wir von Zeit sprechen, handelt es sich also immer um eine vereinbarte Zeit, nicht aber um die Zeit an sich. Zeit ist eine menschliche Erfindung. In Wirklichkeit geht nicht die Zeit vorüber, wir gehen vorüber. Wir kommen an, und wir gehen wieder; die Zeit aber bleibt, sagen wir trotzdem. Was aber heißt dann die bleibende Zeit? Erfahren wir das vielleicht, wenn wir dem Rat des Buddha folgen? Wenn wir uns anschauen, sehen wir, dass wir in einem Körper leben. Dann ist da noch der Verstand: der zweite Kreis innerhalb des ersten Kreises, der ersten Hülle (Kosha), wie es in der Yogasprache unter anderem heißt. Dann erst betreten wir eine Brücke, und diese Brücke ist unser Atem, ist wieder Prana. Durch ihn sind wir mit unserer Seele verbunden, wenn wir uns in der klassischen Terminologie noch einmal verständlich zu machen versuchen.

Wir erinnern uns: Ein Mensch kann tagelang ohne Nahrung, er kann viele Stunden ohne Wasser, aber er kann ohne Atem nicht einmal für ein paar Minuten leben; selbst für Sekunden kann es schwierig werden.

Zen lehrt: Unser Atem ist die Brücke zwischen Materie und Nichtmaterie, zwischen der Form und dem Formlosen, zwischen der Welt und Gott oder welche Begriffe wir auch sonst noch wählen wollen. Unsere Existenz hängt in jedem Fall von unserem Atem ab.

Wenn wir wütend sind, atmen wir auf eine andere Weise, als wenn wir still dasitzen; der Puls, der Rhythmus, die Qualität sind anders. Wenn wir wütend sind, besteht der Atem nur noch aus Schlaglöchern. Wenn wir sexuell erregt sind, wird unser Atem schneller, fast fiebrig. Wenn wir einfach nur still sind, also nichts tun, wenn wir ohne Wünsche, Hoffnungen und Erwartungen sind, ohne Leidenschaften, ohne Wut, jedoch voller Mitgefühl, voller Liebe, wird die Qualität unseres Atems allmählich sanft. Er bekommt einen eigenen Rhythmus, er tanzt. Nur durch den Atem betreten wir den innersten Kern unserer Existenz, lehrt der Buddha: »Das Leben eines Menschen wird durch die Art bemessen, in der er atmet, wie er atmet.«

Wenn wir Angst haben, schlägt sich dies in unserem Atem nieder, ja mit jeder Stimmung ändert er sich. Er zeigt an, wo wir stehen bzw. wo wir uns auf unserem Weg gerade aufhalten.

Der Buddha wies darauf hin, dass etwas Künstliches herauskommen wird, wenn wir gleichsam an unserem Atem drehen. Er betonte: Lassen wir unseren Atem frei, lassen wir ihn natürlich fließen, beobachten wir ihn nur. Seien wir ausschließlich also nur *Zeuge* unseres Atems, schauen wir ihm einfach zu. Wir sehen dann nach und nach, dass wir selbst nicht unser Atem sind. Denn der Beobachter kann nicht das Beobachtete sein, das Subjekt nicht das Objekt, der Betrachter nicht das Betrachtete. Sobald wir anfangen, unseren Atem im Gehen, Laufen, Sitzen, Essen – wann immer wir gerade nichts anderes zu tun haben – zu beobachten, wird die für unser Leben notwendige Ruhe und Gelassenheit in uns aufsteigen; wir sind dann in uns selbst, in unserer Wesensmitte, zentriert.

Nicht die leiseste Veränderung im Atem wird uns dann entgehen. Wenn wir merken, dass unser Atem schon ein wenig ins Schwanken gerät, und wir das Gefühl haben, dass diese Schwankung die Schwankung ist, die eintritt, wenn etwas außerhalb von uns Besitz ergriffen hat, ist dies der Augenblick, uns weit bewusster als bisher wahrzunehmen. Die Folge ist: Es wird uns nach und nach gegenwärtig, welche Art von Veränderung beim Atmen eintritt, wenn wir, wie gesagt, wütend werden. Alles, was in uns eindringt, von uns Besitz ergreift, tritt, das werden wir sofort merken, zuerst in unserem Atem auf. Alles, was uns physisch und geistig zustößt, stößt uns zuerst in unserem Atem zu. Wenn wir schließlich ohne Einschränkungen atmen, entsteht um uns herum eine Aura, die darauf verweist, dass der Energiefluss in uns in Bewegung geraten ist. Der Buddha lehrte daher: »Beobachte. Werde dir deines Atems bewusst«. Osho hat dies als Anapanasati-Yoga bezeichnet – den Yoga der Atembeobachtung: wie der Atem kommt und wie er geht. Nur das. Wenn wir dem folgen (und dies üben), werden wir im Hinblick auf die Zeit eine für unser ganzes Leben wichtige Erfahrung machen und zugleich für unser Leben einen Einblick gewinnen, den ich uns nicht vorwegnehmen will, weil Sie ihn selbst gewinnen sollten.

Zen-Yoga –
der Weg zur Mündigkeit

Je weiter wir von unserem inneren Zentrum entfernt leben, desto weiter leben wir von der Wirklichkeit entfernt. Es handelt sich hier um eine Wirklichkeitsflucht in eine Realität hinein, deren Charakter fiktional ist und die uns daran hindert, ein Bewusstsein zu entwickeln, das schöpferisch ist. Schließlich gilt es heute, eine Ökologie zu entwickeln, in der die Natur bzw. das Leben nicht mehr dazu da ist, erobert, sondern gelebt zu werden.

Einseitige Entwicklung und die Folgen für den Menschen

Der Mensch hat bisher äußerst einseitig gelebt. Im »Osten« wie im »Westen« hat er sich einseitig entwickelt. Der »Westen« hat den Menschen entleibt und dabei den Körper der Seele vorgezogen; er lebt heute eher körperorientiert. Auch der »Osten« hat den Menschen entleibt und hat dabei die Seele dem Körper vorgezogen; er lebt daher hier eher seelisch orientiert. Aber der Mensch ist *beides*, mehr noch: Er ist auch ein geistiges Wesen und, alle Aspekte zusammengenommen, ein leibliches Wesen. Der Mensch ist weder im »Osten« noch im »Westen« bisher wirklich akzeptiert worden. Sowohl der »Westen« als auch der »Osten« müssen im Interesse des Überlebens der Menschheit zueinanderfinden – als Einheit in der Vielfalt. Das Konzept beider entstammt bisher einer lebensfeindlichen Zweiteilung. So ist der »Westen« – sehr allgemein gesprochen – eher rechtshändig orientiert, aktiv und extrovertiert; der »Osten« eher linkshändig orientiert, passiv und introvertiert. Der Mensch ist jedoch *beides* – und auch jenseits von beidem, wie Zen lehrt.

Um leben zu können, müssen wir die Fähigkeit entwickeln, sowohl nach außen als auch nach innen zu gehen. Ein Mensch, der leben will, muss sowohl einatmen als auch ausatmen können. Wenn er das nicht kann, muss er es lernen. Ausatmung und Einatmung sind nicht zwei verschiedene Dinge, sondern ein und derselbe Vorgang, bei dem das eine genauso wichtig ist wie das andere.

Der »Westen« hat sich vor allem in den letzten 200 Jahren in geradezu extremer Weise der äußeren Welt zugewandt und eine eindimensionale, patriarchalische Wissenschaft und Technik geschaffen. Inzwischen fühlt er sich von diesem Fortschritt erdrückt. Er ist in gewisser Weise innerlich zurückgeblieben. Er ist zugunsten der Wissenschaft, die für ihn an die Stelle Gottes gerückt ist, schon so weit zurückgeblieben, dass er begonnen hat, sich selbst zu zerstören. Das andere Extrem hat sich vor Jahrhunderten im »Osten« ereignet: Der Mensch hat hier seinen Körper, seine Umwelt verneint. Er hat der manifestierten Welt entsagt und ist stattdessen nach innen gegangen, um von allem zurückgezogen nur noch in seinem Zentrum zu leben. Der »Osten« ist infolgedessen geistig reich, aber materiell gesehen inzwischen verarmt. »Ost« und »West« haben gleichermaßen Extreme gewählt und leiden daher extrem darunter. Wenn eine Rettung erfolgen soll, ist es an der Zeit, diese Extrempositionen endlich aufzugeben: die Trennung zwischen dem Äußeren und dem Inneren, dem Niedrigen und dem Höheren, dem Linkshändigen und dem Rechtshändigen. Wir müssen mit dieser Teilung in männlich und weiblich, in »östlich« und »westlich« aufhören und in Zukunft beides sein – und damit: mehr.

Jedes Kind wird in »Ost« und »West« intelligent geboren, aber von der jeweiligen Gesellschaft unterschiedlich verdummt. Beide erziehen ihre Kinder zur Wahrnehmungslosigkeit und zum Stumpfsinn, wobei Intelligenz eine natürliche Erscheinung jedes Menschen ist, genauso wie das Atmen, die Seh- und Hörkraft. Intelligenz ist die innere, intuitive Fähigkeit, zu sehen und zu hören, und hat nichts mit jenem im »Westen« so hochgelobten Intellekt zu tun, der selbst nicht so recht weiß, wo ihm eigentlich der Kopf steht. Intelligenz und Intellekt sind völlig verschiedene Dinge. Der Intellekt ist eine einseitige Entwicklung unserer Verstandeskräfte. Er wird von Kindheit an gefördert bzw. uns aufgezwungen und kulturell hochstilisiert. Er bleibt uns aber ständig etwas Fremdes. Dagegen ist uns die Intelligenz angeboren, ja der eigentliche Kern unseres Wesens, unserer eigentlichen Natur. Jedes Tier ist intelligent, aber nicht in dem hier gemeinten Sinne intellektuell. Die Bäume sind intelligent, im Grunde die gesamte Existenz. Jedes Kind ist es, nur wir Intellektuellen, die Akademiker, versuchen ständig jeden Menschen uns gleichzumachen. Wir zerstören so die Möglichkeit jedes Einzelnen, unabhängig von dieser Erziehung die ihn von sich selbst wegerzieht, wirklich er selbst sein zu können. Die Folge ist: Wir leben im »Westen« ständig aus zweiter Hand, erstarrt, dumpf und stumpfsinnig.

Unsere Erziehung, unsere Ausbildung, entspricht nicht unseren wirklichen Anlagen. Unsere Erziehung zollt dem Individuum, obwohl davon ständig die Rede ist, nicht den geringsten Respekt. Sie zwingt ganz im Gegenteil alle in ein bestimmtes Muster, das zufälligerweise für ein paar Menschen passend sein mag, aber für die Mehrheit nun einmal nicht passend zu machen ist, sodass sie letzten Endes daran zugrunde geht. Es ist die größte Entwürdigung des Menschen, sich dumm, minderwertig, unintelligent zu fühlen, ohne dagegen irgendetwas unternehmen zu können.

Die Gesellschaft, ihr Realitätsprinzip, möchte uns sowohl im »Westen« als auch im »Osten« zu gehorsamen, orthodoxen Konformisten erziehen. Auf diese Weise wird uns allen jede Form von Intelligenz durch die raffiniertesten Sozialisierungsinstrumente und -institutionen ausgetrieben. Daher muss es, wenn wir noch eine Zukunft haben wollen, heute darum gehen, uns aus diesen verhängnisvollen, uns aufgezwungenen Mustern zu befreien, was natürlich schwierig, aber nicht unmöglich ist. Denn die uns anerzogenen Verhaltensmuster sind nicht nur wie Zwangsjacken, die wir tragen – sie sind uns inzwischen geradezu zur »zweiten Haut« bzw. »Natur« geworden. Wir haben derart lange damit gelebt, dass wir sie nur schwer wieder loswerden können. Aber obwohl wir dies wissen, identifizieren wir uns immer noch mit ihr, da sie uns auf ihre Weise eine, wenn auch äußerst fragwürdige Identität vermittelt, ohne die wir glauben, nicht so recht leben zu können. Aber gerade diese verhängnisvolle Identität müssen wir endlich fallen lassen, wenn wir unser Leben zurückgewinnen wollen. Zen-Yoga ist ein Weg, dieses Ziel zu erreichen.

Rückkehr zur Intelligenz

Das setzt voraus, dass wir angesichts unseres bisherigen Jasagens erst einmal das Neinsagen lernen. Wir müssen begreifen lernen, dass wir von Grund auf revoltierende Wesen (Camus) sind. Wir müssen lernen, dass ein Mensch, der gegen seine unmenschlichen Lebensbedingungen revoltiert, unter Beweis stellt, dass er jene Intelligenz besitzt, von der hier die Rede ist. Dabei heißt Neinsagen: alles fallen zu lassen, was uns bisher aufgezwungen wurde, was es auch sein mag. Es gilt stattdessen herauszufinden, wer wir sind. Das bedeutet, mit seinem Leben noch einmal gänzlich von vorne zu beginnen.

Zen-Yoga lehrt: Kein Mensch ist dem anderen gleich. Jeder Mensch ist einzigartig, unvergleichlich, im wahrsten Sinne des Wortes: unzurechnungsfähig. Aber uns ist nicht zuletzt in der Schule beigebracht worden, Vergleiche anzustellen, sodass wir ständig damit beschäftigt sind, uns direkt oder indirekt, bewusst oder unbewusst, mit anderen zu messen.

Wenn man sich jedoch ständig mit anderen vergleicht, kann man sich letzten Endes selbst nicht wirklich respektieren. Irgendjemand sieht immer besser aus als man selbst, ist größer, gesünder. Irgendjemand hat ganz sicher eine wesentlich bessere Stimme, bis wir unter der Bürde unserer Vergleiche zusammenbrechen und einen Psychologen aufsuchen. Das nennen wir dann, in eine Krise gestürzt zu sein, was aber nur begrüßenswert ist, weil so wenigstens noch eine Chance besteht, dass wir alles beiseitelassen, was uns bislang bedrückte, beschwerte und krank machte. Wir gewinnen so wieder unsere Unschuld zurück und fühlen uns folgerichtig auch wie neugeboren.

Wir wundern uns, wie viel Intelligenz in dieser Neugeburt steckt. Wir begreifen, was es heißt, zu verstehen, was in uns und um uns herum eigentlich geschieht. Wir begreifen auch erst, unser Leben unserer eigenen Natur entsprechend zu leben. Wir hören auf, anderen (was gerade bei Akademikern so beliebt ist) zu folgen, andere ständig nachzuahmen, ihnen zu gehorchen und die Welt allein durch ihre Augen zu sehen. Wir haben ihr Wissen durch die Jahrhunderte hindurch ständig als unser Wissen ausgegeben und getreu alles nachgeplappert, was gesprochen wurde, und sind aber, sobald sich eine neue Situation ergibt, völlig verloren.

Intelligenz beinhaltet demnach die menschliche Fähigkeit, in jeder Lebenssituation neu und unbeschwert zu agieren – und das ohne vorgefasste Programme. Nur unintelligente Menschen folgen ständig einem Programm. Sie sind ängstlich, weil sie wissen, dass sie aus zweiter Hand leben. Sie reden ständig an sich selbst vorbei. So bereiten sie auch Antworten schon vor, bevor ihnen überhaupt eine Frage gestellt wurde, obwohl doch die Frage nun einmal nie die gleiche sein kann. Das Leben stellt uns unentwegt, immer wieder vor gänzlich neue Fragen, die wir zu verantworten haben, ohne schon festgelegt zu sein. Darin besteht der eigentliche Sinn unseres Lebens. Jeder Tag bringt seine eigenen Probleme, seine An- und Aufforderungen, seine Fragen hervor. Wenn wir dann irgendwelche vorgefertigten, d. h. vorprogrammierten Antworten im Kopf haben, sind wir von vorneherein nicht mehr in der Lage, die jeweilige Frage für die jeweils geforderte Antwort zu verstehen. Alles, was wir dann noch tun, entspricht exakt unseren vorgefertigten Antworten, die aber in dem Maße schon irrelevant geworden sind, wie sie nichts mehr mit der Frage zu tun haben, die an uns gestellt wurde.

Intelligenz heißt also, der Wirklichkeit unvorbereitet begegnen zu können. Erst dann zeigt sich die Schönheit des Lebens in seinem Fließen und damit auch in seinen Überraschungen. Verdummte Menschen begreifen weder sich noch die Welt, in der sie leben, weil sie ständig die Antworten von anderen wiederholen. Sie nehmen selbst nichts mehr wirklich wahr, weil ihre Augen, ihre Ohren, ja alle ihre Wahrnehmungsorgane so blockiert sind, dass sie nicht sehen können, was in ihnen und um sie herum wirklich geschieht. Das Verhängnis ist, sie wissen zu viel, ohne irgendetwas wirklich zu wissen. Sie sind nicht weise, sondern nur gelehrt.

Wenn diese Menschen eine Rose sehen, dann sehen sie nicht *diese* Rose, weil sie in allen möglichen Vorstellungen von der Rose leben. Eine endlose Kette von Erinnerungen und Informationen verbinden sie mit dieser einmaligen Rose. Die Rose, die vor ihnen blüht, geht sozusagen in der Masse von Informationen, die fleißig gespeichert wurden und werden, vollständig unter. Solche Menschen können weder sich noch die Rose sehen. Daher wiederholen sie z. B. auch nur, sie sei schön, weil man eben sagt, dass eine Rose schön ist. Im Grunde handelt es sich um die vorlaute Stimme eines anderen. Sie lassen lediglich ihr inneres Tonband ablaufen.

Verdummte Menschen haben spezifische Lernblockaden. Sie sind lernbehindert, ja unter Umständen schon lernunfähig geworden. Das Fatale ist: Lernen ist mühsam, zum Lernen gehört Mut und vor allem auch die Bereitschaft, ständig etwas Neues überhaupt lernen zu wollen, wobei wir nie wissen können, wohin uns das Lernen führen wird. Folglich ist das Leben eines Menschen, der Bereitschaft zum Lernen zeigt, auch völlig unvorhersagbar. Schon er selbst kann nicht vorhersagen, was mit ihm morgen sein, ja wo er morgen sein wird. Denn er bewegt sich unentwegt in einem Zustand des Nicht-Wissens von einer Handlung zur anderen. Er weiß: Nur in diesem Zustand des unaufhörlichen Nicht-Wissens lernt er. Das ist der Grund dafür, dass Kinder leichter als Erwachsene lernen. Wenn sie älter werden, hören sie bedauerlicherweise damit auf, weil sich in ihnen schon Wissensberge angesammelt haben und es wesentlich einfacher ist, dieses angesammelte, aber im Grunde tote Wissen noch einmal zu wiederholen. Wenn wir dann den einmal eingeschliffenen Mustern unserer Sozialisation folgen, bewegen wir uns unaufhörlich in einem Teufelskreis dieser ständigen Wiederholungen, sodass es schon – was wir auch im Zen-Yoga erfahren – erheblicher Krisen und Einbrüche bedarf, um da überhaupt wieder herauszukommen.

Intelligenz ist die Fähigkeit, jeden Tag neu geboren zu werden; sie ist identisch mit der Fähigkeit, einzig und allein im Hier und Jetzt zu leben.

Die Intellektualität, mit der wir es vornehmlich im »Westen« zu tun haben, ist nach allem, was ich bisher ausgeführt habe, nichts anderes als gespeichertes Wissen, d. h. höchst fragwürdiges Gelehrtentum. Was dieses ge- und belehrte Gehirn dabei speichert, ist, wenn es gebraucht wird, immer schon alt, nie neu. Dabei ist der Kopf für bestimmte Zwecke, unter anderem zum Einordnen von Wissen, bestens geeignet. Wir brauchen ihn, da vieles in uns auch im Gedächtnis gespeichert werden muss, damit wir z. B. ohne Gefahr über die Straße gehen können. Aber es muss uns bewusst bleiben: Der Kopf ist lediglich ein genialer, biologisch gesteuerter Computer, in dem wir eine ungeheure Menge von abrufbarem Wissen speichern können, ohne dass wir uns dies immer wieder neu aneignen müssen. Er eignet sich unter anderem ganz vorzüglich für mathematische Kalkulationen. Aber sobald wir uns dazu verleiten lassen, diese Erkenntnisse und Fähigkeiten schon für ausreichend zu erachten, um unser Leben in seiner unendlichen Vielfalt zu begreifen und zu leben, werden wir blind, ja lebensunfähig.

Erst die Intelligenz bringt Poesie, d. h. Wahrheit, in unser Leben und erfüllt es mit Freude. Sie schenkt uns das Lachen und den Sinn für Humor. Sie beschenkt uns mit der Fähigkeit, zu lieben und mit anderen unseren Reichtum zu teilen. Ein Leben, das ausschließlich vom Computer, d. h. von unserer Peripherie, bestimmt ist, verläuft mechanisch, roboterhaft. Was uns dieser Roboter jedoch nicht verschaffen kann, ist Lebendigkeit.

Wir erreichen mit dem Roboter unter Umständen einen höheren Lebensstandard, was aber noch nicht heißt, dass wir dann schon wirklich leben. Nur im Kopf zu leben bedeutet vielmehr, nur an der Oberfläche unseres Lebens zu leben – ohne die Schönheit und den Reichtum unseres Zentrums noch wahrnehmen zu können. Wenn der Kopf die alleinige Regelungsinstanz wird und unser Zentrum dabei vergessen wird, ruinieren wir nicht nur unsere Umwelt und unsere Mitmenschen (wenn sie dieses zulassen), sondern in erster Linie uns selbst.

Das Leben vieler Menschen ist bereits vergiftet worden. Sie fühlen nichts mehr, sie sind unsensibel geworden, und sie sind von nichts mehr wirklich begeistert. Die Sonne geht auf, aber nichts geht mehr dabei in ihrem Inneren auf. Sie betrachten den Sonnenaufgang mit leeren Augen. Die Sterne erscheinen am Nachthimmel, ein einzigartiges Wunder, ein Mysterium. Aber in ihrem Herzen rührt sich nichts mehr. Kein Lied steigt mehr in ihnen auf. Die Vögel singen – oder singen schon nicht mehr, sie merken es kaum. Die Wolken ziehen am Himmel entlang, aber sie selbst haben es aufgegeben, wie die Wolken dahinzufließen; sie sind inzwischen zu Krüppeln ihrer Sozialisation geworden. Die Bäume stehen in voller Blüte, aber sie denken unentwegt an etwas anderes, ohne noch ein Gespür dafür zu haben, was »blühen« wirklich heißt.

Kreatives Nicht-Tun

Natürlich können wir uns dann auch nicht mehr still hinsetzen. Wir müssen ständig etwas tun, auch wenn es unsinnig ist. Das kann dann durchaus noch eine bestimmte Form von Kreativität annehmen, z. B. Wissenschaft zu betreiben! Aber hat Wissenschaft zu betreiben heute überhaupt noch etwas mit Kreativität zu tun?

Die Antwort auf diese Frage stellt sich wieder ein, wenn wir so still geworden sind, dass kein Gedanke, keine Welle auf dem Ozean unseres Daseins mehr zu entdecken ist. Aus dieser Stille entspringt erst jene authentische Kreativität, die begreift, dass es durchaus eine Untätigkeit gibt, die bereichert. Beide sehen sich ähnlich. Aber nur die authentische Kreativität, die nicht nur von Forschung redet, ohne nach sich selbst zu forschen, ist die ursprüngliche. Sie ahmt nicht mehr nach.

Der Buddha hat gelehrt: Nur der wirklich schöpferische Mensch kann neue Türen aus dem Nicht-Sein heraus aufstoßen. Was der Stille entspringt, ist dabei immer originell, aufrichtig und authentisch. Alles, was demgegenüber dem Computer entspringt, ist nichts als eine bloße Kopie.

Wenn wir uns dieser Untätigkeit hingeben, besteht die Chance, in unverstellter Weise zu sein. Wir sollten daher nur dann etwas tun bzw. in Angriff nehmen, wenn wir es aus dieser Stille heraus tun. Viel Unsinniges entfällt so schon von vornherein, sodass wir auch genug Zeit und Energie übrig haben, um uns unter diesem Blickwinkel selbst zu erforschen – und kreativ zu werden. Jede Veränderung, die auf diese Weise mit uns vor sich geht, bereitet uns selbstverständlich Schmerzen, weil das Alte dem Neuen Platz macht. Das Alte war vertraut, bekannt, sicher, gewiss, während das Neue unbekannt ist. Das ist auch der Grund dafür, dass uns unser eindimensionaler Verstand nicht helfen kann, wenn wir Neuem gegenübertreten. Denn nur mit dem Alten kennt er sich aus, weil er nun einmal nur im Altbekannten funktionieren kann und sich bei allem Neuen als völlig unbrauchbar erweist. Das hat schon Kant dem »Westen« überzeugend dargelegt.

Da es sich bei diesen Transformationsprozessen, um die es hier eigentlich geht, stets und letzten Endes um eine Transformation des Ichs in einen Zustand der Ichlosigkeit handelt, ist der Schmerz besonders groß. Aber wenn wir uns wirklich verändern wollen – und jedes halbherzige Suchen ist dabei sinnlos –, müssen wir diese Herausforderung zu 100 Prozent annehmen. Denn die Vorstellung, dass das Ich getrennt von der Schöpfung existiert und wir die Schöpfung erst wissenschaftlich-technisch heranholen müssen, ist falsch. In Wahrheit gibt es noch nicht einmal diesen als Ich definierten Menschen, sondern nur die Vergegenwärtigungen eines Wesens, das über eine derart bescheidene Definition stets hinausgeht. Wir Menschen sind ein Teil eines nicht verfügbaren Ganzen, wobei das Ganze in uns lebt, in uns atmet und in uns pulsiert. Wir spüren, wenn wir den Weg der leiblichen Erfahrung gehen, jenen Rhythmus aus Verloren-Gehen und Sich-wieder-Finden, der uns durchaus in einen Taumel versetzen kann, wobei dann auch die Lebensweise, der wir bisher folgten, völlig sinnlos wird – nicht aber das Leben selbst, das wir so überhaupt erst kennenlernen.

Für gewöhnlich wissen wir, wonach wir suchen: Geld, Liebe, Macht und Ansehen. Wir sind so erzogen worden, und unser

Verstandescomputer wurde mit diesen Zielvorstellungen einst gespeist. In Krisenzeiten werden diese Ziele vorübergehend infrage gestellt. Für ein paar Tage herrscht in uns ein Chaos, sind doch die alten Ziele bedeutungslos, aber die neuen noch nicht sichtbar geworden. Möglicherweise gewinnen wir in solchen Augenblicken die nicht zu unterschätzende Einsicht, dass das Leben in Wirklichkeit ohne ein Ziel gelebt werden muss, weil jedes vorgegebene Ziel das Leben nur immer wieder verflacht; das Rad der ewigen Wiederkehr setzt sich auf diese Weise immer wieder neu in Bewegung.

Wenn wir niemand werden wollen, wenn wir uns einfach nur so akzeptieren, wie wir sind, wenn wir alle sogenannten höheren Ziele endlich fallen ließen, all die extrem hohen Pläne sein ließen, was sie im Grunde sind: Pläne (im Sinne Brechts), würden wir – wie Zen lehrt – endlich auch alle Wünsche, alles eindimensionale Denken und Wissen fallen lassen und endlich zu uns selbst finden.

Wahre Erziehung

Mehr Intelligenz zu entwickeln heißt heute, die Fähigkeit zu entwickeln, mit den gänzlich neuen Situationen, vor die wir sehr häufig plötzlich gestellt werden, fertig zu werden. Wir müssen es angesichts dieser Situation jungen Menschen ermöglichen, intelligenter zu werden, d. h. auch bewusster zu leben als bisher, sodass sie in die Lage versetzt sind, spontan auf die veränderten Umstände reagieren zu können. Was diese Umstände sein werden, können wir uns heute noch nicht einmal im Traum vorstellen. Daher müssen wir sie auch zur Wachheit anhalten: gegen die Machtsicherungstendenzen der gegenwärtig herrschenden politischen Klasse.

Wahre Erziehung lehrt uns, Ehrfurcht vor dem Leben und vor nichts sonst zu entwickeln. Sie lehrt uns, unser Dasein ohne

Vorbehalt zu leben. Außerdem muss sie weit darüber hinaus uns dabei helfen, den Zustand jenseits aller Grundsätze unseres Denkens kennenzulernen. Das fehlt heute gänzlich. Wir werden immer noch dazu erzogen, uns vorrangig nur in gedanklichen Konzepten zu verstricken und uns im ausschließlich analytischen Denken zu üben. Dieses Denken kann zwar die bessere Technologie, die besseren Maschinen, die besseren Autobahnen und unter Umständen die besseren Häuser bauen, aber es kann nun einmal keine besseren Menschen aus uns machen. Es kann uns mit anderen Worten nicht liebevoller, nicht empfindsamer machen, es kann uns keine Freude und keine Ausgelassenheit schenken.

Das periphere analytische Denken ist der Wissenschaft eigentümlich, das Denken aus unserem Zentrum heraus widmet sich stattdessen der Poesie und Musik, aus dem sich auch unser transzendentaler Sinn für das Übersinnliche, kurz: für das Mysterium des Ganzen, speist. Solange die Erziehung nicht alle diese Gebiete umfasst, ist sie keine Erziehung. Das heißt: Ohne eine fundamentale Bewusstseinsumwandlung aufgrund der uns Menschen eigentümlichen Intelligenz sind wir zum Untergang verdammt.

Das Leben ist immer gewesen und wird immer sein. Das Entscheidende ist nur, dass wir dem vieldimensionalen Leben erst einmal erlauben, Besitz von uns zu ergreifen. Vorher wird sich nichts ereignen; wir müssen das Leben als solches erst zu bejahen lernen. »Das Leben will leben«, sagte Albert Schweitzer. Es selbst löst immer wieder die Revolte gegen ein lebloses Leben aus. Wir fühlen es mit unserem Herzschlag, in unseren Lungen; es pulsiert durch uns hindurch. Wir können es überall wahrnehmen: in den Blumen, in den Flüssen, in den Sternen und um uns herum. Es ist die einzige Wahrheit und Wirklichkeit, die es gibt (die Gabe).

Angesichts der Tatsache, dass dieses n-dimensionale Leben durch unseren technischen Fortschritt unentwegt verdrängt, unterdrückt, ausgeschaltet und letzten Endes auch noch erstickt wird, ist es erforderlich, dass wir uns vom Leben in allen seinen Formen und Dimensionen in Anspruch nehmen lassen und uns bewusst werden, dass unsere Existenz im Grunde unteilbar ist, dass sowohl das Subjekt als auch das Objekt, dass sowohl der Geist als auch die Materie zwei Seiten derselben Medaille sind. Wir erfahren dann auch, dass das Leben ein – wenn auch zeitweise grausames – Spiel ist und eben kein Geschäft. Der Spieler in diesem Spiel ist weder berechnend noch berechenbar, auch wenn er dies gerne wäre. Durch diese Einsicht findet in uns jene subtile Transformation statt, die uns erfahren lässt, dass wir uns – nicht zuletzt auch als Wissenschaftler – längst in toten Verhaltensmustern bewegen oder aufgrund unserer körperlichen und geistigen Steifheit schon nicht mehr bewegen können. Sobald wir diese eingefahrenen Gleise auf unserem Weg des Zen-Yoga verlassen, wir uns aus diesen Mustern also herausbewegen, fängt überhaupt erst ein eigenständiges, selbstverantwortliches, authentisches Leben an. Wir erfahren dann, dass unser bisheriges Leben ein unterdrücktes und damit ein unwirkliches, lediglich vorgetäuschtes Leben war. Wir beginnen endlich auch, uns selbst zu akzeptieren – nun aber nicht mehr in den bisherigen toten Lebensmustern, sodass auch unsere Lebensenergie zu strömen anfängt. Wir erfahren, dass das Leben so unermesslich, so unberechenbar ist wie wir selbst.

Das Leben und den Tod berühren

Im Garten Eden gab es zwei Bäume – der eine galt als Baum der Erkenntnis, wobei Gott Adam und Eva verboten hatte, von den Früchten dieses Baumes zu essen. Daneben gab es noch den Baum des Lebens, von dem zu essen Adam und Eva ebenfalls verboten war. Seltsamerweise interessierten sich Adam und Eva nie wirklich für den Baum des Lebens; sie interessierten sich nur für den Baum der Erkenntnis. Und heute ist das nicht anders: Nur ganz selten passiert es, dass sich jemand für den Baum des Lebens interessiert.

Statt eine Rose, ja diese Rose hier vor uns wirklich zu sehen, fragen wir gewöhnlich: Wo kommt die Rose her und was für eine Rose ist es? Wir vergleichen sie mit einer anderen Rose, sodass wir diese hier gar nicht mehr wirklich sehen. Kaum dass wir diese Rose also erblicken, gehen wir sofort auf den Baum der Erkenntnis zu. Wir fragen, ohne dass uns das immer bewusst wird, wissenschaftlich-aristotelisch. Wir definieren, grenzen ab. Wir leben diese Erfahrung nicht. Im Zen sagt man dazu: »Wenn Du den Bambus malen willst, dann geh und werde erst zum Bambus.«

Vom Baum der Erkenntnis zu essen heißt stets, partielles Wissen anzuhäufen, Informationen anzusammeln, sie uns anliefern zu lassen. Dem steht jedoch die Tatsache entgegen, dass uns erst die eigene Erfahrung zu Wissenden macht. Vom Baum des Lebens zu essen heißt hingegen, nicht so sehr das Wissen als vielmehr das Leben in seiner Totalität zu leben und zu erfahren, d. h. in seinen Höhen und Tiefen, in seinen Tälern und Gipfeln, in seinen dunklen Nächten und sonnenreichen Tagen, in seinen Agonien und Ekstasen, sodass jeder von uns selbst zum Baum des Lebens wird.

Die Schlange, von der in der biblischen Geschichte die Rede ist, ist der analytische Verstand, der neugierig ist und infolgedessen auch ständig nach neuen Informationen sucht. Dieser Verstand überredet und verführt uns zu der Annahme, dass im Grunde nur er sagen kann, was für uns gut und was für uns schlecht, was für uns wirklich und was für uns unwirklich ist, was wir tun müssen und zu unterlassen haben. Und der Verstandesmensch gibt mit seinem überwiegend entliehenen Wissen vor, schon alles zu wissen; im Grunde aber weiß er nichts. Tief in seinem Innern bleibt er hohl. Daher ist es so wichtig, sich vorrangig erst einmal für das Leben zu öffnen.

Wir atmen gewöhnlich von der Brust her. Wir praktizieren damit jene flache Atmung, die wir Brustatmung nennen, weil wir Angst vor dem Tod haben. Denn wenn wir vom Bauch aus atmeten, ginge das Atmen hinunter zum Hara im Unterbauch, wo wir den Tod berühren. Aus Angst vor ihm halten wir uns immer wieder an das flache Atmen. Tiefes Atmen absorbiert den Tod ins Leben – die Angst verschwindet, Ruhe und Entspannung treten ein. Dass wir im Hara auch den Tod berühren, mag der Grund dafür sein, dass viele Menschen auch Angst vor ihrer Sexualität haben, weil gleichzeitig mit ihr auch der Tod zu pulsieren beginnt: Wir sterben. Das mag auch der Grund dafür sein, dass so viele Männer Angst vor Frauen haben, sodass sie glauben, sie permanent unterdrücken zu müssen, und sie ständig zu beherrschen versuchen, genauso wie sie die Angst in sich selbst zu unterdrücken und zu beherrschen versuchen.

Die Frau hat uns geboren, sie führt nach indischer Mythologie damit auch unseren Tod mit sich. Sie ist als Kali stets beides: Leben und Tod, die Gebende und die Nehmende; eine schöne Frau, aber schwarz wie der Tod; eine schöne Frau, aber äußerst gefährlich – ja so gefährlich, dass sie auf dem Körper ihres eigenen Gatten Shiva tanzt und ihn dabei fast tötet. Sie trägt zudem eine Girlande von Schädeln um ihren Hals, wobei sie in der einen Hand einen abgeschnittenen Kopf hält, von dem das noch frische Blut heruntertropft ... Kali symbolisiert das Mysterium des Lebens: gefährlich, schrecklich, grauenvoll. Säkularisiert formuliert: Sobald die Lebensenergie zu pulsieren beginnt und ihre Wellen durch den Körper schickt, fängt auch unser Todeszentrum an zu pulsieren. Damit wird gesagt: Solange wir unseren Tod nicht wirklich akzeptieren, sind wir auch nicht in der Lage, unser Leben wirklich zu akzeptieren.

Die Physik sagt, dass es keine eigentliche Materie gebe, dass im Grunde nur in sich schwingende Energie existiere. Im Erlebnis unserer vollen Leiblichkeit dringen wir, zen-yogisch verstanden, zum tiefsten Kern unseres Körpers vor, wo alle Materie

93

gewissermaßen zu existieren aufhört und nur noch die Energie pulsiert. Wir verwandeln uns mit anderen Worten in eine tanzende, vibrierende Energie – und verlieren so die uns anerzogenen Grenzen. Nach und nach, je mehr wir in die Lage sind, uns dem Leben, unserem Sein hinzugeben, desto mehr geben wir uns dem Augenblick des Pulsierens, d. h. unserer Auflösung, hin. Wir verlieren dann auch unsere Ängste, obwohl das, was wir erleben, wie der Tod ist. Wenn wir uns in diese »Leichtigkeit des Seins« auflösen und nichts anderes mehr als ein kaum noch spürbarer Rhythmus zurückbleibt, erfahren wir etwas Seltsames: dass es uns in Wirklichkeit überhaupt nicht gibt! Was stirbt, ist das materielle Bild, das wir uns bisher von uns gemacht haben bzw. das uns anerzogen wurde – und das wir vorgeben zu sein. Wir sterben dann als das, was wir bislang für unseren Körper hielten. Es findet also mit uns und durch uns eine tiefgehende innere Transformation statt, die in der Tat dann auch nicht mehr zu begreifen ist.

Dass wir freie Wesen sind, ausgestattet mit der Fähigkeit zu wählen, ist das einzigartige Geschenk, das wir gewissermaßen vom Schicksal mitbekommen haben, auch wenn uns dies nicht immer gelegen kommt. Diese Tatsache schließt eine weitere mit ein: dass es hundertprozentig von uns abhängt, was aus uns wird. So können wir sehr wohl ein Buddha werden, aber natürlich auch ein Hitler. Wir können zu Mördern, aber auch zu Meditierenden werden. Wir können unser Bewusstsein zur vollen Entfaltung bringen, wir können uns aber auch ständig zu Robotern degradieren bzw. uns versklaven lassen.

Es gehört vermutlich zu den fundamentalen Lebensgesetzen, dass alles auch immer in sein Gegenteil umschlagen kann. Der Mensch wird zum Verbrecher, der Verbrecher kann aber auch zu einem Buddha werden. Der Heilige hat sündige Momente, der Sünder selbstverständlich auch heilige. Erkenne dich selbst heißt daher zen-yogisch: all unsere Wetterlagen kennenlernen,

d. h. alle Möglichkeiten, den Mörder, den Sünder, den Verbrecher, den Weisen und den Heiligen in uns, die Tugend, den Gott, den Teufel. Indem wir uns kennenlernen, entdecken wir nicht nur in uns das Geheimnis und den Schlüssel unseres Daseins, sondern entdecken auch da draußen, in der Realität, als gleichsam festgefrorene Wirklichkeit immer noch die Möglichkeit zu einer tief greifenden Veränderung.

Stille und Meditation

In dem Maße, in dem ich frage: »Wer bin ich, der hier sitzt?«, öffnet sich im stillen Sitzen und leichten Schließen meiner Augen ein Raum, in dem ich mich nicht identifizierbar beobachten kann, als ob ich dem Wachstumsprozess einer Pflanze zuschaute. Ich greife nicht mehr ein, ich tue im eigentlichen Sinne des Wortes nichts mehr, sehe mich aber in der Lage, schärfer als bisher mein eigenes Tun und vor allem auch die Machtspiele um mich herum zu durchschauen. Erst jetzt kann ich mich auf die eigenen Erfahrungen verlassen, anstatt von irgendetwas, das ich von anderen gehört habe, weiter abhängig zu bleiben. Das erste Kriterium ist Entspannung, das zweite Nicht-Urteilen und das dritte: nur noch beobachten – reines Gewahrsein.

In dem Moment, in dem wir das, was wir beobachten, beurteilen, befinden wir uns schon nicht mehr in Meditation. Meditation ist letztendlich ein Zustand, eine ganz spezifische Lebenshaltung, in der wir nicht mehr von den uns anerzogenen, standardisierten Beurteilungskriterien beherrscht werden. Durch das Entspannen und die Beobachtung beginnt vielmehr eine fundamentale, kaum noch überbietbare Ent-Identifikation aller unserer bisherigen Maßstäbe. Wir lernen die Art und Weise zu durchschauen, wie wir bisher gedacht haben, und wir durchschauen vor allem die Art und Weise, wie wir Schlüsse ziehen. Wir werden so unserer spezifischen Denkungsart gegenüber wesentlich freier; wir können von dieser Last befreit endlich wir selbst sein.

In uns hat sich bis zu dieser Stunde so viel Unterdrücktes angesammelt, dass wir uns häufig nicht mehr entspannen können. Um dieses Unterdrückte bzw. das aus unserem Bewusstsein Verdrängte an den Tag zu bringen, praktizieren wir Pranayamas (Übungen zum Atemfluss) und Asanas (Yogastellungen) – jenseits des allgegenwärtigen Stresses! In dem Maße, in dem uns das gelingt, werden wir gegenwärtiger, präsenter und lassen uns von dem, was war, auch nicht mehr so ohne Weiteres unterdrücken.

Bei dem einen vollzieht sich dieser Prozess schnell, bei dem anderen langsam – das hängt ganz davon ab, wie intensiv er oder sie sich zu engagieren bereit ist. In diesem Prozess, der durchaus schmerzhaft sein kann (daher weichen ihm auch viele aus), erfolgt generell eine Ent-Identifikation von Dingen, die uns krank machen, einengen und nicht wirklich mündig werden lassen. Im Gegensatz zu vielen Therapieformen füttern wir mit unserer Energie nicht mehr das Alte, indem wir uns z. B. ständig noch damit beschäftigen. Stattdessen fördern wir das Ursprüngliche, das Lichtvolle, den Buddha in uns und lösen uns so von den bisherigen Formen des Erreichen-Wollens, Verändern-Wollens und immer nur wieder Noch-mehr-Wollens zugunsten eines Loslassens, Geschehenlassens, Nicht-mehr-Machens, was sehr vielen auch im Üben ihres Zen-Yogas häufig noch schwerfällt.

Wir glauben bedauerlicherweise immer noch an die Machbarkeit aller Dinge, sodass viele auch Yoga »machen« und ihn als »Arbeit an sich selbst« oder als »Körperarbeit« verstehen. Das ist nun einmal das gesellschaftliche Klima, in dem wir leben. Aber es kommt darauf an, dass wir uns in uns hineinentspannen, sodass wir uns auch außerhalb unseres Übungsraums eines Tages entspannt bewegen.

Die Qualität unseres Weges besteht auf lange Sicht also darin, in Situationen präsent zu sein bzw. präsent bleiben zu können, in denen wir am liebsten abtauchen möchten; wenn wir eher einen Schritt zurücktreten, einen Moment innehalten, einen Moment durchatmen wollen. Wir bleiben wach und uns der Situation bewusst, in der wir uns jeweils befinden.

Das schließt ein: Zu Beginn unserer Yogastunde beobachten wir aufmerksam unseren Atem, nehmen ihn wahr, erst einmal in diesem begrenzten Zeitraum. Nach und nach verwandelt sich dann unsere Aufmerksamkeit in Bewusstheit, sodass wir, wenn wir spazieren gehen, dies auch in voller Bewusstheit tun. Wenn es dann keine Anstrengung mehr bedeutet, für eine längere Zeit achtsam den Atem wahrzunehmen, und wir es auch ohne Zwang genießen können, dann fügen wir Weiteres hinzu. Nach einiger Zeit können wir, auch wenn wir schlafen, auf unseren Atem achten.

Der Zen-Yoga ist im Grunde keine Aktivität im uns bisher bekannten Sinne, er findet im Nicht-Tun statt. Überlegen wir einmal: Eigentlich ist unser bloßes Dasein schon Meditation: nichts tun, nichts wünschen, nirgendwohin gehen wollen, nur im Hier und Jetzt ganz entspannt verweilen – und das ohne jede Anstrengung. Die Folge: Unser Dasein ist ein Spiel, ohne jeden uns bisher bestimmenden Zweck, eher ein Vergnügen, ein Tanz, ein reines Fließenlassen unserer unerschöpflichen Energien.

Natürlich ist das nicht leicht zu erreichen, denn wir sind ja auch außerhalb unserer Arbeitszeit mit unseren Aktivitäten beschäftigt – und zwar so sehr, dass diese Aktivitäten (die sogenannten Freizeitaktivitäten) für viele inzwischen auch schon zu einer Art Besessenheit geworden sind. Das gilt heute auch für viele Yogis, die den Yoga schon zu einer Art Freizeitsport und Fitnesstraining verfälscht haben. Das geschieht, wenn wir uns hingelegt haben und z. B. sehr intensiv daran denken, uns jetzt aktiv entspannen zu müssen. Wir unternehmen so wiederum eine Anstrengung, um etwas zu erreichen. Die Folge davon ist, dass sich sogar im Yoga die gleichen roboterähnlichen Gewohnheiten fortsetzen.

Ich betone daher immer wieder: Wir müssen uns hundertprozentig auf den Yoga einlassen und lernen, die dabei häufig unterschwellig mitspielenden Aktivitäten endlich loszulassen, um so einen Einblick in jene Welt gewinnen zu können, die nicht zur Welt der Anstrengungen gehört. Wenn wir diese Welt erst einmal kennengelernt haben, können wir auch in jedem Augenblick in sie überwechseln und uns in ihr aufhalten. Dies ermöglicht es uns, nach außen hin weiterhin aktiv und nach innen hin zutiefst inaktiv zu sein, ohne dass uns das noch mit uns selbst in einen nennenswerten Widerspruch bringt.

Kreativität wurde von niemanden geschaffen, sie ist das eigentlich Göttliche, das uns Menschen, warum auch immer, mitgegeben wurde. Das Wort »Gott«, das erfunden wurde, bedeutet daher auch nicht Schöpfer, es bedeutet in Wirklichkeit Kreativität. Die glücklichsten Menschen auf diesem Planeten sind deshalb immer noch jene, die kreativ sind; unglückliche Menschen sind im Grunde unkreative Menschen. Je unkreativer wir sind, desto weiter haben wir uns vom Leben, von der Natur entfernt, deren Tanz kein Anfang und kein Ende kennt. Im Einklang, im Gleichgewicht mit der Existenz zu sein, ist daher auch die einzige Glückseligkeit, die wir Menschen kennen.

Sich dem Zusammenklang, der Harmonie von Erde und Himmel, zu entziehen ist das genaue Gegenteil davon. Wir Menschen sind unglücklich – und wir werden es so lange bleiben, bis wir den Kontakt zu den schöpferischen Kräften, die uns schließlich auf diesen Planeten gebracht haben und nach wie vor am Leben zu halten versuchen, für unterbrochen erklären. Gar nicht wenige Leute fühlen sich daher auch unnütz; sie finden ihr Leben unsinnig und würden stattdessen lieber die Ruhe eines Grabes genießen.

Der Zen-Yogi ist sich demgegenüber aber der Tatsache bewusst, dass der eigentliche Schatz, nach dem er sucht, in ihm selbst verborgen liegt, sodass er ihn in dem Maße entdeckt, in dem er sich auf sich selbst einlässt: durch Wortlosigkeit, durch Stille, in Meditation. Wenn wir schlafen, ist alles, was wir wahrnehmen, nutzlos und alles, was wir denken, zwecklos; alles, was wir für wirklich halten, bleibt dabei sozusagen fiktiv. Wir erfahren nicht, was wirklich ist. Offenbar können wir nur dann, wenn die Grundfesten unseres bisherigen gewohnten Lebens erschüttert werden, überhaupt aufwachen. Der Schlafwandler in uns schläft offenbar schon so lange, dass er bis in unseren inneren Wesenskern eingedrungen ist. Daher ist auch jede Zelle unseres Körpers und jede Faser unseres Geistes schläfrig, ja in vielerlei Hinsicht geradezu schlafsüchtig. Merkwürdig ist nur, dass Buddha, Jesus, Laotse unter anderem gelehrt haben, dass es in unserem Leben einzig und allein darauf ankommt, aufzuwachen, mündig zu werden. Und der Zen-Yoga lehrt auf einzigartige Weise, wie das geschehen kann.

Von einem Zen-Meister wird berichtet, er habe einmal abends am Flussufer gesessen, dem Rauschen des Wassers und dem Rauschen des Windes in den Bäumen lauschend. Ein Mann kam und fragte: »Kannst du mir in einem Wort die Essenz deiner Lehre plausibel machen?«

Der Meister blieb still, absolut still, als hätte er die Frage nicht gehört.

Der Fragende sagte: »Bist du taub oder was?«

Der Meister erwiderte: »Ich habe deine Frage selbstverständlich gehört, und ich habe sie auch schon beantwortet! Stille ist die Antwort. Ich bin still geblieben – diese Pause, dieses Intervall, war meine Antwort.«

Der Mann erwiderte: »Mit einer solchen Antwort kann ich nichts anfangen. Kannst du dich bitte etwas klarer ausdrücken?«

Also schrieb der Meister mit dem Finger recht klein »Meditation« in den Sand.

Der Mann sagte daraufhin:»Jetzt kann ich lesen. Das ist ein bisschen besser als vorher. Wenigstens habe ich jetzt ein Wort, über das ich nachdenken kann. Aber kannst du es nicht doch noch etwas klarer sagen?«

Der Meister schrieb noch einmal »Meditation« in den Sand, dieses Mal in größeren Buchstaben.

Der Mann wurde verlegen, reagierte verwirrt, beleidigt, ja ärgerlich. Er sagte:»Wieder schreibst du ›Meditation‹? Kannst du dich mir zuliebe nicht wenigstens klarer ausdrücken?

Und der Meister schrieb für ihn in Großbuchstaben »MEDI-TATION«.

Dem widersprach wiederum der Mann.

Daraufhin sagte der Meister:»Ich bin dir schon sehr weit entgegengekommen. Die erste Antwort war in jedem Falle die richtige Antwort; die zweite war schon nicht mehr so richtig, die dritte sogar falsch, die vierte Antwort lag völlig daneben.«

Das heißt: Stille ist der Zustand, in dem wir aufwachen; lärmendes Denken ist der Zustand, in dem wir schlafen. Wenn wir immer nur reden, schlafen wir. Wenn wir still sitzen, unser gewöhnliches Denken schweigt und wir dabei das Zwitschern der Vögel hören, ohne dass sich ein einziger Gedanke in uns regt, dann und nur dann wachen wir auf – lehrt Zen. Und dabei möchte ich gleich noch einmal darauf hinweisen, dass wir weder die Stille noch das Aufwachen in uns herstellen, sondern nur zulassen können; denn beides kommt nicht von außen, sondern steigt in uns auf, ergreift von uns Besitz – andernfalls schlafen wir weiter.

Wir leben, ohne auch nur im Geringsten zu merken, was um uns herum geschieht, ja wir leben, so wie wir heute leben, effektiv. Mit anderen Worten beherrschen wir das, was wir tun, inzwischen schon so perfekt, dass es von uns nicht einmal mehr Aufmerksamkeit erfordert: Es geschieht mechanisch, automatisch, roboterhaft, maschinell. Dabei dürfen wir nicht übersehen, dass unter uns in den Randbereichen durchaus Buddhas leben, die ständig diese Roboter daran erinnern, dass wir Menschen mehr sind als eben nur Roboter: lebendige Wesen, die vielleicht aufwachen können. Daher sagte Osho auch, Wachheit sei der Weg zum Leben. Und der Yoga ist gleichsam das Fahrzeug, das wir benutzen, um wach zu werden. Und an dem Tag, an dem dieses Erwachen geschieht, erwacht auch unser innerstes Wesen zur Liebe. Diese Liebe ist dann keine Beziehung im gewöhnlichen Sinne mehr, diese Liebe richtet sich dann auch nicht mehr an einen bestimmten Menschen. Diese Liebe fließt nunmehr in alle Richtungen, ohne dass wir noch irgendetwas dazutun könnten. Denn die Liebe, bei der etwas getan wird, ist falsch. Sie ist eine geradezu verhängnisvolle menschliche Selbsttäuschung.

Erwachte Menschen sind Menschen, die sich letztendlich ihrer Individualität bewusst geworden sind, aufeinander bezogen in Nähe und Ferne leben, aber nicht in einer Beziehung gebunden sind. Solche Menschen leben liebevoll miteinander, ohne Besitzansprüche; sie teilen alle Freuden und alle Katastrophen miteinander, aber denken nicht einmal im Traum daran, den anderen dominieren, gar versklaven zu wollen. Solche Menschen leben in einer Welt, die nicht aus Familienbindungen der heute noch üblichen Art bestehen. Sie akzeptieren auch kein nationalstaatliches Denken mehr, auch kein Denken in philosophischen und theologischen Systementwürfen.

Erst solch eine erwachte Welt eröffnet Möglichkeiten, um uns aus den Gefahren des gegenwärtig betriebenen Genozids vielleicht doch noch herauszubewegen. Solange unsere Beziehungen besitzergreifend bleiben, bleiben sie destruktiv und sind nicht von Dauer. Solange wir Liebe mit Eifersucht, Verdacht und Misstrauen verwechseln, wir in einer solchen Liebe zu Gefangenen und Gefängniswärtern werden, so lange werden wir auch an unseren Ängsten verzweifeln und unser Leben kontinuierlich selbst zerstören.

Von der unterscheidenden Erkenntnis zur Meditation

In dem Maße, in dem ich mir meiner Gefängnismauern bewusst werde, in dem Maße bewege ich mich schon aus den Gefängnismauern, die mich umgeben und die mein Sein determinieren, hinaus. Eine neue Qualität meines Daseins tritt hervor. Ich erfahre, dass ich mehr bin als ein bloß reagierendes Wesen, auch wenn ich noch der Versuchung erliege, die Wirklichkeit, in der ich lebe, durch die Brille meiner bisher gewonnenen Erfahrung – noch recht unbewusst und infolgedessen auch nur schemenhaft – wahrzunehmen.

Wann immer wir daher mit einer unvorhergesehenen Situation konfrontiert werden – und das ist im Grunde genommen ständig der Fall –, blockieren wir in dieser alten Sichtweise die so sich eröffnende Möglichkeit der unverstellten Wahrnehmung der Wirklichkeit. So vollziehen wir in jenen uns vertrauten ichbezogenen Denkakten eine Verkehrung der ursprünglich möglichen Erfahrung, um weiter dem längst vorgezeichneten Programm zu folgen. Wie aber sollen wir eine neue Einstellung uns selbst gegenüber und der Gesellschaft, in der wir leben, gewinnen, wenn wir diesen gefahrvollen Mechanismus, der in uns gewissermaßen sein Unwesen treibt, nicht zu durchschauen lernen? Was sollen wir von einem Leben halten, das wir ständig durch die Brille des Vorurteils sehen, statt es zuallererst wirklich zu leben?

Albert Schweitzers Postulat von der Ehrfurcht vor dem Leben bleibt so lange eine Leerformel, wie wir nicht selbst bereit sind, wirklich zu leben. Damit wir das können, ist es wichtig, die Dualität von einem »niedrigen« Leben hier und einem »höheren« Leben dort im Himmel als Fiktion zu durchschauen und zu verwerfen.

Yogisches Denken

In dem Maße, in dem ich, ausgehend von meiner leiblichen Erfahrung, die andere Hälfte der Vernunft mit in meine Erfahrungsmöglichkeit aufnehme, in dem Maße wird es mir auch möglich werden, das derzeit einseitige, eindimensionale Denken – die instrumentelle Vernunft, von der Horkheimer sprach – zu überwinden. Erst so werde ich wieder offen für das Leben im Ganzen. In der Folge wird sich meine Wahrnehmung auch genauer, empfindsamer und auch durchdringender auf die Wirklichkeit einstellen. Ich nehme dann Dinge wahr, die ich so bisher nicht wirklich wahrgenommen habe. Mein rational gesteuertes Denken, gegenüber der leiblich-emotionalen Seite – der andere Hälfte der Vernunft –, läuft dann auch nicht mehr so automatisch wie bisher ab; es wird bewusster, einsichtiger, sensibler. Dieser Entwicklung dient die zen-yogische Übungspraxis.

Wenn unsere westliche Grundeinstellung bisher lautete, dass ich selbst außerhalb der Realität stehe und versuche diese von außen her angemessen zu begreifen, so lautet die östliche Grundeinstellung, dass die Realität der unabtrennbare Bestandteil meiner selbst in meinen Vorstellungen, Fiktionen und nicht zuletzt Projektionen (sowohl gefühlsmäßiger als auch verstandesmäßiger Art) ist. Doch ändert sich nichts dabei, wenn die »westliche« Grundeinstellung lediglich gegen die »östliche« eingetauscht wird. Die Einstellung verändert sich zwar, aber es bleibt immer noch einseitig, bedingt durch die Wahl. Aber von einer wirklich gegenseitig gewonnenen, neuen Erfahrung kann natürlich noch nicht die Rede sein. Man ist lediglich für eine kurze Zeit einem Modetrend gefolgt.

Wir sind schnell dabei, wenn es darum geht, Erfahrungen anderer Menschen in unseren eigenen Lebensplan aufzunehmen, sobald sie uns versprechen, uns selbst vor unangenehmen Erfahrungen zu bewahren. Sich den eigenen Erfahrungen auszusetzen, bedarf aber eines Weges, der nicht so leicht hinter sich zu bringen ist, wie viele meinen; ganz im Gegenteil ist dieser andere Weg zu keinem Abschluss zu bringen, solange wir leben.

Gerade in der Meditation – dem Mittelpunkt jeder Form des Yoga – werden durchaus unangenehme Gefühle wie Hass, Eifersucht und Verzweiflung sichtbar, sodass auch die Vorstellung, dass man durch Yoga schon nach kurzer Zeit Frieden, Glück und Stille erleben werde, völliger Nonsens ist. Werden diese Gefühle nicht zutage gefördert, besteht die Gefahr der Verdrängung, die sich dann auch gegen eine Erweiterung unseres Bewusstseins, wie wir von Freud her wissen, wenden wird.

Wenn wir zu guter Letzt doch wieder der eigenen Wahrheit ausweichen und schließlich nur eine therapeutische Idee – ob sie nun bei uns hier im »Westen« geboren oder aus dem »Osten« importiert wurde, spielt dabei keine Rolle – gegen eine andere austauschen, werden wir sehr schnell feststellen, dass sich überhaupt nichts bewegt hat. Ganz im Gegenteil werden wir merken, dass das alte Leiden inzwischen nur noch viel schlimmer geworden ist.

Wir suchen einen Ausweg aus der vertrackten Situation, in der wir uns derzeit befinden. Dabei heißt die Parole: Umdenken! Was wir aber bei dieser so sympathischen Parole häufig nicht mitbedenken, ist, dass dieses Umdenken doch nur wieder in den Bahnen und Strukturen unseres konditionierten Bewusstseins erfolgt, sodass nach kurzer Zeit wieder Enttäuschungen eintreten.

Trete ich aber, wie der Yoga lehrt, erst einmal von dem Denken der unterscheidenden Erkenntnis – und darin liegt die Wahl – zurück und betrachte als Zeuge aus einiger Distanz mein Denken, erfahre ich, was mich bisher in einem endlosen Kreis von Bedingungen festhält. Und ich kann sehen, wodurch ich mich diesem tödlichen Griff der Bedingungen und Bedingtheiten nicht nur entziehen, sondern mich auch aus ihnen befreien kann.

Wann immer wir ethische bzw. moralische Postulate bzw. sittliche Prinzipien erörtern, tun wir dies in den uns bereits vorgegebenen Strukturen, sodass sich letzten Endes auch von dieser Seite her gesehen im Hinblick auf ein generelles Umdenken und eine andere Handlungsweise nichts wirklich ändert. Ein Denken, das in diesem Sinne wählt, vollzieht sich im Lichte der unterscheidenden Erkenntnis. Es ist eine besondere Art existierender Logiken, wobei diese Art der Logik stets zu einem statischen Schluss gelangt.

Durchgreifende Wahrnehmungen stellen Zusammenhänge her, wobei das Wahrgenommene zu einem (meist bereits bekannten) Bild bzw. zu einer Vorstellung geordnet wird – und dies in der Sekundenschnelle eines Augenblicks!

In diesem Bild bzw. in dieser Vorstellung wird das Wahrgenommene – wir sagen gewöhnlich: das Reale – festgestellt, fixiert, gestoppt, sodass auch die mit dieser Realität unmittelbar verbundene Zeit festgestellt, fixiert und angehalten wird. Es ist, als hielte man einen Videorekorder an. Die Menschen und Gegenstände werden uns fremd, und wir haben es dann nur noch mit Standbildern im Zeitzerhacker-Rhythmus zu tun. Die Wirklichkeit fällt auseinander und erscheint von allen Zusammenhängen getrennt vor unserem geistigen Auge.

Samuel Beckett stellte in diesem Zusammenhang die Frage, ob sich angesichts dieser Situation unter Umständen die Poesie, die Dichtkunst, in der Lage sieht, den fehlenden Zusammenhang noch einmal zu stiften. Denn viele versuchen, das unruhige, nervös-empfindliche Ich in der Vielfalt des Analysierten zu behaupten, um schon nach kurzer Zeit wieder das Scheitern zu melden. Die Anstürme von Bodenlosigkeit und Unsicherheit im Hause Mr. Knotts[3], in dem sich das für uns alle atemberaubende Verhängnis ankündigt, sind unsere eigenen, ohne dass wir den Grund für dieses Verhängnis angeben könnten. Wir erfahren die eigene Umwelt nur noch als Fremde, wobei sich der damit verbundene Schrecken nunmehr nachdrücklich in unseren Lebensängsten und Verstörungen niederschlägt.

Der Zen-Yoga ist dazu geeignet, uns diese Zusammenhänge erst einmal zu Bewusstsein zu bringen, indem er die Prämissen transparent macht, auf denen dieses Denken beruht.

In diesem Denken verharren und durch dieses Denken steuern wir heute einer selbstinszenierten Katastrophe entgegen. Daran können auch die geforderten Umdenkprozesse nicht viel ändern, sofern diese Prozesse nur wieder in den alten Bahnen des bislang praktizierten analytischen Denkens vollzogen werden. Der eigentliche Grund dafür liegt darin, dass wir das okzidentale, eindimensionale Denken absolut setzen. Dadurch wird letzten Endes die ganze Welt auf den Kopf gestellt und jeder tief greifende Umdeutungsprozess abgeblockt, das Leben selbst wird dabei aber aufs Spiel gesetzt. Der Grund für diese Entwicklung liegt neben der erwähnten Absolutsetzung des analytischen Denkstils, der identisch ist mit dem Denken des wissenschaftlich-technischen Fortschritts, in der Art und Weise, wie wir uns mit diesem Denken auseinandersetzen: Wir nehmen die gleichen Prämissen in Anspruch, die uns das heutige Dilemma erst heraufbeschworen hat. Hier liegt eine merkwürdige Blindheit und Verdrängung vor, die die eigentlichen Gefahren, die

---

3 Aus Samuel Becketts Roman *Watt* (Originalausgabe 1953).

in eben diesem analytischen Denken beschlossen liegen, nicht wirklich erkennen lässt.

Wenn das yogische Denken demgegenüber nicht wählt, also nicht Partei für das sich absolut setzende analytische Denken ergreift, sich auch nicht mit ihm identifiziert, sondern ständiger Beobachter und Zeuge bleibt, und sich dafür dem zeitlosen, unendlichen Bewusstseins- und Atemstrom aussetzt, geschieht eine tief greifende Verwandlung mit uns: Wir erfahren unser Dasein und uns selbst völlig neu. Wenn die Verwandlung unserer leiblichen Existenz etwa bei Nietzsche oder bei Max Scheler nur eine Forderung blieb, dann zeigt der yogische Weg, wie wir ganz konkret diese Forderung einlösen können.

Das uns allen vertraute auf Herrschaft abzielende Denken kalkuliert, stellt in Rechnung, stellt in die Erwartung, während die yogische Praxis keine derartigen Grenzen kennt. Das heißt nicht, dass sich das yogische Denken nicht auch des logischen Denkens bedient. Es macht sich aber von diesem Denken nicht abhängig; es ist hyperkritisch, die Welträtsel ausschließlich durch die unterscheidende Erkenntnis lösen zu wollen – wenn es hier überhaupt etwas zu lösen geben sollte! Sobald ich mich mit dem bruchstückhaften Erkennen und den daraus folgenden Abläufen identifiziere, sehe ich mich schon wieder einer bedrohlichen Welt ausgeliefert, die mich zwingt, einen Kampf zu führen, um meine persönliche Integrität aufrechterhalten und durchsetzen zu können. Gebiete werden erobert, Güter angesammelt und Rollen gespielt, um dem Ich weiter die Möglichkeit der Bestätigung zu liefern.

Die Dauerapokalypse, in der wir leben, ist also unter anderem die Folge dieses grundlegenden Missverständnisses, die unsere wahre Natur und Wirklichkeit immer wieder verhüllt. Sie besteht vorrangig in unserer Bewusstlosigkeit, in der wir uns ständig von Fiktionen in die Irre führen lassen. Ja, wir können auch sagen: Die teuflische Falle besteht darin, dass wir uns als wechselndes und begrenzt denkendes Ich als der eigentliche Urheber unserer Handlungen fühlen und dabei gar nicht merken, dass wir ständig von außen an uns herangetragenen Ich- und Denkprogrammen folgen, auch wenn wir uns davon schon längst befreit glaubten.

Die Befreiungsmöglichkeit liegt darin, dass wir nach uns selbst und der Welt, in der wir leben, fragen können. In dieser »fragenden Wachsamkeit« (Heidegger) liegt der Weg. Sie lehrt uns, dass die von unserem Verstand bewirkte vorstellende und alles unterscheidende Bewegung letztendlich erst das hervorbringt, was wir unser Wissen nennen. Dieses Wissen bezieht sich aber immer nur wieder auf die Vergangenheit. Folglich handelt es sich nie um eine Erfahrung im Hier und Jetzt.

Abschied von der Identifikation

Der Zen-Yoga erlaubt eine allmähliche Loslösung von jener unterscheidenden cartesianischen Ich-Erkenntnis, die dann erst einmal in der Erfahrung des reinen Ich-Seins endet, aber natürlich auch hier nicht Halt macht. Der Descartes'sche Satz »Ich denke, also bin ich« heißt jetzt: »Ich stelle (mir) vor, ich bin«, wobei sich dieses Ich permanent eine Welt von Identifikationen schafft, in der wir zum Gefangenen unserer eigenen, ichbezogenen Welt werden. Demzufolge stellt sich immer wieder die Frage: Wie können wir uns aus dieser Vorstellungswelt endlich herausbewegen?

Die Antwort lautet: Es muss uns gelingen, dieses Ich in seiner Bedingtheit aufzuheben, das eben nicht, wie Descartes annahm, das letzte, das eherne Fundament ist, von dem her sich die ursprüngliche Wirklichkeit erschließt. Das kann sicher nicht durch eine ausschließlich intellektuelle »philosophische Grundoperation« (Karl Jaspers) geschehen, sondern nur dadurch, dass ich mich in einem engen Zusammenwirken von Atem- und

Körperübungen auf das meditative Denken als integratives Element der yogischen Praxis einlasse. Wenn ich mich auf diese Praxis konzentriere, werden die Fixierungen und der Wunsch nach Identifizierungen endlich aufgehoben und die Wahrheit des unverstellten Seins kann schließlich auch konkret erfahren werden. Sobald ich mein Ich aber wieder zum unbezweifelbaren Fundament all meiner Erkenntnismöglichkeiten hochstilisiere, bewege ich mich wieder von der Wahrheit des Seins fort, sodass ich mich damit auch sofort wieder in die Gefangenschaft oder, um mit Camus zu sprechen, ins Exil bzw. in die Fremde begebe. Ich kann auch sagen: Sofern noch eine Ich-Fiktion vorliegt, existieren noch Vorstellungen, die uns vom ursprünglichen Sehen und Erkennen wieder wegführen zum bereits Erkannten. Am Ende haben wir es mit dem Ich zu tun, das eine Erfahrung macht, dem eine Welt der Objekte gegenübersteht, die genau wieder so fiktional sind wie das Ich, das sie hervorgebracht hat.

Wir können den genannten Descartes'schen Satz auch noch einmal umformulieren, indem wir sagen: »Ich bin, also unterscheide ich.« Zen-Yoga würde entgegnen, dass exakt dadurch, dass hier dem Ich-Standpunkt eine so entscheidende Bedeutung eingeräumt wird, jede Erkenntnis der Wirklichkeit von vornherein der Weg verlegt wird. Unser Wissendrang, der diesem Satz folgt, entspricht dem Wunsch, für eigene egozentrische Zwecke etwas ergreifen zu wollen.

Immer dann, wenn sich das Ich zwischen dem, der erkennen will, und dem Erkennbaren einschaltet, wird die Erkenntnis dessen, was ist, zerstört; sie zerfällt in Bruchstücke, die sich – um in der abendländischen Wissenschaftssprache zu bleiben – der Betrachter und das Objekt der Betrachtung nennen.

Was aber geschieht nun, wenn wir diese Struktur, die unsere gesamte Lebens- und Seinsweise grundlegend bestimmt, zu durchschauen beginnen? Die Antwort müsste lauten: Es geschähe dann so etwas wie eine Explosion, nach der ein Stillstand bzw.

eine Unterbrechung einträte, ein Bruch in der Kontinuität der Reihe der bislang gewonnenen Erkenntnisse, ohne dass das Rad der ewigen Wiederkehr noch einmal in Gang gesetzt werden könnte. Dieses Wissen wäre dann nicht mehr die Erfahrung von etwas, wie sie uns aus der abendländischen Metaphysik vertraut ist. Dieses Wissen könnte dann auch nicht mehr so ohne Weiteres von uns definiert, begriffen, geschweige denn zu irgendeiner in sich stimmigen Vorstellung gemacht werden. Was wir noch sagen könnten, liefe vielmehr darauf hinaus, dass das Erfahren mit dem besagten Ich, als Mittelpunkt aller Erfahrung, aufhörte und nunmehr eine Art Quantensprung in eine durchgreifend andersartige Erkenntnis, ohne jeden ichbezogenen Mittelpunkt, stattfände. Was wir so erlebten, wäre die Vergegenwärtigung des Seins ohne jegliche Spannungen und einer Zeit, die stehen bliebe. Es wäre geradezu so, als hielte man den Gang der Welt an.

Wir sähen von diesem Augenblick an die Welt neu, wobei mit uns – und das wäre nun das Entscheidende – eine tief greifende Verwandlung einherginge. Wir vollzögen gegenüber der abendländisch eindimensionalen Welt jetzt einen Rückschritt und relativierten dadurch, dass wir uns selbst nicht mehr für den Mittelpunkt der Welt hielten, der mit dem Willen zur Macht einhergeht, auch alle Wertmaßstäbe in ihrer bisherigen Gewichtung. Das heißt natürlich nicht schon, dass Yoga ohne Wertmaßstäbe auskommt. Wir entdecken auf diese Weise jetzt nur, dass es dann nicht mehr so sehr um die Wahrheit oder Unwahrheit, um das Gute oder Böse und die Wirklichkeit oder Illusion geht, sondern um die sich selbst verewigende Bedeutung von Systemen, die sich in ihren extremsten Formen heute in einem geradezu verhängnisvollen Willen zur Macht äußern. Diese Systeme müssen jedoch radikal abgebaut werdenn, wenn sich in unserer Welt überhaupt jemals wirklich etwas verändern soll. Wir begännen zu durchschauen, dass alle metaphysischen Systeme Konstruktionen darstellen, die immer nur wieder einschränkende, weil

111

kalkulierbare Erfahrungen zulassen. Ihr Ziel ist: alles und jedes unter Berechnungen zu stellen, um darüber uneingeschränkt verfügen zu können. Jeder Versuch, das, was ist, in ein metaphysisches System einzuzwängen, muss daher als ein negativer Weg bezeichnet werden.

Uns allen werden von frühester Kindheit an Ideale nahegebracht, von denen alle an diesem Erziehungsprozess Beteiligten von vorneherein wissen, dass wir sie zu keiner Zeit erreichen werden, ja gar nicht erreichen können. Daher fühlen wir uns auch ständig schuldig, unter gegebenen Umständen auch wert- und nutzlos. Die Energie, die uns hätte helfen können, ein authentischer Mensch zu werden, wurde auf diese Weise verschwendet. Denn niemand ist höher und niemand niedriger stehend; jeder ist einfach nur er selbst. Folglich gibt es auch niemanden über uns, aber auch keinen unter uns. Gleichwohl pflegen die herrschenden Eliten ständig bestimmte Vorstellungen bzw. Ideen von uns und über uns zu haben, mit deren Hilfe sie uns zu beherrschen versuchen. Nach ihren Vorstellungen bzw. Ideen müssen wir diesen angepasst werden. Nichts anderes bedeutet heute das Wort Erziehung.

Natürlich erfordert eine solche Erziehung, Qualen durchzustehen, und natürlich hinterlässt sie bleibende Wunden, sodass der heutige Mensch gewissermaßen das Ergebnis eines langen quälenden Trainingsprogramms ist, in dem der Übermensch im Kurs immer noch höher steht als die Forderung, einfach menschlich zu sein, wobei Letzteres auch noch als sündhaft gilt. Dabei möchte ich noch daran erinnern, dass nach bestimmter christlicher Auffassung schon sündhaft ist, überhaupt geboren zu sein! Hier wurde die Vorstellung dem Menschen eingeprägt bzw. eingeimpft, dass er bereits mit der Erbsünde geboren sei. Deshalb wurde Jesus auch von einem jungfräulichen Mädchen geboren, denn aus Sexualität geboren zu sein, würde ja bedeuten, aus Sünde geboren zu sein. Die Christen haben so im

Grunde genommen Jesus zum Bastard gemacht, nur um ihn auf diese Weise von der Sünde fernzuhalten. Jeder von uns wird durchaus aus einer sexuellen Vereinigung heraus geboren, nur Jesus nicht, sodass er auf diese Weise von vorneherein als ein ganz besonderes Geschöpf galt.

Wir sollten aber gar keine besonderen Geschöpfe werden, sondern stattdessen unsere niedrige Geburt mit Freude und als Geschenk akzeptieren. Wir lebten längst im Garten Eden, wenn wir nicht ständig solche absurden Kopfgeburten, wie etwa die von höheren und niedrigeren Menschen, hervorbrächten und an unsere Kinder weitergäben.

In der Meditation verlangsamen sich die Bewegungen unseres vorstellenden, unterscheidenden Denkens, einschließlich unseres täglichen Tuns, und wir werden von Spannungen, die uns das unterscheidende Erkennen notwendig auferlegt, endlich befreit. Wir lösen uns in einer entspannten Ruhe auf, die aus sich selbst heraus lebt. Dies meint in der Zen-Sprache die Rede von einem erleuchteten Menschen. Ist dieser Mensch doch einer, der in dieser Weise sein eigentliches innerstes Wesen erkannt hat.

Diejenigen, die dies erfahren haben, befinden sich in einer Leere bzw. Pause zwischen den uns längst bekannten und vertrauten Verhaltensweisen und jener nunmehr erreichten, in der eine Verstrickung in alte Verhaltensweisen nicht mehr so ohne Weiteres möglich ist. Das, was bislang begehrt wurde, nimmt ab, bis es endgültig abfällt. Es tritt ein Zustand ein, in dem ein genereller Stimmungswechsel um sich greift – ohne dass das Gefühl aufkäme, etwas verloren zu haben.

So läuft also der Weg, wenn er denn konsequent beschritten wird, darauf hinaus, dass die Wurzeln unseres konditionierten Bewusstseins, die unser soziales Verhalten bislang bestimmten, beseitigt werden. So kann jetzt auch ein gewisses Anschwimmer gegen die noch existierende Strömung der längst als solche erkannten vertrackten Identifizierungen stattfinden. Diese Gegenbewegung auf den Ursprung hin muss dabei schon fast notwendig unsere Psyche in Aufruhr versetzen, sodass es in der Tat zu einem Zusammenstoß zweier unterschiedlicher Tendenzen kommt: zum einen der Tendenz, sich an Bedingtheiten weiterhin festzuhalten und sich mit ihnen zu identifizieren, und zum anderen der Neigung, sich ihrer zu enthalten, um so frei zu werden von dem Strom der Bedingtheiten. Aber wie kann dieses Ziel erreicht werden?

Der Beginn jeder Meditation ist nicht ein Denken, Spekulieren oder Sich-irgendwie-etwas-Vorstellen, sondern reines Gewahrsein, in dem – wenn es glückt – nichts Subjektives, kein Ich mehr Fuß fassen kann. Wenn wir uns dem in voller Aufmerksamkeit hingeben, entdecken wir, dass Aussagen wie »Ich atme« oder »mein Atem« völlig sinnlos werden, weil sie nicht mehr mit unseren tatsächlichen Erfahrungen übereinstimmen. Mein Atem geht vielmehr vor sich, er geschieht, unabhängig davon, ob ich irgendeine Aussage über ihn treffe oder nicht. Mein Atem hat nichts mit der offenbar nicht loszuwerdenden Angewohnheit zu tun, die Dinge immer wieder in Besitz nehmen zu wollen. Im Atem befindet man sich demgegenüber vielmehr in einem Zustand, in dem lediglich ein unverstelltes, reines Schauen, Beobachten und Wahrnehmen stattfindet.

Recht bedacht hat auch dies Schauen, Sehen, Beobachten und Wahrnehmen mit mir nichts mehr zu tun: Das Sehen, Beobachten und Wahrnehmen ist wie das Atmen selbst längst schon eine vorgegebene Tatsache, die geschieht, die sich ereignet, wobei uns das Wahrnehmen die Tatsache des Atmens erst bewusst werden lässt.

Entscheidend bleibt wieder, dass in einem Zustand der entspannten Ruhe, der durch regelmäßige intensive Yogaübungen eintritt, derjenige, der beobachtet, sieht und wahrnimmt, mit dem Beobachteten, Gesehenen und Wahrgenommenen eins wird – sofern sich nicht wieder Begriffe und Vorstellungen durch unser mit dem instrumentellen Verstand ausgerüstetes Ich dazwischenschieben.

Wenn wir konsequent weiterüben, werden wir selbstverständlich zu weiteren Erfahrungen geführt. So entdecken wir, dass unser Aus- und Einatmen jeweils durch eine kleine Pause unterbrochen wird. Ein Stillstand tritt ein, der alle bisherigen Kontinuitätsvorstellungen in den Wind schlägt, sodass wir schließlich zu der Einsicht gelangen, dass nichts in diesem Universum kontinuierlich abläuft, sondern vielmehr die Bewegung der Diskontinuität dem Leben eigen ist. Dabei machen wir auch noch die Entdeckung, dass sich die Pausen am Ende des Ein- und vor allem des Ausatmens allmählich zu verlängern beginnen und tiefer werden, sodass uns nun erst recht die zum Dogma erhobene Logik zwischen dem Leben eines Ich-Subjekts auf der einen Seite und der Objektwelt auf der anderen fragwürdig wird. Uns wird bewusst, dass wir als atmendes Ich ein nicht unbedeutender Brennpunkt sind, in dem die gesamte sogenannte objektive Welt konvergiert. Damit wird dem, der sieht, beobachtet und wahrnimmt, eine Erfahrung geschenkt, die allmählich in jenes reine Sehen, Beobachten und Wahrnehmen mündet, von dem ich schon sprach.

Wer sich dieser Erfahrung aussetzt, wird bestätigen, dass hier ein ständiger Vorgang des Gebens und Nehmens stattfindet – und zwar von Augenblick zu Augenblick. Hier stellt sich kontinuierlich ein Zustand des Gleichgewichts zwischen Mensch und Natur her. Das heißt aber auch, dass die ökologischen Gleichgewichtsstörungen, die gegenwärtig eine erhebliche Bedrohung unseres Überlebens darstellen, das Resultat einer falschen, einseitigen Wahrnehmung und vor allem einer völlig ungenügenden Atmung sind.

Aufbruch ins Ungewisse

Alle Schwierigkeiten, die jeder, der den Weg des Zen-Yoga einschlägt, überwinden muss, entstehen aus der Spannung zwischen den hier skizzierten Einsichten und der Kontinuität der vor allem von der Vergangenheit her bestimmten leiblichen Grundbefindlichkeit. Hier erfüllen die Körper- und Atemübungen ihre entscheidende Aufgabe.

In den Körperübungen erkennen wir die Notwendigkeit, alle intellektuellen Anstrengungen, soweit sie sich vorgegebenen Interpretationsmustern verpflichtet fühlen, aufzugeben, um völlige Gelassenheit im Hier und Jetzt zu erreichen. In ihnen findet, wenn die Übungen eingehalten werden, jeder von uns seine eigene, natürliche Ruhe. Durch die Übungen werden bestimmte Nervenzentren beeinflusst, die ihrerseits auf einige, nicht richtig funktionierende Organe so einwirken, dass diese häufig schon in kurzer Zeit wieder in Ordnung kommen.

Dass wir Menschen gewöhnlich nicht zur Ruhe kommen, liegt daran, dass die Tiere vom Instinkt, von der Stimme der Natur geleitet werden, während wir uns immer wieder von unseren Ideen und Vorstellungen, Hoffnungen und Wünschen leiten lassen. Da wir aber häufig nicht Herr über unsere eigenen Gedanken sind, wird davon auch unser gesamter Körper berührt: Wir finden keine wirkliche Ruhe. Dadurch nun, dass wir in den yogischen Übungen, stets in Verbindung mit den Atemübungen, unsere ganze Aufmerksamkeit auf unseren Atem und die jeweils gewählte Körperhaltung konzentrieren, werden die in uns schlummernden Energien freigesetzt, die wir nun zu der schon mehrfach zitierten Bewusstseinstransformation auch dringend benötigen.

Die Körperübungen fördern zudem unsere Gesundheit bzw. beheben eine Vielzahl von Krankheiten, während sie den gesamten Stoffwechsel des Körpers umwandeln. Schließlich beeinflussen unsere Gedanken auch unsere Körperverfassung, wie umgekehrt unsere Körperverfassung in ganz entscheidendem Maße unsere Gedanken beeinflusst. Die häufig belächelte Kompliziertheit mancher Körperübungen ergibt sich aus der Tatsache, dass eine Vielzahl von Nervenzentren über den ganzen Körper verteilt ist und jede Stellung auf ein anderes Zentrum einwirkt. Mittels der Nerven können wir einerseits die Organe des Körpers, andererseits aber auch unsere Gedanken beeinflussen. Die sogenannten Verdrehungen im Yoga ermöglichen es erst, Nervenzentren zu erreichen, die sonst unter Umständen unerreichbar blieben.

Der Weg zu uns selbst – ich denke, das brauche ich jetzt nicht mehr ausdrücklich zu betonen – führt uns durch eine Vielzahl von Krisen, für die wir selbstverständlich selbst verantwortlich sind.

Die Einsicht der Meditation besteht letztendlich darin, den Augenblick im Hier und Jetzt in seiner Totalität so intensiv wie nur möglich zu erfahren, um sich so von allen Fiktionen und Wahnvorstellungen zu befreien, denen wir möglicherweise bisher anhafteten und Glauben schenkten. In der Stille der Meditation ist alles sicher. Das Problem, diese Stille durchgreifend erfahren zu können, sind immer wieder nur wir selbst, ist besonders unser Ego und damit auch wieder unser höchst beschränkter, weil eindimensionaler Verstand.

Natürlich hat es schon viele Zivilisationen auf diesem Planeten gegeben. Sie haben sich – soweit wir bisher wissen – alle selbst durch ihre Machtentfaltungen zerstört; unsere jetzige ist sicher nicht die letzte Zivilisation, die zugrunde gehen wird. Das Problem liegt letztlich darin, dass wir Menschen ständig auf Gewissheiten und Sicherheiten aus sind und uns dabei nur allzu bereitwillig der Selbsttäuschung aussetzen, uns selbst belügen und betrügen.

Das Leben geht aber immer vom längst Bekannten ins Unbekannte, ins Ungewisse – frei von Sicherheiten und Gewissheiten.

Sobald wir diese Schwelle zur Ungewissheit überschreiten, fühlen wir uns unsicher, ängstlich, manchmal auch völlig mutlos. Aber schon nach kurzer Zeit beginnen wir dann doch wieder aufzuleben, und wir erkennen: Wenn wir wirklich leben und nicht nur so vor uns dahinvegetieren wollen, müssen wir diese wesentliche Ungewissheit auch uneingeschränkt akzeptieren. Wenn wir dies tun, geschieht geradezu ein Wunder: Wir verlieren dann das Ungewisse!

Schwierigkeiten auf dem hier angesprochenen Weg bestehen durch unsere Glaubens- und sogenannten Überzeugungskonditionierungen. Sie verhindern jede Kommunikation. Ist man selbst ein Christ und ein anderer ein Moslem, ist der jeweils andere im Grunde genommen ein Fremder. Ist der eine ein Rechter und ein anderer ein Linker, hört gewöhnlich jede wirklich ernst zu nehmende Kommunikation auf. Alle Glaubensbzw. Überzeugungssysteme sind – wie wir auch schon sehr bald merken werden – im Grunde kommunikationsfeindlich, obwohl das Leben selbst auf geradezu geniale Weise kommunikativ vernetzt ist: mit den Bäumen, mit den Flüssen, mit der Sonne, mit dem Mond, mit dem Himmel und der Erde, mit den Menschen und den Tieren. Jeder Dialog wird erstickt, solange dem noch irgendein Dogma im Wege steht.

Jeder, der auf sich etwas hält, wie es so schön heißt, hält jedoch allzu gerne an seinem Dogma, an seiner Überzeugung und an seinem Glauben fest, sodass er im Grunde höflich ist, wenn er dem anderen überhaupt noch zuhört. Eigentlich hört er dem anderen nie wirklich zu. Er wartet nur, bis er fertig ist, um sich dann auf ihn mit seiner ganzen Überzeugungskraft zu stürzen; einen Dialog zu führen ist so selbstverständlich nicht möglich.

Zen-Yoga lehrt: Wir müssen alle Glaubens- und Überzeugungssysteme fallen lassen. Wir können nicht evangelisch, katholisch, jüdisch, muslimisch sein. Es geht darum, ohne Dogmen zu leben. Solange wir in Dogmen gefangen bleiben, können wir uns nicht wirklich öffnen, sodass uns im Grunde auch der Weg zum anderen verschlossen bzw. blockiert bleibt. Wir laufen dann weiter wie fensterlose Monaden umher. Wir kommen uns hin und wieder einmal nahe, wir stoßen hin und wieder vielleicht auch noch einmal aneinander, aber wir begegnen uns durch viele Vorbehalte nie wirklich. Wir reden zwar viel, manche sogar unaufhörlich miteinander, aber nur sehr selten kommt es wirklich zu einem Gespräch. Jeder lebt für sich eingekerkert und schleppt so sein Gefängnis mit sich herum, häufig sogar ohne es zu merken.

Dogmen aufzugeben ist schwer. In unserem Kopf tragen wir möglicherweise eine bestimmte politische und/oder religiöse Ideologie oder Utopie mit uns herum, wobei solche Dogmen schon so sehr Teil von uns geworden sind, dass wir gar nicht mehr merken, dass sie mit uns eigentlich nichts mehr zu tun haben. Bevor sie aber nicht aufgegeben werden, entsteht kein wirkliches Verstehen und auch keine Bereitschaft, nachzuforschen, was es denn mit der Wirklichkeit, und schließlich mit uns selbst, auf sich hat. Wenn wir die Dogmen aufgeben können, wächst die »Ehrfurcht vor dem Leben«, vor dem Mysterium, dann ist das Leben ein immerwährender Aufbruch ins Ungewisse. Sobald wir aber auch daraus wieder ein Wissen, ein Glaubenssystem, gar eine Metaphysik machen, beginnt die Lebenslüge von Neuem, und das Rad des Unglücks dreht sich unablässig weiter.

Neunzig Prozent unserer Verstandestätigkeit spielt sich in uns unbewusst ab. Darum ist es so schwer, alte Muster loszulassen, so sehr wir uns auch anstrengen mögen. Im Yoga kommunizieren wir auf sehr subtile Weise mit unserem Unbewussten, um ihm zu helfen, seine positiven Absichten, die hinter allen unerwünschten, neurotischen Verhaltensweisen stecken, zu verwirklichen.

Voraussetzung dafür ist, dass wir uns wirklich auf uns selbst einlassen. Erst so erreichen wir auch die Ursprünge all unserer Probleme, die uns in unseren Verhaltensweisen festhalten. Wir erfahren plötzlich oder erst ganz allmählich jene »offene Weite«, von der man im Zen spricht und die wir zum Leben benötigen, um den Raum des »Ja zum Leben« und des »Ja zum Augenblick«, den Raum der Stille und der Meditation endgültig erschließen zu können.

In jedem von uns brennt – vorerst verborgen – ein Licht. Es kommt darauf an, dieses Licht in uns zum Leuchten zu bringen und mit dem Leuchten wiederum andere zum Leuchten zu bringen. Mit anderen Worten bedeutet dies, unseren Reichtum mit anderen zu teilen, um so auch ein Buddha-Feld um uns herum entstehen zu lassen. Nicht zuletzt aus diesem Grunde ist der Yoga-Weg ein sozialer Weg; keiner kann Yoga gewissermaßen nur für sich veranstalten. Wer dies versuchte, müsste schon bald scheitern.

Zen-Yoga ermöglicht uns in tiefer Entspannung unsere bisherigen Verhaltensmuster zu erkennen und schließlich auch loszulassen, sodass die Lebensenergie, die in unserem Becken immer noch festgehalten wird, endlich frei zu fließen beginnt. Sobald dies geschieht, existiert kein Ich, kein Du, aber auch kein Wir mehr in der uns allen heute noch vertrauten entfremdeten Form. Stattdessen finden wir uns in der schon mehrfach zitierten offenen Weite wieder, in der für uns alle eine wirkliche, unverstellte Begegnung mit dem oder den anderen und den Dingen stattfinden kann.

Bevor das nicht geschieht, beeinflussen uns unsere verdrängten, früh erfahrenen traumatischen Ereignisse und Konditionierungen weiter. Bevor das nicht geschieht, schränken wir unsere Lebendigkeit und damit selbstverständlich auch unsere sozialen Beziehungen bis hin zur Unaufrichtigkeit ein. Der Zen-Yoga führt uns zu mehr Bewusstheit und löst damit die bisher zurückgehaltenen Gefühle, Körperblockaden und lebensfeindlichen

Programme, die in den Dogmen und Metaphysiken miteinge-
schlossen sind, schrittweise auf.

Bis dahin aber bleiben wir unseren unbewussten Verhaltensweisen weiter ausgeliefert. Wir erzeugen unsere Leiden, bleiben
hilflos, auch wenn wir noch so gut Bescheid wissen. Psycho-
therapien sind hier sicher hilfreich – wiederum aber auch nur
dann, wenn sie tatsächlich zur Meditation führen; sie sind unter
Umständen geeignet, ansatzweise Klarheit in uns zu schaffen.
Ihre Gefahr besteht jedoch darin, im Verbalen stecken zu bleiben und den Gespenstern aus der Vergangenheit in uns neue
Nahrung zu liefern.

Aber auch jetzt müssen wir weiter darauf achten, dass das größte
Hindernis auf dem Zen-Yoga-Weg in dem Versuch liegt, uns verändern zu wollen oder uns gar zu zwingen, anders als hier und
jetzt zu existieren. Das führt zu jener Form der Selbstverdamm-
nis, wie wir sie zum Teil aus unserer Erziehung kennen, sodass
wir uns am Ende wieder als Versager fühlen und uns wiederum
in unserer Entwicklung blockieren. Daher ist es wichtig, sich einen eigenen Raum zu schaffen, um sich frei von allem äußeren
Druck entspannen und vor allem auch akzeptieren zu können.

Allmählich beginnen sich dann die künstlichen Selbstbilder
aufzulösen, sodass wir zu der Einsicht gelangen, dass niemand
jenen Idealen nahekommen kann, die uns nicht zuletzt von
unseren Eltern auferlegt zum Teil auch eingebläut wurden. Im
Grunde läuft es darauf hinaus, auch diese Ideale noch loszulassen und es zu verlernen, ihnen noch weiter nachzustreben. Erst
dann setzt auch die endgültige Heilung unserer frühkindlichen
Wunden ein.

Beim Analysieren unserer Probleme, nicht zuletzt unserer Glau-
bens- und Denksysteme, drehen wir uns immer wieder im
Kreis – wir grübeln. Wenn wir zu Zeugen werden, steigen wir
aus diesem Kreis einfach aus. Durch das Analysieren unserer

Probleme erfolgt lediglich eine Anpassung; es vollzieht sich keine wirkliche Transformation zu uns selbst hin.

Das Zeugesein, so wie es uns der Buddha gelehrt hat, verändert genauso wenig unsere Konditionierungen wie es unsere Muskulatur verändert; aber es vermittelt uns auf untrügerische Weise die Erfahrung, dass wir jenseits aller Konditionierungen da sind und alle damit verbundenen Probleme loslassen können. Unser Körper wird nach wie vor seine Muskulatur mitschleppen, wie auch der Kopf seine Konditionierungen, sodass wir, wenn wir, wie so viele, wieder nach unseren Problemen Sehnsucht haben, erneut einsteigen und natürlich wieder beginnen können zu grübeln.

Wenn wir durch das Üben die Einstellung des Zeugeseins bewahren können, sehen wir uns lediglich unsere Erinnerungen an, identifizieren uns mit ihnen jedoch jetzt nicht mehr.

Wir bedienen uns dann auch weiterhin unseres Gedächtnisses, unserer Sprache und unseres Verstandes, aber bleiben nicht mehr der Diener, der Sklave, der sich von ihnen weiter beherrschen lässt. Wir gewinnen die Einsicht: Indem wir unsere Probleme, wie bisher geschehen, immer wieder wählen, investieren wir in sie unsere Energie und identifizieren uns mit ihnen. Im Grunde kreieren wir sie immer wieder aufs Neue. So gehen wir von Verein zu Verein, von einer Schule in die andere, von einer Religion zur anderen, wählen mal diese Philosophie, mal jene. Überall fühlen wir uns in irgendeiner Gruppe irgendwie auch für eine kurze Zeit wohl, weil wir gerne glauben, etwas gewonnen zu haben, was uns beschäftigt, uns, wie es so schön heißt, in Atem hält!

Was wir offenbar nur schwer begreifen, ist, dass wir so wieder dem alten, tief in uns verankerten Mechanismus folgen, der exakt diesen Umtrieb in uns erzeugt, der uns müde macht und gut weiterschlafen lässt.

Der innere Kontinent –
das wahre Indien

Von der gegenwärtigen Wahnwelt zu reden heißt, dass die Suche nach der Erfüllung unserer Wünsche kein Ende findet. Immer dann, wenn wir unseren Wünschen näherkommen, tauchen neue Wünsche auf. Aus der Entfernung packen sie uns, ja, sie nehmen uns geradezu in Besitz. Aber wenn sie erfüllt worden sind, verschwinden die mit diesen Wünschen einhergehenden Paradiesvorstellungen schon sehr schnell wieder, und neue, wiederum erfüllbare oder unerfüllbare Wünsche tauchen vor unseren Augen auf – wir kommen nie wirklich an. Wir können daher auch sagen: Alles, was wir wünschen, sind immer wieder Illusionen. Nichts existiert wirklich.

Der eigentliche Zaubertrick dieses Wahns liegt in unserem unterscheidenden, urteilenden und schließlich zugreifenden Denken, in unserem Verstandesdenken. Er orientiert sich an den Marktgesetzen, nach denen ständig Angebote geschaffen und bei Käufern gezielt immer neue Wünsche geweckt und gesteuert werden. Die für dieses System lebensnotwendigen Verheißungen bewirken, dass wir alle auf die neuen Paradiese, auf diese neuen Landschaften zurennen, weil wir davon ausgehen, dass wir unser Ziel eines Tages erreichen werden. Die Industriegesellschaft erfindet für uns also permanent neue Wünsche ja, ihre Existenz beruht auf diesem Gesetz, das jede auch noch so geringfügige Pause des Nachdenkens über diese Zusammenhänge verhindert. Wenn wir das durchschauen, erkennen wir, dass wir uns im Grunde in einem Gefängnis befinden, das wir selbst um uns herum täglich aufrichten; in dieser Hinsicht ist in der Tat der Mensch selbst das Maß aller Dinge!

Dieser Wahn bzw. unser zwanghaftes Wünschen wird jedoch aufgehoben, wenn wir vom begrifflich-analytischen Denken einmal ablassen – was nicht heißt, dass wir in unserer Alltagswirklichkeit auf dieses Denken nicht immer wieder angewiesen wären. Es verliert aber seinen katastrophalen Absolutheitsanspruch, den es heute erhebt. Wir sehen auch weiterhin, dass Grün grün ist und Rot rot. Nicht, dass wir dann überhaupt keine Unterscheidungen mehr träfen, wie, dass eine Wand eine Wand ist und kein Pult. Aber wenn wir meditieren, lernen wir endlich zu durchschauen, was das praktizierte ausschließliche Verstandesdenken für unsere Daseinswirklichkeit eigentlich bedeutet. Darum geht es.

Angst vor dem Nichts

Vom Umdenken zu sprechen, ohne sich dieser Tatsache (dass wir uns unter den gegebenen Prämissen immer noch innerhalb der Dualität unseres Verstandesdenkens befinden und uns also von Dualität zu Dualität bewegen) bewusst zu werden, ist geradezu widersinnig. So kann kein wirkliches Umdenken stattfinden. Alle Bemühungen bewegen sich weiter in denselben Bahnen, ohne dass die Möglichkeit besteht, sich aus diesen Bahnen herauszubewegen und Abstand zu gewinnen, es sei denn, es erfolgt ein Absprung in das transformatorische Denken.

Im Grunde ist und bleibt das urteilende und zugreifende Denken immer machtorientiert und ein gesellschaftliches Produkt – dazu geeignet, permanent die Wirklichkeit dadurch zu kontrollieren, dass dieses Denken an unser Gewissen, an unser Über-Ich (Freud) appelliert, sodass jedes andersartige Denken uns von vornherein ein schlechtes Gewissen macht. Wenn wir uns von diesem schlechten Gewissen deprogrammieren, uns von ihm befreien, müssen wir uns so verhalten, wie wir uns gerade fühlen, um nicht gleich wieder auf der alten Schiene abzufahren. Erst dann werden wir auch (wieder) kreativ werden. Es war Freud, der gegen die Unterdrückung der Sexualität angekämpft und so die Luft etwas gereinigt hat. Wenn wir jedoch genauer hinsehen, ist der Tod ein noch viel größeres Tabu als die Sexualität. Der Tod wartet gewissermaßen noch auf einen Freud, der gegen seine Unterdrückung ankämpft, damit wir unsere Gefühle, die mit dem Tod zusammenhängen, endlich loslassen können.

Aber tiefer noch als die Sexualität und der Tod wird das Absurde in unserer Gesellschaft unterdrückt, wobei es Camus – entgegen seiner ursprünglichen Intention – gelungen ist, das Absurde zu enttabuisieren. Über das Absurde zu reden wurde für längere Zeit sogar schick. Wir haben erst einmal zu akzeptieren, sagt Camus, dass unsere Existenz durch und durch absurd ist, weil das Dasein, so wie es ist, eben absurd ist. Es ist sinnlossinnvoll, unlogisch-logisch, bis wir erkannt haben, dass allen Gegensätzen und allen uns bekannten Paradoxien unter der Perspektive des etablierten Denkens ein innerer Sinn, ja eine gewisse innere Schlüssigkeit zukommt. Wenn wir erst einmal das Absurde unserer Wirklichkeit, in der wir leben, zuließen, würden wir uns vielleicht auch unserer eigenen Absurdität bewusst werden und in Zukunft mehr Vorsicht üben gegenüber allen möglichen hochtrabenden Ideen über paradiesisch-utopische Zustände, die uns nur verwirren und uns vor allem immer wieder in Sackgassen hineintreiben. Keiner, auch keine angeblich höhere Macht, kann uns erklären, warum wir gerade hier und nicht irgendwo anders leben; auf die letzte Warum-Frage bekommen wir zu keiner Zeit eine Antwort.

Die Angst, die bei Einsicht in diese letzten Dinge in uns gewöhnlich auftaucht, existiert, so lehrt Zen, jedoch nur so lange, bis wir dies akzeptieren können und uns nicht weiter unseren liebgewonnenen Fiktionen hingeben. Durch Letzteres schaffen wir uns neue Probleme, hinter denen sich gewissermaßen ein ständiges existenzielles Vakuum befindet, das uns antreibt, immer wieder nach neuen Lösungen Ausschau zu halten. Bevor das eine Problem gelöst ist, schaffen wir uns schon wieder ein neues und wieder ein neues und immer so weiter. Wir schaffen uns damit also sofort wieder einen Ersatz, nur um beschäftigt zu sein. Andernfalls würde uns das Leben leer, ja langweilig, und unendlich groß vorkommen, sodass wir uns schließlich sehr verloren fühlen würden.

Die Erfahrung dieser Leere und dieses Nichts verschafft uns die schon mehrfach erwähnte neurotische Angst, der wir gewöhnlich dadurch ausweichen, dass wir uns auf diese Probleme konzentrieren. Wir sind unsere eigenen Problemmanager, solange wir wenigstens etwas tun. Solange wir etwas tun, sind wir noch wer, kommen wir uns stark und unter Umständen auch mächtig vor; anderenfalls fühlen wir uns völlig impotent. Erst wenn wir Tausende von Problemen nachweisen können, ist das Leben nicht mehr das Problem.

In unserem bisherigen Denken können wir kein Zentrum der Ruhe und Gelassenheit finden, weil unsere Gedanken und Gefühle von Sekunde zu Sekunde wechseln. Der Yogi, der eine radikale Besinnung auf die ihm bestimmende Lage vollzieht, zieht sich auf sich selbst zurück, auf die Position eines wachen Zeugen, der sich darauf beschränkt, die permanente Flut der Gedanken und Erinnerungen und die Dinge einfach nur anzuschauen. Jedes dualistische Denken hört auf. Was er auch sieht, der wache Zeuge bleibt sich gleich. Ob er seine Wut ansieht oder seine Liebe, der wache Zeuge bleibt sich gleich. Ob er traurig ist oder glücklich, ob das Leben zur Poesie wird oder zum Alptraum – das macht keinen Unterschied: Der wache Zeuge ist das einzige und einzigartige Zentrum und verstrickt sich weder in der Welt noch in seinen Gedanken. Was gilt, ist einzig und allein dieses Zentrum. Von hier aus verändert sich alles und verändert sich vor allem die Qualität des Lebens. Es wird für denjenigen, der diesem Weg folgt, zur Fülle und Quelle tiefer Dankbarkeit.

Dieser wache Zeuge manifestiert sich in einer leiblichen Gegenwart, von der unter dem Gesichtspunkt der Verobjektivierung des Menschen der Körper nur ein Teil ist. Wenn Sie mich wirklich sehen könnten, sähen Sie mich vermutlich nicht. Sie sähen nur mich als Körper. Wenn ich Sie sehen könnte, sähe ich auch Sie nicht, sondern nur wieder Ihren Körper. Denn niemand kann sehen, was in jedem Einzelnen von uns wirklich vor sich geht: das Eigentliche des Menschen, sein Sein, entzieht sich ihm.

Der Bewusstwerdungsprozess des Menschen

Wenn ich analytisch denke, dann kann ich drei Zentren klar voneinander unterscheiden. Eines der Zentren ist dasjenige, in dem ich mir selbst begegne. In einem zweiten Zentrum begegne ich dem anderen Menschen und in einem dritten meinem Verstand, der inzwischen zum Motor meines selbstentfremdeten Lebens geworden ist. Er ist von Grund auf zweckorientiert.

So ist mein Nabelzentrum mein Daseinszentrum. Das Zentrum, durch das ich dem anderen Menschen begegne, ist das Herzzentrum. Und mein Verstandes- bzw. Kopfzentrum ist das Zentrum wirklichen Wissens.

Im Yoga gehen wir von sieben Zentren aus. Das erste Zentrum ist das Basiszentrum (das grundlegende Zentrum), in dem die Lebensenergie konzentriert ist. Dieses Zentrum wird daher auch das Lebens- und Geburtszentrum genannt, wobei unsere jetzigen Lebensbedingungen dieses Zentrum schon stark beschädigt haben. Von Freud wissen wir, dass dieses Zentrum drei Aspekte aufweist: Der eine ist oral (mundbetont), der zweite anal und der dritte genital bestimmt.

Das Kind beginnt sein Leben mit der oralen Phase. Aufgrund einer falschen Erziehung bleiben viele auf dieser oralen Ebene stecken und werden daher niemals erwachsen. Das ist der Grund, warum heute so viel geraucht, Kaugummi gekaut und zwanghaft gegessen wird. Es handelt sich um eine orale Fixierung. Die Menschen bleiben auf dieser Ebene mithin in ihrem Mund stecken.

Freud konnte zeigen, dass die Menschen in vielerlei Hinsicht auf dieser Ebene stecken geblieben sind, weil sie als Kinder oral unbefriedigt blieben. Die Mütter gaben ihnen die Brust nicht lange genug. Die Lippen blieben unbefriedigt, und die Brust behielt für immer ihre Anziehungskraft. Dies ist letzten Endes der Grund dafür, warum so viele Männer Zeit ihres Lebens auf die weibliche Brust fixiert bleiben. In der Malerei, der Plastik, im Film, in der Pornographie spielen die Brüste nach wie vor eine große Rolle, und die Frauen bemühen sich darum, ihre Brüste sowohl zu verstecken als auch bewusst zu zeigen.

Nun gibt es auch Menschen, die über diese orale Phase hinausgewachsen, aber in der analen festgefahren sind, denn der zweite große Schaden in der Entwicklung des Kindes findet in der Reinlichkeitserziehung statt, in der die Kinder mehr oder weniger gezwungen werden, zu bestimmten Zeiten auf dem Topf zu sitzen. Das Ziel ist, dem Kind beizubringen, frühzeitig seine Darmtätigkeit zu kontrollieren, was gewöhnlich Jahre in Anspruch nimmt. Die Folge ist: Die Kinder zwingen sich dazu, indem sie ihren analen Mechanismus verschließen, sodass sie bewusst oder unbewusst später anal fixiert bleiben. Deshalb leiden so viele Menschen an Verstopfung. Wir haben es auch hier wieder mit einer Beschädigung des Lebenszentrums zu tun. Diese Beschädigung drückt sich unter anderem im Geiz vieler Leute aus, die Wissen, Geld und Tugenden horten. Was immer sie haben, halten sie fest.

Entscheidend ist: Menschen, die in der oralen und analen Phase stecken geblieben sind, stoßen nie zur genitalen Phase vor. Mit diesem Trick hat die Gesellschaft es bis heute verhindert, dass sich die menschliche Sexualität voll entfalten konnte. Die anale Fixierung wurde so wichtig, dass die Genitalien unwichtig wurden. Wenn sich trotz der einschneidenden und gefahrvollen Phase der Reinlichkeitserziehung einige wenige zur Genitalität hin entwickeln, wenn sie also weder oral noch anal fixiert bleiben und zur Genitalität vorstoßen, treten über Jahre hinweg internalisierte Schuldgefühle in Erscheinung: Die Sexualität gewinnt das Odium der Sünde.

Nicht zuletzt das Christentum hat die Sexualität so sehr verdammt, dass sich die Lebens- bzw. Sexualenergie nicht mehr wirklich entfalten konnte. Sie blieb stecken und konnte – wie es im Yoga heißt – nicht höher steigen. Daraus folgt für den Yoga, dass die Befreiung des Menschen an eben diesem Lebens- bzw. Basiszentrum ansetzen muss.

Das zweite Zentrum ist das Todeszentrum. Wir wissen wiederum durch Freud, dass sowohl das Lebens- als auch das Todeszentrum die am stärksten beschädigten Zentren sind. Wir haben daher vornehmlich zwei Ängste – die Angst vor dem Leben und die Angst vor dem Tod, wobei die Angst vor dem Tod vielleicht die gefährlichste Angst ist, weil sie die Verletzung des Lebens, ja seine Vernichtung verursacht. Sie bringt Gewalt, Kriege, Aggressionen und Zerstörungen hervor. Wenn wir einander »im Namen Gottes« oder im Namen von Zivilisationen und Nationen töten, so ist zu vermuten, dass wir dies letztlich aus Angst vor dem Tode tun. Abgesehen davon bleibt es eine Tatsache, dass der Tod gemieden, sehr häufig sogar einfach vergessen wird.

Der Yoga meidet weder das Leben noch den Tod. Sobald wir beides als die Grundtatsache der Lebenswirklichkeit akzeptieren und vor keinem von beiden mehr Angst haben, entspannen sich unsere untersten Zentren. Erst dann fließt auch die Lebensenergie wieder.

Aber auch dann ist es noch eine Tatsache, dass unter den gegebenen gesellschaftlichen Bedingungen beide Zentren beschädigt bleiben und weiter geschädigt werden, um auf diese höchst wirksame Weise uns Menschen manipulieren und in Unmündigkeit halten zu können. Der Umgang des Yoga damit heißt praktisch: Wenn jemand stirbt, setzen wir uns neben den Sterbenden und fühlen seinen Tod, um so an ihm teilzunehmen. Wenn wir im Liebesakt sind, meditieren wir so, dass wir erfahren, wie etwas vom Sterben in unsere Vereinigung einfließt. Und wenn wir über den Tod meditieren, gehen wir so tief in ihn hinein, dass wir zum wachen Zeugen werden können, wie im Tod etwas vom Todlosen eintritt.

Wir wurden durch das Basis- bzw. Lebenszentrum geboren, durch das unserer Mutter und durch das unseres Vaters. Das folgende Zentrum ist der Sitz unseres Selbst, des Todeszentrums, d. h. wörtlich:»der Ort, an dem du wirklich existierst«. Wenn wir sterben, gehen wir ein in das reine, durch keine Perspektive mehr vereinseitigte Sein. Denn nur das, was wir nicht wirklich selbst sind, stirbt und muss auch sterben, wenn das Wort»Befreiung« überhaupt einen Sinn haben und kein bloßes Schlagwort sein soll. Was immer uns vom Lebenszentrum gegeben, ja geschenkt wird, nimmt uns das Todeszentrum wieder weg.

Das dritte Zentrum entspricht der Selbsterhaltung, der Liebe zum Leben, wobei wir in diesem Zentrum über die unmittelbaren Bedürfnisse des Körpers informiert werden. Es manifestiert sich, wie nicht anders zu erwarten ist, in unserem Verdauungssystem – Mund, Speiseröhre, Magen, Leber etc. – und bleibt mit der Mutter als unserer ersten Nahrungsquelle aufs Engste verbunden. Schließlich ist sie es, die dem Kind den Sinn für seine Selbstbewahrung im Leben mitgibt.

Das vierte Zentrum ist dann das Zentrum unserer Gefühle. Unter den gegebenen Bedingungen unterdrücken wir alle unsere

Emotionen. Aber das Leben wird erst wirklich durch unsere Emotionen, durch unser Lachen, unser Weinen, durch unsere Tränen und unser Lächeln. Sie machen den Glanz unseres Lebens aus. Stattdessen haben wir gelernt, dass sich Gefühle nicht auszahlen! Wir dürfen nicht weich sein, nicht verletzlich. Wir müssen hart sein und es bleiben. Wenigstens sollten wir so tun, als ob wir hart wären und gefährlich. Besser, so lautet die Parole, anderen Angst einzujagen, als eigene Schwächen zu zeigen. Das heißt: Wenn wir unser viertes Zentrum unterdrücken, wird ein Soldat aus uns werden. Nicht ein Mensch, sondern ein Pseudomensch wird so herangezogen.

Unsere Gefühle müssen daher erst einmal entkrampft und befreit werden, wenn wir bewusster leben wollen. Wenn uns nach Weinen zumute ist, dann sollten wir weinen; wenn uns nach Lachen ist, dann sollten wir lachen. Entscheidend ist auch hier, nichts zu unterdrücken. Denn nur durch unsere Gefühle und Empfindungen erreichen wir die entscheidende Wellenlänge, auf der Kommunikation möglich wird. Dieses Zentrum muss infolgedessen auch immer offener werden. Je mehr wir hier zulassen, desto leichter entkrampft sich schließlich auch unser Denken. Das Herzzentrum liegt genau in der Mitte. Es ist das Tor zu den unteren und gleichzeitig das Tor zu den höheren Zentren bzw. der Durchgang vom Unteren zum Oberen. In diesem Zentrum kreuzen sich die Wege. Unter den gegebenen Lebensbedingungen wird das Herzzentrum ständig übergangen, ja ausgeschaltet. Man hat uns nicht gelehrt, wirklich herzlich zu sein, es ist offensichtlich ein zu gefährliches Terrain. Was es sagen will, liegt außerhalb des sprachlichen Zentrums, sein Ton ist ein Ton, der nicht angeschlagen wird.

Demgegenüber ist unsere Sprache wiederum jener Ton, der angeschlagen wird und den wir mit unseren Stimmbändern erst artikulieren müssen. Im Herzen gibt es kein Wort; es ist wortlos. Das Herz wird gewöhnlich links liegen gelassen, wir übergehen es bzw. gehen an ihm vorbei – so, als gäbe es das Herz überhaupt nicht. Wir lassen es allenfalls als eine Pumpmaschine funktionieren, die der Sauerstoffversorgung dient. Aber die Lungen sind nicht das Herz. Das Herz liegt tiefer und hinter den Lungen, eher verborgen. Es ist der Ort, von wo aus Liebe aufsteigt. Darum ist Liebe auch kein eigentliches Gefühl. Alle gefühlvolle Liebe gehört dem dritten Zentrum an, nicht dem vierten. Liebe erfahren wir tiefer als Gefühle, die sehr schnell vergänglich sind. Durch das Herz waren wir ganz am Anfang mit unserer Mutter verbunden. Diese Verbindung ging durch unser Herz nicht durch unseren Kopf. Wenn wir seither in tiefe Liebe als dem eigentlichen Seinszustand des Menschen hineingehen, befinden wir uns im Herzzentrum, das uns miteinander verbindet – und nicht mehr im Kopf. In der Meditation geschieht merkwürdigerweise das Gleiche: Wir sind – so erfahren wir jetzt – mit der Schöpfung durch das Herz verbunden, und (wieder) nicht durch den Kopf. Auch hier steigt der unangeschlagene Ton auf, den wir, wenn wir uns in diesem Zentrum entspannen, hören können.

Zen-Yoga lehrt, dass alle, die in dieses Zentrum eingetreten sind, diesen eigenen kontinuierlichen Ton hören können. Er geschieht. Machen können wir ihn nicht. Wir müssen nur still werden. Eines Tages stellt er sich von alleine ein. Sobald wir in Schweigen fallen, hören wir ihn. Er steigt aus unserem Selbst auf. Er ist, wie in einer stillen Nacht ein gewisser Ton zu hören ist, der ureigenste Ton unserer inneren Stille.

Das fünfte Zentrum ist der Sitz der Reinheit. Erst, nachdem die Liebe eingetreten ist, entsteht Reinheit und Unschuld, nicht eher. Nur Liebe läutert uns in einer Weise, dass, wie wir sagen, selbst der hässlichste Mensch durch die Liebe schön wird. Sie reinigt uns von allen Giften. Dieses Zentrum ist unser Kehlzentrum. Infolgedessen lehrt Yoga, dass wir erst sprechen sollten, wenn wir in unserer Entwicklung durch das vierte Zentrum hindurch zum fünften Zentrum vorgedrungen sind. Konkreter gesagt: Sprich nur aus Liebe, andernfalls schweige. Sprich nur aus Mitgefühl heraus, andernfalls sei still. Oder noch etwas poetischer ausgedrückt: Erst wenn wir vom Herzen kommen und hier das Rauschen des Wasserfalls gehört haben, dürfen wir sprechen. Dann erst darf auch unser Kehlzentrum sprechen. Erst dann darf überhaupt etwas in Worten gesagt werden. Das aber heißt: Wenn wir unsere Kehle lediglich zum Tratsch und Klatsch gebrauchen, ist und bleibt dieses Zentrum tot. Erst wenn es wirklich zu leben beginnt, werden unsere Worte zu Honig. Dann und erst dann schwingt in ihnen Musik und Tanz. Dann ist alles, was wir sagen Poesie.

Im sechsten Zentrum geht es um Ordnung. Hier kommen wir in Ordnung, eher nicht. Hier werden wir auch erst wirklich authentisch. Im vierten Zentrum verschwand das Ich, im fünften alle Unreinheiten. Wir sind jetzt nur noch ein Vehikel und Instrument für die unverstellte Stimme und Botschaft des Seins. Dass nur wenige Menschen im Laufe ihrer Entwicklung zu diesem Zentrum gelangen, dürfte verständlich sein. Denn es ist gewissermaßen das letzte Zentrum, von dem aus wir endlich in das siebte Zentrum, und damit in eine völlig andere Welt, eintreten. Wir überschreiten darin die entscheidende Grenze, die Grenze zur Klarsicht.

Dieser hier aufgezeigte Bewusstwerdungsprozess, der sich vollzieht, wenn wir uns auf den Yoga hundertprozentig einlassen, steht natürlich nicht in medizinischen Büchern oder in Kompendien der abendländischen Literatur. Zen-Yoga bedeutet eine qualitativ völlig andere (als die bisherige) Haltung sich selbst gegenüber und der Welt einzunehmen, dass es deshalb abwegig ist, so etwas wie eine yogische Ethik neben die eigentliche yogische Philosophie zu stellen bzw. ihr nachträglich anzuhängen. Der Yoga praktiziert Liebe als eigentlichen Seinszustand des Menschen.

Hinwendung zur Quelle in uns

Unsere Welt hat (wie alles) eine Vorder- und eine Rückseite. Die Vorderseite besteht in der Gier nach Besitz, nach Expansion und Macht, um sich selbst, das eigene Ich, immer wieder bestätigen zu lassen. Die Rückseite enthüllt den Preis, der für diese einseitige Ausrichtung zu zahlen ist: Einsamkeit, das Empfinden innerer Leere und Ziellosigkeit, eine allgemeine Sinnkrise, Ängste, Schuldgefühle und Misstrauen, übertriebenes Leistungs- und Perfektionsstreben, Depressionen, extreme emotionale Schwankungen, Antriebslosigkeit und Resignation.

All diese Symptome bewirken, dass einerseits der Wunsch nach Befreiung aus einer als unbefriedigend empfundenen Situation vorhanden ist und dass andererseits Ansätze, die von einer anfänglichen Begeisterung getragen sind, wieder schnell abflachen, gar versanden, sobald die Sache anfängt, mühsam zu werden. An die Stelle einer schrittweisen Entwicklung, die über lange Strecken hinweg keine sonderlich attraktiven Sensationen vermittelt, tritt schnell wieder die längst eingeübte Konsumhaltung als Lebensstil. Die Macht der Gewohnheit hat uns wieder im Griff. Ein sensationell neues Buch, ein neuer Duft von Räucherstäbchen und aromatischen Essenzen, ein neuer Lehrer, eine neue Lehre, eine völlig neue Therapie, ein gänzlich neues Lebensgefühl, vor allem aber angenehme, tröstende und wärmende Gefühle werden erneut eingesogen – und es wird dafür bezahlt.

Diese Haltung führt häufig zu dem Missverständnis, dass alle Lehren und Wege mit- und gegeneinander austauschbar und beliebig konsumierbar seien. Was nicht begriffen wird: Jede Lehre enthält einen ganz spezifischen Übungsweg, der für den Praktizierenden natürlich erst einmal auch unbequeme und schmerzliche Phasen beinhaltet. Diese Phasen wollen jedoch von vielen nicht wirklich durchgestanden werden, sodass – sozusagen per Fernbedienung – ohne Weiteres auf einen anderen

Weg umgeschaltet wird, der wenigstens für eine Weile wieder ein interessantes Programm anbietet. In Wirklichkeit geht es bei diesem Konsum verschiedener Lehren aber gar nicht um einen Weg, sondern um möglichst angenehme Gefühle, die man sich dabei verschaffen möchte.

Dieser Lebensstil entspricht unserem Konsumprinzip, aus allen Lehren stets die passenden Inhalte wie Rosinen aus dem Kuchen herauszupicken und dann auf irgendeine, völlig unklare Weise zur Herstellung angenehmer Gefühle zu nutzen. Eine authentische Praxis, wie der Zen-Yoga, dient aber dazu, uns selbst zu verändern und neue, positive Entwicklungen in Gang zu setzen, die nicht nur dem Einzelnen, sondern auch der Umwelt dienen. Spiritueller Konsum ist hingegen einzig und allein darauf ausgerichtet, alles so, wie es ist, zu belassen und die Auseinandersetzung mit der tatsächlichen Situation – und damit jede ernstzunehmende Weiterentwicklung – von vorneherein zu vermeiden.

Yoga zu praktizieren bedeutet, sich immer weiter von Programmen, Ideologien, Theologien und philosophischen Systemen zu befreien und nur noch aus der Stille heraus zentriert zu leben. Hier gibt es keinen Glauben, keinen Trost. Was bleibt, ist einzig und allein die Hinwendung zu uns selbst unter der Fragestellung: Wer ist das, der sich selbst zuwendet?

Wir können davon ausgehen, dass alles, was uns tröstet, falsch ist und sich auf der bisher eingenommenen Bewusstseinsebene bewegt. Bevor wir diese nicht transzendiert und hinter uns gelassen haben, werden wir das Licht, das in uns brennt, wenn auch noch verhüllt, nicht wirklich erkennen. Daher ist der Yoga, wenn er denn ernst genommen wird, darauf angelegt, zunächst alles gründlich zu zerstören, was uns von uns wegführt. Insofern wirft uns Yoga täglich auf uns selbst zurück. Das tut natürlich weh. Aber bislang galt das noch für jede Geburt, für jeden tiefen Einschnitt in unser bisheriges Leben. Der Versuch, das Leben ein für allemal abzusichern und unter Kontrolle zu halten, muss immer wieder scheitern.

Auf diesem Weg ist die erste, für viele sehr schmerzvolle Erfahrung, unser Alleinsein. Es wird gewöhnlich als das erste Satori (Erleuchtungserfahrung im Zen-Buddhismus) auf dem Yoga-Weg bezeichnet, wenn uns diese Erfahrung heimgesucht hat. Mit dem zweiten Satori nehmen wir in unserem Alleinsein Platz und fassen hier Wurzeln. Und das letzte und absolute Satori, im Yoga »Samadhi« genannt, bezeichnet den Zustand, in dem wir zu unserer eigenen, überfließenden Quelle der Inspiration geworden sind, zur Quelle der Liebe und des Mitgefühls. Wir sind dann bei uns angekommen und sind in der Präsenz unseres Seins schließlich jetzt so von uns erfüllt, dass wir jedes Greifen sein lassen – auch das Greifen nach den anderen, mit denen wir zusammenleben.

Jedes Alleinsein – in diesem Sinne verstanden – genügt sich selbst. Wir sind glücklich, authentisch und wir selbst zu sein, sodass uns auch nichts mehr fehlt. Jeder ruht von nun an in sich selbst. Alleinsein ist unsere Mitte und ist zugleich auch wieder unsere Natur. Allein sind wir zu Besuch in diese Welt gekommen, und allein werden wir sie auch wieder verlassen. Wenn wir meditieren, sind wir allein. Deshalb ist Meditation sowohl eine Geburt als auch ein Tod. Wir sind für die Vergangenheit gestorben und werden mit jeder Atemwende (von der Ausatmung zur Einatmung und umgekehrt) für das Neue, für das Unbekannte geboren. Wir kommen allein und gehen wieder allein fort. Zwischen diesen beiden Übergängen leben wir in Träumen, Hoffnungen und Wünschen, in Beziehungen, unter anderem in einer Familie, in Gemeinschaften (Vereinen und Clubs), Nationen und Kirchen, als Ehemann und Ehefrau, Vater und Mutter, mit mehr oder weniger Geld, Macht, Einfluss und Anerkennung. Am Ende gehen wir aber trotz all unserer Erwartungen mit leeren Händen wieder davon. Offensichtlich fällt es uns besonders schwer, gerade diese Einsicht wachzuhalten.

Meditation bedeutet in diesem Sinne, in dieser Welt allein zu sein, ihr in ihrer Realitätsform nicht anzugehören. Meditation bedeutet weiterhin, unter Menschen zu sein, aber sie außer dem einen Menschen, mit dem wir zusammenleben, und den wenigen Freunden, die unseren Lebensweg, wenn auch nur für kurze Zeit kreuzen, nicht Teil von uns werden zu lassen. Der Buddha war imstande, schreibt in diesem Zusammenhang der Gelehrte und Mystiker Lama Govinda, »sich den rigorosesten Lebensbedingungen anzupassen, aber das lenkte ihn nicht von seinem geistigen Pfade ab und hinderte ihn nicht, kompromisslos alle Regeln des normalen Lebens und Denkens zu durchbrechen«.

Menschsein bedeutet die Fähigkeit, sich den unvermeidlichen Lebensbedingungen anzupassen, mit der Unabhängigkeit und Originalität unseres Alleinseins, d. h. unserer Freiheit, zu verbinden. Ein Mensch, der das erfahren hat, kann sich nicht mehr verlieren.

Der Yoga-Weg ist ein Weg in Serpentinen. Der eine oder andere geht vielleicht nur eine Kehre des Weges den Berg hinauf mit und setzt sich dann hin und bleibt für den Rest seines Lebens an diesen Ort gebunden. Andere gehen weiter, Serpentine um Serpentine, – und auch hier bleiben einige zurück. Ich habe den Eindruck, nichts kann sie noch dazu bewegen, weiterzugehen; sie verlassen dann auch zu Recht den Yoga-Weg, ohne Groll.

Mit jedem Schritt erfahren wir die Asanas und Pranayamas neu, und ständig kommen neue Erfahrungen hinzu. Auf dem steinigen Weg lernen wir immer neue Zusammenhänge kennen. Wir entdecken unsere Hände, indem wir uns den Mudras zuwenden, und unsere Stimme, genauer: die Fähigkeit zu tönen bzw. uns mittels ganz bestimmter Mantras in bestimmte Schwingungszustände, die in uns angelegt sind, zu versetzen. Von hier aus gewinnen wir im Hinblick auf die bisherigen Asanas und Pranayamas gänzlich neue Durchblicke, was nicht aufhören wird, wenn wir auf dem eingeschlagenen Weg weitergehen – von dieser Bewusstseinsebene zur nächst höheren. Jedes der Mantras hat eine besondere Eigenschaft, einen besonderen Rhythmus und besondere Wirkungen. Die Kombination von Klang, Resonanz und Rhythmus führt auf die jeweils nächst höheren Bewusstseinsebenen und lenkt unsere Gedankengänge in ganz bestimmte Bahnen. Das Mantra bestimmt, mit welcher Bewusstseinsebene wir in Beziehung treten wollen. Die Kraft des jeweiligen Mantras resultiert dabei aus dem jeweiligen Bewusstseinszustand, in dem wir uns gerade befinden.

Die Kraft zu wachsen

Wir alle gehen permanent durch Krisen, die aber die alles entscheidenden Chancen darstellen, authentischer und damit freier zu werden. Die Welt, in der wir leben, ist im Grunde eine Schule, in der wir ganz spezifische Aufgaben zu lernen haben, weil keiner von uns vollkommen auf die Welt kommt; wir sind von Grund auf – was wir häufig vergessen – lernende Wesen.

Dabei sind alle Abkürzungen falsch, ja sogar gefährlich, weil sie uns nur etwas vortäuschen. Denn der Weg selbst sowie seine Beschwerlichkeiten, die für den einen oder anderen von uns durchaus extrem sein können, sind Teil unseres Wachstums. Wenn wir unsere Krisen und unsere Schwierigkeiten vermeiden, vermeiden wir im Grunde auch unser Wachstum. Wir werden nicht wirklich authentisch, nicht wirklich mündig.

Natürlich legt unser Verstand immer wieder Widerspruch ein. Den ersten Schritt lässt er uns noch tun; wir fühlen uns nach den ersten Übungen vielleicht noch wohl. Sobald wir aber den zweiten Schritt zu gehen versuchen, pfeift er uns mit durchaus einleuchtenden Argumenten zurück. Wenn wir auf diese Weise auf dem Weg sind, uns also immer wieder in uns selbst zurückziehen, können wir uns weder wirklich auf uns selbst noch auf den Weg einlassen. Wir können nicht nur mit halber Kraft und verzögertem Atem gehen.

Das Ziel, der Sinn unseres Daseins besteht darin, eines Tages den höchsten Gipfel unseres Bewusstseins zu erreichen. Zu behaupten, wir wüssten heute nicht mehr, worin der Sinn unseres Daseins liegt, ist mit Einschränkung nur dummes Gerede, das zeigt, dass wir uns selbst wieder einmal ausweichen. Entscheidend ist, dass wir ernsthaft damit beginnen, uns zu fragen, worin der Sinn unseres Lebens besteht, und uns mit dieser Frage ernsthaft auf den Weg zu machen.

Das Gleiche gilt für die Wahrheit. Wahrheit kann in ihrer verbindlichen Form von keinem, am wenigsten von einem Universitätsprofessor, aufgezeigt werden. Denn Wahrheit ist nicht irgendein Ding, das es irgendwo da draußen gibt und das zu haben ist, sodass wir damit Handel treiben könnten. Wahrheit ist etwas, das nur durch unsere eigenen Anstrengungen bzw. durch die Wahrnehmung unserer eigenen Verantwortlichkeit ins Leben gerufen bzw. in uns hervorgebracht werden kann. Auch hier verspielt ein eingeschliffener Verstand immer wieder sein Ziel. Er will immer das Alte, das längst Vergangene, das Bequeme, den ausgetretenen Pfad gehen, ist er doch von seiner Anlage her das Produkt unserer Sozialisierung. Zu seiner eigenen Wahrheit aufzubrechen, ihrem Ruf zu folgen, bedeutet aber, ins Unbekannte, Ungewohnte und Ungewisse aufzubrechen, präziser noch: mit dem Leben zu beginnen.

Jeder von uns weiß, dass das schwer ist. Denn wir müssen uns von vielem bislang Vertrautem trennen, unter anderem auch von unserer Kindheit. Nur so kann etwas wirklich Neues beginnen. Jeder Tod, wie gering er auch sein mag, ist für unsere Wiedergeburt unabdingbar notwendig.

Niemand kann ohne Schmerzen erwachsen werden. Wenn wir wachsen und authentisch werden wollen, müssen wir diese Tatsache akzeptieren und nicht nur wehklagen. Wachsen wir nicht, stellen sich natürlich auch keine Schmerzen ein, dafür aber ständiges Leiden. Im Schmerz wohnt die Kraft des Wachstums. Er zeigt uns, dass in uns überhaupt noch eine Bewegung stattfindet. Demgegenüber ist Leiden ein Zustand dauernder Bewegungslosigkeit; man leidet nur, und nichts kommt dabei heraus. Hier kann auch Yoga nicht helfen. Ich sage daher immer wieder, dass es für jeden wichtig ist, seinen Schmerz bzw. seine Schmerzen erst einmal anzunehmen und eher als einen Widerstand zu begreifen, der uns darauf hinweist, dass wir uns dankenswerter Weise jetzt auf ein unbekanntes Gelände zubewegen, auf etwas bisher noch Unerforschtes zu, sodass wir uns natürlich verunsichert fühlen.

Aus unzähligen Märchen und Geschichten wissen wir, dass Widerstand zeigt, dass da in Wirklichkeit ein verborgener Schatz liegt. Wenn wir ihn wahrnehmen, auf ihn achten, wird sich ganz sicher auch schon bald etwas Wichtiges ereignen. Der eine oder andere folgt aber lieber der Tendenz seines eindimensionalen Verstandes und reißt aus, sobald er in sich Widerstand spürt. Ein bequemes Leben ist immer eines, das Widerstände vermeidet, ihnen ausweicht und ständig auf annehmlichere Art zu leben wünscht. Ein solches Leben ist jedoch tödlich. Die meisten merken daher auch nicht, dass sie in ihrem Leiden, das sie sehr häufig mit Ausreden überspielen, nur dahinvegetieren, ja, dass sie nicht wirklich leben, weil sie sich freiwillig irgendwann einmal vom Leben verabschiedet haben. Sie haben sich festgelegt.

Leben bedeutet, sich zu wandeln, sich diesem unendlichen Strom und Gesang ständig hinzugeben. Das führt ohne Zweifel in abgrundtiefe Tiefen – ohne die aber die unerreichbaren Höhen ausbleiben!

Wann immer wir anfangen, uns zu verändern, gehen wir erst einmal durch chaotische Zustände. Das Alte löst sich auf, und das Neue muss erst geboren werden. So entsteht erst einmal ein Zwischenzustand, in dem wir unsere bisher festgehaltene

Identität verlieren. Wir existieren im wahrsten Sinne des Wortes jetzt bodenlos, abgründig, im Fallen, im Sturz begriffen und möchten uns gleichzeitig irgendwo festhalten.

Die Paradoxie lehrt uns nun: Gerade das verlängert nur noch weiter unser Fallen! Hielten wir uns nicht fest, ginge dieser Zwischenzustand wesentlich schneller vorüber. Akzeptierten wir das eingetretene Ungleichgewicht, diese Unsicherheit, dieses Unbehagen, diese Unannehmlichkeit sofort, würde für jeden die Sonne wieder scheinen und das Chaos wieder verschwinden. Das Chaos und die Verzweiflung in uns halten nur deshalb so lange an, weil wir unter anderem immer noch und immer wieder denken, dass vorher vieles so viel besser gewesen sei. Zumindest kommt es uns so vor, als hätten die Dinge damals klar vor uns gelegen, die Konturen gestimmt, was natürlich nur wieder eine nicht unerhebliche Täuschung darstellt.

Die größte Ent-Täuschung, die wir auf diesem Wege erfahren, ist vielleicht die, wenn wir uns daran erinnern, wie wir lebten, bevor wir geboren wurden, als wir im Mutterleib noch unterwegs waren: vollkommen versorgt. Wir stellen dann fest: Nie wieder wird es uns so gut gehen. Jetzt müssen wir Verantwortung für unser Handeln tragen, was natürlich mit Ärger verbunden ist. Jetzt müssen wir kämpfen. Wir erkennen häufig nur schwer, weil widerwillig, was es mit unserem Leben eigentlich auf sich hat. Wir wissen nicht, was passieren wird, wenn etwas passiert. Die Zukunft ist offen. Alles, was wir heute wahrnehmen können ist, dass wir offenbar ständig aus unserem Heim hinausgeworfen werden, aus unseren Gewohnheiten, um uns dann am Ende zu fragen, wer wir denn nun eigentlich sind, die wir in diesem Sinne ständig neu geboren werden. Es gibt aber keinen Weg mehr – auch wenn das viele gerne möchten – in den mütterlichen Schoß zurück!

Diejenigen, die sich inzwischen auf den Weg gemacht haben, werden schon sehr schnell dahinterkommen, dass sie eigentlich nirgendwohin gehen müssen, sobald sie ihrer eigenen Existenz gewahr geworden sind. Und das ist das wahre Indien, im Gegensatz zu dem Indien, das uns viele esoterische Schulen heute anzupreisen versuchen. Indien ist kein geografischer Ort. Indien ist vielmehr unser innerer Raum, den wir auf unserem Weg entdecken können, wenn wir uns auf diesen Weg einlassen. Wenn wir anfangen, in unser Inneres zu reisen, indem wir uns radikal mit uns selbst konfrontieren, bewegen wir uns auf diesen Kontinent zu, sodass, wer immer bei sich selbst ankommt, schon zum Inder geworden ist.

Wenn wir uns zu uns selbst hin aufmachen, um das Leben, in dem wir leben, wirklich kennenzulernen, müssen wir immer wieder den erwähnten Todespunkt passieren, weil wir ihn erst verstehen lernen müssen, um das Leben erkennen und in diesem Leben wirklich leben zu können. Um es auf einen Zen-Satz zu bringen: Wir müssen uns der Dunkelheit der Nacht stellen, um den Morgen und damit den Tag begreifen zu können. Wir wissen: Je dunkler die Nacht ist, umso näher rückt der Morgen.

Unser Zeuge-Sein –
die Arche Noah in der uns
umgebenden Wahnwelt

Meditation lehrt uns, in diesem Augenblick zu leben, in diesem Hier und Jetzt zu sein. In der Meditation lernen wir, den Beobachter in uns zu entdecken – jenseits des Körpers, der Gefühle und des Verstandes. Wir Menschen sind dazu in der Lage, weil wir im Gegensatz zu anderen Lebewesen selbsttranszendierende Wesen sind. In diesem Faktum liegt unsere Freiheit beschlossen. In der Meditation finden wir zu unserer Mitte. In dem Maße, in dem wir zu ihr finden, lösen wir uns von unseren bisherigen Programmen. Von uns fällt all das ab, was nicht wirklich zu uns gehört.

Je intensiver wir schließlich in unserem Zeuge-Sein verwurzelt sind – ein anderer Begriff für unseren Beobachterstatus – desto schneller verschwindet in uns das bestehende Gedankenchaos, die Träume des Verstandes, und wir erfahren uns jetzt nur noch in völliger Stille und in völligem Frieden. Das Zeuge-Sein, die Grunderfahrung unseres Seins, die Quelle, aus der sich unser Leben speist, nur diese Erfahrung und keine psychoanalytische wird uns letztendlich befreien. Meditation heißt daher nichts anderes, als der Stille und dem Frieden in uns Raum zu geben. Meditation heißt, unsere Existenz in der offenen Weite unseres Daseins zu leben. Unsere Existenz ist und bleibt auch jetzt noch ein Geheimnis, ein Mysterium, trotz aller Entzauberungsexperimente der Wissenschaft. Nur für Blinde gibt es dieses Mysterium nicht. Wenn wir Augen haben und wirklich hinsehen, wenn wir Ohren haben und wirklich hinhören, ist und bleibt alles, was wir erleben, geheimnisvoll. Die Tiefe dieses Geheimnisses ist unendlich. Wir erreichen keinen Grund und keine Erklärung dafür.

Offene Weite

In der Meditation erkennen wir unser ursprüngliches Gesicht – wenn nicht heute, dann morgen. Entscheidend ist, dass wir still sitzen. Dann fallen alle Masken von uns ab, die uns unter anderem die Gesellschaft, in der wir leben, einmal aufgesetzt hat. Die Persönlichkeit fällt dann von uns ab; sie ist nicht mehr vorhanden. Unsere Individualität kommt zum Vorschein. Eine der wichtigsten Entdeckungen der indischen Yogis ist in diesem Zusammenhang das Dritte Auge. Unsere beiden uns mehr oder weniger bekannten Augen sehen nach außen. Zwischen den Augenbrauen, genau in der Mitte, existiert jedoch ein »Auge«, ein Zentrum der Aufnahmefähigkeit, das uns, wenn es sich öffnet, die Welt, in der wir leben, völlig neu sehen lässt, wobei dann Innen und Außen keine getrennten Bereiche mehr sind. Wir erkennen dann, dass wir nicht der Körper, nicht der Verstand, nicht die Psyche sind. Wir nehmen zum ersten Mal in unserem Leben unser Sein als Zeuge wahr. Diese Erfahrung, dass wir Zeuge sein können, ist unsere Arche Noah in der uns ständig umgebenden Wahnwelt. Wir erkennen jetzt: Unser Bewusstsein ist kein Nebenprodukt unseres Körpers. Es handelt sich vielmehr um ein völlig anderes Phänomen als die uns bisher vertraute materielle Welt. Letzteres zeigt sich uns, wenn wir in einem Zustand ohne jegliche Anspannung sind, wenn wir nur noch da sind.

Aber gerade das ist das schwierigste Problem, vor dem wir stehen, wenn wir zu meditieren beginnen. Wir haben es eilig, sehend zu werden. Wir wollen alle, dass es jetzt, in diesem Augenblick passiert. Aber gerade dadurch, dass wir es uns wünschen, es erwarten und darauf hinarbeiten, verhindern wir unsere Transformation. Stattdessen sollten wir nur Beobachter sein bei der Geburt des Neuen und unserem Mitgefühl, unserer Mitfreude und unserem Gleichmut von uns aus Raum und Weite geben. Es gilt, unser inneres Wesen zu fühlen, in dem es nichts zu erreichen und auch nichts zu werden gibt. Jeder ist schon das, was er in seinem bisherigen Leben auf verschiedene Weise gesucht hat. Wir haben dabei leider nur nie nach innen geschaut.

Schauen wir aber jetzt nach innen, wann immer wir die Zeit dazu finden, dann findet auch jeder von uns seinen eigenen Weg. Suchen wir mit anderen Worten unser Hinterland auf, dann verschwinden eines Tages auch unsere Ängste, sodass wir es geradezu genießen können, niemand zu sein und im Namenlosen zu existieren.

Wir gehen durch die Weisung des Buddha, des Erwachten, den »Weg der Mitte«. Auf diesem Weg geht es vorrangig darum, dass wir weder an dem festhalten, was wir mögen, noch das zurückweisen. was unbequem und schmerzhaft ist, sondern dass wir genau in der Mitte bleiben – da, wo wir wiederum Zeuge allen Geschehens sind und bleiben. Allein durch Beobachten und Zeuge-Sein öffnet sich der Raum zum tieferen Verständnis all dessen, was in uns, mit uns und durch uns geschieht. Der Spiegel unserer Wahrnehmung klärt sich. Auf diese Weise kann selbstverständlich jeder Moment unseres Lebens zur Meditation werden – im Liegen, im Sitzen, beim Gehen. Wir stellen dann unter anderem fest, dass wir für den Himmel, unter dem, und für die Erde, auf der wir leben, ab sofort selbst verantwortlich sind.

Dabei ist der Atem der Spiegel unserer Lebendigkeit. Indem wir ihn kontrollieren, flach oder wenig atmen, blockieren wir zugleich den natürlichen Fluss unserer Gefühle und schränken so unsere Lebendigkeit ein. Umgekehrt zeigt uns unser Atem aber auch, wie wir zu unserem Körper mit allen seinen Sinnen, seinen spontanen Fähigkeiten und seiner Lebendigkeit wieder zurückfinden können.

Wir praktizieren also die uns vom Buddha überlieferte Vipassana-Meditation, einen Übungsweg zur Entfaltung von Einsicht. Sie ist die Essenz aller Meditationen. Sie lässt alles Unwesentliche weg und betont so den wichtigsten Teil: das Beobachten. Eines der Objekte der Beobachtung ist dabei die Bewegung des Bauches beim Ein- und Ausatmen, bringt uns doch unser Atem immer wieder in die Gegenwart zurück, wenn unser Kopf schon wieder auf Reisen in die Vergangenheit oder die Zukunft gegangen ist. Beobachten wir also unseren Körper, unsere Gedanken, unsere Gefühle und be- oder verurteilen wir nichts! Lassen wir unsere Gedanken und Gefühle wie mal helle, mal dunkle Wolken vorbeiziehen!

Unser Atem führt uns über die uns vertrauten Grenzen von Körper, Geist und Seele hinaus und macht uns mit den grundlegenden Lebensvorgängen vertraut, vorrangig mit dem Rhythmus des Ein- und Ausatmens, mit dem Rhythmus allen Lebens: Geborenwerden – Sterben – in jedem Augenblick neu.

Jeder Atemzug führt uns mit der universalen Lebensenergie frische Kraft zu und reinigt und klärt uns von bewussten und unbewussten Spannungen. Unsere Gefühls- und Denkblockaden verschwinden und machen einer neuen Lebensfreude Platz. Zugleich entdecken wir durch unseren Atem auch die Brücke zwischen Körper und Seele, zwischen uns und dem Universum, zwischen Bekanntem und Unbekanntem: die Erfahrung von Licht und Ekstase. In der Meditation erfahren wir unsere innere Stille als unser Selbst, sobald diese Stille zu unserem Herzschlag geworden ist. Jeder von uns lebt in dieser lauten Welt und hat eine natürliche Sehnsucht nach Stille und Geborgenheit. Aber die Stille, nach der wir uns vorrangig sehnen, ist nur eine äußere Stille, nicht schon unsere eigene. Wir stehen weiter unter dem Einfluss der Außenwelt. In der Meditation geht es aber um die Stille, die aus uns selbst heraus kommt und die von jener ungeheuren transformierenden Kraft ist, durch die wir wachsen, ohne je ein Ende zu erreichen.

Zen lehrt: Ein Mensch, der in Meditation lebt, ist aufgewacht, er lebt im Hier und Jetzt, in der offenen Weite.

Wir hören ein paar Augenblicke lang einfach nur auf die Geräusche, die zu uns in unser Zimmer dringen. Ein Vogel singt der Wind streicht durch die Bäume, Regentropfen fallen, ein Kind weint, die Frau von nebenan macht furchtbaren Lärm .. Bei allem, was passiert – es passiert hier und jetzt. Wir verschließen uns dem pulsierenden Leben um uns herum nicht, wir bleiben offen. Unsere Sensibilität wächst, unsere Wahrnehmung nimmt zu. Wir sitzen. Wir erfahren unseren Atem. Wir erfahren unsere Stille, unser Schweigen. Neue Lebensgeister, neue Energien steigen in uns auf. Wir lassen sie zu.

Wann immer wir uns auf diese Lebensgeister einlassen, geschieht dies sicher nicht ohne psycho-physische Krisen. Daher gehe ich im Unterricht auch sehr langsam voran und möchte erreichen, dass wir erst einmal vom Herzen her offen werden für das, was in uns und durch uns durch diese Energie geschieht. Die Gefahr, dass wir uns unseres Vorhabens nicht wirklich bewusst sind und infolgedessen auch nicht genügend vorbereitet sind, besteht natürlich weiter. Aber noch etwas ist wichtig: Wir müssen das, was wir begonnen haben, auch abschließen; wir haben sonst irgendwann das Gefühl, etwas in unserem Leben versäumt, etwas abgebrochen zu haben, was wir vielleicht hätten erst gar nicht beginnen sollen. Daher kann man sich auch nur ganz oder gar nicht auf diesen Weg einlassen. Eine halbe Meditation existiert nicht.

Meditation führt uns, wie auch schon angedeutet, durch so manche Krisen, in denen wir uns insbesondere von unseren Deformierungen, von unseren Neurosen, von unseren bisherigen

Programmen und Verhaltensweisen befreien, um jetzt nur noch ganz aus uns selbst heraus zu leben. Wir verhelfen uns damit zur Neugeburt. Und gerade sie ist wieder ohne Schmerzen und Selbsttäuschungen nicht zu haben.

Ich stelle immer wieder fest, dass einige von uns in der Meditation leider immer noch Erlebnisse suchen. In der Meditation sind »Erlebnisse« jedoch nicht maßgebend, ja im Grunde ausgeschlossen. Maßgebend allein ist unser Aufwachen – durch alle Irrtümer und Enttäuschungen, Wünsche, Hoffnungen, Erwartungen und gar Verzweiflungen hindurch. Wenn wir noch auf Erlebnisse aus sind, zeigt das nur, dass wir noch immer in unserem Kopf festsitzen. Unser Verstand, der nichts anderes als ein Instrument ist bzw. sein sollte, möchte immer mehr Erlebnisse erleben, ist geradezu auf Erlebnisse versessen. In der Meditation gehen wir aber über solche Be- und Einschränkungen hinaus, in die uneingeschränkte Bewusstheit ohne jegliches Bezugsobjekt und ohne irgendeinen Zweck zu verfolgen.

Wir erfahren in der Meditation überhaupt nichts Erstaunliches, sondern nur eine unbegrenzte Leere und schließlich dann jene offene Weite, die Fülle. Von diesem Augenblick an verändern wir uns, ohne jede Anspannung.

Wann immer wir das Sensationelle, das Neueste vom Neuen, ja auch großartige Momente und Augenblicke suchen, wann immer wir vor unserer eigenen inneren Leere zu flüchten versuchen, verstricken wir uns in irgendeine Sache, in ein Problem, vor dem wir letztendlich wieder kapitulieren müssen. Wir rennen vor uns weg und bleiben doch in unseren bisherigen Verstrickungen gefangen. Im Grunde genommen bleiben wir stehen und gehen eben gerade nicht weiter, obwohl wir glauben, Fortschritte zu machen.

Sehr häufig ist die Ursache unserer Sensationssucht geheime Hoffnungslosigkeit oder schlichtweg Existenzangst. Aber lassen wir die Angst zu, beobachten wir sie, wie sie uns gar zum Zittern bringt. Durch unser bloßes Beobachten gehen wir schon über sie hinaus und kommen irgendwann in uns an einen Punkt, der von Angst und Hoffnungslosigkeit gänzlich unberührt ist. Unsere Angst und Hoffnungslosigkeit ziehen vorüber. Was übrig bleibt, ist jenes Zentrum, jener »unbewegte Beweger« (Aristoteles) in uns, der hervortritt, sobald wir uns wirklich ernsthaft auf den Weg machen. Wir erkennen dann, dass wir schon angekommen sind, sodass sich unser bisheriger Lebensweg jetzt wie ein Umweg ausnimmt, den wir offensichtlich aber gehen mussten, um anzukommen.

In der Meditation nähern wir uns nicht durch unsere ewigen Warum-Fragen und schon gar nicht durch die bissigen Zugriffe die wir mit Hilfe unseres Verstandes ständig vollführen, um hinter die Dinge zu kommen. Wenn wir uns auf den Zen-Weg begeben, müssen wir uns selbst wie der Wirklichkeit gegenüber eine völlig andere Haltung einnehmen, sonst scheitern wir schon bei den ersten notwendigen Schritten.

Unser analytischer Verstand spaltet auch weiterhin die Wirklichkeit, in der wir leben, in Gegensätze auf: in hell und dunkel, gut und schlecht, Erfolg und Fehlschlag. Im Anschluss daran versucht er uns noch dazu zu bewegen, das eine zuungunsten des anderen zu wählen. Am Ende erfahren wir nur noch Spannungen, Ängste, Nöte, Elend und Leiden. Der negierte Teil meldet sich ständig aufs Neue und gibt keine Ruhe mehr. Wenn wir z. B. die lichte, die entborgene Seite (Heidegger) wählen, wird uns die andere, die dunkle, die verborgene Seite nicht mehr in Ruhe lassen, bis sie sich Geltung verschafft hat. Daher muss uns im Vollzug unserer Übungen der alles entscheidende Sprung in jene Dimension, die der offenen Weite des unverstellten Seins, glücken, die nun einmal weder die eine noch die andere Seite wählt.

Wir müssen verstehen lernen, dass die eine Seite nicht ohne die andere existiert, dass das Verborgene und das Unverborgene zusammengehören, sodass jede Entscheidung eine ganz unsinnige Anspannung bedeutet, die uns selbst völlig überflüssige Schwierigkeiten macht.

Von dem Augenblick an, in dem wir weder die eine noch die andere Seite wählen bzw. uns in eine Entscheidung drängen lassen, von dem Augenblick an verschwinden unsere Sorgen und Nöte, wir sind frei. Wir werden dann gewahr, dass wir, solange wir uns in unserem Sein ausschließlich mit unserem Verstand identifizieren, sofort in unüberwindliche Schwierigkeiten geraten. Der Verstand ist etwas ausschließlich Technisches, auf das wir wohl angewiesen sind, wenn wir ein bestimmtes, einkalkuliertes, einkalkulierbares Ziel im Auge haben. Sobald wir uns unseres Seins aber authentisch bewusst werden, stehen wir völlig neben diesem Verstand und sind nur noch wache Zeugen, d. h. wiederum Beobachter des Gedankenstroms, der durch uns hindurchgeht. Der Weg geht daher von der Entscheidung zur Entscheidungslosigkeit, vom Verstand zum Nicht-Verstand, vom Etwas zum Nichts.

In dem Maße, in dem wir uns nicht mehr vom Verstand in dem hier angedeuteten Sinne leiten lassen, in dem Maße vollziehen wir auch die alles entscheidende Einstellungsveränderung uns selbst und der Wirklichkeit gegenüber und erfahren uns nicht mehr zerrissen, sondern ganzheitlich. Diese Einstellungsveränderung auf diese Weise und nicht nur verbal zu erreichen waren wir bislang gehindert, weil unsere Konditionierungen unser Verhalten wesentlich bestimmten.

Zu diesen Konditionierungen, die vom Verstand nicht hinterfragt werden, weil sie von ihm miterzeugt werden, gehören die seltsamen Vorstellungen von Gott und Teufel, Himmel und Hölle. Sie wurden erzeugt und finden immer noch Verbreitung, um der sicher für uns alle beunruhigenden Tatsache aus dem Weg zu gehen, dass die Wahrheit allein in uns selbst vorhanden ist und nicht in den Schriften, wie uns die Priester und Theologen noch weismachen wollen. Die Wahrheit ist nicht in irgendeinem

Retter, wie uns die Politiker weismachen wollen, und auch nicht in irgendeinem Guru, wie uns heute leider auch namhafte Persönlichkeiten oder Leitfiguren weismachen wollen. Ist diese Wahrheit in uns erst einmal aufgeblüht, lässt sie uns reicher, authentischer, vor allem aber menschlicher werden.

Und in der Tat: Von außen gesehen ist unser Inneres gänzlich leer. Aber auch von innen her gesehen ist die Welt leer – und doch die Fülle! Denn was in dieser Leere überfließt, ist und bleibt für unser Auge unsichtbar: der Duft unseres Wesens, die Liebe, die Stille, das Mitgefühl. Wir haben hierin auch den Grund zu sehen, dass alles leer zu sein scheint, wenn wir von außen zum ersten Mal in unser Inneres hineinschauen.

Von dem Augenblick an, in dem wir von außen her die Leere wahrnehmen und nicht die Fülle, entsteht der große Drang, der große Durst, diese Leere so schnell wie möglich aufzufüllen – mit Geld, mit Macht, mit Prestige. Am Ende werden wir zum »Homo Faber«, weil wir im Bewusstsein dieser Leere offenbar nicht leben können.

Diese Leere, genauer gesagt: diese Hohlheit, existiert aber wieder nur solange, bis wir uns wirklich auf den Weg begeben, uns selbst zu entdecken und uns in unserer Nacktheit zu sehen bereit sind. Bis dahin sehen wir immer nur in uns und außerhalb von uns Objekte, Dinge und Gegenstände und begreifen nicht, dass Liebe, Verstehen, auch Weisheit nun einmal keine Objekte sind. Alles das, was unsere wirkliche Existenz als Menschen ausmacht, ist und bleibt objektlos. Unsere Objektbesessenheit hingegen erzeugt, bis wir wirklich verstanden haben, ein gewaltiges Verlangen, uns z. B. auch mit spirituellem Wissen weiter »an- und aufzufüllen« und andere Menschen auch noch dazu zu bewegen, Gleiches zu tun.

Bewusstheit im Alltag

In der Meditation beginnen wir, uns Schritt um Schritt wahrzunehmen, uns zu erforschen, von uns permanent zu lernen. Dabei werden wir auf unerschöpfliche, bislang nicht geahnte Schätze aufmerksam, sodass wir alles das, was wir bisher festzuhalten versuchten, schnell loslassen. Es besteht dann keine Notwendigkeit mehr, neuen Müll anzusammeln und andere dazu zu veranlassen, Ähnliches zu tun. Wir beginnen dann, jeden auf seine Einzigartigkeit, auf seine Freiheit, auf sein Potenzial (ohne jeden Missionsanspruch), auf sein Zentrum, das der Verstand zu keiner Zeit erreichen und infolgedessen auch nicht unter Beweis stellen kann, aufmerksam zu machen.

Wir sind jetzt nur noch Beobachter. Um uns herum gibt es nichts, woran wir uns festhalten könnten. Für dieses Beobachten ohne jedes Festhalten, wie es in der Zen-Lehre beschrieben wird, braucht es einen leeren Verstand, leer von allen Gedanken, Gefühlen, Sentimentalitäten und Emotionen. Was bleibt, ist nur das Beobachten.

Sich nicht mit Gedanken oder Ideen zu identifizieren, ist zwar schwierig, aber nicht unmöglich, denn Gedanken und Ideen bleiben doch eher an der Oberfläche. Sich nicht mit den Gefühlen zu identifizieren, ist hingegen nicht so einfach, weil sie häufig tiefer gehen. Es ist z. B. viel einfacher, sich die Relativitätstheorie vor Augen zu führen, als Beobachter unseres Ärgers, unserer Wut, unserer Liebe, unserer Raffgier, unseres Ehrgeizes und unserer Verblendungen zu werden. Was aber können wir tun?

Beginnen wir mit ganz einfachen Beschäftigungen, z. B. mit dem Gehen. Wir gehen und sind uns bewusst, dass wir gehen (»Schau unter deine Füße!«). Jeder Schritt kann am Ende solchen Gehens voller Bewusstheit sein. Auch beim Essen oder wenn wir Tee trinken: Ich tue dies in völliger Bewusstheit, dass ich esse und dass ich Tee trinke.

Ich bin immer wieder erstaunt darüber, dass nach gemeinsamer Meditation sehr häufig laut geredet und geschwätzt wird, obwohl wir uns doch gerade ganz bei uns selbst bzw. in uns selbst in der Stille und im Schweigen aufgehalten haben. Offenbar halten wir es nicht aus, in unserem Schweigen, in unserer Stille voller Achtsamkeit und Bewusstheit auch zu bleiben, weil wir möglicherweise – wie viele in unserer Umgebung – auf extreme Weise redesüchtig geworden sind.

Alles, was wir hier tun können, ist, nun erst recht mit belanglosen Tätigkeiten zu beginnen; sie sind gerade für den Anfänger wichtig. Denn je intensiver wir Achtsamkeit in den alltäglichen Dingen üben, desto intensiver erfahren wir, dass wir auch im Alltag meditativ leben können. Bewusstheit ist der Höhepunkt eines jahrelangen, täglich geübten Lernens. Unser Gehen vollzieht sich langsamer, aber bewusster. Entscheidend ist, dass sich mit unserem Gehen unser Blickwinkel verändert und so allmählich die Dunkelheit unserer Unbewusstheit Schritt um Schritt verschwindet.

Uns misslingen im Leben viele Dinge, weil wir häufig falsch anfangen. Das gilt erst recht für Meditation. Alles, was wir beginnen, sollten wir vor allem vom Anfang her beginnen und dabei keine Stufen überspringen. Bewusst muss uns bleiben: Unser Verstand ist von Natur aus ungeduldig – mit der Folge, dass wir alles schnell machen wollen. So wollen wir auch schnell meditieren, um uns dann schnell wieder den anderen mehr oder weniger interessanten Dingen zuzuwenden; wir wollen schnell Ergebnisse vorweisen. Aber gerade das führt zu Fehlschlägen, von denen wir uns nicht so rasch wieder erholen. Ich sehe nur den Weg einer langsamen und unter Umständen höchst mühsamen Veränderung, die aber nur so lange mühsam bleibt, bis wir begriffen haben, dass wir das, was wir bisher festgehalten haben, nur loszulassen brauchen.

Die Resonanz der Stille

Aufzuwachen bedeutet, die Wirklichkeit und nicht nur die eingeschränkte Realität, in der wir leben, in ihrer Vielfalt, in ihren Perspektiven und in ihrer Vieldeutigkeit zu erkennen und schließlich eines Tages auch zu verstehen, wobei wir uns von der Vorstellung lösen müssen, dass die Wirklichkeit jemals in einer eindimensionalen Weltanschauung eingekapselt werden könnte. Das ist nicht der Fall. Unsere Weltanschauungen sind Produkte der europäischen Philosophie, namentlich des ausgehenden 19. Jahrhunderts, mit katastrophalen Folgen für das 20. Jahrhundert. Sobald wir uns an einem Aspekt der Wirklichkeit festhalten, uns mit diesem Aspekt gar noch identifizieren, verlieren wir unsere Freiheit, insbesondere die unserer Selbsterkenntnis. Wir verlieren uns schließlich selbst. Das tritt auch im Hinblick auf andere Menschen ein. In dem Maße, in dem wir uns an einem anderen Menschen festbeißen, ihn gar als unser Eigentum betrachten, verlieren wir nicht nur diesen Menschen, sondern immer auch uns selbst.

Ein wirklich authentischer Mensch verändert sich genauso wie die Wirklichkeit, in der er lebt. Daher kann auch ein authentischer Mensch zu keiner Zeit derselbe Mensch bleiben; er wäre sonst tot. Ein lebendiger Mensch – und erst ein authentisch lebender Mensch ist ein wirklich lebendiger Mensch – bewegt sich äußerlich gesehen immer wieder in Extremen; er ist nicht berechenbar. Er akzeptiert sich jedoch in seinen Widersprüchen und ist und bleibt gerade dadurch offen. Er bewegt sich ständig dahin, wohin ihn sein Lebensimpuls treibt, er akzeptiert diesen Impuls. Entscheidend ist nur, dass er sich selbst dabei nicht aus dem Auge verliert. Selbsterkenntnis erreicht der authentische Mensch, indem er über die unbedingten Erkenntnismöglichkeiten seines Kopfes und seines Herzens, über sein augenblickliches Denken und Fühlen, hinausgeht: in die Stille.

Weder unser Kopf (Verstand) noch unser Herz kennen Stille. In unserem Kopf findet ganz im Gegenteil ein permanentes Kommen und Gehen unserer Gedanken, in unserem Herzen ein permanentes Kommen und Gehen unserer Gefühle statt. Weder die Erkenntnismöglichkeit unseres Verstandes noch die unseres Herzens ist daher schon die Endstation unserer Selbst- und Wirklichkeitserkenntnis, geschweige denn ein wirkliches Verstehen.

Wahre Erkenntnis, die unser Sein unmittelbar betrifft, findet nur in einem Sprung aus den uns ständig beschränkenden Konventionen statt. Dies ist ein Sprung in die in uns allen vorhandene lautlose Stille, die sich nicht nur durch die Abwesenheit von Gedanken und Worten kundtut, sondern sich auch in der Musik, in einem Tanz zeigen kann, sodass, wenn wir diese Musik wirklich vernehmen, wir auch wissen: Das ist es, was wir zu hören uns auf den Weg gemacht haben.

Wenn wir lieben, entsteht eine wortlose Kommunikation, die dem Verstand entgeht bzw. ihm nicht bewusst wird. Denn unser Verstand kann stille Botschaften nicht verstehen und schon gar nicht begreifen. Er kann eine Musik, die ohne Instrumente erklingt, nicht wahrnehmen. Unser Herz hat jedoch diese Fähigkeiten. Das Gleiche trifft auch zu, wenn wir einem Menschen in seiner Menschlichkeit begegnen: Nonverbal ist alles, was zu sagen ist, schon längst gesagt.

Aber auch jetzt ist die so häufig zitierte Stille des Herzens nicht schon mit unserer Selbsterkenntnis gleichzusetzen, obwohl sie die Voraussetzung dafür darstellt. Die Stille unseres Herzens öffnet lediglich die Tür, die uns zu diesem Ziel hinführt. Um uns herum toben die Turbulenzen des Alltags unvermindert weiter, des Alltags, den wir in seiner Bedeutung für unseren Weg nicht herabsetzen sollten, weil er es ist, der uns unaufhörlich testet. Er ist es, der uns ständig zur Überprüfung zwingt: ob wir uns in eine Weltanschauung hineinbegeben und uns damit vom Erdboden abgehoben haben oder ob wir uns auch wirklich auf dem Weg zu uns befinden. Daraus folgt, dass wir in jeder Hinsicht den Alltag mit seinen Sorgen und Nöten, mit seinen Krisen, wiederum dankbar begrüßen sollten: als zeichensetzende Kraft, wie es um uns hier und jetzt wirklich bestellt ist. Das bedeutet, dass wir auch immer wieder durch die Schmerzzonen unserer Erinnerungen hindurchgehen müssen, bis wir unser Urgesicht sehen bzw. überhaupt erst einmal zu sehen bereit sind.

Wenn wir uns entspannen, die Augen schließen und in uns hineinhören und uns, – wie Zen lehrt – uns unserem Atem anvertrauen, begegnen wir auch der Stille, aus der heraus in Zukunft jetzt alle unsere Aktivitäten erfolgen. Wir müssen nur die notwendige Geduld aufbringen. Sind wir mit dieser Stille in unserer eigenen Mitte erst einmal verbunden, verwandelt sich unser Tun in ein Geschehenlassen.

»Wu-Wei« nennt man im Taoismus diese Resonanz der Stille, aus der der Weg des Tuns durch Nicht-Tun entspringt. In dieser Stille sind wir mit dem Universum verbunden und vollständig eins mit unserem Dasein. Wir erfahren darin schließlich unser Alleinsein von nun an als Schlüssel, um uns diesen Ort in uns weiter erschließen zu können. Auch jetzt stoßen wir unter Umständen noch einmal auf die tief in uns vorhandenen Verletzungen, Schmerzen und Kränkungen – wir lassen sie aber erneut los, was nicht schon heißt, dass diese Verletzungen nicht wiederkehren. Aber wir können dadurch ein neues Verhältnis zu ihnen gewinnen.

Entscheidend ist der Augenblick der lautlosen Stille in der Mitte jener Schwingungsbahn zwischen den uns vertrauten Polen: Yin und Yang, innen und außen, aktiv und passiv, laut und leise. Der Buddha sprach, wie schon erwähnt, in diesem Sinne vom Weg der Mitte, der einzuhalten ist, wenn wir dann ankommen wollen.

Was wollte er damit sagen?

Immer dann, wenn wir die lautlose Stille, mithin den Gleichgewichtspunkt in uns, verlassen, schlägt das Pendel zu unserem Leidwesen bzw. unserem Unglück aus; wir geraten ins Ungleichgewicht. Daher verbinden wir uns in der Meditation auch immer wieder mit dem Ort der Stille in uns selbst, um von diesem Ort aus unsere Gelassenheit zu finden. Statt weiterhin angespannt zu sein, lassen wir die Dinge geschehen bzw. das, was sowieso geschehen soll, erst einmal auf uns zukommen. Statt weiterhin in Hektik zu verfallen, lassen wir los. Statt weiterhin unser sinnloses Tun fortzusetzen, »machen« wir nichts mehr. Wir lassen uns stattdessen in uns selbst nieder. Wir nehmen wahr. Wir beobachten, was mit uns und um uns herum hier und jetzt geschieht. Wir greifen nicht mehr in das Geschehen ein. Wir halten weder etwas fest, noch drängen wir etwas fort. So werden wir still und bleiben es, wenn wir wieder in den Alltag hineingehen und uns der täglichen Arbeit zuwenden.

Vom Herzen aus beobachten wir unser Leben – und erleben es freudig. Unser Herz ist unser Lehrer, und nicht unser Verstand, der uns im Grunde nichts wirklich lehren kann. Vom Herzen aus und zum Herzen hin erfolgt unsere Selbsterforschung, die intensive Befragung: Wer bin ich? Woher komme ich? Wohin gehe ich? Warum lebe ich überhaupt auf diesem Planeten?

Ganz gleich, was wir tun, wir richten unsere Aufmerksamkeit immer intensiver auf den jeweiligen Zwischenraum zwischen unseren Atemzügen. Um uns diese Technik wirklich anzueignen, müssen wir sie auch üben, während wir uns mit unseren alltäglichen Dingen beschäftigen. Wenn wir essen, essen wir weiter, aber nehmen dabei den jeweiligen Zwischenraum, unsere Atemwenden, bewusst wahr. Beim Gehen gehen wir weiter, aber nehmen den jeweiligen Zwischenraum, unsere Atemwenden, bewusst wahr. Beim Schlafengehen legen wir uns hin und lassen den Schlaf kommen, aber nehmen den jeweiligen Zwischenraum, unsere Atemwenden, bewusst wahr ...

Entscheidend ist: Wir lenken immer wieder unsere Aufmerksamkeit auf eben die jeweilige Pause und hören damit auch nicht auf, wenn wir aktiv sind. Wir machen mit dem, was wir tun bzw. täglich zu erledigen haben, unbeirrt weiter. Wir leben dann auf zwei Ebenen – auf der unseres Tuns und der unseres Seins, an der Peripherie, aber gleichzeitig auch in unserem Zentrum. Unsere Handlungen werden, wenn wir in unserem Üben nicht nachlassen, schließlich zu einem Spiel, so als ob wir eine Rolle in einem Theaterstück übernommen hätten.

Wenn wir diesen Weg gehen, verwandelt sich unser Leben insgesamt in ein Bühnenstück, bei dem wir die verschiedensten Rollen spielen. Gleichzeitig aber ruhen wir und bleiben in unserer Mitte, im Zentrum des genannten Zwischenraumes, der Pause. Sobald wir den jeweiligen Zwischenraum nicht mehr wahrnehmen, haben wir vergessen, dass wir nur eine Rolle spielen; wir haben uns wieder damit identifiziert.

Genau das tun wir ständig. Jeder glaubt, dass er das Leben lebt. Aber es ist nicht das Leben, sondern nur eine Rolle, die ihm von der Gesellschaft, den Umständen, der Kultur, der Tradition, dem Staat, also den äußeren Bedingungen, unter denen er lebt, angetragen bzw. aufgezwungen wurde. »Man« hat uns eine bestimmte Rolle zugewiesen, und wir spielen sie letztendlich so perfekt, weil wir uns inzwischen mit ihr total identifiziert haben.

Meditation dient dazu, uns von dieser geradezu verhängnisvollen Identifikation zu befreien. Unsere Wahrnehmung geschieht in dem Zwischenraum zwischen zwei Atemzügen, während das Leben inzwischen an der Peripherie weiterläuft. Wir können auch sagen: Solange sich unsere Aufmerksamkeit im Zentrum bewegt, wird die Peripherie nur als zweitrangig wahrgenommen. Hier spielen sich Dinge ab, die sich in der Nähe unserer Wahrnehmung befinden. Wir fühlen sie und wissen, was geschieht, aber sie sind für uns unbedeutend geworden. Es ist, als berührten sie uns nicht mehr.

Meditation führt in unserem Alltagsleben dazu, die Wirklichkeit, einschließlich der Menschen um uns herum – auch derjenigen, die unserem Herzen besonders nahestehen –, schärfer als bisher wahrzunehmen. Neue Kommunikationsfelder entstehen, alte lösen sich dagegen auf. Wir lernen neue Menschen kennen. Bisherige Freundschaften lösen sich auf. Wir sehen die Wirklichkeit neu und nehmen die Chancen wahr, die uns bisher verschlossen waren. Es ist jetzt das Leben selbst, das sich lustvoll zerstört und lustvoll wiedergebiert: ohne eines Gottes oder eines Teufels zu seiner Rechtfertigung zu bedürfen.

Zerstörung und Gewalt, Niedertracht und Bosheit beherrschen natürlich auch weiterhin das Bühnengeschehen, dem wir unsere Meditation, unsere Bewusstseinsarbeit, ohne jeden Missionsanspruch, entgegensetzen. Immer neue Ideologien unter dem Deckmantel ständig neuer durchgreifender Revolutionen werden auch jetzt weiter verbreitet.

Die Apokalypse, sofern sie heute in der weltweiten ökologischen Katastrophe zum Ausdruck kommt, längst erahnt und von vielen schon lange vorausgesehen, greift auf vielfältige Weise in das Leben eines jeden von uns ein. Jeder unterdrückt schließlich jeden und geradezu perfekt: auch jeder sich selbst. Wir stehen mehr oder weniger ratlos vor uns selbst und der Schöpfung.

Die notwendige Bewusstseinsveränderung

In der Meditation erfahren wir durch das nebelhaft ruinöse Spiel hindurch die Einheit aller Dinge, jene Einheit, die durch die Barrieren zwischen den Völkern, Klassen, Geschäftsinteressen, Sprachen und Geschlechtern zerstört zu sein scheint. Wir erfahren, wenn wir es zuerst vielleicht auch nicht wahrhaben wollen, noch stärker als bisher die fortschreitende Gefährdung unserer Existenz durch das räuberische Wirtschaftssystem eines immer noch weiter um sich greifenden Fortschrittswahns. Wir erfahren noch intensiver als bisher die Ausdrucksformen einer vom Profitstreben getriebenen Gesellschaft. Wir erfahren noch intensiver die in dieser Profitgesellschaft verkümmerte Liebesfähigkeit des Einzelnen einerseits und der psychischen Gefährdung der Gesellschaft andererseits; wir erfahren ihren sozialen Zerfall. Was wir aber dafür gewinnen, ist Klarheit in der Erkenntnis der Verhältnisse und Zustände, wie sie wirklich sind, und mehr Wahrhaftigkeit und Aufrichtigkeit in unserem täglichen Tun.

Natürlich erfahren wir nach wie vor den Grad der schon gekennzeichneten Entfremdung schmerzhaft. Natürlich erfahren wir die Konsequenz der Vergeblichkeit unseres bisherigen Tuns doppelt stark. Natürlich hoffen wir immer wieder auf eine Kehrtwendung in der zerstörerischen Entwicklung unserer (Welt-)Gesellschaft. Was uns aber möglich ist, ist mehr Bewusstsein als bisher in diese Gesellschaft hineinzubringen, sodass sie sich ihrer Wahnhaftigkeit überhaupt bewusst wird. Mehr können wir nicht tun.

Das ist ein anderes Tun als das bisher praktizierte. Wir alle werden zu einem bestimmten Tun erzogen; denn die Gesellschaft braucht uns als Arbeitnehmer für die wissenschaftlich-technische Produktion, in erster Linie für die Habgierigen, für die Berechnenden und für die Mächtigen. Die an uns bislang praktizierte Pädagogik diente dazu, uns zu Sklaven zu machen, deren Leben nichts als Arbeit in ihrer entfremdenden und entfremdeten Form ist; sie steht im Sinne des berühmt-berüchtigten Satzes:»Arbeit macht frei« nach wie vor im Mittelpunkt unseres gesellschaftlichen Seins.

Das heißt nicht, dass wir nichts mehr tun sollen, denn wir müssen nun einmal essen, uns kleiden, uns ein Dach über dem Kopf verschaffen. Aber diese Arbeit sollte auf die wirklichen Bedürfnisse jedes Einzelnen und nicht auf die fiktiven, alle Vorstellungen sprengenden Bedürfnisse der Arbeitgeber gerichtet sein, die uns nur aufgrund ihres ruinösen Profitstrebens einen unbewohnbaren Planeten bescheren.

Es geht um die Bewusstseinsveränderung des heute vor sich hin dämmernden Verbrauchers bzw. Warenkonsumenten, da sich die These, dass sich das Bewusstsein der vielen Einzelnen verändern wird, wenn sich die gesellschaftlichen Rahmenbedingungen verändern, inzwischen als falsch erwiesen hat. Diese These rollte die Dinge und Probleme vom falschen Ende her auf. Ganz im Gegenteil: Wenn sich bei jedem von uns das Bewusstsein verändert, dann erst werden sich auch die Rahmen- bzw. Randbedingungen der Gesellschaftsstrukturen verändern, da diese Strukturen stets nur Projektionen des menschlichen Verstandes, die sich inzwischen verselbständigt haben, sind.

Sich des eigenen Seins, des eigenen Wesens bewusst zu werden, es wahrzunehmen heißt, sich erst einmal seines eigenen wirklichen Wissens bewusst zu werden. Wenn wir aufwachen wollen, gibt es eigentlich nichts zu tun, sondern erst nur auf dieses, als ständiges Potenzial in uns vorhandene Wissen zu hören. Wir wollen nichts besitzen, wir wollen keinen beeindrucken, wir wollen nur bewusster, d. h. wacher, leben. Das sollte der Leitspruch jedes Yogi sein.

Wir benötigen dazu keine besondere Energie. Wir sitzen nur da: der höchste Gipfel unserer Bewusstheit; wir tun nichts: unbewegt, still.

Yoga und die Krise der wissenschaftlich-technischen Welt

Wenn wir uns auf die Meldungen in der Tagespresse und auf die aus der Wissenschaft verlassen, ist die bisher abgelaufene Menschheitsgeschichte offenkundig eine Geschichte ohne einen wesentlichen Fortschritt hin zu einer humanen Weltgesellschaft. Wenn wir von Fortschritt reden, denken wir in erster Linie an den industriell-wissenschaftlich-technischen Fortschritt und damit an einen Fortschritt in einer relativ begrenzten, aber äußerst expansiven Weltregion. Dabei gehört die radikale Infragestellung dieses Fortschritts heute zwar zur Grundstimmung eben dieser Industriegesellschaft, nicht aber in den Ländern der sogenannten Dritten Welt, die im Gegenteil so schnell wie möglich an den Segnungen dieser Industriegesellschaft teilhaben wollen.

Günter Grass sprach einmal davon, dass der Fortschritt, der für jeden in der Atom- und Biobombe eher sein lebensvernichtendes und nicht so sehr sein lebensbejahendes und damit bewahrendes Gesicht zeigt, vornehmlich das Produkt eines spezifisch kopfgezeugten Fortschritts sei, für den alles das, was ist, ständig noch größer sein muss, als es schon ist, sodass auch alles Kommende noch vollkommener sein muss als Gegenwärtiges und Gewesenes.

Diesem monströsen Denken entspricht haargenau das heute vorherrschende Realitätsprinzip der imperialen kapitalistischen Produktionsweise unserer Breiten und die daraus folgenden gesellschaftlichen und politischen Machtverhältnisse, nach denen ständig Neues und nach Möglichkeit zu jeder Saison noch Neueres hervorgebracht werden muss. Dieses Vergeudungs- und Verschleißprinzip bedeutet: Neues muss in jedem Fall durch Neues überboten werden – und zwar um jeden Preis, auch wenn der Mensch oder die Menschheit, also wir, dabei zugrunde gehen.

Die diesem Realitätsprinzip folgenden Gesetzmäßigkeiten, die von Marx und später dann von Nietzsche und Freud analysiert wurden, liegen offen zutage. Sie stellen aber nur die eine Seite der Situation dar, in der wir uns heute befinden. Die andere besteht in der nicht mehr zu übersehenden Tatsache, dass uns auch die bisher zutage getretenen Ausbruchsversuche aus diesem ruinösen System nicht wesentlich weitergeholfen haben. Ganz im Gegenteil: Sowohl die einst »real existierenden autoritären und diktatorischen« als auch die einst »real existierenden sozialistischen Lösungen« waren nicht in der Lage, einen wirklich durchgreifenden qualitativen Wandel hin zu einer humanen, friedlichen Welt herbeizuführen, weil sie selbst schließlich das unbestreitbare Produkt der Gesamtentwicklung eben dieser letzten zweihundert Jahre waren.

Nicht nur sozialwissenschaftliche Studien haben uns in den letzten Jahren vor Augen geführt, dass uns der Fortschritt in unseren Breiten zwar einen hohen Lebensstandard beschert hat, aber gleichzeitig auch das Bewusstsein in diesen Ländern gestärkt hat, dass eben dieser Fortschritt uns früher oder später umzubringen droht. Entscheidend ist aber, dass die Probleme dieses Fortschritts in erster Linie von uns Menschen selbst verursacht wurden (und auch noch weiter verursacht werden), sodass offensichtlich auch erwartet werden kann, dass sie von uns Menschen bewältigt werden können – und nicht von irgendeinem abgehobenen Schicksal oder von einem den Menschen noch so zugewandten Gott.

Thesen zu einem Weg der Befreiung

Wir sollten – dies meine erste Generalthese – in dieser Lage, die sich für uns alle zugespitzt hat, erkennen, dass es für uns in absehbarer Zeit keine utopischen Fluchtmöglichkeiten mehr gibt und dass es gerade der Fortschritt ist, der uns heute zu dieser Einsicht zwingt. Es geht also erst einmal darum, dass wir angesichts der Gefahren des zunehmend als ambivalent einzuschätzenden Fortschritts so radikal wie möglich die altehrwürdige Frage nach unserem Woher, Wohin und Wozu aufnehmen. Und diese Frage sollten wir nicht mehr so sehr an die etablierten Wissenschaften richten, sondern in erster Linie an uns selbst, wirft uns doch gerade der wissenschaftlich-technische Fortschritt ohne jede Einschränkung auf uns selbst zurück.

Wenn ich sagte, weder ein von uns abgehobenes Schicksal noch ein uns möglicherweise noch so gütiger Gott könnten die mit diesem Fortschritt verbundenen Probleme für uns lösen, und wenn ich hinzufügte, dass wir Menschen selbst die Verantwortung dafür zu übernehmen haben, wird es erst einmal darum gehen, uns wirklich selbst ernst zu nehmen, ja, uns wie nie zuvor in der bisher abgelaufenen Geschichte selbst zu begegnen ohne dass wir diese Aufgabe sofort wieder einem noch so verführerischen andersartigen Fortschritt übertragen. Jede mögliche Utopie, die uns von uns selber in diesem Sinne wieder fortreibt, müssen wir aufgeben. In diesem Bemühen, sich selber zu begegnen, ist – dies meine zweite Hauptthese – Yoga eine einzigartige Methode, auf deren gesellschaftspolitische Implikationen und Konsequenzen ich im Folgenden zu sprechen kommen will.

Entgegen einer sehr verbreiteten Auffassung bedeutet Yoga in keiner Weise, sich aus der Gesellschaft, in der wir leben, zurückzuziehen. Insbesondere bedeutet die Wahl von Yoga (als einer spezifischen Lebensform) weder den Weg ausschließlich nach innen zu beschreiten noch sich gänzlich nach außen hin zu bewegen, sondern überhaupt uns selbst und damit auch die Wirklichkeit, in der wir leben, unverstellt und ungeschminkt wahrzunehmen, jene Wirklichkeit, die wir ganz offensichtlich in den letzten zweihundert Jahren durch den eindimensional betriebenen Fortschritt zugunsten einer einzigartigen Wahnwelt aus dem Auge verloren haben.

Das setzt voraus, dass wir wieder lernen müssen, das Leben in seiner ganzen Fülle und Vieldimensionalität zu erfahren, bevor wir, geschockt durch die lebensbedrohenden Gefahren, auf grundlegende gesellschaftliche Veränderungen aus sind. Denn Veränderungen per se sind noch lange keine Veränderungen des Kerns des Problems. Eine Erweiterung der Wahrnehmung der Wirklichkeit, einschließlich und erst recht unserer selbst, kann – und das ist das Spezifische des yogischen Weges – uns nur dadurch gelingen, dass wir uns in unserer vieldimensionalen Leiblichkeit bewusst wahrnehmen und sie nicht wie bisher permanent überspielen bzw. ausklammern.

Aus der Perspektive unserer heutigen eindimensionalen, vom wissenschaftlich-technischen Fortschritt determinierten Wahnwelt heißt, sich dieser Leiblichkeit bewusst zu werden, wieder auf den Boden der Tatsachen zurückzukehren. Und in dem Maße, in dem wir uns in unserer vieldimensionalen Leiblichkeit wahrzunehmen beginnen, beginnen wir auch erst die Dinge und Menschen, mit denen wir leben, wahrzunehmen. Dies ist meine dritte Generalthese.

Die Fakten zeigen es: Der wissenschaftlich-technische Fortschritt muss sich heute nach einer positiven Wertorientierung richten, andernfalls werden Leere und Bedeutungslosigkeit das Resultat dieses Fortschritts sein und die Katastrophe die Folge. Sie können diesen Satz als meine vierte Generalthese ansehen. Damit es aber kein Missverständnis gibt: Um gegenüber dem eindimensionalen Realitätsprinzip unser Wahrnehmungsvermögen erweitern zu können, ist und bleibt es weiterhin wesentlich, sowohl die sozioökonomischen als auch die individualpsychologischen Barrieren klipp und klar zu benennen. Und es ist ebenfalls wesentlich, diese Barrieren zu durchbrechen, die uns ständig daran hindern, uns sowohl im Sinne des sokratischen Programms: »Erkenne dich selbst« als auch im Sinne der yogischen Praxis zu befreien.

Ich will das gleich noch präzisieren: Wenn auch den sozioökonomischen Einflussgrößen auf das Individuum, wie Marx und später dann Freud gezeigt haben, eine kaum zu überschätzende Bedeutung zukommt, so ist es mit Einschränkung jedoch falsch, ausschließlich der Gesellschaft die Verantwortung für alle Leiden der Welt aufzubürden, um so die individuelle Verantwortung für in erster Linie selbstverschuldetes Leiden an eben das Abstraktum Gesellschaft abzutreten. Der Gesellschaft, wie immer wir sie auch definieren, kommt keine erlösende Aufgabe zu, wie uns die bisher »real existierenden sozialistischen Gesellschaften« vor Augen geführt haben. Das gilt für alle gesellschaftlichen Utopien, soweit sie sich vom Individuum loslösen, um nur noch kollektivistischen Gesetzlichkeiten das Wort zu reden. Diese finden früher oder später in bürokratischen Herrschaftsformen ihren Ausdruck und lähmen die Kreativität des Individuums, ja, setzen es gar außer Kraft.

Demgegenüber ist die Einsicht in die Individualität als der eigentlichen unverfügbaren Dimension des Menschen, die sich jedem wissenschaftlichen und philosophischen, ja auch theologischen Zugriff entzieht, *die* zentrale Errungenschaft der bürgerlichen Gesellschaft, hinter die kein anderweitiger Fortschritt mehr zurückfallen darf. Insoweit müssen auch die Anhänger Nietzsches daran erinnert werden, dass der Mensch in der Tat ein »nicht festgestelltes Tier« ist und auch ganz generell gesehen: ein nicht feststellbares Wesen. Ich möchte noch ergänzen, dass das, was das eigentliche Selbst des Menschen, seine eigentliche Substanz anbelangt, auch nicht messbar, nicht kalkulierbar, nicht bewertbar, nicht zu Geld zu machen und schon gar nicht mit anderen Lebewesen vergleichbar zu machen ist.

Gerade wenn ich in dieser Weise so stark Ihr Augenmerk auf die Unverfügbarkeit des Menschen, auf seine Individualität und Singularität lenke, dann will ich damit selbstverständlich nicht leugnen, was ich zu Beginn gesagt habe: dass wir als Individuen in sozialökonomische Bedingungen eingebunden sind. Was aber in diesen Diskussionen gerade um den angeblich esoterisch-idealistischen Charakter des Yoga und ähnliche, auf das Individuum abhebende Befreiungsformen immer wieder unterschlagen wird, ist die Tatsache, dass diese Einsicht und Erkenntnis eben gerade nicht ausschließt, dass wir uns dieser uns beengenden und uns zur Unmündigkeit verurteilenden Bedingungen hier und heute bewusst werden.

Um auch das zu betonen: Keine yogische Praxis vollzieht sich abgehoben von der sozioökonomischen wie psychosozialen Situation, in der jeder Einzelne von uns lebt, hängt doch das viel zitierte Ich und Über-Ich von den sozioökonomischen und psychosozialen Programmen ab, die nachhaltige Prägungen hinterlassen, an denen viele heute schwer leiden.

So wie jede Individualanalyse einbezogen ist und bleibt in eine Sozialanalyse, so vollzieht sich die yogische Praxis, wenn sie uns wirklich zu einer stärkeren Wahrnehmungsfähigkeit und mehr Selbstverantwortlichkeit verhelfen will, nicht in einem gesellschaftsfreien, utopischen Raum – ganz im Gegenteil: Die yogische Praxis vollzieht sich nicht im berühmt-berüchtigten stillen Kämmerlein, sondern in Interaktionen zwischen den verschiedensten Individuen bzw. in einem psychosozialen Beziehungsfeld. In diesem Sinne stimme ich Horst-Eberhard Richter zu, der in seinem aufregenden Buch »Die Chancen des Gewissens« davon spricht, dass man seinen Mitmenschen oder sich selbst nur dann hinreichend verstehen kann, wenn man die psychosozialen Verhältnisse und das Schicksal der Familie mitbedenkt, ohne dass wir dabei unsere Introspektion aufgeben, was die Herrschenden natürlich nicht gerne sehen. Denn die Bewusstmachung schmerzlicher psychischer Unfreiheit könnte Kräfte freisetzen, die schließlich zu nicht erwünschten gesellschaftsverändernden Interventionen führen könnten, auf die man dann unter Umständen keinen Einfluss mehr ausüben kann.

Ich will noch einmal unterstreichen, dass auch im Yoga, in der yogischen Praxis, die von Marcuse formulierte Dialektik der Befreiung gilt, der zufolge kein radikaler gesellschaftlicher Wandel stattfinden kann ohne radikalen Wandel der Individuen, die nun einmal Träger des erstrebten gesellschaftlichen Wandels sind. Das Gleiche gilt selbstverständlich auch im umgekehrten Sinne: Fand bislang ein Ausgriff des Menschen, vor allem des neuzeitlichen Menschen, von sich weg hin zu einer Realität statt, an deren Ende wir offensichtlich der kollektiven Selbstvernichtung preisgegeben sind, so hat bis heute, so sagte ich, von ganz wenigen Ausnahmen einmal abgesehen noch kein wirklicher Aufbruch des Menschen zu sich selbst hin stattgefunden. Das heißt: Der Mensch wurde bisher eher vom wissenschaftlich-technischen Fortschritt überrannt, wohingegen es jetzt – so meine fünfte Generalthese – darauf ankommt, ihn zuallererst selbst im Sinne des Sich-selbst-Entdeckens zu entdecken, um auch die ihn umgebende und ihn bestimmende Wirklichkeit, die tiefer greift als alle sozioökonomischen Parameter, nicht wieder auszuklammern. Yoga ist eine Methode, nach meiner Überzeugung *die* Methode, um dieses zugegebenermaßen hohe Ziel erreichen zu können.

Dabei darf Befreiung im yogischen Sinne nicht mit Erlösung verwechselt werden. Yogisches Erfahrungswissen ist kein wie auch immer geartetes Verklärungswissen, was man durchaus aus manchen Yogabüchern schließen könnte. Letzteres geht davon aus, dass die Welt nichtig ist, und dass das Leben so gut wie nichts wert ist, sodass so schnell wie möglich nach einem Weg gesucht werden muss, aus diesem Leben, aus dieser Lebensfalle wieder herauszukommen. Wirkliche Befreiung, wie wir sie im Yoga anstreben, geht stattdessen in das n-dimensionale Leben hinein und setzt sich ihm in seinen Alltagsformen aus. Sie bejaht das Leben, so wie es Gott, jedenfalls nach dem Bericht der Genesis, doch ganz offensichtlich zu seiner eigenen Zufriedenheit geschaffen hat. Bejahung des Lebens heißt, es in einer grenzenlosen Offenheit zu leben, ja zu feiern.

Die hinduistischen, buddhistischen und taoistischen Lehren, denen sich die Yogalehre verbunden weiß, streben daher im Hier und Jetzt – und nicht erst im oder nach dem Tode – einen Zustand der Erfüllung an, indem sie die Welt der etablierten Erfahrungen infrage stellen, um sie in ihrem jeweiligen fiktionalen Charakter durchschaubar zu machen. Nach der Yogalehre sind es gerade diese uns schon völlig zur Gewohnheit gewordenen Fiktionen – wir können auch sagen: die von uns ständig vorgenommenen Identifikationen –, die unser eigentliches Leiden, unser ganzes derzeitiges neurotisches Elend ausmachen und für unser Unbehagen und Sinnlosigkeitsgefühl, ja unseren Unfrieden sorgen.

In der yogischen Praxis (und nicht, indem wir darüber nur reden) erfolgt, wenn Sie diesen Weg mit einiger Konsequenz gehen, ein Abbau, ja schließlich eine Loslösung von diesen Fiktionen, um ganz allmählich die Wirklichkeit in ihrer N-Dimensionalität jenseits der fiktionalen eindimensionalen Welt, jetzt aber in einer unverstellten, nicht blockierten Offenheit zu erfahren. Wenn ich von »jenseits« rede, dann immer in diesem, wenn Sie so wollen, nicht theologischen Sinne.

Wenn Sie sich durch Körper- und Atemübungen erst einmal selbst leibhaftig erfahren und nicht gleich wieder vor sich selbst davonlaufen, indem Sie die von Ihnen so beliebten Kopfexperimente und -geburten veranstalten, beginnen Sie sich auch selbst wieder oder erstmals wirklich wahrzunehmen, d. h. Ihrer ureigensten Wahrheit auf die Spur zu kommen. Das heißt nichts anderes, als dass Sie sich in dem Maße, in dem Sie auch nicht vor Ihrer Wahrheit weglaufen, sich auch von Ihrem bislang vertrauten Wahrnehmungs- und Verhaltensmuster trennen. Damit hat dann der erste, wenn nicht gar schon der wesentliche Schritt zu Ihrer Selbstbefreiung stattgefunden. Yoga ist nach meiner eigenen Erfahrung in diesem Sinne nicht nur eine spezifische Lebensform und -qualität, sondern eine Disziplin, mittels deren ich durch eine allmählich erreichbare, sich vertiefende Wahrnehmungsfähigkeit, auch die fiktionale, wahnhafte Welt, gewöhnlich Realität genannt, aufzulösen in der Lage bin.

Erfahrungen aus der Yogapraxis

Sie werden verstehen, dass es äußerst schwierig, weil in sich widersprüchlich, ist, über eine Praxis theoretisch zu reden, die jeder erst im Vollzug unter anderem von ganz bestimmten Körperhaltungen (Asanas) und Atemübungen (Pranayamas) als das erfahren muss, was sie sind. Man kann über sie im Grunde nicht diskursiv reden. Der wahre Gehalt des Yoga erschließt sich erst auf dem Übungsweg. Aber vielleicht kann ich doch wenigstens für ein Vorverständnis etwas von den Erfahrungen wiedergeben, die sich schon nach relativ kurzer Zeit für jeden einstellen, der sich auf diesen Weg begibt.

Wir haben in unserer bisherigen Yogapraxis gelernt, achtsam durch unseren Körper – von unserem Kopf bis zu unseren Füßen und wieder zurück – zu gehen, um so unsere alltäglichen Körperempfindungen, ob sie nun angenehm sind oder neutral, unangenehm oder schmerzhaft, erst einmal wahrzunehmen. Auf diese Weise haben wir unsere Empfindungen bis auf das subtilste Niveau hin als vergänglich, als von Moment zu Moment wandelbar erfahren und haben damit gelernt, ihnen mit mehr Gelassenheit zu begegnen. Unbeschwerte Gelassenheit bedeutet in dem Zusammenhang so viel wie: nichts festhalten, immer wieder loslassen und annehmen, was der gegenwärtige Augenblick uns an Erfahrung zuträgt.

Wir haben gelernt, nicht nur unsere Körperempfindungen, sondern auch unsere anderen Sinneseindrücke, unsere Gefühle, unser Denken, kurz: die ganze Skala unserer alltäglichen Erfahrungen nunmehr bewusst wahrzunehmen, wobei es nichts gibt, was unsere Achtsamkeit nicht für wert befindet, wahrgenommen zu werden.

Wir haben gelernt, ganz präsent, ganz gegenwärtig zu leben. Gewohnheitsmäßig versuchten wir bisher, uns immer wieder klarzumachen, wer wir sind, wo wir stehen und was zu tun ist, um uns wenigstens das Gefühl zu geben, dass wir alles unter Kontrolle haben. Wir haben jedoch im Verlaufe unserer Übungen auch gelernt, dass wir letztendlich diesen inneren Dialog, dieses innere Erzählen über uns selbst und die Welt, loslassen müssen. Möglicherweise fühlen wir uns dann zunächst unsicher und vor allem in unserem Alltag verletzbarer als bisher. Aber wir können doch zugleich auch die Erfahrung machen, dass es uns wesentlich leichter fällt, im Hier und Jetzt zu leben – dem einzigen Ort, an dem unser Leben stattfindet. Was ist es, was wir auf diesem Weg aufgegeben, und was ist es, was wir inzwischen gewonnen haben?

Die Tatsache, dass wir uns in unablässigen Monologen die Welt erzählten, brachte uns bisher weniger an wirklichen Erkenntnissen ein, als wir glaubten. Das Meiste bestand aus Erwartungen, Hoffnungen, Wünschen und leeren Versprechungen. Wenn etwas davon Wirklichkeit wurde, entstanden sofort wieder neue Erwartungen, Hoffnungen, Wünsche und leere Versprechungen. Wir erfahren, häufig schmerzhaft, dass wir, wenn wir dieses merkwürdige Verhalten aufgeben, die Freiheit und Fähigkeit gewinnen, auf unsere jeweiligen Lebenssituationen angemessen zu reagieren. So können wir mehr und mehr zwischen unserer alten Gewohnheit und der gewonnenen wunschlosen Erfahrung wählen. Nach und nach wird für uns vieles, an dem wir bislang festhielten, unwirklich und unecht, ja irrelevant. Auf diese relativ einfache Erfahrung folgt schließlich die Erfahrung, dass es dieses sich selbst ständig zitierende Ich und dieses immer wieder beschworene Du eigentlich gar nicht gibt. Und erst dann können wirkliche Begegnungen möglich werden. Unsere Lebensweise ist dann die Folge davon, endlich fähig geworden zu sein, klar und unverstellt uns selbst und die Wirklichkeit, in der wir leben, zu erkennen.

Auf unserem Übungsweg geht es zunächst einmal darum, uns zu fragen, wer wir sind, und mit unseren eigenen Sinnen zu erfahren, wie wir uns wahrnehmen und begreifen. Bisher taten wir dies vorrangig über die Schiene eines mehr oder weniger starken Ich-Gefühls, mit dem wir uns zu identifizieren versuchten und von der Welt, in der wir leben, isolierten. Wir denken dann ständig über »mich und die Welt« oder über »mich und meinen Körper« und über »mich und meine Gefühle« nach und identifizieren uns schließlich mit eben diesen Gedanken und Gefühlen, die scheinbar hinter allem stehen. Wir machen dann auf dem Weg die Erfahrung, dass wir uns und die Welt, in der wir leben, durchaus von einer Warte der inneren Stille und der entspannten Ruhe aus beobachten können. Plötzlich oder auch erst allmählich begreifen wir, dass wir nicht in einer Wirklichkeit leben, sondern in mehreren Wirklichkeiten. Aus unserer bisherigen Gewohnheit des Erfassens und Identifizierens mit einem Ich wird so die Erkenntnis freigesetzt, dass wir schon immer mit allen Lebewesen zusammen vernetzt im Hier und Jetzt leben, d. h. leiben. Indem wir auf diese Weise immer bewusster zu leben, zu leiben, zu sein beginnen – und dies mit jedem Tag mehr –, entdecken wir die Welt in ihrem ständigen Wandel und unser eigenes Dasein als ein permanentes Gehen: im Kommen und Gehen des in uns eingehauchten göttlichen Atems.

Die Gesellschaft, in der wir leben, stellt uns keine Kategorien für solche Erfahrungen zur Verfügung. Gleichwohl, wenn wir unserer yogischen Praxis vertrauen, indem wir unsere ganze

Aufmerksamkeit auf das Ungreifbare und damit auch auf das nicht leicht zu Verstehende richten, stoßen wir auf Dinge, für die es nun einmal keine Kategorien gibt.

Chan-Meister Dong-shan (807–869) wurde gefragt:»Welcher Körper fällt in keine Kategorie?« Er antwortete:»Ich bin dem immer nahe.«

Die Entdeckung der Langsamkeit, wohl die aufregendste Entdeckung, die wir zu Beginn unseres Yogawegs machen können, geht einher mit der Entdeckung des gegenwärtigen Augenblicks. Die Unbeweglichkeit, in der wir sitzen, wenn wir meditieren, d. h. uns in uns niederlassen (Asana), führt uns zu jener schon erwähnten lautlosen Stille, zu jener entspannten Ruhe, in der wir uns Schritt für Schritt unseres Selbst erinnern. Wir entdecken, dass wir immer schon eingebunden sind, und bleiben in eine Welt, die in dem Sinne leer genannt werden kann, dass es in ihr keine isolierten Wesenheiten gibt, so auch kein Ich, das die Welt, das Leben, das Sein, in jeder Sekunde neu konstituiert und konstruiert.

Der Yoga weist uns immer wieder darauf hin, dass der Mensch, auch wenn er das Licht der Welt erblickt hat, noch nicht ist. Er ist nur eine neue Möglichkeit, ein unvertretbar einzigartiges Potenzial, das jedoch erst noch zu sich selbst finden muss. Insofern ist jeder neugeborene Mensch auch erst einmal nur ein Versprechen. Wir können auch sagen: Die Natur richtet ihn bis zu etwa fünfzig Prozent auf, sodass er einigermaßen auf eigenen Füßen stehen kann; für den Rest muss er, wenn er wirklich den aufrechten Gang erlernen will, selbst sorgen. Deshalb schwankt er auch zunächst ständig zwischen Sein oder Nicht-Sein hin und her. Auch als Fortgeschrittene im Yoga befinden wir uns in diesem Sinne ständig auf dem Weg. Wir sind und bleiben insofern immer Anfänger.

Die sieben Bewusstseinsebenen des Yoga

Das Leben, das wir in dem oben genannten Sinne *leiben*, spiegelt sich, wenn wir genau hinsehen, in den uns bekannten sieben Regenbogenfarben wider, die den sieben Seins- bzw. Bewusstseinsebenen des Yoga entsprechen, wie wir sie zu unserem aufrechten Gang aus eigener Kraft, d. h. aus uns selbst heraus, entwickelt haben. Erst wenn uns das gelungen ist, ist Authentizität, der aufrechte Gang, erreicht worden. Wir sind im Sinne Kants mündig geworden.

Wir haben die Erfahrung gemacht, dass wir uns die meiste Zeit unseres bisherigen Weges wie Schlafwandler bewegten, und staunen und wundern uns umso mehr, dass wir in diesem Zustand von einem Unglück ins nächste taumelten. Erst in solcher Extremkrisen begreifen wir auch, dass es an uns selbst liegt, was aus unserem Leben wird. Denn zu unserem Menschsein im Sinne des zitierten aufrechten Ganges gehört, dass wir aus eigener Verantwortung selbst handeln müssen. Dieser Zustand, sich aus eigener Verantwortung an sich selbst zu erinnern (Gurdjieff) tritt ein, wenn wir uns über unseren gegenwärtig eindimensionalen Verstand hinaus unseres Selbst bewusst geworden sind und die so gewonnene Bewusstheit als einen integrierenden Faktor verstehen, auf den wir uns für die nächsten Schritte wenn vielleicht auch noch etwas unsicher, verlassen können.

Diese Schritte werden nach der Yogalehre leiblich erfahren wobei die niedrigste Bewusstseinsebene das sogenannte Basis-Chakra (Muladhara-Chakra) ist, gefolgt vom sogenannten Sakra-Chakra (Svadhisthana-Chakra) und dem Nabel-Chakra (Manipura-Chakra). Auf dieser niedrigsten Bewusstseinsebene geht es in erster Linie um Sex, Essen, Geld, Macht und Herrschaft Diese drei Chakras sind die niedrigsten Möglichkeiten des menschlichen Daseins. Das Leben selbst hat aber weit mehr zu bieten, geht es doch nicht bloß darum, zu überleben, sondern für Sinnvolles zu leben

Auf dieser Ebene haben wir es sehr häufig mit machthungrigen Menschen zu tun, zumal, wenn sie auf dieser Ebene festsitzen. Tief im Inneren fühlen diese Menschen sich zwar unterlegen, gleichwohl kompensieren sie ihr Unterlegenheitsgefühl durch eine Ego-Besessenheit, die häufig unmenschliche Züge trägt. Diese Menschen können in jede Richtung gehen: Wenn sie sich dem Geld zuwenden, werden sie Geld anhäufen. Geld wird für sie zum Machtsymbol. Oder sie werden in die Politik gehen und hier ihre Erfüllung suchen. Es wird ihnen nur hin und wieder einleuchten, dass ein wirklicher Mensch sich erst einmal selbst zu erobern hat, bevor er andere erobern will. Es wird ihm hin und wieder auch einleuchten, dass er sich selbst erst kennenlernen müsste, bevor er andere kennenlernen kann, dass er seine inneren Lücken also nicht dadurch ausfüllen kann, dass er andere unablässig dominiert. In Wirklichkeit aber begreifen diese Menschen nichts, schon gar nicht, dass ihre Freiheit auch die Freiheit der anderen ist. Diese Einsicht erschließt sich erst auf der nächsthöheren Bewusstseinsstufe: dem sogenannten Herz-Chakra (Anahata-Chakra). Auf dieser Ebene beginnen Menschen zu lieben, zu weinen, zu lachen, zu teilen und mitzufühlen.

Auf der nächstfolgenden fünften Bewusstseinsstufe, dem sogenannten Kehl-Chakra (Vishuddha-Chakra), leben wir schon wesentlich meditativer, um auf der sechsten Stufe, dem sogenannten Stirn-Chakra (Ajna-Chakra), uns dann selbst und damit jenen bedingungslosen Zustand zu erreichen, den Augustinus einst den der unbegrenzten Liebe nannte. Mit anderen Worten: Wir erreichen erst auf dieser Bewusstseinsstufe unseren eigentlichen Seinszustand, den aufrechten Gang. Auf der siebten Ebene, der Ebene der Bewusstheit, sind wir dann endgültig angekommen.

Die Bewusstseinsebene des Ajna-Chakra entspricht der Ordnung, dem Gebot. Dieses ist das machtvollste, das stärkste Chakra, sodass viele gerade auf dieser Ebene ihrer Entwicklung stecken bleiben. Viele Yogis spielen dann mit ihrer angeblich spirituellen Energie, ohne aber wirklich anzukommen. Daher ist es wichtig, alle Anstrengungen zu unternehmen, um letzten Endes auch diese Anstrengungen noch loszulassen. Daher heißt es auch in den Lehrreden des Yoga, dass auf dieser Ebene alles darauf ankomme, dass sich der Mann in eine Frau verwandelt und seinen gesamten Willen nur noch darauf konzentriert, sich hinzugeben, wobei dieses Sich-Hingeben das Großartigste sei, zu dem der Mensch überhaupt fähig ist.

Normalerweise werden Menschen, die sich hingeben, für schwach gehalten, was jedoch täuscht. Nur Menschen mit außergewöhnlicher Willenskraft können sich wirklich hingeben; denn sich hinzugeben verlangt Stärke. Wenn wir uns aus Schwäche hingeben, bleibt unsere Hingabe im Grunde bedeutungs- und kraftlos. Wenn wir uns jedoch aus Stärke hingeben, hat das im Hinblick auf unsere weitere innere Entwicklung einen tiefen Sinn. Unser Gehirn ist bekanntlich in zwei Hemisphären unterteilt, wobei die linke Gehirnhälfte eher dem männlichen und die rechte eher dem weiblichen Prinzip zugeordnet wird. Die rechte Gehirnhälfte ist mit der linken Hand verbunden, deshalb ist die linke Hand kulturbedingt auch nicht sehr geachtet. Die rechte Hand ist dagegen mit der linken Gehirnhälfte verbunden, daher erscheint rechts richtig und links falsch zu sein.

Uns wird bewusst: Wir leben heute in einer patriarchalisch orientierten Welt, in der die rechte Hand das männliche und die linke Hand das weibliche Prinzip darstellt. Im Allgemeinen orientiert sich der Mann eher am Logos (grch. »Vernunft«) und die Frau an der Sophia (grch. »Weisheit«), wobei z. B. die Dichter eher sophia-, die Wissenschaftler und Techniker eher logos-orientiert sind.

Buddha und Jesus glichen so gesehen eher Frauen als Männern, weil sie die Logik der Liebe opferten, ihre Aggressivität in Empfänglichkeit und ihre Konflikte in Zusammenarbeit umwandelten. In ihnen gab es keinen Kampf zwischen dem Teil und dem Ganzen; der Teil hatte losgelassen und das Ganze ihn schließlich in Bewusstheit aufgenommen. Der Weg zum sogenannten Sahasrara-Chakra, dem Kronen-Chakra, wurde frei und wurde jetzt von ihnen als Zentrum der entspannten Ruhe erfahren, in der wir nirgendwo mehr hinzugehen brauchen.

Das sogenannte Muladhara-Chakra ist das Zentrum der Ruhelosigkeit, das sogenannte Sahasrara-Chakra das der entspannten Ruhe, der Stille. Zwischen diesen beiden Polen befinden sich jene fünf weiteren Bewusstseinszentren, die wir auf unserem Yogaweg inzwischen schrittweise erschlossen haben. Wenn wir auf diesem Weg das sechste Zentrum erreicht haben, dann existieren wir, wie es in der Bhagavadgita so schön heißt, im Wachzustand, selbst wenn die ganze Welt schläft.

Dabei ist wichtig, dass wir jetzt weiter darauf achten, dass nicht eine einzige Farbe in dem vorhin genannten Spektrum ausgelassen wird. Alle Farben müssen aufgenommen, alle Töne Teil unserer Lebensmelodie (unseres Rhythmus) werden. Wir können also die einzelnen Bewusstseinsstufen nicht überspringen oder gar ignorieren. Ein solches Vorgehen würde uns nicht erlauben, jemals anzukommen. Ganz zu werden aber heißt nun einmal für den Yogi: das Leben total zu leben, es zu *leiben*, ohne Einschränkung zu sein.

Nichts wird auf diesem Weg abgelehnt. Wenn Misstöne laut werden, heißt das nur, dass wir noch nicht fähig sind, sie uns zunutze zu machen. Aus Gift kann heilende Medizin werden. Wir müssen nur wissen, wie wir dies bewerkstelligen können. Wenn wir wissen, wie man den alltäglichen Ärger nutzt, werden wir feststellen, dass uns dieser Ärger eine Sehschärfe verleiht, als hätte jemand für uns ein Schwert geschliffen. Ärger, richtig genutzt, verschafft uns also Seh- und Hörschärfe und eine Vitalität, die kein Ausweichen mehr kennt.

Auch für den fortgeschrittenen Yogi kommt alles darauf an, noch einsichtiger, noch wachsamer, noch bewusster als bisher zu leben. Ihm bleibt aufgetragen, noch intensiver als bisher seine Selbsterkundung zu betreiben, um so letztendlich zu begreifen, in welcher Zeit und in welcher Welt er tatsächlich, d. h. unbeeinflusst von Selbsttäuschungen, lebt. Noch fallen alle Regenbogenfarben in uns in den verschiedensten Dimensionen auseinander. Noch bewegen sie sich voneinander eher weg und haben noch nicht zu ihrem Zentrum gefunden. Aber ich bin sicher, dass sich das auch bald bei Ihnen ändern wird.

Von der Eindimensionalität zu einem yogischen Wirklichkeitsverständnis

In dem Maße, in dem wir die Welt der etablierten Erfahrungen infrage zu stellen lernen, durchschauen wir den fiktionalen Charakter, der gewöhnlich unser Weltbild von frühester Jugend an bestimmt. Wie bereits erwähnt sind es nach der Yogalehre gerade die zur Gewohnheit gewordenen Fiktionen und die vor uns allen ständig vorgenommenen Identifikationen, die unser Leiden, unser neurotisches Elend bestimmen und für unser Unbehagen, unsere Sinnlosigkeitsgefühle und unseren Unfrieden sorgen. Außerdem sprach ich bereits an, dass in der yogischen Praxis ein allmählicher Abbau, ja eine Loslösung von diesen Fiktionen und vor allem von den in uns verankerten Identifikationsbedürfnissen erfolgt, um, wenn vielleicht auch manchmal schmerzhaft, endlich die Wirklichkeit jenseits der bislang vertrauten neuzeitlichen Realität in ihrer Fülle bzw. N-Dimensionalität wieder zu erfahren.

Das war der eine Argumentationsstrang, dem ich bisher folgte. Der andere lautet: In dem Maße, in dem wir uns durch yogische Atem- und Körperübungen erst einmal selbst leibhaftig in unserer Wahrheit erfahren, in dem Maße erfahren wir nicht nur uns selbst, sondern auch unsere Umwelt und unsere Mitmenschen neu. Dieser Ent-Identifikationsprozess ist es schließlich, der neue Räume für neue Erfahrungen schafft. Die daraus folgende Lebensform gründet dann in einem Wirklichkeitsverständnis, das unserem gegenwärtigen eindimensionalen Wirklichkeitsverständnis weit überlegen ist. Von diesem Verständnis her gesehen wird dann einsichtig, dass wir die bisherige Wirklichkeit (und uns natürlich mit eingeschlossen) fast ausschließlich unter Zuhilfenahme von Kategorien und Begriffen, welcher Art auch immer, verstanden haben. Dabei haben wir die Wirklichkeit in ein mehr oder weniger festes Interpretationsschema, schließlich auch noch in eine Weltanschauung, eingezwängt und uns auf diese Weise auch selbst in ein Gefängnis verbannt.

Das yogische Wirklichkeitsverständnis zeigt uns demgegenüber, dass wir immer dann, wenn wir die auf diese Weise gewonnene scheinbare Wirklichkeit akzeptieren bzw. sie auch noch für allgemeingültig erklären, nur einen äußerst beschränkten Ausschnitt unserer Lebenswirklichkeit und -möglichkeit akzeptieren. So entfernen wir uns dann von der tatsächlichen Lebenswirklichkeit, schneiden uns von ihr auf verhängnisvolle Weise ab, ja verabschieden uns im Grunde von ihr.

Damit kein Missverständnis aufkommt: Dieser Vorgang ist kein moralischer, er entspricht vielmehr jenem ruinösen Sozialisierungsprogramm unserer Industriegesellschaft, das unser Wirklichkeitsverständnis und damit selbstverständlich auch unsere Lebensmöglichkeiten auf geradezu verhängnisvolle Weise einschränkt und einengt, ja uns den Lebensatem – und dies ganz realistisch verstanden – raubt.

Zu diesem, unser Leben bestimmenden Einschränkungs- und Tötungsprogramm gehört dann selbstverständlich auch das Bild, das jeder Einzelne von uns mit sich herumträgt. Dazu gehören auch unsere Lernblockaden, die häufig davon bestimmt werden, was in unserer Gesellschaft unter Begabung oder Nichtbegabung verstanden wird. In dieses Programm gehört auch, was wir als schwierig oder weniger schwierig, als angenehm oder unangenehm empfinden. Entscheidend für das, was ich Ihnen vermitteln möchte, ist, dass all unsere Antworten auf diese und andere Fragen das Ergebnis unserer Lernerfahrungen schon von unserem ersten Atemzug an sind! So hat uns Freud gelehrt, dass die Welt des Kindes noch n-dimensionaler Natur ist und dass, wenn es erst einmal erwachsen geworden ist, alles dies verloren geht. Sein Dasein gleicht dann einer Gefangenschaft, ohne dass es der Erwachsene noch merkt. In jedem Fall ist das Eigentliche, Unvertretbare, die Singularität seiner Existenz im Laufe der das Kind permanent einschränkenden Erziehung verschüttet bzw. verdrängt worden.

Durch Freud wissen wir auch: Verschüttet bzw. verdrängt heißt jedoch nicht, dass es für immer und ewig verloren gegangen ist! Gerade Freud – um nicht einen Yogameister zu zitieren – hat gezeigt, dass es möglich ist, das in jedem von uns vorhandene Programm wieder bewusst werden zu lassen, um es eines Tages dann auch wieder abschütteln zu können. Wird uns, hat Freud gezeigt, das in uns allen selbst vorhandene Über-Ich-Programm jedoch nicht bewusst, dann ändert sich auch nichts an den gesellschaftlichen und politischen Verhältnissen, in denen wir leben. Die Rede von der Eindimensionalität – um diesen Hinweis geht es mir jetzt noch einmal – ist also kein ausschließlich philosophisches Problem, sondern ein sehr praktisches, bedeutet doch Eindimensionalität: Einengung, in der nur schwer eine Befreiung stattfinden kann. Krankheiten bedeuten in diesem Zusammenhang, dass entsprechende Befreiungsversuche stecken bleiben und sich schließlich in Depressionen und Psychosen niederschlagen. Von diesen Einengungen sind aber nicht nur psychisch Kranke, sondern auch Gesunde betroffen. Sie wirken sich nicht nur in den psychosomatischen Dimensionen, sondern auch in allen Lebensbereichen aus: im Körper, im Denken, im Fühlen und Handeln, in den Rollenzuschreibungen als Frau und Mann, in der Sexualität, in der Kreativität des Menschen. Das eigentliche Potenzial wird blockiert, wobei die psychisch Kranken im Grunde genommen nur die Extremfälle der Normalität von Menschen sind, die sich gegen ihre Selbstentfremdung wehren. Aber das ist ein anderes Thema.

Sprung ins Unbekannte

In einem gewissen Gegensatz zu Freud, auf dessen Argumente ich jetzt nicht weiter eingehen will, obwohl es mich natürlich reizt, geht die Yogapraxis nicht an der schon genannten Leiblichkeit des Menschen vorbei. Ebenso erkennt der Yoga überhaupt die Aufteilung des Menschen in ein körperliches, geistiges und psychisches Wesen nicht an, auch wenn im Yoga aufgrund einer gewissen sprachlichen Notlage oft noch in dieser Sprache gesprochen werden muss. In dem Maße, in dem wir uns der Wahrheit unserer Leiblichkeit bewusst werden, eröffnen sich uns auch neue Bereiche unserer sprachlichen Existenz, wobei die Anhebung des Niveaus unseres sprachlichen – und damit selbstverständlich auch emanzipatorischen – Bewusstseins, das dürfte deutlich geworden sein, keineswegs schon dadurch bewerkstelligt wird, dass wir einen Begriffsberg vor uns auftürmen und intellektuell weiterzuverarbeiten versuchen. Demgegenüber bzw. in gewisser Weise gegen diese Existenzbewältigung wird im Yoga durch bestimmte Körper- und Atemübungen unser Körper überhaupt erst als Ort unseres Aufenthalts wahrgenommen. Wir beginnen in ihm von nun an bewusster zu wohnen, zu *leiben*, um uns so unter anderem der Erfahrung der in uns vorhandenen und uns bewegenden Lebensenergie im wahrsten Sinne des Wortes nachhaltig auszusetzen. Gerade durch diese Lebensenergie werden zu Beginn, wie schon Wilhelm Reich gezeigt hat, Ängste ausgelöst, denen wir, wenn wir keine Hilfe erwarten können, häufig sehr schutzlos ausgeliefert sind. Die Folge ist, dass wir nicht zuletzt dieser Energie immer wieder ausweichen, weil wir eben nicht recht wissen, was mit uns geschieht, wenn wir uns ihr ausliefern.

Um ein Beispiel zu nennen: Im Tantra-Yoga muss unsere Energie von unserem Sexualzentrum zum Scheitelzentrum (Kronen-Chakra) bewegt werden. Tatsache aber ist, dass wir gerade unserer Sexualität unter den Bedingungen, unter denen wir aufgewachsen sind, ständig ausweichen! Die Folge ist, dass viele von uns diese Energie lieber unterdrücken und allzu bereitwillig unterhalb ihres eigentlichen Niveaus halten, statt sich ihrer bewusst und achtsam zu bedienen. Wilhelm Reich hat uns sehr eindrucksvoll gezeigt, dass wir auch noch die geringsten Energiereserven aufbieten, um ja nur unserer tatsächlich vorhandenes Energieniveau unterhalb unserer eigentlichen kreativen Kapazität halten zu können, sodass es gar nicht so verwunderlich ist, dass viele Menschen heute ständig an Energiedefiziten leiden, ohne dass ihnen bewusst wird, dass sie es selbst sind, die sich diese Defizite verschaffen!

Yoga lehrt: Erst wenn unser ganzer Körper von der ihm unabgeblockt ständig zur Verfügung stehenden Energie durchpulst wird, erst wenn jede einzelne Zelle unseres Körpers energetisch wieder revitalisiert worden ist, erst dann kann auch der entscheidende Bewusstseinssprung vollzogen werden, der erforderlich ist, um jene, selbstverständlich auch politischen Veränderungsprozesse in Bewegung zu setzen, von denen ich oben sprach.

Die gegenwärtige politische und gesellschaftliche Lage haben wir in erster Linie durch unseren Machtwahn geschaffen, oder anders ausgedrückt: Die für uns alle heute sichtbaren Gefahren des wissenschaftlich-technischen Fortschritts haben nicht zuletzt ihre Ursache in unserem grenzenlosen Machtwahn, der – wie schon gesagt – Fiktionen nachläuft und zur Stunde dabei ist, unseren Planeten zu zerstören.[4] Der dringend notwendige

---

4   Ich habe dieses Thema weiterverfolgt in: *Machbarkeitswahn und Daseinsgebrechlichkeit im biotechnischen Zeitalter,* Philo-Verlag, Berlin 2003.

Bewusstseinssprung muss angesichts dieser Situation stets ein Sprung vom Bekannten, d. h. vom Rad der ewigen Wiederkehr des Gleichen, ins unliebsame Unbekannte hinein sein, weil wir ohne einen solchen Sprung nichts Grundlegendes verändern werden. Wir werden uns vielleicht hier und da ein wenig ändern, aber letzten Endes doch immer wieder nur dieselben bleiben, die auch immer wieder nur dieselbe Wirklichkeit hervorbringen. Daher betone ich in einer letzten Generalthese noch einmal: Wir selber müssen uns verändern. Wir sehen vielleicht dann und wann etwas besser aus, fühlen uns vielleicht gelegentlich auch etwas wohler als bisher. Das internalisierte Elend, ja, die ganze Hässlichkeit bleibt aber doch wieder in uns stecken, sie wird lediglich umgefärbt, wenn wir uns dieser Herausforderung nicht stellen. Aus yogischer Sicht haben wir es unser ganzes Leben lang versäumt, vom Bekannten in das Unbekannte, vom vorgeblich Versicherbaren, das nur eine, wenn auch vielleicht die tödlichste Fiktion in unserem Leben darstellt, in unsere eigentliche Sicherheit zu springen.

Dass wir springen können, geht dabei vornehmlich auf die folgenden Gründe zurück:

Dass das, was wir gewöhnlich unsere Geschichte nennen, in ihrem Woher, Wohin und Wozu gänzlich offen ist. Die Folge davon ist, dass jeder philosophische und wissenschaftliche Systementwurf bislang immer noch von den tatsächlichen Gefahren ad absurdum geführt worden ist und ganz sicher auch in Zukunft weiter ad absurdum geführt werden wird. Das heißt auf unsere gegenwärtige Situation bezogen: Über unsere tatsächliche Zukunft lässt sich zu keiner Zeit mehr eine verlässliche Auskunft geben. Auch eine noch so exakt ausgearbeitete Trendextrapolation bleibt im Hinblick auf die von ihr antizipierte Apokalypse ungenau, unscharf.

Dass der Mensch als geschichtliches Wesen ein freiheitliches Wesen, ein, wie wir schon sagten, nicht festgestelltes, ein im Grunde auch nicht feststellbares Wesen ist, sodass auf ihn das

Gleiche zutrifft, was ich gerade im Hinblick auf die Geschichte gesagt habe. Kein noch so perfekt ausgeklügeltes Begriffssystem kann den Menschen definieren, ihn festlegen, sodass alle Aussagen, die sich diesem Zwang fügen, ins Leere greifen. Der Fortschritt bietet uns in diesem Zusammenhang trotz der extremen Gefahren, die er gerade in unseren Breiten hervorgebracht hat, auch die Chance, uns den Fragen, wie wir sie hier stellen und zu beantworten versuchen, in aller Radikalität neu zu stellen und sie auch weiter verfolgen zu können.

Gerade weil der »personale Kern« (Jaspers) des Menschen von keinem Begriffssystem fixiert werden kann, kann auch unsere Freiheit nicht bewiesen werden. Sie kann nur immer wieder von jedem Einzelnen bezeugt werden. Damit hängt wieder zusammen, dass wir Menschen von uns selbst und der Wirklichkeit, in der wir leben, ständig Abstand nehmen können. Das heißt, dass wir Distanz zu uns selbst, zu anderen Lebewesen und zu den Dingen um uns herum herstellen können, um auf diese Weise überhaupt achtsam nach unserem Sein fragen zu können. Damit hängt auch zusammen, dass wir über uns und unsere Welt hinaus fragen können, um so nicht zuletzt auch unser Selbst- und Weltverständnis grundlegend zu verändern. In dem Maße, in dem wir Menschen uns diesen Fragen und diesen Aufgaben stellen, werden wir uns auch erst unserer Freiheit bewusst, sodass wir auch gegen den wissenschaftlich-technischen Fortschritt revoltieren, d. h. Widerstand leisten können, der darauf ausgerichtet ist, uns völlig zu zerstören.

Wenn ich sagte, dass wir Menschen als Freiheitswesen entgegen allen möglichen Ansprüchen gerade nicht festgestellt werden können, da sich sowohl von den Grenzen der Philosophie als auch von den Grenzen der Wissenschaft her das eigentliche Wesen unseres menschlichen Daseins einem solchen Zugriff entzieht, dann heißt das noch einmal zugespitzt: dass es den Menschen an sich genauso wenig gibt wie die Natur an sich oder die

Geschichte an sich. Dies zu wissen ist kein Nachteil, ganz im Gegenteil. In diesem Wissen liegt gerade unsere Freiheit und die Möglichkeit, dass wir unser Dasein nicht bloß hinnehmen, sondern auch bewusst gestalten können.

Yoga lehrt in diesem Kontext, dass wir, bevor wir umgestalten wollen, erst einmal damit beginnen müssen, uns selbst umzugestalten, indem wir uns selbst begegnen und uns kennenlernen.

Ich fasse zusammen: Hat im abendländisch-europäischen Denken der letzten zweihundert Jahre ein Aufbruch zu immer neuen Ufern der Machtsteigerung und fiktionalen Realitätsgestaltung stattgefunden, so können wir vergleichsweise einen solchen Aufbruch des Menschen zu sich selbst hin bedauerlicherweise bis heute nicht feststellen. Ganz im Gegenteil: Der wissenschaftlich-technische Fortschritt hat dazu geführt, dass der Aufbruch des Menschen zu sich selbst ausgeblieben und stecken geblieben ist bzw. ständig durch die existierenden Über-Ich-Strukturen abgeblockt wurde. So lief die bisher verfolgte Strategie zur Veränderung der menschlichen Verhältnisse ständig darauf hinaus, dass zuallererst die äußeren gesellschaftlichen Umstände verändert und damit erst die materiellen Grundlagen geschaffen werden sollten, und zwar in der Erwartung, dass das Übrige sich dann schon von selbst eines Tages einstellen werde. In Wirklichkeit hat sich aber gezeigt, dass sich ohne eine gleichzeitige, wenn nicht gar vorrangige Selbstveränderung in dieser Welt nichts verändern wird.

Wenn wir dies aber ins Werk setzen, bekommen wir es sofort mit der Angst zu tun, weil wir auf diesem Weg schon bald erfahren, dass wir uns nicht »haben« und uns an noch so winzige, häufig völlig bedeutungslose Dinge (panikartig) festklammern. In diesem Festklammern sind weitgehend die Ursachen für die Neurosen angelegt, mit denen wir es gegenwärtig zu tun haben.

Der entscheidende Punkt aber ist, diese Angst zu akzeptieren, durch sie hindurchzugehen und das bislang Vertraute, Gewohnte, Sichere und Gewisse allmählich sterben bzw. von uns abfallen zu lassen. Dies ist durch das Beschreiten des Yogaweges, so wie ihn Patañjali gelehrt hat, möglich. Dazu gehört auch, sich von den Kategorien des wissenschaftlich-technischen Fortschrittsdenkens in seinen dogmatischen Ansprüchen Zug um Zug zu befreien und das bislang durch ihn Verborgene und Unterdrückte, ja Ausgegrenzte hervortreten zu lassen.

Yoga ist in diesem Zusammenhang gesehen die nach meinem Dafürhalten heute umfassendste Theorie und Praxis unserer Existenzmöglichkeiten, und zwar in dem Sinne, dass die yogische Praxis von Anfang an auf die stufenweise Entfaltung unseres vieldimensionalen Bewusstseins ausgerichtet ist. Yoga strebt als Methode an, eine weit höhere Ebene des Bewusstseins als die gegenwärtige zu erreichen. Das bedeutet auch eine völlig andere Dimension des Seins und der Wirklichkeit zu erreichen als die eindimensionale, die wir bisher erfahren haben und die uns inzwischen an den Rand unserer Existenz geführt hat. Yoga dient auch und erst recht der politischen Emanzipation des Menschen von den nach wie vor existierenden Ideologien, wenn nicht gar Irrtümern, die unser Alltagsbewusstsein nach wie vor bestimmen.

Zen, die Blüte des Yoga

Zen gelangte in Japan zur Blüte, aber wenige wissen, dass Zen als eine Strömung des Buddhismus in Indien seinen Geburtsort hat und dass Zen eigentlich die Blüte des Yoga ist. Zen hat sich durch einen sehr langen geschichtlichen Prozess herausgebildet, der im klassischen Yoga begann und in Buddha seinen ersten Höhepunkt fand; eine lange Tradition des weiblich-empfänglichen Geistes ging dem voraus.

Den »Osten« kann man seit je eher als weiblich, den »Westen« eher als männlich bezeichnen: aggressiv und imperial. Der »Osten« war immer eher aufnahmebereit, offen, sodass Zen hier schließlich auch zur Blüte gelangen konnte. Bei uns im »Westen«, wo wir alles andere als aufnahmebereit sind, dafür eher alles und jedes zu einem Angriff und »mit Biss« machen, ist Zen nur eine ganz spezifische Art von Schauspielerei und gerade kein Teil unseres inneren Wesens. Die Beliebtheit von Zen im »Westen« hängt daher häufig nur mit einer Scheinkristallisierung unseres Ego zusammen. Wir sind nicht wirklich bereit, auf uns selbst zuzugehen; wir weichen uns stattdessen ständig aus, instrumentalisieren im Yoga eher unseren Körper und machen ihn durch ein intensives Training fit.

Durchbruch zum Eigenen

Zen setzt voraus, dass wir durch alle »Körper« hindurchgehen, d. h. auf unserem bisherigen Weg umkehren. Wir beschreiten damit bewusst einen ganz bestimmten Weg und müssen lernen, auf diesem Weg unterwegs zu sein und auch unterwegs zu bleiben. Das Wie dieses Gehens ist dabei entscheidend und ohne die Einhaltung einer gewissen Disziplin bestimmt nicht zu erreichen. Der Yogaweg ist kein Sonntags- bzw. Wochenendspaziergang. Er führt von unserem Masken-Dasein (Person) zum individuellen Dasein und von hier dann zum nicht-individuellen Dasein, ins Namenlose. Das setzt voraus, dass wir unseren Gedankenprozess, den ganzen Irrgarten unserer Wünsche, Begierden und Selbsttäuschungen Schritt um Schritt durchschauen lernen. Bevor dies nicht geschehen ist, setzt sich das Verwirrspiel, das wir fälschlicherweise immer noch Leben nennen, uneingeschränkt fort. Wir können auch sagen: Bevor wir uns unserer Leiblichkeit nicht wirklich bewusst geworden sind, ist jede Mühe um Zen sinnlos. Erst wenn wir unser Denken bewusst wahrnehmen, erfolgt neben einer Vielzahl anderer Ent-Identifikationen auch die Ent-Identifikation von Weltanschauungen, Religionen und Ideologien, an denen wir gewöhnlich hängen.

So, wie wir unseren Körper bewusst wahrnehmen, ja ihn bis zur Vernichtung infrage stellen können, so, wie wir unsere Stimmungen und damit auch unsere jeweilige Befindlichkeit bewusst sehen können, können wir auch unsere Gedanken, unsere Vorstellungen und Ideen bewusst wahrnehmen. Wir erkennen dann, dass unser gewöhnliches Denken in den uns geläufigen Kategorien des Verstandes nichts als eine Anhäufung von mehr oder weniger widrigen Gedanken in unserem Computergehirn sind, das ständig weiter mit den Daten unserer längst vergangenen Erfahrungen gefüttert wird, d. h. mit allem, was wir schon gelernt haben und heute immer noch lernen.

Zen aber lehrt: Wir sind nicht identisch mit unserem Körper. Wir sind nicht identisch mit unseren Gefühlen. Wir sind auch nicht identisch mit unserem Gehirncomputer, mit unserem Verstandesvermögen. Sobald wir dieses sehen, sind wir frei. Wir fühlen uns entspannt. Sobald wir uns aber mit den alten und immer wieder neuen Ideen und Gedanken identifizieren, entstehen sofort erneut Barrieren zwischen uns und unserem eigentlichen Wesen, das frei ist. Das Denken hat dann wieder eine Trennschicht zwischen uns und unseren Erfahrungen geschaffen. Wir sitzen schon wieder in der Falle.

Zen lehrt, dass wir uns selbst zu keiner Zeit wirklich kennenlernen werden, ja dass wir nicht wissen werden und auch nicht wissen können, wer wir eigentlich sind. Wir gehen durchs Leben, unternehmen dies und das mehr oder weniger erfolgreich, werden aber ständig – neben dem Gefühl, nicht zu wissen, was das Sein und die Zeit eigentlich sind – von dem fast schon ängstlichen Gefühl heimgesucht, nicht zu wissen, wer wir sind. Dieses Gefühl, diese Stimmung, die unsere Existenz von Grund auf (häufig auch unbewusst) bestimmt, begleitet uns, egal, wie sehr wir uns auch anstrengen, es zu vergessen oder zu verdrängen. Wir entkommen ihm nicht. Es bleibt uns nichts anderes übrig, als es zu akzeptieren und unser Leben danach zu gestalten.

Das gilt selbstverständlich auch im Hinblick auf die Frage, woher wir kommen und wohin wir gehen. Trotz aller Theorie bekommen wir auf diese Frage keine wirkliche Antwort und müssen in dieser Spannung unseren zeitlich befristeten Aufenthalt auf diesem sicher mehr als merkwürdigen Planeten bestreiten. In diese Einsicht fügt sich eine weitere nahtlos ein, nämlich die Einsicht, Teil einer Wahnwelt zu sein. Die derzeitige Zerstörung des Planeten scheint mir so lange unvermeidlich zu sein, solange wir fortwährend unerfüllbare Ansprüche materieller Art stellen. Das Chaos um uns herum ist dabei aber nur unser nach außen projiziertes inneres Chaos: aus Habgier, Hass und Selbsttäuschung, wie es uns vor Jahrtausenden sowohl der

Buddha als auch Jesus mit Beispielen, Parabeln und Gleichnissen vor Augen geführt haben. Wir suchen ständig nach etwas, wo wir eingreifen können, im Außen. Denn in uns gibt es nichts, wo wir eingreifen müssten; es gibt ausschließlich Blockaden aufzulösen, um zu verstehen, was unser Leben letztendlich ausmacht.

Stattdessen halten wir uns immer noch an blinde Fixierungen auf Symptome. Daher auch die vielen – letztlich völlig überflüssigen – Umweltkonferenzen, die uns nur über den wahren Zustand, die innere Verfassung der reichen Länder hinwegtäuschen, sodass man mit Recht zu dem Schluss verleitet werden könnte, dass der Blick nach innen praktisch außerhalb des Fassungsvermögens dieser Länder liegt. Und in der Tat: Unsere europäisch-amerikanische Vorstellungswelt mit ihren Werten, Hoffnungen, Wünschen, Urteilen und Vorurteilen ist nichts anderes als eine Art Computerprogramm, das uns von unseren Kulturverwaltern mit auf den Weg gegeben wurde, ohne dass uns dieses Programm bislang zu Bewusstsein kam. Solange wir aber unsere eigene Innenwelt nicht wirklich reinigen, haben auch die Bäume um uns herum keine Chance.

Zen lehrt: Nur Meditation ist in der Lage (und nicht unser wissenschaftlich-technischer Verstand), die Programme, die uns verdummen und nur noch weiter verwirren, zu löschen, sodass wir erstmals als Menschen und nicht als Roboter hervortreten. Wir begreifen so erst, wie wir bisher belogen wurden und uns selbst belogen haben.

Die meisten Religionen sagen uns, diese Welt, dieses Leben sei nichts anderes als ein Durchgangsleben, das eigentliche, wahre Leben warte erst im Jenseits auf uns. Dort im Jenseits sei das wahre Leben, hier warteten wir bloß. Aber schon Nietzsche hatte damit begonnen, dieses geradezu verhängnisvolle Denkmuster, das kirchlichen Herrschaftsansprüchen entspringt, zu entideologisieren.

Zen lehrt stattdessen: Wir leben hier und jetzt, ein Jenseits existiert nicht.

Zen lehrt: Man hat uns alle nur denkbaren diesbezüglichen Vorurteile mitgegeben und uns damit gleich in mehrere Teile gespalten. Schließlich hat man uns auch noch beigebracht, Ehrgeiz zu entwickeln, und eingebläut, dass das Leben mit einem gnadenlosen Konkurrenzkampf, mit Konflikten, ja mit Krieg und Gewalt identisch sei. Demnach sei die einzige Freude im Leben der Erfolg, das einzige Glück, so viel Geld wie möglich zu besitzen, und wir könnten auch nur dann wirklich zufrieden sein, wenn wir Karriere gemacht hätten. So wird jungen Menschen schon frühzeitig eine Fülle von Ideen in den Kopf gesetzt, bis sie den neurotischen Charakter dieser Ideenproduktion endlich durchschauen. Nur ist dann der Schaden schon angerichtet, und es ist für den erwachsenen Menschen schon fast unmöglich, aus eigener Kraft aus dieser Situation wieder herauszufinden. Bis zu diesem Zeitpunkt haben sich schon viele so weit mit diesen Ideen identifiziert, dass sie davon träumen, die Ideen und sie seien eins.

Wenn uns z. B. jemand fragt, wer wir seien, antworten wir häufig: Protestant, Jude oder Katholik, Marxist, Idealist oder Atheist, Deutscher, Franzose oder Amerikaner, sodass es durchaus logisch ist, dass wir erst einmal von diesen (Wahn-)Ideen dekonditioniert werden müssen, bevor wir zu unseren eigenen Erfahrungen durchbrechen können. Das kann, aber muss nicht notwendig die Aufgabe eines Therapeuten sein: uns dabei zu helfen, erst einmal wieder völlig nackt zu werden, indem wir alle Ideologien von uns abstreifen und erkennen, dass wir auch ohne irgendeine höhere Idee leben können.

Ich selbst halte es aufgrund eigener Erfahrungen für geradezu verhängnisvoll, dass wir uns immer wieder abstrakten Ideen verpflichten, wie etwa der Idee der Vollkommenheit, weil wir, wie Zen lehrt, bereits vollkommen sind! Jeder von uns kommt vollkommen zur Welt und lernt erst dann, sich erst vervollkommnen zu müssen! Dieses Streben nach Vollkommenheit entspricht eher einem komplizierten Leben, und ist allein eine Idee unseres Kopfes. Dieser Kopf ist darauf programmiert, ständig mit uns, trotz seiner erbärmlichen Vielzahl von Niederlagen, zu versuchen, anders zu sein oder anders sein zu wollen, als wir tatsächlich sind. So versucht eben der eine, ein Christ zu werden, der andere ein Moslem, der eine ein Buddhist und der andere ein Marxist: nur ist er damit niemals er selbst! Am Ende sucht er noch herauszufinden, wie er, absterbend in einer absterbenden Welt, überhaupt noch leben, ja überleben kann.

Zen lehrt auch hier wieder: Die Idee, anders sein zu wollen, als wir sind, spaltet uns; sie ist im Grunde unser eigentliches Unglück. Einfach nur der zu sein, der man ist, und dies in einer Welt, die ständig außergewöhnlich fortschrittlich sein will, ist sicher das Schwerste. Nur natürlich zu sein, spontan, bewusst, im Hier und Jetzt entspannt zu leben, ohne die Gegenwart der Zukunft oder der Vergangenheit zu opfern, ist in Wirklichkeit das Außergewöhnliche und Übermenschliche.

Die Idee, dass wir wie Jesus oder wie Buddha leben sollten, ist unser Unglück. Keiner von uns kann Jesus oder Buddha sein, da es unserer Individualität und unserer Freiheit widerspricht, uns wie Kopien durch die Welt zu bewegen. Jesus, der Nazarener, war genauso einmalig wie der Buddha, wie jede einzelne Pflanze, jedes einzelne Tier, jeder einzelne Mensch. Die Natur wiederholt sich nicht. Wiederholte sie sich, hieße dies, dass sie sich bereits erschöpft hätte. Mit anderen Worten: Der Gedanke, jemand anderes werden oder sein zu wollen, beruht auf nichts anderem als auf Selbsttäuschungen, auf Selbsthass und Selbstverurteilungen. Dies hat die geradezu verhängnisvolle Konsequenz, dass wir absterben und eben nicht aufwachen und ausbrechen aus den erstarrten Mustern, die das ganze Elend, in dem wir uns heute befinden, verursachen. Wir sind nicht nur auf eine ganz bestimmte Theologie und damit auf ein ganz bestimmtes gesellschaftspolitisches Denken konditioniert, wir sind in unserem Kulturkreis vor allem auch auf ein negatives Gefühl hin konditioniert. Das findet seinen Ausdruck darin, dass wir ständig unter Beweis stellen müssen, dass wir überhaupt einen Wert besitzen. Dass uns unser Wert angeblich nicht mitgegeben wurde, wurde und wird uns beigebracht. Folglich muss er erst unter Beweis gestellt werden. Daraus resultiert die tiefe Feindschaft, der tief sitzende Selbsthass, den fast jeder von uns ständig mit sich herumträgt. Denn es sind natürlich nur wieder wenige Menschen, die in unserer Wettbewerbsgesellschaft Erfolg haben und Erfolg haben können. Millionen von Menschen fühlen sich unwert und reden folglich auch ständig vom unwerten, ja sinnlosen Leben, das sie zu fristen hätten. Doch das Gegenteil ist der Fall. Jeder hat natürlich etwas von einem Dichter in sich. Jeder hat ein wenig Poesie, die er der Welt geben kann, natürlich vorausgesetzt, er akzeptiert sich und stellt sich nicht wieder unter die ihn ständig versklavenden hohen Werte und Ideale! Jeder von uns besitzt Kreativität, aber fast jeder von uns quält sich fast täglich mit seinem (zu geringen) Erfolg herum, sodass er ständig rivalisiert und kämpft – ob nun mit fairen oder unfairen Mitteln, ist dabei schon fast gleichgültig. Sobald sich der Erfolg einstellt, ist alles in Ordnung. Dieser anerzogene Ehrgeiz führt uns dazu, dass wir Zeit unseres Lebens leiden und uns zu guter Letzt auch noch allem und allen unterlegen fühlen.

In Wirklichkeit ist niemand unterlegen und niemand überlegen, weil jeder Mensch einzigartig ist, sodass jeder Vergleich von vornehin absurd ist. Nichts ist verloren oder gewonnen, nichts muss gewonnen werden, niemand muss aufsteigen oder absteigen, vorankommen oder zurückfallen, da außer im Bereich der bloßen Erscheinungen, den wir Realität nennen, alles und jedes längst vollkommen ist. Das negative Gefühl haben uns unsere Eltern als Erbe mitgegeben, dann die Lehrer, die gesellschaftlichen Eliten usw. Sie haben uns auf ihre Weise das Gift eingeimpft, dass wir im Grunde keine Wichtigkeit besäßen und dass zu sein, einfach nur zu sein, nicht ausreiche und wir infolgedessen erst durch eine Erfolg versprechende Arbeit unserem Leben einen wirklichen Sinn geben könnten. Erst wenn wir diesen Irrsinn der von den Postulaten des »Du solltest« und »Du müsstest« durchsetzten Weltauffassung durchschauen, begreifen wir auch, wie lebensfeindlich die uns anerzogenen Ideale sind. Das lehrt Zen.

Das heißt nun nicht, dass wir unmoralisch leben sollten. Schon Nietzsche wandte sich in diesem Sinne gegen die jüdisch-christlichen Moralvorstellungen, wie sie uns von einer zutiefst unmoralischen Gesellschaft aufgedrängt wurden. Wenn wir schon den Begriff der Moral im Zusammenhang mit der Zen-Lehre verwenden, dann ist damit auch kein Charaktermerkmal im üblichen Sinne gemeint, sondern ein Überströmen, ja eine Fülle unseres Seins benannt, durch das wir das tote Sein, das morsche Gerüst, auf das wir uns bislang gestützt haben, hinter uns lassen. Was normalerweise Moral genannt wird, ist häufig nichts anderes als Unterdrückung.

Indem wir dem postulierten Ideal der Vollkommenheit weder gestern noch heute gerecht werden können, durchzieht uns ständig das vernichtende Gefühl, nicht zu genügen. Wir werden infolgedessen zu Neurotikern. Erst wenn wir unsere scheinbare Unvollkommenheit akzeptieren, verschwindet auch das Gefühl, von diesem Leben und den Menschen nicht wirklich akzeptiert zu werden. Erst wenn wir uns nicht weiter mit anderen Menschen und ihren Idealvorstellungen vergleichen, beenden wir unsere pathologische Irrfahrt. Erst wenn wir uns selbst akzeptieren, d. h. erst wenn Sie akzeptieren, dass Sie sich ständig verändern, ja auch verändern können, erst wenn Sie den heutigen Tag in seiner ganzen Schönheit, in seiner Freude, in seinem Schmerz, auch in seiner Agonie, wirklich leben, leben Sie nicht mehr in einem Trichter oder einem Zylinder, wie uns Beckett unter Rückgriff auf Dante gezeigt hat. Dann akzeptieren Sie Ihr Dasein einmal in seiner Dunkelheit und dann auch wieder in seinem Licht. Dann und nur dann erfahren wir unser Sein letztendlich als ein durchaus sinnvolles Spiel.

Zen lehrt: Wir können dieses ruinöse Programm nur in der Meditation allmählich durchschauen lernen und dann auch loswerden, auch wenn sich der programmierte Verstand energisch dagegen wehrt.

Wir haben es jahrhundertelang versäumt, deutlich zu unterscheiden, wie wir nicht auf ruinöse, sondern auf sinnvolle Weise unseren Verstand nutzen können: entweder als dienstbaren Geist, der auf Abruf bereit steht, oder wie bis heute destruktiv als Diktator jener Wahnwelt, in der wir leben. Das Resultat ist eine Welt, die im Namen des Verstandes, der Vernunft und der Rationalität ständig in eine Wahnwelt umgeformt wird, weil übersehen wird, dass diese Vernunft und diese Ratio immer nur eindimensional unsere Wirklichkeit begreift, und dies aufgrund seiner Bedingungen auch nicht anders kann! Die blutrünstige, wirrste und destruktivste Phase der Französischen Revolution begann, als Robespierre den Glauben an die Vernunft mit einem Riesenfest auf dem Champ-de-Mars zur künftigen Staatsreligion Frankreichs erklärte. Alles, was danach kam, erklärt sich aus diesem einzigartigen Aberglauben. In diesem Zusammenhang möchte ich Robert Musil zitieren, der mit seinen Worten ganz sicher ins Zentrum unserer Epoche trifft: »Jeder Fortschritt ist ein Gewinn im Einzelnen und eine Trennung vom Ganzen; es ist das ein Zuwachs an Macht, der in einem fortschreitenden Zuwachs an Ohnmacht mündet, und man kann (offenbar) davon nicht lassen.«

In der Tat: Unser neuzeitliches, fortschrittliches Gehirn hat sich eine Welt ausgedacht und gestaltet, ohne dass wir noch verstehen, was in diesem Fortschritt wirklich vor sich geht. Wir stoßen daher auch in unserer täglichen Yogapraxis auf diese dunklen Labyrinthe einer sich selbst nicht mehr begreifenden Innen- wie Außenwelt.

Paradies ohne Grenzen

Wir müssen ohne Wenn und Aber erst einmal unsere Lage durchschauen lernen und damit zugleich auch einen Umdenkprozess in die Wege leiten, um die volle Verantwortung für uns übernehmen zu können. Sehen wir uns daher kurz die materiellen Bindungen und das Inventar unserer Denkbestimmungen an, das uns immer wieder an diese Bedingungen bindet.

Als Erstes begegnen wir im Inventar unseres Alltagsbewusstseins der Vorstellung einer Vergangenheit, um schon bald zu merken, dass zu dieser Vorstellung auch die Vorstellung von einer Gegenwart und einer Zukunft gehört. Wir können uns in solchen Vorstellungen bewegen und tun dies auch in jedem Augenblick – weil wir nun einmal zeitliche, geschichtliche und demzufolge endliche Wesen sind. Interessant ist, dass wir als diese endlichen Wesen immer wieder den Versuch unternehmen, von der Vergangenheit her auf die Zukunft zu schließen, ja all das, was wir gegenwärtig erfahren, einzig und allein an Vorstellungen und Begriffen zu messen versuchen, die wir mehr oder weniger bewusst der Vergangenheit entnehmen. Ja, und es kommt noch schlimmer: Wir nehmen wahr, beobachten und erkennen das, was ist, ständig unter dem Blickwinkel der Vergangenheit. Ich will damit zum Ausdruck bringen, dass alle unsere Anschauungen schon aufgrund ganz bestimmter Begriffe und Anschauungen vorgeprägt sind, die wir häufig unbewusst aus dem, was schon gewesen ist, beziehen. Das heißt, wir nehmen wahr, wir beobachten und erkennen das, was ist, grundsätzlich nicht unverstellt. All das, was wir erfahren, beziehen wir auf bereits Wahrgenommenes, Beobachtetes und Erkanntes, sodass es Neues, zuvor also nicht Wahrgenommenes, Beobachtetes und Erkanntes, eigentlich gar nicht geben kann.

Wir wählen unbedacht immer wieder denselben Weg, indem wir mit Kategorien aus der vertrauten, etablierten Vergangenheit gegenwärtiges Geschehen zu begreifen versuchen, um so die Wirklichkeit einem Interpretations-, wir können auch sagen: Vorurteilsschema zu unterwerfen, durch das wir aber die Wirklichkeit verfälschen.

Wir nehmen die Wirklichkeit – wie schon erwähnt – also nur noch in einem fiktiven Sinne wahr. Damit weichen wir nicht nur der Wirklichkeit, sondern in erster Linie auch uns selbst aus. Mehr noch: Dadurch, dass wir auf diese Weise den »Weg der ewigen Wiederkehr« gehen, wiederholt sich auch unser Grundproblem immer wieder. Wir bleiben stehen und bewegen uns eben gerade nicht weiter vorwärts. Deshalb treffen wir auch unsere Wahl immer wieder zum Gewohnten hin, folgen wir immer wieder den uns anerzogenen und vertrauten Neigungen und verwerfen dementsprechend schließlich auch alle Perspektiven, die dieser »Urwahl« entgegenstehen. Da ich es bin, der die Wahl trifft, verschließe ich mich so immer wieder selbst der offenen Weite meines Daseins und kann mein Dasein daher auch nicht mehr wirklich durchschauen. Ich kann, um noch einen Schritt weiterzugehen, auch sagen, dass ich allein schon dadurch, dass ich wähle und mich auf eine Wirklichkeit festlege, immer nur eine Wahrheit wähle, sie aber gerade dadurch verfehle. Jede Wahrheit bleibt als gewählte und damit geteilte Wahrheit letztlich zutiefst unwahr.

Der ganze Irrsinn, in dem wir leben, kommt aus Sicht des Zen-Yoga daher, dass wir aus dieser Welt ständig ein (christliches, hinduistisches, islamisches, jüdisches, ein faschistisches, ein sozialistisches usw.) Paradies machen wollen und dabei nicht merken, dass dieses Leben schon ein Paradies ist, wir aber ständig dabei sind, aus diesem Paradies eine Hölle zu machen. Unsere ganze, d. h. nicht eingeschränkte und nicht eingeengte Existenz ist dazu vonnöten. Die unverstellte, unser Sein bestimmende Natur, ist einzigartig. Nähmen wir sie in ihrer Schönheit und Fülle wahr, dann ließen wir unsere Vorstellung vom Paradies von alleine fallen.

Yoga im Geiste des Zen zu praktizieren heißt daher, sich in die Unvorhersehbarkeit der Welt hinauszubewegen und vorher alle Begriffe (Grenzen) fallen zu lassen. Dann fällt uns als Erstes auf, dass die Welt, in der wir leben, ganz anders aussieht als das, was wir über sie bisher gelernt haben. Im »Westen« begegnet uns so unter anderem ständig der Mythos des tragischen, leidenden Helden, für den die Welt, in die er geraten ist, schrecklich ist, sodass namentlich der Künstler und Wissenschaftler aufgerufen ist, eine bessere zu schaffen. Um dieses Ziel zu erreichen, müssen wir aber erst alle durch die Hölle, offensichtlich auch erst durch die Hölle des Fortschritts gehen. Im »Osten«, in Asien, scheint demgegenüber die Welt ganz in Ordnung. Solange wir sie noch hören, sehen, verstehen können. Wenn dies nicht mehr der Fall ist, liegt das daran, dass unsere Sinne und unser Wahrnehmungsvermögen verschlossen bzw. versiegt und unsere Köpfe schließlich nur noch mit vorgefassten Meinungen vollgestopft sind. So haben wir die Welt zu unserer eigenen Misere gemacht. Wenn die Welt in Ordnung, also weder gut noch böse bzw. schlecht ist, erübrigt sich auch die moralische Forderung, sie zu verbessern.

Im »Westen« leben wir spätestens seit der kopernikanischen Wende Kants in einer Ersatzwelt, in einer hergestellten Welt, in der Welt des »Gestells«, wobei wir all das, was ist, einschließlich unseres Denkens, auf das Berechenbare reduzieren, sodass uns z. B. die Computerisierung unserer gegenwärtigen Gesellschaft immer stärker dazu zwingt, unsere Denk- und Kommunikationsstruktur an die Struktur der maschinellen Symbolverarbeitung anzupassen. Unser Alltag wird immer abstrakter, sodass wir uns kaum noch darin wiederfinden.

Einer der Gründe dafür ist die Macht des industriell-wissenschaftlich-technischen Denkens, das uns die Welt so erschließt, wie wir sie heute als Realität begreifen. Wir leben in einer verhängnisvollen Abhängigkeit vom industriellen Fortschritt, der im bestehenden politischen Rahmen (unter anderem der

Parlamente) offenkundig nicht mehr zu kontrollieren, geschweige noch auf humane Zwecke hin umzukehren ist. So sind beispielsweise Großrechner, die für militärische Zwecke genutzt werden, nicht mehr durchschaubar. Fehler können zwar von den dafür zuständigen Experten behoben werden, doch das System als Ganzes überfordert seit Langem unsere Intelligenz durch seine Komplexität und Schnelligkeit. Wohin diese elektronische Eigendynamik wirklich führt, hat uns 1987 der New Yorker Börsenkrach gezeigt, bei dem die Computer scheinbar völlig fehlerfrei für viele den Bankrott herbeigerechnet hatten. Aufgrund solcher Erfahrungen bleibt vor der Vorstellung zu warnen, dass uns angeblich intelligente Rechner Problemlösungen vorschlagen könnten. Solche Lösungen sind durch Rechenprozesse nun einmal nicht zu ermitteln, denn welche Werte und Ideen sollte die künstliche Intelligenz zu ihren Antworten überhaupt inspirieren?

Zen lehrt daher den Verzicht auf jedes Sendungsbewusstsein, auf den Eifer, auf irgendeine große Idee einschließlich einer industriell-wissenschaftlich-technischen Weltgesellschaft, mithin auf eine Utopie, die die Tatsache ständig zu überspielen versucht, dass wir keinen festen Boden mehr unter den Füßen haben und auch keine konstruktive Logik den Anspruch auf Verbindlichkeit erheben kann. Wir haben es mit einer entgrenzten Welt zu tun, die sich heute vor allem in einer erschreckenden Sprach- und Kommunikationslosigkeit zeigt. Trotzdem erfinden wir immer noch perfektere autonome Ordnungssysteme, wobei die Erfinder sich zu einzigartigen, über den Gesetzen schwebenden Supergenies hochstilisieren, um am Ende dieser öffentlichen Popularitätsfahrt auf die unangenehme Wahrheit zu stoßen, dass es kein allgemeingültiges System und damit auch keine Genies dieser Art geben kann, die sich durch ihre individuellen Kraftanstrengungen vom Boden der Wirklichkeit abheben könnten.

Zen lehrt, in jeder Hinsicht abzurüsten, damit wir uns im inzwischen entstandenen Chaos überhaupt noch weiterbewegen können, und Zen lehrt, dass Sprache, Logik und jede Art von Ordnungssystemen mit dem schon erwähnten aufgeblähten Ego des Menschen und der daraus resultierenden gesellschaftlichen Machtausübung gleichzusetzen ist.

Sprich nicht über Zen –
lehre Zen mit dem Körper –
zeige Zen

Der Mönch Bodhidharma reiste der Überlieferung nach im Jahre 520 nach China, um dort die buddhistische Lehre zu verbreiten. Nach ersten erfolglosen Versuchen ließ er sich in einem Shaolin-Kloster in Nordchina nieder und übte dort neun Jahre lang unerschütterlich Zazen, das stille Sitzen. Deshalb wird diese Periode auch »neun Jahre der Wand gegenüber« genannt. Hier fand Huike, der spätere zweite Patriarch des Zen in China, zu ihm und wurde nach einem eindrucksvollen Beweis seines »Willens zur Wahrheit« als sein Schüler angenommen.

Bodhidharma kam aus Indien, dem Ursprungsort und der Heimat dessen, was wir heute »östliche Weisheit« nennen. Schon Nietzsche hat uns darauf hingewiesen, »dass in Indien vor vier Jahrtausenden mehr gedacht wurde und mehr Lust am Denken vererbt zu werden pflegte als jetzt unter uns« hier in Europa (Morgenröthe Aph. 96). Ohne das südasiatische Denken wäre aber das ostasiatische Denken in seiner heutigen Ausprägung nicht möglich gewesen, wobei innerhalb des südasiatischen Denkens der Lehre des Buddha eine besondere Bedeutung zukommt.

Die Lehre des Buddha verbreitete sich bis in die letzten Winkel Ostasiens, Südostasiens (Hinterindien und Malaiischer Archipel), Zentral- und Vorderasiens. Dass ohne diese Verbreitung des Buddhismus in seinen verschiedenen Ausprägungen weder das meditative Denken der Chinesen, Koreaner und Japaner (und der Tibeter, der Mongolen und Südostasiaten) je auf der

Weg gebracht noch der Taoismus abgesichert worden wäre, ist heute weitgehend unstrittig. Die buddhistischen Lehren gelangten von Kaschmir nach Vorder- und Zentralasien, von dort über die berühmte Seidenstraße durch Westchina nach Ch'ang-an und von dort weiter bis in die alte Kaiserresidenz Luo-yang. Auf anderen Pfaden verbreitete sich der Buddhismus bisweilen aber auch auf dem Seeweg an Hinterindien vorbei nach Südchina.

Die geistige Durchdringung Ostasiens durch das südasiatische Denken blieb uns hier im Westen sowohl zur damaligen Zeit (beginnend etwa um die Zeitenwende) als auch in den vielen späteren Jahrhunderten weitgehend verborgen. Erst etwa in den letzten hundert Jahren erkannte man auch in Europa, was sich in Asien inzwischen vollzogen hatte. Daher ist die Feststellung keineswegs übertrieben, dass dem Ost-West-Dialog – unbemerkt vom Westen und an ihm vorbei – schon ein lange währender Süd-Ost-Dialog vorausging, den wir erst jetzt allmählich zu begreifen beginnen. Während der Okzident sich permanent seines griechisch-römischen und jüdisch-christlichen Erbes versicherte, entspann sich zwischen Süd- und Ostasien ein Dialog, von dem ich glaube, dass er in der Situation der Orientierungslosigkeit, in der wir uns gegenwärtig befinden, von großer Wichtigkeit ist.

Zen-Lehre des Bodhidharma

Der eine oder andere von Ihnen mag schon von der Begegnung zwischen Bodhidharma und dem Kaiser Wu von Liang gehört haben. Kaiser Wu war ein Anhänger und Förderer des Buddhismus und hatte in seinem Herrschaftsbereich einige buddhistische Klöster bauen lassen. Nun fragte er den gerade aus Indien kommenden Meister Bodhidharma, welche Verdienste er sich damit für sein späteres Leben erworben habe. Bodhidharma antwortete auf diese Frage knapp und schlüssig: »Keine Verdienste.«

Was denn der »höchste Sinn der heiligen Wahrheit«, also der Kern der buddhistischen Lehre sei, fragte der Kaiser weiter.

»Grenzenlose Weite, nichts Heiliges«, antwortete darauf Bodhidharma.

Nun verlangte der Kaiser zu wissen: »Wer ist das da, Uns gegenüber?«

»(Ich) weiß (es) nicht«, entgegnete Bodhidharma, der dem Kaiser mit diesen Antworten den Kern seiner Lehre offenbarte, ohne dass dieser ihn jedoch begriff.

Die Begegnung mit dem Kaiser Wu von Liang zeigte Bodhidharma, dass die Zeit in China noch nicht reif war für die Aufnahme seines Dharma. Er überquerte deshalb den Jangtse, wie die Legende erzählt, auf einem Schilfblatt – ein beliebtes Sujet in der Zen-Malerei – und reiste weiter nach Nordchina, wo er sich schließlich – wie bereits erwähnt – im Shaolin-Kloster niederließ. Es ist nicht sicher, ob er dort starb oder ob er das Kloster wieder verließ, nachdem er das Patriarchat auf Huike übertragen hatte. Nach einer Legende bekam er nach neun Jahren im Shaolin-Kloster Heimweh nach Indien und entschloss sich, wieder dorthin zurückzukehren. Bevor er abreiste, rief er seine Schüler zusammen, um die Verwirklichung seiner Lehre bei ihnen zu prüfen.

Der erste Schüler, den er befragte, sagte: »Wie ich es verstehe, sollten wir, wenn wir die Wahrheit verwirklichen wollen, uns weder ganz auf Worte verlassen, noch sollten wir die Worte ganz abtun; wir sollten sie vielmehr als ein Werkzeug auf dem Weg benutzen.«

Bodhidharma antwortete ihm: »Du hast meine Haut erfasst.«

Als Nächstes trat eine Nonne vor und sagte. »Wie ich es verstehe, ist die Wahrheit wie eine glücksverheißende Schau des Buddha-Paradieses; man sieht sie einmal und dann nie wieder.«

Ihr antwortete Bodhidharma: »Du hast mein Fleisch erfasst.« Der nächste Schüler sagte: »Die vier großen Elemente sind leer, und die fünf Skandhas (Körperlichkeit, Empfindungen, Wahrnehmung, psychische Formkräfte, Bewusstsein) sind nicht existent. Es gibt in der Tat nichts, das zu erfassen wäre.« (Ich darf ergänzen: weil sie vergänglich sind.)

Hierauf entgegnete Bodhidharma: »Du hast meine Knochen erfasst.«

Schließlich war Huike an der Reihe. Er sagte nichts, sondern verbeugte sich nur schweigend vor dem Meister. Ihm sagte Bodhidharma: »Du hast mein Mark erfasst.«

Nach einer anderen Legende wurde Bodhidharma im Alter von 150 Jahren vergiftet und in den Bergen von Honan begraben. Nicht lange nach seinem Tod traf der Pilger Songyun, der nach Indien gereist war, um von dort Lehrtexte nach China zu holen, auf seinem Heimweg Bodhidharma in den Bergen von Turkestan. Der indische Meister, der nur eine Sandale trug, sagte dem Pilger, er sei dabei, nach Indien zurückzukehren; in China werde ein chinesischer Dharma-Nachfolger seine Tradition fortsetzen. Nach seiner Heimkehr nach China berichtete Songyun den Schülern des Bodhidharma von dieser Begegnung. Sie öffneten sein Grab und fanden es leer – bis auf eine Sandale des Patriarchen!

Einblick in das Wesen der Dinge

In dem berühmt gewordenen Film »Warum Bodhi-Dharma in den Orient aufbrach?« leben drei Menschen in den weiten, dicht bewaldeten Bergen Südkoreas: ein alter Meister des Zen-Buddhismus, sein noch unsicherer Schüler und ein Waisenkind. Um diese drei Menschen herum ist die alles beherrschende Natur, ihre Elemente: Wasser, Feuer, Erde, Wind und Licht.

Die drei Menschen, die in diesem Film bestimmte Erfahrungen machen, können als drei Stadien eines einzigen Menschen auf dem Weg zur erfüllten Harmonie, zur inneren Freiheit verstanden werden.

Eine der Fragen, die uns alle immer wieder bewegen, lautet: Warum brauchen wir ein ganzes Leben, um den Sinn dieses Lebens zu entdecken und seine Probleme zu lösen?

Die Bilder dieses Films – und das ist zum Verständnis des Zen-Weges entscheidend – lassen uns intuitiv und sinnlich mehr erfassen und begreifen, als die Konturen des im Film Dargestellten für uns schon konkret sichtbar machen. Am Ende führen sie uns zu unserem Selbst mit der Frage zurück, ob das Leben, das wir führen, überhaupt ein sinnvoll gestaltetes Leben ist. So, wie sich die Form aus sich selbst heraus entwickelt, gewinnt der genannte Film eine zwar nie betonte, aber zwangsläufige und eindringliche gesellschaftspolitische Kraft; nicht nur durch das im Buddhismus tief verwurzelte soziale Engagement, sondern auch als geistige Orientierung, die die Scheinwerte, in denen wir heute in West und Ost bis zum Überdruss leben, radikal infrage stellt. Die beiden Schüler verkörpern Menschen, die, wie wir, leiden, weil sie offenbar unfähig sind, das Problem unseres Daseins wirklich zu begreifen, gar zu lösen.

Eines Tages führt der jüngere der beiden Schüler unbeabsichtigt den Tod eines Vogels herbei und zerstört dadurch die traute Gemeinschaft eines Vogelpaares. Mit seiner Tat, durch die ein Lebewesen stirbt, wird Haejin, so lautet der Name des jüngeren Schülers, zum ersten Mal in seinem Leben mit der Dualität von Leben und Tod, also mit der Endlichkeit unseres Daseins konfrontiert. Der allein gebliebene Vogel folgt dem Kind überallhin, und Haejin beginnt, das fundamentale, dem Leben zugrundeliegende Leiden, den Tod und das Vergängliche am Leben, die Zuneigung und die Leidenschaft, die Schuld und die Angst zu verstehen.

Bevor der Meister stirbt, überlässt er seinen Körper dem jungen Mönch Kibong, um ihm die Möglichkeit der Lösung eines ihm vor längerer Zeit aufgetragenen Koan (eine der Vernunft unzugängliche Frage im Zen) zu geben. Kibong verbrennt den Leichnam in der Nacht allein in den Bergen. Durch den Wald hindurch sieht man jetzt die Gesichter der Schüler. Wir erkennen Haejin, den allein gebliebenen Vogel, die aus dem Stall ausgebrochene Kuh, die auf der Suche nach Heimat ständig umherirrt und damit auf die bedeutende Zen-Geschichte des Ochsen und seines Hirten hinweist. Die Flammen des Feuers, das die ganze Nacht brennt, löschen das Leben endgültig aus und zerstören so die Mauer zwischen Geburt und Tod, Gut und Böse, Glück und Unglück.

Die Flammen dieses Feuers sind für die beiden Schüler eine tief greifende, vom Zen-Meister bewusst herbeigeführte Erfahrung, die nicht in Worte gefasst werden kann und ihnen doch erlaubt, alles zu begreifen: »Unser Dasein ist im Grunde leer (d. h. vergänglich); es gibt (so auch) weder Geburt noch Tod.«

Am nächsten Tag überquert Kibong bei Einbruch der Dunkelheit den Fluss, die aus dem Stall ausgebrochene Kuh (den Ochsen) am Zügel führend. In der Ferne sieht man den Schatten des allein gebliebenen Vogels, der jetzt seine gestern noch durch die Bande der Zuneigung gefesselten Flügel ausbreitet und über den Berg davonfliegt.

Die Zeit – begriffen als Raum, in dem wir uns bewegen; begriffen als Welt, an die wir gebunden sind, um uns eines nicht vorher bestimmbaren Tages zu finden. Nur da, wo nichts mehr ist, kann sich das »Eine Sein«, das Unverfügbare und Namenlose zeigen: Wir haben uns befreit.

Was sich für uns jetzt zeigt, ist das Einvernehmen mit allem, was ist, und Freude, nicht die Freude über oder auf etwas, sondern Freude an sich. Der Vogel, der sich in die Lüfte erhebt, symbolisiert den Schritt, auch noch den letzten denkbaren Halt endlich loszulassen. Das ist es. Sich an den Dingen des Lebens zu freuen, ohne sie zu begehren, weil jedes Begehren uns wieder bindet und so zwischen den Dingen, ja dem Leben und uns eine Mauer aufrichtet. Je mehr Dinge Sie in Ihre Wohnung stellen und je mehr Sie sich an ihnen festklammern, ja sich eines Tages zum Sklaven dieser Dinge machen, desto intensiver werden Sie leiden, leiden am Geld, am Schmuck, an Ihrer Briefmarkensammlung, an Ihren Tonkrügen usw. Dieses permanente Anhäufen führt fast automatisch zu weiterem Begehren mit der Folge, dass nur noch mehr angeschafft und angehäuft wird. Schließlich sind die Dinge dann auch keine Dinge mehr, denn Ding neben Ding gestellt, lässt die einzelnen Dinge keine Dinge mehr sein. Die Folge ist, dass wir eines Tages nichts mehr sehen und blind geworden sind. Die Gier, z. B. immer mehr zu essen, lässt uns leiden. Die Kette permanenten Begehrens kennt kein Ende, sodass wir an uns selbst eines Tages verzweifeln. Daher fordert uns der Zen-Meister Bodhidharma auf, vollkommen leer und damit immer wesentlicher zu werden, sodass wir auch wieder vertrauter mit der Erde und dem Himmel, mit unseren Mitmenschen und den Dingen werden, d. h. wieder näher bei ihnen wohnen.

Der Zen-Weg ist nicht, wie häufig angenommen wird, identisch mit Weltflucht, sondern die entscheidende Voraussetzung dafür, dass wir überhaupt der Welt begegnen können und Zeit uns zur Begegnung werden kann. Der vorhin zitierte Satz: »Unser Dasein ist im Grunde leer; es gibt weder Geburt noch Tod« will sagen: In dieses Dasein eintretend bin ich »Etwas«. Bevor ich jedoch in das geformte, manifestierte Dasein eintrat, war ich das Ganze, das Eine, ungespalten von Geburt und Tod. Versuche ich, diesem Partikelchen, diesem Etwas einen Namen zu geben, dann trenne ich mich von dem Unbenennbaren, dem einen, dem Namenlosen.

Dieses Eine lässt sich wissenschaftlich nicht begreifen, denn wissenschaftliches Erfassen ist und kann auch nur auf vieles hin ausgerichtet sein, sodass es das Einssein notwendig verfehlen muss. Sobald wir aber in unser inneres Hinterland aufbrechen, indem wir wissen wollen, wer wir sind bzw. was es mit uns auf sich hat, beginnen wir zu verstehen, dass wir dem vieldimensionalen Reichtum unserer Zeit und unserer Welt nur deshalb so wenig Raum geben, weil wir ständig dem Hass, der Gier und der Verblendung aufsitzen. Das bedeutet auch, dass wir immer wieder willkürlich fixierten Vorstellungen und metaphysischen Weltbildern zum Opfer fallen, gewollten oder nicht gewollten Selbsttäuschungsprozessen unterliegen, insbesondere aber abstrakten Utopien nachjagen. So reden wir z. B. von der »Menschheit«, statt uns dem einzelnen Menschen wirklich zuzuwenden. Wir bewundern Rosen, aber nehmen die Rose vor uns nicht wirklich wahr. Wir sehen unter günstigsten Bedingungen vielleicht noch in diesem Herbst das im Wind bewegte Blatt, aber nicht mehr die verborgene Wirklichkeit, die es bewegt.

Der Zen-Weg, wenn wir ihn gehen, befreit uns von dem, woran wir leiden, was uns quält und unersättlich werden lässt. Er zeigt uns unsere Überaktivitäten, die uns, wenn auch unter dem Vorwand, die Welt zum Besseren verändern zu wollen, permanent in die Irre treiben. Wir relativieren auf diesem Weg die Bedeutung unseres machtbesessenen Ichs und die Relevanz des cartesischen Satzes »Ich denke, also bin ich« zugunsten des Loslassens.

Als Haejin in unserem Film von einem Felsen ins Wasser stürzt, droht er zu ertrinken, weil er sich mit seinem ganzen Körper verzweifelt wehrt. Doch dann plötzlich, also intuitiv, hält er inne, legt sich auf den Rücken, um still und ruhig atmend auf dem Wasser dahinzutreiben, bis er schließlich am festen Kieselstrand landet.

Zen will uns Menschen davor bewahren, das Glück immer nur in unserem eigenen Schatten und unsere Wahrheit immer nur in unserer eigenen Spiegelung zu suchen. Im Film steht für den Tod des Meisters das von dem silbernen Licht des unsichtbaren Vollmondes übergossene Schilf, das sich im Wind beugt und wieder aufrichtet. Es ist die Aufhebung der Grenze zwischen Subjekt und Objekt, zwischen Wirklichkeit und Traum, in einer Harmonie von Licht und Klang (von Paul Celan kennen wir das schöne Wort vom Lichtton), durch die nichts Abbild bleibt, sondern nur noch in unverstellter Weise aus sich selbst heraus spricht.

Der Betrachter hört schließlich auf, sich vom Betrachteten zu unterscheiden. Er ist angekommen. Damit es aber keine erneuten Missverständnisse gibt: Wir gehen auf dem Zen-Weg nicht weltfremd daher, wenn uns die Welt, vor allem die Welt unseres alltäglichen Wahns, auch häufig fremd ist und fremd bleibt. Aber nur so können wir erst begreifen, was die Welt, in der wir leben, im Innersten zusammenhält. Dazu bedarf es der Übung im Zazen, im Still-Sitzen, mit der permanenten Selbsterfahrung, der Wahrnehmung all dessen, was um uns, in uns und durch uns geschieht.

Raum der Leere

So ist der im Film geschilderte Aufbruch des Bodhidharma in den Orient identisch mit unserem Aufbruch zu uns selbst und damit auch in die reale Welt, die uns so zum Experimentierfeld unserer gewiss auch weiterhin sehr mühsamen Gehversuche wird. Ich will damit vor allem auch unterstreichen, dass wir uns in dem Maße, in dem wir uns zu unserem Selbst aufmachen, auch die Welt unseres Alltags neu erfahren oder, um sehr treffend mit Vaclav Havel zu sprechen: »Jetzt, da ich in der praktischen Politik stehe, sehe ich diese Überzeugung keineswegs widerlegt, sondern bestätigt: Bei jedem Problem bemerke ich früher oder später, dass sich dahinter die existenzielle Frage nach dem menschlichen Bewusstsein (d. h. nach seinem Wachbewusstsein) verbirgt.«

Dabei gibt es eine Vielzahl von Wahrnehmungsformen, beispielsweise unseren Tod, unsere Ängste, unsere existenziellen Unsicherheiten, unsere Zuneigungen und Abneigungen. Unser Dasein fließt endlos durch die geöffnete Schleuse und mündet schließlich in der Leere. Dann erscheint wieder der Raum der Leere, der das ganze Universum enthält, in seiner vollen Größe.

Im Zen führt uns die Leere, der wir uns durch Meditation nähern, zur Selbst-Erkenntnis, wobei dieses Selbst formlos und demzufolge auch unverfügbar ist; es bleibt namenlos. Von Hass, Gier und Täuschungen – den Eigenschaften, die uns unser Selbst nicht erkennen lassen – befreit, transzendieren wir das ausschließlich materielle Leben und erlangen so unsere Spontaneität und unsere ursprünglichen Impulse, die unser Kindsein einst ausmachten, zurück.

Der Grundimpuls – das, was unsere Suche, unseren Aufbruch in das Nichtversicherbare, Zen, in das Namenlose, Tao, bestimmt – ist jedoch stets das Geschenk der Inspiration, die wir nicht erzwingen können, sondern die uns täglich als Gnade geschenkt wird oder ausbleibt. Der konkrete Inhalt dieser Inspiration sind die Fragen nach unserem Woher, Wohin, Wozu und nach dem, was wir in diesem Leben noch erwarten und hoffen können. Dies sind Fragen, die uns offenbar nicht mehr loslassen, die uns im wahrsten Sinne des Wortes bewegen, uns philosophieren lassen.

Dabei ist nicht zu verschweigen, dass diese Fragen uns auf eine ganz besondere Weise einsam werden lassen. Sie sind der ontologischen Differenz zwischen uns selbst und jener Dimension der Zeitlosigkeit geschuldet, für die die Vergangenheit wirklich vergangen und die Zukunft noch nicht da ist, uns noch nicht erreicht hat. Die Räumlichkeit, die unsere Einsamkeit dabei umgibt, ist wiederum die Leere. Durch sie wird das, was ist, also unsere Realität, in der wir uns aufhalten und bewegen, transparent; vorrangig die Dinge, die uns umgeben, wie unsere

Gefühle, unsere Leiden(schaften), unsere sozialen und familiären Bindungen, unsere Freundschaften, unsere Zu- und Abneigungen, unsere Liebe, unsere Freiheit. Der Zen-Weg ist mit anderen Worten ein Weg im weltlichen Leben, jenseits aller Vorstellungen von göttlicher Welt da oben und irdisch-sündhafter Welt hier unten. Wenn ich Sie noch einmal an den Film erinnern darf: Der Zen-Meister bürdet sich das elternlose Kind auf, weil keine Meditation etwas wert ist, wenn ihr, wie der Meister sagt, die Liebe fehlt. Sie glüht wie das Feuer, in das wir uns schließlich im Geheimnis des Nichts auflösen.

Die Lehre des Buddha ist in höchstem Maße subversiv, indem sie die in West und Ost nach wie vor bestehenden Macht- und Herrschaftsstrukturen infrage stellt. Der Buddha weist uns unter anderem darauf hin, sich auch weiterhin in dieser Welt zu engagieren, sich auf sie einzulassen und – während wir dies tun – trotzdem bindungslos zu bleiben. Wir gehen auf dem Wasser und lassen uns doch nicht vom Wasser berühren. Wir flüchten nicht, wir bleiben den Problemen der Zeit auf den Fersen, d. h., wir lassen uns auch weiterhin auf die Probleme ein, die das Einlassen, von dem ich hier spreche, nun einmal mit sich bringt. Und trotzdem bleiben wir davon im Innern unberührt.

Das kann jeder von uns lernen, sodass in dem Maße, in dem wir in dieser Gelassenheit immer wieder unser Gleichgewicht finden, auch allmählich unsere Ängste verschwinden, die uns heimsuchen, wenn wir uns, wie bisher, mit der Welt identifizieren. Ich betone noch einmal: Den wirklichen aufrechten Gang müssen wir alle erst noch lernen. Die Natur stellt uns mal mehr, mal weniger gut hin; gehen, sehen und hören lernen müssen wir erst durch unsere eigenen Anstrengungen.

Der Weg, den ich hier aufzuzeigen versuche, ist *ein* Weg, wenn auch nach meiner Überzeugung heute der erfolgversprechendste. Er geht von der Annahme aus, dass die Augen, mit denen wir sehen, und die Ohren, mit denen wir hören, nicht die einzigen Augen und nicht die einzigen Ohren sind, mit denen wir sehen und hören können. Denn wir leben nicht nur im physischen Körper. Wir leben in einer Anzahl von weiteren Körpern (Räumen), die nach Auffassung z. B. der klassischen Yogalehre hüllenartig um uns selbst, unser Atman, angelegt sind.

So besitzen wir die Fähigkeit, über die ausschließlich physischen Schranken unseres Seins, über die uns allen mehr oder weniger vertraute dreidimensionale Zeit und den gleichfalls dreidimensionalen Raum hinaus weitere Dimensionen zu sehen und zu hören und damit auch zu erkennen. Davon kann sich jeder von uns selbst überzeugen, doch es bedarf dazu auch erst wieder der Übung. Entscheidend ist aber, zu begreifen, dass wir, wenn wir uns auch weiterhin nur auf unseren Verstand, auf unsere instrumentelle Vernunft verlassen, um die Wirklichkeit erkennbar zu machen, eben gerade dann die Wirklichkeit völlig verfehlen. Diese Wirklichkeit oder was wir davon als Wirklichkeit, als Realität anerkennen, wird spätestens dann zu einer Illusion, wenn wir uns mit ihr wieder identifizieren und uns ihr wieder unterwerfen.

Die Wirklichkeit ist stets mehr als das, was wir mit Hilfe unseres analytischen Verstandes unter Zugrundelegung der vier uns bekannten Grundsätze des Denkens als Wirklichkeit anzuerkennen gewillt sind. Daher bleibt auch die Aufklärung der Bedingungen, unter denen sich unsere Verstandes- und Vernunfttätigkeit vollzieht, die heute vorrangig wieder zu betreibende Aufklärung, die uns einst Kant und später Heidegger lehrten. Erst dann sehen wir uns auch wieder in der Lage das, was ist, wirklich zu sehen und wirklich zu hören – im wahrsten Sinne des Wortes wahrzunehmen. Alles andere hat nichts mehr mit Aufklärung zu tun.

Ich will damit noch einmal unterstreichen, dass der Versuch, die Wirklichkeit allein vom Verstand her zu begreifen, nach der Lehre des Buddha zum Scheitern verurteilt ist und bleibt, weil er uns immer nur Teilausschnitte vor Augen führen kann und zwangsläufig Ausgrenzungen vornehmen muss. Wir beginnen die Wirklichkeit also erst von dem Augenblick an wirklich zu verstehen, in dem wir sie durch das Nicht-Denken, wie es im Zen heißt, durch den Bewusstseinszustand jenseits aller Gedanken, begreifen lernen. Mit anderen Worten: Nur durch Nicht-Denken erlangen wir jenen von uns erwünschten Zustand der Einheit und eben nicht durch die aristotelische Denkweise, die wir alle mehr oder weniger gut erlernt haben.

Diese Logik begreift nur einen winzigen Ausschnitt unserer Wirklichkeit, was natürlich auch ihre Stärke bedeutet! Doch je analytischer diese Logik inzwischen ist, desto weniger weiß sie wirklich Bescheid, sodass schon heute der westliche analytische Verstand sich in der Situation befindet, immer mehr über im Grunde nichts zu wissen. Was vor unseren Augen abläuft, wenn wir sie schließen, ist Denken in permanenten Vorstellungen, aber die Präsenz, angesichts der dieses Denken in Form solcher Vorstellungen abläuft, ist wieder dieses Nicht-Denken bzw. das Wissen, von dem im Zen die Rede ist und das aus der schweigenden Leere in uns zu uns kommt. Um dies und um dies allein geht es in der Zen-Meditation.

Unsere »letzte Wahrheit« ist die schweigende Leere, wir können auch sagen, das Urschweigen. Aus diesem Urschweigen erwachsen uns alle Klänge, Gedanken, Bilder und Träume; mit anderen Worten: erst aus dem völligen Ausgeleert-Sein. Was folgt daraus? Uns in jedem Augenblick leer zu machen (und sich dabei auch nicht gleich wieder an diese Leere zu binden!). Das bedeutet, sich erst einmal im Yoga völlig zu entspannen und sich dabei der Tatsache bewusst zu werden, dass diese stille Leere unsere innere Wirklichkeit ist. So folgt z. B. auf unseren Atemrhythmus, sowohl auf das Einatmen als auch auf das Ausatmen, jeweils die schweigende Leere. Aus dieser Leere heraus atmend erfahren wir schließlich und endlich, dass jeder von uns Teil der kosmischen Stille ist und dass, sobald uns das Leben als solches bewusst wird, dieses Leben für uns auch seinen inneren Sinn erfährt.

Dieses Leben kennt dann keine Beschränkungen und Ausgrenzungen mehr. Es beginnt nirgendwo und endet demzufolge auch nirgendwo; es ist das Unendliche, das Ewige. Im Raum wie in der Zeit ist und bleibt das Leben unverfügbar, undefinierbar und namenlos.

Im Zentrum unseres Seins

Der so bewusst lebende Mensch kommt von seinen unzähligen und heute geradezu unheimlichen Ansprüchen endlich herunter. Denn wenn wir, diesem Weg folgend, wieder die geringfügigen Dinge zu betrachten lernen – und genau dies tritt ein! –, wenn wir es lernen, wirklich in Freiheit zu leben und andere nicht mehr daran hindern, Gleiches zu tun, dann gewinnt die Welt, in der wir leben, einen völlig anderen Charakter. Wir erfahren, dass wir auch mit einem Minimum an materiellen Mitteln zur Befriedigung unserer Lebensbedürfnisse gut auskommen können. Und wir realisieren vor allem dann auch, dass wir uns von den noch vorhandenen Abhängigkeiten und Fixierungen lösen müssen. Denn nur so gewinnen wir das notwendige Maß an Flexibilität, auf uns selbst überhaupt zugehen zu können! Dies gilt es zu üben, auch wenn es zu Anfang jedem von uns schwerfällt, mit den bisherigen Lebensgewohnheiten zu brechen und gänzlich neue Verhaltensweisen zu praktizieren. Ein radikaleres antikapitalistisch-antibürgerliches Programm kenne ich bis heute nicht.

Ein meditatives Leben erfordert eine gewisse Fähigkeit, unseren trainierten Geist zurückzulassen und endlich ins Schweigen einzutreten und, was auch ganz sicher jedem von uns noch schwerfällt, ein uneingeschränktes, reines Nichts zu sein. Aber erst dann erfahren wir die Erde, den Himmel, unsere

Mitmenschen, die Tiere, die Pflanzen und das Mysterium des Lebens selbst neu.

Wir sind dann weniger abhängig vom Vorhandensein von Dinge und Sachen, weil wir uns zu jeder Zeit der Tatsache bewusst sind, dass wir neunzig Prozent der Dinge, mit denen wir uns umgeben und die wir um uns herum anhäufen, in Wahrheit gar nicht brauchen. Schon dieses Wissen vermindert dann unsere Sorgen und Ängste über die finanzielle und materielle Grundlage unserer Existenz. Wir werden, wie wir bei Castaneda lernen können, auf dieser Ebene unseres Daseins jetzt unerreichbar. Die Unerreichbarkeit befreit uns nicht nur von den materiellen Abhängigkeiten. Sie macht uns vor allem auch unabhängig von der Zustimmung oder Ablehnung durch andere und verhindert so vor allem auch jene Erwartungen, die andere Menschen an uns haben.

Der östliche Weg hat – im Gegensatz zum westlichen, europäisch-abendländischen Weg – das Nichts gewissermaßen ohne jeden inneren Aufstand erreicht, nicht durch den analytischen Verstand, die aristotelische Logik, sondern durch Meditation. Das Nichts, gegen das die abendländische Metaphysik nach Heidegger ihren Aufstand probte und noch immer probt, löst im Osten keine Furcht aus. Ganz im Gegenteil, es schafft hier Freiheit, öffnet hier Türen und zerstört alle Begrenzungen, Ausgrenzungen und Einseitigkeiten, die unsere Logik kennt und die sich demzufolge auch immer wieder nur um ihre eigene Achse dreht. Um es noch anders und abschließender zu formulieren: Für den Osten ist und bleibt der analytische Verstand das bloße Produkt einer spezifischen Erziehung und Bildung, eine spezifische Tätigkeit bzw. Verhaltensweise, die uns anerzogen wurde, der aber die Wahrheit verschlossen bleibt.

Der analytische, sich alles zu einer Vorstellung machende Verstand des Westens ist und bleibt immer nur für das Begrenzte zuständig. Das im Zen geübte Nicht-Denken hingegen ist für das Unbegrenzte, Offene, die lichtende Weite zuständig. Die

Folge ist, dass Zen auch nichts mit unseren bisherigen europäisch-abendländischen Denkfortschritten zu tun hat und dass
andererseits gesehen Zen auch mit diesen Denkfortschritten
nicht greifbar wird. Zen stellt, was ich noch einmal nachdrücklich betonen möchte, primär eine unmittelbare, ja ursprüngliche Erfahrung dar, die durch keinen industriell-wissenschaftlich-technischen Fortschritt je eingeholt werden kann.

Zen ist ein Weg, zu unserem Eigentlichen, zu unserer eigentlichen Essenz zu gelangen. Das geht schließlich so weit, wie
ich inzwischen deutlich zu machen versuchte, dass nichts mehr
übrig bleibt und doch alles geschieht, sich alles ereignet. Auf
dieser Suche nach dem eigentlichen Sein unserer Existenz, auf
der Suche nach unserem Ur-Gesicht, dem Gesicht ohne Über-
malungen, entsteht in uns Stille, Freude, Lebendigkeit, die,
wenn sie einmal erfahren wurde, auch unzerstörbar ist. Sie
kehrt immer wieder.

Wenn wir völlig de-programmiert bzw. de-hypnotisiert sind,
was bedeutet, einen langen, krisenhaften Weg zu gehen, sind
wir nur noch reines Nichts, nur noch Stille. Um der damit angesprochenen Zufälligkeit unserer Existenz zu entgehen, entdecken wir vor allem in unseren jüngeren Jahren unsere Sehnsucht, unangefochten wie Gott zu sein, um aber dann doch
gleich wieder zu erkennen, dass wir gerade dies nicht sein können, auch wenn wir im Blick auf ein solches Gottesbild uns
möglicherweise noch lange vor dem Blick in den Abgrund, in
das Nichts hüten. Aber gerade unsere Erwartungshaltung, in
diesem Fall auf Gott gerichtet, kennzeichnet genau wieder jene
Hölle, in die wir uns immer wieder verlaufen, statt dass wir den
Sucher in uns entdecken und den Weg ohne jede noch so reiz-
volle Erwartungshaltung gehen.

Ich berichtete Ihnen von Bodhidharma, der die Botschaft des
Buddha nach China brachte. In China herrschte ein gänzlich
anderes Klima als in Indien. Durch die Lehre des Tao gab es

hier das Klima äußerster Lebensbejahung, sodass die Lehre des Buddha zu einer völlig anderen Entwicklung führte als in den anderen »Importländern«.

Zen ist nicht einfach Buddhismus; die orthodoxen Buddhisten erkennen Zen nicht einmal als Buddhismus an, womit sie recht haben. Denn Zen ist in der Tat das Produkt aus den Einsichten des Buddha und den Einsichten des Laotse, mit anderen Worten: des Zusammentreffens der buddhistischen Meditationstechnik und der Natürlichkeit des Tao. Samadhi, völliges Erwachen, ist entsprechend der Lehre des Laotse reines, natürliches, alltägliches Leben.

Sobald wir in unserem Zentrum angekommen sind, können wir es in den Begriffen verschiedener Kategorien ausdrücken. Wir können z. B. das Yogasystem des Patañjali benutzen: wir sagen dann, wir befinden uns im Zentrum unseres Seins – Sambodhi. Wir können aber auch das Tantra-System nutzen: Dann sagen wir, dass das Zentrum unseres Seins in unserer Lebensenergie, symbolisiert durch Shiva und Shakti, liegt. Entscheidend ist nur, dass es immer wieder nur um das eine geht: im Hier und Jetzt zu sich selbst zu finden, um alles, was nicht dazu gehört, endgültig fallen zu lassen.

Wir sind. Folglich liegt es auf der Hand, dass wir wissen wollen, wer wir tatsächlich sind. Dazu ist mit Einschränkung keine besondere Neugierde erforderlich. Denn indem wir dieser Frage nachgehen, wollen wir ja gerade nicht werden. Wir befinden uns nur noch auf dem Weg, zu sein. Dabei ist die von mir schon erörterte Unerklärbarkeit des Lebens, des Seins, seine Unerkennbarkeit und Unberechenbarkeit wieder das, was dem Leben die entscheidende Kraft gibt. Wenn alles berechenbar, alles mathematisch und logisch wäre, würde das Leben schließlich seine Schönheit und seinen Glanz verlieren und wir selbst zu wandelnden Leichen werden.

Zazen, um darauf zum Schluss noch einmal zurückzukommen, heißt: an der innersten Quelle still zu sitzen und nirgendwo mehr hinzugehen. Eine ungeheure Kraft steigt in uns auf, hin zu voller Lebensbejahung, zu Mitgefühl und Kreativität.

Was sich im stillen Sitzen vollzieht, kann dabei selbstverständlich viele Formen annehmen. Entscheidend ist dabei, dass wir lernen, wirklich in unserem Zentrum zu wohnen, von dem aus sich unser Leben entfaltet. Um es gleich noch weiter zuzuspitzen: Erst wenn wir in unserem Zentrum still sitzen, können wir uns auch erst wirklich einem anderen Menschen liebend zuwenden und uns ihm hingeben, ohne dass daraus wieder neue Abhängigkeiten erwachsen. Denn wirkliche Liebe lässt es nicht zu, dass wir uns von uns wegbewegen. Ganz im Gegenteil: Sie zwingt uns, unser Ur-Gesicht zu sehen und damit offen für uns selbst zu werden.

Liebe ist darum auch die tiefste Erschütterung, die wir erfahren können. Wenn sie uns »heimsucht«, müssen wir sie zulassen, wenn wir an ihr nicht zugrunde gehen wollen. Erst recht gilt hier wie im Zazen, einfach nur zu sein, woraus eine tiefe Dankbarkeit gegenüber allem Lebendigen erwächst. Wenn es uns daher gelingt, wenigstens fünf Minuten am Tag einfach nur zu sein, dann reicht das völlig aus, um uns an unsere Buddhaschaft zu erinnern. Wir sind dann in zweierlei Hinsicht zu Entdeckern geworden:

– Im Hinblick auf die Außenwelt sind wir, unter anderem als Wissenschaftler, die Nachfolger des Galilei, des Kopernikus, des Kolumbus und
– im Hinblick auf unsere Innenwelt sind wir die Nachfolger des Buddha.

Wir werden in Zukunft, wenn ich bei unserem Beispiel bleibe, die Eigenschaften eines Wissenschaftlers mit den Eigenschaften eines Buddha verbinden müssen, wenn wir aus den Schwierigkeiten unserer derzeitigen Lage wieder herauskommen wollen:

ungeheuer interessiert an der äußeren und in gleicher Weise ungeheuer interessiert an der inneren Welt, der Suche nach uns selbst, nach unserer Buddhanatur.

Im Abendland glaubt man, dass das Ziel von Zen darin bestehe, sich aus und von der Welt zu lösen. Das ist nicht der Fall. Es geht vielmehr darum, sich in Auseinandersetzung mit der Welt erst einmal selbst in seinem Woher, Wohin und Wozu zu erkennen, bevor man der Gesellschaft etwas geben kann, was von Wert ist. Die ausschließlich materielle Freiheit gibt uns nicht die wahre Freiheit. Die ausschließlich materielle Freiheit führt, wie wir schon sehen, zur erneuten Sklaverei. *Zen lehrt:* Tief in uns liegt der Schlüssel verborgen, der uns hilft, unsere Probleme zu lösen.

Zum Abschluss möchte ich dem alten Zen-Meister in »Warum Bodhi-Dharma in den Orient aufbrach?« das letzte Wort geben:

»Wenn du den in dir verborgenen Mond befreien kannst, wird er Himmel und Erde beleuchten, und sein Licht wird alle Schatten aus dem Universum vertreiben. Wenn du das begreifst, hast du alles begriffen, dann wirst du ein Universum erlangen, in dem Tag und Nacht eins sind. Dieses Eins wird absolut vollkommen sein, und alles wird darin in Erfüllung gehen (...) Dieses namenlose Eins ist dein Gesicht vor der Geburt, dein Körper vor der Geburt deiner Eltern. (...) Kibong, ich übergebe dir dieses Koan; du musst Eifer und Ausdauer bewahren, um es zu verstehen.«

Glossar

Asana – Sitz, Körperhaltung, Yogahaltung

Atman – individuelles Selbst, Seele

Brahman – das Unendliche, das Absolute

Chakra – wörtl.: »Rad«; Energiezentrum, Bewusstseinsebene

Hatha-Yoga-Pradipika – klassische Yogaschrift aus dem 14. Jahrhundert, die Swatmarama zugeschrieben wird

Kosha – Hülle

Kumbhaka – das Anhalten bzw. Aussetzen des Atems

Mantra – heilige Silbe, kraftgeladenes Wort bzw. formelhafte Wortfolge

Mudra – wörtl.: »Siegel«, symbolische Handgeste

Skandha – wörtl.: »Gruppe«, Bezeichnung für die fünf Daseinsfaktoren

Samadhi – Sammlung, Versenkung, Einheitserfahrung

Sutra – wörtl.: »Faden«; Leitfaden, Lehrtext in Versform

Rishi – Seher, Weiser

Upanishaden – heilige Schriften Indiens, die der vedischen Offenbarung zugeordnet werden

Veden – die Gesamtheit der alten heiligen Schriften der Hindus, die von den Rishis als göttliche Offenbarung geschaut wurden

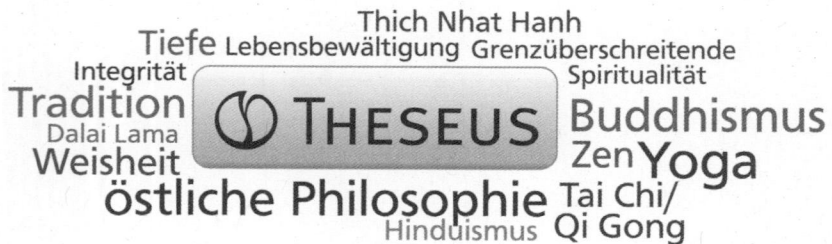

Mit Liebe fürs Detail und für die Umwelt

Bei der Auswahl der Inhalte, die wir präsentieren, achten wir auf Originalität, Kompetenz, Praxisrelevanz und Qualität. So können wir mit Herz und Seele hinter unseren Büchern, Hörbüchern, Filmen und den anderen Produkten stehen, die wir mit viel Liebe und Aufmerksamkeit bis ins letzte Detail fertigen.

Wir leisten einen aktiven Beitrag zum Umweltschutz und verbrauchen nur wirklich notwendige Ressourcen — so sparsam wie möglich. Wir arbeiten ausschließlich mit 100% Recyclingpapieren und setzen auf kurze Transportwege (u.a. Fertigung unserer Produkte in Deutschland).

Inspirationen, interessante und wertvolle Neuigkeiten, Wahres, Schönes & Gutes sowie wichtige Termine können Sie regelmäßig in unserem Newsletter erfahren oder hier: **www.facebook.com/weltinnenraum**

weltinnenraum.de

J.Kamphausen | Mediengruppe